KB169444

사진 1_ 어린 시절의 에리히 프롬. 그의 어머니 로자는 독일의 남자아이들이 더 남성적인 옷을 입고 더 짧은 머리 모양을 하기 시작한 지가 한참 되었는데도 그에게 머리를 기르게 하고 여성의 옷을 입혔다.

사진 2_ 목마 위에서 포즈를 취하고 있는 에리히 프롬. 그의 어머니는 유대인 가족들의 구미에 맞춘 프랑크푸르트 사진 스튜디오인 샘손 앤드 컴퍼니에 정기적으로 그를 데리고 가곤 했다.

사진3_ 프리다 라이히만은 프롬보다 열한 살이 더 많았다. 프롬은 1920년대 초 그녀와 사랑에 빠졌다. 그녀가 그의 분석가였던 1926년 그들은 결혼했는데, 그것은 직업적인 금기를 깨는 일이었다. 결혼은 문제가 많았고, 그들은 아이를 갖지 못했다. 그러나 그녀는 정신분석학자로서 프롬의 수련을 지켜보며 자금을 조달했고, 임상의로서 그의 성장에 강한 책임감을 가지고 있었다.

사진4_ 게오르크 그로데크는 바덴바덴에 있는 마린호헤 요양원의 원장이었다. 그곳은 정신분석 치료와 심신의학의 융합을 꾀하는 곳이었다. 프리다 라이히만은 결혼생활을 개선하고 싶다는 바람으로 프롬을 그곳에 데리고 갔다. 그곳은 또한 산도르 페렌치, 카렌 호르나이, 프로이트를 포함한 정신분석 운동의 주요 인물들이 모여드는 지적 교류의 심장부였다. 그로데크는 점점 강해지는 정통성의 흐름 속에서 절충적이고 비교조적인 임상 이론이나 접근 방법들을 장려했다.

사진5_ 알프레트 베버는 1920년대 초 하이델베르크대학에서 프롬의 스승이었다. 사회학자이자 막스 베버의 동생이었던 그는 프롬의 학위 논문을 심사했고, 사회심리학을 통해 초기 유대인 역사, 특히 하시디즘운동을 접목하는 연구에 프롬의 관심을 불러일으켰다. 알프레트를 통해 프롬은 많은 부분 학제 간을 넘나드는 절충적인 학자가 되었다. 프롬은 그에게서 독일의 비유대인이면서도 목소리를 높여 히틀러에 반대하는 용기를 발견했다.

사진6_ 막스 호르크하이머(왼쪽)와 테오도어 아도르노는 사회 연구를 위한 프랑크푸르트 연구소의 중심인물들이었다. 프롬은 프랑크푸르트 연구소 연구원으로 1930년대를 보냈는데, 그곳에서 그는 독일 노동자들의 권위주의적 경향에 대한 상당히 중요한 연구 조사를 시행했다. 그는 또한 그곳에서 걸작 『자유로부터의 도피』(1941)로 나아가는, 자신의 경력 중 가장 깊고 학문적인 글 여러 편을 연속적으로 집필하기도 했다.

사진7_ 카렌 호르나이는 신경증에 대해 독특한 관점을 지닌, 그리고 여성의 심리에 대해 프로이트보다 훨씬 더 호의적인 관점을 지닌 매우 영리한 정신분석학의 개척자였다. 프롬보다 열다섯 살 연상이었지만, 그들은 1930년대의 대부분을 함께 살았다. 그녀는 프롬에게 정신분석학계의 생리에 대해 알려주었다.

사진8_ 저명한 아프리카계 미국인 무용수였던 캐서린 더넘은 흑인으로만 구성된 무용단을 설립했으며, 아프리카 춤에 대한 학술적인 연구에 많은 기여를 했다. 그녀는 1940년대 초에 프롬과 짧은 연애를 했으며, 그 이후 평생 친구로 남았다. 그들은 서로 다른 인종 간의 연애가 미국 사회에서 금기시되던 시기에 공개 연애를 했다. 더넘은 중요한 민권운동가가 되었다.

사진9_ 헤니 구클란트는 프랑크푸르트 학자들과 친분이 있는 기자이자 사진가였다. 그녀는 프랑스에서 비시 정권에 저항하다가 심각한 부상을 입었고, 그것이 그녀의 극심한 류머티즘 관절염의 원인이 되었는지도 모른다. 그녀는 1940년대 내내 침대에만 누워 있어야 했고, 프롬은 멕시코시티 근처의 미네랄 온천이 그녀의 상태를 호전시킬지도 모른다는 생각에 1950년에 멕시코로 이주하면서까지 그녀를 가까이에서 보살폈다. 그러나 병세는 호전되지 않았고, 그녀는 그곳에서 1년도 되지 않아 자살하고 말았다.

사진10_ 에리히 프롬은 1950년대 초 멕시코에 정신분석을 들여오는 데 많은 기여를 했다. 알폰소 미얀(가운데)과 아니세토 아라모니(오른쪽)는 그의 첫 번째 분석 대상자들이었으며, 프롬이 멕시코 정신분석 연구소를 설립하는 데 도움을 주었다.

사진11_ 1953년 결혼 직후, 멕시코에서의 에리히 프롬과 애니스 프리먼. 그들은 서로를 깊이 사랑했으며, 의심의 여지 없이 그것은 『사랑의 기술』(1956)에 많은 부분 기여했다.

사진12_ 저명한 사회학자인 데이비드 리스먼은 1940년대 중반 이래로 프롬의 가장 좋은 친구 중 하나였다. 학술적인 면에서 리스먼이 프롬의 사회적 성격 개념에 많은 부분 의지했다면, 프롬은 1950년대 말과 1960년대에 걸쳐 미국 국가 정치와 세계평화운동에서 리스먼의 뒤를 따랐다.

사진13_ 마이클 매코비는 1960년대에 프롬의 분석 대상자이자 동료였다. 그들은 작은 멕시코 마을에서 가난의 사회심리학을 연구했다. 리스먼처럼 매코비는 프롬이 정치활동에 박차를 가하게 도와주었고, 평생의 절친한 벗이 되었다.

사진14_ 노년에 접어들어서도 여전히 서로를 무척이나 사랑했던 프롬과 애니스 프리먼.

사진15_ 1962년 모스크바에서 있었던 세계평화회의에서의 프롬과 애니스 프리먼. 프롬은 전투정신으로 가득 차 있던 미국의 지도자들에게 호통을 쳤던 것처럼 (그곳에 참석했던) 흐루쇼프와 다른 소련 고위급 지도자들의 호전성 또한 비난했다.

사진 16_ 저명한 캐리커처 화가인 오스왈도 과야사민은 1980년 프롬이 사망한 이후 놀랄 만한 작품을 만들어냈다. 이는 프롬의 본질적인 성향의 많은 부분을 담고 있었다. 큰 머리와 작은 몸에, 한 손에는 책을 들고 다른 손에는 인간과 생명에 대한 사랑을 담은 꽃을 든 채 균형을 잡으려고 노력하면서 하트 모양의 사랑의 예언자의 길을 걷고 있는 생기 넘치는 남자, 이것이 바로 우리가 바라보는 그의 초상이다.

에리히
프롬
평전

The Lives of Erich Fromm: Love's Prophet
Copyright ⓒ 2013 by Lawrence J. Friedman
All rights reserved.

Korean Translation Copyright ⓒ 2016 by Geulhangari
This translation is published by arrangement with Columbia University Press
through Imprima Korea Agency.

이 책의 한국어판 저작권은 Imprima Korea Agency를 통해 Columbia University Press와의
독점 계약으로 글항아리에 있습니다. 저작권법에 의해 한국 내에서 보호를 받는 저작물이므로
무단전재와 복제를 금합니다.

에리히
프롬
평전

Erich Fromm

사랑의 예언자 프롬의 생애

로런스 프리드먼 지음 | 김비 옮김

글항아리

그리운 로널드 다카키와 아담 사네키를 위하여,
또한 나의 어린 손자 재커리 다너에게 감사하며

사랑이란 단 하나의 성스러움이며,
'존재'라는 인간의 고뇌에
가장 만족스러운 해답이다.

§

인간이 직면하게 되는 두 가지 선택은,
자유의 무게를 감내하지 못한 채
또 다른 속박과 순응에 고개를 숙이거나,
자신만의 개성에 뿌리를 내린
적극적인 자유의 완벽한 실현을 위해
한발 앞으로 나아가는 것이다.
—

에리히 프롬

추천의 말

1940년 말, 나는 뉴욕시립대학 사회과학부 상급 과정에 입학했다. 우리는 그리스 시대 이래로 이 사회를 형성하는 데 일조했던 50권가량의 서적을 탐독하라는 과제를 받았다. 바로 그 책들 가운데 에리히 프롬의 『자유로부터의 도피』가 있었다. 나는 이 책에 너무도 감동을 받아서 곧바로 『건전한 사회』를 읽었고, 그 후 몇십 년간 그의 열렬한 독자가 되었다. 특히 인상적이었던 것은 중요하고 복잡한 개념을 설명할 때 난해한 전문 용어를 지양하고, 명확하고 누구나 알기 쉬운 방식으로 써 내려가는 프롬의 글쓰기 작법이었다. 여기 이토록 중차대한 학술적 의미를 지닌 그의 전기가 증명하듯 로런스 프리드먼 또한 아마 그러한 재능을 지니고 있었을 것이다. 이 책은 내가 지난 몇 년 동안 읽었던 책들 중 가장 흥미로운 것이었으니 말이다.

내가 그토록 프롬의 저작들에 이끌렸던 이유는 나의 배경에서 기인하는지도 모른다. 동유럽 출신의 부모를 둔 나는 여러 해 동안 히브리어 학교를 다녔고, 그곳에서 『탈무드』와 유대교 안에 내재되어 있는 예언적 전통을 경험했다. 프리드먼의 저작은 프롬이 어떻게 이러한 전통을 예시했는지, 그리고 그가 더 나은 미래가 가능하다는 희망을 놓치지 않은 사회비평가였다는 사실을 명확하게 보여준다.

전 세계가 핵 멸망의 위협에 사로잡힌 시대에 살았던 프롬은 정신분석학적 실천이나 사유, 학술 저작 완성에만 스스로를 국한하지 않았다. 프리드먼은 냉전이 극에 달하던 시기에 프롬이 존 F. 케네디의 주목을 받았으며, 그의 호전적인 정치 언사를 수정하는 데 도움을 주었을지도 모른다는 사실을 발견했다. 실제로 케네디는 그 이후 프롬이 사용하는 것과 유사한 말이나 단어, 논리를 이용해 비핵화와 공존을 역설했다. 이러한 위태로운 시기에 프롬은 아들라이 스티븐슨, J. 윌리엄 풀브라이트와 같은 중요한 정책 입안자들과도 정기적으로 접촉했으며, 자신의 전문 분야인 국제 관계와 전후 독일의 발전에 관해 의회 위원회 앞에서 증언하기도 했다. 프롬은 몇몇 나라의 정상과 편안하게 연락을 주고받았는데, 이러한 모든 것은 정부 고위 관료들과 평화·인권운동가들 사이의 간극을 줄이려는 노력의 일환이었다. 실제로 그는 전미 건전 핵 정책위원회와 국제사면위원회의 주요한 후원자였다. 프리드먼이 찾아낸 놀랍도록 완벽한 조사를 바탕으로 한 이 전기는 개인과 제도 사이의 이토록 중대한 연관성들을 최초로 드러내고 있다.

프롬의 어린 시절은 이후 그의 사유에 많은 영향을 주었다. 우리는 그의 초기 삶이 갖는 그 모든 복잡한 양상에도 불구하고 이에 한발 더 가까이 다가가 실사 영화와 같은 분석을 마주하게 될 것이며, 이는 또한 이 책의 또 다른 독보적 성취일 것이다. 언제나 불안으로 짓눌렸던 아버지, 때때로 우울증에 시달렸던 어머니는 그에게 아무런 역할도 하지 못하는 가족으로부터 뛰쳐나가고 싶다는 충동을 심어주었다. 이러한 경험은 어른이 된 그가 '사회적 성격'에 초점을 맞추게 되는 데 일조했다. 개인의 성격 형성 과정에서 리비도적 에너지의 역할을 강조했던 프로이트와는 달리, 프롬은 인간이 사회적 존재이며, 그들의 삶은 사회적 구조와 문화에 의해 형성된다는 사실에 더욱 중점을 두었다. 그러한 그의 견해에 대해 프로이트 본인조차도 숙고할 만한 가치가 있음을 인지했고 또한 그렇게 말하기까지 했지만, 정통 정신분석 학계에서는 그것을 이단으로 간주했다. 1930년대 중후반, 프롬이 프랑크푸르트 사회연구소의 위험에 빠진 동료들을 나치 독일로부터 탈출시켜 컬럼비아대학 캠퍼스로 안전하게 이주시키는 데 많은 도움을 주고 난 후, 그와 프로이트는 지식인으로서 서로 다른 길을 걸어가며 멀어지는 듯했다. 프롬은 정신분석학적 정통성을 지닌 프로이트 측근들의 관점으로부터 너무 빨리, 또한 너무 멀리 움직이고 있었다.

1950년대 중반, 프롬은 프로이트의 본질적인 통찰을 저버림으로써 공공연히 정신분석을 무력화하려 했다는 이유로 프랑크푸르트 연구소 시절 친구였던 허버트 마르쿠제의 비난을 받아야 했다. 프리드먼은 마르쿠제의 비판이 왜 그토록 완벽히 빗나간 것일 수밖에 없었는지 잘 설명하고 있다. 종국에는 이론적 차이를 드러냈지만 한때 의미 있게 어우러졌던 부분들을 강조하면서 그는 그 어떤 학자들보다 더욱 심오한 용어를 활용해 프롬과 프로이트의 관계를 그려낸다. 그것은 서로 등을 돌린 관계라기보다는 오히려 변화하며 어울리는 관념적 '춤사위'였으며, 실제로 두 사람은 자신들의 이론적 관점에 대해 논의하기 위해 바덴바덴에서 직접 마주했을지도 모른다. 다시 한번 우리는 이 전기의 놀랄 만한 깊이와 세련됨을 목격하게 된다. 많은 새로운 증거와 더불어 흥미롭고 새로운 해석이 넘쳐나고 있는 것이다.

프롬의 외침은 학자들을 향한 것이 아니었다.(데이비드 리스먼, 아서 슐레진저 2세, 로버트 린드와 같은 몇몇 인물을 제외하고.) 프롬은 미국 학계로부터 배제된 것에 대해 거의 속내를 내비치지 않았지만, 그들이 편협한 시각과 한정되고 꽉 막힌 관심 분야에 매몰되어 인류가 직면한 거대한 문제들로부터 너무 멀리 동떨어져 있다고 생각했다. 그는 더 많은 대중을 위해 글을 썼으며, 그 파급력은 실로 엄청났다. 판매량은 수백만 부에 달했고, 단권의 판매량만으로 최소 100만 부를 기록했다. 그 대표 주자인 『사랑의 기술』은 출간된 지 반세기를 훌쩍 넘은 지금까지 2500만 부 이상 판매되었고, 오늘날까지도 여전히 독자의 사랑을 받고 있다. 사랑의 중요성과 전쟁에 대한 혐오, 민주사회주의 가치에 대한 그의 헌신과 소비주의 및 물질주의를 향한 통렬한 비판, 그리고 무엇보다 중요한 인본주의에 대한 그의 외침은 그를 20세기에 가장 많이 읽히고 존경받는 인물들 중 하나로 만들었다. 그것은 실로 엄청난 서사이며, 프리드먼은 여러 가지 해석적인 가능성을 날카로운 시각으로 나열하는 가운데 예술적인 문장들로 그 이야기를 전하고 있다. 가히 학술 전기의 최고봉이라 할 수 있다.

대중 영역에서의 놀랄 만한 인기와 세 명의 대통령 후보를 포함하는 주요 관료들에 대한 그의 결정적인 영향력에도 불구하고 프롬의 저작은 단 한 번도 미국의 대학교수회에서 반향을 불러일으키지 못했다. 전 세계 거의 모든 곳에서 계속 판매되고 있는 그의 저작들은 각 나라의 정상들, 심지어 교황에게서까지 칭송을 이끌어냈으며, 여전히 모든 지역의 학생들이 가장 좋아하는 책에 이름을 올리고 있다. 그럼에도 미국의 교수들 사이에서는 거의 관심을 이끌어내지 못하는 것처럼 보이며, 그 이유는 여전히 미스터리로 남아 있다. 왜냐하면 그는 이미 독일, 이탈리아, 스위스, 멕시코, 그리고 동유럽의 많은 국가에서 학계의 칭송을 받아왔기 때문이다.

프리드먼 교수의 세심하고 정교한 시각으로 아름답게 쓰인 이 훌륭한 책은 너무도 흥미롭고 사려 깊어서 분명 프롬의 생애에 대한 관심을 다시금 불러일으킬 것이다. 여러 나라에 여러 언어로 남겨진 무궁무진한 원고와 자료들을 놀랍도록 철저하게 조사한 이 책은 어린 프롬이 유대교 율법을 따르는 집안에서 자라던 아주 이른 시기부터 그의 자취를 따르고 있다. 어떤 면에서 프롬의 종교적 수련은 그가 이후 걷게 될 삶의 전조가 되었다. 프리드먼은 문화와 환경이 어떻게 그의 사상과 인성을 형성했으며, 히브리어 성경 속 예언자들의 모습과 그의 생이 어떻게 닮아가게 되었는지 증명하고 있다. 흥미와 예술성에서 탁월하게 아름다운 균형미를 자랑하고 있는 이 책은 많은 독자로 하여금 프롬이 그의 삶에서 다루어낸 것과 같은 문제들을 당당하게 마주할 수 있게 해줄 것이다. 프롬은 우리가 살고 있는 현대 사회에 너무도 많은 메시지를 전하려 했다. 이 매력적인 인물의 삶에 대한 관심을 새롭게 하기 위해 쓰인 프리드먼 교수의 이 책은 묵직한 의미를 가져다줄 것이다. 자신의 삶에 관한 이야기가 이토록 능수능란하고 공정하게 다루어진 것에 대해 프롬도 먼 곳에서나마 기뻐하리라. 다시 한번 말하지만, 프리드먼이 어째서 뛰어난 전기 작가이며 모두에게 인정받는 탁월한 역사학자인지, 이 한 권의 책이 증명할 것이다.

제럴드 그롭Gerald N. Grob
러트거스대학 헨리 지거리스트 의학사 명예교수

감사의 말

이 책을 쓰는 데 참으로 오랜 시간이 걸렸고, 그 과정에서 내가 집필한 그 어떤 책보다 많은 어려움과 직면해야 했다. 그러므로 나는 너무도 많은 분에게 감사의 인사를 전해야 한다.

먼저 엄청난 양의 프롬의 서신들을 조사하느라 내가 여러 해를 보내야 했던 독일 튀빙겐의 에리히 프롬 기록 보관소 소장 라이너 풍크에게 감사 인사를 전하며, 지난 44년 동안 나와 함께 일했던 가장 명민한 학생이자 뛰어난 기고가인 앙케 슈라이버에게 감사한다. 처음에 나는 서툰 독일어 번역을 교정하느라 그녀에게 큰 도움을 받았고, 몇 년이 지나 우리 두 사람은 이 전기의 기본적인 개념 구조와 프롬의 삶에 드리운 미묘함에 관해 매일 토론하게 되었다. 앙케는 한 사람의 학생 그 이상이었으며, 신뢰할 수 있는 한 명의 동료가 되어주었다. 실제로 나는 앙케를 거의 공저자로 생각하고 있으며, 그녀와 함께하게 되어 이 작업은 나에게 더할 나위 없이 멋진 일이 되었다.

이 원고의 네 가지 초안을 만드는 과정에서 나는 많은 비평가를 찾아갔다. 가장 먼저 40년 동안 나의 친구였던 스티븐 횟필드가 중요한 질문을 던졌다.

"프롬이 그의 걸작 『자유로부터의 도피』 이후에 우리의 관심을 끌었던 것은 무엇인가?"

내게 스티븐을 소개해주었던 리처드 킹은 그에 버금가는 의미 있는 질문을 제시했다.

"이 전기가 어떤 새로운 개념적 통찰을 선사하고자 하는가?"

스티븐과 리처드는 거듭 초안을 비평하면서, 자신들의 질문에 대한 해답에 내가 더 가까이 다가갈 수 있도록 용기를 북돋워주었다. 대학원 시절 이후의 친구인 잭 피츠패트릭도 내게 힘을 보태주었는데, 그는 원고의 두 가지 초안을 살펴보고 프롬에 대한 균형 잡힌 심리학적 개요를 제공하는 데 도움을 준 임상의였다. 또 다른 임상의 친구들인 제임스 클라크, 린 레이턴, 데이비드 로토, 피터 로너는 이러한 개요를 더욱 확장시켰다. 앤루이즈 스트롱은 에리히 프롬과 프리다 라이히만의 결혼의 역학 관계를 이해하는 데 도움을 주었다. 젠더의 역사적 의미를 나에게 가르쳐주었던 엘리안 실버먼은 원고를 읽고 프롬이 자신의 삶에서 여성을 다루어왔던 방식과 관련해 내가 충분히 세심하지 못했던 부분에 표시를 해주었다. 수재나 헤셜은 프롬이 스스로를 한 사람의 유대인으로 생각하게 된 복잡하고 시시각각 변화하는 방식을 내가 이해할 수 있도록 각별한 도움을 주었다. 케임브리지에서의 하워드 가드너와의 만남은 나에게 단순한 믿음을 훨씬 뛰어넘는 자극이 되었다. 하워드는 내게 기본적인 이야기의 흐름에 대한 시각을 잃지 말아야 한다고 말했고, 그렇지 않으면 내가 이 책을 끝내지 못할 것이라고 충고했다. 도널드 마이어는 나의 논문을 지도해주던 때 이후로 또다시 나에게 힘이 되었다. 그는 45년 전과 마찬가지로 여전히 거칠지만 공정하고 깊이 있는 통찰력을 지닌 비평가였다. 나의 몇몇 학생들 또한 내가 한때 그들을 도왔던 것처럼 이번에는 나의 원고에 도움을 주었다. 실제로 스콧 에벌리, 마크 맥가비, 데이비드 앤더슨, 밀턴 벤틀리, 아드레아 로런스, 조지프 거슨, 데이먼 프리먼 등은 내가 그들의 원고를 볼 때보다 더욱 철저했던 것 같다.

내가 에리히 프롬을 이해하려고 했던 지난 9년 동안 매우 특별한 순간들이 있었다. 나는 부스베이 하버에 있는 버트럼 와이엇브라운과 앤 와이엇브라운의 집에서 밤낮으로 그들과 멋진 시간을 가졌는데, 그곳에서 우리는 이 책의 장章들에 대해 실질적이고 문체적인 논의를 주고받았다. 내가 거듭해서 이 전기의 개념을 찾으려 애쓰고 있었을 때 웰플리트와 케임브리지에서 함께했던 로버트 제이 리프턴과의 토론은 놀랄 만큼 흥미로웠으며, 왜 내가 그를 '나의 코치'라고 부르게 되었는지 잘 설명해줄 만큼 크나큰 도움이었다. 자칭 프롬 전문가였던 닐 매클로플린은 내가 그의 거실을 가득 채운 복사물과 쪽지 속에서 기록 문서나 아이디어를 건져내려 하는 동안, '마술 같은 순간'을 맞이하게 해주었다. 대니얼 버스턴은 수십 년 전에 프롬과 관련한 더욱 힘 있는 책 한 권을 집필했으며, 나와의 흥미로운 대화 속에서 폐부를 찌르는 독특한 아이디어들을 제공해주었다. 프랑크푸르트 연구소에 대한 고전적인 저작의 저자였던 마틴 제이는 연구소와 관련한 장에 대해, 그리고 『자유로부터의 도피』의 내용에 대해 당연히 거칠 수밖에 없지만 생기 넘치는 비평을 해주었다. 나의 오랜 친구 로버트 앱저그와는 모종의 거래가 있었다. 그는 프롬에 관한 나의 원고를 살펴주었고, 나는 프롬의 분석가였던 롤로 메이에 관한 그의 원고를 살펴주었다. 프롬의 계속된 건강 문제에 관해 나에게 많은 것을 설명해주었던 뉴욕의 비상근 의사인 케네스 프리드버그와는 또 다른 종류의 교류를 했다. 스티븐 버거는 문제가 있을 수 있는 장과 관련해 과연 그것들이 검열을 통과할 수 있을지 검토해주었다. 앨런 페티그니는 매우 흥미로운 대화로 나와 함께 1950년대에 관한 생각을 주고받았고, 성격 이론 전문가였던 보니 스터너는 프롬의 사고 구조에 대해 설득력 있는 통찰은 물론이고 훌륭한 유머 감각까지 보여주었다. 그리고 찰스 로젠버그를 아는 사람이라면 그가 한 가지 논쟁을 명확히 하는 데 어떤 것이 필요한가에 관해 이미 모든 해답을 갖고 있다는 사실에 그리 놀라지 않을 텐데, 우리는 주로 하버드 광장에서 함께 점심 식사를 하면서 그러한 일들을 진행했다.

프롬의 세 번째 아내가 그의 개인적 편지들을 상당량 파기해버렸기 때문에 그의 친구나 동료와의 논의는 필수적이었다. 멕시코에서 프롬과 가까이에서 작업을 진행했으며 핵무기 반대를 위한 운동에도 그와 함께했던 마이클 매코비는 단연 가장 우선적으로 만나야 할 사람이었다. 이 프로젝트를 시작한 이래, 나는 프롬에 관해 마이클과 자유로운 논의를 즐겼다. 그도 또한 프롬과 주고받은 편지들을 나에게 보여주었고, 편지의 내용을 하나의 문맥으로 만드는 데 도움을 주었다. 프로젝트 초기에 샌디 리 매코비는 자칫 놓칠 뻔했던 프롬의 사적인 삶의 여러 측면에 관해 내게 많은 이야기를 들려주었다. 살바도르 미얀과 소냐 미야우 내가 멕시코시티에서 조사를 진행했을 때 거처를 마련해주고, 그들의 나라에서 프롬이 보냈던 23년여의 세월에 관해 많은 이야기를 해주었다. 살바도르는 직접 찍은 훌륭한 사진들을 내게 건넸고,

추가로 여러 가지 우스갯소리도 알려주었다. 나는 프롬이 많은 애정을 가지고 있었던 사촌인 게르트루트 훈치커 프롬과 함께 시간을 보내기 위해 적어도 1년에 한 번은 취리히를 방문했다. 그녀는 프롬의 초기 가족생활에 관해 다른 누구보다 세세하게 설명해주었고, 수년 동안 프롬이 그녀에게 보냈던 책과 서신들을 보여주었다. 프롬의 유언 집행관이자 친구인 모셰 버드모어는 특히 프롬의 삶의 마지막 몇십 년 동안의 미묘함을 이해하는 데 아주 큰 도움이 되었다. 카렌 호르나이의 딸이자 프롬의 분석 대상자였던 마리안 호르나이 에카르트는 프롬의 임상적 기술 및 자신의 모친과 프롬의 애정사와 관련해 많은 부분을 말해주었다. 나는 파리와 프랑스 남부에서 프롬의 분석 대상자였던 제라르 쿠리를 만나 그가 프롬의 사망 즈음 진행했던 훌륭한 인터뷰의 테이프 녹음본을 문장으로 옮기기도 했다.

　수십 년 전에 나에게 일반 독자들을 위한 글쓰기를 어떻게 해야 하는지 가르쳐주었던 엘런 마이어는 내가 마지막 장을 마무리하고 있을 즈음 새로운 가르침을 전해주었으며, 원고가 끝나갈 무렵 다이앤 빙엄 또한 내가 중대한 결정을 내리는 데 도움을 주었다. 컬럼비아대학 출판부의 편집자인 제니퍼 페릴로는 친절하고 능숙하며 학식이 뛰어나고 조예가 깊어 자신이 담당하는 작가들을 '보살피는' 능력을 지닌, 작가에게 필요한 모든 것을 제공해주는 사람이었다. 엘런과 다이앤 그리고 제니퍼는 내가 그 원고에 가능한 최대치의 힘을 불어넣었다는 사실을 확인시켜주었고, 다음 책으로 옮겨 갈 수 있는 확신을 심어주었다. 이 책이 탄생하기까지 기술적으로 끊임없이 살펴주었던 컬럼비아대학의 다른 세 편집자 로버트 펠먼, 마이클 해스켈, 스티븐 웨슬리 역시 왜 이 책이 세상에 나와야 하는지에 관해 잘 설명해주었다. 계속해서 반복적으로 원고의 부분 부분을 복원해주었던 나의 '인간 컴퓨터'인 제이슨 워커가 아니었다면 컬럼비아대학 출판부도 제대로 된 내용을 거의 실을 수 없었을 것이다. 또한 결혼으로 애니스 프리먼의 사촌이 된 니타 헤이건의 배려가 없었더라면 훌륭한 사진들을 함께 싣지 못했을 것이다.

지난 10여 년간 내게 도움을 준 많은 친구와 동료 중에서도 이 프로젝트를 끝내는 데 가장 중요한 역할을 한 사람은 로널드 다카키였다. 로널드는 1966년 이래로 나의 가장 절친한 친구였다. 우리는 모든 책을 함께 썼으며, 실제로 이 프로젝트의 마지막 몇 년 동안 로널드가 내 곁에 있었더라면 나는 이 책을 더욱 빨리 끝낼 수 있었을 것이고, 아마도 더욱 에너지 넘치는 원고를 독자들에게 보여줄 수 있었을 것이다. 로널드와 나는 이따금 서로의 책을 바꾸어 집필해보자고 농담을 주고받기도 했다. 실제로 가끔은 우리의 저작들이 그만큼 닮아 있기도 했다.

"진정으로 아름다운 작업이었다. 앞으로도 그렇게 계속할 수 있기를."

로널드는 따끈따끈한 새 책의 속지에 이렇게 적어주기도 했다. 나는 수십 년 동안 로널드와 이 '아름다운 시간'을 함께할 수 있어 참으로 행복했다.

제2부 아메리카, 아메리카

프롤로그

1958년 늦은 여름, 나는 부모님과 조부모님의 고향인 로스앤젤레스를 떠날 준비를 하고 있었다. 며칠 후면 나는 캘리포니아대학의 새로운 리버사이드 캠퍼스 신입생이 될 것이었다. 나는 동유럽 출신 이주민이었던 할아버지와 TV 시사 프로그램 「60분60 Minutes」의 선발주자인 「마이크 월리스 쇼The Mike Wallace Show」를 보고 있었다. 월리스는 한 시간가량 에리히 프롬과의 인터뷰를 진행하고 있었는데, 그는 프롬을 근본적으로 '두 가지 삶'을 살았던 사람, 프로이트 이래로 가장 중요한 정신분석학자이자 러시아와의 평화로운 공존을 이룩한 성취자라고 소개하고 있었다. 인터뷰가 진행되는 동안 프롬은 월리스가 자신 있게 말했던 자신의 두 가지 삶을 멋지게 확장시켰는데, 첫 번째는 정신분석학적 지식을 지닌 임상의로, 두 번째는 정치활동가로, 세 번째는 사회비평가로, 그리고 네 번째는 이 사회에 길을 제시하는 작가로 자신의 삶을 설명했다. 그는 이러한 역할들이 결코 배타적이고 이질적인 것이 아니라고 강조했다. 오히려 인간이 증오와 폭력 그리고 전쟁의 너머로 단 한 발짝도 제대로 나아가지 못하는 이 명백한 불능의 시대에 그 모든 것은 한데 묶여 있는 것이라고 힘주어 이야기했다.

그 후 내 삶의 쉰두 해 동안, 그리고 2008년 이후 앙케 슈라이버의 확실한 조력에 힘입어 나는 관념적이고 때로는 개인적인 방식으로 르네상스적 교양인인 에리히 프롬과의 소통을 스스로 진행해왔다. 그의 사상과 그의 삶, 그리고 미처 눈에 띄지 않았던 부대낌까지. 그러한 부대낌은 그가 인간의 가능성과 영성 그리고 미학적인 부분까지 단번에 아우르려는 동시에 일상적 경험에서 꼭 필요한 것들을 다루기 위해 자신의 삶을 규정된 요소들('그의 삶들') 안에 붙들어놓는 감성적 인도주의자였기 때문에 발생한 일들이었다. 당연히 이러한 인간의 양면성은 개인적·관념적으로 충돌할 수밖에 없었을 것이다.

한 가지 예를 들여다보면 그것은 더욱 또렷해진다. 나는 프롬과 프로이트의 관념적 충돌이 프로이트의 정신분석학적 공식에 대한 프롬의 반항적 거부가 아니라, 히틀러의 잔인하고 폭력적인 권위주의에 의해 뿌리 뽑혔던 두 명의 성숙한 유럽인의 생각과 영혼의 삶이 자유롭게 어우러지는, 예의를 갖춘 춤사위였다고 생각한다. 두 사람 다 고향을 떠날 수밖에 없었으며, 타지에서 자신들의 일상적 존재의 다양한 역할과 위치를 재정립해야 했다. 게다가 그들은 시민사회의 본래 모습으로부터 야만이나 대량학살을 도려낼 수 있는 첨예한 칼날을 찾기 위해 노력해왔다. 어떤 의미에서 프로이트의 『문명 속의 불만』과 프롬의 『자유로부터의 도피』는 그러한 관념적·정신적 연구의 표상이었다. 그것은 자신들의 환경과 방식에 따라 20세기의 파괴적 흐름을 설명하려는 두 정신분석학자의 사상과 영혼의 어울림이었다. 프롬은 사랑만이 단 하나의 해결책이라고 결론지었고, 프로이트는 다소 희망적이지 않았을 뿐이다.

비록 전쟁이 사라진 세계에 대한 프롬의 예언적 비전이 최고위층 관료들에게 진지하게 받아들여진 적도 있었지만, 정치활동가로서의 삶에서 그는 세계 평화와 정의가 사랑에 의해 하나로 묶이고 유지되어야 한다는 자신의 주요한 정치적 목표를 실현하지는 못했다. 가장 위태로운 냉전의 시기에 그가 존 F. 케네디 대통령에게 끼친 영향력이 바로 그 주요한 실례였다.

1960년 가을 『다이달로스Daedalos』에 소개되었던 군비 제한과 비무장에 관한 프롬의 글이 대통령 후보였던 케네디의 관심을 끌었다. 그 글에서 프롬은 미국이 소련에게 계속해서 점차적인 군비 감축 제안을 조금씩 흘려서 결국 비핵화를 이룩해야 한다고 조언했다. 그는 또한 강력한 비무장 연합 조직의 필요성을 역설하기도 했다. 대통령 재임 열 달 동안 케네디는 군비 제한과 비무장 조직 창설을 의회에 요청했고, 소련을 지속적으로 압박하는 데 프롬의 글을 참조하라고 그의 정책 고문에게 지시했다. 그에 따라 케네디의 국방 전문가 맥조지 번디는 대통령 집무실에서 소련과 독일 정책에 관한 브리핑 자료로 프롬의 몇몇 글을 취합해 사용했다. 이러한 간접적 방식의 접촉은 1962년 가을까지 계속되었는데, 당시는 쿠바 미사일 위기가 거의 핵전쟁으로 확산될 즈음이었다. 그러한 위기 직후에 케네디가 프롬에게 직접 전화를 걸었다는 믿을 만한 근거도 있다. 1963년, 대통령은 아메리칸 대학의 대표 연설에서 자신이 빈번히 사용했던 냉전에 대한 날카로운 웅변을 명확하게 진행했고, 세계 대재앙을 방지하기 위한 방법으로 비핵화와 소련과의 평화로운 공존의 필요성을 강조했다. 많은 서류를 참조하고 '내부자들'과 사적인 대화를 진행하면서 그러한 것들이 그 연설의 초석이 되었을 것이다. 하지만 케네디의 사유와 그가 보여주었던 윤리적 가치, 심지어 연설에서 사용한 특정한 몇 개의 단어들까지, 그 모든 것은 프롬의 글들, 특히 『다이달로스』의 글 일부분을 함축하고 있었다.

베트남에서의 참혹한 미국의 위상과 더불어 전 세계적 핵 재앙이 금방이라도 일어날 것 같은 냉전의 가장 위태로운 시기에, 시민운동과 인간 존엄이 세계적 위기에 봉착한 바로 그 한가운데에서 프롬의 강연과 저서들은 그의 엄청난 기부활동과 함께 전쟁이 없는 세계를 역설하는 많은 세계 평화·인권운동가의 활동에 큰 힘을 실어주었다. 그는 이렇듯 어느 정도 정치와는 거리를 둔 방식으로 인류애를 위한 전 지구적 책무를 지닌 인간에 대해 자주 이야기하곤 했다. 그 끝은 언제나 이성적인 핵 정책과 인권을 위한 국제 위원회의 설립이나 기금 마련을 돕는 일이었고, 그는 그러한 두 단체에서 앞장서 활동했다.

프롬은 영향력을 지닌 유력 관료들 사이에서도 중요한 인물이었다. 아들라이 스티븐슨, 윌리엄 풀브라이트, 필립 하트, 유진 매카시 등은 세계 정세에 관해 그의 조언을 청했다. 그는 의회의 상원들과 UN의 관료들, 케네디 정부의 몇몇 인물과도 환담을 나누었다. 프롬은 설득력 있는 분석으로 국제 정세에 대한 새로운 시각을 제시했지만, 그의 예언적 성향은 정책 과정에서 흔히 나타나는 타협이나 얼버무리는 일이 몸에 밴 정치가들과의 의사소통을 제한하기도 했다. 하지만 그는 뛰어난 소통 능력을 바탕으로 평화·인권운동가들과 그들의 연합 세력들, 그리고 신중한 고위 관료들 사이에서 가교 역할을 했다.

나는 1960년대에 활동가와 이론가로서의 프롬을 만나게 되었다. 그

때 나는 프로이트와 마르크스에 대한 몇몇 프롬의 시각과는 확실히 대립하는 입장이었다. 그러나 미국 평화운동에서의 그의 업적과 냉전의 위기가 고조된 시기에 '사악하다'고들 말하는 러시아인을 책망하기를 거부한 그의 모습은 나의 활동과 연구에 엄청난 영향을 주었다. 실제로 그것은 치열했던 1964년 '미시시피 자유 여름'1964년 미국 흑인들의 투표권 투쟁 사건—옮긴이과, 베트남에 대한 미군의 무력 개입 번복을 위한 투쟁에 내가 참여하도록 이끈 촉매제였다. 이러한 활동은 그때 이래로 내가 썼던 모든 책의 주제에서 뼈대를 이루었고, 앞으로도 결코 끝나지 않을 정치적 여정을 촉발하는 데도 도움을 주었다. 프롬과 정치 활동에 대한 나의 생각은 바로 이 책『에리히 프롬 평전The Lives of Erich Fromm: Love's Prophet』에 잘 드러나 있다.

사회비평가로서 혹은 '대중 지식인'으로서의 프롬의 삶은 정신분석학, 윤리학, 신학, 정치 이론, 사회철학, 문화 창출 등 많은 분야에 대한 복잡한 사유를 동시대의 두려움과 내재된 이상에 감응하며 아주 간단하고 직접적인 글로 옮기는 그의 놀라운 능력 덕분에 가능한 것이었다. 아리스토텔레스나 괴테, 실러, 톨스토이, 헤세, 아인슈타인, 버트런드 러셀 그리고 다른 거물급 지식인들에 대해 들어본 적 없었던 독자들은 그들의 사상을 동시대의 특정한 문제와 관심사로 환원해 적어내는 프롬의 명쾌하고 확실한 글 속에서 그 모든 것을 접하게 되었다. 그는 이러한 어마어마한 사상가들의 사유를 활용해 소비문화, 기업자본주의, 군국주의 그리고 권위주의에 대한 뼈아픈 비판을 가능하게 했다. 또한 그는 사랑의 삶, 생명 사랑과 같은 생명애의 예언자로서도 중요한 의미가 되었다.

프롬의 1956년 저서『사랑의 기술』은 전 세계적으로 2500만 부 이상 판매되었고, 반세기 전 캘리포니아대학 학생 시절 나의 친구들이 그러했듯이 오늘날 하버드대학 학부생들이 가장 좋아하는 책이다. 수 세대 동안 그것은 독자들의 인간적·사회적 삶을 놀라울 만큼 단단하게 연결해주는 끈이 되어왔다. 스탈린이나 히틀러 시대의 권위주의 사회철학을 발굴한, 프롬의 저서 중 가장 사유가 깊고 중요한 저서인 『자유로부터의 도피』(1941)는 28개국 언어로 500만 부 이상 판매되었다. 1956년 헝가리혁명 이래로 그것은 독재 정권이 도전을 받는 곳이라면 어디에서나 놀랍도록 높은 판매고를 보였다. 2011년의 '아랍의 봄'은 가장 근대의 실례라 할 수 있을 것이며, 그 주제가 무엇이건 간에 프롬의 책들 대부분은 100만 부를 훌쩍 넘겨 판매되었다.

프롬은 놀랍도록 사람의 마음을 움직이는 전 세계적인 교육자였고, 그것은 어느 세대의 지식인이나 학자도 이룩하지 못한 실질적인 업적이었다. 이러한 사실이 바로 이 책의 중심 토대를 이루는 데 중요한 역할을 했으며, 우리는 프롬의 삶에서 그의 경험과 그를 둘러싼 시대의 희망과 두려움 사이의 결정적인 끈을 발견할 수 있을 것이다. 1960년대 말은 미국에서 유럽과 남미의 학생 저항운동 세력들이 하나로 모여들던 시기였다. 동시대의 문제를 반영하는 프롬의 서적과 연설은 전 세계적인 규모로 모든 운동의 근본적인 토대를 제시해주었다. 그는 서방 자본주의 시장뿐만 아니라 관료적 스탈린 체제에도 민주사회주의인 '제3의 길'이라는 대안을 주창했는데, 그것은 기업자본주의 사회와 관료화된 국가사회주의 체제 양측 모두 현대 인간의 소외와 많은 관련이 있다는 것이었다.

프롬은 자신의 '제3의 길' 속에서, 개인의 행복과 복지에 가치를 두고 관료들은 그것을 위해 직접적인 도움을 주는 '인본주의적' 사회를 처음으로 가시화했다. 그러나 1970년대 초 그는 자본주의건 사회주의건 혹은 또 다른 사회적·경제적 체제건, 모든 국가의 타고난 본질로서 전쟁과 호전성과 타인을 굴복시키려는 본능을 염두에 두게 되었고, 그러한 제3의 길은 국가 체제 자체에 다소 모호한 프롬만의 대안적 은유가 되어버렸다. 홀로코스트와 스탈린 처형과 히로시마 원폭 투하 그리고 베트남 전쟁 이후, 국가와 국수주의가 득보다는 실이 되었다고 프롬과 유사하게 기술하는 공공 관료나 학자 혹은 시사비평가들이 있었다. 그들은 '하나 된 세계' 혹은 '하나 된 인류'를 주창했지만, 그들 중 누구도 프롬만큼 이 메시지를 명쾌하고 그럴듯하게 전달하지 못했으며, 수백만의 청중이 국가에 대한 스스로의 맹목적 충성을 재고하도록 설득하지 못했다.

사회 전반적으로 프롬의 영향력이 커지면서 많은 미국 학회 사이에서 그에 대한 탐탁지 않은 시선이 생겨났다. 이는 그가 스스로 교수회로부터, 특정한 자료집이나 기록으로부터, 그동안 미국에서 진행되어 왔던 학술적 연구와 글쓰기로부터 어느 정도 거리를 두게 하는 데 일조했다. 프롬의 친구인 저명한 사회학자 데이비드 리스먼이 '학술적 공전公轉'이라고 말했던 것처럼, 프롬은 사회과학의 각 분야가 그들 자신만의 '언어'와 전문 분야 그리고 연구와 글쓰기에서 정확한 기준을 가지고 고도로 특성화될 때까지 그 모든 것의 바깥에 머물렀다.

또 다른 여러 요인도 프롬이 저명한 학자로서 명성을 얻는 데 걸림돌이 되었다. 1955년 그는 프랑크푸르트 연구소 동료였던 허버트 마르쿠제와 우연히 마주쳤다. 철학자이자 어느 정도 학술적 명성이 있던 마르쿠제는 프로이트의 상당히 추상적인 이론 서적을 탐독한 터라 정신분석학에 익숙했지만, 임상적 경험이나 치료에서 실제로 직면하는 상황들에 대한 이해가 부족했다. 두 사람은 당시 전후戰後 지식과 문화의 담론을 다루는 뉴욕 저널인 『디센트Dissent』의 몇몇 기사와 관련해가시 돋친 말을 주고받았다. 마르쿠제는 18년 전에 있었던 프랑크푸르트 연구소의 또 다른 동료인 테오도어 아도르노와 막스 호르크하이머의 초기 비난을 상기시키면서, 프롬이 인간 본성을 활성화하는 생물학적 독립체 안에 리비도의 욕망이 깊게 자리하고 있다는 프로이트의 중요한 전제를 저버림으로써 정신분석학의 혁신적 담론들을 무의미하게 만들었다고 비난했다. 좀 다르게 말하자면, 마르쿠제는 프롬이 몇몇 학자가 '모더니스트' 의제라고 부르는 사회적인 조작과 억압으로부터 인간의 내면을 자유롭게 하는 '프로이트적' 탐구(예를 들어, '초자아적 한계'와 같은)를 무시했다고 비난한 것이었다. 많은 영향력 있는 미국의 좌파 사상가들('뉴욕 지식인들'이라고 불리게 된 몇몇을 포함한) 역시 마르쿠제의 비판을 그대로 답습했다. 그것은 한동안 학자들의 머릿속에서 떠나지 않았으며, 완강한 보수주의자들 사이에서는 집요하게 계속되었다.

그러나 마르쿠제의 비판이 정치활동가로서, 그리고 전 세계적 교육자로서의 프롬의 역량에 대한 사람들의 기대를 막아서지는 못했다. 또한 리스먼으로 하여금, 프로이트에 대한 프롬의 이론적 대안, 즉 외부적 사회 구조가 내재적 욕망을 재구성하고 한 인간의 삶의 지향점을 제공한다는, 이제 막 태동하는 '사회적 성격' 개념을 포기하게 만들지도 못했다. 사실 리스먼은 자신의 걸작인 『고독한 군중The Lonely Crowd』의 주제를 형성하는 데 그러한 사회적 성격 개념을 상당히 신뢰했다. 1940년대 초반부터 벤저민 스폭은 부모가 자녀를 과도하게 통제하는 것을 지양하도록 교육하면서 '권위주의적 성격'에 관한 프롬의 견해를 많은 부분 활용하기도 했다. 교황 요한 바오로 2세는 인류의 위대한 스승으로 에리히 프롬을 언급하며 그의 『소유냐 존재냐』를 뛰어난 종교 서적이라 칭송했고, 영적 가르침을 논의하기 위해 프롬을 바티칸으로 초대하기도 했다. 이러한 예들은 학문을 넘어서는 실질적이고 지속적인 프롬의 영향력을 뚜렷하게 드러내는 것이다. 비록 그가 학자로서 연구의 어려움에 직면했었다고 하더라도 그의 삶의 또 다른 면면들은 여전히 생생하게 지속되고 있었다.

또 다른 그의 삶, 즉 시사평론가나 지식인으로서 프롬은 카렌 호르나이, 폴 라자스펠드, 파울 틸리히를 포함한 동시대 인물들의 출현과 성장에 눈에 띄는 역할을 했다. 그들의 글이나 일반적인 담론들은 1930년대 권위주의적 유럽 국가들의 출현과 냉전 시대의 핵전쟁에 대한 견지, 그 경계의 산물이었다. 프롬과 마찬가지로 이 시대의 많은 지식인은 파시즘과의 소름 끼치는 시간을 겪어온 세속적인 유대인들이었고, 수백만의 사람을 몰살한 인간의 잠재성, 군중의 소외, 잔혹한 국수주의를 포함하는 무수히 많은 난해한 주제에 관해 강연을 진행했다. 이러한 사상가들 대부분은 1960년대 사람들의 보편성뿐만 아니라 그 차이점의 수용까지 인정하는, 또한 다원주의를 지향하는 모든 인류애에 관해 언급하며 보편주의자의 관점으로 조금씩 옮겨 갔다.

이러한 사상가들은 현재 '대중 지식인'이라고 불린다. 그러나 그러한 '대중 지식인'이라는 용어가 1980년대 말까지는 통용되지 않았기 때문에, 그들이 그 당시 받아들였던 것처럼 '시사평론가'나 심지어 '사회철학자'라는 용어를 선택하는 것이 유용할지도 모른다. 몇몇 지식인이 학계에만 머물러 있는 동안 이들은 좀 더 광범위한 독자들을 위해 글을 썼다. 그들은 학술적 전문 분야의 요청이나 동료들의 서평 그리고

'전문가들'에게만 엄격히 제한된 회의들을 탐탁지 않은 시선으로 바라보았다. 대신 그들은 원칙을 넘어서는 중대한 이슈들에 관해 탐구했고, 마음속에 스며드는 인간적 고민들을 다루었다. 프롬과 같은 많은 지식인이 체계적인 연구는 삼가면서도 전문적인 학문과 그 기저에 깔려 있는 근원을 연결하려는 시도에 뛰어들어 짧은 시간 안에 매력적인 글을 써냈다. 그들은 자주 자신들의 논쟁을 다시 끄집어냈으며, 때때로 수십 년에 걸쳐 그것을 흥미롭게 비틀어 다시 언급하기도 했다.

프롬과 함께하는 '대중 지식인' 세대가 품고 있던 비전은 평화롭고 자애로우며 점차적으로 하나의 세계가 되는 시민사회의 그것이었다. 과거의 잔혹한 전쟁들과 핵전쟁 발발의 잠재적 가능성은 모두 그러한 비전이 혐오하던 것들이어서, 프롬은 많은 저명한 지식인, 활동가와 연대했다. 그는 새로운 이스라엘 국가와 주변 아랍 국가들을 포용하는데 침묵하는 현실에 변화를 꾀하기 위해 한나 아렌트와 협조했다. 또한 프롬은 비무장과 평화, 특히 중동의 긴장을 완화하는 데 일조하는 운동에서 알베르트 아인슈타인과 직접적으로 접촉했다. 그는 또 전세계의 갈등 지역에 새로운 문화적 이론들을 접목하기 위해 마거릿 미드와 그녀의 학제적 모임에 함께했다. 컬럼비아대학에 재직하는 동안 프롬은 이미 높은 평가를 받고 있는 사회학과와 새롭게 이주해온 프랑크푸르트 연구소가 전반적인 공공 이슈들에 관한 연설을 진행했을 때, 그 둘 사이에 학술적 협업을 발전시키기도 했다. 한때 그는 아도르노, 역사학자 리처드 호프스태터 그리고 사회학자 로버트 린드와 C. 라이트 밀스가 함께 만나서 전후 세계의 피해 망상적 정치, 편견, 두려움과 관련해 서로의 생각을 공유하도록 주선하기도 했다.

그의 모든 '삶들'과 관련해, 프롬을 한 번에 아우르는 것은 난해하기는 하지만 불가능한 일은 아니다. 그가 출간한 글에서 발견되는 사상들, 즉 학자적 초점은 식자들이 쓴 전기 속에서 이미 제시되어왔다. 몇몇 작업은 실제로 상당히 훌륭했다. 그러나 그들은 프롬의 인간적 삶이 지적 성취를 형성하고 또한 그것에 의해 형성되었다는 식으로 다루지는 않았다. 우리는 왜 그럴 수밖에 없었는지 알고 있다. 프롬이 그의 세 번째 아내에게 자신이 죽고 나면 개인적 서신들을 모두 불태우라고 말했기 때문이다. 그러나 다행히도 우리에게는 이러한 문제를 풀어갈 방법이 있다.

프롬이 그의 대부분의 저서에서 시사했던 '사회적 성격' 개념을 예로 들어 생각해보자. 사회적 성격에 대해서는 1932년의 글 「정신분석학적 성격학과 사회심리학적 타당성Psychoanalytic Characterology and Its Relevance for Social Psychology」, 1941년에 출간된 『자유로부터의 도피』 그리고 1947년의 『자기를 찾는 인간Man for Himself』에 명확히 설명되어 있다. 사회적 성격의 본질에 관해 더욱 자세히 설명한 한 문구에서 프롬은 이렇게 썼다.

"성격이란 인간의 에너지가 사회화되고 동화되는 과정에서 집약되는 형태로 정의될 수 있을 것이다. (…) 그러한 성격 체계는 동물의 본능적 시스템에 대한 인간의 대체물로 간주될 수도 있을 것이다."

프롬은 사회적 성격의 본질에 관해 확실히 하기 위해 이렇게 쓰기도 했다.

"사회적으로 만들어진 욕망들은 명백히 인간적이며, 그것은 본능의 승화가 아니라 사회적 환경이라는 특정한 옷에 끼워 넣어진 반작용으로 설명되어야 할 것이다."

이것이 바로 사회적 성격에 대한 프롬의 가장 명확한 설명이다. 이 개념의 배경은 무엇일까?

프롬은 1930년대 말 프랑크푸르트 연구소에서의 후반기에 동료에게 보낸 편지에서, 리비도적 에너지가 인간 본성의 중심이라고 이야기하는 프로이트의 대전제를 저버려야겠다고 썼다. 히틀러가 독일 수상의 자리에 오르기 전 10여 년 동안 그가 진행했던 독일 노동자들의 사회적·경제적 실상에 대한 중요한 연구가 이러한 의구심을 갖게 했다는 것이었다. 그는 프로이트에게 당위성을 부여한 채 연구 과정에서 리비도적 이론의 대안을 추구하는 것은 단지 의무적인 일에 불과한 것이라는 사실을 깨달았다. 심지어 프로이트 스스로도 자신의 초기 텍스트에서 벗어나고 있었지만, 오히려 그것에 글자 그대로 매달리고 있던 프랑크푸르트 연구소의 동료들은 그런 프롬에게 배신감을 느껴 그를 제명할 것을 요구했다.

1939년 호르크하이머가 그의 사직을 승인한 이후, 프롬은 돈벌이가 되는 사설 정신분석 상담소를 꾸려나가면서 생활을 유지했고, 그로 인해 그는 '사회적 성격'이라는 개념이 될 자신의 연구를 구체화할 수 있는 여유를 얻었다. 『자유로부터의 도피』를 집필하는 와중에 그는 또다시 리비도적인 충동이 모든 것의 중심이라는 프로이트의 이론에 의문을 가지게 되었다. 그는 처음에는 자아라는 것이 로크 신봉자들이 말하는 백지 상태의 마음, 즉 자신만의 경험적 상태가 결여된 텅 빈 공간에서 태어나는 건 아니라고 결론지었다. 프롬은 한 사람이 태어나면서, 그리고 그 직후에 이미 사회화된 하나의 개인이 된다고 보았다. 그 지점으로부터 자아는 한 사람의 독특한 성격이나 감정, 그리고 그 주변을 둘러싼 사회 환경 사이의 상호작용에 의해 반복적으로

형성되는 것이다. 프롬은 그렇게 사회적 성격 개념을 형성해가고 있었
지만, 그러나 여전히 분명치는 않았다.

　때로는 무디게, 또 때로는 그것을 더욱 명확히 하기도 하면서, 그는
여생 동안 계속해서 그 개념을 수정해갔다. 언제나 중요한 문제는 프
롬 자신이 사회적 성격 개념 속에서 리비도적 욕망(프로이트 추종자들의
모더니즘 의제로서 언제나 그 중심이었던)을 얼마나 받아들여야 하느냐는 것
이었다. 그는 프랑크푸르트 연구소 재직 당시 발전시켰던 사회적 성격
개념을 형성하는 과정에서, 특히 초기의 공식들에서 리비도적 욕망에
단지 소소한 역할을 할당했을 뿐이었다. 그러나 때로는 리비도적 욕망,
더 보편적으로 말하면 인간 에너지는 절대적으로 사회화의 과정 중심
에 있다고 주장했다. 다시 말하면, 1940년대에 집필을 시작하면서도
여전히 그는 자주(항상 그랬던 건 아니지만) 리비도적 욕망에 상당한 의미
를 부여했다. 그런데 그는 왜 금세 너무도 확실하게, 또 지속적으로 이
러한 중요한 문제에서 벗어났던 것일까? 그러한 질문에 프롬은 임상
적 기술이나 환자를 대하는 데 변화가 생긴 것은 자신의 수정된 공식
들과 많은 관련이 있으며, 사회적 성격의 요소들을 여러 차례에 걸쳐
재고하던 당시 종종 오히려 환자들로부터 많은 가르침을 받았기 때문
이라고 이야기했다. 그의 임상적 경험이 바뀌었듯이 그 개념 또한 바
뀌었던 것이다. 간단히 말하면, 프롬은 실제적인 정신분석학자로서의
삶이 개인적 이론가로서의 삶과 괴리되어서는 안 된다고 강조했다. 그
두 가지의 삶은 언제나 하나로 연결되어 있었다.

　어떻게 프롬이 사회적 성격의 공식에 도달할 수 있었는지를 이해하
는 일이 불가능하다는 것은 단 하나의 예만으로 명확해진다. 프롬의
모든 삶과 성취의 동기를 파악하려면 개인적이고 인간적인 존재로서

그를 이해해야 한다. 그러기 위해서는 그의 방대한 양의 서신들이 상당히 중요했지만, 그는 죽음의 순간 아내에게 그 모든 서신을 파기해 달라고 말했다. 그의 저작물 관리자인 라이너 풍크가 편지를 모두 파기하는 데 반대하면서 그의 작업과 관련된 편지를 보존할 수 있었지만, 나머지 편지들은 결국 파기될 처지에 놓였다. 하지만 프롬은 사적인 정보들이 포함된 공적인 서신들과 그가 풀브라이트나 리스먼에게 보낸 것과 같은 사적이면서도 공적인 편지들의 처분에 대해서는 언급하지 않았고, 이것들은 결국 여러 대학의 기록 보관소에 소장되었다. 또한 프롬의 요청에도 불구하고 그의 아내는 상당한 양의 개인적 서신들도 결국 파기하지 못했다.

그렇게 많은 편지를 되찾기는 했지만, 프롬의 초기 시절에 관해 대안적으로 접근하는 데 꼭 필요한 1934년 이전의 서신들은 찾아볼 방법이 없다는 사실을 인정해야 할 것 같다. 생의 후반기에 프롬은 몇몇 녹취 인터뷰에 동의했다. 이는 또한 그의 책 『환상의 사슬을 넘어서 Beyond the Chains of Illusion』(1962)를 통해 보완되었다. 그 인터뷰들은 훨씬 더 어린 시절의 프롬을 보여준다. 그는 자신의 성장을 간단히 "근심 많은 아버지와 자주 우울해하는 어머니 사이의 외아들"로 묘사했다. 그의 부모는 가정을 하나로 유지하기 위해 의식적이지는 않았지만 자주 그에게 의존했다. 프롬은 이러한 가족 체계와 동떨어져 소외감을 느꼈고, 이것을 부수어내야 했다. 그는 조용하고 친근한 스승들과 구약을 공부하며 어떻게 자신이 그 속에서 안식을 찾았는지, 그것이 훗날 학자의 삶으로 들어서는 데 어떻게 영향을 끼쳤는지 설명했다. 본질적으로 그는 자신이 느꼈던 괴리감을 규정하고 있었고, 그것은 그의 사회적 성격의 많은 부분을 드러내는 사회적·정서적 특징들이었다. 실제로 그러한 괴리감은 어떻게 사회적 환경이 그의 정서와 내면 전체를 형성했는지 잘 보여주었다. 그가 느꼈던 소외의 감정들은 그가 더 행복한 시간을 찾도록 자극했고, 이는 비록 환경적으로 다르기는 했지만 그의 여생에서 지속적으로 반복되었다.

프롬의 23년 동안의 멕시코 생활(1950~1973)은 그의 두 번째 아내 헤니 구를란트의 자살로 시작되었다. 그 후 애니스 프리먼과 깊은 사랑에 빠졌기 때문에 그 비극에서 회복하는 데는 오래 걸리지 않았고, 그녀는 그의 세 번째 아내가 되었다. 짧은 쪽지와 그보다 조금 더 긴 편지들이 오가며 두 사람의 관계는 풍요로운 즐거움이 되었고, 프롬은 그 속에서 『사랑의 기술』의 초안을 그려나갔다. 그 책에서 드러난 그의 화법은 수백만 독자의 꿈과 희망과 열망을 두드리며, 활기차고 신뢰할 수 있는, 또한 실재하는 개인적 사랑 이야기에 근간을 두고 있었다. 사랑에 빠진 작가, 즉 사랑의 예언자인 그의 강렬한 기쁨과 열정은 열병처럼 쉽게 퍼져나가는 것이었다.

멕시코시티와 근처의 쿠에르나바카에서 행복한 결혼생활을 즐기는 동안, 프롬은 프로이트 이후의 전제들에 근간을 둔 정신분석학적 문화를 만들어갔고, 다양한 출신 배경을 가진 상당수의 멕시코인들에게 정신분석학자가 되기 위한 토대를 마련해주면서 멕시코라는 나라에 본질적으로 정신분석학 그 자체를 소개했다. 그의 모든 문하생은 그가 이끄는 멕시코 정신분석 연구소에 등록했다. 동시에 그는 빈곤한 멕시코 마을에 관한 대규모 연구 프로젝트를 시작했다. 두 가지 사업을 진행하면서 그는 때때로 다른 사람들을 통제하려는 모습을 보이기도 했다. 그것은 정신분석학 초기에 프로이트가 보여주었던 나르시시즘과 닮아 있었는데, 프롬과 프로이트 둘 다 스스로를 특별한 정신분석학적 사상과 제도, 전통의 창시자로 여겼다.

멕시코의 정신분석학을 만들어가는 과정에서 프롬이 항상 자신의 권력과 영향력을 조심스럽게 사용했던 것은 아니었다. 그는 많은 멕시코인이 강하고 결단력 있는 남성 지도자에게 보여주는 존중을 활용했다. 프롬은 멕시코 정신분석 연구소에서의 대화나 수업, 혹은 실무적인 일의 근간을 형성하는 데 자주 '사회적 성격' 개념을 대입하려 했다. 때때로 그는 그러한 개념을 수용하지 않거나, 임상 실무에서 그것을 중요시하지 않는 학생들 때문에 고민에 휩싸이곤 했다. 프롬에게 충성심을 보이는 몇몇은 연구소에서 중요한 지위를 차지했고, 그렇지 못한 사람들은 영향력이나 권력 행사에서 한계에 부딪혔다. 권위주의를 아우르는 일단에 가장 두드러지고 확실한 반대 세력이었던 프롬이 때때로 자신의 관점과 가치를 연구소에 강요하는 경향을 보였다는 사실은 충격적이다. 물론 그는 성격이 점점 부드러워지면서, 그리고 건강이 악화되고 스스로의 삶을 저술가로서 좀 더 풍요롭게 받아들이고 싶어했기 때문에 마지못해 그러한 통제권을 조금씩 내려놓았다.

프롬은 멕시코에서의 두 번째 일, 즉 빈곤한 멕시코 마을에 대한 연구 프로젝트에서도 비슷한 행동 양상을 보였다. 처음에 그는 거대한 연구 프로젝트를 시작하는 데 도움을 받고 마을에 대한 정보를 수집하기 위해 두 명의 문화인류학자, 시어도어 슈워츠와 롤라 슈워츠 부부를 고용했다. 그의 의도는 정신분석학적 정보를 담고 있는 설문지를 만들어 주민들에게 답변하게 함으로써 다양한 주제에 관한 그들의 태도를 살피려는 것이었다. 설문지는 과거 독일 바이마르에서 노동자들의 권위주의적 태도를 파악하기 위해 고안된 것과 근본적으로 같은 것이었다. 슈워츠 부부는 프롬에게, 독일 프로젝트는 더 많은 교육을 받고 경험이 많은 노동자들 대상의 프로젝트였고 이번엔 가난한 농부들과 반문맹인 사람들을 대상으로 하기 때문에 너무 세부적인 설문지는 효과가 없다고 말했다. 그들은 이번 프로젝트에서 필요한 것은 자신들과 같은 인류학자들이 시행하는 주민들에 대한 직접적 현장 관찰이라고 주장했다. 프롬은 받아들이지 않았지만 그들은 자신들의 관점을 굽히지 않았고, 결국 계속되는 논쟁이 쓸모없다는 것을 깨닫고는 그대로 떠나버렸다. 그것이 결국은 프롬의 프로젝트이며, 그것을 어떻게 시행하느냐 하는 방법론적 문제에 대해 프롬이 아무런 조언도 받아들이지 않을 것이라는 사실을 깨달았던 것이다.

프롬은 슈워츠 부부 대신 그의 생각을 가능한 한 수용하겠다고 결심한 젊고 재능 있는 사회학자 나이클 매코비를 고용했다. 프롬은 매코비에게 정신분석을 시행하기로 합의함으로써 그에 대한 좀 더 확장된 통제를 시도했고, 매코비의 삶의 내면성에 관한 지식을 갖게 되면서 프롬은 특정한 힘을 행사했다. 누군가의 직업적인 상사인 동시에 정신분석가가 된다는 것은 정신분석학적 직업 윤리의 관례를 훼손하거나, 혹은 최소한 왜곡시켰다. 그러나 슈워츠 부부와는 달리 매코비는 여전히 프롬과 같이 작업하면서 많은 것을 배우고 있다고 생각했고, 마침내 그는 그 마을 프로젝트에 대한 저서의 공동 저자가 될 수 있었다.

프롬 자신이 끊임없이 혐오한다고 적었던 권위주의나 전체주의를 그가 어느 정도 포용했다는 이야기를 하려는 것은 아니다. 그의 삶의 많은 부분을 통해서 프롬은 올바른 사회에 대한 강렬하고 예언자적인 비전을 제시했고 또한 그러한 비전을 실현시키기 위해 힘차게 전진해왔다. 때때로 그는 그러한 '올바른 사회'가 자신이 이야기한 '사회주의적 인본주의'를 구체화한 것이라고 보았다. 또 때로는 소비주의나 군국주의가 배제된 정부를 말하는 '건전한 사회'라는 용어를 언급하기도 했다. 그러나 프롬은 자신이 멕시코에서 가졌던 목표나 비전이 무엇이었든 간에, 자신이 그들을 새로운 길로 이끌 수 있도록 모든 사람이 협조하고 도움을 주기를 기대했다.

알베르 카뮈의 1951년 작 『반항하는 인간』은 이 지점에서 아주 좋은 가르침을 준다. 프롬은 삶의 많은 시간 동안 카뮈가 이야기했던 '반항인', 즉 현존하는 사회적·정치적 합의를 비판하고 자유의 영역을 좀 더 확장시키기를 요구하는 잔소리꾼이나 아웃사이더의 삶을 살았다. 카뮈에게 개인과 사회는 인간의 자유를 제한하는 전통을 따라서는 안 되는 것이었으며, 그것은 프롬의 저술에서 끊임없이 제시된 주제였다. 그러나 멕시코 정신분석 연구소와 빈곤 마을 프로젝트의 힘겨운 시기 동안 프롬은 때때로 카뮈의 '혁명적' 측면을 모방하곤 했는데, 그것은 자신을 둘러싼 사람이나 단체에 대한 상당한 통제를 추구하는 것이었다. 우리는 『자유로부터의 도피』의 저자, 즉 카뮈가 말했던 '반항인'이 '혁명가'와 어느 정도 유사점을 공유하고 있다는 사실을 어렵지 않게 파악할 수 있다. 그는 그렇게 다양한 비전과 경향과 '삶'을 가진 복합적 인간이었다.

프롬은 삶의 많은 부분에서 고난과 절망에 예민하게 반응하곤 했다. 한곳에서 다른 곳으로 옮겨 가거나, 다른 직장으로 이직하거나 스스로 새로운 직장을 만들어내기도 했으며, 자신의 개념적·임상적 접근 방식을 변경하거나, 함께 침대를 쓸 정도로 친근한 친구이기도 했다가 완전히 다른 사람이 되기도 했다. 여기에는 어떤 완고함이 있었다. 프롬은 힘겨운 환경이 자신을 고착화하도록 그냥 내버려두지 않았다. 그는 비록 자신이 경솔하고 자기애적 성향이 강하며 변덕스러워지더라도 대개 종국에는 더 기능적이고 생산적이며 자신을 위한 환경과 꼭 맞는 것들을 만들어냈다. 바로 이러한 양면성이 그의 삶의 중심축이었다. 데이비드 리스먼은 심각한 질환에 시달리면서도 실질적으로 평화라는 대의에 조금이라도 도움이 된다면 강연을 하는 일이든 글을 쓰는 일이든 계속하기 위해 항상 어려운 일을 마다하지 않던 프롬의 진취성에 관해 이야기했다. 비록 그의 방식이 때때로 퉁명스럽고 불쾌하긴 했지만, 일이 얼마나 어렵든지 간에 그는 항상 든든한 사람이었다고 리스먼은 강조했다.

프롬의 변화무쌍한 성향과 행동은 비유적 혹은 진단 외적인 의미로 '감정의 삼각형'처럼 변화하는 요소들이라고 설명될 수 있을 것이다. 그 세 개의 꼭짓점은 활기와 우울, 소외를 의미한다. 그 세 가지는 프롬의 어린 시절 갈등의 많은 부분을 설명하는 데 중요한 역할을 했으며, 서로 다른 방식과 맥락으로 그의 삶의 나머지 부분에서 재현되었다. 몇몇 임상의가 가족이나 다른 모임에서 발견하게 되는, 두 가지가 또 다른 한 가지에 맞서 결합하는 삼각 구조와 닮은 이것은 그의 자아 내부에 존재하는 하나의 삼각망이었다.

프롬에게나 프롬과 가까운 사람들에게나, 그 세 가지 중 어떤 두 가지가 주어진 상황에서 우월하며 어떤 것이 어떤 것과 결합해 또 다른 것에 대한 주도권을 형성할지 예측하는 일은 어려웠을 것이다. 첫 번째 꼭짓점인 활기는 임상의들도 쉽게 이름 붙일 수 있는 무한한 에너지, 절제된 자기 통제 그리고 사회적으로 부적절한 단어와 행동들, 즉

'경조증hypomania'으로 이루어졌다. 그러나 프롬을 이해하기 위해서는 이러한 진단만으로는 부족하다. 그의 활기는 과도하게 즐기는 모습을 나타냈을 뿐, 위태로운 경향은 거의 보여주지 않았다. 그의 무한한 행복과 즐거움은 여러 파티에서 더욱 뚜렷했는데, 주로 맛깔난 음식과 끝없는 농담과 좋은 와인과 함께 토론을 자극하는 역할을 했다. 세 번째 아내 애니스를 향한 프롬의 강렬하고 자발적이며 빈번한 연애편지들 또한 그의 힘찬 활기의 표현이었지만, 이 역시 임상적 문제는 거의 일으키지 않았다. 프롬이 브랜디 한 잔을 마시고 시가 한 모금을 피우며 클래식 음악을 들을 때도 똑같은 깊이의 행복과 충만함이 이어졌다. 그 편지들 중 하나에서 프롬은 애니스에게 이렇게 말했다. 잘 사는 삶이란, 때로는 신중함 따위는 던져버리고 활기찬 존재의 상태를 유지하는 것이라고.

위험스러웠던 것은 그의 활기가 종종 안전선 바깥으로 밀려난다는 점이었다. 예를 들어, 그는 자신이 관상동맥 질환을 앓고 있음에도 심장병 전문의의 충고를 무시하고 콜레스테롤이 높은 음식을 즐겼다. 또한 정통 프로이트주의 정신분석학 모임들이 신중함의 경계를 훌쩍 넘어섰을 때 폭발했던 프롬의 감정들은 어떠한가. 물론 독일 노동자에 대한 그의 연구 결과를 출간하는 것을 호르크하이머가 거절한 이후, 프롬은 프랑크푸르트 연구소에 대한 과도한 분노를 다스리는 것처럼 보이기도 했다. 이러한 프롬의 몇몇 감정이나 행동에 경조증이라고 꼬리표를 다는 일이 별로 도움이 되지는 않지만, 확실히 그는 가끔씩 미세하게나마 조증의 경향을 보이곤 했다.

프롬의 '감정의 삼각형'의 두 번째 꼭짓점은 그의 모친의 특징이기도 했던 우울감이었다. 전도유망한 젊은 여성 화가의 이른 죽음에서부터 몇몇 그의 환자가 자초한 죽음 그리고 두 번째 아내의 죽음과 관련된 극도로 개인적인 고통에 이르기까지, 그의 삶에 점점이 박힌 자살은 프롬에게는 견디기 쉽지 않은 무게였다. 그의 전 생애에 걸쳐 있던 중증 질환 또한 그를 의기소침하게 했으며, 1960년대 초 세계 핵전쟁이 곧 일어나게 될 것이라는 프롬의 확신은 그에게 엄청난 절망을 안겨주었다.

그래서 소외의 정서가 내재적 삼각형의 세 번째 꼭짓점을 차지하게 되었다. 극도의 활기와 우울이 종종 한 개인에게 특별하고 그래서 벗어나기 힘든 유전적 요소를 포함하고 있는 반면, 소외와 괴리의 감정은 많은 부분 사회적 환경에서 기인한다. 프롬은 자신의 부모가 비참한 결혼생활을 보상받기 위해 자신에게 정서적으로 집착했을 때, 오히려 가족에게서 동떨어진 느낌을 갖게 되었다. 1930년대 말, 프랑크푸르트 연구소에서 해고되었을 때도 자신이 거부당했다고 느꼈고 참혹해했다. 그러한 감정은 그가 정통적인 정신분석학자들의 모임에서뿐만 아니라 신프로이트학파가 운영하는 모임에서 축출되었을 때도 고스란히 재현되었다. 이러한 상황에서 프롬은 스스로가 소비주의와 전투정신만이 창궐하는 세계의 변방에 존재하고 있다고 느끼게 되었다.

만약 이 세 꼭짓점이 각각의 궤적 내에서 어느 정도 안정적이고 예측 가능한 것이었다면, 삶은 그렇게 고통스럽지는 않았을지도 모른다. 그러나 프롬의 경우에는 그렇지 못했다. 어떤 날에는 참을 수 없는 우울과 소외를 느꼈고, 또 다른 날에는 그러한 소외의 느낌 때문에 활기의 감정이 감소하기도 했다. 하지만 그래도 이따금씩 이러한 예측 불가능한 상호작용들은 그런대로 괜찮았고, 그가 리스먼이나 풀브라이트와 식사할 때, 혹은 애니스와 함께 시간을 보내고 있을 때는 언제나 아무런 문제가 없었다.

또한 괴롭거나 풀이 죽어 있을 때, 프롬은 그러한 '감정의 삼각형'의 변두리를 따라 자신이 만들어놓았던 여러 가지 '안정장치들'에 의지할 수도 있었다. 그 안에는 적어도 네 개의 단단하게 얽힌 오래된 안정장치가 있었다. 첫 번째는 그가 규칙적이고 예측 가능한 일상생활을 유지했다는 사실이었다. 그는 루이스 멈퍼드에게 이렇게 썼다.

"나는 실제로 이전에 내가 살던 방식과 크게 다르지 않은 일상을 지내고 있다네."

그는 매일 30분씩 걷기로 하루를 시작했으며, 네 시간 동안 글을 썼고, 다시 한 시간 동안 명상을 했다. 그는 간단한 점심을 먹고 오후 시간에는 환자를 돌보거나, 자신의 저술 프로젝트와 관련된 자료를 살펴보거나, 편지를 받아 적게 했다.

두 번째로 프롬은 평정을 유지하려는 뚜렷한 노력을 보였을 뿐만 아니라, 일단 어떤 주제에 접근하기로 결정했으면 열정적으로 전진해 나아갔다. 그는 프로이트나 마르크스가 자신과 같은 주제에 관해 썼던 부분을 찾아내는 것으로 글을 시작했다. 그리고 그 주제에 관해 자신이 이미 썼던 것들을 살펴보고 취합했다. 프롬은 자주 스스로의 저술을 참고했다. 생각 많은 비평가나 새로운 증거에 대한 피드백보다는 자신의 초기 공식에서 더 많은 것을 뽑아냈기 때문에 그는 빠르게 쓸 수는 있었지만 깊이나 어조에서는 어느 정도 제한적일 수밖에 없었다. 다행스럽게도 프롬의 초기 공식들은 상당히 심오한 것이었다. 이 글들은 그의 사회적 성격 개념과 『자유로부터의 도피』의 중심 관점을 이루었던 것으로, 프랑크푸르트 연구소 시절부터 준비한 날카롭고 명석한 것이었다.

프롬은 대개 자유와 권위주의, 사랑과 증오, 생명애와 시간애尿姦愛, 소비 물품을 '소유하는 것'과 생산적인 자아로 '존재하는 것'과 같은 이분법을 기준으로 자신의 저술을 구성했다. 이러한 양분이 그의 저술을 안정되게 해주었고, 단단한 틀이 되었다. 그는 한때 자신의 스승이었던 스즈키 다이세쓰鈴木大拙의 가르침을 추구하기도 했다. 선불교에 대한 변주에서 스즈키는 생각이란 모든 현상을 반대의 것과 나누는 이원론적인 것이라고 상정했다. 프롬은 그것을 이분법적으로 받아들였고, 복잡한 자료를 단순화하는 데 효율적으로 사용했다. 이분법은 연속체에 따르는 관점들을 시험하지 못하게 했으며, 변증법을 통해 앞으로 나아가게 될 초점을 제한했다. 그러한 이분법이 스즈키의 것과 동일하든 아니든 그것은 프롬의 책의 내용을 단순화해 수백만 독자가 쉽게 받아들일 수 있도록 도움을 주었다. 그러므로 프롬의 삶에서 학자로서의 약점은 진지한 주제들에 대한 전 세계적 스승으로서의 삶에 오히려 강점이 되었다.

세 번째로 프롬은 타오스의 메이블 도지 루한 사교모임과 유사한, 예술가들이나 지식인들의 유쾌한 자리를 항상 찾아다니곤 했다. 안식과 약간의 유머, 생기 있고 힘이 되는 사교생활, 그리고 새로운 개념, 직감, 혹은 임상적 시각들을 시험해볼 수 있는 쓸모 있는 포럼을 가능케 한 이 모임들 역시 프롬에게는 또 하나의 안정장치였다. 그는 이러한 모임들을 '인문학적 집합체'라고 불렀다. 1916년부터 1921년까지 프롬은 마르틴 부버, 레오 베크, 게르숌 숄렘이 함께한, 랍비 네헤미아 노벨이 프랑크푸르트에서 주재한 작은 모임에서 히브리어 성경과 연관된 주제들을 적극적으로 공부했다. 1930년대에 프롬은 카렌 호르나이, 해리 스택 설리번, 클래라 톰프슨 같은 신프로이트학파들의 모임에서 중심적 존재가 되었다. 로카르노에 있는 동안 프롬은 사회비평가 이반 일리치, 레오 베크 연구소의 전 소장 막스 크로이츠베르거, 이탈리아 정신분석학자 보리스 루반플로차 등이 함께한 한 모임에 참석했다. 그 모임은 불교와, 유대 국가인 이스라엘의 문제들 그리고 프롬이 당시 관심을 기울이고 있던 소유와 존재의 이분법에 대해 논의했다. 프롬은 이 토론의 중심 주제들이 대개 '인문학적' 사회의 본질과 맞닿아 있다는 것을 깨달았다. 그는 이러한 유쾌하고 사려 깊은 동료들과의 모임에 몰두해 있었다.

가장 기본적인 의미에서 프롬이 말한 '인본주의'는 환자들과 일하는 시간에까지 확장되는 친근하고 보듬어 안는 연대였다. 프롬은 임상의와 환자 사이에 깊은 관계나 친밀감을 자극한다면, 그러한 치료상의 관계 또한 유익한 것이라고 생각했다. 처음에 그는 이러한 관계를 '중심적 관계 짓기', 즉 임상의와 환자가 또 다른 '중심'을 향해 정서적으로 '함께 흘러가는' 친밀한 상태라고 이야기했다. 때때로 그는 이러한 관계를 환자들과의 '춤사위'라고 설명하기도 했다. 두 용어 모두 친근하고 인본주의적인 임상 관계를 시사한다. 프롬은 그러한 임상학적 작업들이 저술 작업에서 경험했던 것과 똑같은 안정과 에너지를 가져다준다는 사실을 확실히 깨달았다.

아마도 가장 중요한 것은 네 번째 안정장치인 영성이었을 것이다. 프롬이 영성을 받아들인 것은 예언적 유대교, 기독교적 신비주의 그리고 선불교를 접한 데서 기인했다. 그는 영성이 자아 안에 존재할 뿐 아니라 자아와 사회를 넘어서는 중대한 어떤 것이라고 생각했다. 그러나 그것은 신이 존재한다는 전제를 필요로 하지는 않았다. 프롬에게 영성의 깊이와 본질은 자신의 행위와 관계를 형성하는, 세상을 향한 한 인간의 포괄적 원천을 지배하는 것이었다. 프롬의 영성은 그 자체로 그의 예언적 경향과 맞닿아 있었고, 자유와 정의, 생명 사랑에 대한 예언적 외침들에 힘을 북돋워주었다. 가장 중요한 것은 그것이 마음에서 우러나오는 간절함이었다는 사실이다. 프롬은 신생아를 향한 어머니의 무조건적 사랑에서 가장 강렬하고 근원적인 형태의 영성을 발견했다. 그가 해야 하는 일은 그러한 영성을 모든 인간관계로 확장하는 것이었다. 프롬이 마음속에 간직하고 있던 영성은 인간 너머에 있었으며, 동시에 그것은 인간 안에 존재했다. 그것은 한 인간의 내재적 요소들의 결합이었다. 그 본질적인 근간에서 진심 어린 영성을 추구하는 일이 한 인간의 삶을 안정화하고 그의 가치와 삶의 원천을 형성하면서 자아를 감싸고 보호하며 그 바탕이 되는 것이었다.

한때 프롬은 그러한 안정장치들을 통해 "부모와 가정으로부터 받은 상처를 치유하기 위해 내가 할 수 있는 모든 것을 해왔다"라고 인정했다. 이렇게 단단한 밑바탕이 되는 요소들이 없었다면 그의 창의적인 학술적 업적과 정치 활동은 도외시되었을 것이며, 우리는 아마도 에리히 프롬이라는 이름을 들어보지 못했을지도 모른다. 프롬은 스스로 자신을 치유하는 최고의 '의사'였다.

내재적 혼돈을 살피기 위해 사회적 전략들에 대처하며 그것을 안정화하는 방식은 프롬에게만 국한된 것은 아니었다. 극심한 우울, 잡다한 정신질환, 과도한 자기애, 그 밖의 심각한 정신병을 진단받은 사람들도 스스로의 확실한 존재 의미를 찾기 위해 그러한 전략들을 안정화하면서 자신의 삶을 구조화하려고 노력했다. 프롬의 전략은 즐거움과 활기를 수반하는 놀랄 만한 성취와 생산적 활동을 가능케 했다는 점에서 그에게 아주 효과적이었다.

그러한 안정장치와 사회적 전략들은 프롬을 괴롭혔던 우울과 불확실성에 대한 치유책 그 이상의 의미였다. 1950년대 중후반 모든 것이 굳건히 제 궤도에 올라 있었을 때, 프롬의 친구와 동료들은 그에게서 무언가 다른 점을 발견했다. 그는 덜 신경질적이고 자기애가 훨씬 덜한 대신 더욱 부드러워졌고 충만했으며, 또한 함께 어울리기 더욱 쉬운 사람이 되었다. 그리고 힘겨운 두 번의 결혼생활 이후 그는 그것이 자신에게 도움이 된다는 사실을 알게 되었다. 그러나 아마도 이러한 내적 고요와 충만함을 위해 치러야 할 대가가 있었을지도 모른다. 끊임없이 일어나는 난해한 문제들, 즉 권위주의, 정신분석학적 통설들, 전쟁 가능성 그리고 인간 환경 속에 내재된 악마성까지, 프롬의 힘과 끈기는 그 모든 것에 기꺼이 맞서려는 의지와 맞닿아 있었다. 그의 솟아나는 에너지는 어느 정도 그의 불만족에 뿌리를 두고 있었다. 이제 잘 동요되지 않으며 스스로 더 많은 에너지를 갖게 되어서인지 그는 더러 기꺼이 위험을 무릅쓰려는 것처럼 보이기도 했다. 예를 들어, 그는 수백만의 독자에게 읽히는 책을 쓰기 위해 학자나 정신분석학자와 같은 위축된 삶의 껍데기를 부수어냈고 '제3의 길'이라는 전 세계적 운동을 만들어내는 지도자의 면모를 발휘했다. 그리고 그는 인간 회복이라는 문제에서 자신이 미국 대통령의 주목을 끌 수 있다는 사실도 알게 되었다. 프롬은 과거의 악령들을 하나씩 정복해가면서 뒤엉킨 것들 속에서 균형을 맞추어가는 경험을 체득하고 있었다. 비록 그가 성공적이었다고 평가받기는 하지만(물론 미래에는 아마도 훨씬 더 그러하겠지만), 그렇게 균형을 잡으려는 노력 속에서 관념적으로 더욱 심오한 지성인으로서의 무언가는 상실되고 말았다. 물론 그렇게 여러 가지 삶을 살아야 했던 한 인간에게 또 다른 것을 기대해서는 안 되는 일인지도 모르겠지만 말이다.

프롬은 스스로를 안정시키는 요령을 터득해낸 이후, 자연스럽게 드러나는 더욱 이완되고 충만하며 사랑이 가득한 자아를 갖게 되기를 바랐다. 물론 우리 대부분이 그러한 마무리를 바랄 것이다. 여기에서 우리가 얻을 수 있는 한 가지 교훈이, 만약 사회의 적극적 지지 요소들이 한 인간에 내재하는 정서적 혼란을 감싸줄 수 있다면 정신적 '이상'이나 '질환'은 얼마든지 경감되고, 또한 가끔은 아예 사라질 수도 있다는 사실이다.

프롬은 힘들었던 가정환경을 딛고 일어서기 위해, 그리고 그 자신과 우리의 생활에 실질적으로 도움이 되기 위해 그에 맞서 싸우는 여러 가지 방식과 다양한 '삶'을 고안해냈던, 스스로는 빈틈이 적지 않은 한 인간이었다. 20세기 중엽의 몇십 년 동안 그는 무수히 많은 사람에게 전쟁이란 아무것도 해결하지 못하며, 핵전쟁은 우리 모두를 파멸로 몰고 갈 것이라고 역설했다. 그의 주장은 지금까지도 여전히 유효하다. 전쟁은 아직도 분쟁을 해결하기 위해 사용되는 주요한 수단이며, 핵무기는 지금도 빠르게 퍼져나가고 있다. 적대국이든 테러 집단이든, 심지어 최고 권력을 지닌 국가들까지도 모두 언제든 칼을 빼 들 준비가 되어 있는 것이다.

프롬은 그 자신과 우리의 삶에서 또 다른 길, 그 스스로 인본주의라고 불렀던, 사랑으로 그려진 길을 마련하는 데 일조했다. 그의 목표는 생명에 대한 사랑과 모든 이의 창조적 가능성 실현이 억압과 관습과 파괴의 힘을 넘어서는, 모두가 즐겁고 서로 보듬어 안는 사회를 만드는 것이었다. 프롬은 그 의미를 이렇게 훌륭하게 적어놓았다.

그것은 인류의 문화 속에서 키워진 사고와 정서의 시스템이다. 어떤 것을 향한 수단으로서가 아니라 인간 안에 내재된 지향점으로서의 성장이고 통합이며, 존엄이고 자유다. 개인으로서가 아니라 역사를 만들어가는 주인으로서의 실질적인 능력이며, 모든 인간은 처음부터 인간애의 모든 것을 지닌 채 살아가고 있다는 그 누구도 부인할 수 없는 진실이다.

제1부

독일

ERICH
FROMM

세기말, 에리히 프롬이 태어날 무렵 많은 독일인은 급격한 변화의 물결에 휩쓸리고 있었다. 프롬은 프랑크푸르트 체육학교 학생으로 독일 제국의 몰락과 제1차 세계대전을 목격했다. 전쟁의 잔해 속에서 바이마르 공화국이 탄생했을 때도 그는 여전히 학생 신분이었다. 특히 자유 의료 체계나 심리 상담소와 같은 사회적 서비스에서 민주사회주의 체제의 경험들이 바이마르 공화국 내에 널리 퍼져 있었다. 그러나 그 속에는 또한 공산주의자와 파시스트 사이를 오가는 이데올로기적·정치적 갈등이 있었는데, 인플레이션이 국가 경제를 위태롭게 하면서 그것은 더욱 심화되었다. 이 시기가 독일 미술이나 연극, 건축, 영화에서 가장 창의력이 넘쳐나던 시기였다. 마를레네 디트리히가 주연한 「푸른 천사The Blue Angel」라는 1930년 작 영화는 그 시대의 불확실성을 담고 있었다. 그 영화에서 한 유명한 체육학교의 명망 있는 교수였던 이마누엘 라트는 치명적으로 아름다웠던 클럽 댄서 롤라 롤라와 사랑에 빠진다. 영화는 라트가 동료들 앞에서 모욕당하고 비난받으면서, 한때 자신에게 명성과 학식을 가져다주었던 책상에 매달리는 장면으로 끝을 맺는다. 간단히 말해, 「푸른 천사」는 독일 문화의 충돌, 즉 옛날의 전통과 가치가 좀 더 자유화된 바이마르의 분위기와 부딪치는 상황을 드러낸다. 히틀러가 권력을 잡았을 때, 롤라 롤라의 세계는 도외시되었고 바이마르의 사회 제도는 전복되었다. 프롬이 태어나던 시기에 과학적 혁신과 연구와 학술의 중심이었던 그곳은 잔혹하고 호전적인 국가가 되어버렸으며, 그곳이 바로 그의 걸작 『자유로부터의 도피』를 탄생시킨 분수령이었다.

제1장
불안한 견습생, 프롬

에리히 프롬은 20세기가 시작될 무렵 프랑크푸르트에서 태어났나. 당시 프랑크푸르트는 독일의 재정적 수도였다. 라인 강의 지류인 마인 강 연변에 위치한 프랑크푸르트는 유럽의 교통과 상업의 중심지였고, 유대인의 사업이나 지식인들의 탐구를 위한 역사적으로 매력적인 곳이었다. 괴테도 프랑크푸르트에서 태어났으며, 이상적 자유주의자들이 민주적이고 하나 된 국가를 만들어내기 위해 1848년 이곳에 모여들기도 했다. 간단히 말해, 독일의 주요한 경제적·정치적·지적 변혁들은 프랑크푸르트에서 처음 시작되었다.

그 도시는 프롬의 삶에서 깊은 울림이었다. 그가 처음 『탈무드』를 접하고 유대인의 윤리적 전통과 새로운 사회주의 사상을 알게 된 것도 바로 여기서였다. 제1차 세계대전 동안 지방 체육학교의 학생이었던 그는 맹목적 국수주의에 환멸을 느끼게 되었고, 세계 평화를 생각하며 자신이 미래에 '인본주의자'라고 부르게 될 그러한 존재로 성장해갔다. 전후 세대의 젊은이였던 프롬은 그의 정신분석 상담가였던 프리다 라이히만_{Frieda Reichmann}이라는 연상의 여인의 매력에 빠져들었다. 그녀는 총명하고 활기가 넘쳤으며, 심지어 천사처럼 보였다. 마침내 둘은 결혼했고, 그녀는 프롬이 프로이트의 새로운 '심리과학'에 관한 임상적 이론을 접하도록 도와주었다. 사회 연구로 명성이 높은 프랑크푸르트 연구소에 합류하고 비판 이론에 관한 글로 주목받는 기고가가 되었던 프롬은 프로이트가 발견한 것들을 논의하는 데 마르크스를 활용하는 새로운 방식을 제안했으며, 이것이 '시사비평가'(후에 '대중 지식인'이라고 불리게 되는)로서의 그의 작업 근간이 되었다. 비록 젊은 프롬이 때때로 프랑크푸르트 외곽 지역인 하이델베르크나 뮌헨, 혹은 베를린에 살기도 했지만, '그의 집'은 여전히 고향에 남아 있었다. 그는 독일의 유대인으로 산다는 것이 무엇일까 고민이 들 때마다 프랑크푸르트를 떠올렸다. 실제로 권위주의에 대한 프롬의 영원한 걸작 『자유로부터의 도피』는 프랑크푸르트라는 도시를 언제나 마음속에 그리며 완성된 것이었다.

1900년 프롬이 태어나던 때만 해도 프랑크푸르트의 유대인들은 그곳의 중산층 문화에 아직 완벽하게 동화되지는 못했다. 사람들은 자본과 시장의 현대화된 모습을 받아들이면서도 과거의 의례적인 것들에 여전히 집착했다. 프롬은 이러한 양립적인 혼재가 불편했다.

"내게는 내가 살았던 세상이나 옛 전통 어느 쪽도 편안하게 받아들여지지 않았다."

그러나 현대 자본주의와 전통적인 유대교의 정설 사이에서 하나를 선택하라고 한다면, 그는 언제나 후자를 선호했다. 그는 프랑크푸르트 유대인 공동체 안에서의 초기 시절을 '모든 것이 전통을 배우는 데만 집중된, 은둔적인 중세 분위기'였다고 묘사했다. 프롬은 여생 동안 이러한 종류의 공동체를 추구하거나, 그러한 곳을 찾아다니곤 했다.[1]

사람들의 실생활 속에서 『탈무드』 연구의 중세 전통을 끊임없이 포용하면서, 프롬은 모두가 인정하는 자신의 증조부의 '이상적인' 모습을 제안했다. 프롬의 증조부 셀리그만 바 밤베르거Seligmann Bär Bamberger는 19세기 중엽 수십 년 동안 독일에서 가장 저명하고 학식 있는 랍비였다. 실제로 밤베르거는 토라유대교의 율법—옮긴이 연구 센터를 설립했고, 히브리어 성경의 다양한 주제에 관한 명성 있는 권위자로 알려져 있었다. 그는 여성들이 자신의 저술을 탐독하도록 했고, 일상적 삶의 윤리 문제에 중점을 둔, 할라카유대인의 종교법에서 파생된 서면 혹은 구두 유대교 율법—옮긴이를 다루는 저서들로도 잘 알려져 있었다. 밤베르기는 유대인들에게, 혁신만을 찾는 신도 집단들에 내항해 유대교 정설만을 따르라고 촉구했다. 무엇보다도 그는 독일 유대인들의 일상과 교리가 현대화되는 경향에 반대하며 더욱 전통적인 마음가짐에 호소했다. 이러한 '중세적' 과거에 대한 랍비 밤베르거의 영향이 프롬에게 너무 깊이 뿌리박혀 있어서, 그는 밤베르거의 글 속에 드러난 19세기 생물학적 인종주의의 요소들에 별 관심을 두지 않았다.[2]

밤베르거의 딸 라헬은 랍비 셀리그만 핀차스 프롬Seligmann Pinchas Fromm과 결혼했는데, 그는 프랑크푸르트 유대인 공동체의 지도자가 되었다. 그들은 열 명의 아이를 가졌고, 여섯 명의 딸 중 다섯은 교사를 포함한 전문 직업인과 결혼했다. 아들들은 야망이 넘쳐 한 명은 상인으로 성공했고, 또 한 명은 의사, 다른 하나는 유명한 변호사이자 윤리학자가 되었다. 프롬의 아버지인 나프탈리Naphtali는 형제들 중 자신이 가장 보잘것없는 아들이었다고 생각했는데, 그는 랍비가 되지 않은 것을 후회하는 그저 그런 와인 상인이었다. 그들의 부모처럼 그 형제들 모두 정통 유대인이었으며, 정기적으로 유대교 회당에 참석했다. 지적이고 유머 넘치며 예술에 관심이 있었던 라헬은 다른 형제자매들과도 가까웠고, 가족이 하나로 유지되도록 많은 노력을 기울였으며, 그녀의 남편은 대부분의 시간을 『탈무드』 연구에만 몰두했다.[3]

프롬의 외가였던 크라우제 집안은 친가에 비해서는 평범했다. 크라우제 가문은 러시아에서 핀란드로 이주했으며 그곳에서 유대교로 개종했는데, 개종 이유는 알려져 있지 않다. 핀란드에서 크라우제 가문은 당시 독일 제국의 일부분이었던(비록 1918년에는 폴란드가 되었지만) 포젠 지역으로 옮겨 왔고, 그곳에서 경제적으로 어려운 생활을 하게 되었다. 프롬의 외할아버지인 모리츠 크라우제Moritz Krause는 담배 공장을 시작했지만, 그의 아내 안나에게 아무런 유산도 없이 여섯 아이만을 남겨둔 채 일찍 사망했다. 모리츠의 형제 루트비히는 『탈무드』 학자로서 벌어들이는 부족한 수입에도 안나를 도와주려고 애썼다. 모리츠와 안나의 아들들 중 하나가 담배 공장을 유지하려고 애를 썼지만 실패했다. 그의 나머지 형제들에 대한 정보는 거의 남아 있지 않다. 아들 중 하나가 포젠에 남아 있다가 제1차 세계대전 때 사망했고, 딸인 조피Sophie는 고등학교 영어 교사인 데이비드 잉글렌더David Engländer와 결혼해 베를린에 거주했다. 또 다른 딸 마르타Martha는 전문직 종사자인 베른하르트 슈타인Bernhard Stein과 결혼했고, 그들 또한 베를린에 거주하고 있었다. 친근하게 그냥 로지타라고 불리던 로자 크라우제Rosa Krause는 어릴 때부터 (핀란드 혈통임을 보여주는) 아름다운 푸른 눈과 풍성한 금발을 가지고 있었다. 그녀는 밝은 성격이었고, 모친과 형제들을 밝은 분위기로 이끌었다. 사정이 어려운 모친에게 경제적 부담이 되지 않기를 바랐던 그녀는 사랑보다는 안정감과 가계를 유지해줄 수 있는 신랑감을 찾았다. 로자는 지역에서 나름 알려진 와인 상인인 나프탈리 프롬에게 정착했는데, 다른 크라우제 집안 사람들은 그를 대수롭지 않게 생각했으며, 그와의 결혼으로 그녀는 밝은 성격을 대부분 잃어버린 듯하다.[4]

로자와 나프탈리는 관계가 원만하지 않았고, 프롬은 때때로 자신의 존재가 바람직하지 않은 그들의 결혼생활을 버티게 하는 끈이 아니었을까 생각했다. 에리히 프롬은 두 사람의 결혼 후 겨우 아홉 달 만인 1900년 3월 23일에 태어났고, 더 이상 형제는 없었다. 로자는 삶의 즐거움이자 자랑거리인 어린 프롬에게 집착했고, 자신의 이상적인 삶의 비전을 그에게 투영했다. 그녀는 우울증에 시달렸고, 살이 쪘으며, 자주 울었다.

"나는 항상 내가 자주 울곤 했던 엄마의 보호자라고 느꼈으며, 그런 엄마를 아버지에게서 지켜주어야겠다고 생각했다."

프롬은 그렇게 회상하곤 했다. 종종 로자는 어린 프롬을 데리고 자신의 자매들과 가족을 방문하는 것으로 평안을 얻으려 했다. 그렇게 함께하는 동안에는 그녀의 밝고 경쾌한 자아가 다시 깨어나는 것처럼 보였다. 그럴 때면 그녀는 프롬을 프롬 집안 사람이라기보다는 크라우제 집안 사람이라고 추어올렸으며, 친가인 나프탈리 가족을 자주 비난했다. 이러한 것들이 프롬을 불편하게 했을 것이며, 그래서 그는 남은 삶 동안 크라우제 집안 친척들과 불편한 관계를 갖게 되었던 건지도 모른다. 딸을 가지고 싶었던 바람이 어긋나버렸기 때문에 로자는 프롬의 머리를 길게 길렀고, 남자 옷을 입어야 하는 소년 시절이 훨씬 지나서까지 그에게 여자 옷을 입혔다. 또한 로자는 프롬이 바이올린을 좋아하는데도 그가 유명한 폴란드 피아니스트이자 정치가인 파데 레프스키처럼 될지도 모른다고 생각하면서 피아노를 더 잘 쳐야 한다고 강요했다. 프롬은 어린 시절 내내 로자가 자신을 한 명의 인간이라기보다는 하나의 트로피처럼 끌어안곤 했다고 회상했다. 그는 어머니인 로자와의 유대에서 다소 우울한 감정을 가지게 되었고, 이러한 점은 상당히 연상이었던 그의 아내들과의 관계에서도 다시 되살아나곤 했다.[5]

어린 프롬은 그래도 아버지인 나프탈리와는 꽤 가까운 느낌이었다. 과일 와인을 파는 잘나가는 상인이면서도 그렇게 불리는 것은 부끄러워했던 그는 와인을 팔기 위해 종종 프랑크푸르트 200킬로미터 반경 지역을 여행했고, 겨우 하룻밤만 집을 비워도 로자와 프롬에게 엽서를 보냈다. 모든 그의 사업적인 처리는 윤리적 행동의 지침을 제시하던 『슐한 아루크Shulhan Arukh』 유대인 법전에 따라 진행되었다. 나프탈리는 모든 유대인 기념일과 관습을 세심하게 지켜나가면서 적극적으로 유대교 회당 활동을 했고, 성가대의 선창자 역할을 했다. 그는 모든 정통 유대교의 공식적인 규범을 따랐지만, 정작 그의 아들은 내재적 영성이나 자기 성찰이 충분하지 않다고 생각했다. 실제로 프롬은 아버지가 자신에게 투영한 깊은 개인적 불안을 떠올리며, 그를 '매우 안절부절못하고 집착이 심하며 걱정이 많은' 사람으로 묘사했다.

"나는 병적으로 걱정이 많은 아버지 밑에서 힘겨웠으며, 그는 내 교육에 어떠한 지침이나 실질적인 영향도 주지 않았다."

프롬은 어떤 때는 아버지 나프탈리를 '아픈 사람' 혹은 '굉장히 이상한 사람', 심지어 '정신적으로 문제가 있는 사람'이라고 말하기까지 했다. 나프탈리는 프롬을 끊임없이 걱정하면서도 그를 어린아이로만 생각하는 수준에서 한 발짝도 더 나아가지 못했다. 당연히 그는 아버지로서 아들에게 필요한 모습들을 점점 잃어갔다. 프롬이 다 컸는데도 나프탈리는 날씨가 좋지 않을 때면 감기에 걸릴까 봐 그를 집 안에만 있게 했다. 그는 주기적으로 프롬을 또래 친구들에게서 떼어놓거나, 외국에서 『탈무드』를 공부하겠다는 그의 꿈을 만류했다. 프롬은 때때로 그러한 나프탈리의 집착적이고 걱정이 많은 성향을 오히려 무관심으로 해석하며, 아버지가 "내 개인적인 발전에 대해서는 조금도 관심이 없었다"라고 이야기했다. 그러나 그 속에는 훨씬 더 사랑스러운 부자 관계가 존재하기도 했다. 프롬이 나프탈리의 무릎에 앉았을 때는(비록 그가 걸음마를 배울 시기가 훨씬 지났음에도 불구하고) 부자 사이의 친밀한 관계가 일시적으로 되살아나는 것처럼 보였다. 프롬은 또한 나프탈리의 버릇과 말하는 방식을 그대로 따라 하려고 하면서, 그에게 아버지가 역할 모델인 것처럼 보이려고 애썼다.[6]

결혼생활에는 문제가 있었지만, 로자와 나프탈리는 확실히 프롬에게만큼은 깊은 애정을 가지고 있었다. 그러나 가정 안에서의 지속적인 애정과 밝은 분위기의 부재는 프롬으로 하여금 다른 데로 눈을 돌리게 했다. 옛날을 회상하면서 프롬은 나프탈리의 전전긍긍하는 불안과 로자의 질식할 것만 같은 소유욕이 자기 삶의 많은 '고난' 중 하나였으며, 그것이 '참을 수 없을 만큼 불안한 아이'를 만들어냈다고 이야기했다. 그러한 문제 많고 전혀 공감이 되지 않는 양육에서 벗어나기 위해 프롬은 삼촌인 에마누엘 프롬Emmanuel Fromm의 집을 자주 찾아갔고, 그곳에서 사촌 게르트루트에게 자신의 아버지보다 그녀의 아버지가 훨씬 좋다고 털어놓았다.(그녀는 프롬의 평생의 벗으로 남았으며, 어떤 면에서는 친오누이 같았다. 게다가 그녀는 약속이나 한 듯 저명한 정신분석학자가 되었다.)

프롬의 삼촌인 에마누엘은 프롬의 어린 시절에 일종의 안정장치 역할을 했다. 에마누엘은 나프탈리보다 더욱 신사적이고, 훨씬 어울리기 쉬운 사람이었다. 그는 또한 스스로 생각하기에 목적이 정당하고 원칙적인 고객만을 받아들이는 것으로 유명한 변호사이자 윤리학자였다. 그는 법과 윤리를 연계하는 탁월한 재능을 가지고 있었는데, 프롬은 그 부분을 특히 부러워했다. 그의 아내 클라라에 대해서는 거의 알려진 것이 없지만, 에마누엘은 종종 게르트루트와 프롬에게 아버지이자 어머니였던 것으로 보인다. 로자와 나프탈리는 소시민계급의 척박한 문화 속에서 그들의 아들을 키웠고, 삼촌인 에마누엘은 괴테나 실러, 베토벤, 그리고 독일과 유럽의 화려한 상류층 문화를 프롬에게 소개해주었다. 그는 프롬의 부모와는 다르게, 이 어린 소년이 복잡한 음악을 듣는 특별한 귀를 가지고 있다는 것을 발견했고, 이러한 능력을 개발할 수 있도록 응원해주었다. 아마도 그래서 프롬은 중류층 문화가 정서적으로 더 편안하다고 느끼면서도 삼촌인 에마누엘이 자신에게 보여주었던 문화적 풍요로움을 포용하는 것이 더 적절하리라 생각하며, 여생 동안 자주 중류층과 상류층 문화 사이를 오가곤 했던 것인지도 모른다.[7]

여전히 강하게 '중세적 환경'을 포용하는 그의 모습을 설명하는 데 도움이 되는, 그의 어린 시절에 영향을 주었던 또 다른 사람은 포젠 출신의 저명한 『탈무드』 학자였던 그의 종조부 루트비히 크라우제였다. 조용하고 우호적이었던 루트비히는 유대 율법을 따르는 가족을 바라기는 했지만, 자신의 아내가 유대교의 금식을 그만둔 것을 받아들였다. 그는 자주 독일에 있는 크라우제 가문 사람들을 찾아가다가 제1차 세계대전 이후 포젠이 더 이상 독일의 일부분이 아니며 그 주민들이 폴란드 시민이 될 수밖에 없었을 때, 결국 프랑크푸르트 근처에 정착했다.

프롬의 부모나 에마누엘 삼촌보다 훨씬 더 많은 부분에서 루트비히 종조부는 어린 그에게 『탈무드』에 관한 학업을 접하게 했고, 프롬의 증조부 밤베르거의 업적을 마음속에 깊이 새기게 했다. 프롬은 히브리어 성경, 특히 이사야, 아모스, 호세아와 같은 예언자들의 예언적 글쓰기와, 세계 평화와 조화에 대한 그들의 비전에 매료되었다. 루트비히가 찾아와 머물 때면 프롬은 그와 함께 하루 종일 『탈무드』의 구절들을 공부하곤 했다. 프롬은 머지않아 프랑크푸르트의 삶 속에 점점 만연해가던 상업과 이익의 근대 시대에 대한 바람직한 대안으로서 성서 연구의 세계를 염두에 두게 되었다. 루트비히 종조부가 소년에게 미친 영향은 모든 것을 바꾸어놓았고, 프롬은 자신의 미래가 어떠하기를 바라는가 하는 문제까지도 고민하게 되었다. 루트비히의 뒤를 따랐다면 프롬은 인자하고 독실한 '유대인 노인'이나 히브리어 성경 전문가가 되었을지도 모른다. 프롬이 지방학교(뷜러슐레Wöhlerschule)를 다니면서 프랑크푸르트 중산층 사회의 더욱 세속적인 시장경제 흐름을 경험하는 동안, 루트비히 종조부는 마음을 어루만지는 대안을 구체화했다. 그것이 바로 그 당시 조금씩 쇠퇴하고 있던 사색과 연구의 세계였다.[8]

조금씩 성장하면서 프롬은 어머니가 크라우제 가문의 문제에 집중할 때 더 행복감을 느끼고, 아버지와 프롬 가문의 먼 친척들과 거리감을 유지하려 한다는 사실을 알게 되었다. 로자는 특히 가족 모임을 주선하거나 나프탈리의 독신 여동생 체를리네를 초대하면서, 베를린에 살고 있던 두 언니 마르타, 조피와 특별히 가까운 사이가 되었다. 이러한 가족 모임에서 프롬은 특히 마르타의 딸 샤를로테와 가깝게 지냈는데, 그는 그녀를 여자 형제나 어른 사회의 친구쯤으로 여겼다. 그 둘은 여름을 함께 보내는 것을 좋아했다. 로자는 가족과 함께 있지 않을 때면, 우울한 가정생활에 다시금 더 커다란 행복을 불러일으켜주기를 바라는 마음으로 나프탈리와 프롬과 함께 바덴바덴과 다보스, 몽트뢰의 유명한 리조트로 여행을 떠나곤 했다. 그러나 집이든 밖이든 그 세 사람이 함께 있는 사진은 찾아보기 쉽지 않으며, 어느 것에도 즐거운 모습은 담겨 있지 않다. 로자와 나프탈리만 찍은 사진은 거의 존재하지 않고, 몇십 년이 지난 후 프롬은 아넬리 브란트Annelie Brandt에게 이렇게 썼다.

"우리 어렸을 때, 그때 고생 많았지."9

제1차 세계대전과 『탈무드』 학습

—

프롬이 열두 살 때, 그의 아버지는 와인 사업에 도움을 받기 위해 젊은 갈라 유대인 오즈월드 수스먼Oswald Sussman을 고용했다. 수스먼은 12년 동안 프롬의 집에 살았고, 프롬은 자신의 행복에 직접적인 관심을 가지는 그가 훌륭한 친구가 될 것이라고 생각했다. 수스먼은 처음으로 프롬을 프랑크푸르트 박물관에 데리고 갔으며, 그에게 마르크스의 작품들과 다른 사회주의 걸작들을 소개해주며 진지한 정치 토론을 했다. 그로 인해 프롬은 자신이 에마누엘 삼촌과 했던 토론들이 모호했다는 것을 알게 되었으며, 좀 더 대범한 해결책이 필요한 절박한 동시대의 문제들이 저 너머 세계에 존재하고 있다는 사실을 깨달았다.

"수스먼은 아주 정직하고 용기 있으며, 굉장히 진실한 사람이었다. 나는 그에게 많은 빚을 졌다."

수스먼이 프롬에게 대중적인 영역과 마르크스의 작품들에 대한 관심을 불러일으켰다는 측면에서 많은 일을 했다면, 친한 친척들과의 유대는 열두 살짜리 아이로 하여금 개인의 정서적 경험의 본질을 생각하게 했고, 결국 그것이 그를 프로이트에게로 이끌었다.

가족끼리 알고 지내던 아름다운 스물다섯 살의 화가가 홀로 된 아버지와 더 많은 시간을 보내기 위해 자신의 약혼을 깨뜨렸다. 아버지가 사망하자 그녀는 아버지와 함께 묻어달라는 유언을 남긴 채 자살하고 만다. 프롬은 의아해했다.

"어떻게 젊고 아름다운 여자가 삶과 예술의 즐거움을 버리고 아버지와 함께 묻히는 쪽을 선택했을까?"

프롬은 그 해답을 마침내 프로이트의 오이디푸스 콤플렉스 개념과 근친상간의 부녀 관계 그리고 훗날 자신이 수정한 프로이트의 시간애 개념에서 찾아내게 되었다. 사실 자살은 삶의 의미를 확인하는 '생산적인 사회적 성격' 개념과 정반대되는 것이었다. 그러나 그때 자신의 가족 때문에 자살을 선택한 젊은 여인의 죽음은 어느 정도 불행한 사춘기 시절을 보내고 있던 프롬에게는 충격 그 이상이었다.[10]

프롬은 후에 제1차 세계대전을 "내 인생에서 가장 결정적인 순간이었으며, 끔찍하고 충격적인 간극을 인간의 삶에 새기는 것과 더불어 개인적 성숙 또한 가속화하는 사건이었다"라고 묘사했다. 전쟁이 발발했을 때 그는 열네 살이었고, 프랑크푸르트 뵐러슐레 체육학교의 학생이었다. 한때 독일의 군비 증강이 평화를 유지해줄 것이라고 주장했던 그의 라틴어 선생님은 승리감에 도취해 있었다.

"그때부터 나는 군비 확충이 평화를 유지해줄 것이라는 원칙을 믿기 어렵게 되었다."

비록 뷜러슐레 학교 교직원과 학생들 모두 고전 속에 나오는 휴머니즘을 강조하고 있다고 이야기했지만, 전쟁이 시작되면서 거의 모든 교사와 학생은 개인의 존엄과 인류의 통합에 대한 모든 신념을 상실하고 말았다. 사람들은 영국인이 이중적이었고 독일인은 순수했기 때문에 전쟁이 일어났던 것이라고 말하며, 모두 광신도적인 국수주의자와 보수주의자가 되어버렸다. 프롬은 오직 영어 수업에서만 다소 냉철한 시각을 만날 수 있었는데, 그가 존경해 마지않던 영어 교사는 독일군의 승리를 기대하고 있던 학생들에게 이렇게 주의를 주었다.

"순진하게 굴지 마라. 지금까지 영국은 단 한 번도 전쟁에서 진 적이 없어!"[11]

전쟁이 진행되고 그 예언이 조금씩 진실로 드러나면서, 프롬은 그러한 말들이 '광적인 증오의 한가운데서 일어난, 성스러움과 냉철한 현실의 목소리'의 전조였다고 생각했다. 영어 선생님의 이러한 가르침에 따라 프롬은 순수한 독일인이 싸우기 좋아하는 영국인에 의해 침략당했다는 식의 단순한 묘사를 거부하게 되었다. 그는 독일과 오스트리아, 헝가리 연합 정부가 그러한 전쟁의 발발에 실질적인 영향을 끼쳤다는 사실을 알았다. 몇몇 반전 사회주의 의원들이 독일 국회의사당에서 전쟁에 반대하는 표를 던졌고, 프롬이 납득할 만하고 이성적이라고 여길 수 있는 제안을 해주었다. 프랑스의 많은 간행물도 마찬가지였다. 그는 말했다.

"부상자들을 목격하고 전쟁에 대한 보도를 마주하게 되는 순간, 전쟁은 나의 사유와 정서의 중심이 되어버렸다. 어떻게 사람들이 그렇게 서로를 죽이고 죽임을 당하는 일을 계속하는 것이 가능했을까?"

그들의 삼촌, 사촌 그리고 옛 친구들이 바로 그 희생자들 속에 있었을 텐데, 도대체 어디까지 갈 셈이었는지. 그 후로 그는 "당파적이거나 객관성이 결여된 것들"은 피하려고 애썼고, 자신이 1914년에 그랬던 것처럼 '감정을 자극하는 구호의 유혹'에 다시는 빠져들지 않았다. 후에 그는 기득권층이 말하는 공식적인 도그마를 영원히 불신하게 되었고, 그러한 모든 정설에 등을 돌린 '사유하는 야인'이 되었다. 1918년 전쟁이 끝났을 때 프롬은 "모두가 인간 대중의 불합리성을 납득하기를 바라며 평화와 국제적인 이해관계를 위한 열정적인 열망으로 가득 찬, 깊은 혼돈 속에 빠진 젊은이"로 스스로를 인식했다. 이렇게 신선하고 더욱 비판적이며 전쟁을 반대하는 시각을 갖게 되면서, 프롬은 자신이 사춘기 소년의 허물을 벗고 좀 더 세상으로 눈을 돌린, 진지하며 독립적인 젊은이가 되어가고 있음을 느꼈다. 정치와 대중을 위한 그의 평생에 걸친 일들이 바로 여기에서 시작되고 있었다. 전쟁에서 사망한 것이 확실한 수스먼은 아마도 그런 그를 자랑스러워했을 것이다.[12]

전쟁이 계속되면서 프롬은 프랑크푸르트 정통 유대인 공동체의 지도자였던, 보르네플라츠 회당의 랍비 네헤미아 노벨의 영향을 받았다. 노벨은 베를린의 힐데스하임 세미나에서 랍비식 교육을 받은 이로, 유명한 신칸트학파 사회주의자 헤르만 코엔Hermann Cohen과 함께 마르부르크에서 수학했다. 노벨은 그에게서 윤리란 널리 퍼진 규범과 전통 안에서 서로 합의해 확인된 문제가 아니라는 것을 배웠다. 오히려 그러한 것들은 이성을 통해 발견되며, 윤리적 법칙들은 시간이나 장소와는 상관없이 모든 인류에게 적용되는 것이었다. 그들이 만난 지 얼마 지나지 않아 보르네플라츠 회당에서 예배를 드리고 난 후에, 노벨은 코엔의 작품들을 함께 훑어보면서 프롬에게 자신의 지적 스승을 소개해주었다. 코엔의『유대교 근원 너머 이성의 종교Religion of Reason out of the Sources of Judaism』를 읽고 난 후, 윤리적 코드에 대한 코엔의 시각이 프롬의 사유의 초석이 되었다.[13]

머지않아 프롬은 노벨이 '강한 하시드적그리스도교가 등장하기 전에 있던 유대교 분파—옮긴이 성향'을 지니고 있으며, 코엔의 철학을 전파하는 것은 물론이고 유대교의 신비주의까지 포용하고 있다는 사실을 발견했다. 프롬은 단순하고 소박하지만 활기차며 지적으로 파고드는 노벨의 설교에 매료되었으며, 그것은 종종 독일 계몽주의에 대한 주제로 넘어가기도 했다. 그는 프랑크푸르트 변두리를 노벨과 함께 거닐었으며, 그곳에서 랍비의 설교에 관해 토론했다. 프롬은 대화를 더 진행하기 위해 그의 아파트를 방문하기도 했지만, 노벨에게서 충분한 것을 얻을 수는 없었다. 노벨을 통해 프롬은 예언자들의 메시아적 지식을 깊이 얻게 되었다. 이윽고 그는 노벨이 포용했던 윤리적 코드의 논리 정연한 통합을 제시할 수 있었고, 세 가지 관점으로 그것을 요약했다. 첫째, 점진적으로 변화하는 이상을 꾀하는 사람들에게 일상생활에서의 실천은 반드시 필요하다는 것, 둘째, 그들은 다른 사람들이 궁금해하고 필요로 하는 것들을 진지하게 받아들여 그들에게 필요한 만족과 그들의 의문에 대한 해답을 찾도록 도와주어야 한다는 것, 그리고 마지막으로, 어떤 이상에도 오로지 권력만으로 도달할 수는 없으며, 오히려 사랑과 인류애와 정의에 대한 포용만이 올바른 길을 제시하리라는 것이었다. 노벨을 통해 프롬은 시온주의자가 되었고, 시온주의 이상을 가지고 있는 유대교 단체 연합인 프랑크푸르트의 카르텔 유대인 연합Kartel Judischer Verbindungen으로부터 도움을 받았다. 그러나 그의 시오니즘은 예언자들의 보편주의와 인본주의가 유대교 국가들에게조차 충성심을 지워버렸다는 코엔의 주장으로 어느 정도 무뎌졌다. 프롬은 1923년 카르텔에서 빠져나왔다. 그즈음 그는 종교와 국수주의가 유대교와 유기적으로 연관되어 있다는 노벨의 전제에 공공연하게 이의를 제기했다.[14]

프롬이 자신과 가장 가까운 두 명의 프랑크푸르트 친구 레오 뢰벤탈Leo Löwenthal과 에른스트 지몬Ernst Simon을 노벨에게 소개했을 때, 그들 또한 어떤 면에서는 스스로의 삶과 많은 부분 관련되어 있는 신비주의와 계몽주의가 뒤섞인 유대교에 눈을 떴다. 부상하고 있는 젊은 종교철학자 프란츠 로젠츠바이크Franz Rosenzweig를 포함해 노벨을 향한 열렬한 젊은 지지자들의 작은 모임이 결성되었다. 프랑크푸르트 출신의 젊은 진보주의 랍비 게오르크 잘츠베르거Georg Salzberger는 정기적으로 그 모임과 접촉했고, 그곳에서 프롬과 특별한 우애를 쌓아갔다. 어떤 면에서 이 모임은 다가올 수십 년의 프롬의 삶에서 편안함과 안정감을 증진시켜줄, 활기찬 동료들이 함께하는 작은 모임의 첫 번째 경험이라 할 수 있었다.[15]

잘츠베르거의 특별한 고민은 자신들의 종교와 역사에 관한 프랑크푸르트 지역 유대인들의 만연한 무지를 치유하는 것이었다. 프롬 또한 이러한 목표에 강력히 동의했다. 1919년 말, 그와 프롬은 유대인들의 교육을 위한 지역 단체를 결성했고, 노벨은 강연 프로그램을 출범시키기 위해 『카발라Kabbala』유대교의 신비주의적 교파, 또는 그 가르침을 적은 책. 중세부터 근세에 걸쳐 퍼졌으며, 13세기의 문헌 「조하르Zohar」가 널리 알려져 있다—옮긴이의 한 구절을 읽어 내려갔다. 그 단체는 로젠츠바이크가 이끄는 자유 유대인 교육 연구소The Free Jewish Teaching Institute를 만들어내는 데 주도적

인 역할을 했고, 그것은 그 단체의 구심점이 되었다.[16]

자유 유대인 교육 연구소는 독일에 있는 성인 유대인들의 교육을 위해, 실생활에 깊숙이 파고든 선도적인 장소로 빠르게 진화했다. 장편 에세이 『나와 너I and Thou』로 유명한 유대인 철학자이자 이론가인 마르틴 부버, 카발라의 현대적 해석을 개척한 역사학자이자 철학자 게르숌 숄렘, 그리고 중요한 철학자이자 랍비인 레오 베크가 그곳에서 함께했다. 실제로 노벨 연대, 연합회, 연구소는 서로 한데 모여 유대인들의 지적 담론을 위한 어마어마한 구심점이 되었다. 생애 최초로 프롬은 마음속 종교와 삶을 위한 열정을 함께 공유하는 창의적인 사유와 정기적으로 만나게 되었다. 레오 베크는 그 후 50여 년 동안 프롬의 절친한 벗이자 지지자가 되어주었다.

1922년 쉰한 살의 나이로 노벨이 갑자기 사망했을 때, 로젠츠바이크는 부버에게 자신들의 모임에 강력한 위기가 찾아왔으며 "삶의 근간이 뿌리째 뽑혀나갔다"라고 적었다. 프롬은 프랑크푸르트의 『신 유대 일보New Jewish Press』에 이렇게 부고를 적었다.

"노벨은 언행일치의 삶을 살아왔고, 자신이 몸담았던 삶에 관해서만 이야기했다. 그는 사랑이 사람들을 한데 묶을 것이라 가르쳤으며, (그의 제자들은) 그가 (제자들을) 사랑했기 때문에 그 모든 것을 깨우칠 수 있었다."[17]

알프레트 베버와 살만 라빈코프

프롬은 1918년에 뷜러슐레 학교에서 마지막 시험을 치렀다. 에마누엘 삼촌의 영향을 받아 그는 변호사가 될 생각으로 프랑크푸르트에서 두 학기 동안 법학을 공부했다. 프롬은 곧 자신이 히브리어 성경 연구에 더 깊은 애정을 가지고 있다는 것을 깨달았다. 숨 막힐 것 같은 가족을 떠나 바라던 학업을 계속하기 위해 프롬은 리투아니아에 있는 『탈무드』 연구와 수련을 위한 혁신 센터에서 공부를 더 하려고 했다. 하지만 그의 부모(특히 어머니)는 하이델베르크에서 멀리 떨어져 학업을 계속하는 것을 허락하지 않았다. 결국 1919년 5월, 그는 시범적으로 한 학기 동안 하이델베르크대학에 들어갔다. 그곳에는 히브리어 성경 전공이 없었기 때문에 프롬은 법학을 중점적으로 공부하겠다고 마음먹었다. 그러나 그는 자신의 학술적 관심이 다방면에 있다는 것을 발견하고, 중세 독일 역사, 마르크스 이론, 사회주의운동, 심리학 역사 수업까지 섭렵했다. 그는 또한 불교 사상에 깊은 관심을 갖게 되어 개인적으로 태극권Tai Chi과 명상을 했다. 전공을 정하지 못한 채 시범 학기가 1년으로 늘어났고, 그 후 프롬은 국민경제학과로 옮겨 알프레트 베버Alfred Weber에게 사회학을 사사했다.[18]

막스 베버의 동생인 알프레트는 프롬의 최초이자 유일한 비유대인 스승이었다. 알프레트 베버의 강연과 세미나에 참석하면서 그는 형제지간인 막스 베버의 것이라고 여겼던, 엄격한 국수주의를 넘어서는 보편적 인본주의를 향한 사상이나 헌신을 설파하는 그의 용기와 진실함에 감명받았다. 그러나 어떤 부끄러움(아마도 처음으로 비유대인에게 친근한 느낌을 갖게 되는 것에 대한 어색함)이 알프레트와의 친밀한 관계를 제한하고 있었다.

"나는 그가 혼자 있는 것을 보면 가능한 한 그를 피했다."

그러나 몇십 년 후에 프롬은 알프레트에게 이렇게 썼다.

"당신과 함께한 수업은 내가 당신에게 배운 것뿐만 아니라 당신이 보여준 삶 그 자체로 나에게 가장 의미 있는 경험 중 하나였습니다."

프롬이 루트비히 크라우제나 랍비 노벨과의 관계에서 많은 것을 얻었듯이, 알프레트와의 관계 또한 그의 사상을 형성하는 데 그만큼 중요했던 듯하다. 알프레트는 프롬에게, 사회학자로서 개인의 목소리에 귀를 기울이는 것은 필수적인 일이지만, 동시에 개인은 어쩔 수 없이 삶 속에 뿌리내리고 있다는 사실을 반드시 깨달아야 한다고 가르쳤다. 이것은 흐릿하게나마 프롬이 후에 '사회적 성격'이라고 부르게 되는 것의 전조였다. 알프레트는 귀스타브 르봉Gustave Le Bon의, 문화란 결연되고 연계된 개인이라는 조직체가 역사적 시간이나 공간 전역에 걸쳐 퍼져나간 산물이라는 사상으로 프롬에게 깊은 인상을 남겼다. 게다가 만약 그것이 어떤 특정한 시대나 장소의 긴박한 상황에 적용된다면, 나중에 그것이 얼마나 비합리적으로 여겨지든 간에 어떠한 믿음 체계도 합리적이 되어버린다는 것이었다. 알프레트에게는 언어적·법적 기준뿐만 아니라 심미적이며 음악적인 형태까지도 사회학자들이 삶의 본질을 깨우치도록 도와주는 또 다른 현상이었다. 그는 빌헬름 딜타이Wilhelm Dilthey와 게오르크 지멜Georg Simmel의 것과 똑같은 독일 사회주의 사상에서의 중요한 전통 한 가지를 제시해주었다.[19]

비록 알프레트는 유대법이나 신학, 혹은 역사 전문가는 아니었지만, 프롬이 다른 주제에 관한 논문 같은 것은 쓸 마음이 없었다는 사실을 알고 있었다. 알프레트는 프롬에게 자신의 저작뿐만 아니라 딜타이나 지멜의 저작들도 완벽하게 익히라고 제안했다. 그는 또한 프롬이 중요한 유대 신학자들과 철학자들에 관해 쓰고 싶어한다는 사실을 깨달았다. 두 사람은 프롬이 세 개의 디아스포라 공동체, 즉 카라이트, 개혁 유대인들, 하시디즘유대교도 사이에 일어난 신비주의적 경향의 신앙부흥운동—옮긴이에서 사회적 결속과 지속성을 유지하기 위한 유대법의 기능에 대한 논문(「유대법: 디아스포라 유대교 연구에 대한 공헌Jewish Law: A Contribution to the Study of Diaspora Judaism」)을 쓰는 것으로 의견 일치를 보았다. 프롬은 공통의 세속적 언어나 국가 혹은 숭배를 위한 장소를 지을 기회조차 없다 하더라도 율법을 지켜야 한다는 에토스로 묶여만 있다면 유대교 사회 공동체는 지속될 수 있으며, 그것으로 믿음 체계나 특유의 문화를 영속시키는 것이 가능할 것이라고 주장했다. 그는 실제 적용된 종교나 사람들의 도덕적 법선을 '법'이라 말하고 있었다. 실제로 유대법 내에는 '영혼'이 있으며, 그것이 사람들의 도덕적·윤리적 합일을 이루고 있었다. 그 법 안의 내용은 개인들이 필요에 따라 해석하고 실행할 수 있을 만큼 충분히 유연했다. 그러한 공동체의 에토스 안에는 해석의 자유가 내재해 있었다.[20]

카라이트 공동체는 유대인들이 8세기 바빌론에서 경험했던 경제적 격변 기간에 형성되었다. 그들은 초기 아랍 제국과 교역을 추진했고, 이러한 과정에서 자신들의 법 개념을 스스로의 윤리적 요구와 일치시켜 적용했다. 유럽 유대인 해방운동은 18세기에 시작되었으며, 그것이 진행됨에 따라 19세기에 유대인들은 개인적 부를 축적할 수 있는 더 많은 기회를 가져다준 '시민 자본 문화의 승리'를 경험했다. 이 지점에서 또 다른 변형이 일어났다. 유럽의 개혁 유대교는 시장경제 문화에 대한 대응으로 좀 더 많은 영적·윤리적 지주 역할을 하는 또 다른 법을 형성했고, 법은 또다시 점점 위태로워지는 사회적 결속의 근원으로 언급되었던 것이다. 그러나 프롬에게 하시디즘 공동체는 좀 더 포괄적으로 만들어진 이상적 법에 지속적으로 충실한 것이었다.[21]

그 세 가지 디아스포라 공동체들 중에서 하시디즘만이 유대교 전통의 필수적인 것들을 한데 묶는 이상적 '사회 결속'이 가능했다. 프롬은 하시디즘 공동체가 경제적 활동 대신 사색이나 명상에 대한 정서를 강조하고 있다는 것에 마음이 움직였다. 실제로 그들은 부의 축적에 대항하는 진지함, 기쁨, 진실성 그리고 하나 된 내재적 감성을 촉구했다. 그 몇 년 후 마르크스에 의해 알려지기는 했지만, 프롬은 이러한 '소유하는 것'을 넘어선 '존재하는 것'의 감성을 구체화하곤 했으며, 그의 여생 동안 하시디즘에서 강조되었던 기쁘고 찬양하는 영혼이 전체주의나 관료주의, 핵전쟁의 위협 앞에서도 기쁨과 활기가 넘치는 삶을 추구하도록 그를 이끌었다. 확실히 프랑크푸르트에서 프롬을 키워왔던 정통 유대교 공동체는 하시디즘을 원칙이 없고 변덕스러운 것이라고 경시했다. 아마도 그의 모친이 동부 태생이어서였는지, 프롬은 하시디즘 일상에 전해 내려오는 기뻐하고 찬양하며 '충만한 삶'에 감사하면서 '베푸는' 경향에 이끌렸다. 또한 1912년 『탈무드』 학자 살만 바루흐 라빈코프Salman Baruch Rabinkow와의 만남은 그 당시 프롬이 논문을 쓰는 데 일조했다. 라빈코프는 하시디즘을 향한 프롬의 애정을 더욱 공고하게 만들었다. 프롬은 자신의 논문에서 하시디즘과 유대교 율법을 하나로 아우르며 이렇게 언급했다.

"그러한 유대인들의 역사적 공동체는 스스로의 삶을 정말 너무도 잘 보존하고 있었으며, 유대교의 문화적·사회적 질서의 모든 것을 담고 있었다."[22]

프롬의 이 논문은 사회심리학의 뛰어난 저작이었다. 하시디즘 전통 속에서 가장 화려하게 그려졌던 유대교 율법을 중심으로 그는 개인적 '영혼', 그중 특히 집단적 '영혼'의 도덕을 더 커다란 사회적 과정들과 연결하는 관념적 일체를 찾고 있었다. 프롬은 개인이나 단체의 도덕을 일단의 삶의 형식과 통합하는 방법을 찾으려 애썼다. 10여 년 후 그가 무의식에서는 프로이트에, 그리고 경제와 계급 구조에서는 마르크스에 완전히 기초를 두면서 그의 대표 개념인 '사회적 성격'을 완성하기 전에, 그는 이러한 영혼을 '사회적 독립체들의 리비도적 체계, 혹은 구조'와 동일시하곤 했다.

알프레트 베버는 프롬의 성과에 감명을 받았다. 반대로 나프탈리는 프롬이 교수 위원회 앞에서 논문 문답시험을 보고 있던 그날 하이델베르크에 나타나서는 그가 시험에 통과하지 못하면 어쩌나, 그래서 자살이라도 하려고 하면 어쩌나 걱정하고 있었다. 프롬은 논문 문답시험에서 두 번째 최고점(우수)을 받았고, 아버지가 단순히 본인의 열등감을 자신에게 전가해왔을 뿐임을 깨달았다. 프롬은 아버지로 인한 노이로제에서 스스로 거리를 두는 방법을 익혀갔다. 이러한 가족 관계의 부담에 대해 알지 못했던 알프레트는 프롬에게 학술적인 일을 해보는 것이 좋겠다고 제안했다. 그러나 프롬은 스스로의 관심사를 알면서도 그러한 일이 자신을 억압할 것이라고 생각했다. 그는 대학이라는 곳이 전문 학술 자료들을 제공하면서 다가올 수십 년 동안 학술 공동체에서 그가 연구하고 집필하도록 자리를 마련해주리라는 사실에 대해 거의 인지하지 못하고 있었다.[23]

대학에 남지 않겠다는 프롬의 결정은 학계가 자신을 제약할 것이라는 생각과 더불어, 살만 라빈코프의 영향에서 기인한 것이었다. 하

바드 하시디즘하시디즘 학파 중 하나—옮긴이의 지지자로서 예시바대학정
통 유대교 계열 사립 종합대학—옮긴이에서 수학했고 랍비로 임명되었던(하지
만 수행은 해본 적이 없었던) 러시아 출신의 열렬한 사회주의자 라빈코프
는 1905년과 1917년 러시아혁명의 활동가였던 지초크 슈타인베르크
Jizchok Steinberg의 가정교사였다. 그는 슈타인베르크의 혁명적 마르크
스 사회주의를 지지했고, 동유럽 출신의 가난한 유대인 학생들을 위
해 적극적으로 기금을 모금하기도 했다.[24]

　프롬은 라빈코프의 소박한 아파트를 거의 매일 방문했으며, 그곳에
서 그가 가르쳤던 다른 학생들과도 마주쳤다. 그는 『탈무드』의 통합된
주제 안에서 전해 내려온 좀 더 깊은 심리학적·영적 진실들에 중점을
두는 리투아니아 방식(『탈무드』의 특정한 텍스트를 공식적으로 마스터하고 그
텍스트 안에 내재된 모순을 서술하는 헝가리식 접근 방식과는 반대된다)으로 프
롬을 이끌었다. 라빈코프와 함께 프롬은 또한 위대한 중세 철학자이자
율법 학자인 모제스 마이모니데스Moses Maimonides의 저작들과 19세기
초기에 쓰인 하바드 하시디즘의 중심 텍스트인 『타냐Tanya』에 관해서
도 연구했다. 프롬은 18세기 하바드 하시디즘의 창시자 슈네우르 잘만
의 잠언 모음집인 『리쿠테이 아마림Likutej Amarim』의 전문가가 되었다.
라빈코프의 지도를 받으며, 프롬은 하바드 하시디즘이 랍비 교리의 이
성주의 혹은 율법주의에 반하는 포퓰리즘의 반작용이라는 것을 알게
되었다.[25]

　라빈코프는 마르크스주의나 사회주의 저항 정치와 전통적인 유대
교의 경건함을 한데 섞는 재주가 있었다. 아마도 라빈코프가 프롬에
게 마르크스에 관해 처음 소개했을 가능성이 높다. 그는 비록 학자의
신분을 유지하며 정치적으로는 적극적이지 않았지만, 프롬에게만큼은

유대교 전통을 '급진적 인본주의'의 정신(개인과 사회가 스스로의 모든 혁명적 잠재력을 키워나가는 것)으로 해석하도록 가르쳤다. 프롬 또한 그의 아래에서 수학하는 동안, 스스로 정치활동과는 맞지 않는다고 생각했다. 그러나 머지않아 라빈코프의 급진적 인본주의 개념은 프롬의 생산적인 사회적 성격 개념의 근간이 되었고, 정신분석학적 지식을 적용한 마르크스주의에 대한 프롬의 관심에 불을 붙였다. 프롬은 지식적으로는 라빈코프의 편에 서 있다는 것을 알고 있으면서도 스스로를 이상적 자아의 위치에 가져다놓았다. 라빈코프는 프롬이 스스로의 내부에서 찾고 싶었던 대부분의 것을 그의 눈앞에 보여주었다.[26]

프롬이 다른 누구보다 자신의 삶에 영향을 주었던 스승에 기대어 스스로의 삶의 무늬를 직조해나간 수준을 살펴보면 가히 놀랄 만하다. 라빈코프는 한 인간에게 가치 있는 척도는 직업적·정치적인 지위나 부, 권력이 아니라, 그의 사상의 깊이나 사랑의 마음이라는 개념을 보여주면서 프롬에게 깊은 감명을 주었다. 라빈코프는 청어나 차 한 잔으로 식사를 하며 근근이 연명했던 것으로 알려졌다. 삶을 안락하게 하는 것들 따위는 나중 문제였다. 학창 시절 프롬의 식생활이 그렇게 빈약하지는 않았지만, 그는 냉장고에 거의 아무것도 채워 넣지 않은 척했다. 프롬은 라빈코프가 위생이나 외모를 가꾸는 데 얼마나 깔끔했는지 기억하고 있었고, 그를 따라 하기도 했다. 아침에 일찍 일어나는 라빈코프는 하루 중 많은 시간을 연구에만 몰두하는 것을 원칙으로 삼고 있었고, 프롬 또한 이른 아침 대부분의 시간을 읽거나 쓰는 데 할애했다. 라빈코프는 연구를 하지 않을 때면 학생들을 초대해 질문은 건네지만 거의 상대방의 말을 끊지 않는 분위기의 끝없는 토론을 이어가기도 했고, 그들에게 아주 적은 수업료조차 받지 않았다. 프롬은 특히 라빈코프와 하시딕 노래를 부르는 것을 즐겼고, 여생 동안 그 노래들을 끊임없이 흥얼거렸다. 그는 라빈코프가 유대교 삶의 보편성에 뿌리를 둔 무궁무진한 유머를 구사하는 사람이었다고 이야기했으며, 이것은 프롬에게서도 찾을 수 있는 가장 뚜렷한 성격적 특징 중 하나였다. 라빈코프는(이전의 헤르만 코엔처럼) 히브리어 성경 속 예언자들의 보편 구제주의적인 인본주의를 강조하면서, 프롬에게 유대교 국가에서조차 지혜란 복종 안에 머물지 않는 것이라는 사실을 명확히 했다. 그 스스로 열렬한 시온주의자로 시작했으면서도 라빈코프는 프롬을 만나던 시기에 시온주의 전제들을 재검토하고 있었다. 1923년까지 프롬 또한 이 주제에 대한 라빈코프의 관점을 다시 살펴보았고, 보편적인 시온주의와 국수주의에 대한 평생의 비평가가 되었다.[27]

많은 부분에서 라빈코프의 뒤를 따르려 했지만, 프롬은 두 가지 주요한 부분에서 그에게서 벗어나 있었다. 첫 번째로 프롬은 은둔하는 삶을 지양하고 자신이 속한 사회에 더욱 귀를 기울였다. 그는 신분이나 지위가 생명을 사랑하고 보살피는 성격이나 지적 충만함보다 덜 중요하다는 점에서는 라빈코프와 일치했다. 그는 대학 교육을 받은 중산층 독일 유대인의 쉽게 동화되는 경향보다는 라빈코프의 겸손함과 신중함, 그리고 이디시어독일어에 히브리어와 슬라브어가 섞인 것으로, 유럽 일부와 미국의 유대인이 사용한 언어—옮긴이를 사용한 혈통다운 그의 헌신을 존경했다. 그러나 프롬은 상당히 이루고 싶은 것이 많은 사람이었다. 그는 하이델베르크와 프랑크푸르트의 전문적이고 학술적인 공동체나 유명한 유대교 지식인들의 모임에서 스스로 거리를 두기로 결심했다.

두 번째로 프롬은 라빈코프가 글을 제대로 쓰지 못했던 것이 그의 신중함이나 은둔적인 생활에서 기인했으며, 참으로 비극적인 일이라 여겼다. 프롬은 라빈코프가 후세를 위해 자신의 어마어마한 지식을 텍스트로 옮기는 일을 거의 할 수 없었으며, 그 때문에 그가 더 위대한 인물로 인정받지 못했던 것이라고 생각했다. 논문을 끝낼 즈음, 프롬은 자신이 라빈코프와 달리 글쓰기에 약점을 지니고 있지 않다는 사실을 감지했다. 글을 쓰는 일은 그에겐 전혀 어려운 것이 아니었다.

라빈코프는 평생 단 하나의 글 「유대교의 삶과 전통 속에서의 개인과 사회The Individual and Society in Jewish Life and Lore」(1929)만을 출간했다. 그의 글 쓰는 방식은 어색했고, 글은 잘 짜여 있지 않은 데다가 종종 불필요한 부분이 있었으며, 내용이 때때로 명확하지 않았다. 프롬을 만나던 시기에 그는 이 글을 쓰느라 씨름하고 있었는데, 그것은 그가 자신의 학생들에게 보여주었던 기초적인 철학, 역사, 신학의 관점들을 체계화하려는 것이었다. 이 글과 프롬의 1922년 논문이 얼마나 유사한지 살펴본다면 아마 깜짝 놀랄 것이다. 그것은 라빈코프가 얼마나 깊은 부분까지 프롬에게 영향을 주었는지 잘 보여준다. 그리고 프롬의 논문을 그 글과 비교하면, 오히려 반대로 프롬의 각 장 초안들이 라빈코프에게 적절한 단어와 표현, 심지어 글 전체의 구성적인 틀까지 마련하도록 도와주었으며, 그로 인해 라빈코프는 자신의 유일한 저작을 완성할 수 있었던 것으로 보인다.[28]

그 글에서 라빈코프는 유대교의 삶과 유대법의 중심에 내재된 원칙은 신과의 서약이라고 설명했다. 그 서약이 공동체뿐만 아니라 그 문화의 '윤리적 최대치'를 결정하며, 정치적 제도의 근간을 이루었다. 라빈코프는 "신과의 살아 있는 서약으로부터 절대불변의 공식들이 아니라 끊임없이 변화하는 문화적 책무들이 자라나게 된다"라고 상정했다. 프롬의 논문과 유사하게, 라빈코프의 글은 유대법과 윤리가 진화하는 인간의 욕구에 따라 적절히 조절되어야 한다고 주장했다. 프롬의 논문이 개인적 영혼과 집단적 영혼의 욕구를 통합한 데 반해(아마도 사회 구조와 집단적 삶에 대한 알프레트 베버의 강조를 반영해), 라빈코프는 이렇게 썼다. "개인의 도덕적 자주성이 근본이다. 모든 사람은 이렇게 말할 자격이 있으며, 또한 말할 수밖에 없다. '내가 있기에 이 세계가 존재하는 것이다'라고." 이렇게 그는 적으며, 개인을 한 단계 더 끌어올렸다. 라빈코프는 개인의 존엄이 공동체 안에서 나오는 것이긴 하지만 공동체의 완성은 모든 개개인의 완벽한 자주성을 요구하는 것이라고, 프롬보다 훨씬 더 강력하게 역설했다. 종교적·윤리적 책무는 '자주적 개인'을 통해서만 적절하게 시행될 수 있으며, 삶의 기쁨은 그제야 완벽히 체험되는 것이다. 마지막으로 라빈코프는 유대교 삶의 윤리적·법률적 중심은 신과의 서약을 근본으로 '특별한 유대교 공동체' 안에서만 유효한 것일 뿐, 다른 단체들에는 적용되지 않는다고 주장했다. 반면 프롬은 그와 달랐다. 그는 자신의 논문에서, 유대법과 윤리에 대한 자신의 논쟁이 보편적인 인간의 욕구와 경험에 관한 실례임을 제시했다.[29]

　1920년대 중후반 프롬의 유대교를 향한 헌신이 사그라지기 시작했을 때, 그는 라빈코프가 상정했던 한계 너머로 방향을 틀었다. 즉, 그는 라빈코프의 유대교적 삶의 비전을 인류에 포괄적으로 적용했지만, 개인의 욕구에 더욱 초점을 맞추었다. 신실한 유대인으로 살지는 않기로 했기에, 프롬에게 인류는 도덕적 자주성과 자유를 가진 개인에 뿌리를 두고 인간 사회 내에서 생산성과 행복을 추구하는 개인의 욕구를 충족시키기 위한 통합된 도덕 공동체였다. 라빈코프는 유대교로부터 멀어지는 프롬에게 어떤 실망의 말도 꺼내지 않았다. 실제로 그는 프롬이 삶을 긍정하는 인간 성격 구조에 관해 이렇게 말했을 때, 이 친구가 유대교의 인본주의에 상당히 가깝게 다가가 있다고 이해했다.

"이 세상 만물은 나를 위해 존재하는 것이죠."

1964년의 글에서 프롬은 다음과 같이 단언했다.

"아마도 라빈코프는 그 어떤 사람보다 내 삶에 영향을 끼쳤으며, (…) 그의 사상은 (…) 내 안에 여전히 살아 있다."[30]

프리다 라이히만

—

하이델베르크에서 수학하는 동안 프롬은 몇몇 젊은 여성과 사랑에 빠졌다. 그는 쾨니히스베르크 여성인 골드 긴스부르크Golde Ginsburg와 미래를 약속했지만, 그의 친구인 레오 뢰벤탈이 그녀의 마음을 빼앗아 그녀와 결혼해버렸다. 긴스부르크는 프리다 라이히만의 가까운 친구였는데, 라이히만은 프롬보다 열한 살이나 연상이었으며, 그녀의 입양된 딸도 프롬에게 마음을 빼앗겼다.[31]

라이히만은 카를스루에에 있는 정치적으로 진보적인 중산층 정통 유대교 가정에서 태어났다. 세 자매의 장녀였던 그녀의 어머니는 교사로 훈련을 받았지만 직장을 가져본 적이 없었고, 가정 안에서 군림하는 성향과 소유욕이 강했다. 라이히만의 어머니는 남편을 존중하지 않았으며, 나프탈리처럼 그도 랍비가 되기 위한 수련에 실패한 후 다소 재미없는 직업인 은행 일을 하는 유대교 지역 공동체의 지도자가 되었다. 어머니의 반대에도 불구하고 아버지가 그녀에게 의학을 공부하라고 제안했을 때, 라이히만은 그 이야기에 자극을 받아 겨우 열일곱 살의 나이에 쾨니히스베르크대학에서 의학 공부를 시작했다. 그녀

는 전공으로 정신의학을 선택했으며, 임상심리학과 교수 에밀 크레펠
린Emil Kraepelin과 뮌헨대학에서 한 학기를 보냈다. 그녀는 1912년 쾨
니히스베르크 의대를 졸업하면서 조현병 환자들의 동공 변화에 관한
논문을 발표했다. 이 시기에 그녀는 정신과 의사인 쿠르트 골트슈타인
Kurt Goldstein의 시범 진료소에서 일하면서 쾨니히스베르크와 프랑크푸
르트 양쪽에서 몇 년을 지냈다. 전쟁이 프롬에게 영향을 끼쳤듯이, 제
1차 세계대전은 라이히만에게도 모든 것을 뒤바꾸는 영향을 끼쳤다.
전쟁이 환자들에게 어떠한 영향을 미치는지 생생하게 목격했기 때문
이다. 그녀는 쾨니히스베르크의 대학병원에서 뇌 손상을 입은 군인들
을 치료했으며, 자신의 임상적 관찰에 근거해 골트슈타인과 함께 신경
손상학에 관한 논문들을 공동 집필했다. 라이히만은 전쟁이 끝나갈
무렵 프랑크푸르트에서 프롬을 처음 만났지만, 둘 다 굉장히 수줍음
을 많이 타는 성격이어서 처음에는 둘 사이에 아무 일도 일어나지 않
았다. 그녀는 프랑크푸르트에서 드레스덴으로 옮겨 갔고, 1920년부터
1923년까지 그곳의 바이서 히르슈 요양원에서 보조 정신내과 의사로
일했다. 그곳에서 그녀는 심리치료사가 되기로 결심했다. 그 당시에 바
이서 히르슈는 체계적인 심리치료 프로그램이 마련되어 있는 독일 내
의 유일한 시설이었다. 프롬이 그곳에 있던 그녀를 방문했을 때, 둘의
관계는 조금 더 진지해졌다.[32]

　　그렇게 의학 공부를 하던 시기에 라이히만은 잔혹하게 성폭행을 당
했으며, 그것은 결혼에 대한 그녀의 시각에, 그리고 아마도 아이를 낳
는 일에 대한 관심이나 생각에도 그늘을 드리우게 되었다. 바이서 히
르슈에서의 마지막 두 해 동안 그 끔찍했던 기억이 촉발시킨 확신, 정
신분석학에 대한 커져만 가는 관심, 그리고 아마도 프롬의 방문을 계

기로 라이히만은 정기적으로 뮌헨으로 여행을 떠나게 되었다. 그녀는 쾌활한 동료이자 덜 정통적인 프로이트주의자였던 빌헬름 비텐베르크Wilhelm Wittenberg에게 정신분석을 받기로 되어 있었다. 비텐베르크는 독일 정신분석학회 소속이었다. 그러나 그는 라이히만에게 깊은 인상을 심어주지 못했다. 그러고 나서 그녀는 베를린에 있는 프로이트의 내부 모임 회원이었던 한스 작스Hanns Sachs와 수련 분석을 하게 되었고, 실제 그곳에서 개업한 정신분석학자이자 정신과 의사가 되었다. 한동안 라이히만과 프롬의 서로에 대한 애정은 더욱 돈독해졌다. 가장 중요한 공통점은 둘 다 엄격한 유대교 정설을 따르는 사람들이었고, 독일 유대인들이 일반적으로 너무 급격하게 동화되고 있으며 그들의 고유한 정체성을 잃어버리고 있다는 사실을 염려하고 있었다는 것이었다. 비록 프롬이 일상적 삶에 필요한 것들을 찾아가는 데는 끔찍이도 재주가 없었던 것처럼 보이지만, 라이히만은 거대 이론에 대한 그의 관심과 인간 존재에 대한 포괄적인 질문들에 그가 열정적으로 매달리는 것을 반가워했다. 프롬은 지적인 주제들에 대한 그녀의 관심에 매료되었으며, 좀 더 실질적인 측면, 다시 말해 자신의 모친처럼 라이히만이 자신을 보살펴준다는 사실에 끌렸던 것 같다. 그녀는 프롬에 대한 치료 차원의 분석을 시작했는데, 그녀 스스로가 인정했듯 그것은 아마도 직업적으로는 부적절했을 것이다.

"우리는 사랑에 빠졌고, 그래서 우리는 그만두었어요. 둘 다 그 정도 생각은 있었거든요."

육체관계가 뒤따랐을 것이며, 아마도 성폭행 이후 라이히만이 남자와 가진 첫 번째 친밀한 관계였을 것이다. 프롬의 첫 번째 육체관계였는지는 알 수 없지만, 라이히만의 전기 작가인 게일 혼스타인Gail

Hornstein이 바로 이 지점에서 프롬을 '여자들에게 둘러싸인 남자'로 처음 묘사했다는 것은 분명하다.[33]

1923년, 라이히만과 프롬은 하이델베르크에 유대인 환자들을 위한 치료소를 개설하기로 결정했다. 그들의 이상적 목표는 바로 수년 후에 치료 공동체라고 말할 수 있는 무언가를 만들어내는 것이었다. 라이히만은 심리치료가 사회 정의를 위한 종교적 헌신인 체다카(자비)라는 관점에서 그러한 생각을 떠올렸다. 그 목표는 유대인의 정체성과 정신적 건강을 동시에 증진시키는 것이었다. 라이히만은 이렇게 말했다.

"우리의 목표는 첫째, 사람들을 분석하고, 그다음엔 자신들의 전통을 인식하게 하고, 그리고 그 속에 살게 하는 것이었어요."

참혹한 독일 인플레이션의 한가운데에서 그녀는 큰 건물과 그 안에 필요한 시설을 마련하기 위해 친구들과 가족으로부터 2만5000마르크를 어렵사리 빌렸다. 그 시설에는 유대교 삶의 근간인 사바스(안식일)와 다른 기념일들, 혹은 의식들, 유대 율법의 정결한 음식, 전통적인 유대교 문헌에 근거한 꾸준한 식사법, 통합 기도회 신학에 관한 프롬의 강연들까지, 모든 것이 한데 모여 있었다. 열 명에서 열다섯 명 정도의 환자가 그곳에서 기거했으며, 낼 수 있는 만큼의 돈을 지불하거나 아니면 그 대가로 노동력을 제공했다. 또 다른 사람들은 계획된 식사나 치료를 위해 그곳에 찾아왔고, 그들 역시 자신들이 감당할 수 있을 만큼의 돈을 지불했다. 사회주의를 신봉하는 독일과 빈의 다른 정신분석학자들처럼 그들은 "계속 부유한 사람들만을 치료하고 싶어하지는 않았다."

환자들은 심리치료나 정신분석치료를 받았다. 처음에는 치료사가 라이히만 혼자였지만, 프롬의 정신분석학 수련이 진전됨에 따라 그도 그녀와 함께 일했다. 두 사람은 마르틴 부버와 친했으며, 부버가 그랬던 것처럼 그러한 치료가 깊은 심리적 억압을 완화하는 방법일 뿐만 아니라, '나와 당신' 사이의 친밀한 내재적 관계라고 이해했다. 전이 문제(예를 들어, 머릿속에 떠올린 모습을 '중립적인' 임상의에게 투영하는 것과 관련한, 인간관계 사이의 위험요소들)에 관한 정보는 많지 않았지만, 그들은 레오 뢰벤탈, 에른스트 지몬, 라빈코프, 심지어 시설 직원들처럼 가까운 사람들과의 분석도 진행했다. 저녁 시간에는 개인적 갈등에 대한 끝없는 공동체 토론과 같은 초기 형태의 집단 치료를 시행하기도 했다. 라이히만은 이렇게 회상했다.

"그것은 프롬과 사랑에 빠진 상태에서도 계속되었던, 열정적이고 좋은 기운을 불러일으키는 본능적인 사랑이었어요. 프롬과 결혼한 건 아니었지만 아무도 그런 걸 신경 쓸 필요가 없었죠."[34]

이러한 치료 공동체가 발전하면서, 심지어 라이히만이 프롬을 '애송이'라고 여기는 지경까지 이르렀음에도 두 사람은 더욱 가까워졌다. 서른여섯 살까지 건강하게 잘 지낸 프리다 같은 여성에게 결혼을 해야 한다는 유대교 정설 안에서의 통념과 중산층의 성적 기준은 오로지 자신의 결정에 달려 있었다. 하지만 그녀는 부모님의 결혼기념일인 1926년 6월에 스물여섯 살의 프롬에게 확실한 결혼 날짜를 잡자고 재촉해야 했다. 라이히만은 회상했다.

"나는 내가 원하는 이상적인 사람을 곁에 두고 있었어요. 매우 지적이고 따스하며, 내가 배우지 못한 것들까지 모두 잘 알고 있는 교육을 잘 받은 그런 남자 말이죠."

그녀는 둘 사이의 세대 차이를 너무 가볍게 여겼다. 아마도 그것은 그녀가 성폭행 경험이 자신의 결혼에 대한 전망을 심각하게 악화시켰다고 느꼈기 때문인지도 모른다. 결혼식은 그녀의 어머니 집에서 치러졌고 라이히만이 편도선염을 앓고 있었기 때문에, 그녀는 그 시간이 여전히 아쉽기만 하다고 회상했다. 프롬의 아버지 나프탈리는 라이히만에게 "이제 네가 프롬을 돌봐주렴"이라고 이야기하면서 안도했다. 그는 그녀가 프롬의 가정에서 필요한 것들을 챙겨줄 것이며, 아마도 그의 부모 역할까지도 할 것이라고 생각했다. 나중에 라이히만은 이렇게 썼다.

"나프탈리는 내가 그의 단 하나뿐인 아들을 돌봐줄 수 있다는 것 때문에 기뻐했어요. 세상에, 그게 말이 돼요?"[35]

프롬은 빌헬름 비텐베르크에 대한 분석을 끝내기 위해, 그리고 크레펠린의 강의에 참석하기 위해, 이전에 라이히만도 그랬던 것처럼 1925년에 뮌헨으로 이주했다. 그는 크레펠린에게서 후에 정신약리학이라고 불리게 될 여러 가지 것을 배웠고, 이것은 그의 환자들이나 동료들에게 약재 사용과 관련해 조언할 때 유용했다. 크레펠린 또한 일반적인 신경과학에 대한 관심을 점차적으로 늘려갔고, 그러한 관심은 결코 시들지 않았다. 프롬이 비텐베르크와 진행했던 분석은 별로 눈에 띄는 게 없었다. 프롬은 비텐베르크가 대화를 나누기 좋은 사람이라는 것은 알았지만, 그가 능력 있는 정신분석가는 아니라고 생각했다. 하지만 비텐베르크는 분석을 진행한 지 1년도 안 되어 사망해버렸다. 그리고 라이히만은 매달 600마르크의 비용을 모두 지불해야 했다.

그즈음, 프롬과 라이히만이 새롭게 시작한 치료소는 두 가지 이유로 뚜렷하게 실패의 나락으로 치닫고 있었다. 첫째, 이상주의적인 치료소의 목표가 결국은 이루어지지 않았다. 많은 환자가 유대교 율법의 음식이나 유대교 사회생활을 갈망했지만 치료 공동체 안에서의 정신분석학적 치료 효능은 묵살해버렸고, 그것을 위해 해야 하는 일들에는 모두 입을 닫아버렸다. 이것은 랍비들과 랍비가 되려는 학생들 사이에서 특히 그랬다. 둘째, 분석적 수련이 깊어지면 깊어질수록 프롬과 라이히만은 유대교 정설에 대한 자신들의 헌신과 의식이 약화된다는 사실을 알게 되었다. 그녀는 그것을 이렇게 지적했다.

"4년 후 우리는 그 치료소를 더 이상 지속할 수 없다고 결론 내렸어요. 왜냐하면 거기엔 더 이상 우리의 양심과 진심이 존재하지 않았으니까요."

어느 유월절에 그들은 공원으로 가서 발효시킨 빵을 먹었는데, 그것은 코르밧, 즉 아이를 낳지 못하게 한다고 알려진 심각한 죄악이었다. 그러나 "실제로 아무 일도 일어나지 않아서 약간 놀랐다"라고 라이히만은 회상했으며, 그들은 결국 햄이나 바닷가재, 굴과 같은 철저하게 금지된 음식들을 먹게 되었다. 이렇게 유대교 율법을 어기는 것은 물질적으로 사치스럽지는 않더라도 확실히 사회적 규범에 신경을 쓰며 삶을 살아가는 첫발을 내디디는 일이었다. 비록 그러한 조심스러운 새로운 식이법이 치료소의 환자들이나 직원들에게는 비밀로 유지되었지만, 그들은 1927년 정신분석학 저널 『이마고Imago』에 쓴 글에서 자신들이 유대교 정통을 위반했다는 사실을 알렸고, 그 내용은 그들의 환자들 사이에서 일상적인 이야깃거리가 되어버렸다. 치료소 운영은 거의 중단된 시점이었고, 『탈무드』 학자가 되겠다는 프롬의 계획 또한 희미해지고 있었다. 프롬은 또다시 불안하게 부유하는 듯했고, 라이히만 또한 마찬가지였다.[36]

그들이 치료소의 일에 움츠러들면서 그들의 결혼생활에도 일종의 우울이 찾아오고 생활의 열정이 사그라지기 시작했다. 그들의 관계에 존재했던 자연스러움과 혁명적인 실험주의는 그들의 공동 사업이 와해됨에 따라 조금씩 소멸하고 있었다. 아마도 실질적인 나이 차이 또한 이러한 불안에 일조했을 것이다. 그즈음 라이히만은 몇 번의 연애를 했으며, 그중 한 사람은 당연히 라빈코프였다. 프롬도 다른 여자, 특히 카렌 호르나이에게 관심을 갖게 되었다. 비록 연애나 바람을 피우는 일이 1920년대 유럽의 정신분석학계에서 특이한 것은 아니었지만, 두 사람 사이엔 좀 더 깊은 흔들림이 있었다. 그들의 결혼은 코르밧 상태, 즉 아이가 없었다. 프롬이 가끔 다른 사람들에게 라이히만이 아이를 갖지 못할 수도 있다고 말하긴 했지만, 사실은 그와 달랐다. 폐경기가 다가오자 라이히만은 아이를 갖고 싶어했고, 결혼생활 초기부터 프롬에게 그렇게 이야기했었다. 그러나 프롬은 스스로의 오만함과 둔감함을 드러내면서 무심하게 비웃듯 이렇게 말했다.

"아이 갖는 일이 무슨 대수야? 그건 젖소도 할 수 있는 일이라고."

프롬은 또한 아이라는 존재가 만연한 사회적 가치에 적응하도록 스스로에게 압박을 주어 자신의 직업적인 생산성을 떨어뜨리게 될 것이라고 생각했으며, 그것은 바이마르 지식인들과 문화인들 모임 안의 시각과도 다르지 않았다. 불행하고 문제가 많았던 유아기의 기억들 역시 한 아이의 아버지가 되는 일을 탐탁지 않게 생각하는 데 한몫했을 것이다.

1932년 7월 중순, 라이히만은 바젤 병원에서 외과 시술을 받았다. 이틀 후, 그녀의 의사는 사산된 아이로 보이는 작은 덩어리를 그녀에게 가져왔다. 그것은 커다란 머리와 상체, 팔다리를 가졌고, 마치 죽은 태아처럼 보였다. 그러나 게오르크 그로데크Georg Groddeck와의 편지에서 라이히만은 그것이 사산된 태아가 아니라 그렇게 보였던 근종

(양성 종양)이었다고 주장했다. 그것이 사실이라면, 그녀는 프롬의 아이든 다른 남자의 아이든 임신을 한 적이 없었다. 또 다른 가능성은 종양이 태아의 생명력을 잠식해 사산되게 만든 경우였다. 무슨 일이 있었든 간에, 그것은 이미 불편했던 결혼생활에 또 다른 짐을 지우게 되었다. 프롬의 연구 보조였던 라이너 풍크는 프롬의 삶의 후반기에 그에게 라이히만에게서든 다른 아내에게서든 아이를 갖지 않은 것을 후회하는지 물어보았다. 풍크는 그 순간만큼은 확실히 기억하는데, 그때 프롬의 표정에선 깊은 마음의 고통이 읽혔으며, 결국 그는 대답을 하지 못했다고 했다. 이 문제는 계속해서 그의 삶의 많은 부분에서 상기되었으며, 끝내 그에게 후손은 없었다.[37]

그들의 결혼생활이 점점 더 어려워지자 라이히만은 도움이라도 받기 위해 그로데크를 함께 방문해보자고 프롬을 다그쳤다. 1866년에 태어난 그로데크는 정신분석학자였고, 바덴바덴 휴양시설 근처에 있는 마린호헤 요양원의 원장이었다. 그는 분석치료의 한 방편으로 치료 마사지를 시행했고, 프로이트가 그의 식견에 힘을 실어주었다. 실제로 프로이트는 그로데크가 1921년에 쓴 기괴한 소설 『영혼을 찾는 사람 The Soul Seeker』에 빠져 있었는데, 그 이야기는 정신이 나가면서 특정한 인간 상황들에 대해 독특한 심리학적 해석을 할 수 있게 된 퇴직한 독신남에 관한 것으로, 이따금 성에 대한 시각들이 사람을 당혹스럽게 하기는 했지만 유머로 가득 찬 그 이야기 방식은 새롭게 그의 관점을 설명하고 있었다. 그로데크의 더욱 평가할 만한 저서 『그것을 엮다 The Book of It』(1923)는 연속적인 편지글을 통해 그의 근본적인 생각을 드러낸 것이다. 그의 '그것' 개념은 프로이트의 '이드' 개념과 중첩된 것으로, 이는 프로이트가 공공연하게 인정한 부분이었다. 그러나 그로데크는 마음과 몸 사이의 합일을 보존하는 데 프로이트보다 훨씬 더 열정적이었다. 그의 '그것'은 독일 낭만주의 전통에서 많은 부분 기인한 것이었고, 폭넓게 구축된 인간 잠재성의 총체(생물학적이고 또한 영적인), 즉 무의식뿐만 아니라 '에고'를 의미하는 것이었다. 그와 반대로 『에고와 이드The Ego and the Id』(1923)에서 프로이트는 자신의 구조 이론을 구축하는 구별된 힘으로서 에고와 이드와 슈퍼에고에 차이를 두었다. 간단히 말해, 그로데크에게 '그것'은 아프고 건강한 것에 대한 내재적 바람을 상징화한 것이었다. '그것'은 그 자체로 특정한 질환 안에서 드러나고, 정신분석학자는 아이 같은 믿음과 순수함으로 환자로 하여금 기저에 깔려 있는 문제의 억압된 근원을 헤아리도록 그 질환에 대해 모성을 닮은 부드러움과 관심을 담은 반응을 보여준다. 그렇게 함으로써 물리적인 질환을 초래하는 '그것'은 약화되고 사라지게 되는 것이다. 그렇게 그로데크는 초기의 심신의 관점을 직조해냈다. 예를 들면, 그로데크의 도움으로, 안경을 껴야만 그나마 앞을 볼 수 있었던 베를린의 정신분석학자인 에른스트 지멜Ernst Simmel은 안경 없이 아주 먼 곳에 있는 시계를 갑자기 읽을 수 있게 되었다. 그러나 지멜이 베를린에서 다시 예전의 생활 방식으로 돌아갔을 때, 그의 좋아지던 원거리 시력은 그대로 멈추어버렸다.[38]

산도르 페렌치Sandor Ferenczi, 카렌 호르나이 그리고 바덴바덴에 왔던 그리 정통적이지 않은 정신분석학자들을 감동시켰던 것은 따스하고 열려 있으며 겸손하고 에두르지 않는 그로데크의 인격적인 치료 방식이었다. 그들은 가끔 그를 방문했다가 프롬이나 라이히만과 마주쳤는데, 마치 그들의 치료소가 문을 닫으면서 그로데크가 이끄는 정신분석학적 공동체에 두 사람이 함께하는 느낌을 주었다. 증거가 불분명하기는 하지만, 프롬이 바덴바덴에서의 이러한 모임에서 프로이트를 만났을 가능성이 충분히 있고, 만약 그랬다면 그들의 대화 안에는 분명 프로이트의 '심리 과학'이 포함되었을 것이다. 라이히만과 그렇게 몇 번의 여행을 하면서 프롬은 그로데크의 엄격한 과학에 대한 멸시와 사회 문제들에 대한 반동적 입장에도 불구하고 그에게 빠져들었다. 그로데크의 이론적 유연함과 편견 없는 진지함, 모계제도에 대한 수용, 그리고 놀랄 만한 심리학적 직관 덕분에 프롬은 정통 프로이트주의와 관련한 확신과 뒤섞인 의문들을 숙고하는 일이 더욱 자유로워진 느낌이었다. 그로데크와의 모임에서 프롬은 자신이 공개적으로 그리고 독립적으로 이야기할 수 있다고 느꼈으며, 스스로 완전히 벗어나지는 못했다고 하더라도 프로이트의 기계적인 리비도 이론, 오이디푸스 콤플렉스의 보편성, 그리고 프로이트의 가부장적 전제들에 대한 점점 커져만 가는 회의를 표출할 수 있으리라 생각했다.

그로데크의 심신에 대한 논점이 없었다면, 프롬은 '정신분석 치료 과정 동안 일어난 폐결핵 치료'와 관련한 자신의 첫 번째 강연을 주제하지 못했을 것이다. 그로데크와의 모임에서 더욱더 편안함을 느끼게 되면서 프롬과 라이히만은 자신들의 급작스러웠던 결혼생활의 강점과 약점을 더 잘 파악할 수 있었으며, 결혼이 그들에게 어떤 의미였는지 명확히 알게 되었다.[39]

그로데크는 지적이지는 않았지만 호감 가는 성격을 갖고 있었으며, 항상 사람을 끌어들이는 매력을 지닌 사람이었다. 프롬은 인성적 특징과 정신적 삶을 통합하는 치료를 할 수 있는 능력을 지닌 스승이 필요했다. 프롬에게 그로데크만큼 모시고 싶은 임상의는 없었다. 그는 완벽한 치료사였으며, 환자의 주관적인 마음속 세계를 되찾게 해주고,

환자로부터 기꺼이 무언가 배울 수 있는 그런 좋은 사람이었다. 임상의와 환자 사이의 인간적 관계의 본질이 바로 그 열쇠였다. 그로데크는 프롬에게, 환자의 감정을 자신의 몸속으로 느끼면서 내재한 정서적 질환의 증상이 가라앉을 때까지 환자의 문제들을 해결해나가는 방법을 가르쳤다. 임상의란 그렇게 환자 상태의 모든 것을 펼쳐놓고 하나하나 찾아가야 한다. 프롬은 후에 그것을 '총체적 인간'이라고 불렀다. 프롬이 만난 독일 정신분석학자들 중에 그로데크만큼 능동적으로 임상적 개념이나 이론을 수용한 사람은 없었다. 그는 진실과 새로움과 용기 그리고 누구도 흉내 낼 수 없는 부드러움을 가진 사람이었으며, 환자의 무의식을 꿰뚫으면서도 결코 환자에게 상처를 주는 법이 없었다. 프롬은 자신과 라이히만이 서남부 독일의 정신분석학자들의 연구 모임에 들어갈 수 있었던 것은 전적으로 그로데크의 존재와 그의 능력 덕분이었으며, 그 사람들이 모여 1929년 프랑크푸르트 정신분석 연구소를 설립하게 되었다고 회상했다.[40]

프롬 부부는 1927년 프랑크푸르트에 있는 서남부 독일 정신분석 연구 모임에 가입한 것으로 보인다. 심신의 접근법과 마음에 가 닿을 수 있는 방식으로 자신의 정신분석학적 사상들을 표현하고 싶어했던, 빈에서 수련을 받은 정신분석학자이자 확고한 사회주의자인 하인리히 멩Heinrich Meng은 그 모임을 만드는 데 그로데크의 도움을 이끌어냈다. 함께 빈에서 수련했으며 자기애적 장애의 치료와 에고의 억제가 감정과 생각을 그려내는 방식을 연구하고 있던 카를 란다워Karl Landauer도 곧 모임의 중심적 존재가 되었다. 프롬과 라이히만은 이 모임에 참여했고, 비록 뮌헨에서는 비텐베르크에게 분석을 받았지만 프랑크푸르트에서는 란다워와 치료적 접촉(아마도 어떤 지도 같은)을 받았을 것이

다.[41]

1927년에서 1928년 사이 두 사람의 치료소가 문을 닫고 프롬이 서남부 독일에서는 가능하지 않았던 추가적인 정신분석학적 수련을 원하게 되면서 그들 부부는 베를린으로 이주했다. 그곳에서 라이히만은 사설 정신분석 상담소를 시작했고, 프롬이 실질적으로 학생이라고 하기 힘든 그런 생활을 계속하는 동안에도 그녀는 가장으로서의 역할을 다했다.

베를린 정신분석 연구소에서 프롬은 프로이트 내부 모임의 한스 작스와 테오도어 라이크Theodor Reik와 수련 분석을 진행했다. 프롬은 작스가 무조건 프로이트에게 충성하고 있다고 여겼으며, 그것은 정확한 평가였다. 실제로 작스는 임상적 환경 이외에 단 하나의 관심사, 즉 예술의 정신분석학적 해석에 대한 것을 제외하고는 모든 것에서 프로이트의 입장을 대변했고, 프로이트의 가장 가까운 동료들 중에 가장 의문이나 논쟁을 제기하지 않는 사람이었다. 작스는 프롬이 자신에게서 '긍정적 전이'를 경험하고 있다고 주장했는데, 왜냐하면 프롬이 매번 모임 전에 항상 그의 코트를 좁은 현관에 있는 자신의 코트 옆에 걸어놓았기 때문이다. 프롬은 말도 안 되는 소리라고 생각했다. 라이크도 종교심리학에서 프롬의 관심사와 많은 부분을 공유했고 작스보다는 더 적극적이고 탐구하는 마음을 가지긴 했지만, 그 또한 상당히 까다로웠던 젊은 프롬에게는 과도하게 정통적인 것처럼 보였다.

여전히 정서적으로 불안하며 자신의 수련 분석가들에게 실망하기는 했지만, 그럼에도 프롬은 빈보다 훨씬 더 혁신적인 것처럼 보이는 베를린의 정신분석학계 분위기에 열중하는 듯했다. 실제로 나이 든 분석가들이 자신의 지원자들과 함께 프로이트뿐만 아니라 철학, 정치,

예술에 관한 다양한 논의를 하느라 이른 새벽까지 시간을 보내는 것은 특별한 일이 아니었다. 바이마르 문화의 풍부함은 베를린에서 눈에 띄게 대두되었다.

프롬은 오토 페니켈Otto Fenichel을 만났는데, 그는 마르크스와 프로이트의 이론적 통합은 물론이고 사회와 경제의 진보주의적 개혁에 대해서도 연구하는 젊은 좌익 편향의 분석가들과 입문 세미나를 시작했다. 프롬이 바덴바덴에서 처음 만났던 카렌 호르나이는 베를린 정신분석 연구소의 설립자 중 한 사람이었고, 이미 여성에 대한 프로이트의 전제들에 반하는 자신의 입장을 공고히 하고 있었다. 프롬은 그녀가 열정적이고 흥미로운 사람이라고 생각했다. 창조적이며 절충적 마르크스 프로이트학파였던 빌헬름 라이히Wilhelm Reich는 성격 유형과 사회적·정치적 상황이 분석적 치료에 영향을 미치는 방식에 대한 프롬의 관심을 확장시켰다. 정통의 정신분석 이론에 대한 확신과 위태롭게 뒤섞인 의문을 지닌 프로이트주의자로서 프롬은 자신 또한 마르크스주의자로 진화해가고 있다는 사실을 알게 되었다. 실제로 그는 1928년 '소시민계급의 정신분석'에 관한 강연을 진행했다. 이른 시기에 그는 이미 독일 중하층계급의 위험스러운 권위주의적 성향에 의혹을 가졌고, 곧 자신의 관심사를 적극적인 연구 프로젝트로 전환시켰다.[42]

1929년에 프롬은 수련 분석을 끝마쳤고, 비로소 베를린에서 사설 정신분석 상담소를 시작했다. 그러나 이 시점에서 우리는 그를 사회적 무의식의 개념, 즉 사람들을 하나로 묶으며 집합체의 개념을 증진시키는 저 밑바닥에 드리운 욕구에 초점을 맞추기 시작한 사회심리학자로 간주하는 것이 더 적절할 것이다. 두 가지 학문 모두에 자격을 갖추고 있었기에 그는 1929년 프랑크푸르트 정신분석 커뮤니티에 「정신분석과 사회학Psychoanalysis and Sociology」이라는 논문을 발표했다. 논문의 요지는 경제적·정치적·사회적 설명으로 충분히 해결될 수 있는 질문들에 분석가들이 정신분석학적인 해답만을 제시하는 일을 지양하자는 것이었다. 그러나 프롬은 또한 '사회'라는 것이 추상적 개념이며, 그것을 이루는 밑바탕은 특정한 개인이라는 사실을 사회학자들이나 다른 사회과학자들이 인식하도록 촉구했다. 궁극적으로 정신분석학 커뮤니티와 사회과학 커뮤니티는 사회의 산물이자 고유의 개인인, 중심적 논점으로서의 사회화된 인간을 인정해야 한다는 것이었다.[43]

같은 해 서남부 독일 정신분석 연구 모임은 프랑크푸르트 정신분석 연구소로 바뀌었고, 프롬은 그 설립자들 중 하나가 되었다. 연구소는 마르크스주의 사회연구소와 같은 건물을 사용했으며, 소장은 막스 호르크하이머였다. 카를 란다워는 호르크하이머에 대한 분석을 시행했으며, 그로 인해 호르크하이머는 연구소 심사에 정신분석학적 관점을 들여오는 일에 흥미를 갖게 되었다. 란다워는 이 일에 야망이 가득했던 프롬을 추천했다. 결과적으로 베를린에 있는 그의 정신분석 상담소와 그곳에서의 경험들, 그리고 프랑크푸르트 정신분석 연구소의 일들에 더하여, 프롬은 마르크스주의 사회연구소의 시간제 초청 조사원으로서 근무하게 되었다. 그의 불안했던 경력이 또 다른 전환점을 맞고 있었고, 그는 연구자로서의 새로운 삶에 들어서고 있었다.

라이히만과의 결혼생활에도 전환점이 찾아왔다. 1931년 프롬은 결핵에 걸려 집 밖에 머물러야 했으며, 스위스 다보스에서 치료처를 찾고 있었다. 그로데크는 프롬 부부에게 그 질환은 심신적 요인이 복합된 것이라고 설명했고, 프롬은 라이히만과의 별거가 가장 좋은 방법이라는 사실을 받아들이지 못했다. 결핵은 문제가 쌓여 있던 그들의 관계가 증상으로 드러난 것이었다. 라이히만이 그의 요양 기간에 방문하기도 했고 서로 자주 편지를 주고받기도 했지만, 그들은 다시는 한 집에서 같이 살지 못했다. 프롬은 스스로 요리하고 청소하는 법을 배워야 했고, 작은 정신분석 상담소에서 나오는 돈으로 생활을 유지해야 했다. 그의 어머니도 라이히만도 실질적으로 그에게 필요한 것들에 신경 쓰지 않게 되면서, 그는 자신이 마침내 의미 있는 개인적 자립을 받아들일 준비가 되었다고 생각했다. 그러고 나서야 그는 자신보다 훨씬 연상인 또 다른 여자, 카렌 호르나이와 사랑을 싹틔우게 되었다.[44]

제2장

프랑크푸르트의 학자

1929년, 치료소에서의 프롬의 실험은 끝이 났고, 라이히만과의 결혼 생활은 깊은 나락에 떨어졌으며, 한스 작스와의 분석은 갈피를 못 잡고 헤매고 있었다. 실의에 빠진 프롬은 절충적 회의론자들이었던 마르크스주의 학자들의 단체인 프랑크푸르트 사회연구소에까지 이르렀다. 그들은 시사비평가로서의 일도 겸하고 있었고, 철학적 접근을 하는 경향이 있었다. 이 연구소에서 프롬은 어린 시절 친구였던 레오 뢰벤탈과 재회했고, 그곳의 중심인물이었던 막스 호르크하이머와 함께 일하는 것도 즐기게 되었다.

몇 년 후, 프롬은 자신을 사회학자나 사회철학자, 혹은 정신분석학자라기보다는 시사비평가라고 여기게 되었다. 프랑크푸르트의 대부분의 동료들처럼 그도 소비에트 연방이나 동유럽에서 진행된 '공식적인' 해석, 즉 엄격하고 독단적인 마르크스 저술의 묘사들을 의심의 눈으로 바라보았다. 그들의 연구소에서 선호하는 방식은 더욱 유연한 것이었으며, 서부 유럽이나 독일에서 두드러졌던, 마르크스에 대한 심리학적으로 예민한 해석이었다. 프롬은 마르크스주의를 정신분석과 연관 지었으며, 자신의 상징적 개념이 될 사회적 성격의 주제 쪽으로 조금씩 다가갔다. 그는 또한 독일법이 영향력을 넓혀가던 시기에 시행된, 독일 노동자들의 놀랍도록 권위주의적인 경향에 대한 조사 연구 프로젝트를 주재했다. 1930년대 중엽에 프롬은 사회비평에 대한 그의 최고의 인고 작품이었던 『자유로부터의 도피』(1941)의 이론적 밑그림을 그려내게 되었다.

프롬은 계속해서 결핵으로 고생하고 있었고, 그것은 그의 기력을 급격히 쇠하게 만들었다. 그래서 그는 시원한 바닷바람을 찾아 떠나거나, 사무실이나 프랑크푸르트 연구소의 책임감에서 멀리 떨어진, 기운을 북돋우는 분위기를 찾아다니곤 했다. 당연히 그곳에서 그의 영향력은 1930년대를 지나면서 점점 힘을 잃어갔다. 나치의 사회적 실험으로부터 도망친 지식인 망명자였던 프롬은 많은 다른 연구소 학자나 시사비평가와 마찬가지로 컬럼비아대학과 뉴욕 시의 변방, 혹은 모닝사이드 하이츠에서 피난처를 찾곤 했다. 그러나 그의 동료들과는 달리 그는 거의 은둔하지 않았고, 미국, 특히 뉴욕 시의 문화나 관습의 다양한 측면을 즐기고 있었다.

프랑크푸르트 연구소: 회의론자들의 모임

—

프랑크푸르트 사회연구소는 1923년 독일에서 태어나 아르헨티나에 살고 있는 번성한 어느 양곡상이 지식인이 되고자 하는 아들 펠릭스 바일Felix Weil의 노력을 지지하기 위해 기부를 결정하면서 설립되었다. 연구소의 첫 번째 소장인 카를 그륀베르크Carl Grünberg는 독일 공산당 당원들과 가까웠고, 소련 중심의 기계적인 마르크스-레닌주의자들의 관점을 받아들였다. 그륀베르크와 그의 동료들은 독일 노동운동에 연구의 초점을 맞추었다. 역사 발전에 대한 마르크스의 '과학적' 법칙들에 따르면, 제1차 세계대전에서의 패배와 바로 뒤에 이어졌던 엄청난 인플레이션에 직면하면서 독일 노동자들은 실제보다 훨씬 더 혁명적인 열정을 보여주어야 했다. 연구소의 막스 호르크하이머와 다른 젊은 회원들에 따르면, 그륀베르크의 기계적·결정론적 마르크스 읽기에는 무언가 결핍되어 있으며, 그것은 비인격적인 경제 요인을 그대로 드러냈고 주관적인 개성을 경시했다.

반면에 호르크하이머와 그의 동료들은 1920년대에 걸쳐 죄르지 루카치György Lukács와 카를 코르슈Karl Korsch에 의해 다듬어진 새로운 '마르크스 인본주의'에 매료되었으며, 그것은 변증법적 과정에서의 무의식의 요소와 혁명적 열정을 설명하는 데 노동과 사회적 상호작용으로부터 노동계급 역할의 소외를 강조한 것이었다. 연구소의 더 젊은 회원들은 한 사회의 경제적 하부 구조에만 초점을 맞춘 일원적 유물론을 거부하고, 학제 간 마르크스주의로 눈을 돌렸다. 그들이 만든 버전은 좀 더 폭넓은 사회적·심리학적·문화적 총체와 관련된 것이었다. 1927년 그륀베르크가 뇌졸중으로 쓰러지자 이 젊은 모임의 회원이었던 프리드리히 폴로크Friedrich Pollock가 임시 소장이 되었고, 마르크스 인본주의에 훨씬 더 익숙했던 호르크하이머가 1930년부터 연구소의 소장으로 오랜 기간 재임하게 되었다.[1]

1920년대 후반 마르크스의 『경제학-철학 수고Economic and Philosophic

Manuscripts』(즉, 『파리 수고』)의 재발견은 호르크하이머와 연구소의 동료들에게 대단히 중요했다. 그 원고에서 젊고 더 유연했던 마르크스는 노동자들의 소외에 대해 다루었고, 사회심리학의 중요성을 상기시켰다. 그는 인간의 자연스러운 욕구와는 정반대로 착취가 이루어졌기 때문에 그것이 계급 인식의 혁명적 감각을 창출해낼 수 있었다고 적었다. 그러나 착취가 성장과 행복에 대한 인간의 가능성과 점점 늘어나는 부대끼는 상황들 사이에 과도한 차이를 만들어냄으로써 노동자들이 그것을 각성하고 포기하게 만들 수도 있는 것이라고 경고하기도 했다. 호르크하이머에게 이 '새롭고' 더욱 유연한 '인간적인' 마르크스는 루카치와 코르슈의 수정주의적 방향과 일치했다. 만족을 위한 개인적 의식과 갈구는 '구조'나 내재적 '힘'에 의해 세세하게 짚어질 수 없었다. 호르크하이머는 이 편향된 관점이 특히 마음에 닿아, 카를 란다워와 개인적 분석을 진행하는 과정에서 프로이트와 정신분석학에 상당한 관심을 갖게 되었다. 개인적인 분석적 경험과 인간의 주체성에 대한 깊어진 관심 속에서 호르크하이머는 마르크스에 프로이트적인 통찰을 가져오고자 했다. 이러한 두 유대 지식인 거장들의 사상적 융합을 염두에 둔 호르크하이머는 연구소를 이러한 방향으로 이끌 수 있는 인물을 찾게 되었다.[2]

이 시점에서 란다워는 호르크하이머에게 서남부 독일 정신분석 연구 모임과 프랑크푸르트 정신분석 연구소의 창립 구성원이었던 프롬에 대해 이야기했다. 그 당시 프롬은 베를린에서 정신분석 수련을 끝내가는 중이었다. 란다워는 그 젊은이가 정신분석을 소개하는 데 도움을 주고, 나아가 호르크하이머와 그의 동료들의 사회심리학 연구에 도움이 되는 동료가 될 수 있을 것이라고 말했다. 결국 란다워가 호르크하이머에게 설명했듯이, 프롬은 프로이트의 '모더니스트' 의제와 본능에 따르는 삶의 더욱 자유로운 흐름의 필요성을 잘 이해했다. 그러나 프롬 또한 개인을 사회적 맥락 안에서 바라보는 것에 이미 익숙해 있었다.

1929년 레오 뢰벤탈은 프롬을 호르크하이머에게 소개했는데, 그는 프랑크푸르트 정신분석 연구소의 창립 모임에 소개되었고 연구소 저널에도 실렸던 프롬의 「정신분석과 사회학」에 관해 이미 알고 있었다. 그 글에서 프롬은 한 개인을 형성하는 경제적·기술적 발전과 관련한 마르크스의 사회주의적 관점과, 프로이트의 성 심리적 발달 구조를 수용한 통합된 사회 이론을 제시함으로써 빌헬름 라이히와 지그프리트 베른펠트Siegfried Bernfeld의 뒤를 따랐다. 마르크스와 프로이트에 관한 프롬의 상당히 서론적인 입장은 사회적·경제적 상황에 대한 마르크스의 강조와, 내재적 심리에 대한 프로이트의 초점이 융합되어야 한다는 사실을 두 사람 모두 인정해야 한다는 것이었다. 효과적인 융합은 (개인에게서 점점 멀어지는) 엄격하게 유물론적인 마르크스주의와, (사회적 맥락이 없는) 낡아빠진 개인의 정신적 유산에 대한 초점, 둘 모두에 대한 수정을 요구했다. 결국 프롬은 공통의 이론적·실증적 고려가 이루어지려면 사회적 태도, 심미적인 감각, 인식하는 방식, 개인이라는 역할의 정신적 결핍 등 모두가 한꺼번에 참작되어야 한다고 주장했다. 비록 이러한 프롬의 전체론적 주장에 마르크스의 『경제학-철학 수고』가 도움이 되었을지도 모르지만, 그는 1960년대 초까지 그것들을 체계적으로 사용하지는 않았다.[3]

프롬과의 예비 만남에서 호르크하이머는 연구소의 몇몇 모임에 함께 참여하도록 그를 초대했고, 베를린에서 프랑크푸르트까지의 여행

비용을 지불하겠다고 했다. 프롬이 연구소의 토론에 참여하면서 호르크하이머는 마르크스 인본주의에 관한 프롬의 해석을 수용하게 되었고, 프롬은 한 사람의 잠재된 사교성과 완벽한 생산적 힘이 표출되는 데 사회적 관계 변형이 얼마나 중요한지 절감했다. 호르크하이머는 프롬이 주재하게 될 첫 번째 주요한 연구 프로젝트로 독일 노동계급의 사고방식에 관한 체계적인 조사를 포함하는 포괄적인 연구를 제안했다. 그는 프롬이 사회학 박사학위를 위한 수련을 거쳤으니 충분히 그러한 시도에 착수할 수 있을 것이라고 여겼다. 만약 이것이 잘된다면, 그리고 프롬이 연구소 동료들에게 정신분석학적이며 치료적인 관점을 소개하는 데 도움을 줄 수 있다면, 호르크하이머는 그를 연구소의 정규직 일원으로 영입할 생각이었다. 호르크하이머의 사람을 사로잡는 성격과 경계를 뛰어넘는 광범위한 관심사들은 프롬에게 꽤 인상적이었다. 프롬은 학계에서 정규직 직업을 찾고 있던 것도 아니었고 온전히 정신분석학자로서 생활을 유지하는 것에는 관심이 없었기 때문에, 경제적으로 최소한의 안정을 보장하는 프랑크푸르트 사회연구소에서 일하게 되었다. 그 일은 그에게 학생으로서 즐겼던 것과는 다른 새로운 지식인의 지지 네트워크를 마련해주었다. 또한 그것은 작은 사설 정신분석 상담소를 운영하는 데 방해가 되지도 않았다. 사실 그는 연구소에서 일한다는 생각에 아주 흥분해 있었고, 자신이 시사연구가이자 비평가는 물론이고 정신분석학자로서도 아주 적절한 기회를 얻게 된 것이라고 생각했다. 게다가 그에게 경제적으로 안정될 수 있는 기회가 주어졌고, 그것은 사회심리학에 대한 그의 관점을 더욱 자유롭게 발전시킬 수 있게 해줄 것이었다. 그러나 그는 연구소의 합동 프로젝트에 기꺼이 함께했지만, 처음부터 그 모임의 연구와는 별개로 자신

의 이론들을 만들어가리라 생각하고 있었다.[4]

초기 저술들

—

프롬은 자신이 연구소의 좋은 환경에서 어렵지 않게 글을 쓸 수 있다는 사실을 알게 되었다. 그는 독일 노동계급의 사고방식과 그 저변에 깔려 있는 심리학적 성향에 대한 대규모의 조사에 착수했다. 또한 그는 많은 글을 썼는데, 호르크하이머와 폴로크 그리고 다른 연구소 동료들은 자본주의 사회의 모순을 드러내고 인본주의적·사회주의적 대안의 가능성을 찾기 위한 반마르크스주의 비판 이론을 발전시키려는 자신들의 노력에 그의 글이 상당히 중요하다는 사실을 깨달았다. 탐구적인 톤을 유지하면서 종종 모순들까지도 수용하는 그 글들은 마르크스와 프로이트 두 사람 모두를 수정하면서 융합하는 프롬만의 방식처럼 보였다. 이러한 융합을 통해 프롬은 머지않아 자신의 가장 중요한 이론적 토대가 될 사회적 성격 개념에 조금씩 다가가고 있었다. 이 개념이 그의 마음속에서 천천히 여물어가면서, 그것은 뒤이은 독일 노동자들에 대한 조사 프로젝트에 더 거대한 의미와 일관성을 가져왔다. 이 새로운 개념은 또한 힘 있고 선구적인 프로이트-마르크스주의자들, 즉 빌헬름 라이히, 파울 페더른Paul Federn, 지그프리트 베른펠트, 오토 페니켈과 같은 좌익 정신분석학자 활동가들 사이에서도 프롬이 확실한 위치를 점하도록 도와주었다. 그들은 자신들의 정신분석학적 수정주의로 프로이트를 불편하게 하고, 인간 조건의 '주체적인 요인'에 대한 자신들만의 개방성으로 소련에 뿌리를 둔 정통 마르크스주의자들을 괴롭히고 있었다. 프롬은 정신분석 수련 과정에서 그들을 모두 만나봤으며, 그들을 자신보다 우위에 있는 지식인들로 생각했다. 그러나 그의 글이 빠른 속도로 연속적으로 쏟아져 나오면서 사회적 성격 개념은 일관성을 지니기 시작했고, 프롬은 프로이트와 마르크스에 대한 자신만의 독특한 융합에 점차적으로 확신을 갖게 되었다.

프로이트와 마르크스 사이에서 프롬 스스로 공통적인 근간을 만들어가려 했다는 가장 명확한 증거는 1930년에 발표된 「그리스도의 도그마The Dogma of Christ」라는 글인데, 이 글은 그가 거의 1년 동안 작업한 결과물이었다. 베를린 정신분석 연구소에서 프롬의 스승 중 한 사람이었던 테오도어 라이크는 어떻게 십자가에 매달렸던 신의 아들의 도그마가 자신의 아버지를 향한 아들의 오이디푸스적인 증오에 뿌리를 두고 있었는지에 관한 상당히 정통적인 프로이트적 해석을 출간했었다. 라이크의 관점을 꽤 신뢰했던 프롬은 기독교도들의 첫 번째 세대, 즉 고통받는 그리스도의 도그마가 자신들의 통치자나 부성적 권위(신이라는 아버지)에 대한 증오를 처음으로 드러내도록 만들었던 가난한 자들, 혹은 탄압받던 자들의 사회적·경제적 환경에 초점을 맞추었다. 프롬에게 오이디푸스 드라마는 하층계급에서의 모성 박탈에 의해 보강되었다. 이러한 초기 기독교주의자들은 그리스도를 심판의 날에 자신의 미래에 대한 비전을 드러내는 혁명적 정의의 신으로 치환함으로써 대중의 사회적·경제적 안녕을 증진시키는 공동체를 추구했다. 그러나 점차적으로 프롬은 교육받은 자들과 부유한 사람들이 기독교 공동체에 스며들어 사회 변혁에 대한 대중의 요구를 왜곡하면서 그러한 도그마를 뒤바꾸고 있다는 사실을 알아차렸다. 부유한 사람들에게 새로운 정의의 날(심판의 날)은 가까이 다가와 있어선 안 되고, 그리스도의 기적은 이미 일어난 일이어야 하며, 결과적으로 사회 구조는 더 이상 바뀌어서는 안 되는 것이었다. 프롬은 구원의 사상이 그리스도에 대한 신념에 의해 보장되는 영적 믿음으로 변형되었다고 주장했다. 다시 말하면, "기독교 공동체 안에서의 경제적 상황과 사회적 구조 변화가 신자들의 심리적 사고방식 또한 개조한 것이었다." 기독교주의 안에서 지배계층의 주도권 때문에 탄압받던 사람들은 희망을 잃었다. 그리스도의 도그마가 계층 간의 싸움이나 사회적 변혁의 목적으로 드러나게 될 가능성이 현시점에서는 더 이상 존재하지 않았다. 그러한 도그마를 변형시킴으로써 부유한 계층은 재산을 몰수당한 사람들에게 사회적 변화에 대한 희망을 잃게 만들었고, 그들의 감정적 분노를 그들 스스로에게 돌려버렸다. 외부적인 계급 구조(마르크스)가 내재적 감정의 흐름(프로이트)과 상호작용하고 있었던 것이다.[5]

프롬은 「그리스도의 도그마」를 완성하면서 마르크스에 대한 집착으로부터 자유로워졌으며, 자신의 발견을 동료들과 함께 나누었다. 1930년 그의 글이 출간될 즈음, 호르크하이머는 프롬을 종신 정규직이자 연구소의 임금을 받는 일원으로 승진시켰다.(프롬은 상당한 월급과 비용을 벌어들였으며, 거기에 사설 상담소에서 분석 업무를 시행하면서 얻는 개인 수입이 더해졌다.) 호르크하이머가 연구소 소장직을 맡고 있으면서 기본적인 정책을 수립했고, 경제학자인 프리드리히 폴로크는 재정과 업무를 담당하면서 2인자 역할을 했다. 레오 뢰벤탈은 연구소의 저널인 『사회연구Zeitschrift für Sozialforschung』를 만들었다. 허버트 마르쿠제와 프란츠 노이만Franz Neumann 같은 걸출한 젊은 학자들까지도 공동 연구자로 고용되었고, 저명한 문학비평가이자 철학자인 발터 벤야민, 마르크스주의 경제학자이자 철학자인 알프레트 존레텔Alfred Sohn-Rethel 그리고 다른 몇몇이 프리랜서 연구가 혹은 파트타임 직책에 임명되었다. 프롬은 뢰벤탈과 젊은 학자들 사이 어딘가에 위치해 있었으며, 사회심리학 분야를 담당했다. 프롬이 결핵으로 오래도록 병중에 있느라 부재하는 중에도 호르크하이머와 폴로크는 여전히 그를 동료로 여겼고, 급여를 지급했으며, 연구소의 주된 변화들을 알려주었다. 그중 한 가지 변화는 1932년에 일어났는데, 상담소와 재단이 모두 제네바로 옮겨 가게 되었다. 프롬은 만약 히틀러가 권력을 잡게 되면 그들의 자산이 몰수될 것이기에 독일 밖으로의 이주는 반드시 필요하다고 그들에게 경고했었다.

1930년대 초 연구소 참여자 대부분이 유대인이었지만, 오직 프롬과 벤야민만이 종교나 반유대주의에 몰두하고 있었다. '근대적'이 되려는 갈망에도 불구하고 참여자들은 자신들의 유대교 사상과 문화에 대한 관심을 축소시키기를 거부했다. 그들은 호르크하이머의 주도하에 자신들의 연구가 바이마르 정치인들의 주목을 끌어 점진적인 사회 변혁을 이루어나갈 수 있기를 희망했다. 그러나 프롬과는 달리 이들은 직접 정치에 참여하는 데 대해 유사한 개인적 혐오를 공유하고 있었다.

1932년 초, 호르크하이머는 프로이트에게 편지를 썼다. 그것은 연구소와 정신분석학 주류 사이에 정보 교류를 구축하기 위한 노력이었다. 그는 연구소에서 진행하는 다양한 연구 프로젝트를 개괄적으로 설명했고, 첫 번째 훈련된 분석가로 프롬을 영입함으로써 어떻게 정신분석학적 전제들이 그 모든 프로젝트에 통합되었는지를 강조했다. 호르크하이머가 받아들이지 못했던 것은 프롬이 연구소에서 지낸 첫해부터 프로이트의 모더니스트적인 개념을 완전히 받아들이지는 못하는 징후를 보였다는 사실이었다.[6]

형사사법제도에 대한 두 개의 글 「교육하는 국가The State as Educator」 (1930)와 「범죄의 심리에 대하여On the Psychology of the Criminal」(1931)에는 이러한 징후가 나타나 있다. 이 글들은 프롬이 자기만의 고유한 방식으로 마르크스주의와 정신분석학을 융합하는, 자유로운 영혼을 가진 상당히 독립적인 시사비평가로 진화하고 있었음을 보여준다. 또한 그가 대부분의 동료들과는 달리, 스스로 전문 지식이 부족한 부담스러운 주제에 관해 발언하는 것에 거의 거리낌이 없었다는 사실도 알 수 있다. 이 글들에서 프롬은 공공연하게 국가가 인간의 행동을 바꾸고 사람들로 하여금 당당한 시민으로 설 수 있게 자극하기 위해서뿐만 아니라, 그러한 당당한 시민들이 범죄 행위를 하지 못하도록 형사사법제도를 만들어냈다고 주장했다. 그러나 더욱 근원적이고 심리학적인 차원에서, 국가는 부계의 이미지를 사람들의 무의식 속에 심어놓기 위해 범죄와 억압을 들먹이고 있었다. 아이들은 아버지의 권력, 특히 자신들을 거세할 능력을 가지고 있는 아버지 앞에 자신들이 무기력하다는 사실을 알고 있다. 이러한 부성적 처벌에 대한 무의식적 두려움을 떠올리게 함으로써 국가는 국민을 복종시킬 방법을 찾고 있는 것이라고 프롬은 지적했다.[7]

프롬은 또한 국가가 사회 깊숙이 자리한 문제들과 싸우지 않고 형사사법제도를 이용해 범죄자들을 희생양으로 만드는 일에만 매달림으로써 체제의 증진을 꾀하고 있다고 주장했다. 국가는 범죄와 처벌을 강조하면서 사람들이 일상생활에서 벌어지는 사회적·경제적 부당함과 억압에 눈을 돌리지 않도록 만든다. 즉, 징벌을 위한 형사사법제도는 국가적인 처방이 요구되는 억압된 사회 환경에 대한 대중의 분노를 우회시키기 위해 차용된 것이었다. 간단히 말해, 국가 정책이 아니라 오히려 범죄자들이 사회적 병폐, 경제적 불평등 그리고 정부의 부패와 냉혹함의 희생양이 되었다는 것이다.[8]

그렇다면 과연 형사사법제도는 적어도 범죄를 예방하기는 한 것일까? 프롬은 아니라고 대답한다. 신뢰할 만한 증거들은 그러한 투옥이나 강력한 제재, 심지어 과금 처벌조차도 범죄율에는 유익한 효과를 거두지 못하며, 그러므로 대중을 보호할 수 없음을 끊임없이 보여주고 있었다.[9]

프롬의 결론은 다른 곳에 가 닿아 있었다. 형사사법제도는 확실한 계급 편향을 지니고 있다는 것이다. 유산계급은 자신들의 공격적인 성향을 사회적으로 용인된 경로로 우회시킬 기회가 있는 반면, 사회적 약자들은 이러한 경로가 부족해 결과적으로 더욱더 범죄를 저지르게 된다는 것이었다. 그러므로 부의 재분배를 통한 사회적 불평등의 개혁이, 대중을 거의 보호하지 못하고 있는 감금과 처벌이라는 가혹한 시스템보다 범죄와 맞서 싸우는 훨씬 더 효과적인 계획이었다. 이러한 논문들은 본질적으로 프롬의 정신분석학적 논의와 마르크스적 분석의 상당히 다층적인 융합을 반영하는 것이다.[10]

「정치와 정신분석Politics and Psychoanalysis」(1931)은 연구소의 정식 일원으로서 프롬이 처음 출간한 에세이였다. 그 글은 여전히 탐구적이긴 하지만, 자신의 이론적 위치를 더 멀리 확장시켜 기술하는 작업을 통해 어떻게 프롬의 저술이 더욱 정확해졌는지를 보여주었다. 프롬은 비록 개인의 신경증이 새로운 생활환경에 적응하지 못하는 삶의 초기 시절에 고착된 것들에 뿌리를 두고 있다 하더라도, 이것이 사회 전체에 해당하는 것은 아니라고 이야기한다. 정신분석학적 치료는 개인이 고착된 시점에서 만들어진 환각과 맞서게 해 신경증 환자의 상태를 치료하는 데 도움을 줄 수 있었다. 그러나 잡다한 정치적·경제적·이데올로기적·사회적 구조를 가지고 있는 사회는 정서적 문제를 공유하고 있는 일단의 신경증 환자들의 집단보다 더 거대한 무언가였다. 결론적으로 전쟁, 반란, 그리고 다른 사회 불안의 징후들은 유아적 고착에 뿌리를 둔 것이 아니라, 외부적인 경제 구조, 구체적인 사회 환경, 공유하고 있는 이데올로기와 정서에 뿌리를 둔 것이다. 적어도 사회 치료나 개혁은 정치활동을 통해 이러한 집합적인 구조를 바꾸어야만 이루어질 수 있었다. 그러나 사회적·경제적·이데올로기적 구조가 바뀌고 난 뒤에도 여전히 많은 사람이 이전의 사회 환경에 근거한 환각을 가지고 있을지도 모른다고 프롬은 인정했다. 바로 이 지점에서만 정신분석이 집합적 형태의 치료, 즉 사람들이 새로운 구조적 현실에 더 잘 적응할 수 있도록 공통적인 환각을 완화하는 데 도움을 주는 치료로서의 역할을 할 수 있었다.[11]

프롬이 사회 구조와 개인 심리를 예리하게 이분한 「정치와 정신분석」을 출간한 지 1년도 되지 않아 그는 그러한 입장을 다시 수정하는 글을 『사회연구』에 실었다. 이 젊은 학자의 마음은 사회 구조에 대한 마르크스적 분석과 개인 심리의 정신분석학적 발굴을 가능하면 최대한 설득력 있게 연계하기 위해 끊임없이 움직이고 있었다. 그의 새로운 글 「분석적 사회심리학의 방법과 기능The Method and Function of an Analytic Social Psychology」에서 프롬은 마르크스주의와 정신분석은 둘 다 추상적인 사상이 아니라 구체적이고 현실 생활의 환경과 필요에 뿌리를 둔 유물론적 과학이라고 주장했다. 정신분석은 개인의 본능에 따르는 생물학적 기관, 특히 리비도적 구조에 집중한다. 마르크스주의는 그러한 본능적인 구조를 지탱하는 사회적·경제적 구조에 초점을 맞추

었다. 그러나 인간의 본능적 장치는 "가변적인 것이며, 경제적 상황이
야말로 주요한 변화 요인이다." 한 사회의 근간을 이루는 사회적·경제
적 구조는 집합적인 작용으로 인해 변하며, 본능적인 욕구는 낡은 경
로에 기대어서는 충분히 해소될 수 없게 된다.

"리비도적인 힘들은 새로운 활용의 형태를 찾을 여유를 갖게 되고,
스스로의 사회적 기능을 변화시킨다. 이제 그것들은 더 이상 사회 유
지에 기여하지 않으며, 새로운 사회적 형태를 만들어내는 데 앞장선다.
이를테면, 딱딱하게 굳어가는 시멘트가 되어가는 대신 다이너마이트
가 되어가는 것이다."

그러므로 새로운 사회적 구조가 새로운 본능적 욕구를 만들어가는
것처럼 새로운 본능적 욕구는 사회적 구조를 변화시킨다. 프롬은 여기
에서 역사적 연속성과 변화의 복잡한 이론을 형성하는 데 근접하고
있었다. 그는 변화하는 본능과 변화하는 사회 사이의 전체적인 상호작
용이 개인의 심리와 전반적인 사회 구조 사이의 주요한 매개체인 가족
안에서 가장 눈에 띄게 발생한다고 상정했다. 이렇듯 프로이트와 마르
크스의 전제에 기초한 「분석적 사회심리학의 방법과 기능」은 프롬에게
가족의 일상 내에서 진행되는 본능적이고 사회적인 근본적 과정을 파
헤치는 수단을 제공했다. 몇 년 후, 이 생각은 연구소의 중대한 '권위와
가족' 연구 프로젝트의 개념적 기초가 되었다.[12]

프롬은 이러한 일련의 탐구적인 글들을 「정신분석학적 성격학과 사
회심리학적 타당성」에서 결론지었다. 이 글에서 그는 자신의 사회적·
정신분석학적 사고를 하나로 묶고, 자신의 경력에 최고의 이론적 업적
이 될 사회적 성격 개념에 거의 다다랐다. 프롬이 이 글을 시작할 때
는 이것이 얼마나 폭로성 짙은 글이 될지 아무도 알지 못했다. 그는 건

조하게 프로이트 정설을 그대로 개요로 기술했다.

"정신분석학적 성격학의 일반적 기초는 원래 '성적인' 어떤 본능적 욕구 형성의 순화 혹은 반작용으로서 성격의 자취를 들여다보는 것이다. 여기에서 '성적인'이라는 용어는 프로이트가 제시한 것에서 확장된 개념으로 사용되었다."

다음으로 그는 개인이 자신의 리비도적인 구조에서 입, 항문, 성기의 세 단계를 경험한다고 상정하는 프로이트의 발달 이론을 그럴듯하게 가져다 붙였다. 어떤 경우 개인은 이 세 단계의 한 지점에 고착화되기도 하고, 이것이 '성격의 특성'이 되며, 그러한 고착이 한 사람의 성격을 형성하는 데 있어 발달과 일반적인 생산성을 위축시킨다는 것이었다.[13]

이 지점에서 프롬의 「정신분석학적 성격학과 사회심리학적 타당성」은 프로이트의 정설과는 중요한 부분에서 어긋나는 입장을 취한다. 사람은 성격의 특성에서 리비도적인 근간 이외에 더 많은 것을 염두에 두어야 한다는 것이었다. 왜냐하면 성격학적 의미는 개인이 살아가는 사회의 뚜렷한 본질에 의해서 또한 좌우될 수 있기 때문이다. 프롬은 '대부분의 구성원에게 공통적인 개인의 특징'을 사회가 어떻게 형성했느냐 하는 문제를 이해하기 위한 원칙으로 사회심리학을 언급했다. 어떻게 개인의 리비도적 성격 구조가 처음에는 가족 안에서, 그리고 그다음에는 더 거대한 사회 안에서 수정되었는지를 추적함으로써 사회심리학은 한 사람의 좀 더 광범위한 사회적 성격에 대한 이해를 산출할 수 있다. 그러나 프롬은 한 가지 주의를 당부했다.

"이러한 사회적 특징들이 발달하는 리비도적 구조는 특정한 관성을 가지고 있기 때문에, 우리가 리비도적 구조와 그에 따라 나타나는 성격 특성의 변화를 겪기까지는 변화를 초래한 새로운 경제 상황에 오랜 시간 적응하는 과정이 요구된다."

프롬은 특정한 사회적·경제적 구조가 다른 것들은 무시하고 어떤 성격적 특징만을 생산하고 그에 상응한다고 주장하지는 않았다. 오히려 그는 한 사람의 성격은 리비도적인 의미에서 출발하며, 주변 사회에 적응하면서 점차적으로 사회적 의미를 획득하게 된다고 상정했다. 이 글의 출간으로 그가 지금은 명확하게 '사회적 성격'이라 칭하는 개념을 향한 꼭 필요한 단계로서 프로이트의 리비도적 발달 이론에서 거리를 두게 될 날은 이미 가까이 다가와 있었다.[14]

「정신분석학적 성격학과 사회심리학적 타당성」의 마지막 부분에는 프롬이 아직까지는 리비도적으로 생산된 성격적 특징에 대해 프로이트의 이야기를 그대로 되풀이하면서 다소 모호한 사회적 성격 개념에 접어들고 있다는 점이 드러난다. 실제로 프롬은 성격의 사회화가 유아기 시절에 시작되며, 본능보다는 오히려 사람 사이의 관계에 뿌리를 두고 있다는 확신에 거의 근접했다. 프롬은 대니얼 디포의 『적선하지 않는 구호Giving Alms No Charity』와 벤저민 프랭클린의 자서전 속 구절들을 부르주아의 새로이 떠오르는 정신세계로 언급하면서 관능, 즐거움, 기쁨, 친절함, 공감, 공유, 사랑이 평가절하되고 원칙이나 절약, 억눌린 만족감이나 의무감이 지배적인 특징이 된 사회 구조 속에서 어떻게 부르주아의 자본주의 사회가 나타나게 되었는지 논의했다. 막스 베버는 이러한 것을 초기 자본주의 '쇠우리'의 출현이라고 묘사했고, 프롬은 그의 말에 전적으로 동의했다.[15]

이 글의 마지막 페이지에서 프롬은 1941년의 걸작 『자유로부터의 도피』의 틀이 될 사회적 성격의 변화에 대한 역사적 관점을 제시했다.

그는 중세 사회를 묘사하면서 역사적인 정확성을 따르는 역사학자보다는 광범위한 자장을 가진 사회철학자에게 더욱 쓸모 있는 기독교 교회와 교황의 지위에 대한 문제적 시각을 드러냈다. 알려진 대로라면 중세 사람들은 무엇보다 행복을 갈구했으며, 삶이 제공하는 모든 것을 즐기려고 노력해야 했다. 그들은 교회에 의해 약속된 '축복'에서 즐거움을 느꼈으며, 축일, 의복, 축제, 아름다운 그림과 화려하게 장식된 건물들, 그리고 그러한 유사한 현상들에서 세속적인 즐거움을 찾아냈다. 그러나 칼뱅주의와 떠오르는 자본주의 그리고 자기 관리, 자신이 해야 할 일에만 집중하는 외골수의 노력들이 현시점에서의 즐거움을 대체해버렸다. 고된 노동과 절제, 근검절약은 개인의 부와 소유물(획득하는 것과 소유하는 것)을 극대화하는 데 필수적이었다. 훨씬 더 해로운 것은, 득세하는 부르주아 자본주의하에서 이루어진 공동체 의미의 쇠퇴였다.

"그럴 여건이 마련되지 않았으니, 다른 사람들을 배려하는 책임감 있는 개인이나, 동료나 인류에 대한 사랑의 자취 같은 것은 찾아볼 수가 없었다."[16]

프롬은 개인이 소유하고 자신의 사업체를 꾸려나가는 초기 자본주의가 19세기 말 독점자본주의에 의해 점차적으로 대체되었다는 사실에 주목했다. 사회 거의 모든 계층의 사회적 성격은 이렇게 새로운 상황에 의해 변화되었지만, 독일 중하층계급의 사회적 성격은 거의 시대착오적이라고 말할 정도로 끈질기게 지속되었다. 비록 그 일원들이 "경제적·정치적으로 무력"했고, 인색할 정도로 일에만 매달리는 그들의 성격적 특징과 협동 자본주의 생산이라는 근대의 형식을 비교할 수는 없겠지만, 그들은 혁명적 권위주의의 성격을 띠었고 프롬은 이것을 염려했다.

"권위에 대한 욕망은 강력한 지도자에게 맞추어져버리고, 다른 특정한 부계 이미지를 저항의 대상으로 만든다."

물론 프롬은 나치 운동의 강한 영향을 받았으리라고 스스로 상정했던 소시민계급과 히틀러의 득세에 관해 이야기한 것이다.[17]

프롬은 알프레트 베버와 함께 연구하면서도 그의 형인 막스 베버의 『프로테스탄티즘의 윤리와 자본주의 정신』에는 지독히도 귀를 기울이지 않았다. 그러나 1932년 즈음, 비록 전반적으로 인정을 못 받기는 했지만, 이 연구는 프롬의 역사적 관점의 실질적인 부분을 형성했다. 실제로 막스 베버의 이 책은 '부르주아 자본주의의 성격적 특징'의 출현에 대한 프롬의 관점을 구축했다. 한편 마르크스는 자본주의 시장에서 발생하는 정서적 황폐와 비참한 소외의 측면에 대한 프롬의 시각을 형성했다. 마지막으로 프롬은 항문기 성격의 고착이라는 프로이트의 관점과 일과 소유에 대해 외골수였던 초기 자본주의자들 사이의 놀랄 만한 양립성을 보면서도, 여전히 프로이트의 리비도 이론을 언급했다. 사실 프롬은 '항문기적 성격'인 자본주의의 사회적 성격이 자본주의적 경제 구조의 요구에 어느 정도 적용하는 것으로 나타나는지, 그리고 또 다른 한편으로는 저변에 깔려 있는 항문 에로티시즘 그 자체가 어느 정도 자본주의 경제 발달에 생산적인 영향을 끼쳐왔는지에 대해 결정해야만 했다. 젊은 철학자는 마음 깊이 몰두했으며, 나아가 21세기 독과점 자본주의와 소시민계급의 권위주의적 특징에 대해 이해하고자 했다. 막스 베버와 마르크스, 프로이트, 그리고 다른 지식인 거장들을 연결하면서 프롬은 '충동 이론drive theory'에서 조금씩 멀어졌고, 사회적 성격 개념을 통해 자신만의 통합을 제시해갔다. 그가

30대 초반이던 이 시기에, 프롬이 정의하는 사회적 성격은 여전히 모호했다. 그것은 본능이라는 것이 승화에 의해서보다는 구체적인 사회적 상황에 의해 더 많이 형성된다는 식의 설명과 더 많은 관련이 있었다. 그의 경력에서 주요한 지적 성취의 틀이 될 글을 쓰고 있었던 1929년에서 1932년 사이, 그의 생각은 놀랄 만큼 빠르고 창의적인 흐름으로 움직이고 있었다. 인습 타파적이고 독립적이면서, 프랑크푸르트 연구소에서 가장 생산적인 학자들 중 하나였던 프롬은 결혼에 실패하고 결핵이라는 병과 간헐적으로 싸우면서도 지적으로는 비로소 그 꽃을 피우고 있었다.

독일 노동자 연구

—

공식적으로 프랑크푸르트 연구소의 소장이 되기 전에도 호르크하이머는 비판 이론이 연구소의 고유한 지표가 되기를 바랐다. 그래야만 끊임없이 지속되는 낙관적이고 독단적이며 인간미 없는 경제적 권력에만 초점을 맞춘 마르크스주의로부터 근대 자본주의 문화에 대한 가차 없는 비판적 논의로의 이동이 가능하기 때문이었다. 비록 신비주의나 신학적인 내용, 혹은 점진적 발전 논리가 결여되긴 했지만, 부분적으로 헤겔의 변증법적 유물론을 떠올리는 이러한 접근은 사회 이론에서 주요한 작품들을 지속적으로 비평하는 모양새를 갖추어갔다. 본질적으로 호르크하이머는 비판 이론을 자본주의 사회의 잘못된 노선들에 대한, 고르지는 않더라도 지속적으로 드러나는 무자비한 지적 십자포화의 연속이라고 보았다. 정신분석학적 사고는 비판적이고 또렷한

마르크스주의의 칼날을 보존하고 날카롭게 하는 데 도움을 주는 것이었다.[18]

호르크하이머는 또한 실증적 데이터를 통해 전제를 시험하고 다시 또 시험하는 것이 비판 이론의 발전을 위해 중요한 일이라고 생각했다. 1929년, 그의 동료 펠릭스 바일은 프랑크푸르트 연구소가 독일 노동자들의 물질적인 상황과 사상에 대한 실증 조사에 착수하고자 한다는 편지를 독일의 과학·예술·교육 부처에 보냈다. 연구소 초기 시절, 베를린에서 출퇴근하던 프롬은 이 프로젝트의 밑그림을 그리는 데 도움을 주었다. 호르크하이머는 1930년까지 그에게 프로젝트를 책임지고 진행하라고 지시했다. 이 시점에서 정치적으로 사회민주당과 공산당을 지지하던 대부분의 연구원들은 독일 국가사회주의자들의 선거 역량이 점점 증대되고 있다는 사실에 불안해하고 있었다. 그들은 히틀러에게 자금을 조달했던 사업가들이나 은행가들에게 비난의 화살을 돌렸다. 호르크하이머와 그의 동료들은 국가사회주의의 물결이 흐름을 바꾸기만 한다면 영웅적인 독일 노동자들이 그러한 저항운동에 함께해주리라는 환상을 가지고 있었다. 이들은 노동자들이 히틀러와 맞서 싸울 결단력과 용기를 갖기를 희망했다. 그러나 희망이란 실증적 증거가 아니었다. 실제로 거의 어떤 노동자도 독일의 굴욕적인 제1차 세계대전 패배와 평화 정착을 위한 노력 이후의 점진적 사회 프로그램들을 포용하지 못했다. 그들은 또한 1920년대의 파산 직전의 인플레이션 압박에 직면하면서 제대로 운신조차 하지 못하고 있었다. 이러한 낙담의 기운과 아직 실현되지 못한 바람들로, 호르크하이머는 나치가 점점 가시적인 세력을 키워가고 있는 상황에서 노동자들로부터 어떤 것을 기대할 수 있을지 알아내기 위해 1918년 이후 독일 노동자들의 성향을 체계적으로 조사하는 임무를 프롬에게 부여했다.

이 독일 노동자 연구는 연구소 최초의 완벽하게 실증적인 임무였고, 또한 프롬이 진정으로 연구소의 의제에 들어맞는 인물인가에 대한 일종의 테스트였기 때문에, 프롬은 비록 사회학 박사학위를 위한 수련에 그리 큰 도움이 되지 않더라도 이 조사 연구를 받아들이는 것은 어쩔 수 없는 일이라고 생각했다. 그는 사회 이론가 그 이상이 되기 위해 자기 자신을 '개조해야' 한다는 사실을 깨달았다. 그는 통계 자문으로 폴 라자스펠드, 연구원으로 에른스트 샤크텔Ernst Schachtel, 헤르타 헤르조그Herta Herzog, 안나 하르토크Anna Hartoch의 도움을 받았다. 힐데 바이스Hilde Weiss는 이 임무를 진행하면서 가장 능력 있는 연구원으로 판명되었는데, 그녀는 설문지 배부를 담당했고, 응답자들로부터 높은 회수율을 확보하는 데 필요한 수단을 강구했다. 바이스는 이전의 독일 조사 연구 사업들, 특히 독일 노동자들의 사회 심리와 정서에 대한 데이터를 얻기 위한 막스 베버의 혁신적인 원안을 만들어내는 데 함께했었다. 그녀는 프롬이 베버 식의 조사 연구 접근 방법에 익숙해지도록 도와주었다. 프롬이 1910년에서 1915년 사이 독일 중공업 노동자들의 성향에 관해 쓰인, 그의 스승 알프레트 베버의 책 여섯 권을 다시 구할 수 있었던 것 또한 그녀의 제안 덕분이었을 것이다.[19]

아마도 바이스를 통해 프롬은 1912년에 사회학자 아돌프 레벤슈타인Adolf Levenstein이 독일 산업노동자들에 대한 명쾌하고 포괄적인 사회 심리학적 해석을 제공한 조사를 시행하는 데 막스 베버에게서 영감을 받았다는 사실을 발견했을 것이다. 레벤슈타인은 사회 기술과 노동자들의 '내적 삶'을 연관 짓는 데 초점을 맞추었다. 스스로가 산업노동자 출신이었던 레벤슈타인은 산업노동의 반복되고 단조로운 일상성이 노동자의 정신적·심리적 빈곤을 증대시키는 것이 아닐까 의심했다. 비록 레벤슈타인의 조사를 그대로 가져오지는 않았지만 프롬과 바이스는 이 연구에 깊은 인상을 받았고, 자신들의 조사에 중심적인 참고 자료로 삼았다. 프롬은 특히 레벤슈타인의 '노동자들의 세 가지 심리 형태'(혁신적, 양가적, 보수 수용적)에 영향을 받았다. 그는 또한 노동자들의 대답과 그들의 정치적 성향이나 경제적 상황을 연관 짓는 레벤슈타인의 원안을 받아들였다. 프롬은 궁금하게 여겼다. 계급 성향이나 정당 친밀도, 심리 형태 사이에는 어떤 관련이 있는 걸까? 프롬은 그러한 질문들이 노동자들에게 깊이 뿌리내린 마음가짐으로부터 피상성을 면밀히 제거하기 위해 정신분석학적인 내용을 담을 수 있도록 레벤슈타인의 원안이 보완되어야 한다고 생각했다. 그는 레벤슈타인의 조사에 대한 자신의 재구성이 육체노동자와 사무노동자의 심리학적 구조에 대한 의미 있는 통찰을 드러낼 수 있기를 희망했다. 그와 유사한 조사를 진행함으로써, 프롬은 호르크하이머가 자신에게 제시했던 근본적인 질문에 대한 해답을 찾을 수 있을 것이었다. "바이마르 시대 후반 나치의 위협적인 움직임에 대항함에 있어, 독일 노동자들에게 의지할 수 있을까?"[20]

이전에 없던 철저한 자료를 바탕으로 프롬의 연구 팀은 271개의 문장 완성형 질문을 확정했다. 63퍼센트의 응답 완료율을 보인 레벤슈타인의 조사와 비교해 낮은 33퍼센트의 완료율은 이 설문지의 복잡함을 알게 해주며, 심지어 대답을 한 33퍼센트의 사람들 중에서도 많은 수가 몇몇 질문에서는 대답하지 않았다. 연구의 중심이었던, 프롬이 직접적인 대답을 듣기를 바랐던 156개의 질문은 노동자들의 정신적 성향을 명확하게 다루었으며, 미리 결정된 정답은 없었다. 프롬은 응답자들이 인터뷰하는 사람에게 마치 정신분석학자에게 이야기하듯이 답을 해주어서 그들의 대답이 마치 그들 스스로 정신분석 치료 과정에 참여하는 것처럼 해석될 수 있기를 바랐다. 구두 인터뷰의 비용이 상상 이상으로 높았기 때문에 프롬은 서면 응답에 만족해야 했다. 그러나 모든 가능성을 염두에 두는 심리학적 조사 정신에 따라, 프롬은 모든 대답이 그 자체의 완결성을 가지고 보존되어야 하며, 항목으로 분류되지 말아야 한다고 주장했다. 그는 각각의 완성된 조사가 정신분석 상담의 분위기를 가지기를 바랐다. 각각의 기록된 대답의 어조와 충동의 징후들이 정신분석학자들이 자신의 환자와 함께하며 듣는 것처럼 '청취되도록' 하려는 것이었다. 중심 단어들과 반복되는 표현들이 응답자의 생각 속에 깔려 있는 성격적 경향에 대한 단서로 해석되도록 했다.[21]

이렇게 뚜렷하게 치료적인 관점을 가진 프롬에게는 대답에 점수를 매기거나 도표화하는 데 있어 통계적 정밀성이 기본적 목표가 아니었다. 그는 응답자들 각각의 깊은 곳에 자리한 독특한 심리학적 특징들을 기록하는 것뿐 아니라 노동자들의 사고와 감정의 좀 더 전반적인 경향을 드러내고자 했다. 더욱 중요한 것은 그가 이러한 노동자들의 성격 구조에 대한 개론을 작성하고자 했다는 것이다. 설문지가 고안되고 배부되었을 때, 프롬이나 그의 프로젝트 연구원들 중 누구도 자신들이 권위주의에 대한 조사에 참여하고 있다고 인식하지 못했다. 결과적으로 그들은 나치 철학이나 관습에 대해 아무런 질문도 하지 못했으며, 그런 문제는 뒤로 미루어두곤 했다. 그들의 질문들은 또한 반유대주의나 자민족중심주의에 관해 기록하는 데에도 실패했다. 연구원들은 이러한 정서가 히틀러의 영향력에 얼마나 중요한 것인지 인식하지 못하

고 있었다.[22]

전부 3300개의 설문지가 배부되었지만, 표본 추출은 모든 것을 드러내지는 못했다. 대부분의 응답자는 프랑크푸르트와 베를린 사이에 있는 도시 중심가 출신이었고, 대부분 사회주의자였다. 공장 근로자가 표본의 64퍼센트를 차지했고, 사무직 근로자는 29퍼센트였다. 전체 응답자 중 53퍼센트가 사회민주당에 속해 있었고, 29퍼센트는 공산당 소속이었다. 나치당 당원들은 전체 표본 중 '아주 근소한 수치'를 차지했다. 표본의 노동조합원들 중 93퍼센트가 조합 회의에 참석했으며, 반면에 그들 중 71퍼센트만이 공식적인 조합에 대한 책임감을 느끼고 있었다. 응답자들 중 여성은 9퍼센트도 안 되었고, 60세 이상 노인은 단 3퍼센트, 스물한 살 이하는 겨우 6퍼센트였다. 종교적 성향에 대해서는 응답자의 57퍼센트가 무신론자라고 선언했고, 25퍼센트는 신교도, 11퍼센트는 기독교, 그리고 7퍼센트가 기타 종교였다.[23]

1931년 말 즈음까지 현장 연구원들은 거의 1100개의 설문지를 회수할 수 있었다. 이 중 몇몇은 분실되거나 소실되었을지도 모른다. 그럼에도 프롬과 바이스, 연구원들은 자신들이 독일에서 그랬던 것처럼 뉴욕에서도 한 해 한 해 천천히 진행하면서 프로젝트를 완성하는 데 전념했다. 그들은 응답자의 성격을 파악하기 위해 각각의 설문지를 하나하나 정독했다. 1929년에서 1930년 사이 상당히 많은 수의 독일 노동자가 반나치주의 성향을 보였을 때조차도 프롬은 그들의 내재된 성격 구조나 심리 형태가 결전의 날에 국가사회주의자들과 맞서고, 나아가 그들에게 저항하는 많은 노동자를 동원할 만큼 충분히 반권위주의적이라 할 수 있는지에 의문을 가졌다.[24]

바이마르 정치 정당들과 응답자의 경제적 상황, 그리고 레벤슈타인의 세 가지 심리 형태 사이의 연관성을 찾으며 구축해간 설문지의 틀에는 바이마르 좌파의 관점이 어느 정도 반영되었을 것이다. 바이마르 좌파와 그들의 사회주의 정당들은 혁신적 노동계급의 성격 형태에 의해 지탱되고 있었기 때문이다. 그러나 그러한 편향성은 공개된 정치적 충성도와 내재하는 성격 형태(프롬이 '현재하는' 그리고 '내재하는' 신념이라고 불렀던) 사이에 잠정적인 차이를 찾아내는 데 '곡해'의 여지를 남겼다.

이는 응답자들의 대답을 도표화하는 과정에서 드러났다. 프롬의 연구 팀이 가장 충격받은 것은 응답자들의 82퍼센트가 좌익 정당(사회민주당과 공산당)이나 그들의 사회주의 정부의 구호 또는 이상과 자신들을 결부시켰음에도, 좌파 정당들이 내세웠던 권위주의에 반대하는 혁신적 성격을 드러낸 사람은 거의 없었다는 것이다. 단지 15퍼센트의 응답자만이 그들의 내재된 성격 구조(심리 형태)와 깊숙한 정서 면에서 지속적으로 반권위주의적인 것으로 드러났다. 반면, 사회주의 정당 지지자들 중 25퍼센트가 육체적 체벌 같은 징벌적인 정책을 선호하는 모습을 보이면서, 모호하게 권위주의적이거나(20퍼센트), 지속적으로 권위주의적인(5퍼센트) 경향을 드러내고 있었다. 조사 대상이었던 대부분의 사회주의자와 사회민주주의자인 노동자들도 그 사이 어딘가에 있었다. 프롬이 후에 회고적으로, 또한 지나치게 단순화해서 요약했듯이, "노동자들의 좌파로서의 정치적 견해와 그들이 내재한 성격 구조 사이에는 뚜렷한 불일치가 존재했으며 그것은 아마도 독일 노동 정당들의 [잇단] 붕괴에서 기인했을 것이다." 그들 연구 팀이 어디에서 그러한 불일치가 시작되었는지를 규명하기 위한 논리적인 다음 단계에 왜 착수하지 않았는가에 대해서는 설명하지 않았다.[25]

이러한 결함과 애매하고 광범위한 결론을 얻은 것에 비해 너무 세세하게 조사한 경향이 있긴 했지만, 독일 노동자 연구는 그 범위와 중요성에서 전례가 없던 것이었다. 비록 프롬이 『권위와 가족에 대한 연구Studies on Authority and the Family』(1936)에서 예비 결과를 발표했지만, 그가 이 프로젝트 자료들을 책으로 묶기로 결정한 것은 바로 이즈음이었다. 이제 나치 운동에 대한 노동자들의 응답 뒤에 숨겨진 심리 상태를 이해하는 일의 중요성은 연구를 시작하던 때보다는 훨씬 더 또렷해졌다. 그럼에도 왜 바이마르 노동자들이 히틀러가 집권하는 것을 막을 수 없었던가에 대해 최근의 연구가 모든 것을 여실히 보여주었을 때조차도 프롬의 프로젝트의 결론은 강렬한 눈길을 끌지는 못했다. 게다가 1934년 연구소의 유럽 상담소가 이주했을 때 소실된 설문지의 숫자를 두고 프롬과 호르크하이머와 가까운 동료들 사이에 기괴한 논쟁이 일었다. 호르크하이머는 설문지의 거의 반이 소실되었다고 주장했지만 증명하지는 못했다. 그는 그 프로젝트를 계속하는 것의 효용성에 의문을 갖고 있었다.

프롬과 그의 팀은 포기하지 않았다. 프롬은 응답 완료된 설문지가 부족하다는 이야기는 호르크하이머가 꾸며낸 눈가림이라고 불평했다. 알려진 대로라면 호르크하이머는 자신의 고민, 즉 그 프로젝트가 드러낸 많은 독일 노동자에 대한 부정적인 면이 잠정적으로 연구소를 위협할지도 모른다는 염려를 감추고 싶어했다. 좌파인 몇몇 연구소 지지자들은 달가워하지 않을지도 모를 일이었다. 어쨌든 팀 구성원들은 자신들이 엄청난 시간과 노력을 그 프로젝트에 쏟아부었다고 주장했고, 설문지의 응답을 해석하고 도표화하는 과정은 1938년까지 계속되었다.

프롬은 설문지를 분석해서 얻은 가장 중요한 결과는 사회주의 노선의 사상이나 정서에 모두 일치하는 좌파의 비율이 낮다는 것이라고 지적했다. 단지 15퍼센트만이 덜 활동적인 사람들을 일깨우고 적들을 넘어서는 데 필요한 용기와 희생할 준비, 자발성을 가지고 있었다. 그러므로 좌파 반나치 정당들의 실질적 힘은 기대에 훨씬 못 미쳤다. 그러나 이 15퍼센트는 '믿을 만한 투사들'의 '핵심 세력'이었다. 더욱 '단호한 리더십'과 정치적 상황에 대한 '정확한 평가'로 그들은 아마도 또다른 일단의 사회민주주의자들과 공산주의자들을 히틀러에 대항해 하나로 뭉쳐 더욱 강력하게 맞서도록 이끌 수 있을지도 모를 일이었다. 역사적 필연성이라는 개념에 대한 스스로의 조급함을 인지하고 미묘한 실증적 연구란 것이 요구하는 요건들에 아마도 어느 정도 불편함을 느끼게 되면서, 프롬은 예언에 심취했다. 그는 좌파 반권위주의 정당들이 단연코 더욱 효율적일 수 있었을 것이라고 주장했다.[26]

독일 노동자 연구의 중요성은 프롬과 빌헬름 라이히를 비교할 때 더욱 극대화된다. 이 둘은 유럽을 지배하리라 위협했던 나치와 다른 권위주의운동에 대한 독창적이고 심오한 해석자였다. 프롬의 독일 노동자 연구와 라이히의 『파시즘의 대중심리』(1933)는 둘 다 바이마르 정신분석학적 좌파의 이데올로기적·지적 고민에서 출발했다. 프롬이 노동자 프로젝트를 진행하는 동안 라이히는 자신의 주제를 형성해갔다. 두 사람은 당시 베를린 정신분석학 커뮤니티에서 가장 동떨어진 인물들이었다. 이들은 독일 대중의 정당 충성심은 내재적 성격 구조를 드러내는 것이라 주장했고, 둘 다 프로이트의 죽음 소망이나 공격 본능에 관한 개념을 들먹이지 않으면서 프로이트를 포용하는 사회심리학을 마르크스주의에 부여하려고 애썼다. 확실히 라이히는 프롬이 독일인들의 삶에서의 성적 억압에 관심을 기울이지 않았고 그래서 실증적 연구가 부족하다고 생각했지만, 이것은 그들 사이에 있던 단 하나의 실질적 차이점이었다. 1932년 6월, 라이히는 프로이트 정신분석에 대한 마르크스적 접근을 함에 있어 프롬을 동지라고 규정했고, 그가 잘되기를 바라며 이렇게 말했다.

"우리에게 시급하게 필요한 것은 바로 당신입니다."

『파시즘의 대중심리』와 『바이마르 독일의 노동계급The Working Class in Weimar Germany』은 둘 모두 권위주의 연구에 놀랄 만한 토대를 마련했다.[27]

이론적 초석을 다지다

—

1933년 가을 프롬과 카렌 호르나이가 시카고의 프란츠 알렉산더 정신분석 연구소에서 강의를 하기 위해 미국 여행길에 올랐을 때, 호르크하이머는 어디에 어떻게 프랑크푸르트 연구소 미국 지사를 세울지, 어떻게 미국으로 진출할지에 대해 연구하는 일을 프롬에게 맡겼다. 그리고 연구소의 다른 어떤 동료들보다 영어에 능통했던 프롬은 존 달러드John Dollard, 해럴드 라스웰Harold Laswell, 산도르 라도Sandor Rado를 포함한 미국의 수많은 학자나 정신분석학자와 접촉했다. 프롬은 연구소를 제네바에서 필라델피아로 옮겨야 한다고 추천했지만, 실현되지는 않았다. 규모도 상당했고 또한 실증적이었던 컬럼비아대학의 사회학과는 프롬을 고용할 방법을 찾고 있었다. 모두에게 존경받던 노년의 동료 학자 로버트 린드가 프롬의 독일 노동자에 대한 조사는 사회학과와 관련된 선구적이고 실증적인 업무였다고 주장했기 때문이다. 린드는 프롬이 그 프로젝트의 이론가였다는 사실과, 그 프로젝트 관련자들이 특히 자신의 부서 동료들의 관심을 끌 만한 실증적 연구에 참여했었다는 사실을 밝히지는 않았다. 프롬이 프랑크푸르트 연구소 동료들을 저버릴 수 없다고 이야기하자 사회학과에서는 더 이상 권하지 못했고, 니컬러스 머리 버틀러Nicholas Murray Butler 학장은 후한 조건을 제시했다. 이 제안은, 아이비리그를 포함한 모든 곳에서 반유대주의가 점점 증가하고 있던 시대에 독일 유대인 이민자 단체를 위한 것이었다. 호르크하이머는 계약에 서명하기 위해 뉴욕으로 날아갔고, 버틀러가 제공할 모닝사이드 하이츠의 사무실과 급여, 그리고 믿어지지 않는 꿈만 같은 지원 항목들을 마주하게 되었다.[28]

결핵으로 한 차례 고생했음에도 프랑크푸르트 연구소에서의 프롬이 올린 성과는 꽤 뛰어났다. 그는 유럽에서의 상황들이 악화일로로 치닫자 연구소의 부활을 책임지며 컬럼비아로의 연구소 이주 과정에서 중심적인 역할을 수행했다. 그리고 자신의 이론들을 발전 시키면서 프롬은 연구소 동료들이 번번이 한계에 부딪혔던 일들을 주도하게 되었다. 그는 외부적 환경 구조가 본능적인 삶을 형성하는 사회적 성격 개념을 중심으로 마르크스와 프로이트를 융합했다. 본능은 존재하지만, 그것은 사회적 바탕을 가지고 있다. 그렇게 그는 본능이란 순화된다고 하더라도 내재적 자아의 고유한 것이며, 따라서 인간 본성을 결정짓는다는 정통 프로이트주의나 '모더니스트' 의제에서도 스스로 거리를 두었다.

프롬은 또한 젠더에 대한 새로운 시각이 필요하다고 생각했다. 1920년대의 어느 시점에, 그는 가부장제 사회에 항상 존재해왔고 그래서 인간 조건에 고유한 것이라 여겨졌던 프로이트의 오이디푸스 콤플렉스라는 전제와 잠재된 가설들에 의문을 가졌다. 실제로 그는 수컷이 암컷의 생산 능력을 부러워한다는 그로데크의 생각을 인상 깊게 받아들인 적이 있었다. 그로데크의 당연한 귀결은 모계 사회를 근간으로 한 세계 질서는 선사시대 이전부터 존재해왔지만 구약에서 명시되지 않았을 뿐이라는 것이었다. 자신의 관점을 유지하기 위해 그로데크는 카를 융Carl Jung과 친분이 있었음에 틀림없는 저명한 스위스 루터교도 법학자인 요한 야코프 바흐오펜Johann Jakob Bachofen에 의해 쓰인 『모계의 권리와 종교의 기원Mother Right and the Origins of Religion』(1861)에 관해 상세하게 기술했다. 바흐오펜은 자신의 이론을 뒷받침하기 위해 신화와 조각, 민속 문화를 언급하는 활기 넘치는 고전주의자이자 문헌학자, 신화학자이면서 바젤에서 로마법을 가르치는 교수였다. 프롬이 바흐오펜에게 새로운 관심을 갖게 된 것은 제1차 세계대전 이후였고, 이 시기가 아마도 그로데크가 『모계의 권리와 종교의 기원』을 알게 된 때였을 것이다.

그로데크가 바덴바덴에 있는 온천에서 처음으로 바흐오펜에 관해 프롬에게 이야기했을 때, 프롬은 자신의 정신분석학적 수련에만 사로잡혀 있었다. 하지만 그로데크는 고집스럽게 계속했다. 『모계의 권리와 종교의 기원』은 1930년대 초 결핵으로 프롬이 일선에서 물러났을 때 그가 읽은 책 중 하나였다. 그는 그 책에 깊은 영감을 받았고, 후에 학자들이 '젠더'라는 제목하에 분석하게 될 문제들에 대해 자신의 시각을 재고하고 있던 카렌 호르나이와 토론하기 위해 바흐오펜의 다른 작품들도 탐독했다. 가부장제 사회가 모든 것의 자연스러운 흐름이며 그래서 자본주의나 억압 그리고 남성 주도권을 입증한다는 전제에 대해 바흐오펜은 프롬에게 첫 번째 실질적인 도전거리를 제시했다. 사교적 삶이 어머니와 자식 간의 강력한 연계나 유대가 본성과 본능에 이어진 데 뿌리를 두고 있다는 개념과, 신성한 존재에 대한 정서 또한 '여성적 본성' 속에서 이어져 내려왔다는 것을 포함해서, 그는 곧 바흐오펜 사상의 전문가가 되었다. 바흐오펜은 프롬에게 모계 질서 속에서는 불화도, 충돌이나 사유 재산의 개념도 존재하지 않는다고 가르쳤다. 바흐오펜은 또한 사회주의와 '젠더' 사이의 관계에 대해 생각해보라고 프롬을 자극하면서, 그가 나중에 '사회주의적 인본주의'라고 부르게 될 이론의 첫 번째 명확한 비전을 제공해주었다. 바흐오펜의 글은 프로이트의 가부장제 수용에 대해 프롬을 그로데크보다 훨씬 더 회의적으로 만들었다. 그는 여성이 지도자적 역할을 하고 있는 사회를 존중하게 되었다. 바흐오펜의 이상주의적인 선사시대를 떠올리면서 프롬은 중세 유럽에서 희미했던 모계 사회의 흔적들을 감지할 수 있었다. 호르나이는 프롬이 자신보다 훨씬 더 광범위하게 여성이 사회에 미치는 영향력과 힘에 대해 주창하기 시작했다는 것을 깨달았다. 프롬은 바흐오펜이 제시했던 비전을 자신이 발전시키고 있는 사회적 성격 개념 안에서 기술했다. 본질적으로 바흐오펜은 프롬이 자신의 정신분석학적이고 마르크스주의적인 개념을 역사적 지향점을 지닌 채 통합하도록 만들었다.

바흐오펜의 모계 사회에 대한 묘사에서 사람들은 모두 긍정적이고 행복했다. 모든 물품은 프롬이 '원시적인 사회주의적 민주주의'라고 규정했던 개념 속에서 공유되었고, 집단혼도 마찬가지였다. 그러나 징벌적 재판이 시행되기도 했고, 다른 사람에게 신체적으로 상해를 입힌 경우에는 특별한 책임이 뒤따랐다. 사교적이고 독실하며 애정이 넘치고 평등주의를 지켜나가는 친근한 연대의식이 널리 퍼져 있었다. 본능적인 민주적 유연함이 있었으며, 힘없고 나약한 사람들에 대한 모성적 측은지심의 이상적 자아가 그 속에 존재했다. 죄와 속죄를 저울질하려는 초자아의 압박은 덜했다. 탄생과 죽음, 그리고 새로운 세대를 맞이하는 신비로움은 경건한 헌신으로 축복되었다.[29]

그렇게 상당히 길었던 선사시대가 지나고 나서야 여성들은 많은 성적 파트너를 양산하지 않고 억제하지 못하는 본능으로부터 자유롭기 위해 일부일처의 결혼생활을 시작했다. 그리고 곧 계급제도에 근간을 둔 가부장제가 나타났으며, 남성이 여성과 힘없는 사람을 상대로 부를 빼앗고 지배하려 서로 싸우면서 사회는 계층을 이루게 되었다. 가부장제와 함께 아버지와 아들 간에 오이디푸스적 충돌이 생겨났다. 신생아에 대한 모성적 사랑은 자유롭고 무조건적이어서 아이의 자신감을 증진시키는 데 반해, 가부장제도는 임무를 수행하는 의무적인 방식으로 부성적인 애정을 표시했다. 아이는 필연적으로 결핍되기에 심리적으로 불안해졌다. 가부장제는 이전의 관능과 감정, 즐거움과 행복을 대체하면서 이성과 추상적 법률 개념, 사유 재산, 국가의 권력을 격상시켰다. 가부장제하에서의 사유는 모계제도의 직감적인 측면을 대체하면서 점점 더 정제되고 의미를 함축하게 되었다. 마지막으로, 생산성을 극대화하고 힘없는 자들을 지배하기 위해 노동자들을 본성으로부터 괴리시키는 기술이 고안되었다. 사회는 충돌과 죄악, 속죄의 개념으로 병들어갔고 정서적 삶은 위축되었다. 프롬의 새로운 역사적 관점에서 종교개혁의 두 가지 해악인 프로테스탄트주의와 자본주의는 가부장제와 경쟁의 고통을 통해 모계제도와 민주사회주의를 대체해버리는 이토록 불행한 새 질서를 증진시키는 데 일조했던 것이다.[30]

프롬은 바흐오펜의 삶과 작품들을 공부하면서 모계제도에 대한 그의 우호적인 묘사에도 불구하고 그가 민주주의에 대해 제한적 시각을 가진 귀족이자 부르주아의 신교도적 도덕성을 지닌 엄격한 가부장제 지지자라는 것을 알게 되었다. 프롬은 아마도 바흐오펜이 그러한 모순을 구체화했다는 사실이 그를 인간답게 만들었으며, 그것은 시대와 환경이 만들어낸 산물일 뿐이었다고 합리화했는지도 모른다. 그보다 더 중요한 것은 고대 역사를 이해하는 과정에서 프롬이 가졌던 빈틈을 바흐오펜이 채워주었으며, 역사의 전체 과정에 대한 그의 시각을 더욱 날카롭게 했다는 것이다. 무엇보다도 프롬은 종교적 정서가 여성이나 평등주의, 혹은 함께 나누는 그들의 성향 속에 깊이 뿌리내리고 있다는 바흐오펜의 주장에 특히 감동했다. 그러므로 인간 본성과 가부장제, 자본주의, 혹은 권위주의나 착취를 동등하게 생각하는 일은 참으로 어리석은 것이었다.[31]

확실히 프롬은 바흐오펜의 시각을 추종하면서 프로이트 정설에서, 특히 다른 가부장적 전제들 중 오이디푸스 투쟁의 전제에서 멀어졌다. 프로이트는 프롬에게 가부장제 사회를 꽤 심오하게 설명했지만, 그 이전의 모계제도에 대한 해석을 제시하지는 못했다. 역사에 대한 프로이트의 시각은 가부장제에서 시작되어 가부장제에서 끝난다. 어머니나 어머니가 주는 안정감에 대한 아이들의 초기 집착과, 어머니와 떨어지면서 갖게 되는 트라우마가 아이들의 성장 발달에 더욱 중요해졌다고 프롬은 인식했다. 바흐오펜이 프롬으로 하여금 프로이트의 가부장제에 저항하게 하면서 『모계의 권리와 종교의 기원』은 그를 더욱 헌신적인 마르크스주의적 사회주의자로 만들었다. 프롬은 앞서 프리드리히 엥겔스도 가족의 본질과 기원에 대해 저술할 때 모계제도 이론의 영향을 받았고, 마르크스와 많은 다른 사회주의자들 또한 모계제도 이론의 영향을 받았다는 사실을 알게 되었다. 모계제도는 혁신적인 변화를 가져올 수도 있었다. 프롬은 서로 다른 사회적 환경에서 상당히 다른 욕망의 체계들은 생산적인 힘으로 작동해왔으며, 그럴 수 있다고 확신했다. 개인의 만족감이나 행복의 가능성을 확장하고 대중에 대한 지배보다는 오히려 개인의 생산적인 발달을 확대시킴으로써, 선사시대의 모계 사회와 같은 경제적으로 풍요롭고 평등한 사회주의적 질서가 존재할 수도 있다는 것이다.[32]

바흐오펜을 통해 프롬은 선사시대의 모계 사회로부터 가부장적이고 착취적인 자본주의로의 역사적 변화에 대한 통합된 시선과 확실한 여성주의적 관점을 지니면서 자기 자신만의 고유한 방식으로 마르크스와 프로이트를 통합하고 있었다. 프롬은 구약 예언서를 읽으면서도 바흐오펜의 모계제도에 대한 비전으로 더욱 심화된, 얽매이지 않는 유토피아주의에 대한 인식을 발전시켰다. 1930년대 말 유토피아주의는 프롬이 호르크하이머와, 또한 새로운 연구소 동료인 테오도어 아도르노와의 관계를 불편하게 만드는 몇 가지 요인 중 하나가 되었다.

『모계의 권리와 종교의 기원』 이론이 그렇게 동시대의 학계에서 상세하게 기술되고 받아들여지지 않았더라면, 아마도 바흐오펜은 프롬의 사상에 그렇게 결정적인 영향을 미치지는 못했을 것이다. 비록 바흐오펜의 글이 잘 읽히기는 했지만, 그는 세심한 학자는 아니었다. 실제로 그는 자신의 관점을 뒷받침하기 위해 신화나 민속 관습을 인용했다. 더욱이 프롬은 바흐오펜의 모계제도에 대한 관점이 그의 모친에 대한 흠모로 인해 형성되었던 것은 아닌지 의심하기도 했다.

결정적으로 프롬은 로베르 브리포Robert Briffault의 1928년 책 『어머니들: 그들의 정서와 제도에 대한 기원 연구The Mothers: A Study of the

Origins of Sentiments and Institutions』에서 바흐오펜의 묘사를 더욱 편안하게 받아들일 수 있게 해준 세심하고 설득력 있는 학술적 내용을 발견했다. 프롬에게 브리포의 저술들은 비교민족학뿐만 아니라 사회심리학과 경제학에 근거를 둔 기념비적인 연구 업적이었다. 최초의 모계 사회와 결혼제도 그리고 가부장제로의 전이까지 반영하면서, 브리포는 인간의 정서와 제도에서의 변화가 어떻게 매일의 사회적 삶, 특히 구체적인 경제적 변화에 뿌리를 두고 있었는지 보여주었다. 즉, 생물학적으로 만들어진 본능들이 점차적으로 사회경제적 영향으로 변형되고 있었다. 결과적으로, 특정한 시대에 심리적으로 '남성적'이라거나 '여성적'이라고 하는 것은 '인간의 본성'에서 나온 것이 아니라, 그 두 가지 성별이 그들의 사회적 삶에서 어떤 기능을 하도록 허락되는 서로 다른 방식에 기인한 것이었다. 예를 들어, 모성적 사랑은 결핍된 이들에 대한 어머니의 장기간 돌봄에 뿌리를 두고 있었다. 그리고 끝내 가부장제도는 모성의 이타적 사회 정서에까지 확장되어버렸다. 서로 돌보는 관계 형태에서의 모든 사회적 진화는 모성적 사랑, 특히 모계제도 가족과 '모든 지속 가능한 사회적 결합'에서 파생된 것이었다. 프롬은 브리포의 기술이, 그가 바흐오펜을 위한 실증적 근거들을 제공했기 때문이 아니라, 그가 제시한 증거가 '정서의 사회 결정론' 측면에서 마르크스와 엥겔스와 어깨를 나란히 할 수 있었기에 설득력을 가진다는 사실을 발견했다. 바흐오펜과 브리포를 통해 프로이트의 가부장적 전제에서 가지를 뻗어 나와, 양육하고 생산하는 여성의 성향이나 그러한 모성과 멀어짐으로써 갖게 되는 트라우마의 개념에 적합한 가능성들을 탐구한 것이 프로이트적인 수련을 하던 성격 이론가들 가운데 오직 프롬 혼자만은 아니었다는 사실은 상당히 흥미롭다. 그가 생존해 있는 동안, 이것은 '애착 이론'이라고 불리게 될 이론의 중심이었다. 메리 제인 셔프리Mary Jane Sherfrey, 일레인 쇼월터Elaine Showalter, 캐럴 길리건Carol Gilligan과 같은 페미니스트 임상가들과 학자들이 그러한 프로이트 이후의 움직임에 동참했다.[33]

「사회심리학적 양상들」

프롬은 프랑크푸르트 연구소에서 오직 발터 벤야민과 (어느 정도 한계가 있기는 했지만) 호르크하이머만이 바흐오펜에 대한 자신의 관심을 함께 나누고 있다는 것을 알게 되었다. 게다가 프롬이 프로이트의 리비도 이론에 다소간 불편한 감정을 느끼기 시작하자 호르크하이머는 이를 포용해주었다. 비록 프롬의 독일 노동자 연구가 10여 년이 훌쩍 넘어갈 때까지 거의 미완성으로 남아 있기는 했어도 연구소가 이주하는 과정에서 응답한 설문지의 거의 절반가량이 소실되었다는 사실로 인해 그 결론에 방법론적인 흠결이 생기는 건 아닌지 몇몇 연구소 동료들은 염려했다.

그럼에도 프롬은 프랑크푸르트 연구소의 주요 통합 연구 작품인 『권위와 가족에 대한 연구』(1936)의 부록 부분에 자신의 독일 노동자 연구 결과를 발표했다. 『권위와 가족에 대한 연구』는 히틀러의 전체주의적 통치의 출현에 대응해 권위와 가족 사이의 관계를 드러내는 2천 페이지가 넘는 두 권짜리 방대한 연구 보고서였다. 이 보고서는 1934년에서 1935년 사이 컬럼비아 캠퍼스 모닝사이드 하이츠 지역으로의 이주와 비슷한 시기에 출간되었는데, 그래서 이 프로젝트는 이주민 지식인들의 작품이 되었다. 가족이 개인에게 더 커다란 사회에 대한 가치를 전이한다는 가설을 전제로 하여, 연구소 연구자들은 권위주의적 규칙을 만들어낸 독일 가족생활에서의 사회적·심리학적 요소들을 파헤쳤다. 그 연구는 '사람들이 권위에 굴복하게 만드는, 그리고 그러한 명령의 본질에 대한 고민 없이 복종을 더욱 즐기게 하는 심리학적 충동들'을 보여주고 있었다. 호르크하이머는 그와 프롬, 마르쿠제가 썼던 긴 이론적 에세이들로 구성된 첫 번째 장을 편집했다. 프롬이 두 번째 장을 편집했는데, 그것은 서로 다른 계층, 어린 시절, 직업이 없는 가족의 사회화에 대한 연구를 포함하고 있었다. 뢰벤탈이 편집한 세 번째 장은 서로 다른 국가의 가족과 권위에 대해 보여주는 에세이였다. 확실히 세 부분은 잘 어우러지지는 않았고, 모든 기고가가 권위주의의 융성과 자본주의의 위기를 연계하고 있음에도 아무도 독일의 반유대주의에 대한 이야기는 하지 않았다.[34]

프롬이 작성한 긴 에세이 「사회심리학적 양상들Social-Psychological Aspects」은 권위주의에 대한 심리학적 접근의 명확하고 논리적이며 정교한 설명을 제공함으로써 전체 프로젝트에 어느 정도 일관성을 부여했다. 프랑크푸르트 연구소의 역사학자인 롤프 비거스하우스Rolf Wiggershaus는 이 에세이를 '프롬의 최고 작품'이라고 불렀으며, 그 글에서 프롬은 프랑크푸르트 연구소에 합류한 이후 자신이 연구한 많은 부분을 눈부시게 하나로 직조해냈다.(통합 발전 에세이로서 그것은 아마도 이후의 연구 중 가장 혁신적인 통찰을 드러낸 1932년 작품 「정신분석학적 성격학과 사회심리학적 타당성」을 넘어섰을 것이다.) 성격 구조에 관한 프롬의 기본적 개념(이전에 그가 '리비도 구조'라고 불렀던)은 더 완벽히 발전되었고, 항문애 성격, 가부장제 성격, 모계적 성격, 그리고 혁신적 성격과 같은 몇몇 다양성을 열거했다. 그 에세이는 프롬의 가장 중요한 저작인 『자유로부터의 도피』의 기본적 이론을 개념화하는 식으로 권위주의적 성격에 초점을 맞추었으며, 그것은 대단히 중대한 일이었다.[35]

프롬은 권위주의적 성격의 주요한 요인, 즉 동시대 자본주의 사회 속 가부장적 가계 안에서 현대 인간의 자아가 그 힘을 확실히 잃어버렸다는 사실을 강조함으로써 「사회심리학적 양상들」의 문을 열었다. 그는 강력한 자아를 지닌 사람은 풍부한 정신적 에너지를 지니게 되며, 조화와 만족을 위한 개인의 욕구에 따라 자신의 삶과 사회를 조형하게 된다고 강조했다. 결과적으로 그런 사람은 논리적으로 사고하며, 능동적이고 충만한 기운으로 어떠한 결정을 내릴 수 있다.

바흐오펜에게서 떨어져 나와, 프롬은 사회가 개인과 사회의 안녕을 위해 '이성적이고 능동적이며 체계적인 규칙'을 증진시키려고 할 때 이러한 선택과 자주성의 능력은 증폭된다고 강조했다. 그 규칙들은 즐거움과 희망을 증진시키기 위해, 개인의 선택과 자주성을 확대시키기 위해, 그리고 서로 보살피는 공동체 정신을 발전시키기 위해 의도된 것들이었다. 자아가 더욱 탄탄해짐에 따라 "초자아나 권위에 정서적으로 기대지 않고 본능적 욕구를 피해 더욱 안정되며, 그러므로 독립적으로 스스로를 다시 세울 수 있는 것이다."[36]

프롬은 엘리트 집단들에 의해 유지되는 독점자본주의 사회는 욕구를 충족시킬 훨씬 더 많은 기회가 지배계급에게 있고 억압된 계층에는 거의 기회가 없기 때문에 건강하고 힘 있는 자기 준거적 자아를 위협한다고 상정했다. 특히 하층계급들 사이에서의 무기력과 자기 비하의 정서는 자아를 와해시키고 소진시켜버린다. 가족 구성원들은 자주성을 인식하지 않기 위해 '우월한 권력'과 스스로를 동일시하려 하고,

그 지시를 따르게 된다. 지배계급은 선택을 축소시키는 협소한 사회 규칙들을 공표함으로써 이러한 역학 관계에 기여하고, 초자아에 사로잡힌 하층계급은 그러한 규칙에 매달리게 되는 것이다.[37]

프롬은 초자아의 이러한 내면화, 즉 자아 소멸 과정의 주된 요인은 가족의 가부장적 권위에 의한 것이라고 주장했다. 엄격한 가부장제와 초자아의 제약 요인들의 공명으로 점점 권위주의적이 되어가는 사회 질서하에서, 개인은 자기 안에 심리적 원천이 부족하다는 사실을 느끼게 되며 점차적으로 고립되고 괴리된다. 자아가 욕망의 억압으로 해체되고 초자아의 금기가 더욱 힘을 얻으면서 자기 학대(마조히즘)는 뚜렷한 성격적 특징이 되어버렸다. 자신의 행복을 포기하고 점차적으로 죄악에 지배당하면서 개인의 자아는 외부의 사회와 자기 안의 심리적 권위의 지시에 눈을 돌리게 된다.

"이렇게 명령을 받고 그에 따라 행동하려는 바람, 좀 더 상위의 권력에 스스로 복종하기를 바라며 실제로는 자신을 상실해가려는 이러한 바람은 좀 더 강력한 힘으로 학대와 처벌을 시행하도록 권위주의의 흥을 북돋운다."

프롬에게 마조히즘적 사유는 개인이 무기력함과 죄책감을 치유하려고 하는 욕구를 채워주고 행위자로서의 의식을 격감시키는 권위주의적 사유였다. 마조히즘은 규칙과 방향성을 제시하는 좀 더 상위의 권력을 향한 정체성을 지닌 채, 자아의 영역에서의 불복종이 처벌을 받게 함으로써 이러한 자아의 공동空洞을 메운다. 시간이 지나면서 개인은 자아에 대한 인식을 완전히 상실하며, 개인의 사랑이나 선택은 두려움과 맹목적 복종에 의해 대체되어버린다.

"자신을 처벌하는 사람이라면 누구든지 사랑하게 되어버리는 것이다."

불안을 피해 안정감을 찾으며 권력의 품 안에 함께하는 것이 마조히즘의 중심이라고 프롬은 주장했다. 단 하나의 가능한 대안은 혁명적 성격뿐이었다.[38]

프롬의 「사회심리학적 양상들」은 바로 이러한 '혁명적인' 성격 구조의 예로 그의 독일 노동자 연구를 차용했다. 풍부한 자아의 힘을 가진, 그리고 자신의 운명을 스스로 바꾸려고 노력하는 사람이 바로 '혁명적'인 자다. '혁명적'이라는 말은 자신의 운명을 종속시키는 마조히스트에 반대되는 것이다.

"개인의 무력감이 이러한 마조히스트적인 철학의 근본적 주제였던 것이다."

혁명적인 사람들과는 달리 마조히스트들은 겉으로 보기에는 역사적이며 신의 섭리와 같은 법령에, 지도자에 의해 정의된 운명에 숭배하듯 복종했다. 이러한 방식으로 마조히스트들은 종족의, 국민의, 통치자의 영광 속에 머무를 수 있었던 것이다.[39]

프롬은 이전에 프로이트가 주장했듯이 힘없는 사람들에 대한 사디스트적인(가학적인) 공격성은 마조히즘(피가학성)의 또 다른 측면을 보여주는 것이라고 상정했다. 마조히스트는 더 높은 권력의 지배하에 나약해진 자아를 밀어 넣고, 사디스트는 무기력의 징후를 보이거나 사회 계층의 하부에 존재하는 사람들에게로 불안정한 자아의 눈을 돌렸다. 복종하고자 하는 욕망은 계급적이고 가부장적인 가족과 사회 안에서 지배하려는 욕망으로부터 출발했다. 결과적으로 사도마조히즘(가학피학성)은 권위주의의 중심에 있으며, 위에 있는 누군가에게는 사랑과 존경을, 아래에 있는 누군가에게는 경멸과 폭력을 서슴지 않는 것이다.

프롬은 또한 사도마조히스트가 이성애 성기에 대한 정체감이 약하고, 질서를 준수하고 정확한 시간을 지키며 근검하려고 애쓰는 (전성기기 pregenital) 항문기의 특징을 가지고 있다고 상정했다. 여성의 존재는 낯설고 기묘하게 보였기 때문에 사도마조히스트들은 약자에 대한 스스로의 우월감을 유지하기 위해 그들을 비하했던 것이다.[40]

사도마조히즘이 권위주의적 사회 성격의 중심에 있다면, 그 중심 요소로 프롬은 가부장제를 지적했다. 그는 가부장제가 사도마조히즘의 원인인지 결과인지는 명확히 하지 않았다. 개인은 항상 가족 안에서, 또한 더 커다란 사회 속에서 부계적인 권위에 복종하고 그에 따르는 요구를 충족시켜야만 했다. 이러한 방식이라야만 자신의 행복을 포기하고 맡은 일만을 충실히 수행하는 '자기 희생'을 요구하는 지도자에게 총애를 받을 수 있었다. 권위주의 지도자는 보호와 안정을 보장하면서, 예측 불가능한 테러를 통해 사회 전체가 트라우마에 사로잡히게 함으로써 그들의 추종을 유지했다. 추종자들은 항상 무자비한 처벌을 두려워하면서 무조건적으로 복종해야 했다. 이것이 지도자와 추종자의 거리를 영속화했으며, 궁극적으로 그러한 간극을 좁힐 수 있는 가교 역할에 대한 희망을 지워버렸다.[41]

「사회심리학적 양상들」에서 프롬이 훌륭히 기술했던 것은 최초의 심리학적 관점이 적용된 권위주의적 성격의 해석들 중 하나였다. 프롬은 가부장적 가계와 독점자본주의의 사회적·정서적 구조 속에서 이러한 사도마조히즘과 강력히 수반되는 죄악의 뿌리를 찾아내면서 죄책감에 대한 '낡은 유산'이 되어버린 프로이트의 개념을 거부했다. 이를 뒷받침하기 위해 프롬은 빌헬름 라이히의 『성격 분석Character Analysis』(1933)과 카렌 호르나이의 1935년 글을 인용했다. 이 둘은 마조히스트

적 성격을 사회병리학의 최전선에 위치시킨 학자들이었다.[42]

　「사회심리학적 양상들」을 통해 프롬은 독점자본주의하에서 자신의 자아를 단련시키고 스스로의 자주성을 다시 획득하려고 싸우는 일보다는 권위에 복종하는 것이 덜 힘겨우며, 어떤 면에서는 정서적으로 더 만족스럽다는 주장을 유지했다. 그의 동료들이 대부분 기업자본주의 사회에서 인간이 에너지를 얻고 내부적으로 강인한 정신을 되찾을 가능성에 대해 거의 포기하고 있었던 반면, 프롬은 희망을 놓지 않았다. 독점자본주의, 엄격한 가부장제 가계, 점점 확대되는 권위주의 정치 구조의 지배력에 대해 다루면서도 프롬은 모든 걸 잃은 것은 아니라고 믿었다. 영성과 자주성에 뿌리를 둔 다양한 사회 환경이 여전히 서방 자본주의 사회 속에 빛나고 있었으며, 그것이 지도자와 추종자들의 간극을 줄이고 자아의 힘과 시민들 속의 강한 기운을 새롭게 하며, 모계제도의 즐거운 가치들을 증진시켜 사도마조히즘을 향한 추락을 뒤집을 수 있으리라는 것이었다. 비록 프롬이 명확하고 설득력 있게 권위주의의 심리학적 재림에 관해 기술했지만, 그는 이러한 사회악이 위축되어 결국에는 한계에 다다를 것이라는 가능성을 배제하지 않았다. 그는 혁명에는 미치지 못하지만 권위주의에 대항하는 사회적 변화에 만족했다. 프롬은 어떤 특정한 형태의 자본주의는 다른 형식들보다 훨씬 더 뚜렷하게 자아와 부딪힐 것이라고 결론지었다. 좌익 정당을 지지했던 바이마르 노동자들이 권위주의적 경향을 드러냈던 것처럼 피상적인 제3제국의 권위주의는 결국 더욱 위대한 자유와 자주성과 행복을 추구하게 될 것이었다. 1930년대의 자신의 다양한 글 속에서 프롬은 서서히 『자유로부터의 도피』의 개념을 형성해가고 있었다.[43]

계약 종료

—

프롬은 연구와 저술활동 면에서 지난 10여 년 동안 프랑크푸르트 연구소와 연관된 그 어떤 학자들보다 더욱 생산적이었다. 그의 에세이 「사회심리학적 양상들」은 널리 인정받지는 못했지만, 『권위와 가족에 대한 연구』에서 가장 창의적이고 설득력이 높은 저술이었다. 이와 함께 그 밖의 다른 글들은 호르크하이머와 뢰벤탈이 수용했던 본능적 삶의 중심에 입각한 프로이트 정설과 거리를 두는 사회심리학자로서 그를 자리매김했다. 그는 특정한 사회적 조건들이 우리의 내재적 심리와 본능과 모든 것을 형성한다는 사회적 성격의 개념으로 프로이트 정설을 대신했다.

1934년 5월, 프롬이 컬럼비아의 새로운 연구소 본부로 이주한 1932년 여름 이후 차도를 보였던 결핵이 재발했다. 그는 뉴멕시코 요양원에서 석 달을 보냈으며, 뉴욕으로 돌아가게 되면 연구소에서 머무를 수 있는 기간이 매우 짧을 수밖에 없다는 사실을 알게 되었다. 1934년 겨울 동안, 그는 병을 치유하는 데 도움이 되기를 바라며 바닷가로 여행을 떠났다. 그 뒤로도 그는 앨버타 근처의 산과 샌프란시스코, 샌타바버라, 로스앤젤레스를 여행했다. 1936년 중반, 버뮤다와 멕시코의 탁스코를 여행하면서 프롬은 어느 정도 회복되었고, 다시 동료들에게로 돌아갔다. 1938년 9월, 그는 두 번째 재발과 계속되는 신장 문제로 인해 어쩔 수 없이 다보스로 돌아가야 했다. 1939년 2월 새로운 결핵약을 처방받고 나서야 의사들은 그에게 완치를 선언했다. 실제로 그 질병을 영구적으로 뿌리 뽑을 수 있는 치료약(스트렙토마이신 항생제)은 1946년 이전에는 존재하지 않았다.[44]

호르크하이머는 프롬이 건강을 되찾으려고 애를 쓸 때, 그리고 심지어 연구소 동료들과 그의 관계에 금이 가기 시작했을 때조차도 프롬을 측은하게 여겼다. 그가 연구소의 생산적이고 창의적인 일원인한, 호르크하이머는 기꺼이 그에게 정상 급여 전부와 치료 비용까지 계속해서 지불하려 했다. 1935년 말, 그는 프롬에게 연구소는 자신에게 맡기고 건강을 위해 몸을 아끼라고 부탁했다. 1936년에는 프롬이 65세가 될 때까지 한 달에 400달러라는 충분한 급여 제공(65세 이후에는 삭감된 급여를 따로 제공)을 보장하겠다는 요지의 특별 계약을 그와 체결했다. 그리고 1년 후 그 계약서에 프롬과 약속한 급여나 비용을 줄이지 않고, 연구소 일 이외의 연구를 개인적으로 진행할 수 있도록 허락하는 훨씬 더 좋은 조항들을 추가했다. 프롬은 또한 연구소로 굉장히 다양한 비용이 청구된 청구서를 정기적으로 보내기도 했는데, 그것은 의료비, 아파트 임대료, 가정부 월급, 서적과 신문 구입비, 여행 기간 동안의 호텔비 등이었다. 프롬은 호르크하이머에게 든든한 재정 지원에 감사하고 자신의 의료비 때문에 혹시나 연구소의 재원을 옥죄지는 않을까 걱정하는 편지를 보냈다. 그는 호르크하이머에게 '부르주아의 성격'에 대한(예를 들어 『자유로부터의 도피』와 같은) 중대한 책을 쓰겠다고 약속했고, 그렇지 않다면 자신의 삶은 물론이고 자신에 대한 호르크하이머의 든든한 지원도 모두 쓸모없게 되어버리는 것이라고 단언했다. 프롬은 그 문제를 친구인 쿠르트 로젠펠트에게 보내는 메모 속에 정리해놓았다.

"관계라는 건 매우 밀접한 것 같아. 이론적으로나 개인적으로, 그리고 그가 나와 논의했던 연구소에 관한 일들에서 나는 완벽히 호르크하이머를 신뢰하네."[45]

그러나 1938년 말, 프롬과 연구소 사이에 최초의 풀기 어려운 껄끄러운 징후가 드러났다. 크리스탈나흐트수정의 밤. 1938년 11월 9일부터 10일까지 진행된 독일 유대인 시위 진압 사건—옮긴이가 일어나자, 프롬의 모친인 로자도 마침내 나치의 위험을 인식하고 독일을 떠나기로 마음먹었다. 독일 당국은 출국을 승인해주는 데 상당한 돈을 요구했고, 프롬은 그 비용을 미리 융통할 수 없을지 호르크하이머에게 요청했다. 호르크하이머는 그 비용은 연구소에서 지불할 수 없다고 대답했다. 호르크하이머가 프롬의 재정 지원 요구를 거부한 첫 번째 사례였다. 그의 거절은 조금씩 연구소를 옥죄고 있는 중대한 재정적 위기를 드러내는 것이었다. 미국에서 『사회연구』를 출간하는 데는 프랑크푸르트나 제네바에서보다 훨씬 더 많은 비용이 들었다. 또한 주식시장의 약세와 재난이라고 말해도 좋을 뉴욕 북부 부동산 투자시장의 악화로 연구소의 기부금도 상당히 축소되어버렸다. 게다가 직원들의 급여마저 너무 치솟았고, 연구소의 재정을 담당했던 호르크하이머와 폴로크는 유럽 이주민 학자들을 위한 사업을 지원하기 위해 상당한 돈을 사용하고 있었다. 프롬은 자신의 2000달러가 넘는 의료 비용과 스위스에서의 요양 비용까지 포함해 연구소 재정 상황에 빨간 불이 켜졌음을 인식했다. 그는 연구소의 재정 부담을 줄이기 위해 자신에게 드는 비용의 절반을 돌려주겠다고 제안했다. 폴로크는 그럴 필요는 없다고 단언했다. 그보다 중요한 문제는 연구소가 프롬의 급여를 지불할 만큼 계속해서 잘될 수 있느냐였다.[46]

1939년 5월, 호르크하이머와 폴로크는 프롬과의 종신 계약을 파기했고, 이번 달엔 그의 급여를 지불할 수 없겠다고 정중히 거절했다. 연구소의 기금은 이미 바닥나 있었다. 10월에 접어들어 그들은 다른 사람들은 그럴 수 없겠지만 프롬은 사설 정신분석 상담소를 확장함으로써 생계를 유지할 수 있을 것이라고 말하며, 그에게 자발적으로 급여 중단에 동의해줄 것을 요청했다. 또한 그가 병상에 있는 동안 항상 그를 지원해왔다는 사실을 강조하면서 급여 없이 연구소 일에 계속해서 참여해달라고 했다. 프롬은 자신이 연구소에 남기 위해 다른 스카우트 제의를 거절했으며 연구소의 업무를 완벽히 하기 위해 사설 정신분석 상담소의 운영도 축소시켰었다고 주장하면서, 노골적인 계약 위반이라고 크게 소리치며 저항했다. 그는 자신이 명백히 해고된 것이라고 주장했고, 그것은 동료들에게 느꼈던 소외감을 되살리는 일이었다. 폴로크는 그의 사후에 부인이나 모친에게 연금을 제공하겠다고 이야기하며 문제를 해결하려고 노력했지만, 프롬은 끝내 거부했다. 10월 1일, 프롬은 급여를 받지 못하자 개인적으로 호르크하이머를 찾아갔다. 호르크하이머는 다시 한번 그가 여전히 변함없는 동료임을 재확인해주었다. 알려진 바에 따르면, 그 사실엔 오해가 있었고, 프롬은 해고된 것이 아니었다. 실제로 호르크하이머는 10월과 11월의 급여를 제공했다. 명백한 계약 위반에 대한 자신의 법적 주장에 해가 될까 봐 프롬이 그 급여를 은행에 예금하지 않았던 것뿐이었다. 프롬은 또한 호르크하이머와 폴로크가 계약을 무시했기 때문에 자신은 더 이상 연구소에서 일하지 않을 것이라며 퇴직금에 대한 합의를 요청했다. 폴로크는 1년 치 급여에 해당하는 퇴직금을 제안했지만, 프롬은 여전히 자신이 연구소(의 계약 위반)에 대한 법적 우위를 가지고 있음을 주장하며 더 많은 금액을 요구했다. 결국 프롬은 2만 달러의 퇴직금에 합의하고 계약을 포기했다. 그는 거의 4년 치 급여에 해당하는 금액으로 흥정을 몰아붙였으며, 여전히 생계를 유지할 정신분석 상담소를 운영

하고 있었다.[47]

　프롬이 연구소를 떠나게 된 요인은 명백히 그의 급여 때문이었다. 확실히 돈이 관련된 문제이긴 했지만, 그것은 어쩌면 그의 어린 시절의 기억까지 되살리는 소외의 감정을 촉발했던 것인지도 모른다. 그러나 해고당했다는 프롬의 감정을 더욱 자극시킨 또 다른 요인이 있었다. 그는 연구소가 750달러의 비용으로 독일 노동자 연구 출판을 보조할 것이라고 예상했지만, 호르크하이머는 연구소 재정이 충분하지 않다며 지원을 거절했다. 프롬은 중요하지도 않은 연구소 출판물에도 어떻게 해서든 돈을 끌어다가 출판을 하지 않았느냐고 지적하며 격노했다. 이 시점에서 그 연구의 양적인 타당성을 해치는 분실된 설문지에 대한 언급은 없었지만, 그것은 어차피 관련이 없는 일이었다. 더욱이『권위와 가족에 대한 연구』이래로 프롬은『사회연구』에 단 하나의 글만을 기고했고, 자신의 연구를 위한 또 다른 활로를 찾고 있었다. 모닝사이드 하이츠로 이주하고 난 후 그의 글은 조금씩 연구소의 중심에서 멀어지고 있었다.[48]

　프롬이 연구소에서 점차적으로 지위를 잃어간 것은 연구소 동료들과 점점 더 개인적 거리를 두고 있었던 데도 부분적인 이유가 있었다. 호르크하이머와 다른 대부분의 동료들은 성급한 미국화를 거부했다. 그들은 뉴욕에 도착한 이후에도 계속 자신들을 유럽의 지식인이라고 여겼고, 특별한 학술 독자들만을 위해 글을 쓰기를 고집했으며, 독일어로 의사소통하는 것을 선호했다. 그와 대조적으로 프롬은 그저 친숙한 정도를 넘어서 완벽히 영어를 구사하며, 그것을 자신의 주 언어로 사용했다. 그는 우아한 영어 산문을 쓸 정도로 역량을 키웠고, 일반적인 미국 대중 독자에게 다가가기 쉬운 작품을 쓰려고 애썼다. 그는 주요한 미국 사상가들, 특히 초월주의 시인이자 수필가인 랠프 월도 에머슨과 헨리 데이비드 소로, 심리학자이자 철학자인 윌리엄 제임스, 철학자이자 교육 개혁가인 존 듀이와 같은 사람들의 작품을 연구했고, 그들과 친숙해졌다. 그는 또한 언어학자인 에드워드 사피어, 저명한 인류학자인 루스 베니딕트와 마거릿 미드와 같은 새로운 친구들과 '미국 문화인격운동'에 참여했다. 그는 사람들 사이의 사회심리학에 관심을 가진 해리 스택 설리번이나 다른 미국 임상의들과도 우정을 쌓아갔다. 그는 또한 대중문화에도 관심을 가지며, 정치나 사회 심리에 대중적인 관심을 가지고 있는 미국 독자들을 위해 저술활동을 하기 시작했다.(프롬은 또한 프랑크푸르트 연구소 동료들보다 훨씬 종교에 관심이 많은 미국 지식인들이나 학자들의 모습이 반가웠다.) 비록 연구소는 컬럼비아대학의 한쪽 구석에 자리했지만, 오직 프롬만이 캠퍼스 다른 곳, 특히 사회학이나 정치과학 쪽의 교직원들과 관계를 맺고 친교를 쌓으려고 노력했다.[49]

1934년 6월 초, 호르크하이머는 프롬의 관심이 전통적인 유럽의 학자적 고민에서 멀어지게 될까 걱정하면서, 이러한 것들로 인해 프롬과 불편해지는 것 같다고 폴로크에게 개인적인 서신을 보냈다. 1930년대 중반에 옥스퍼드에서 저술활동을 했고 영국에서 살고 있던 아도르노는 프롬과 호르크하이머의 불편함을 증폭시켰다. 바이마르 시기 동안 음악 비평가였던 아도르노는 부유한 집안 출신이었으며, 연구소에 급여를 요구하지 않았다. 그는 '결혼을 염두에 두고 따라나선 여자친구처럼' 연구소에 들어왔을 뿐만 아니라, 자신을 호르크하이머의 뒤를 잇는 2인자로 규정했다. 호르크하이머에게 보냈던 편지들에 따르면, 아도르노는 프롬에게 정제된 심미적 감성이 부족하고, 그의 출판물들은 너무 엉뚱한 곳을 헤매고 있을 뿐만 아니라, 그가 너무 대중문화에 탐닉하는 것 같다고 말하며 뼛속까지 프롬을 싫어하는 속내를 드러냈다.[50]

지적인 부분에서 싹튼 아도르노의 반감은 실제로 프롬이 「분석적 사회심리학의 방법과 목적에 대한 기고A Contribution to the Method and Purpose of an Analytical Social Psychology」라는 스스로 '중대한 에세이'라고 명명했던 자신의 글을 연구소 출판용으로 제출하면서 실질적으로 더욱 힘을 얻게 되었다. 1936년 말, 프롬은 친구인 카를 비트포겔에게 이 글의 중심 주제에 대해 이렇게 묘사했다. 그것은 프로이트의 본능적 삶에서 가장 중요한 신조와, 형성 동력으로서 프롬의 사회적 성격 개념을 상당히 명확히 대조하기는 했다.

"나는 프로이트가 가정한 것처럼 사회적 행동을 자극하는 욕망들이 성적 본능의 승화가 아니라는 것을 보여주고 싶었다. 오히려 그것들은 사회적 과정의 산물들, 좀 더 정확히 말해 개개인이 자신의 본능을 만족시켜야만 하는 특정한 (사회적인) 일단에 대한 반응이다."

이 글이 1937년 출간을 위해 제출되었을 때, 연구소에서는 전혀 호의를 보이지 않았고 호르크하이머는 프로이트 정설을 점점 더 수용하고 있는 자신의 경향에 기초하여 거친 비평을 써내려갔다. 프롬은 이렇게 답장을 적었다.

"내가 이끌어내고 있는 원칙의 근간은 정확하지만, 나도 그것을 적절하게 형성하는 데는 모자랐다는 사실을 잘 알고 있습니다."

그는 그 글을 다시 검토했고, 58페이지에서 83페이지로 늘려 다시 제출했지만, 연구소는 그 에세이의 출판을 거절했다. 프롬이 프랑크푸르트 연구소에서 주변적인 인물로 전락하게 된 근거를 찾으라면, 아마도 이 두 번의 거부가 확실히 이를 드러내는 사건이었을 것이다.[51]

근본적으로 「분석적 사회심리학의 방법과 목적에 대한 기고」는 10여 년 이상이 흐르면서 점점 더 명확해졌던 사실을 확실하게 드러내 주었다. 프롬은 '사회적 성격'이라고 자신이 명명했던, 이전과는 다른 정신분석학적 관점을 구축하려고 노력하면서, 프로이트에 대한 동료들의 입장과 근본적으로 대척점에 서 있었다. 역설적인 것은 이즈음 프로이트는 자신의 정통적인 추종자들과는 달리 그러한 견해들을 점차적으로 받아들이고 있었다는 것이다. 그러나 이 글에서 프로이트에 대한 프롬의 비평은 명확하고 가차 없었지만, 그것은 프로이트의 실제 텍스트에 대한 프롬의 확장판에 불과했다. 프롬은 오이디푸스 콤플렉스에 집중되는 '인간 본성'의 고유한 정신 기재機材에 대한 프로이트의 기술은 보편적인 것이 아니라 프로이트가 살았던 가부장제 중산층 사회의 기이한 특징들에 뿌리를 두고 있다고 생각했다. 예를 들어, 프로이트는 여성이 자신의 해부학적 특징에 묶여 남성의 남근을 부러워한다고 묘사했다. 프롬은 바흐오펜, 호르나이, 그리고 다른 몇몇에게 의존하면서, 여성이란 서로 다른 시대, 서로 다른 장소에서 매우 다른 자아 이미지를 지녀왔다고 주장했다. 프롬은 또한 프로이트가 그렇게 우리 사회에서 발견되는 서로 동떨어진 사람들을 '인간 본성의 쓸모 있는 결과물'이라고 간주한 것에 대해 힐난했다. 그러한 자기중심성과 사회적 고립이 모든 시대와 환경에 걸쳐 인간 본성에 고유하다는 근거는 어디에도 없었다.

　　프로이트는 또한 사회적 조건들과 죽음 충동을 분리하는 실수를 했다. 그에게 죽음 충동은 사회적 조건들을 중화시키기 위해 성 충동과 융합되어야 했다. 그렇지 않으면, 그것은 자아와 사회에 대해 파괴적으로 변하게 될 것이라고 프롬은 지적했다. 마지막으로 그는 프로이트가 많은 영적·심리학적 현상들을 성적인 욕구들과 그것의 해소 혹은 억압으로 축소하는 실수를 저질렀다고 비난했다. 요약하면, 프롬은 프로이트의 이른바 우세한 보편성이라는 것이 중산층 가계의 가치와 구조의 진화에서 파생된 것일 뿐인 게 아니냐고 비판했던 것이다.[52]

프로이트의 정신적 보편성이 어떻게 실제로 19세기 말부터 20세기 초의 중산층의 특징이었는지 세세하게 설명하면서, 프롬은 「분석적 사회심리학의 방법과 목적에 대한 기고」의 많은 부분을 프로이트 정설에 대안을 제시하는 데 할애했다. 그는 역사적이고 사회적인 근간을 가진 자신의 '사회적 성격 구조' 개념으로 프로이트 정설의 근간이었던 리비도 이론을 대체하려고 시도했다. 생리학적 충동이란 단지 한 사람의 '사회적 성격 구조'에 존재하는 몇 가지 에너지 중 하나에 불과한 것이라고 그는 주장했다. 사람이란 특정한 역사적인 근거를 가진 사회적 힘에 의해 에너지를 얻을 수도 있었다.

"성격이란 인간 에너지의 많은 부분이 자신을 드러내는 형식, 말하자면 주어진 상황에서 자신에게 필요한 것들을 수행하고 위험으로부터 자신을 보호하려는 충동적 에너지로부터 힘을 받는 개인적인 도구들인 것이다."

근본적으로 성격 구조란 생리학적·역사적으로 만들어진 자신의 욕구를 충족시키기 위한, 주어진 자연적·사회적 상황에 대한 한 사람의 적응이다. 성격 구조는 충동적 에너지, 종교, 정치 이데올로기, 그리고 가장 근본적으로 자신의 심리학적·역사적·사회적 욕구를 충족시키는 방법을 찾아가는 개인에 대한 경제적 사회 구조의 상호작용이었다. 사회심리학에 깊이 빠져 있던 프롬은 교리에 얽매이지 않는 인본주의자였던 청년 마르크스를 인용하면서 자신의 성격 구조 개념이 "인간의 심리학적 구조가 자신의 육체적 구조(예를 들어 리비도와 같은)에 의해 만들어진 반사 작용으로서가 아니라 한 인간의 삶의 방식 혹은 활동의 산물로서 간주되는 한, 프로이트의 것들보다 역사적 유물론의 관점에 더욱 가까이 다가가 있으며, 삶의 관습이 사회의 전형적인 성격을 결정한다"라고 말했다. 그가 내적 주체성에 초점을 맞추는 것에 프로이트는 동의하지 않았을 것이다.[53]

호르크하이머는 그와 뢰벤탈, 마르쿠제가 프롬의 「분석적 사회심리학의 방법과 목적에 대한 기고」의 출판을 거부한 이후, 이 글의 복사본을 아도르노에게 보냈던 것으로 보인다. 그 1년쯤 전에 아도르노는 프롬이 심리치료에 관한 어떠한 저술활동도 하지 않았고, 그에 대한 개념적 사유에 아직 그렇게 몰두하지 않고 있었음에도 그의 심리치료에 대한 시각이 지극히 의심스럽다며 호르크하이머에게 편지를 보냈었다. 아도르노는 프롬의 치료적 관점이, 환자에게 친절을 보이고 감정을 이입하며, 삶이 정서적으로 얼마나 즐거울 수 있는지 경험하도록 용기를 북돋우는 것을 강조하는 게오르크 그로데크와 산도르 페렌치의 접근 방식에 뿌리를 두고 있는 것이 아니냐고 비판했다. 그와 대조적으로 아도르노는 부분적으로 미학 이론에 대한 관심에 바탕을 둔 매우 다른 접근 방식을 옹호했다. 임상의는 환자가 현실 원칙을 통해 삶의 정서의 암흑 속으로 들어가도록, 그래서 그가 희망의 빛을 볼 수 있도록 환자를 압도해야 하는 것이었다. 아도르노는 또한 프롬이 오래된 유대인의 예언적 전통에 대한 관심과 하시디즘 문화를 향한 애정에 기댄 너무 '전문적인 유대인'이었다고 묘사했다. 마지막으로 아도르노는 프롬에게, 마르크스와 그리 심오하게 맞서는 것이 가능하지 않은, 그래서 마르크스와 프로이트의 통합도 느슨하게 대충 이어 나가는

'감성적 사회민주주의자'라는 딱지를 붙였다. 이 시점에서 여전히 불안정한 시기를 보내던 프롬은 오래도록 지켜왔던 최소한의 예의의 선을 넘어서며 아도르노를 '신념도 없고 할 말도 없는 우쭐하기만 한 헛소리 창시자'라고 불렀다. 그리고 아도르노는 기어코 하지 말아야 할 말을 쏟아냈다. 그는 프롬이 자신과 호르크하이머의 이론적 의제에 중대한 위협이라고 규정해버렸다.[54]

그 의제는 마르크스 인본주의의 배제에 가까이 다가가 있는 프로이트 정설의 깊은 수용에 뿌리를 두고 있었다. 뢰벤탈과 마르쿠제, 호르크하이머와 가까운 다른 사람들처럼 아도르노는 노동계급의 민주적 혁명이 이미 소외되어버린 자본주의적 노동 환경을 사회주의의 자유 그리고 행복하고 생산적인 노동력으로 대체할 수 있을지 의심스러워했다. 바이마르 민주주의의 실패와 나치, 스탈린 전체주의의 승리는 민주사회주의의 생존 가능성에 대한 증거가 되지 못했다. 결과적으로 호르크하이머의 내부 조직은 사회적 성격의 진화에 대한 프롬의 패기만만한 비전을 회의적인 시선으로 바라보았다. 인류에 대한 어떤 희망이 남겨져 있든지 간에, 그것은 프로이트가 묘사했던 인간 본성의 생물학적 본능 구조 안에 존재하는 것이라고 호르크하이머와 그의 측근들은 선언했다.[55]

1938년 아도르노가 모닝사이드 하이츠의 사무실에 도착했을 때, 호르크하이머는 조직의 관념과 연구 의제를 정의하는 데 그의 도움을 받았다. 아도르노는 비판 이론이 어떤 의미여야 할지에 관해 상당히 철학적이고 미학적인 시각을 드러내면서 프로이트의 메타심리학, 특히 생물학적인 뿌리를 가진 본능 이론을 강조했다. 프롬은 인간의 에너지와 근원이 사회의 특정한 사회경제적 성격에서 나오는 것이라고 주장한 반면, 아도르노는 프롬의 사회적 성격 구축이 단순히 사회의 우세한 가치에 대한 자아의 사회적 적응이나 순응을 위한 프로그램이라고 선언했다. 아도르노는 프로이트의 생물학적 본능에 대한 초점을 강조하면서, 인간은 본질적으로 자신을 둘러싼 사회에 반감을 가지며 반사회적이라고 주장했다. 다시 말해, 인간 본능의 특징은 자신의 사회화된 자아의 모든 측면과 일치하지 않도록 만들어졌다. 그러므로 프롬의 믿음과는 달리, 인간은 통일된 사회적 성격을 획득할 수 없다. 주체와 객체 사이, 본질과 현상 사이, 특수성과 보편성 사이에는 항상 단절이 존재한다. 프롬과는 상당히 달랐던 아도르노는 개인의 자유가 실재하는 사회적·정치적 질서 '바깥의' 본능적인 저항 속에 내재한다는 '부정 변증법'을 상정하고 있었다. 호르크하이머, 폴로크, 마르쿠제 그리고 다른 연구소 사람들은 아도르노의 프로이트 정설에 대한 요지부동의 방어 태세에 점점 더 동조하게 되었다. 아도르노는 그의 부모에게 보낸 편지에 프롬이 스스로의 "위험스러운 연구적 차이들 때문에 나와 마르크스와 너무 괴리감이 심해서 변방에만 머물고 있으며, 더 이상의 협조가 불가능해졌다"라고 적었다.[56]

확실히 1938년 즈음, 『사회연구』가 「분석적 사회심리학의 방법과 목적에 대한 기고」의 개정판조차 게재하지 않을 것이 명백해졌을 때, 프롬은 독자적인 사상가로서 자신만의 길을 찾아야 할지도 모른다는 사실을 깨달았다. 그러한 논쟁의 지적 부침은 1956년 다시 수면으로 떠올랐으며, 그때 허버트 마르쿠제는 프롬과의 신랄한 대화에서 아도르노의 입장을 다시 한번 반복했다.

프롬은 점차 해리 스택 설리번과 카렌 호르나이와 같은 비정통적인 정신분석학자들에게 눈을 돌렸다. 왜냐하면 그들은 자신의 지향점을 자신 안에서 찾으려 했기 때문이다. 그들은 프롬이 임상적 실험을 계속하고, 환자들에게서 배우고, 자신들의 미국 정신분석학계 개혁을 돕고, 또한 점점 더 위태로워지고 있는 세상 속에서 인류의 운명에 대해 힘 있고 강렬한 방식으로 일반 대중과 의사소통할 수 있도록 그에게 힘을 실어주었다. 『자유로부터의 도피』는 바로 그 결과물이었다. 그 것은 그토록 강렬하고 사람들의 마음을 움직이는 외침이 담겨 있었기에 자유와 권위주의의 투쟁에 관해 쓰인 그 어떤 책보다 심오하며, 모두를 사로잡는 저작들 중 하나가 되었다. 나치의 테러가 시작되면서 부분적으로 개인적 경험에 의해 촉발되긴 했지만, 『자유로부터의 도피』를 그려나가는 과정은 프롬으로 하여금 그 스스로도 이전에는 알지 못했던 깊고 견고한 즐거움의 가능성을 담은 자신의 내향적이고도 개인적인 근원에 도달하고 그것을 발견하게 해주었다. 자유와 불만에 관한 오랜 걸작을 드디어 인류에게 선물하면서, 비로소 새로운 에리히 프롬이 세상에 그 모습을 드러내게 되었다.

제2부

아메리카,
아메리카

ERICH
FROMM

비록 나치 독일보다는 위태로움이 덜했지만, 1934년 프롬이 도착했을 때 프랭클린 루스벨트의 미국도 심각한 경제 공황을 겪고 있었다. 정착하지 못한 유대인 학자들 대부분이 미국 대학이나 다른 전문 연구소에서 일자리를 찾고 있었고 몇몇은 실패했던 데 반해, 프롬에게는 이로운 점이 있었다. 그는 프랑크푸르트 연구소가 컬럼비아대학에 이주하는 데 중심적 역할을 했던 인물이었고, 상급 연구소 연구위원으로서의 직무를 꾸준히 계속해왔다. 많은 이주민 학자처럼 그도 학술계와 그 밖의 더 커다란 사회 속에서 반유대주의가 점점 득세하고 있다는 사실을 감지했다. 그러나 그러한 편협함과 편견이 가득함에도 불구하고 프롬에게도, 그리고 히틀러에게서 도망쳐온(적어도 일시적으로 뉴욕에서 살고 있는) 다른 학자들에게도 이것만큼은 분명했다. 문학과 문화, 지적인 즐거움 면에서 브로드웨이나 그리니치빌리지의 집 그리고 뉴욕현대미술관MoMA이 전쟁에 짓밟힌 베를린이나 포탄이 빗발치는 런던, 그리고 한때 반짝거렸던 파리보다는 훨씬 더 낫다는 것이었다.

그럼에도 불구하고 1945년 8월 미국의 폭격기들이 히로시마와 나가사키에 핵폭탄을 투하해 모든 것을 잿더미로 만들어버리면서 새로운 핵 시대의 도래를 알렸을 때, 전후 세계는 여러 문제를 끌어안고 있을 것이라는 사실이 자명해졌다. 그 폭탄은 일본의 군국주의를 압박하고, 러시아에 대한 미국의 군사적 우위를 강조하는 두 가지 임무를 지니고 있었다. 비록 그 위태로움이 소비문화나 교외로 여행을 떠나는 것까지 막지는 못했지만, 냉전 시대는 그렇게 순조로운 출발을 했다. 매카시즘은 권리장전의 자유를 짓밟으며 포악하게 내달렸고, 블랙리스트에 오른 몇몇 작가와 예술가는 멕시코시티와 쿠에르나바카에서 피신처를 찾았다. 1950년 프롬이 남부로 이주했을 때 그들 몇몇은 그와 친구가 되기도 했지만, 대부분은 미국에 집중되어 있었다. 북부 국경 지대에서 평화 시민운동이 일어났을 때 그들은 희망을 얻었고, 이러한 과정을 통해 많은 망명자가 다시 돌아왔다. 프롬을 포함해 몇몇은 미국에서 정치활동가가 되었고, 진보적 대의 안에서 지도자적인 위치를 부여받았다.

제3장

유럽 지식인들의 미국화

1935년, 프롬은 전반적인 권위주의의 위험에 대해, 그리고 특히 나치의 위협에 대해 연구하는 책을 쓰고 싶다고 막스 호르크하이머에게 말했다. 빌헬름 라이히 또한 히틀러에게서 드러나는 극도의 위험에 관심을 보였으며, 그 몇 해 전인 1932년에 프롬은 라이히가 베를린 정신분석 연구소에서 그러한 주제로 논문을 발표했을 때 객석에 앉아 있었다. 라이히의 『파시즘의 대중심리』는 이 발표를 정교화한 역작으로 『자유로부터의 도피』보다 8년이나 앞선 것이었다. 따라서 『자유로부터의 도피』는 어느 정도 라이히의 책에 관한 논쟁에 대해 기술하고 있었다. 후에 프롬이 그러했듯이 라이히는 강력한 가부장제의 전통이 독일 아버지들을 집과 가계에서는 미숙한 통치자이면서 공공 영역에서는 독재적인 지도자를 따르는 한 사람의 추종자가 되도록 만든다고 이야기했다. 이러한 전통이 독일 중산층의 마음을 움직인 나치 선동의 구심점이었다고 그는 주장했다. 간단히 말해, 가부장제는 이러한 계층의 사람들을 사도마조히스트로 바꾸어버렸다. 그들은 한편으로는 힘 없는 자들, 장애인들, 유대인들을 가학적으로 다루었고, 또 다른 한편 으로는 지배자 민족 개념을 설파하는 독재자의 권위에 피학적으로 충 성했던 것이다. 라이히보다 더 많은 증거를 가지고 더 완벽히 적절한 학문을 통솔하면서, 프롬은 권위주의는 오직 독일만의 문제가 아니라 는 사실을 지적하며 라이히의 분석 자장을 넓혀갔다. 20세기에 들어 그것은 인류 전체의 본질적 문제였다.[1]

『자유로부터의 도피』의 최초 제목은 '권위주의 국가 속에서의 개인' 이었다. 그러나 책의 방향을 잡아나가면서 프롬은 그것이 '성격과 문 화'에 대한 좀 더 광범위한 연구가 되도록 계획했다. 1936년 말 그는 "사회적으로 생산된 욕망은 확실히 인간적이며, 그것은 본능의 '승화'가 아니라 사회적 조건들의 특정한 틀에 대한 반응으로 설명되어야 한다" 라는 전제를 드러내면서, 프로이트의 충동 이론에 뿌리박혀 있는 인간 동력에 대한 설명을 대체할 책을 한 권 쓰려 한다고 마거릿 미드에게 보낸 편지에 적었다. 그는 프랑크푸르트 연구소에서 썼던 자신의 새로 운 사회적 성격 개념에 대한 글은 수정이 필요하다며 이렇게 말했다.

"내 관점을 명확히 하기 위해 전체 원고를 다시 써야 할 것 같아요."

문화적·개인적 측면에서 미드나 다른 사람들과 영향력 있는 교류 를 주고받는 것에 더하여, 프롬은 정신분석 공동체 동료들과의 좀 더 풍부한 지적 대화를 바라고 있었다. 1936년 10월, 프롬은 책의 틀을 잡아가는 것과 관련해 취리히에 있는 절친한 친구이자 정신분석학자 인 구스타프 발리Gustav Bally와 긴 서신을 주고받았다. 프롬은 그 책이 사회적 성격에 대한 프로이트 이후의 연구로서 권위주의에 대한 사회 적 심리에 초점을 맞추게 될 것이라고 그에게 말했다.[2]

완벽한 원고를 채워나가기 위한 첫 번째 분량은 프롬의 1937년 작 「분석적 사회심리학의 방법과 목적에 대한 기고」였다. 이 논문은 어떠한 단서도 없이 '사회적 성격'은 프로이트의 충동 이론보다 덜 환원주의적이면서도 더욱 분명한 것이라 상정하면서, 프로이트에 대해 평소답지 않게 거칠게 접근했다. 윤리학이나 사회적 성격에 대한 훨씬 더 이론적인 두어 개의 에세이가 뒤따랐을지도 모른다. 그 후 몇 년에 걸쳐 스탈린의 모스크바 공개 재판과 점점 더 늘어나는 무자비한 나치의 잔혹 행위에 대한 뉴스를 계속 접하면서 권위주의를 보는 프롬의 괴로움은 더욱 깊어갔다. 그는 신흥 전체주의에 대한 분석과 자신의 학설에 균형을 맞추는 책을 완성해야겠다고 결심했다.[3]

1939년 3월 초, 『자유로부터의 도피』의 초점은 다시 좀 더 거대한 추상적 수준으로 이동했다. 프롬과 매우 가깝게 지내왔던 사촌 게르트루트 훈치커 프롬은 그에게 자신의 일곱 번째 생일에 선물로 주었던 새장 속 카나리아와 그녀가 그 새에게 '자유'라는 또 다른 선물을 주기 위해 새장 문을 열어주었던 것을 떠올리게 했다. 그 기억은 다시금 자유의 본질에 대해 새로운 중대한 의미를 제공해주었다. 프롬은 로버트 린드에게, 자신이 쓰고 있는 원고의 초점을 동시대의 나치와 스탈린주의자들의 다양한 권위주의에 대한 것으로부터 '자유의 문제, 다시 말해 자유에 대한 고민이나 두려움, 혹은 자유로부터의 도피'에 대한 문제로 재조정할 생각이라고 편지에 적었다. 프롬은 풍요롭고 자발적이며 생산적인 삶을 살고자 하는 개인의 자유와 기회가 르네상스 이래로 눈에 띄게 증폭되어왔다고 역설했다. 그러나 더 나아진 자유는 종종 우리가 어떻게 우리 자신의 운명을 만들어가야 하는지에 관한, 우리 자신을 짓누르는 불확실과 근심 또한 증폭시켰다. 새롭게 부상하는 자유를 권위를 가진 인물에게 위임하거나 그들이 약속한 거짓 안전을 수용하는 일이(예를 들어, 단순히 외부의 사회적 압박을 이완시키는 것) 자신의 이성적 결정을 만들어가는 힘을 신뢰하는 것보다 덜 부담스러웠던 것이다. 비록 프롬이 알렉시스 드 토크빌Alexis de Tocqueville의 『미국의 민주주의Democracy in America』를 공부하지는 않았지만, 어떻게 인간이 자신들의 자유 의지를 두려워하고 스스로 겁에 질리는지에 관한 그 프랑스인의 경고는 프롬과 린드 사이에 주고받은 서신들과 유사했다. 새롭게 떠오르는 자유와 그것이 충족되지 못하는 세계가 바로 그가 집필에 전념하고 있던 책이었다. 린드는 프롬의 진화하는 텍스트에 대해 구체적이고 체계적인 제안을 해주었으며, "자유로부터의 도피"라는 제목을 제시했다. 1939년은 유럽에서 제2차 세계대전이 발발했던 시기였다. 그때는 또한 프롬이 새롭게 개발된 신약으로 그토록 그를 괴롭혔던 결핵과의 오랜 싸움을 마침내 끝내고 저술활동에 더 많은 에너지를 북돋울 수 있었던 시기였다. 그는 2년도 되지 않아 책을 완성했고, 이 책은 순식간에 서양 사상의 수작이 되었다. 수치와 논쟁에서 몇 가지 주요한 흠이 있었음에도 그 저작은 수많은 독자의 마음을 두드렸으며, 전쟁 기간에만 5쇄를 찍었다. 1941년부터 1964년까지 책은 24쇄를 찍으며 수백만 부가 팔렸고, 여러 나라 언어로 번역되었다.[4]

전체주의의 위협이 유럽 전역에 퍼져나가고 사회적 순응의 압박이 서방 민주주의를 위협하고 있을 때, 건강 문제와 더불어 프롬이 『자유로부터의 도피』의 마지막 초점을 찾아내는 일을 힘겹게 만든 것은 무엇이었을까? 권위주의에 초점을 맞추느냐, 자유에 맞추느냐, 그 사이에서 흔들리고 난 뒤, 왜 그는 둘 모두를 껴안기로 결정했던 것일까? 업무적·지적 동료들과의 관계는 어떤 역할을 했을까? 프롬 개인의 직접적 경험들 중 어떤 요소들이 그 놀랄 만한 목소리와 힘과 명확성을 갖게 했으며, 마침내 그가 그 저작을 위해 펜을 들었을 때 그 에너지는 어디에서 기인한 것일까? 『자유로부터의 도피』를 구체화하던 시기 그의 삶의 어떤 세부적인 것들을 우리는 들여다보아야 할까?

　이러한 질문들은 복잡하고 시시각각 변하는 맥락을 지닌 또 다른 책 한 권의 분량으로 지금도 유효한 메시지를 전하며 우리에게 호소하고 있다. 왜냐하면 프롬이 설득력 있게 기술했던 순응의 압박은 여전히 우리를 지배하고 있으며, 권위주의적이거나 준권위주의적인 정부들이 여전히 명백한 권력을 향유하고 있기 때문이다. 『자유로부터의 도피』는 출간된 지 70여 년이 지난 지금도 여전히 우리 삶에 중요한 의미로 남아 있다. 사회적 영향력에 대해 프롬이 강조했던 것을 떠올려 보면, 이러한 모든 것을 만들어낸 그의 전기적 세세함을 헤아려보는 일은 분명 의미가 있을 것이다.

미국으로

—

비록 『자유로부터의 도피』가 히틀러 정권을 세세히 들여다보기보다는 순응이나 권위주의에 대한 위협, 그리고 자유에 대한 사회심리학에 더 초점을 두고 있기는 하지만, 프롬은 사실 독일 정치 상황에 대해 상당히 불안해하고 있었다. 그는 10년이 넘게 나치의 위협에 짓눌려왔다. 나치 정권을 달래기 위해, 베를린에 있던 독일 정신분석학계의 유대인 회원들은 사퇴 압박을 받고 있었다. 독일 학계의 일원으로서 프롬은 책임을 맡고 있던 두 명의 비유대인 중 하나인 카를 뮐러 브라운슈바이크Karl Müller-Braunschweig에게 쓸데없이 화를 내며 저항했다. 그마저도 뉴욕으로 떠나면서, 프롬은 나치즘의 테러에 대한 논의 없이는 그 모임을 더 이상 지속할 수 없었다. 1938년 다보스에서 사촌인 게르트루트 훈치커 프롬을 만났을 때도 그는 독일인 친척들에게 위험이 닥치지는 않을까 두려워하는 그녀를 진정시키려고 애썼다. 에리히 프롬이 점점 다가오는 홀로코스트의 위협으로부터 독일의 유대인들, 특히 친구들이나 가족들을 도피시키려고 많은 시간과 돈을 소비했다는 것은 일반적으로 잘 알려지지 않은 사실이다. 그는 『자유로부터의 도피』를 개인적인 일들을 공공연히 논의하기 위한 자리로 여기지는 않았다. 그러나 그러한 시각은 그의 작가적인 목소리의 공명이나 역설, 그리고 아마도 책의 매력에 기여했을 것이다. 실제로 이 책에서 프롬은 개인적인 자아의 자유를 히틀러와 같은 권위주의 정권에 위임하는 위험이나, 정치적 민주주의의 순응 압박들에 굴복하는 위험을 강조하면서 후반의 장들에 힘을 집중하고 있다.[5]

프롬이 1934년 5월(히틀러가 득세한 이후였지만, 본국을 빠져나오는 데 엄두도 내지 못할 만큼 비용이 많이 들기 전)에 이주하기로 결심했을 때, 그는 한동안 스위스에 거주했다. 그 후 파리에서 사우샘프턴으로, 그리고 다시 뉴욕으로 여행을 했다. 프롬은 이전에도 미국에서 몇 주가량 머물렀기 때문에 동북부 시골 지역과 시카고에 익숙했고, 뉴욕의 정신분석학계와 학자들의 공동체에 연이 닿았던 사람들이 적지 않았다. 1940년에는 미국 시민권을 얻기도 했다. 그래서 프롬은 아마도 그의 이주가 특별히 짐스러운 것은 아니었기에, 적어도 나치 통치가 끝날 때까지 본국으로 돌아가는 일이 허락되지 않았음에도 스스로를 히틀러의 독일에서 탈출한 피난민으로 규정하려 하지 않았다. 그는 많은 책과 재산을 본국에 남겨놓고 와야 했음에도 미국으로의 이주를 생존에 대한 즉각적인 위협의 결과라기보다는 스스로의 선택이라고 여겼다.[6]

1933년 말, 프롬의 아버지 나프탈리가 프랑크푸르트의 본가에 로자만을 남겨둔 채 갑자기 사망했다. 그의 사인은 심장마비였다. 프롬은 어머니에게 함께 이주하자고 말했지만, 그녀는 베를린과 독일 여기저기에 가족이 살고 있고 친구들도 있는 프랑크푸르트에 남고 싶어했다. 많은 독일 유대인처럼 그녀는 나치즘의 심상치 않은 위협에 설득되지 않았다. 1936년 5월, 프롬은 프랑크푸르트 은행 계좌의 돈을 현금으로 바꾸어 로자에게 송금했지만 잔고는 빠르게 곤두박질쳤고, 그녀에게는 더 이상 수입을 마련해올 남편이 존재하지 않았다. 그해 여름, 프롬은 가을에 로자가 뉴욕의 아파트를 방문할 수 있도록 추가 자금을 송금했다. 프롬은 독일로 돌아가지 못하게 어머니를 설득할 계획이었지만, 뉴욕에서 두 달가량 머문 후 그녀는 11월에 프랑크푸르트로 돌아가버렸다.[7]

1930년대 말 미국의 연방 세금 기록에 따르면, 프롬은 꽤 괜찮은 중산층 수준의 수입을 벌어들이고 있었다. 그는 여전히 프랑크푸르트 연구소로부터 5000~6000달러 사이의 연봉을 받고 있었으며, 거기에 그의 작은 정신분석 상담소에서 2000달러 정도를 벌어들여, 오늘날의 가치로 총 12만5000달러 정도의 금액을 벌었다. 그는 세금 서류에 부양가족으로 어머니를 올려놓고 있었으며, 정기적으로 프랑크푸르트 은행에 우편환으로 100달러 정도의 돈을 송금했다. 본국과 단절되는 일이 없도록, 그는 또한 1936년 말에 독일과 탄탄히 연계되어 있는 뉴욕의 금융회사인 찰스 솜로 앤드 컴퍼니에 새로운 계좌를 개설했다. 그는 이 계좌를 통해 별도로 매달 75달러 정도를 어머니에게 보내도록 해두었고, 1937년 말에는 그 금액을 105달러로 상향했다. 그러므로 이때쯤 로자는 매달 205달러 정도의 금액을 프롬으로부터 수령하고 있었으며, 1930년대 기준으로 보면, 이것은 상당히 많은 금액이었다.[8]

종종 어머니인 로자를 폄하하는 발언을 했음에도 프롬은 확실히 그녀의 충분한 자금처였으며, 그것은 그에게 상당한 부담이었다. 이 무렵 프롬은 모친을 돕는 일뿐만 아니라 악화일로로 치닫는 상황에서 독일의 동포들에게 도움을 주고, 또한 스스로 순탄하게 살아갈 자금이 부족해, 자신의 돈을 면밀히 관리하고 있었다.

로자가 법적으로 가능한 최대한의 금액을 받고 있음에도 프롬은 그녀의 안전에 대해 점점 더 우려하게 되었다. 1938년 3월, 독일 군대는 오스트리아를 침공했고, 9월에는 뮌헨 조약을 통해 체코슬로바키아로 하여금 수데테란트 지방을 강제로 양도하게 만들었다. 프롬은 어머니에게 미국에서 자신과 함께 살자는 목소리를 더욱 높였고, 그녀가 이주하면 자신이 보살피겠다는 진술서까지 마련해놓고 있었다. 그러나 여전히 로자는 크리스탈나흐트가 일어나기 전까지 떠나기를 거부했다. 크리스탈나흐트는 1938년 11월 9일부터 10일까지 이틀 동안 독일과 빈을 포함한 오스트리아 지역의 유대인들을 상대로 폭력적인 공격이 감행되었던 사건이다. 유대인 마을과 집들, 사업체와 성당이 파괴되었다. 이즈음 나치 정권은 사람들에게 높은 이주 비용과 다른 요구사항들을 부과했고, 독일 유대인들을 받아들이는 미국 정책 또한 강화되었다. 로자가 미국으로 이주할 수 있게 되기까지, 그녀는 영국에서 18개월 동안 머물러야 했다. 그리고 그러기 위해서는 미국 달러로 1000달러를 보증금으로 맡겨놓아야만 했다. 12월 초, 프랑크푸르트 연구소와 미지근한 관계에 있었음에도 프롬은 호르크하이머에게 500달러를 빌려달라고 요청했다. 프롬은 카렌 호르나이가 이미 500달러를 빌려주겠다고 약속했노라고 호르크하이머에게 말했는데, 별거 중인 아내 프리다와도 좋은 관계를 유지하고 있기는 했지만, 그녀도 이미 자신의 형제들을 구하기 위해 5000달러를 소비해버려서 재정적으로 프롬을 도울 수 없는 상황이었다. 프롬은 "만약 그게 불가능하다면 내가 쓸데없는 희망을 키우지 않도록 전화를 해주시오"라고 편지에 적었는데, 호르크하이머는 즉시, 연구소도 지금 재정적 위기를 겪고 있어서 돈을 빌려줄 수 없다고 대답했다. 비록 그 세부적인 정황은 명확하지 않지만, 프롬은 아마도 자신의 자금에서나 친구들을 통해, 또는 독일 피난민 이주자를 위한 국민 위원회에 종사하는 친척들을 통해 어찌어찌해서 그 돈을 마련했다. 그는 어머니를 영국으로 이주시켰고, 1941년 미국으로의 법적인 이주가 허락될 때까지 그녀가 부족함 없이 지낼 수 있도록 자금을 지원했다.[9]

조피 이모의 편지

—

히틀러가 유럽 전역으로 통치를 넓혀갔을 때, 프롬은 이처럼 끔찍한 환경에 놓인 인류의 암울한 미래에 대해 곰곰이 생각했다. 그리고 비록 어머니를 독일에서 구해내기는 했지만, 고통을 겪고 있는 다른 가족이나 친구의 도움 요청 또한 무시할 수는 없었다.

하인츠 브란트Heinz Brandt는 프롬의 외가 쪽 6촌동생이었다. 그의 종조부 루트비히 크라우제는 프롬의 어린 시절에 매우 중요한 존재였고,

그의 학자적 성향을 일깨워준 인물이다. 프롬은 루트비히 종조부가 사망하기 전에 그에게 '그의 손자들을 돕기 위해서 필요할 때마다 언제든 최선을 다하겠다'고 약속했었다. 1930년대 중후반, 루트비히 크라우제의 손자 하인츠는 누군가의 도움이 절실했다.[10]

히틀러가 통치를 시작했을 무렵, 하인츠 브란트는 사회경제학을 공부하는 학생으로 지식인의 면모를 갖추고 있었으며, 독일 공산당의 일원으로서 반나치 지하세력의 일원이 되었다. 그는 나치 정권에 반대했다는 이유로 몇몇 공산주의 동료들과 함께 1934년 12월 체포되었고, 국가 반역죄로 프로이센 감옥에서 6년 형을 선고받았다. 1940년 12월, 하인츠의 비유대인 공모자들은 모두 형기를 마쳤지만, 그는 여전히 투옥되어 있었다. 1941년 초, 그는 베를린 외곽의 한 마을에 위치한 초기 강제 수용소인 작센하우젠 수용소로 이감되었다. 그 수용소는 처음부터 정치범을 수용하기 위해 설립된 곳이었다. 1942년 10월 그는 다시 추방되었고, 이번에는 아우슈비츠로 옮겨 갔다. 아우슈비츠에서 2년을 지낸 후, 그는 아우슈비츠에서 부헨발트로 이어지는 악명 높은 죽음의 행렬에 동참하게 될 운명이었는데, 그곳에서 기적적으로 살아남았다.[11]

프롬은 1930년대 중반 하인츠가 처음 수감되었다는 소식을 전해들었고, 하인츠의 어머니 게르트루트에게 상당한 돈을 보내면서 그녀와 서신을 주고받기 시작했다. 독일이 포젠 지방을 점령했을 때, 그녀와 그녀의 남편, 그리고 그들의 막내아들인 볼프강은 루블린 근처의 오스트루프 루벨스키 유대인 거주 지역으로 추방당했다. 경제적으로 훨씬 더 어려운 상황이었음에도 그녀는 동료 추방자들을 지원하는 단체에서 활동했다. 1940년 그녀의 남편이 사망했을 때, 프롬은 게르트루트에게 자신이 할 수 있는 것은 무엇이든 돕겠다고 제안했지만, 사실 그가 할 수 있는 일은 별로 없었다.[12]

그는 찰스 솜로 앤드 컴퍼니를 포함해 자신의 어머니를 돕고 구조하기 위해 의존하고 있던 몇몇 경로를 이용했고, 매달 브란트 가족을 돕기 위해 75달러 안팎의 금액을 송금했다. 1938년, 게르트루트는 하인츠의 목숨이 백척간두에 놓여 있으니 독일 당국으로부터 사면을 얻어 독일 밖으로 나갈 수 있는 비자를 받게 해달라고 프롬에게 요청했다. 프롬은 호르크하이머에게, 프랑크푸르트 연구소와 컬럼비아대학의 제휴를 통해 하인츠를 위한 학생 비자를 마련할 수 있을지 요청하는 서신을 보냈다. 그마저 성사되지 않자, 프롬은 런던에 있는 퀘이커교의 독일 비상 위원회에 소속되어 있는 헤르미아 나일트Hermia Neild와 접촉을 시도했다. 하인츠가 비록 영국으로 가는 폴란드 이주민 등록 기한을 넘긴 상황이었지만, 프롬은 결국 필요한 비자를 마련해냈다. 그러나 독일과 영국 사이에 전쟁이 발발하자 나치 정권은 유대인 공산주의자에게 영국 비자를 허락하지 않았고, 하인츠는 그대로 감옥에 남겨지고 말았다.[13]

1940년대 초, 프롬은 제네바에 있는 프랑크푸르트 상담소의 마담 파베츠Madame Favez와 연락을 취했고, 하인츠의 소재를 추적하기 위해, 그리고 게르트루트와 그녀의 가족에게 충분한 음식을 제공하기 위해 파베츠에게 돈을 송금했다. 파베츠와 프롬은 하인츠를 남미 국가로 보내기 위한 비자를 확보하려고 노력했다. 하인츠가 상하이로 이주하게 되면 풀려날 수도 있다는 사실을 게르트루트가 알아내고 난 후, 프롬은 즉시 베를린에 있는 유대인 구호단(유대인 학생들에게 재정적 도움을 주기 위해 1841년 설립된 단체)에 연락을 취해 280달러를 기부했으며, 시애

틀과 보스턴에 있는 하인츠의 친척들에게 교통비로 필요한 300달러를 더 기부했다. 독일 당국이 중국으로의 이송을 거부했을 때, 프롬은 미국 영사가 하인츠의 미국행 비자를 발행하도록 요청하는 보증서를 작성했다.

"이 청년은 아버지를 잃었고, 그의 모친도 그를 도울 수 있는 처지가 못 됩니다. 그를 도울 수 있는 사람은 나뿐이며, 그러므로 나는 그래야만 하는 강한 도덕적 책무를 느끼고 있습니다."[14]

나치는 거듭해서 하인츠의 석방을 거부했다. 1942년 가을 그가 아우슈비츠로 보내졌을 때, 프롬은 당연히 그가 처형될 것이라고 예상했다. 그럼에도 프롬은 계속해서 방법을 강구하기 위해 애썼다. 하인츠는 부헨발트로 이어지는 죽음의 행렬에서 살아남았고, 그곳은 후에 미국 군대에 의해 해방되었다. 하인츠는 자신의 생존을 설명하며 "그건 정말 행운, 행운, 다시 또 행운의 연속이었어요"라고 증언했으며, 그는 그 '행운'을 가능하게 한 것이 바로 프롬이었다며, 모든 것을 그의 공으로 돌렸다.[15]

프롬과 하인츠 브란트는 평생토록 친구가 되었다. 프롬은 정치적 활동에서, 그리고 학술적 관심에서 언제나 그에게 계속해서 용기를 북돋웠으며, 재정적으로도 그를 지원했다. 프롬이 윤리적으로 행동하기 위한 책임감이라고 자유의 의미를 적어 내려갈 때마다 하인츠 브란트에 대한 기억들은 그의 글에 생기를 불어넣었다. 하인츠와 관련한 생각들은 프롬이 미래에 권위주의에 대한 거의 대부분의 서술을 형성해가는 데 아주 중요한 것이었다.[16]

『자유로부터의 도피』를 쓰던 그 몇 년 동안 프롬은 하인츠와 게르트루트를 돕는 일과 더불어 크라우제 가족과도 서신을 주고받았는데,

이 편지들은 책을 이해하는 데 적지 않은 의미를 지니며, 더 나아가 독일 유대인들이 나치에 맞서 스스로의 관계를 이어나가는 여러 방식 중 하나를 이해하는 데 도움을 준다.

조피 크라우제 잉글렌더와 그녀의 딸 에바 크라카워Eva Krakauer, 그리고 나머지 다른 크라우제 가족과의 서신은 그들이 이도 저도 아닌 유대인 이주민으로 전락해 어쩔 수 없이 세계 곳곳에 뿔뿔이 흩어지게 되었을 때, 어떻게 독일 유대인 가족이 정서적으로 하나 된 느낌을 유지하기 위해 필사적으로 애썼는지 고스란히 보여준다. 볼리비아의 라파스 지역으로 탈출해 결국 혼자 남겨진 에바는 자신이 받은 조피의 상세한 편지들 속에서 얻게 된 많은 정보를 가까이에 있는 모든 크라우제 친척들에게 편지를 써 알렸다.(정기적으로 원본 편지를 동봉하기도 하면서.) 런던에 있던 로자와 뉴욕에 있던 프롬을 포함한 가족 구성원들은 맨 처음 편지 연락망을 이용해 가족 간에 정보를 공유하자는 조피의 편지를 받고서 자신들의 또 다른 정보를 추가하게 되었고, 다시 또 그 편지를 받는 사람도 똑같이 그렇게 하도록 지시했다. 조피와 그녀의 남편 데이비드가 결국 테레지엔슈타트 수용소에서 처형되었을 때, 그녀는 프롬이 가족의 안녕과 구조를 위해 얼마나 노력했는지 구체적으로 묘사하는 아주 긴 편지를 남겼다. 이 서신은 다른 어떤 자료들보다 『자유로부터의 도피』에서 그가 보여준 개인적 관점을 고스란히 드러내고 있었다. 실제로 만약 크라우제 가계의 비극이 프롬의 삶에 중대한 경험이 아니었다면, 그는 그토록 깊고 강렬하며 독자들을 사로잡는 어조로 글을 써 내려갈 수 없었을 것이다. 프롬이 중대한 역할을 하기는 했지만, 그의 인맥과 자원들을 생각해보면 곤경에 빠진 가족들을 위해 그가 좀 더 많은 일을 할 수 있었을 것이라는 단서를 그 편지들은 거듭 제공한다. 프롬이 자신의 가계와 연을 끊었을 뿐만 아니라 결국에는 유대 종교에서도 멀어지게 되었던 것 또한 바로 이 때문이었다.[17]

1939년 3월, 조피 크라우제 잉글렌더가 라파스에 있는 에바 가족에게 매주 편지를 쓰기 시작했을 때 그녀는 예순다섯이었고, 그녀의 남편은 일흔여섯이었다. 많은 다른 독일 유대인과 마찬가지로, 조피와 데이비드는 자신들이 크리스탈나흐트 사건 이후의 독일에 고립되어 있다는 사실을 알게 되었다. 나치 정권은 고용이나 수입을 제한하는 것은 물론이고 이주를 하는 데도 매우 높은 비용을 부과했다. 유대인 구호단은 더 젊은 유대인 세대의 이주를 우선시했고, 조피와 데이비드는 에바와 그녀의 남편인 베른하르트가 라파스로 이주할 수 있도록 가지고 있던 돈을 모두 내주었다. 에바와 베른하르트는 자신들의 부모도 독일에서 빠져나올 수 있도록 상당한 돈을 모으려고 노력했고, 프롬에게도 기부를 기대했다. 그러나 1939년 말 전쟁이 발발하면서 비자를 얻거나 배를 통해 이동하는 일은 더욱 엄격히 제한되었고, 그것은 조피와 데이비드가 영원히 독일을 떠날 수 없을지도 모른다는 의미였다.[18]

그럼에도 조피와 데이비드는 탈출하기로 결심했다. 하지만 이것은 그들이 예상했던 것보다 훨씬 많은 돈이 필요하다는 뜻이었다. 그들은 나치 공무원들에게 상당한 금액의 뇌물과 함께 특별 요금을 지불해야만 했다. 두 노부부는 크라우제 가문의 먼 친척들에게까지 도움을 청했지만, 결국 그 많은 돈이 크리스탈나흐트 사건 이후의 구조 작전과 관련한 과정들을 수행함으로써 이미 명성을 얻고 있는 뉴욕의 한 친척에게서 나올 거라고 예상하고 있었다.[19]

"불행하게도 우리는 미국에 살고 있는 우리의 친척을 신중하게 고르지는 못했다."

조피는 1940년 1월 에바에게 보낸 편지에 완곡히 프롬을 언급하며 이렇게 적었다. 프롬은 약간의 기금을 내기는 했지만, 조피는 그가 보낸 돈이 그가 하인츠 브란트 가족에게 보냈던 금액과는 비교도 되지 않는다는 사실을 알고 있었다. 프롬은 브란트 가족을 구하기 위해 애를 쓰면서 유대인 구호 전문가였던 리사 제이컵Lisa Jacob과 긴밀하게 협조했지만, 조피와 데이비드를 구조하기 위해서 그녀에게 접촉을 시도하지는 않았다. 에바는 프롬에게 아이가 없었기 때문에 가족의 책임감이라는 부분에서 부족했던 것이 아닐까 짐작했다. 조피는 여동생 로자에게 아들을 좀 설득해보라고 종용하기도 했다.[20]

에바와 그녀의 가족에게 보낸 조피의 편지들은 자신들의 탈출 노력과 함께 가족들의 탈출과 전 세계에 흩어진 그들의 위치까지 기술했다. 조피는 가까스로 독일에서 탈출한 언니 안나 루트Anna Ruth에 관해서도 알려주었다. 그녀와 외국 특파원이었던 빌헬름 브레슬라워Wilhelm Breslauer는 1939년 칠레로 이주할 수 있었다.(칠레는 독일 유대인들에게 비자를 발급한 마지막 국가들 중 하나였다.) 프롬의 사촌 샤를로테는 1937년 저명한 베를린의 판사였던 레오 히르슈펠트Leo Hirschfeld와 함께 브라질 상파울루로 떠났고, 건축가였던 샤를로테의 남동생 프리츠 슈타인Fritz Stein과 그의 아내 로테 문테Lotte Munthe는 곧 상파울루로 그들의 뒤를 따랐다. 샤를로테와 프리츠는 부모인 마르타 슈타인과 베른하르트 슈타인을 구조해 그들도 역시 상파울루로 탈출하도록 도왔다.[21]

출처가 불분명한 자료들은 그 가족의 몇몇 유대인 친구들이 쿠바로 옮겨 갔다가 그곳에서 다시 다른 곳으로 옮겨 가게 되었으며, 다른 사람들은 결국 팔레스타인으로 가게 되었다는 사실을 보여주고 있다. 프롬은 어찌 되었든 자신이 할 수 있는 다양한 노력을 계속했다. 예를 들어, 그는 1941년 5월까지 삼촌인 마르틴 크라우제와 숙모인 요하나 크라우제를 지원하겠다고 약속하는 진술서에 서명하기도 했다. 하지만 그들의 마지막 운명이 어떠했는지는 알려져 있지 않다.[22]

조피의 편지는 언제나 낙관적이었다. 에바에게서 시작돼 더 많은 가족 구성원에게 전해졌던 그 편지들은 커다란 가계의 유대 관계를 유지해주며 새로운 소식들을 볼리비아나 칠레, 브라질, 잉글랜드 그리고 북미와 다른 지역에 있는 친척들에게까지 전해주었다. 그것은 삶의 소중함을 일깨우는 정서적 끈이었다. 조피는 마치 자신이 가족과 대화를 나누고 있는 것처럼 가족의 사진을 책상과 벽에 어떻게 붙여놓고 있는지 묘사했다.

"가족의 얼굴이 나를 보고 웃고 있단다. 우리가 함께 있을 수 없다고 더 이상 불평하지 말자꾸나. (…) 슈타인 가족, 히르슈펠트 가족, 로자, 에리히, 알트만 가족, 메타, 아이타, 이르마 그리고 그레티까지, 그들에게 편지를 쓸 때 모두에게 내 안부도 전해주렴."

그녀가 테레지엔슈타트로 떠나는 남편과 헤어지는 순간에도 그녀는 여전히 밝은 모습을 잃지 않았다.

"우리 정말 아름답고 행복한 삶을 살지 않았니? 우리에겐 자랑스러운 착한 아이들, 손자들이 있잖아? 우리에겐 함께 어울리며 행복했던 형제자매들이 있었잖아? 우리가 사랑하는 호헨베르게에서 모두 함께 살았을 때, 그 시절이 얼마나 아름다웠니!"

또 다른 편지에서 조피는 에바를 통해 "우리가 가진 모든 즐거움, 우리의 삶을 그토록 풍요롭게 만들었던 그 모든 것에 대해 우리 모두 감사해야 하는 거란다"라고 가족 모두에게 전하기도 했다.

"우리가 살면서 그토록 많은 좋은 사람들과 사랑하는 사람들을 만난다는 것이 얼마나 운이 좋은 일이니! 얼마나 멋진 일이니!"

조피는 그녀의 마지막 편지를 이렇게 마무리 짓고 있었다.

"우리의 이 편지들이 나에게 얼마나 소중한 의미였는지, 아무리 이야기해도 모자랄 뿐이란다."

따스하고 희망적인 편지들은 나치의 광란에도 불구하고 가족의 유대감을 고스란히 유지하게 해주었다. 만약 누군가 프롬의 개인적인 삶이 그의 가계의 몰락과 다른 심각한 문제들에도 불구하고 어떻게 그토록 즐거울 수 있었는지 묻는다면, 아마도 그 해답은 조피의 편지들 속에 있었을 것이다.[23]

다소 상세하지 않고 모든 것을 다 밝히지는 않았지만, 로자 또한 크라우제 가족들 모두와 편지를 주고받고 있었고, 그 덕분에 프롬은 크라우제 가계의 소통의 고리 안에 훨씬 더 가까이 있게 되었다. 독일 당국이 조피의 편지는 물론이고 로자의 편지의 내용과 길이도 검열하고 있었기 때문에 두 사람은 독일 유대인들의 위태로운 상황을 묘사하기 위해 암호를 사용했다. 예를 들어, '미스터 H'나 '넘버 원'은 히틀러를 가리켰고, '미스터 M'은 무솔리니를, 그리고 '먼 길을 떠난 사람'은 최근에 처형당한 누군가를 의미했다.

이러한 암호를 만들어내고 모든 가족의 의사소통을 감독하는 일을 했던 조피는 자신의 편지가 특정한 가족에게 도착하지 않는다는 의심이 들자 프롬에게 도움을 청하는 편지를 썼다. 그녀와 에바의 소중한 편지들이 우편배달 과정에서 '분실'되었을 법한 상황에서도 조피는 어떻게든 그녀에게 전달해야만 하는 정보들을 프롬에게 연결해주곤 했다. 조피와 에바 또한 하인츠 브란트의 어려운 상황에 대한 편지를 받기 위해 프롬에게 의존했다. 분명 가족 모두는 프롬이 가족을 돕기 위해 충분한 재정 지원을 하지 않고 있다는 것을 알면서도 그를 윤리적인 행동을 보여주는 일종의 유대교적 '신'으로서 받아들이고 있었을 것이다. 그들은 그가 가족들에게 보냈던 많은 책과 글에 대해서도 언급했다. 이러한 구체적인 선물로, 조피는 프롬이 커다란 가계에 가장 '확실한' 원조를 줄 수 있는 사람이라고 인식하게 되었다.[24]

가족을 대신해 모든 일을 했음에도 프롬이 조피와 데이비드를 돕는 역할에서 전반적으로 제한적이었던 것은 프롬과 거대한 크라우제 가족 사이에 균열이 나타나고 있었음을 보여준다. 프롬은 하인츠 브란트와 그의 모친과 형제자매들이 적극적으로 자유를 찾아가고 있는 데 반해, 조피와 데이비드의 노력이 부족했다고 생각했다. 크리스탈나흐트 사건이 일어날 때까지도 잉글렌더 가족은 여전히 히틀러가 패망하기만을 소망하고 있었고, 프롬이 생각하기에 그것은 어불성설이었다. 프롬은 잉글렌더 가족이 하인츠 브란트보다 상당히 고령이며, 히틀러가 '최종 해결책'을 염두에 두면서 베를린에 있던 유대인들의 탈출을 위한 상황이 점점 더 위축되고 있다는 사실을 인지하지 못했다.[25]

만약 조피가 자신을 대신해서 프롬이 충분한 노력을 하지 않았던 것에 화가 났었다면, 그녀는 그의 스승인 살만 라빈코프와 저명한 독일 경제학자이자 비평가인 페터 글뤼크Peter Glück를 포함한 많은 독일 유대인의 안녕과 삶 또한 프롬의 손에 달려 있었다는 사실을 이해하지 못한 셈이다. 그가 많은 유대인 지식인들, 종교 지도자들 그리고 정치활동가들을 돕기 위해 앞장섰다는 것은 사실이었다. 중요한 것은 프롬이 『자유로부터의 도피』를 집필하고 있던 와중에 이주민들이 히틀러 정권으로부터 탈출해 스스로의 자유를 향유할 수 있도록 적극적인 노력을 기울였다는 점이다. 거의 매일 이주민들을 돕기 위해 애를 쓰는 그 당시 그의 일상적인 생활은 분명 그 책에 힘과 명확성을 더해주었을 것이다.[26]

문화인격운동

—

프롬의 프랑크푸르트 동료들이 뉴욕으로 이주한 후, 그들 대부분은 독일어로 쓰고 말하며 자신들의 활동을 모닝사이드 하이츠에 있는 연구소 건물에만 한정 지었다. 이와 대조적으로 프롬은 컬럼비아대학 교직원들과도 열정적으로 어울렸으며, 뉴욕의 정신분석학자들과도 연락을 취했다. 이러한 과정에서 그는 능숙한 영어로 쓰고 말하려는 확실한 노력을 보여주었다. 영어를 숙달하는 과정은 그가 베를린 정신분석연구소에서 미국 환자들을 접하면서 시작되었다. 프롬의 첫 번째 영어논문은 1937년과 1938년 최초로 모습을 드러냈다. 프랑크푸르트 연구소가 그의 「분석적 사회심리학의 방법과 목적에 대한 기고」의 출간을 거부했을 때, 그는 그 글이 미국 독자에게 가 닿을 수 있도록 꽤 괜찮은 영어로 스스로 번역을 진행했다. 『자유로부터의 도피』 초반 장들의 초안을 잡았을 때, 프롬은 예일대학의 저명한 사회심리학자인 존 달러드에게 자신의 텍스트를 미국 독자들이 쉽게 이해할 수 있을지 검토해달라고 부탁했다. 달러드는 프롬에게 몇몇 문법적인 오류와 부적절한 표현을 제외하면 그의 영어 산문은 명확하고 설득력이 있다는 확신을 주었다. 실제로 그 원고는 문학적으로도 아주 훌륭했다. 그럼에도 프롬은 여러 번 고쳐 쓰며 서술을 간결하게 만들기 위해 심혈을 기울였다. 그는 또한 심리학과 철학 저널의 최근 자료들을 공부하며 스스로의 자장을 넓혀가려고 노력했다. 그리고 『자유로부터의 도피』가 자유라는 이름으로 민주주의 사회 안에 존재하는 순응의 압박에 대한 경고로서 미국 독자들의 마음에 가 닿을 수 있으려면, 그 나라의 대중문화에 익숙해지는 것이 중요하다고 생각했다.[27]

프롬이 점차적으로 프랑크푸르트 연구소로부터 멀어져감에 따라 그는 신프로이트학파들, 특히 해리 스택 설리번, 클래라 톰프슨, 카렌 호르나이 같은 사람들에게서 사교적이고 지적인 새로운 기반을 찾게 되었다. 그들은 '문화주의' 인류학자들의 그룹(마거릿 미드, 루스 베니딕트, 에드워드 사피어를 포함하는)과 연계하고 있었으며, 흥미롭고 창의적인 '문화인격운동'을 창시했다. 프롬의 관심은 설리번에 의해 주도되고 이따금 에이브럼 카디너Abram Kardiner나 프롬의 별거 중인 아내 프리다와 같은 사람들이 함께 참여하는 비공식적 신프로이트학파 토론 모임인 '조디악 모임'과의 월요일 저녁 회합에까지 이르렀다. 그는 또한 호르나이의 아파트에서 매주 열리는 흥미롭고 즐거운 모임에도 참석했는데, 문화와 인격에 초점을 맞춘 이 모임이 1930년대 말 조디악 모임을 대체했다. 프롬은 모임에서 그로데크와 페렌치의 인본주의적 치료의 접근 방법에 대한 숭배와 워싱턴 정신의학회의 미래에 대해 함께 이야기를 나누었다. 비록 그 모임이 프로이트 정설에 함께 맞섰고 리비도적 욕망의 개념을 다양한 층위로 거부했지만, 사회가 한 사람의 심리에 영향을 준다는 전제를 그들 모두가 온전히 받아들이지는 않았다.

프롬의 새로운 '집'은 본질적으로 그들의 창의적 능력을 극대화한 '문화주의' 정신분석학의 선구자들을 의미했다. 존 달러드와 에드워드 사피어는 그 분석가들을 자신들의 집과 예일대학에서 열리는 록펠러 재단의 '문화 인격' 세미나에 초대했으며, 학제 간 교류의 조력자로서 뛰어나고 활기 넘쳤던 미드는 굉장히 다양한 전문적 비공식 모임들에 그들을 초대했다. 워싱턴 볼티모어 정신분석 연구소의 직원으로서 톰프슨과 설리번은 그 인류학자들을 자신들의 모임에 초대했고, 성사되지는 않았지만 호르나이는 정통 뉴욕 정신분석학계의 포럼에 그들을 끌어들이려고 애썼다.

문화인격운동은 프롬이 『자유로부터의 도피』를 집필하는 동안 그에게 아주 중요한 바탕을 제공했다. 다방면에 걸쳐 자유로운 사고를 가진 인류학자들과 신프로이트학파인 심리학자들 그룹과의 상호작용을 통해, 프롬은 자신들의 개인적·지적 자유를 완벽히 생산적으로 포용하는 학자들 사이에 스스로를 가져다놓을 수 있었다. 그들은 정통의 입장과 주류 규범에 저항했으며, 특히 인간의 행동을 설명하는 데 생물학보다는 문화의 손을 들어주었다는 데서 더더욱 그러했다.[28]

이 모임은 당시 학계에서도 거의 정설을 따르지 않았다. 회원들은 인종, 성별, 성적 취향에 이르기까지 다양했고, 개인에 대한 문화의 영향을 설명하면서 심리학과 인류학을 함께 녹여냈다. 그들은 생물학에 근거해 개인들 사이의 차이점을 설명하기보다는 개인의 차이는 문화적 조건, 특히 어린 시절의 환경으로 설명될 수 있는 것이라고 믿고 있었다. 비록 사회구성주의 사상가들의 영향이 의심의 여지 없이 『자유로부터의 도피』를 개념화하는 데 상당히 중요하기는 했지만, 그들의 삶의 방식 또한 그만큼 중요한 의미였다. 프롬은 자주적인 자유를 행사하는 실례를 보여준 학자들, 특히 성적 취향에서 그러했던 사람들 사이에서 자기 자신을 새롭게 발견했다. 그것은 지적이고 사교적인 생활에서 몇몇 학자들이 전반적으로 '모더니스트적'이라고 묘사하던 것의 변형이었으며, 프로이트의 공식 속에 묶여 있던 리비도적 억압으로부터의 일탈이었다. 특히 미드와 베니딕트 사이의 관계나 해리 스택 설리번과 그의 다양한 동성 동거인의 경우에 해당하는 그런 동성애적 일탈을 포함해 모임 회원들 사이에 연애는 수도 없었다. 프롬은 자신이 책에서 그렸던 권위로부터 벗어난 생산적 자유를 이 모임이 실제로 보여주고 있다고 생각했다. 이 학자들 중 몇몇은 특히 두드러지게 프롬에게 많은 영향을 주었는데, 바로 호르나이와 설리번, 미드였다.[29]

카렌 호르나이

—

프롬과 카렌 호르나이의 오랜 우정은 미국이라는 나라에 가까이 다가가고 이해하며 새로운 나라의 동료들과 익숙해지려던 프롬의 노력이 바탕이 되었다. 바덴바덴에서 프리다와 함께 게오르크 그로데크를 방문했을 때, 그는 호르나이에게 관심을 갖게 되었다. 호르나이는 프롬보다 열다섯 살이나 많은 내과 의사였고, 베를린 정신분석 연구소 최초의 여성 연구원이었으며, 그곳에서 상급 수련 분석가였다. 1930년대 초, 호르나이와 프롬의 우정은 더욱 깊어졌다. 그녀는 프롬에게 베를린 연구소의 돌아가는 상황 전반을 알려주었으며, 프로이트의 과도한 영향으로부터 벗어나게 해주었다. 프롬은 그곳에서 오토 페니켈, 빌헬름 라이히, 프란츠 알렉산더 그리고 다른 사람들도 이론이나 기술에서 혁신이 가능하며, 바이마르의 정치적·문화적 분위기에서 영감을 이끌어낼 수 있을 것이라는 사실을 발견했다.[30]

연구소에서 머무는 동안 프롬은 베를린에 있는 호르나이의 아파트를 빈번히 방문했으며, 그녀의 10대 딸들도 그를 자신들의 가족으로 여겼다. 그는 1926년 카렌 호르나이와 헤어진 그들의 아버지 오스카어 호르나이Oskar Horney를 어느 정도 대신하고 있는 듯 보였다. 비록 1934년까지는 프롬이 호르나이와 성적인 관계를 가질 정도로 친밀하지는 않았던 듯하지만, 프롬의 이혼이 1940년대 후반까지 마무리되지는 않았더라도 프리다와 프롬의 결혼생활은 그가 1931년 요양소로 옮겨 갔을 때 실질적으로 끝난 것이나 다름없었다. 프롬과 호르나이 두 사람은 그로데크를 통해서, 그리고 바흐오펜을 함께 읽으며 상대적으로 유연한 베를린 정신분석학계의 분위기 속에서, 자신들이 어느 정도 단순화해 생각했던 가부장제와 오이디푸스 콤플렉스 그리고 여성의 생식기 열등감에 대한 프로이트의 관점에 의문을 제시하며 즐거운 시간을 보냈다. 프로이트의 제자였던 헬레네 도이치Helene Deutsch는 프로이트가 젠더 문제에 관해서는 그리 자기주장을 내세우지도 않았으며 더욱 많은 단서를 달았다는 사실을 알게 되었지만, 이러한 자신의 견해를 내부 추종자들의 모임 바깥으로 옮기지는 않았다. 그러한 모임의 논의에 한 번도 함께한 적이 없었음에도 호르나이는 자신의 초기 작품에서 프로이트 정설과 관련해 직접적으로 문제를 제기했다. 그녀는 여성의 심리는 남성의 성기를 부러워하는 따위와는 전혀 상관이 없으며, 오히려 그것은 자신감의 결핍이나 사랑이라는 관계에 대한 과도한 집착에 근거를 두고 있는 것이라고 주장했다. 프롬은 프로이트가 모계제도의 전통이나 생명을 창조하고 유지하는 여성의 능력과 관련한 남성의 불안에 대해 너무 짤막하게 다루었다는 호르나이의 의견에 동의했다. 그 두 사람은 문화와 사회는 물론이고 인간의 자극에 대한

정신 내부의 원인들에 이르기까지, 더욱 광범위하게 연구하기 시작했다.[31]

1932년, 호르나이는 프란츠 알렉산더가 새롭게 설립한 시카고 정신분석 연구소의 부소장직을 역임하기 위해 미국으로 이주했다. 프란츠 알렉산더는 베를린에서 그녀의 하급생이었기 때문에, 그것은 상당히 불편한 관계였다. 호르나이가 문화와 언어에서 독일과 미국의 뚜렷한 차이를 더 많이 경험할수록 그녀는 더욱더 프로이트 정설에서 벗어나, 문화적 특성이 부모로부터 영향을 받은 성격 특징을 보강할 수 있다는 생각을 더욱 신뢰하게 되었다. 프롬이 그녀의 문화주의 관점을 공유하고 있고 영어로 말하고 쓸 수 있다는 사실을 알고 있었기에, 그녀는 프롬이 미국을 방문해 프랑크푸르트 연구소의 새로운 보금자리를 찾는 일을 해야 했던 시기인 1933년에 그를 시카고 정신분석 연구소에 강연자로 초청했다. 프롬이 시카고에 있는 동안 부친 나프탈리가 프랑크푸르트에서 유명을 달리했지만, 프롬은 장례나 추도식을 위해 독일로 돌아가지 않았다. 그가 장례식에 참석하지 않은 것은 시간, 거리, 항해 비용의 문제 외에도 고통스러웠던 어린 시절의 기억을 재연하고 싶지 않은 그의 마음을 고스란히 드러낸다. 대신 그는 미국에서 머물며, 이듬해 호르나이를 따라 뉴욕으로 향했다. 비록 호르나이가 뉴욕 정신분석 연구소에서 정통 프로이트주의자들과 언쟁을 벌이기는 했지만, 그녀는 좀 더 독립적이고 책임 있는 자리를 위해 시카고를 떠났고, 프롬은 모닝사이드 하이츠의 프랑크푸르트 연구소 동료들과의 관계를 청산했다.[32]

프롬은 여전히 법적으로는 프리다와 결혼한 상태였고, 그녀가 유럽을 떠나는 것과 미국에서 직업적으로 자리를 잡는 일을 지원했지만,

그와 호르나이의 관계는 이미 동료 이상이었다. 프롬은 호르나이가 젊은 남자들과 관계를 가지고 있다는 사실을 알고 있었다.(그녀는 그들 모두에게 감독관이거나 수련 분석가였다.) 어린 시절부터 부정적인 자아 이미지와 아름답지 않은 외모가 호르나이를 괴롭혀왔지만, 분명히 이러한 연애는 그녀에게 다시 젊은 시절의 활기를 되찾아주었다. 성적인 성취감은 자신이 여전히 젊고 성적 매력이 있다는 사실을 그녀에게 확인시켜주었으며, 반면에 젊은 정신분석 수련생들은 저명한 상급 분석가와 잠자리를 가지며 종종 업무적인 이득을 꾀하고 있었다. 시카고에서 직업적으로 의심스러운 많은 스캔들을 남긴 호르나이가 연구소를 떠나 뉴욕으로 간 것은 알렉산더가 안정을 되찾는 데 도움이 되었다. 프롬은 호르나이의 직설적이고 노골적인 방식과 그녀의 열정을 좋아했다. 그녀의 삶은 화려하지 않은 외모와 여러 상대와 잠자리를 갖는 성향으로 그림자가 드리워지기는 했지만, 저 깊은 곳에서 에너지와 단호함이 '끓어오르는' 것처럼 보였다. 프롬은 또한 호르나이를 '자신이 생각하는 것을 분명하게 말하는 대단한 용기를 지닌 사람'이라고 여겼다. 그들의 상당한 나이 차이에도 불구하고 호르나이는 어쩌면 실제 아버지와의 관계를 대신해줄 차선의 대상으로서 나이 어린 프롬에게 어느 정도 이상적인 아버지상을 그렸던 것인지도 모른다. 이는 분명 두 사람 사이의 성적 일탈을 혼란스럽고 아마도 위태롭게 했을 것이다. 프롬은 낮 동안에는 정신분석의 정설에 대한 그녀의 도전을 지지하는 '만능 조력자'였고, 밤에는 그녀의 잠자리 상대였다. 프롬의 관점에서 호르나이와의 관계는 심각하고 때로는 밋밋한 관계들뿐이었던 그의 삶에서, 여성과 함께하는 데서 얻는 안정감을 충족시키는 것이었을지도 모른다.[33]

정통 프로이트주의자들을 향한 호르나이의 공격은 여성 심리에 대한 프로이트의 오해 그 너머로 곧잘 이어지곤 했다. 1935년, 호르나이는 상당히 유명한 자신의 걸작 『우리 시대는 신경증일까?The Neurotic Personality of Our Time』(1937)를 탄생시켰던, 신경증의 뿌리에 대한 논쟁을 파고들기 시작했다. 호르나이의 반박은 신경증이란 본능적 억압을 통한 제도적 안정에 뿌리를 두고 있다고 주장했던 프로이트의 『문명 속의 불만』(1930)과 명확히 차이를 두면서 문화 쪽으로 방향을 틀고 있었다. 만약 부모가 아이에게 따스함을 보여주어 아이의 안정감을 향상시키고 동시에 생명을 존중하는 아이의 인격을 고양시키면서 주변의 경쟁적이고 불안한 환경을 줄여나간다면, 그 아이는 신경증에서 벗어나 행복하고 생산적인 삶을 영위할 수 있을 것이다. 그러나 호르나이는 프롬과 프로이트가 꾸준히 강조했던 것, 즉 문명이란 억압의 힘이지만 사회적 결속의 힘이 될 수도 있다는 사실을 놓치고 있었다.[34]

호르나이의 다음 두 권의 저작 『정신분석의 새로운 이해New Ways in Psychoanalysis』(1939)와 『나는 내가 분석한다Self-Analysis』(1942)는 더욱 낙관적이었다. 실제로 그 책들은 프롬이 조만간 제시할 생산적 성격 개념과 크게 다르지 않은 '생명을 중시하는' 시각을 강조했다. 비록 사람이 반드시 선할 필요는 없지만, 건설적이고 가변적인 타고난 '경향'으로 인해 나이가 들면서 그 결함들을 조금씩 극복할 수 있다. 부모의 보살핌에 더하여, '건설적이고 친근한' 분석가와 경쟁에서 벗어나 지지하는 환경들이 (대개는 소외감에 뿌리를 두고 있는) 억압된 자기방어적 신경증으로부터 자유롭게 하고, 완벽한 자아실현을 이룩하도록 만들 수 있을 것이다.[35]

호르나이와 프롬은 미국에 대해 상당히 호기심이 많았으며, 인간적이고 사회적인 주제에 관해 끊임없이 토론하는 데 열중했다. 다가올 얼마간의 시간 동안은 독일로 다시 돌아갈 수 없다는 사실을 알고 있었기에, 그들은 미국에서 또 다른 고향을 만들어가기로 마음먹었다. 그녀는 정신분석학적 이론과 미국에서의 직업적 생리에 관해 베를린에서보다 프롬에게 더 많은 지식을 알려주었다. 그들은 자신들이 새로운 환경에 머무르면서 프로이트 정설에 대한 '문화주의' 대안을 증폭시킬 수 있다는 사실을 발견했다. 호르나이는 모성에 대해, 소녀와 여성에 대한 심리학적 문제들에 대해, 그리고 치료 과정에서의 따스함과 공감의 중요성, 또한 인간 본성의 위대한 가능성과 유연함에 대해 더 많은 것을 깨우쳐갔다. 프롬은 근본적으로 불안에 뿌리를 두고 있는 호르나이의 신경증 개념을 더 많이 이해하면서 스스로 소외라고 말했던 내재적 무기력함이나 고통을 점점 더 신경증과 동일시하게 되었다. 그녀의 '삶을 긍정하는' 목표는 프롬의 '생산적인 사회적 성격'의 목표와 밀접하게 맞닿아 있었다. 그는 보답으로 호르나이에게 사회 경제 구조와 사회적 계급에 대해 알려주고, 고전적인 사회 이론에 대해 이야기해주었으며, 경쟁적인 자본주의 사회가 시민에게 어떤 해로운 영향을 끼치는지 그녀가 이해할 수 있도록 도와주었다.

호르나이는 또한 종종 과장된 그와 프로이트의 차이점에 공감을 느끼면서도 진화하는 사회적 성격의 개념에 영향을 받은 일군의 수정주의 정신분석학자들, 즉 해리 스택 설리번, 클래라 톰프슨, 윌리엄 실버버그William Silverberg와 같은 사람들과 친분을 쌓는 데 프롬에게 도움을 주었다. 그들은 자신들을 조디악 모임이라고 불렀다. 이따금 호르나이는 서로 공유하는 부분이 있는 문화인격운동 출신 사람들을 자신의 아파트에 초대했고, 그곳에서 프롬은 존 달러드, 루스 베니딕트, 마거릿 미드, 해럴드 라스웰, 에이브럼 카디너를 만났다. 그들은 룰렛 게임으로 서로의 기운을 북돋웠으며, 프롬은 때때로 하시딕 노래를 불러 사람들의 흥을 돋우었다. 프롬이 『자유로부터의 도피』의 뼈대를 마련하기 위해 애쓰고 있었을 때 그의 주요한 지적 뒷받침이 되었던 사람들이 바로 그 친구들이었다. 프롬이 동시대 권위주의의 정념을 분석하고 왜 독일 대중이 나치의 주장에 이끌렸는가에 대한 심리학적 근간을 설명할 방법을 찾고 있었을 때, 그들은 그의 삶에 즐거움과 활기라는 요소들을 불어넣어주었다.[36]

프롬과 호르나이의 관계는 매우 밀접했지만, 그것은 또한 한계를 지니고 있었다. 호르나이의 자서전 『나는 내가 분석한다』는 피터와 클레어의 관계에 대한 준소설적인 설명 속에서 이러한 관계들을 명확히 암시하고 있었다. 호르나이처럼 클레어는 불안과 강압의 과잉으로 괴로워했으며, 자신의 '만능 조력자'로서 피터(즉, 프롬)의 도움에 의지했다. 호르나이는 한 사람의 삶을 이끌고 그가 버려지거나 혼자 남겨지지 않도록 하는 '파트너'에 대한 신경증적 결핍에 관해 개괄적으로 적었다. 클레어는 정확히 이러한 결핍을 지니고 있었다. 비록 피터가 친절하고 클레어에게 깊은 애정을 가지고 있었으며 자신의 '깊고 영원한 사랑'에 대해 맹세하고 종종 그녀에게 선물을 주기도 했지만, 그녀는 자기 분석 과정에서 그가 과도하게 무심하고 자기 안에 갇혀 있으며 가까이 다가갈 수 없는 사람이라는 사실을 깨달았다. 그는 자신의 시간과 에너지에 대한 과도한 요구에 분개했으며, 장기간의 개인적 헌신을 요구하는 상황들로부터 벗어나 있기를 원했다. 피터 또한 클레어와의 정서적 공유에 한계를 두고 있는 독선적인 메시아 혹은 예언적 경향을 지니고 있었다.[37]

프롬이 분명 지적인 동료이고 매력 있는 연인이기는 하지만, 피터가 클레어와 결혼하지 않으려 했던 것처럼 그가 자신과 결혼하는 데 동의하지 않으리라는 사실을 호르나이는 점점 확실히 알게 되었다. 그는 그녀의 '만능 조력자'가 되기를 원하지 않았으며, 자신에 대한 그녀의 의존이 스스로의 자주성을 위협할까 두려워하고 있었다. 그는 그녀에게 자신은 권위와 자유에 관한 책에 에너지를 집중해야 한다고 말했다. 호르나이는 화가 났고, 프롬의 퇴짜는 그녀의 자괴감에 다시 불을 붙였다.[38]

그들의 관계에 해를 입혔던 또 한 가지 요인은 1937년 뉴욕의 페인 휘트니 클리닉 상담소에서 정신과 레지던트 과정에 있던, 호르나이의 둘째 딸 마리안의 수련 분석을 프롬이 맡게 된 것이었다. 호르나이는 자신과 프롬의 동료 혹은 연인 관계에 미칠 정서적 위험에도 불구하고 딸 마리안에게 분석가로서 프롬을 추천했다. 프롬에게는 마리안에 대한 분석을 거절하기 위한 전문성이나 이해가 부족했다. 분석을 진행하는 동안 마리안은 프롬에게 부모로서 호르나이의 결핍에 관해 이야기했고, 프롬이 그것을 사실로 받아들이면서 프롬과 호르나이의 관계가 악화되었던 것이다.[39]

1940년에 프롬과 호르나이의 관계는 막을 내렸다. 프롬은 이것을 해방으로 받아들였으며, 자신의 에너지를 오로지 『자유로부터의 도피』를 완성하는 데 집중할 수 있었다. 실제로 그는 젊은 흑인 댄서이자 안무가인 캐서린 더넘Katherine Dunham과 육체관계를 가짐으로써 호르나이와 자신의 정서적 거리감을 더욱 증폭시켰다. 비록 이러한 새로운 관계로의 전이가 집필 작업에 시간이 필요하다는 스스로의 주장과는 맞지 않는 것처럼 보일 수도 있겠지만, 그것은 빡빡한 삶의 균형을 잡는 데 도움을 주는 여성이라는 존재와 함께하고픈 프롬의 자기애적 결핍을 드러내는 것이었다. 그 후 몇 년에 걸쳐 열등감이 다시금 되살아난 호르나이는 파울 틸리히, 에리히 마리아 레마르크Erich Maria Remarque 등의 사람들과 잠자리를 같이하면서, 때로는 프롬을 향한 자신의 분노와 고통을 고스란히 드러내며 위안을 찾으려고 했다.[40]

1941년 4월, 뉴욕 정신분석학회는 분석 수련 과정에서 '학생들과 부적절한 관계'를 가졌다는 이유로 호르나이를 기소했고, 그녀의 수련 분석가 자격을 박탈했으며, 전임 강사에서 강연자로 강등시켰다. 호르나이의 프로이트 정설에 대한 노골적인 비판과 거침없이 말하는 그녀의 방식은 이러한 결과를 낳는 데 일조했다. 그녀의 성적인 관계 또한 그러했는지는 불분명하다. 그녀는 사임했고, 정신분석 발전협회 Association for the Advancement of Psychoanalysis, AAP를 설립했다. 정신분석 발전협회는 프롬과 설리번, 그리고 무엇보다 그녀 자신의 '문화주의' 혹은 신프로이트학파의 정신분석학적 관점을 반영했으며, 특히 그러한 운동과 연구소를 스스로 끌고 나가겠다는 의지를 보여주었다. 프롬과 호르나이는 몇 년 더 공적인 관계를 유지했고, 1943년까지 이따금 함께 여행을 떠나곤 했다. 그해에 그녀는 프롬이 진료 업무에서 정신분석 발전협회 학생들을 감독하는 일을 그만두게 했고, 정신분석 기술에 대한 세미나에서 가르치는 일로 그를 강등시켰다.(뉴욕 정신분석학회가 자신에게서 그러한 책임을 빼앗아갔던 것처럼.) 호르나이는 프롬이 의학적으로 훈련된 분석가가 아니기에 정신분석 발전협회 직원으로서의 그의 존재가 앞으로 도모해야 할 뉴욕 의과대학과의 제휴를 위태롭게 할 수도 있기 때문이라고 이야기했다. 프롬의 정신분석 대상자이자 친구였던 클래라 톰프슨은 그녀의 말은 잘못된 이야기이며, 뉴욕 의과대학은 프롬의 경우는 예외적인 것으로 받아들이려 했다고 주장했다. 호르나이는 프롬의 책임을 축소함으로써 정신분석 발전협회가 오로지 단 한 명의 뚜렷하고 독보적인 지도자만을 필요로 한다는 사실을 증명했고, 정신분석 내부의 정치적 생리에 관해 프롬을 일깨워주었다. 이것이 사실상 그들 관계의 마지막이었다.[41]

  프롬과 호르나이의 소란스러운 관계는 『자유로부터의 도피』의 주제를 잡는 데도 영향을 미쳤다. 자유라는 것은 자발적이고 생산적이면서 합리적인 것이며, 자신의 자주성을 발휘하는 데 생명을 중시하도록 개인이 스스로의 에너지와 용기를 끌어모아야 하는 것이라고 프롬은 주장했다. 피가학적인 달콤함을 제시하고 사회적 합일을 요구하는 권위를 지닌 인물에게 인간은 스스로의 선택을 위임해서는 안 된다. 프롬의 첫 번째 책의 이러한 주제는 그가 호르나이와 함께했을 때 더욱 여실히 증명되었다. 그녀는 근본적인 불안에 대한 자신의 개념과 그의 주제가 소외라는 지점에서 일치하고 있다고 강조했고, 또한 피가학성에 대한 프롬의 생각이 그러한 불안에 대처하기 위한 신경증적 전략이라고 힘주어 말하면서 그의 이론적 입장을 방어하며 프롬이 그것을 더욱 증폭시키는 데 도움을 주었다. 근본적으로 호르나이는 프랑크푸르트 연구소와 정신분석학 커뮤니티 내에서의 지적인 구속으로부터 자유로워지도록 프롬을 도왔던 것이다. 그러나 그들의 육체적인 관계가 흔들리면서, 그는 그 관계가 자신의 자유를 옥죄기 시작했으니 여기까지가 최선이라고 생각했다.[42]

해리 스택 설리번

—

여러 해 동안 프롬이 『자유로부터의 도피』를 생각하고 또 생각하며 결국 완성하기까지, 호르나이 다음으로 중요했던 사람은 단연 해리 스택 설리번이었다. 프롬은 설리번과 그 책의 내용에 대해 상세히 논의했고, 설리번의 개념화에서 차용하기도 했다. 프롬은 『자유로부터의 도피』를 마무리했을 때, 인간 조건에 대한 자신과 설리번의 접근이 동일한 것이라고 이야기했다. 그 과정에서 프롬은 프로이트와 자신의 대척점을 지나치게 강조했다.

> 우리는 프로이트가 가정했던 것처럼 인간이 근본적으로 자급자족적이어서 자신의 본능적인 결핍을 충족시키기 위해 다른 것을 필요로 하는 부차적인 존재가 아니라 원래 사회적인 존재였음을 믿고 있다. 이러한 의미에서 볼 때, 개인심리학은 근본적으로 사회심리학이며, 설리번의 말을 빌리자면 인간과 인간 사이의 관계의 심리학이다. 즉, 심리학의 중심 문제는 세계에 대한 개인의 특정한 관련성에 있는 것이지, 단지 본능적인 욕구 하나만의 만족이나 불만에 관한 것이 아니다.

설리번은 이 책을 매우 높이 평가했으며, 『정신의학Psychiatry』 저널의 편집자로서 프롬의 책을 출간하게 된 것을 매우 기쁘게 생각했다. 실제로 설리번은 루스 베니딕트나 애슐리 몬터규Ashley Montagu와 같은 학자들이나 문화인격운동의 선구적인 사상가들에 관한 이야기를 포함해, 단일 호에서 프롬의 책과 관련한 서평을 여덟 페이지나 실으면

서 『자유로부터의 도피』를 매우·특별하게 다루었다.[43]

모든 가능성을 고려해볼 때, 프롬은 뉴욕에 도착한 직후 나중에 분석 대상이 되었던 클래라 톰프슨을 통해 설리번을 처음 만났을 개연성이 크다. 설리번은 워싱턴에 있는 세인트 엘리자베스 병원에서 윌리엄 앨런슨 화이트William Alanson White에게 정신과 의사로서 전반적인 수련을 받고, 볼티모어 근처에 있는 셰퍼드 이넉 프랫 병원에서 첫 번째 업무를 시작했는데, 1920년대에 자기애적 성향이 강하고 정서적 애착이 불가능했던 조현병 환자들과의 작업에서 선구자가 되었다. 설리번은 셰퍼드 이넉 프랫 병원에서 자신이 담당하던 젊은 남성 조현병 환자들을 통해, 축소된 자아를 재건하기 위해 그들의 내재적 삶을 들여다보려면 전통적인 프로이트 방식으로 접근해선 안 된다는 사실을 알게 되었다. 대신에 그 환자들은 그가 공감하며 따스하게 대해주었을 때, 오히려 더 의사소통을 잘할 수 있었다. 설리번에게 치료사의 인격은 환자와의 유대를 형성하느냐 형성하지 못하느냐에 아주 중요한 열쇠가 되었다. 환자의 내재적 욕망을 파헤치는 프로이트적인 방식이 생산적이지 못했던 반면, 현재의 사회적 삶이나 관계의 질이 조현병 환자로 하여금 스스로를 이해하는 방법을 찾아가도록 도움을 주었던 것이다. 그는 따스함과 인내로 다가가면 조현병 환자들도 현재든 과거든 자신들의 관계의 유형을 논의할 수 있다는 사실을 발견했다. 초기에 환자와 치료사 사이의 소통은 먼 과거의 관계를 불안하게 더듬으며 지속되고 멈추기를 반복했다. 그러나 환자가 치료사에게서 자신에 대한 호의와 신뢰를 발견하면서, 환자는 자신의 전체 관계에 대한 무기력한 단절과 불안을 드러내고 또한 이해하게 되었다.[44]

조현병 환자들과의 이러한 경험은 인간의 성격에 대한 설리번의 접근 방식에 영향을 주었다. 1930년, 그는 파크 애버뉴에 개인 심리 상담소를 개설하고, 워싱턴 볼티모어 정신분석학회를 설립하기 위해 뉴욕으로 떠났다. 1933년 즈음 그는 윌리엄 앨런슨 화이트 정신분석 재단의 이사장이었고, 자신의 뉴욕 상담소와 워싱턴의 재단 사무실에 시간을 배분했다. 셰퍼드 이넉 프랫 병원에서의 업무를 종료하고 정신분석학 쪽으로 자신의 직업적인 삶을 재조정하면서, 설리번은 '대인관계 이론'이라는 것을 만들어내고 구체화했다.

자아는 '다른 사람들에게 비추어진 평가들'에 의해 형성된다는 사회심리학자 조지 허버트 미드_{George Herbert Mead}의 말이 촉매제가 되어 1930년대 초에서 중반까지 설리번은 한 사람의 인격은 내재적인 자아 안에 존재하는 것이 아니라 대인관계, 즉 다른 사람들과의 사회적 환경 속에 존재한다는 전제를 근간으로 한 포괄적인 이론을 만들어낼 수 있었다. 개인의 인격은 실제적으로든 상상으로든 사람들과의 직접적인 접촉의 반복적인 유형이며, 그것이 한 사람의 삶을 규정하는 것이었다. 인간은 어떤 사람들과의 접촉에서는 음식이나 섹스와 같은 생물학적 필요와 만족을 추구하며, 또 다른 사람들과의 대면에서는 사회 안에서의 개인적 안정감을 추구했다. 설리번에게 효과적인 정신분석학자란, 프로이트적인 중립성을 지양하고, 환자를 따스하지만 직접적으로 대면할 수 있는 '참여 관찰자'였다.(비록 설리번이 '참여 관찰자'로서 치료사는 이해심을 가지고 환자와 상호작용해야 한다는 생각을 가지고 있기는 했지만, 그러한 치료사는 개인적인 깊이까지 개입하는 것을 지양해야 한다.) 그는 환자가 현재의 관계에 초점을 맞추기는 하지만, 과거로 향한 통로로서 실제적이든 상상 안에서든 자신의 사회적 상호작용의 유형을 드러내도록 자극했다. 환자가 그러한 유형을 묘사하면, 설리번은 그 안에 내재해 있는 갈등과 불만족을 들여다보고, 사람들과의 안정감을 회복하려는 생물학적 결핍을 만족시키기 위해 경합하는 지점에서 환자들이 드러내는 방어기제를 살폈다. 그러나 '안정감'이나 '방어기제'는 호르나이가 '근본적인 불안'이라고 묘사했던 것과 유사한 강렬하고 불분명한 불안을 증진시키기 때문에 골치 아픈 상호작용의 유형을 영구화했다. 그러한 불안은 사고나 의사소통, 학습, 정서적 친근감, 성적인 행위 등을 방해했다. 지지하는 참여 관찰자로서 분석가는 환자의 그러한 문제가 되는 경험들을 풀어내고 방어기제를 촉발하는 불안을 완화하는데 도움을 주었다. 그 지점에서 환자는 자신의 안정감이나 방어기제가 효과적인 삶에 방해가 되며, 그것에 의존하기를 그만둘 수 있다는 사실을 이해하게 되고, 성격의 영역은 그렇게 장애물과 불안으로부터 자유로울 수 있는 것이다.[45]

설리번이 자신의 대인관계 이론을 다듬어내고 있다는 이야기를 들었을 때, 프롬은 자신과 그가 멀리 떨어져 있지 않다는 것을 감지했다. 프롬은 프로이트의 리비도 이론에 대해 심각한 의혹을 가지고 있었고, 설리번도 마찬가지로 그것을 염두에 두고 있지 않았다. 프롬은 프로이트가 외부의 사회적 힘의 영향에 대해 충분히 관심을 두지 않았다고 느꼈고, 설리번은 성격이란 전반적으로 사회적으로 형성되는 것이라 생각했다. 프롬은 자아가 특정한 그룹이나 문화의 인식적이고 정서적인 자장에 근간을 두고 있는 지점에 대한, 사회적 성격이라는 이름의 개념이 될 것들을 구체화하려 애쓰고 있었다. 현실의 혹은 상상의 사회적 상호작용 안에서의 자아에 대한 설리번의 정의는 프롬이 사회적 성격 개념을 형성해가고 있을 즈음에 그를 이끌어주었으며, 그것은 『자유로부터의 도피』의 마지막 부분에 이론적으로 결정적인 글이 되었다. 프롬은 또한 참여 관찰자로서 설리번의 의료적 접근 방식이 산도르 페렌치, 게오르크 그로데크, 그리고 무엇보다도 자신이 사랑하는 스승이었던 살만 라빈코프를 떠오르게 한다는 사실을 깨달았다.[46]

그런데도 그들의 초기 논의에서 프롬은 인간성이란 사회적 관계에서의 인간관계 이상의 것을 보여주는 것이라고 주장했다. 각각의 인간에게는 내부의 깊이와 영성, 고유함이 있다. 게다가 대인관계 이론이 마르크스주의와 양립할 수 있다고 하더라도 설리번은 프롬이 '마르크스 인본주의'라고 부르는 것이나 경제적·계급적 힘에 관한 이야기를 이끌어내지 못했다. 무엇보다 설리번에게 치료사란 인간관계 전문가에 지나지 않았다. 프롬은 효과적인 치료를 위해서는 분석가가 자기 존재의 내적 본질과 환자의 내적 본질 사이에 깊은 관계를 형성하는 것이 필요하다고 생각했기 때문에 '참여 관찰자'라는 용어를 더 선호했다.[47]

10여 년이나 더 이전에 프롬은 자신의 '시장형 성격'의 개념을 발전시키면서 대인관계 이론에 대한 오히려 실질적인 비평을 제시했다. 그러나 한동안 프롬은 새로운 친구와의 시간을 과도하게 즐겼다. 설리번은 호르나이처럼, 프로이트 정설의 수련으로부터 벗어나 사회적 기반의 정신분석을 포용하게 해주는 프롬의 창조적인 힘과 활기에 매료되었다. 비록 설리번은 독일어를 읽지 못했지만, 그는 프롬의 독일 노동자 연구와 『사회연구』에 실렸던 몇몇 글의 내용을 숙지했다. 설리번이 스스로 프롬에게서 많은 것을 배우고 있다는 사실을 그에게 확인시키면서 그의 불안감을 완화시켰다는 사실은 더욱 중요한 의미였다. 설리번은 대인관계 이론은 계속적인 수정과 세밀한 조정이 필요하다고 주장했고, 프롬은 그 과정에서 그에게 도움을 주었다.[48]

실제로 유명한 정신과 의사이자 정신분석학자인 설리번은 1930년 중엽부터 1941년 『자유로부터의 도피』의 출간에 이르기까지 프롬의 가장 중요한 후원자이자 지지자였다. 설리번은 윌리엄 앨런슨 화이트 정신분석 재단의 이사장으로서 1936년 10월 프롬에게 프랑크푸르트 연구소를 벗어난 이후에도 정신분석학자로서의 그의 미래를 보장하는 편지를 보냈다. 설리번의 정신분석 재단은 '인간의 성격 탐구'에 관한 학제 간 졸업 수련을 위해 워싱턴 정신의학회를 설립할 계획이었고, 그곳은 '문화적 이주민들의 세계 속에서 사회적 지향점을 가진 정신생물학적 유기체로서의 인간'에 초점을 맞추었다. 정신분석가들과 정신과 의사들은 의료 강사는 물론이고 사회문화적 이론가가 될 것이었다. 프롬은 워싱턴 정신의학회의 사회심리학 교수로 매년 여덟 강좌를 강의하고 뉴욕에 방문할 때마다 확대 세미나에 참여하도록 초빙되었다. 프롬은 자신의 프로이트 수정주의가 진지하게 받아들여질 명망 있는 의료 모임에 참여할 합법적인 기회라 여기고 그 제안을 즉각 기꺼이 받아들였다. 그는 이렇게 적었다.

　"그 새로운 학회는 아무것도 생산하지 못하는 독단의 족쇄에서 벗어나 문화적·사회적 활력의 토양에 뿌리를 두고 풍성해질 정신의학과 정신분석 이론의 새로운 도래이자, 또한 분명히 그 중심이 될 것이다."

　워싱턴 정신의학회에 합류하기 전까지 프롬은 정신분석 환자들을 조달할 어떤 기관의 도움도 받을 수 없었고, 그래서 그의 상담소는 정신분석을 통해 정서적 안정을 꾀하거나 그저 얼굴을 익히려는 몇몇 사회학이나 인류학 분야의 학자들에게만 한정되어 있었다. 그러다가 어떤 한 곳에 소속됨으로써 환자를 소개받을 수 있는 기회가 찾아왔고, 그래서 프롬의 정신분석 상담소는 다른 수입원에 덜 의존해도 될 만큼 성장하게 되었다. 10년이 넘어설 즈음, 그는 다양한 수입원으로부터 힘들이지 않고 1년에 5000달러 정도의 수입을 벌어들였다. 거기다가 1939년 프랑크푸르트 연구소는 그에게 2만 달러라는 상당한 금액의 퇴직금을 지불했다.[49]

설리번은 『미국 과학자 전기 인명부Biographical Directory of American Men of Science』에 포함될 수 있는 대상자로 프롬을 지명했다. 또한 그는 『자유로부터의 도피』의 핵심적인 부분은 물론이고 프롬의 논문들 초안에 대한 비평을 해달라는 제안을 수락했다. 프롬은 설리번의 대인관계 이론에 접근함으로써 프로이트의 메타심리학이 수용할 수 없었던 문제들에 대한 자신의 틀을 형성해나가는 데 도움이 되었다는 사실을 인정했고, 그래서 그에게 깊이 감사했다. 한 예로 그는 '사랑이 어떤 대상(예를 들어, 사람)에 의해 능동적인 표현으로 추동되는 자발성들 중 하나'라고 생각하게 되었다. 프롬은 설리번의 도움에 감사하며 그에게 알자스 와인을 보내기도 했다. 설리번은 프롬이 독일어를 영어로 번역하는 과정에서 그의 문장의 완성도를 높였으며, 그의 사회적 성격 이론을 더욱 명확하게 만들었다. 설리번은 또한 프롬이 『자유로부터의 도피』의 논쟁거리가 될 만한 구조의 형태를 잡는 데도 도움을 주었다. 프롬은 설리번의 지지가 심지어 대인관계 이론으로부터 자신의 개념적 편차까지 지탱하고 있다는 사실을 알게 되었고, 설리번은 프롬이 자신만의 메타심리학적 틀을 형성해가는 것을 보며 흐뭇해했다. 지적으로나 개인적으로나 서로를 지지하는 생산적인 관계였던 프롬과 설리번의 유대에는 언제나 활기가 넘쳤다.[50]

클래라 톰프슨은 설리번에게 프롬을 소개해 그들의 친밀한 관계를 증진시켜 그들의 사상이 포개지고 나눠지며 또렷해지는 과정에 실질적인 역할을 했다. 시간이 지나면서 그녀는 그들 둘 모두를 스승으로 여기게 되었다. 설리번은 1922년 톰프슨이 아돌프 마이어Adolf Meyer의 핍스 진료소에서 3년간의 레지던트 과정을 시작했을 때 그녀를 만났다. 설리번은 셰퍼드 이넉 플랫 병원 근처에서 근무했다. 로드아일랜드에서 어린 시절을 보낸 톰프슨은 펨브로크(브라운대 여성 대학)에서 학부 공부를 마친 후 의료 분야에서 직장을 찾고 있었다. 1916년 그녀는 존스홉킨스 의과대학에 입학했다. 그녀는 아돌프 마이어의 핍스 진료소에서 정신과 레지던트 생활을 하면서 설리번을 만났고, 환자의 삶에서의 경험과 생리학적·생물학적 특징을 연계시키는 마이어의 '정신생물학'의 기술과 사상을 습득하는 데 그에게 도움을 주었다.

반대로 설리번은 자신의 스승 윌리엄 앨런슨 화이트에 관해 그녀가 더 잘 이해하도록 도왔는데, 그는 전통적인 정신과 의사들이 수용할 만한 사회적인 근간을 둔 정신분석학을 발전시키려고 애썼던 인물이었다. 비록 두 사람 모두 독립적인 사람들이었고 서로 다른 집에서 살았으며 설리번이 공공연한 양성애자이긴 했지만, 설리번과 톰프슨 사이의 지적인 친밀 관계는 애정의 감정을 싹틔웠다. 프롬의 지적 모임에 속한 다른 사람들, 특히 문화인격운동의 미드나 베네딕트, 호르나이처럼 설리번도 그 시대의 젠더 규범에 거의 얽매이지 않았다. 1927년 제임스 인스코James Inscoe(지미)가 요리사이자 비서이며 함께 사는 '수양아들'로서 설리번의 집으로 이사했을 때, 설리번은 페렌치에게 분석을 받기 위해 부다페스트로 여행을 가라고 톰프슨을 설득했지만, 톰프슨에 대한 분석이 끝나기도 전에 페렌치가 사망하고 말았다. 톰프슨이 부다페스트에 머무는 동안 설리번과 지미는 거의 확실히 모종의 애정 관계에 있었다. 페렌치가 갑자기 사망하고 나서 톰프슨은 분석이 끝나지 않은 채 부다페스트를 떠나 뉴욕으로 돌아왔고, 점점 더 불편해지기만 하는 설리번과의 우정 관계를 다시 시작했다. 톰프슨은 설리번에게 그의 대인관계 이론과 상당 부분 일치하는 페렌치의 치료적 접근법의 요소들을 알려주었다. 그녀가 설리번을 분석하는 동안(그리고 의심의 여지 없이 설리번의 삶에서 지미의 의미를 알게 되면서), 톰프슨은 프롬에게 자신의 분석을 마무리해달라고 요청했다. 프롬은 어리석게도 자신이 비슷한 상황에서 호르나이의 딸을 분석하면서 직업적인 신념을 거부하지 못했던 것처럼 어쩔 수 없이 그 일을 떠맡았다. 그 분석의 과정은 불안하기는 해도 설리번과 프롬 사이에 지적으로는 물론이고 정서적으로도 중요한 유대 관계를 형성한 것처럼 보였다.[51]

이 3인조의 '중간자적 인물'로서 톰프슨은 그 둘의 이론 사이에 융합을 만들어내는 평생의 과업을 시작했고, 스스로 정신분석학의 '대인관계 이론'이라고 부르게 되었던 것을 만들어냈다. 그녀는 1930년대 중반에서 말엽까지 프롬과 설리번을 통합하려고 시도했고, 1956년 그녀의 예리한 에세이인 「설리번과 프롬」 안에 몇 년 동안 관찰한 부분들을 녹여냈다. 그 속에서 그녀는 "각각의 작업은 상대방의 부족한 부분을 채웠으며, 인간에 대한 근본적인 가설들은 유사하다"라고 결론지었다. 두 사람은 문화인류학과 정신분석학의 융합을 촉진시켰고, 문화인격운동에서 확실히 다른 사람들과의 교류를 통해 영향을 받았다. 그러나 설리번은 프로이트 정설의 정신분석이 정신분열증 환자들에게는 효과가 없다는 결론을 내리고 프로이트의 전제로부터 확실하게 멀어졌다. 그와 반대로 톰프슨은 프롬이 다소간 절충적이기는 했지만, 전통적인 프로이트주의자로서 수련을 받았다는 사실에 주목했다. 그녀가 프롬을 만날 즈음에 그는 비록 모든 면에서 프로이트와 거리를

두지는 않았지만, 점차적으로 정신분석학적 정설에서 멀어지던 중이었다.[52]

톰프슨은 프로이트의 가설과는 대조적으로 인간은 모든 동물 중 가장 본능적이지 않으며, 말 그대로 어떻게 살아가야 하는지 사회적으로 배워야만 한다는 사실을 프롬이 깨달았다고 언급했다. 확실히 설리번과는 다르게 톰프슨은 프롬이 각각의 개인은 독특하고 본능적인 내재적 중심을 가지고 있다는 (프로이트의) 이야기를 믿고 있기는 하지만, 그 중심이 사회에 의해서 의미 있게 수정된다는 사실 또한 받아들이고 있다는 사실을 알고 있었다. 톰프슨은 설리번이 그랬던 것과는 달리 프롬이 연대기적 단계에 붙들려 있지 않은 발달 과정(예를 들어, 유아기, 소아기, 사춘기 이전, 초기 사춘기, 후기 사춘기, 성인)을 상세히 기술했다는 사실을 지적했다. 인간은 지적·기술적 능력을 개발하기 위한 자유를 인지함으로써 본성의 흐름을 뛰어넘으며 점차적으로 자신의 주변과의 거리감을 느끼게 되었다. 톰프슨은 이렇게 강조했다.

"프롬에 따르면, 그래서 인간은 자신의 개성을 어느 정도 포기하고서라도 자신의 동료들과 관계된 형태로 되돌아가려는 유혹을 끊임없이 받게 된다."

설리번과 프롬이 연결된 정서적·지적 '삼중 구조' 안에서의 20여 년이 넘는 삶을 이해하려고 노력하면서, 톰프슨은 프롬이 『자유로부터의 도피』의 개념적 구조에 대한 작업을 진행하고 있다는 사실을 깨달았다. 그러나 톰프슨은 자아가 사회적 대인관계의 정서적 자장의 산물이라는 설리번의 개념과, 사회적 고립이 현대 인간의 딜레마라는 그의 전제 없이, 개념적 구조를 만들기 위해 프롬이 그토록 단호하게 움직일 수는 없었으리라 생각했다. 그러나 톰프슨은 1956년 그녀의 에세이에서, 가장 놀라웠던 것은 자신의 동료이자 분석 대상자였으며 한때 결혼을 고려했던 사람인 설리번의 사상과 자신의 두 번째 정신분석가인 프롬의 사상의 상호침투였다고 인정했다.[53]

마거릿 미드

프롬은 신프로이트학파와의 관계에서 스스로의 삶과 사상에 확실히 영향을 받는 한편으로, 인류학자인 루스 베니딕트와 마거릿 미드, 에드워드 사피어와 의미 있는 유대를 형성했다. 그들의 사상은 프롬의 작품에 상당한 영향을 주었다. 특히 프롬과 마거릿 미드 사이의 광범위한 편지들은 뉴욕에 기반을 둔 친구들의 두 '커뮤니티' 사이의 융합뿐만 아니라, 실질적으로 그가 더욱 생기 넘치고 긍정적이며 또한 프랑크푸르트 연구소보다 더욱 지지를 받는 전문적이고 사교적인 '구심점'을 향유할 여유가 있었다는 사실을 보여준다. 한 예로 프롬은 한때 미드에게 편지를 보내, 자신이 그녀의 책 『세 부족 사회에서의 성과 기질Sex and Temperament in Three Primitive Societies』을 읽었고, 서로 다른 문화가 서로 다른 '기저의 심리적 유형들'을 생산한다는 그녀의 입증에 깊은 감명을 받았다고 썼으며, 그것은 그가 추구하고 있던 성격 구조 개념과 공명하는 듯했다. 프롬은 어떻게 특정한 문화가 특정한 자아나 사회 그리고 정서의 '배열'을 형성해내는가를 통해 그녀가 이후의 '사회적 성격' 개념을 만드는 데 도움을 주었다고 지적했다. 프롬은 그녀의 책이 정신분석학적 사고 과정에 독보적으로 중요한 기여를 했으며, 심지어 치료적인 기술에서도 그러하다고 주장했다. 미드는 프롬에게 따스한 답장을 보냈으며, 사회와 심리를 통합하는 '배열들'을 논의하는 문화인격운동과 관련한 소모임에 참석하라고 권유했다. 그녀는 또한 제프리 고러Geoffrey Gorer나 다른 문화 인격 학자들을 더 찾아보라고 프롬에게 이야기했고, 프롬이 자신의 학문에 대해 '비평하고 더 정확한 방향을 제시해주기를' 자신이 얼마나 바라는지 모른다고 강조했다. 1939년에 프롬과 미드는 더욱 가까워졌고, 프롬은 자신의 정신분석학 동료들과 적들, 환자들, 그리고 정통의 분석 기술에 대해 점점 커지는 의구심과 같은 비밀들을 그녀에게 털어놓았다.

"나는 증오와 같은 근본적인 속성을 없앤다는 의미에서 분석이 인격을 바꿀 수 있다고 생각하지 않아요."

미드와 동료인 그레고리 베이트슨Gregory Bateson의 결혼을 축하하며 프롬은 그녀와 그녀의 동료들이 자신이 뉴욕에 도착한 이래로 얼마나 자신에게 중요한 사람들이었는지 다시 한번 느끼게 되었다.

"만약 누군가 내게 뉴욕의 어떤 점이 나를 매료시켰느냐고 묻는다면, 여러분을 만나고 여러분과 이야기를 나눌 수 있었던 기회가 바로 나를 매료시킨 첫 번째였다고 말해야 할 것입니다."[54]

서로 다른 문화가 어떻게 다른 사회심리적인 '배열'을 만들어낼 수 있는지 강조하면서 미드와 베니딕트 그리고 그들의 동료들은 소련 연구 혹은 '구소련학'이라고 부르게 될 획일적인 소련의 정치적·사회적 구조의 전형 너머를 들여다보고 내부적인 파벌과 이데올로기 그리고 소련 엘리트들의 권모술수를 살펴보는 노력에 함께하게 되었다. 자신의 뉴욕 상담소를 벗어나 이러한 토론을 진행하면서, 미드는 정신분석학자들과 인류학자들, 외교 정책 전문가들을 그러한 모험에 끌어들였다. 그 분야는 하버드대학 러시아 연구소와 미국 국무부를 중심으로 전쟁 이후 꽃을 피웠다. 에릭 에릭슨Erik Erikson은 막심 고리키Maxim Gorky가 옛 마을에서 벗어나 도시와 공장들 그리고 중공업의 볼셰비키 세상으로 나아가면서 드러난 그의 어린 시절이나 복잡한 러시아 사회에 대한 뛰어난 글을 발표하면서, 미드 모임의 러시아 프로젝트로부터 더욱 강한 지적인 힘을 이끌어냈다. 전쟁 전후에 미드의 프로젝트에 속한 사람들과 어깨를 나란히 했던 프롬은 미묘한 방식으로 소련의 삶과 정책에서 전해 내려온 갈등과 모순을 더듬으려는 그들의 노력으로부터 많은 것을 습득하지는 못했다. 실제로 프롬은 전체주의 국가 소련의 견해를 결코 수용하지는 않았지만, 그는 또한 거만하고 비효율적인 관료주의 체제 사회로서의 러시아라는 일단의 규정을 넘어서지도 않았다.[55]

러시아 프로젝트와는 대조적으로 프롬은 미드 모임 사람들이 젠더 역할에 대한 정통 프로이트 관점에 반기를 든 도전에 상당히 영향을 받았다. 미드와 베니딕트 그리고 모임 내 다른 사람들은 리비도적 발산의 효과를 강조하는 모더니스트 프로젝트를 가장해 가부장제와 여성의 종속을 정당화하는 전통적인 해석을 비판했다. 미드 모임이 신프로이트학파 정신분석학자들과 얽히게 되면서, 프롬과 설리번 그리고 카디너와 사피어는 기존에 자신들이 그러했던 것보다 훨씬 더 페미니스트적인 성향을 갖게 되었다. 프롬이 『자유로부터의 도피』를 완성할 즈음에는 신프로이트학파 젠더 전제에 대한 미드 모임의 모든 회원의 합의가 도출되었다. 첫째, 오이디푸스 콤플렉스는 보편적인 것이 아니라 일부일처의 가부장제 사회의 산물이다. 둘째, 남근 선망은 여성의 신체적 구조와는 전혀 상관이 없으며, 가부장제 사회에서 남성의 권력 독점을 상징할 뿐이다. 셋째, 남성의 지지가 있든 없든 여성은 자신들의 생명을 탄생시키고 유지하는 '생물학적 기능' 없이 생산적인 삶을 이끌어나갈 새로운 방법을 모색해야 한다.[56]

이는 1930년대의 프롬이 페미니스트였음을 말하려는 것이 아니다. 그가 가부장제의 프로이트적 기준 개념에 의문을 던지고 여성의 결핍을 주장하는 전문적 사교 모임에 속해 있었다는 사실을 말하려는 것이다. 만약 『자유로부터의 도피』가 점점 득세하는 권위주의 시대의 인류 딜레마에 관한 연구라면, 그 일부는 동시에 가부장제로부터 자유를 찾아야 하는 여성의 욕구를 반향하고 있었다. 만약 정신분석이 뜻하지 않은 사회적 제약으로부터 주체적인 자아를 자유롭게 하는 '모더니스트' 개념에 영향을 받는다고 하더라도 그 자장은 반드시 가부장제와는 거리를 두고 있어야 한다고 프롬은 생각했다.

캐서린 더넘

—

프롬보다 아홉 살이 어린 캐서린 더넘은 미드 모임의 일원은 아니었지만, 그녀 또한 프롬이 『자유로부터의 도피』를 집필하는 동안 중요한 버팀목 역할을 해주었다. 일리노이의 시카고와 졸리엣에서 어렵고 빈곤한 삶을 버텨내야 했던 그녀는 1930년대 초기에 흑인 공연 댄서로 두각을 나타냈던 최초의 인물들 중 한 사람이 되었다. 후에 그녀는 자신의 무용단(주로 학생 공연자들로 이루어진) 발레 네그르Ballet Negre를 설립했다. 더넘은 시카고대학에서 장학금을 받았고, 그곳에서 아프리카계 미국인들의 문화 속에서 아프리카 문화의 관습과 생존을 주장했던 멜빌 허스코비츠Melville Herskovits와 로버트 레드필드Robert Redfield와 같은 인류학자들의 작품에 깊은 영향을 받았다. 1936년 사회인류학 학사 과정을 마친 더넘은 서인도제도에서 인류학에 대한 현장 연구를 진행했으며, 그곳에서 지중해 춤의 형식이나 기능, 그리고 아프리카 조상들 사이의 연계성을 감지했다. 1937년 시카고로 돌아온 그녀는 흑인 댄스 그룹을 조직했는데, 그것은 현대의 춤에 아프리카와 지중해 스타일의 움직임이라는 말을 들어왔다. 그녀는 또한 시카고 연합 극장 프로젝트에서 흑인 파트 댄스감독이 되었다. 프롬은 그녀가 안무를 짜고 춤을 추느라 시카고와 뉴욕 사이를 통근하고 있었을 때 그녀를 만났다. 1938년 그녀가 실제 아프리카 지중해의 재료와 의상을 기본으로 한 활기 넘치는 댄스 드라마 「라기야L'Ag'Ya」를 공연했을 때, 그녀의 스타성은 비로소 발휘되었다. 그녀의 활기찬 연출작 「열대와 재즈의 뜨거움Tropics and Le Jazz Hot」은 10주간의 놀라운 뉴욕 공연을 이끌어냈고, 그녀에게 전국적인 유명세를 선사했다.[57]

　프롬은 더넘의 아름답고 눈부신 얼굴에 자신도 모르게 흠뻑 빠져들었다. 그녀는 아프리카와 지중해의 문화적 연관성에 대한 자신의 방대한 지식에 관해 품위 있는 과묵함으로 조곤조곤 이야기했다. 그는 그러한 연관성을 소름 끼치는 춤으로 만들어낸 그녀의 표현 능력에 경탄을 감추지 못했다. 프롬은 즉시 그녀로부터 삶에서 창의성과 깊은 열정을 가진 '생산적인 성격'으로 그려낼 것들을 발견했고 그녀에게 완전히 홀려버렸다. 그는 그녀를 위해 뉴욕 공연을 마련하는 데 도움을 주었고, 그녀가 뉴욕에 더욱 오래도록 머무르기를 바랐다. 더넘과 프롬의 염문은 아마 이때쯤 시작되었을 것이다. 엄밀히 따지면 프롬은 여전히 프리다와 결혼한 상태였기 때문에 더넘을 그의 센트럴 파크 웨스트 아파트에 머물게 할 수는 없었다. 그래서 그는 설리번에게 그녀를 이스트사이드 64번가의 그의 집에서 머물 수 있게 해달라는 개인적인 부탁 편지를 보내기도 했다. 설리번은 자신의 집에서 살고 있는 양성애자 친구인 패트릭 물라이Patrick Mullahy에게 프롬의 특별한 '여자 친구'라고 소개하면서 프롬의 부탁을 들어주었다.[58]

프롬과 더넘 사이의 낭만은 아마도 『자유로부터의 도피』를 완성하는 데 결정적인 휴지기였던 3년 동안 지속되다가, 더넘이 시카고에서 함께 일했던 무대 디자이너 존 프랫John Pratt과 결혼하던 1940년에 끝을 맺었을 것이다. 당연히 프롬과 더넘의 염문은 호르나이와의 관계를 어렵게 하고 끝내 헤어지게 하는 데 일조했다. 프롬은 대개 파트너들에게 성실한 것처럼 보였지만, 오랜 관계가 막을 내릴 즈음에는 다른 여자들에게 눈을 돌렸으며, 그렇게 계속 곁에 누군가를 두려고 했다. 그는 더넘과의 관계를 단지 육체적 유희 이상으로 생각했다.

프롬은 아프리카 춤의 움직임들이 지중해식으로 바뀌고, 다시 주바나 스트럿과 같은 아프리카에 뿌리를 둔 미국의 춤들로 전이되는 것에 대해 배우는 것을 즐겼다. 더넘과 그 주변인들은 그에게 예술가와 공연자를 마주한 최초의 경험이었으며, 그는 그것을 좋아했다. 실제로 그녀는 어떻게 자신들의 작품이 재능과 사상을 교류하면서 검은 대서양이라고 불리는 한 축이 되어왔는지, 그들의 작업이 아프리카에서 지중해 그리고 미국과 유럽 사이의 바다를 가로지르면서 폴 로브슨Paul Robeson이나 C. L. R. 제임스C. L. R. James, 조라 닐 허스턴Zora Neale Hurston 같은 사람들을 어떻게 이끌어냈는지 프롬이 잘 이해할 수 있도록 도와주었다. 이때부터 춤과 뮤지컬 그리고 그 종사자들의 사상에 대한 프롬의 변치 않는 관심이 싹텄다. 게다가 그의 삶에서 최초로 프롬은 상당히 유명한 흑인 여성들조차 일상에서 마주해야 했던 제약들을 인식하게 되었다. 실제로 이것은 흑인과 그의 최초의 의미 있는 접촉이었다. 설리번에게 더넘을 할렘(그녀는 자신의 어린 시절을 상기시킨다는 이유로 그곳에 머물고 싶어하지 않았다) 대신 그의 집에서 머물게 해준 것에 감사를 표하면서 프롬은 그가 그녀의 정서적 유약함을 이해하게 될 것이라고 말했다.

"할렘에 머물 수밖에 없는 현실은 근본적으로 그녀에게 상징적인 의미를 지녔으며, 좁은 시카고의 분위기에서 벗어나려는 그녀의 희망이 좌절되는 것을 의미한다는 사실을 나는 알게 되었네."

더넘은 자신의 풍요롭고 다채로운 재능과 그에 걸맞은 기회나 자주성을 위해 싸우고 있었고, 프롬은 그녀가 이러한 자유를 품에 안을 수 있도록 돕고 싶었다. 그럼에도 왜 프롬의 저작들이 이 시기에 미국에 있었던 아프리카계 미국인들에 주목하지 않았는지를 생각해보는 일은 상당히 흥미롭다. 아마도 새로운 나라에서 적응하려는 그의 노력에도 불구하고 유럽에서 점점 더 극심해지는 히틀러의 잔혹 행위들이 그의 머릿속을 떠나지 않았을 것이며, 그러한 유럽인으로서의 배경이 그의 작품의 초점이 왜 그러했는가를 설명하는 데 도움이 될 것이다.(삶의 후반기에 그가 정치적으로 더욱 적극적이 되었을 때, 이러한 유럽 중심의 초점은 또다시 드러난다.) 1940년대 초 공민권운동에서 필립 랜돌프Philip Randolph와 다른 지도자들을 적극적으로 지지했던 몇몇 유대인 이주민들과 달리 프롬은 그들을 지지하지 않았고, 그것은 그만큼 더욱 급격하게 그가 인종을 뛰어넘는 열린 관계에 참여하도록 만들었다.[59]

대부분의 프롬의 연인 관계와 마찬가지로, 더넘과 프롬은 자신들의 여생 동안 믿을 만한 벗으로, 그리고 가까운 친구로 남았다. 1945년 맨해튼에 더넘 예술 연구학교가 개교했을 때, 프롬은 동료들에게 그녀가 다음 세대 아프리카계 미국인 댄서들에게 자신의 기술과 영감을 선물하고 있는 것이라고 설명하면서 그녀를 축하했다.[60]

삶의 후반기에 무릎 문제로 고생하기 시작했을 때, 더넘은 프롬에게 자신이 민권운동가가 되었다고 이야기했다. 무엇보다도 그녀는 극장이나 호텔, 식당에서의 인종 분리 정책에 맞서 싸우고 있었다. 또한 그녀는 서방 식민주의의 흔적으로부터 유색 인종들을 자유롭게 하는 작업을 하고 있던 흑인 학자들이나 지식인들의 전 세계 네트워크에서 적극적인 모습을 보여왔다. 프롬은 이렇게 진화하는 더넘의 경력에 상당한 관심을 기울였다. 더넘 역시 프롬의 저작들을 살펴볼 때마다 그에게 이렇게 말했다.

"나는 당신이 내 삶에 가져다주는 위대하고 실질적인 영향들을 더욱더 많이 알아가고 있어요."

그녀가 프롬에게 자신의 아이티 춤과 문화에 대한 책의 초안을 읽어달라고 부탁했을 때, 프롬은 그것이 굉장한 작품이라는 사실을 깨닫고는 이렇게 대답했다.

"그 에세이는 내게 몇 시간 동안 깊고 완벽한 행복을 전해주었어요. 내가 당신에게서 좋아하고 존경했던 것들이 그 안에 있더군요. 그 용기, 진실로 모두를 일깨우는 그 용기……. 거기엔 가장 근본적인 인간에 대한 깊은 사랑이 있어요."[61]

학자들은 프롬과 더넘과의 관계를 인종 간의 사소한 육체적 탈선으로 묵살해버리는 경향이 있었다. 그러나 더넘은 창의성과 생산성, 그리고 아프리카계 여성 미국인 예술가로서의 통찰과 그녀가 마주했던 모든 구속을 프롬에게 알려주었다. 더넘은 흑인 문화와 춤의 세계 속에서 인간에 대한 사랑, 호기심, 성장뿐만 아니라 나약함과 고통에 대

한 공감을 드러내면서 인간의 조건들을 배우고 습득하려는, 프롬에게
는 가장 대담하고 명민한 학생 중 하나였다. 그와 더넘이 연인 사이였
을 때, 프롬은 자유에 대한 자발적이고 실질적인 즐거움의 보람, 사랑
과 자주성과 창조적 생산성을 지닌 자유의 즐거움을 강조하면서 『자
유로부터의 도피』의 초점을 세밀하게 맞추어갔다.

아마도 더넘은 설리번이나 프롬의 생애 속 다른 어떤 여성들보다
더 창의적인 생산성과 아름다움, 자발성, 혹은 자유에 대한 활력을 그
에게 일깨워주었을 것이다. 그녀는 프롬의 미학적인 감각을 깊이 확장
시켰고, '민주적인' 미국과 나치 독일 사이의 엄격한 인종적 구분뿐 아
니라, 직업적인 전문화와 대중문화 사이의 경계를 넘어서는 수준의 열
정을 프롬에게서 이끌어냈다. 더넘과 그의 관계는 자유와 불만이라는
측면에서 『자유로부터의 도피』가 더 깊이 공감될 수 있도록, 그리고 더
욱 풍요로워질 수 있도록, 그가 이전에 조형했던 그 어떤 이론적 에서
이들보다 훨씬 더 많은 기여를 했다. 그녀는 예술적·대중적 문화에 대
한 성취, 문화적 형식의 전이에 대한 이해와 그에 수반하는 사회심리
학, 그리고 감성적인 감각과 모든 것을 즐기는 태도를 통해 프롬에게
지적인 청중뿐만 아니라 일반 대중의 마음에까지 깊이 가 닿는 힘 있
는 목소리를 찾아내도록 도움을 주었다. 더넘의 엄청난 업적에 경외심
을 느끼며 1940년대 초 프롬은 금욕적인 프랑크푸르트 연구소의 연구
자로 사는 일을 그만두고, 널리 존경받는 미국의 작가이자 시사비평가
가 되는 문 앞에 바짝 다가가 있었다.

제4장
자유로부터의 도피

『자유로부터의 도피』의 내용은 상당히 개인적이고 복합적이다. 비록 그의 가장 중요한 사상 면에서 프랑크푸르트에서의 작업이 어느 정도 기여를 하기는 했지만, 조디악 모임과 문화인격운동에서의 동료들과의 협력 관계를 통한 지적 동기부여가 또한 상당히 중요했다. 캐서린 더 넘이 보여주었던, 진정한 자유 안에 존재하던 풍요로움과 창의적인 가능성, 행복을 추구하는 방식 또한 그 책의 탄생에 중요한 역할을 했다. 프롬이 『자유로부터의 도피』를 완성하는 과정에서 홀로코스트로부터 자신의 가족과 다른 사람들을 구조하는 데 몰두했던 것은 그의 일상 생활 자체의 많은 부분이 그 책의 결을 직조하는 데 깊이 관여하고 있 었다는 사실을 보여준다. 이러한 복합적이고 끊임없이 변화하는 맥락 없이 그토록 풍요롭고 역사적으로 중요한 텍스트를 생산해내는 것은 불가능했을 것이다.

　1939년 3월, 프롬은 친구이자 정신분석 대상자였던 컬럼비아대학의 사회학자 로버트 린드에게 『자유로부터의 도피』의 상세한 개요를 건네주었다. 그는 린드에게 "내 마음에 가장 가까이 다가가 있는 주제, 그리고 그 책의 중심 주제는 바로 자유와 불안의 문제이며, 혹은 자유에 대한 두려움, 자유로부터의 도피에 관한 것이다"라고 설명했다.

한 인간에게 안정감을 주는 주요한 유대 관계들이 단절되면 인간은 근본적으로 고독하고 불안해지며, 결국 인간의 밑바탕에 남는 것은 두 가지 선택뿐이다. 자신보다 더 높은 권력에 스스로의 자아를 잠식시키거나 (…) 세상을 움켜쥐고 사랑으로, 그리고 적극적 의지로 그것들을 하나로 통합하는 것.(육체노동을 포함하는 모든 순수한 생산에서뿐만 아니라 생각하는 방식에서도.)

자아의 잠식은 현실도피이며, 그것은 자아를 위축시키고 순응과 권위주의에 날개를 달아준다. 현실도피에 맞설 수 있는 것은 윤리적 행위를 통한 자유이며, 그것은 개인적인 자아의식이나 가치, 자존감 그리고 민주적인 가치를 가속화하는 책무에 대한 사유를 깊이 있게 만든다. 1940년 가을, 프롬은 세계의 상황이 시급해지고 있기 때문에 빠른 출간이 절대적이라고 강조하면서 홀트 라인하트 윈스턴 출판사와 1940년 12월 1일을 출간일로 협의했다. 프롬은 친구인 데이비드 리스먼에게 편지를 보내 자신은 여전히 그 원고를 수정하고 있다고 말했다. 그 이유는 "예상했던 것보다 훨씬 더 많은 작업을 요한다는 사실을 발견했기 때문"이었다. 홀트 라인하트 윈스턴 출판사는 절대 1월 초 이후로 미뤄져서는 안 된다고 말했다. 결국 프롬은 분석해야 하는 환자들과의 스케줄을 줄이고, 평소와는 다르게 연말 연휴 시즌까지 내내 작업 계획을 잡았다. 마감일이 다가왔고, 『자유로부터의 도피』는 1941년 발간되었다. 이때 프롬은 마흔한 번째 생일에 가까워 있었고, 그 무렵은 히틀러가 자신의 '마지막 해결책'이라는 비전을 수행하기 위해 유대인들에 대한 몰살 정책을 시작하기 직전이었다.[1]

주제문

—

그것은 매력적인 책이었다. 프롬의 문장들은 하나도 빠짐없이 탄탄했으며, 책은 앉은 자리에서 읽어낼 만큼 잘 읽혔다. 프롬은 긴 각주와 자신의 이전 대부분의 저작들에 있었던 미묘한 논쟁을 지양했다. 그는 독일어가 모국어라는 사실을 거의 드러내지 않았고, 주로 미국인을 대상으로 하되 일반적인 범세계의 독자들과 소통하는 데도 탁월했다. 그는 비록 자신이 프로이트와 다르다는 사실을 언급했지만, 독자가 정신분석 이론이나 사회심리학에 지식이 전혀 없다고 가정하고 자신의 사회적 성격 개념에 대한 기술은 부록의 에세이로만 국한 지었다. 프롬은 또한 『자유로부터의 도피』가 앞으로의 몇몇 책들로 이어지는 첫 권이라 발표하며, 그래서 그의 독자들을 뒤이어 나올 다른 책들로까지 이끌었다. 그는 뒤이어 윤리학의 본질에 대한 책(『자기를 찾는 인간』)과 파멸에 대한 사회심리를 증폭시키는 또 다른 책(『인간 파괴성의 해부The Anatomy of Human Destructiveness』)을 계획했다.

『자유로부터의 도피』에 대해 프롬은 자신이 중세 시대의 쇠락과 르네상스가 드리우던 시절의 요한 하위징아Johan Huizinga와 야코프 부르크하르트Jacob Burckhardt와 같은 잘 알려져 있지만 오래되고 2차적인 자료들에서 대부분 그 내용을 이끌어냈다고 강조했다. 그는 개혁 시대 유럽을 형성했던 이데올로기들을 연계시키기 위해 마르틴 루터와 장 칼뱅을 직접적으로 언급했다. 비록 프롬이 마르크스에 관해 말하지 않으려고 초기 프로테스탄트주의와 자본주의의 득세를 설명하면서 막스 베버나 R. H. 토니R. H. Tawney의 작품들에 의존했지만, 그는 독자들을 너무 복잡하고 모호한 논증의 문장들로 짓누르지 않았다. 프롬은 나치가 권력을 잡게 만들었던 요인들에 대한 가장 피상적인 요약만을 기술했으며, 히틀러를 설명하기 위해 『나의 투쟁Mein Kampf』에서 상당히 많은 부분을 끌어왔다고 공개적으로 인정했다. 그는 정신분석학자나 학제 간 연구를 하는 학자, 혹은 역사가라기보다는 가장 일반적인 의미로 모든 영역을 아우르는 시사비평가로서 인간의 자유에 드리운 현재하는 위협에 대한 우려를 전달하며, 더 많은 일반 독자에게 쉽게 다가갈 수 있는 흥미로운 책을 저술했다. 그는 폭넓고 깊은 중요한 논쟁들을 하려고 하면서도 전문적인 연구원으로서의 개입은 삼갔다. 비록 그가 의료 작업이나 정신분석학적 지도 혹은 학술계에서 떠날 계획이 전혀 없기는 했지만, 『자유로부터의 도피』의 완성 과정에서 그는 확실히 그의 소명의식을 수정했고, 일반론자가 되었다.

프롬은 책 속에서 여러 번 다시 언급되는 다음 중심 주제를 제시하면서 책을 시작했다.

인간에게 안정과 제약을 동시에 안겨주는 전前개인주의 사회의 구속으로부터 벗어난 현대 인간은 자아의 실현, 즉 자신의 지적·정서적, 그리고 오감을 만족시키는 잠재력이라는 실질적인 측면에서는 자유를 획득하지 못했다. 비록 인간에게 독립과 합리성을 가져다주기는 했지만, 자유는 인간을 고독하게 만들었고, 그러므로 불안하고 무기력하게 했다. 이러한 고독은 견디기 힘든 것이며, 그러므로 인간이 직면하게 되는 두 가지 선택은, 자유의 무게를 감내하지 못한 채 또 다른 속박과 순응에 고개를 숙이거나, 자신만의 개성에 뿌리를 내린 적극적인 자유의 완벽한 실현을 위해 한발 앞으로 나아가는 것이다.[2]

이러한 자유에 대한 동시대의 위기는 프롬이 '현대 인간의 성격 구조'에 대한 연구를 잠시 미루게 했다. 그러한 위기는 현대 문화의 위대한 업적들, 즉 '개성과 인격의 고유함'을 위협하고 있었다. 이러한 성취들은 자유, 즉 윤리적이고 창조적으로 행동하는 능력과 더불어, 삶의 목적을 자주적으로 충족시키기 위해 행동하는 능력에 대한 '자유'를 실질적으로 사용함으로써 증폭되어왔다. 특히 나치와 같은 전체주의의 확대는 이러한 개인의 실질적인 자유를 뒤집어버렸다. 그것은 부정적인 자유, 즉 개인에 대한 강요나 제한, 혹은 억압이 없는 '도피하는 자유'의 개념을 전복시켜버렸다. 민주주의 사회에서는 권력을 가진 자들의 지시에 순응함으로써 소극적·적극적 자유 모두 저당 잡히거나 몰수될 수 있다. 프롬은 자아의 통합을 위한 주된 싸움은 전체주의 국가에 대항하는 것뿐만 아니라 '우리 자신과 우리의 제도들'일 수도 있다고 주장했다. 이러한 것들이 바로 이 책의 가장 주된 본질이었다.[3]
순응주의자들의 현실도피주의와 자유 사이의 싸움은 인류에 대한 실존주의적 딜레마를 드러낸다고 프롬은 주장했다. 왜냐하면 프로이트는 인간의 드라마를 본능적인 욕망에 뿌리를 둔 생물학적 만족이나 좌절의 견지에서 규정했기 때문에 정신분석학적 정설은 그 문제를 수용하기에는 부족할 수밖에 없었기 때문이다. 프롬은 자신의 초기 저작들에서처럼 프로이트 욕망 이론과 모더니스트 의제에서 조금씩 멀어진 상황에 대해, 혹은 본능이라는 것은 사회적·경제적 조건들을 통해 근간을 이루고 또한 기능할 수 있다는 사회적 성격의 개념으로의 이동에 대해 상세하게 기술하지는 않았다.

"인간의 본성은 생물학적으로 고정되어 타고난 욕망의 총체나, 저절로 부드럽게 맞아 들어가는 문화적 유형들의 생기 없는 그림자가 아니다. 그것은 인간 진화의 산물이기는 하지만, 또한 어떤 고유한 메커니즘과 법칙들을 내재하고 있는 것이다."

인간이 진화하면서 우리는 인류와 본성에 대한 일체감, 혹은 연결성에 근거를 둔 본능적인 정서를 상실했다.(이 지점에서 프롬이 진화가 덜 된 동물에게서 지속되는 본능적인 경향의 많은 부분을 인간이 드러내고 있다는 다윈의 관점을 활용하지 않았다는 점은 상당히 흥미롭다.) 프롬은 인간이 독립적이고 합리적이며 자급자족하는 개인이 되었지만 또한 더욱 고립되고 외로우며, 그래서 외부의 세계와 관계를 맺고 싶어하는 불안한 존재라는 사실을 포착했다. 이러한 점에서 프롬은 타인들과 혹은 세상과 유대를 맺고자 하는 현대 인간 정서의 중요성을 설명하기 위해 해리 스택 설리번의 대인관계 심리에 주목했다. 그는 또한 현대 사회의 특징이 된, 개성에 근거를 둔 모든 것을 마비시키는 불안의 본질에 대한 카렌 호르나이의 이해를 강조했다. 프롬은 또 마거릿 미드나 루스 베니딕트, 존 달러드, 에드워드 사피어 그리고 문화인격운동 내의 다른 사람들의 저작들 안에서도 그러한 가치들을 찾아냈다. 그들의 작업은 현대 인간이란 사회와 문화라는 무대 위에 홀로 선 활기 넘치는 배우라는 사실을 증명하고 있었다.[4]

프롬은 『자유로부터의 도피』에서 거의 100여 페이지에 걸쳐 자신의 주요한 논지에 대한 가장 명확한 진술을 제시했다.

"우리의 목표는 현대 사회의 구조가 동시에 두 가지 방식으로 인간에게 영향을 미치고 있다는 사실을 보여주는 것이리라. 인간은 더욱 독립적이고 자립적이며 또한 비판적이 되지만, 동시에 더욱 고립되고 외로우며 또한 두려움에 떨게 될 것이란 사실을."

세상을 다시 하나로 묶고, 그를 통해 두려움과 고독과 외로움을 지워나갈 수 있으려면 인간은 새롭게 발견한 개성과 자유의 의미를 어떻게 적극적으로 활용해야 할까? 프롬의 대답은 모호하다. 현대 자아를 위한 주요한 임무는 자신의 즐거움을 증진시키면서 동시에 자신의 역량이나 독립적인 자아의식을 다른 사람들과 공유하는 행동을 통해 자발적으로 활기 있게, 또한 자기만의 방식으로 스스로의 자유를 활용하는 것이다. 그렇지 않다면 우리는 존중이나 순응을 통해 권위와 관습에 스스로를 종속시킴으로써 외로움을 치유하려 할 것이다. 프롬은 이렇게 묻는다. 어떻게 현대 자아는 적극적인 자유를 통해, 즉 자주적이고 결단력이 있으며 윤리적인 행동을 통해, 새롭게 발현된 개성이 아니라 불안에, 그 불안을 극복하는 일이 아니라 위기에 다다르게 되었을까?[5]

『자유로부터의 도피』는 개별화의 기원을 두 가지 층위에서 발생한 것으로 규정한다. 하나는 모든 신생아에게 고유하게 주어지는 것으로서, 그리고 또 다른 하나는 좀 더 넓은 역사적·문화적 힘에 의한 산물로서다. 삶의 초기에 모든 유아는 개인이 된다. 비록 태어나면서 태아 상태를 그만두고 탯줄을 끊고 어머니의 육체로부터 독립된다고 하더라도 아이는 여전히 전반적으로 어머니에 대한 의존을 지속한다. 그러나 점차적으로 그는 어머니나 여느 사물들을 자신과는 다른 개별적인 개체로 인식하게 된다. 신경과 육체의 발달을 통해 유아는 육체적·지적으로 자신의 외부에 존재하는 다양한 육체적·관념적 독립체들을 이해하고 터득하게 되는 것이다. 그는 '나'와 '당신'의 구별을 조금씩 발전시킨다. 그러나 그가 완전히 자신과 타인을 구별하고 자신과 별개의 것으로서 부모나 다른 권위들을 인식하는 데는 몇 년이 걸린다. 그는 육체적·감정적·정신적으로 성장하고, 이러한 성장의 요소들이 점차적으로 구조화되어 통합된 개성, 즉 자아로 드러나게 되는 것이다. 즉, 개인화에 들어서며 유아기의 주된 유대가 쇠퇴하고, '자아의 힘을 가진 성장'이 진행된다.[6]

발달 정도가 더 낮은 동물들은 태어나면서 본능적이고 반사적인 신경 메커니즘의 지배를 받는 데 반해, 인간은 발달적으로 이야기하면 가장 고등의 동물이다.(또다시 프롬이 이러한 전제를 진행하는 과정에서 다윈을 명확하게 인용하지 않았다는 점은 이상하다.) 프롬은 인간이 성장하면서 얻는 본능적으로 결정된 것들로부터의 상대적인 자유는 인식적인 발달과 학습을 통해 인간이 실질적인 의미로 점점 자유를 얻어간다는 것을 의미한다고 설명한다. 인간은 자신의 운명을 결정할 수 있으며, 본성으로부터 자신을 떼어낼 수 있다.

"아이가 육체적으로 절대 어머니의 자궁으로 돌아갈 수 없듯이, 개별화의 과정은 정신적으로 절대 되돌릴 수 없는 것이다."

확실히 개별화의 과정이 진행되고 아이가 통합된 자아의 정서를 획득했을 때, 그 아이는 개인이라는 존재의 고유한 외로움의 혼란스러운 감정으로부터 탈출하기를 희망하고 그러므로 때때로, 특히 그가 다른 사람들과의 연대를 모색할 수 있는 내재적 힘과 생산성이 충분히 발달되어 있지 않다면, 부모나 다른 권위에 다시금 복종함으로써 이러한 외로움의 감정을 탈출할 길을 모색하는 것이라고 프롬은 주장한다. 이러한 복종은 아이에게 일시적인 안정감이나 타인과의 유대감을 줄 수 있다.

"그러나 아이는 그 대가로 자아의 힘이나 온전함을 내어주어야 한다는 것을 무의식적으로 깨닫는다. 그러므로 복종의 결과는 그 목적과는 오히려 정반대에 위치해 있다. 복종은 아이의 불안을 증폭시키고, 동시에 적대감과 반항심을 일깨우는 것이다."

프롬은 이 말을 다시 언급하며 자신의 진술을 결론짓는다. 아이는 부모와 본성의 주요한 유대로부터 멀어지고, 그러면서 완벽한 자유와 독립을 실행하며, 또한 거기에서 만족을 얻기 위해 개별화된 자아가 되는 것이라고.[7]

비록 프롬이 『자유로부터의 도피』의 서두에서 인간 본성은 고정된 것이 아니라 무한히 가변적이라고 이야기했지만, 그는 초기 발달 과정에서 모든 아이는 알려진 것과 같은 그런 경험을 한다고 묘사했다. 이러한 보편주의적 상정은 루스 베니딕트나 마거릿 미드 그리고 그의 다른 인류학자 친구들을 불편하게 만들었고, 그들은 인간 조건에 고유한 단 하나의 과정이 있다고 말하기엔 아이들의 발달 과정에는 너무 많은 다양성이 존재한다고 지적했다. 프롬은 그들의 지적에 답변을 하지는 않았다. 프롬에 따르면, 일단 아이가 개별화되면 아이는 스스로 자아의 정서를 증진시킬 수 있고, 권위에 복종하는 것에 의해서가 아니라 자유를 포용하고 확장시킴으로써 지속적으로 만족감을 향유할 수 있다. 다시 한번 프롬은 보편주의적 가설을 상정하고 있었다. 문화주의자이거나 신프로이트학파인 그의 친구들은 특정한 사회나 문화, 그리고 역사적 영향력이 개인의 불안이나 외로움의 수준에 상당히 다양한 파급력을 가지게 된다고 응수했다. 어떤 환경에서는 그 불안이나 외로움이 너무 강해서 아이가 자유를 포용할 수 있는 경향을 애초부터 거의 갖지 못한다는 것이었다. 이러한 반론에 짓눌려 프롬은 한발 물러섰지만, 구체적인 사례는 거의 제시하지 않았다.

역사적 근거들

—

『자유로부터의 도피』에서 프롬은 유아 발달 과정에서 개별화와 자유가 고유한 부분이라는 보편주의적 입장을 독단적으로 유지했다. 프롬은 중세 시대 이전의 서방 사회에는 개인의 자유라는 개념이 존재하지 않았다고 주장했다. 실제로 중세 시대의 인간은 전 생애에 걸쳐 자신의 사회 계급이나 지역, 혹은 천직에서 멀어질 기회가 거의 없었다. 인간은 자신의 재능이나 야망과는 관계없이 계급에 따르는 계층화된 사회의 특정한 장소 안에 붙들려 있었다. 그러나 인간은 자유롭지는 않았지만, 또한 고립되거나 고독을 느끼지도 않았다.

"사회 질서는 자연의 질서로 여겨졌고, 사회의 일부분이 된다는 사실은 안정감과 소속감을 주는 것이었다."

게다가 그들은 제한된 사회 영역 속에서도 '자신의 직업이나 정서적인 생활에서 자신의 자아를 표현할' 기회가 있었다. '인식적인 존재로서의 개인'이 아직 출현하지 않았기 때문에 중세 사회는 개인의 자유를 위협하지는 않았던 것이라고 프롬은 주장했다.

"인간은 여전히 중요한 유대로써 바깥세상과 연계되어 있었다."

그들은 인종과 민족, 정당이나 가족, 혹은 협동조합의 일원으로서, 단지 어떤 일반적인 범주를 통한 일원으로서 자기 자신을 인식하고 있었다. 인간은 사회에 묶여 있었지만, 자유가 박탈될 수 있는 '인간'이라는 개념이 아직 존재하지 않았기에 사회에 대한 구속은 현대 자유의 박탈과는 근본적으로 다른 종류였다. 프롬은 현대가 본질적으로 중세나 전반적인 가톨릭 시대의 연장이라는 전제를 거부하고 있었다. 한나 아렌트나 몇몇 다른 학자와 마찬가지로 그는 단절을 감지하고 있었다. 현대 시대는 명백히 다르다는 사실을.[8]

프롬은 이러한 전이를 규정하기 위해 막스 베버보다는 야코프 부르크하르트의 『이탈리아 르네상스의 문화The Civilization of the Renaissance in Italy』(1860)에 더 중점을 두면서, 자본주의의 출현이 얼마나 심각하게 이러한 중세의 질서를 변형시켰는지 묘사했다. 중세 후반기, 이탈리아에서 서유럽 그리고 중부 유럽에까지 걸쳐, 그곳에는 결단력과 힘과 야망을 지닌 그러나 전통적인 생득권과 타고난 존엄 정신이 없는, 돈을 가진 새로운 계층이 득세하고 있었다.[9]

프롬에 따르면 이 계층은 지중해 주변에서부터 동양 세계까지 무역과 산업에 활발하게 참여했다. 그들의 성공은 자아 의지와 부의 획득의 중요성을 증명하는 것이었다. 르네상스 시기 동안 그들은 자신들의 경제적 활동과 새로 창출한 부를 통해 자유로운 인간이란 자신의 삶에서 자신의 거점을(때때로 자신들의 사회적 고립의 정서까지도) 변경시킬 수 있다는 관점을 지닌 부유하고 강력한 상위계층이 되었다. 비록 소규모 장인들이나 중산층은 이러한 부를 거의 공유하지 못했고 때때로 그들의 먹잇감이 되기도 했지만, '자기 발전'을 위한 점점 늘어나는 경쟁적인 싸움들이 자본주의의 시작을 알리고 있었다.[10]

그와 함께 최초의 현대적 개인의 탄생 조짐도 드러났는데, 그러한 개인은 소속과 기회가 있기는 했지만 공동체 안에서 지속적으로 머무를 수 있는 자신의 자리를 찾지는 못했다. 책의 본문이 아닌 주석에서 프롬은 화합, 중세 시대의 계층화, 개인주의, 탐욕 그리고 르네상스 자본주의의 상대적인 사회적 고립에 대한 자신의 구별이 역사적 인물들의 복잡한 삶과는 어울리지 않는 추상적 관념인 '이상적인 예'를 나타낸다는 사실을 인정했다. 사실, 초기 자본주의의 경제적·사회적 세력들은 12~14세기의 중세 사회에서도 이미 발전했고, 또한 중세 사회의 요소들이 실제적으로 현대에까지 계속되고 있었다.[11]

프롬은 역사적 변화의 커다란 밑그림을 제시하는 데 너무 몰두한 나머지 전문적인 역사학자로서 마땅히 해야 할 것들을 놓치고 있었다. 격렬한 논쟁이라고 할 수도 없는 것들을 통해 프롬은 전문적인 역사적 연구를 해석을 잃어버린 '무수히 많은 세부사항의 모음'에 불과한 것으로 축소시켜버렸다. 가톨릭 신학자인 프롬의 친구 토머스 머튼 Thomas Merton이 단서를 달거나 뉘앙스를 고려치 않고 너무 낙관적으로 중세 시대의 한 단면만을 보여주는 것에 대해 자격이나 함의가 상실된 것이 아니냐고 그에게 주의를 주었을 때, 그는 거의 반론을 제기하지 못했다. 프롬은 단순히 '나의 삶의 초기 20여 년 동안 내게 주어진' 중세 시대에 대한 매우 부정적인 성향에 과민반응을 보였던 것일지도 모르겠다는 사실을 인정했다. 프롬은 또한 중요한 역사적 상황이, 일반 독자들에게 매우 뚜렷한 방향성을 제시하며 술술 읽혀나가기를 원했던 자신의 내러티브를 짓눌렀던 것인지도 모르겠다고 생각했다. 반대로, 전문적인 역사학자들은 『자유로부터의 도피』가 자신들이 추구하는 역량에는 미치지 못하는 것이라고 생각했다.

막스 베버와 R. H. 토니에서 개념을 가져온 프롬은(그는 이 빚에 대해 완전히 인정하지는 않았다) 개성이라는 의미의 도래를 설명하기 위해 초기 자본주의와 종교를 연계시켰다. 그러나 그는 진지한 마르크스주의자의 한 사람으로서 계급 구별을 강조했다. 초기 자본주의는 르네상스 예술과 음악, 문학에서 전해 내려오는 자아와 존엄을 받아들임으로써 새롭게 발견된 자신들의 개성과 경제적 힘이 유지된다고 느꼈던 계급, 즉 새로운 돈의 계급에 속한 개인들의 경쟁적이고 탐욕적인 습성을 정당화했다. 그러한 새로운 부유층은 또한 교회의 구조 안에서 신의 사랑을 의심하지 않는 인간의 존엄과 권리를 강조했던 중세 가톨릭주의로부터 지지받고 있다고 생각했다. 부유한 상인들과 경영자들 사이에서 떠오른 개성이라는 감각은 외로움과 고독의 정서를 증가시키기도 했지만, 르네상스 문화와 후기 중세 교회에서 인간 노력의 혜택과 자아를 추앙함으로써 이런 정서는 어느 정도 나아졌다.[12]

이와 대조적으로 초기 프로테스탄트주의는 도시 중하층계급들과 농부들에게 호소했다. 이들은 떠오르는 자본주의 아래에서 중세 시대로부터 전해 내려온 사회 구조적 안정감이나 보호를 상실했는데 이것이 새로운 자본주의 시장에서 자유로워지고 자주적이 된 대가였다. 거의 예외 없이, 그들은 돈을 가진 새로운 엘리트 집단에 의해 착취당했고 경제적·사회적 추락의 덫에 걸리고 말았다. 다른 어떤 사람보다 루터는 인간은 가톨릭교회의 권위로부터, 그리고 그에 수반하는 제도적 장치들로부터 자유롭다고 자신의 지지자들에게 설교함으로써 무기력과 불안과 위태로움의 정서를 표현했다. 그러나 이것이 이러한 간절한 사람들이 자아 의지를 바탕으로 활동하고 자신들을 위한 더 행복한 삶을 창출할 수 있다는 것을 의미하지는 않았다. 오히려 그 반대였다. 루터에게 인간은 타고난 악함이 있으며, 더 커다란 우주적인 개념에서 볼 때 하찮은 존재였다. 인간은 어떤 자아 개념이든 완전히 내어놓고 신의 은총 아래 굴복할 때만 만족과 구원을 얻을 수 있었다. 비록 타고난 악의 본성이 완전히 사라지지 않을지라도 인간이 자신의 개인적 의지와 독립된 개체 의식을 무너뜨리는 바로 그 순간에만 인간은 평안과 구원을 찾을 수 있었다. 프롬은 루터의 그러한 규정이 매우 문제가 많으며, 의심과 불안에 대한 임시방편에 불과하다고 생각했다. 왜냐하면 기본적으로 인간은 자기 자신의 의지를(신의 의지가 아니라) 효율적으로 사용해야 하며, 사회와의 안정적이고 행복한 관계를 구축해야 하기 때문이다. 그러나 프롬은 신에 대한 완벽한 복종과 제도화된 권위에 대한 존중을 통한 안정이나 확신을 위한 루터의 호소가 많은 사람을 끌어들였다는 사실을 인정했다. 프롬은 반감을 가진 채로, 프로테스탄트주의도 본질적으로 자유로부터의 도피를 요구했다고 지적했다.

루터를 규정하면서, 프롬은 히틀러 그리고 개인의 의지를 파괴하려는 또 다른 동시대의 독재자들을 언급했다. 알려진 대로 루터는 '국가나 지도자에 대한 개인의 완벽한 복종의 원칙과 많은 부분 공통되는 해결책'을 제시했다. 이것은 종교개혁 학자들에 의해 그려진 루터의 모습이 아니었다. 16세기의 루터교에 상응하는 20세기의 대응물은 '더 높은 권위와 인종적 공동체의 지도자를 위한 희생만이 삶의 목표임을 강조하는 파시스트'였다. 명백히 프롬은 매우 다른 두 세기 그리고 실질적으로 그 사이에 존재하는 역사적 간극을 다룸에 있어 역사적 문맥들에서 과도하게 자유로운 방식을 택하고 있었다. 실제로 루터에서 히틀러까지를 하나의 길로 직접 잇는 그의 주장은 어떻게 보아도 문제가 있기는 했다. 그러나 프롬은 그의 전반적인 주장을 진행시키기 위해 역사학자라기보다는 어느 정도 사회철학자나 시사비평가로서써 내려가고 있었다. 그는 왜 세상이 점점 더 노예화되어가는지를 설명하기 위해 역사를 차용했던 것뿐이다. 하인츠 브란트나 조피 잉글렌더, 그리고 히틀러에게 학대받는 다른 가족을 도우려던 프롬의 노력을 생각해보면, 여기에는 좀 더 심오한 개인적인 시각이 존재했는지도 모른다.[13]

초기 프로테스탄트주의가 어떻게 중세 이후의 개인의 불안에 응답했는지를 묘사할 때 또 생각해봐야 할 사람으로는 제네바의 칼뱅이 있었다. 프롬은 루터처럼 칼뱅도 득세하는 자본주의에 의해 학대받거나 위협을 받는다고 느끼는 장인들이나 중산층, 소규모 상인들에게 영향을 미쳤다고 이야기했다. 칼뱅의 신은 어떤 사람은 축복의 품에, 다른 어떤 사람은 단번에 영원히 지옥에 떨어지는 운명을 부여하는, 루터의 신보다 더한 독재자였다. 인간은 근본적으로 평등하지 않으며, 구원받을 자와 저주받을 자로 나뉘어 있었다. 프롬은 칼뱅주의가 나치 이데올로기 안에서 아리아인들과 그 이외의 다른 '하등한' 민족들로 인종적 구분을 지으며 가장 격렬한 부활을 했던 것이라고 역설했다. 그러나 오직 신만이 누가 구원받을지 알고 있었기 때문에 선택된 사람들 속에 들어가기 위해 사람들은 매일 자신의 일상에 엄청난 노력을 기울여야 했고, 신의 눈에 띄기 위해 가능한 한 겉으로 드러나는 신호를 보내거나 마음속으로 품위를 되뇌며 검소한 생활을 해야만 했다. 즉, 칼뱅주의는 일하고 선행을 하며 스스로 구원을 받으라는 끊임없는 강요를 주지시킴으로써 격렬하고 가차 없는 노동을 하게 만들고 있었다. 막스 베버의 시각을 널리 퍼뜨리고 있던 프롬에게 초기 자본주의는 사회의 강제가 아니라 신의 선택을 받기 위해 세속적인 사치를 버리고 더욱더 바쁘게 노동을 하고자 하는 내부적 강요에 이끌린다는 측면에서, 칼뱅주의보다 더 나을 것이 없었다.[14]

프롬은 프로테스탄트주의가 근본적으로 루터주의와 칼뱅주의의 징후들 모두에서, 소외된 중산층과 장인계급의 두렵고 고립되고 박탈당한 사람들을 위한 해답의 역할을 한다고 주장했다. 프로테스탄트주의는 노동자들이 자신의 독립 가능한 자아의식을 독재적인 신에게 양도함으로써 득세한 권력 앞에 무릎을 꿇게 하고 오직 일하고 절약하도록 강요하여 이들이 새로운 자본주의 경제 질서에 걸맞은 성격 구조를 갖도록 했다. 자본주의하에서 인간은 '인간다움의 중심에 내재한 닫힌 세상' 속에서 살기를 거부했다. 그 대신 인간은 자본과 시장이라는 초인적인 힘에 의해 지배되었고, 그러므로 그들은 사회와의 일체감이나 우주에서의 장소감을 상실해버렸다. 프로테스탄트주의는 이러한 정서들마저 하찮은 것으로 치부해버렸다. 그것은 신의 무조건적 사랑을 파괴하는 것이며, 새로운 경쟁적 경제 질서와 어울리는 자기 자신과 다른 사람들을 불신하고 경멸하도록 가르치는 것이었다. 프로테스탄트주의와 자본주의 모두 노동에 대한 강요와 절약에 대한 몰두, (외부적인) 권력의 목적을 위해 개인의 삶을 기꺼이 도구화하려는 자세와 금욕주의, 일에 대한 강제적 의무감 등으로 이루어진 성격 구조를 구축했다. 자본주의 확장의 도구이자 독단적이고 전지전능한 신의 도구가 된 인간은 의지와 존엄을 가진 고유한 독립체로서의 감각을 상실해버렸다. 초기 현대 유럽의 프로테스탄트주의는 현대 권위주의의 뿌리가 되었으며, 조금도 과장 없이 루터와 칼뱅에서부터 히틀러로 이어진 지나치게 단순화된 통로였다.[15]

프롬이 막스 베버와 R. H. 토니가 해석한 초기 프로테스탄트주의와 초기 자본주의의 서로 맞물리는 본질을 현대 자아의 출현에 대한 자신의 내러티브로 덮어버리기만 한 건 아니었다. 그는 또한 15~16세기의 '개인의 고립'의 출현에 대한 키르케고르의 통찰에서 영향을 받기도 했다. 실제로 프롬은 많은 세심한 사상가들이 '그 문제'를 기술하는 데 자신보다 앞서 있다는 사실을 인정했다. 초기 프로테스탄트주의에 대한 몇몇 전문 평론가들은 어떻게 루터와 칼뱅, 그리고 그들의 추종자들이 자아와 공동체의식을 축소시키고 순응을 주입시켰는지에 대해 프롬이 과도하게 강조하고 있다고 생각했다. 그 대답으로 프롬은 초기 프로테스탄트주의에 대한 다른 시각이 존재한다는 사실을 인정했지만, 그가 15세기와 16세기의 특정한 역사적 발전을 20세기 방식으로 재현했다는 것만으로도 학자들은 그를 놓아주려 하지 않았다. 그런데도 중세 후반기와 현대의 시작에 대한 프롬의 반역사적인 묘사들은 현재를 끌어들였고, 심지어 일반적인 인간의 심리학적 조건들에 관해서까지 이야기하고 있었다. 에릭 에릭슨이 『청년 루터Young Man Luther』(1958)를 출간하기 17년 전에 프롬은 비록 역사보다 심리학에 중점을 두기는 했지만 심리학과 역사를 통합했다. 그는 인간 심리와 자유의 문제, 과거와 현재를 분명 인상적이기도 하지만 확실히 과장된 대화로 파헤쳤다. 1960년대에 자신들을 '역사 심리학자'라고 부르던 클리오 크래프트Clio's craft 모임의 수많은 진지한 학생이 왜 그들의 분야의 창시자로서 프롬보다는 오히려 에릭슨을 언급했는지는 말할 필요도 없을 것이다.[16]

현대 사회에 대한 도전을 강조하기 위해 프롬은 처음에 그 원고에 '이기심과 자기애'라는 제목을 붙이려고 했다. 사실 그는 『정신의학』

1939년 호에 그와 같은 주제로 기사를 실은 적이 있었고, 뒤이어 그것을 『자유로부터의 도피』의 주제문 중 하나로 바꾸었다. 수 세기 동안 이기적이 되지 말라는 말은 독지활동이나 자선사업을 증진시키기 위한 책망의 목적으로 다른 사람들과 또 다른 대의에 관심을 촉구하는 진부한 문구였다. 다른 사람을 사랑하는 것은 미덕이지만, 스스로를 사랑하는 것은 죄악시되었고, 과도한 것이었다.

프롬에게는 그 반대였다. 르네상스와 종교개혁 이래로 새롭게 발견된 자유를 위해 그 기회를 움켜쥐는 일은 필수적이었다. 프롬은 자기애와 자존감은 절대적인 것이라고 주장했다. 인간은 스스로를 사랑해야 한다. 자기 자신의 고유한 삶을, 행복을, 감정을, 성장을, 자유를 확인하기 위해, 그리고 타인에게 사랑과 존중을 전파하기 위해 자기 자신을 사랑해야 한다. 다시 말해, 타인의 안녕을 순수하게 존중하기 위해 우리에겐 자신에 대한 사랑과 절대적인 지지가 필요한 것이다. 사람은 자신이 갖지 못한 것을 타인에게 줄 수 없다. 프롬은 해리 스택 설리번을 언급하며 인간은 자신이 스스로에 대한 확신에 찬 정서를 가지고 있지 않으면 사랑하는 사람에게 순수한 애정을 전달해줄 수 없다고 주장했다.[17]

그러므로 칼뱅이나 루터와 달리 프롬은 자아는 어떠한 대의에도 종속되지 말아야 하고, 종속은 진정한 자아를 가리고 약화시키며, 그것은 결국 탐욕과 나르시시즘과 이기주의로 귀결될 것이라고 주장했다. 이기심은 인간으로부터 진정한 자유를 앗아갈 뿐만 아니라 자신의 자존감을 실은 자기 자신의 인간애를 앗아가는 것이었다. 프롬은 이러한 자기 소모가 이기심, 나르시시즘의 본래 의미라고 말한다.

스스로를 사랑하지 않으며 스스로를 받아들이지 않는 사람은 자신의 존재에 끊임없이 불안을 느끼게 된다. 순수한 애정과 지지의 기반에 의해서만 존재할 수 있는 내재적 안정감이 그에게는 없다. 그는 끊임없이 자신을 염려하며, 모든 것에 탐욕스러워진다. 왜냐하면 근본적으로 그에게는 자아의 안정이나 만족감이 결핍되어 있기 때문이다.[18]

독점자본주의와 기계적 순응

—

문제적 대중사회를 탄생시켰던 19세기와 20세기 독점자본주의의 득세에 대한 심리적 영향들과 자유에 대한 인간의 갈망에 미친 프로테스탄트주의의 부정적 영향에 관해 프롬이 설명할 수 있었던 것은 바로 자기애와 이기심 사이의 구별을 통해서였다. 비록 『자유로부터의 도피』에 대해 어떤 시사비평가도 이 점을 지적하지는 않았지만, 프롬의 내러티브 속 이러한 구획은 현대 독점자본주의의 자기 소모적 성질과 관련해 제2차 세계대전 이후 몇십 년 동안 제시될 중대한 많은 연구를 예측했다.

대중사회의 위기를 논하기 위해 프롬은 종교개혁 이후의 역사적 변화들이 '더 독립적이고 자급자족적이며 비판적인', 하지만 또한 '더 고립되고 외로우며 두려움에 가득 찬' 현대적 개인을 만들어냈다는 사실을 지적하면서 역사적 발전의 흐릿한 윤곽만을 제시했다. 그는 자아에 대한 정치적 규제가 영국, 프랑스, 미국에서의 혁명들로 인해 진전을 보지 못했다고 주장했다. 현대 민주주의 국가는 법률에서 대표하는 정부나 동등한 권리들에 기초해 탄생했다. 개인에 대한 교회나 국가의 구시대의 강압적 권력이 남용됨에 따라 표현의 자유와 종교의 자유가 대두했다.[19]

그러나 다른 성질을 가진 새로운 적이 나타났고, 그것은 본질적으로 외부적인 규제가 아니라 인간 자유의 완벽한 실현을 가로막는 내부적인 요인들이었다. 독점자본주의하에서 인간은 프롬이 '자기 순응'이라고 불렀던 것을 필요로 하는 점점 더 거대한 비인격적 단체나 과정들과 관계를 맺게 되었다. 현대 인간이 생각하고 말하는 것의 많은 부분은 다른 사람의 생각이나 말과 똑같다. 자아의 외부 구조로부터 발생하는 정서와 생각들을 자기 자신의 경험이라고 여기는 오류가 나타났던 것이다.[20]

프롬은 독점 자본가들에 의해 소유되고 있는 그 거대한 비인격적 단체나 기업들이 어떻게 시작되었으며, 상품과 서비스의 대량 생산, 대량 배부의 상황 속에서 어떻게 노동자들의 '기계적 순응'을 요구하기 시작했는지 세부적인 사항들을 나열하지는 않았다. 그는 어떻게 그러했는지 묘사하는 대신 이렇게 역설했다.

"현대 인간은 때로는 작은, 때로는 더 커다란, 자신에게 어떤 흐름을 강요하는 거대한 기계의 톱니 하나로 전락해버렸다. 이 기계는 인간 자신이 통제할 수 없으며, 인간은 스스로를 완전히 하찮은 것으로 생각하게 된다."

프롬은 수 세기 동안의 법인 조직들과 그에 수반하는 기술 발전의 역사를 자기 순응의 득세에 대한 논의로 요약해버렸다. 결과적으로 그는 초기 프로테스탄트주의의 '자기 억압'에 의해 흐릿해졌지만 뒤이은 민주주의 정치 개혁들로 인해 뚜렷해졌던 고립된 개인이 어떻게 독점

자본주의의 기업 형태에 사로잡힌 순응주의적 '톱니'로 전락해버렸는지, (제대로 설명하지 않고) 단지 역설하기만 했다.[21]

자기 순응을 요구하는 거대 법인 조직 안의 무기력한 '톱니' 하나로 현대 인간을 규정한 프롬은 베버에게서 많은 것을 가지고 왔다. 그가 일반적 '현대 사회'에 대해 논하긴 했지만, 그 초점은 미국이었다. 옛날의 장인이나 공예가들이 자아의 확장으로서 자신의 물건을 만들어낸 데 반해, 현대 노동자들은 이익에만 관심이 있는 거대 조직 안에서 커다란 제품의 작은 부품 하나만을 조립하고 있다. 자신이 했던 작업의 결과물로부터 멀어진 수공업 노동자는 조립 라인에서의 육체적인 에너지로만 대가를 부여받고, 사무실에서 근무하는 직장인들은 자신들의 전문적인 지식과 관련된 일에만 종사한다. 노동자들은 자신들이 조직의 이익에 기여하지 못하면 '무자비하게 해고될 것이라고' 자연스럽게 이해하게 되는 것이다. 컬럼비아대학 사회학자인 C. 라이트 밀스는 10여 년 후 자신의 걸작 『화이트칼라: 미국의 중산층White Collar: The American Middle Classes』(1951)에서 독점자본주의하에서의 작업은 소외적이며 자기 비하적이라고 지적했다.[22]

『자유로부터의 도피』는 인간을 소외시키는 현대 노동의 본질에 관한 밀스의 논의들뿐 아니라, 또한 윌리엄 화이트의 중대한 저서 『조직 인간The Organization Man』(1956)을 예견하기도 했다. 프롬은 "옛날의 소규모의 기업에서 노동자는 자신이 일하는 그 자리에서 상사를 직접적으로 알아갔다"라고 강조했다. 그러나 거대 법인 조직에서는 그렇게 알아가게 되지 않는다. 상사라는 자리는 '경영'을 하거나 대차대조표를 들여다보는 익명의 권력으로 대체되어버린다. 노동조합이란 거대한 비인격적 조직 안에 들어가서 맞서기 위한 힘의 정서를 부여하는 조직으로, '경영'에 맞서 노동자를 보호한다. 문제는 노동조합 또한 노동자의 능동적인 참여를 방해하는 거대 조직으로 성장해버리고 만다는 사실이다. 자신의 노동의 대가에 대한 소유의식이 결핍되면서 현대 노동자들은 현대 노동 현장의 본질로부터 더욱 괴리된 정서를 갖게 된다. 노동 현장은 인간의 내재적 창조 역량을 증진시키는 대신, 오히려 고정적이며 예측 가능한 '조직 인간'에 인간이 스스로를 끼워 맞추기를 요구하는 것이다.[23]

영혼이 사라진 자기 순응을 기술하면서 프롬은 소비문화에 대한 실질적이고 흥미로운 전후문학을 예견했다. 옛날의 작은 독립된 소매점에서 주인은 직접적으로 소비자를 '중요한 한 사람'으로 이해하고 받아들였다. 점주는 소비자의 바람과 요구에 귀를 기울이고 존중했으며, 구매라는 거래는 소비자의 존엄과 자존감을 증진시켰다. 이와 대조적으로 현대의 백화점 소비자는 광활한 장소에 퍼져 있는 엄청난 양의 상품과, 소비자를 비인격적인 매출의 근원으로 간주하는 거대한 규모의 판매 세력으로 인해 '사소하고 중요하지 않다는' 느낌을 갖게 된다.

"아무도 소비자가 찾아오는 일을 기뻐하지 않으며, 아무도 소비자의 바람에 특별히 관심을 갖지 않는다."

작은 상점의 주인은 소비자가 물건을 구입하게 하기 위해 '상당히 합리적이고 분별 있는 이야기'를 사용하는 반면, 현대의 광고는 그 상품에 정서적으로 깊은 인상을 갖게 하고 정보만을 제공한다고 프롬은 덧붙였다. 현대 광고는 상품의 품질에 대한 이야기는 피하고, 마취제처럼 소비자의 비판 능력을 없앨 방법만을 찾고 있다. 밴스 패커드Vance Packard의 중대한 연구인 『숨어 있는 설득자The Hidden Persuaders』(1957)에 앞서, 프롬은 상품을 소비자의 꿈과 두려움 그리고 판타지에 대한 미묘한 호소를 통해 마케팅되는 것이라고 보았다. 프롬은 또한 거대한 소비자 센터와 의미 없이 쏟아지는 광고의 홍수에 맞서 소비자의 비판 능력과 존엄, 존재감을 회복시키기 위한 소비자운동이 나타났지만, 그 운동 또한 미약한 시작의 발걸음 너머로 나아가지 못했다고 지적했다.[24]

요약하면, 프롬은 현대 독점자본주의와 조직 문화의 '형태'는 개인을 사소하고 하찮게 만들어버림으로써 질식시키고 있다고 주장했다. 인간은 '끊임없는 생산 라인 위에 존재하는 노동자나 행진하는 군인처럼 한 발짝 내딛도록' 강요받는 느낌을 갖게 되었다. 개인이 행동할 수는 있지만, 독립심이나 자존감 따위는 이미 사라져버렸다. 대신 '자신에 대한 다른 사람의 기대에 부응하는' 방식으로 진화하는 가짜 자아가 개인을 대체해버렸다고 프롬은 비판했다. 인간은 다른 사람에 대한 끊임없는 인식과 수용에서 자기 자신의 존엄을 찾으며, '순응하도록 강요받는 느낌'을 갖게 된다. 이것이 바로 인간의 정서와 사고가 외부로부터 설득되었음에도 고유한 믿음과 정서들이 억압되어 더 이상 자아의 일부로 기능하지 못한 채, 그럼에도 여전히 주관적으로는 그것을 자기 자신의 것으로 받아들이게 되는 방식이었다. 프롬의 통찰은 20세기 파시스트 정권들뿐만 아니라 미국과 같은 민주주의 체제에도 적용되었다.[25]

『자유로부터의 도피』가 출간된 지 10여 년 후, 데이비드 리스먼은 사회심리학에 대한 모든 전후 연구를 아마도 가장 널리 반영하는 『고독한 군중』(1950)을 출간했다. 그는 인간이 자신의 고유한 가치와 기억과 경험 속에서 길을 찾으려는 '내부 지향'으로부터, 자신을 둘러싼 사회(그가 말한 '군중')의 지배적인 관습에 순응하는 길을 찾는 '타인(외부)

지향'으로 어떻게 옮겨 가게 되었는지, 19세기와 20세기의 변환 과정들을 더듬고 있었다. 리스먼은 자신의 '타인 지향'에 대한 혁명적 개념이 자신의 친구이자 분석가인 에리히 프롬의 자기 순응을 가진 통합된 자아의 대체물 개념에서 많은 부분 가져온 것이며, 그것은 프롬의 관련 개념인 '시장형 성격'과도 연관되어 있는 것이라고 선뜻 인정했다.

『고독한 군중』과 『자유로부터의 도피』 사이에는 주요한 차이점이 있었다. 첫째, 리스먼은 '미국의 국민적 성격'을 연구했으며, 그의 연구는 거의 미국의 자료들만으로 구성되어 있었다. 둘째, 거기엔 연대표가 있었다. 홀로코스트의 그림자를 지고 매카시즘과 초기 냉전의 두려움과 공포 전략 속에서 출간된 『고독한 군중』은 적절하게 드러나긴 했지만 전후 미국 문화의 폭로기사 역할을 하는 '경고등'이었다. 리스먼의 주요한 주장은 독자 생존 가능한 자아와 개인에 대한 위협으로 국가가 위태로워지고 있다는 것이었다. 대조적으로 프롬은 히틀러가 '마지막 해결책'을 시작하기 전, 냉전이나 매카시즘의 윤곽선조차 그려지기 전에 자신의 작품을 출간했다. 프롬은 자유를 가져온 현대적 개성의 도래를 살필 뿐 아니라 많은 서방인이 자신들의 자유를 양도하도록 유혹했던 불안을 들여다보면서, 더욱더 넓은 지역에 사유의 그물을 드리웠다. 그리고 마침내 프롬은 자유에 대한 불안과 도전에서 도피하기 위해 세 가지 일반적인 심리학적 메커니즘 중 하나로 자기 순응을 발견해냈다.(나머지 두 가지는 '권위주의'와 인간 '파괴성'이었다.) 그는 자기 순응이 미국뿐만 아니라 다른 서방 민주주의 국가들에게도 가장 주요한 도전이라고 생각했다. 폭정의 물결이 히틀러의 독일을 휩쓸고 가자, 프롬은 다른 두 가지 메커니즘이 그렇게 될 수밖에 없는, 딱 맞는 환경이었다는 사실을 인정했다. 『고독한 군중』과 달리 『자유로부터의 도피』는 자유와 불만의 문제라는 상당히 거대한 담론에 대해 다루었다. 민주주의 국가든 독재 국가든, 거의 모든 서방 사회에 만연해 있었던 이러한 문제는 모든 인간 조건에 내재되어 있는 것이라고 프롬은 주장했다.

나치 독일과 사도마조히즘

프롬은 미국 문화에 매료되었지만, 독일 노동계급의 권위주의적 경향에 관한 연구에서부터 시작된 나치 독일에 대한 그의 관심은 훨씬 더 강렬했다. 비록 『자유로부터의 도피』가 자유와 불만의 전반적인 문제를 다루었고 그의 독자 대부분이 미국인이었지만, 그의 마음을 가장 짓눌렀던 것은 루터와 히틀러의 독일이었다.

프롬에게 자기 순응은 어떤 면에서는 심리학적 도피의 형태 중 가장 온건한 것이었다. 왜냐하면 만약 이러한 순응이 '권위주의적' 도피 메커니즘과 결합하게 되면, 그때에는 사도마조히즘이 야기되기 때문이었다. 프롬은 '사도마조히즘'이라는 용어를 신경증이나 도착증의 의미가 아니라, 한 인간의 사회적 성격에 뿌리를 둔 권위에 대한 태도를 의미하는 것으로 사용했다.

"그는 권위를 존중하고 그것에 복종하는 경향을 보이지만, 동시에 스스로 권위의 주체가 되기를 원하고, 다른 사람들이 자신에게 복종하게 만든다."

마조히스트(피학대자)로서 권위주의적인 개인은 더욱 강력한 지도자의 지시를 사랑하고 기꺼이 그것에 복종하게 된다. 사디스트(가학대자)

로서의 그는 나약한 사람들을 지배하고, 그들에게 고통을 줄 방법을 찾게 된다. 즉, 사도마조히즘적 권력자는 자신의 고귀한 대의로 자신보다 '월등한 사람들'에게 복종하고 '자신보다 열등한 사람들'을 짓누름으로써 하나의 자유로운 개인이 되는 두려움과 미약하고 불안한 자아의식을 내던지도록 강요당하는 것이다. 그는 삶이 인간 자아의 외부 세력에 의해 결정된다고 믿고, 인간 평등이나 결속에 대한 개념을 이해하지 못하며, 오직 강자와 약자에 대한 권력 개념만을 받아들이게 된다. 이런 식으로 그는 고귀한 대의의 영광과 힘의 일원이 되기를 바라는 것이다.[26]

프롬은 나치 선동의 심리적 힘의 근간은 이러한 사도마조히즘적 권위주의 성격에 있으며, 『나의 투쟁』은 '열등한' 민족을 멸시하고 궁극적으로는 제거함으로써 독일의 민중이 독일 제국과 아리안 혈족의 순수성을 지키도록 만드는 이러한 특징들을 드러내고 있다고 주장했다. 이것은 『나의 투쟁』에 대한 매우 선택적인 해석이었다. 예를 들어, 프롬은 히틀러의 공공연히 알려진 '열등한' 민족의 예로 유대인과 함께 공산주의자와 프랑스인을 선택함으로써, 히틀러의 강렬한 반유대주의를 다루지 않았다. 또한 프롬은 아리안족의 순수성에 대해 나치가 탐색하고 있는 것들 너머의 신뢰하기 힘든 사회 진화론적 전제들도 지적하지 않았다. 허버트 스펜서Herbert Spencer나 윌리엄 그레이엄 섬너 William Graham Sumner 그리고 수십 년 전의 다윈 진화론에 대한 그들의 왜곡처럼, 히틀러는 '월등한 종족'의 생물학적 순수성이 '열등하고 오염된' 민족들을 제거함으로써 획득되는 것이라고 주장했다. 이러한 실측적인 결점들에도 1950년 테오도어 아도르노가 자신의 걸작 『권위주의적 성격』에서 프롬의 설명적 토대에 많은 부분 신뢰를 부여하고 있

다는 사실은 흥미로운 일이다.[27]

프롬은 나치의 사도마조히즘이 독일 사회의 그 어떤 다른 부분보다 중하층계급의 사람들에게 심리학적으로 훨씬 더 많은 영향을 미쳤다고 믿었다. 그렇게 그는 권위주의적인 독일의 국민적 성격 개념에, 혹은 나치의 비과학에 대한 설명적이거나 수사학적인 힘에 관심을 기울이지는 않았다. 프롬의 초점은 압도적으로 사회 계급에 대한 것이었다. 그는 루터교도와 칼뱅주의자의 심리학적 금욕생활, 의구심, 암울함의 가장 강력한 계승자로서, 중하층계급은 자신들의 위신이 일반적인 노동계급의 아래로 전락함과 동시에 제1차 세계대전 이후의 환경들, 특히 대규모 인플레이션과 경제 공황에 가장 강력하게 타격을 받았다고 주장했다. 나치는 다른 어떤 이들보다 이 상처 많은 계급을 성공적으로 선동했다고 프롬은 말했다.

하지만 그의 이야기는 틀렸다. 중하층계급에 대한 그의 가설은 지지받지 못했다. 나치 당원들은 모든 계급으로부터 표를 얻었다. 그들은 지방의 프로테스탄트 지역에서 인기가 많았으며, 도시에서는 주요 노동계급과 중상층계급의 표를 얻었다. 실제로 중하층계급은 중상층계급보다 히틀러에 대한 지지가 적었다. 일반적으로 계급 구조가 높으면 높을수록 히틀러에게 표를 줄 가능성은 더 컸다. 그러나 이것은 소급 적용된 것이며, 프롬이 그 당시 가지고 있지 않았던 조사 기술을 사용해 확인된 것이다. 그는 자신의 독일 노동자 연구만을 가지고 가설을 세웠고, 중하층계급에 대한 그의 결론은 그의 사도마조히즘 가설에 들어맞기는 했다.[28]

프롬은 사도마조히즘과 뒤섞인 권위주의에 대한 도피 메커니즘을 '파괴성'이라 규정했다. 사도마조히즘이 다른 사람들(월등한 사람이나 열등한 사람 모두)과 공생 관계를 드러내는 지점에서 파괴성은 문제가 많은 상대를 제거해버렸다. 프롬은 카렌 호르나이를 언급하며 파괴성은 사회적 고립과 무기력감에 뿌리를 두며, 너무 많은 환경이 자신의 통제를 벗어나게 되었을 때의 불안에 대한 일반적인 반작용이라고 지적했다. 파괴성에 의존하는 사람들은 자신들이 결국엔 방출하게 될 다중 분노를 차곡차곡 쌓아가며 종종 매우 억압된 정서적 존재가 되어간다.

"삶에 대한 욕망이 좌절될수록 파괴에 대한 욕망은 그만큼 더 커져가고, 그것이 실현될수록 파괴성에 대한 욕망은 그만큼 더 약해진다. 파괴성은 의미 없는 삶의 산물이다."

예측 가능하기도 하고 문제적이기도 하지만, 프롬은 중하층계급을 제3제국 내에서 파괴성에 대한 도피 메커니즘의 주요한 행위자로 규정했다. 인간 의지의 존재를 부정하는 칼뱅주의와 운명 예정설의 교리에 대한 계승자로서 그들은 정서적으로 가장 고립되고 억압되었으며, '삶을 즐길 수 있는 수단을 가지고 있는 사람들에 대한 강한 시기심'을 드러내고 있었다. 사도마조히즘에 대한 프롬의 논의가 축약적이었다면, 파괴성에 대한 그의 규정은 온전히 뼈대뿐이었다는 사실을 그는 인정했고, 삶의 후반기에 다가가면서 그 개념에 대한 실질적인 책 『인간 파괴성의 해부』에 혼신을 다하게 되었다.[29]

그렇게 프롬은 나치즘과 다른 권위주의 국가들에 대한 자신의 논의를 사도마조히즘과 파괴성에 대한 도피 메커니즘의 틀 안에서 형성해갔다. 추가적으로 프롬은 히틀러와 다른 고위급 나치 당원들도 권력자를 존중하고 힘이 없는 사람들은 경멸했다는 사실을 인정했다. 개인적으로 그들은 특히 중하층계급을 더욱 업신여겼으며, 공생하는 계급주의의 틀 안에서 권력을 모색했다. 다른 사람을 지배하기 위해서는 상위계급의 누군가, 다시 말해 총통에게 복종해야만 했다. 이렇게 자아에 대해 무기력하고 위축된 권위주의적 시각이 바로 영광을 위한 길이 되었던 것이다.[30]

낙관론

나치의 말살 위협과 나치 독일이 영국을 제외한 유럽 전 대륙을 지배했다는 사실에도 불구하고 프롬은 미래에 대해 암울한 예측을 하지는 않았다. 실제로 그는 확실히 낙관적인 톤으로 자신의 책을 마무리지었다. 프롬은 거의 아무런 실증적인 연구나 학술적인 발견의 토대 없이 스스로 결론에 도달했고, 심지어 자신은 밑바탕이 탄탄하지 않다는 사실까지 인정했다. 그는 중세로의 회귀는 불가능하며, 자유로운 개인의 출현은 동시대에 현존하는 되돌릴 수 없는 사실이었다고 역설했다. 비록 권위주의나 순응주의, 혹은 자유로부터의 파괴적 도피가 인간의 고독과 무기력을 완화시켰다고 하더라도, 이러한 방법들은 단지 일시적이고 피상적인 해결책만을 제공할 뿐이었다. 인간이 '성장하고 진보하며, 또한 가능성을 드러내는 삶의 고유한 경향'을 뒤집을 수는 없다. 프롬에게는 이러한 자아의 고유함을 존중하고 그것을 성장시키는 것이 인간 문화에서 가장 가치 있는 성취였다. 자기 순응의 압박에도 불구하고 이렇게 고유한 개인의 자아보다 더 높은 권력은 없고, 인간이 삶의 목적이자 중심이며, 인간 개성의 성장과 실현은 어떤 거대한 존엄을 지닌 것에게도 종속될 수 없는 이상이다.[31]

프롬은 사람들을 의기소침하게 만들었던 자신의 내러티브에 이토록 자신감 넘치는 낙관론을 제시하며 책을 끝냈다. 서방 민주주의 국가들, 특히 미국의 자기 순응은 성공적으로 관리될 수 있었다. 미합중국은 오래도록 권리장전의 혜택과 대표성 있는 정부의 지위를 누려왔다고 프롬은 지적했다. 뉴딜 정책을 통해 미국은 사회가 헌법의 모든 것에 책임을 지는, 아무도 자신의 생계 상실을 두려워하거나 굶주리지 않는 새로운 경제 원칙을 설립했다. 한발 더 나아가기 위해 뉴딜 정책에 필요한 것은 중앙으로부터 벗어났지만 '계획된' 사회주의 경제를 장려하는 것이며, 그것은 현존하는 정치적 민주주의와 하나로 어울리는 경제 민주주의였다.[32]

서방 민주주의 국가들, 특히 미국에 대한 프롬의 낙관적 예언이 순응 압박에 대한 그의 분석과 어긋난다면, 독일에 대한 낙관적 예언은 나치 권위주의의 뿌리에 대한 그의 분석과 어울리지 않는 것이었다. 그러나 일단 나치가 패배하게 되면 "권위주의 체계들은 자유에 대한 갈망으로 이어질 기본적인 상황들을 제거할 수 없으며, 이러한 상황 속에서 생성되는 자유에 대한 갈망을 제거할 수도 없을 것이다."[33]

단호하게 서방 세계에서의 자유로부터의 비상에 초점을 맞춘 채 원고를 끝내버린, 인간적인 가치와 민주주의 그리고 자유가 결국엔 거의 역사적인 필연성처럼 퍼져나가리라는 프롬의 예언을 우리는 어떻게 설명해야 할까? 더 솔직히 말하면, 필연적인 인본주의의 도래에 대한 신념을 상정함으로써 왜 프롬은 상당히 콧대 높았던 스스로의 논조를 헝클어뜨린 것일까? 왜 그는 인간들이 결국 자기 안에 내재된 자발적이고 창의적인 힘들을 포용함으로써 영원한 행복과 만족감을 선택할 것이라고 생각했을까? 과거의 그들은 자유로운 개인이라는 존재 속의 합리적이고 건설적이며 삶을 증진시키는 선택을 거부했는데, 왜 프롬은 미래의 그들이 그것을 추구할 수 있을 것이라 확신했던 것일까?

프롬의 대답은 인간애에 대한 그의 깊은 신념의 선언이었다. 르네상스와 종교개혁과 자본주의의 출현 이후 400여 년 동안, 개인의 심리학적 탄생에 앞서는 중세 사회로의 회귀 같은 것은 존재하지 않았다. 권위주의와 자기 순응만이 현대의 불안과 고독에 일시적이고 자기 비하적인 해결책을 제공했을 뿐이었다. 결국 인간은 자신의 삶을 증진시키기 위해, 자신의 불안을 해소하기 위해 창조적인 자유를 실행하는 법을 배우게 될 것이었다. 프롬의 문제는 자신의 내러티브의 힘이 다른 방향을 제시하고 있음에도 그가 이러한 생각을 상정해놓고만 있었다는 사실이었다. 『자유로부터의 도피』의 말미에 한 줄기 빛을 비추면서 비애의 책은 갑작스런 활기로 끝난다.[34]

인간이 자유에 등을 돌리기보다는 결국엔 그것을 감싸 안을 것이라는 프롬의 낙관적 예측은 보편주의적 용어들 안에서 상정되었다. 이것은 발전하고 있는 그의 사회적 성격 개념과 모순되었으며, 그는 그것을 부록 에세이에서 확장시켰다. 사회적 성격을 다루기 위해, 우리는 특별한 사회적 그룹들 속에서 특정한 조건과 가치들을 살펴야 하고, 그 사이에 의미 있는 다양성을 허락해야 하며, 프롬은 그것을 자신의 중심 내러티브 속에서 자주 시도했었다. 토머스 하비 길Thomas Harvey Gill은 많은 평론가를 대신해 이렇게 썼다.

"시대와 지형에 따라 변화하는 정의와 같은 문화적 개념에 대한 노력이 그 자체로 근본적인 노력이 될 수 있을지 사람들은 의문을 던진다."

실제로 길은 모든 종류의 '자발적 이상들'이 자아 안에 존재한다는 프롬의 일반적인 전제에 비판적이었으며, 길에게 그러한 전제는 모호하고 부족한 일반적 활용에 불과했다.[35]

길과 오토 페니켈, 빅터 화이트Victor White, 그리고 몇몇 다른 평론가들은 어조가 너무 이상주의적이었던 프롬의 지나치게 허술해 보이는 낙관적 예언에 불편해했으며, 그것은 『자유로부터의 도피』의 가장 취약한 부분이었다. 그들은 이러한 예언은 역사와 심리학 그리고 합리적인 분석을 잘 활용한 대체물이 될 수 없다고 주장했다. 이주민 정신분석학자인 페니켈은 프롬의 조사가 충분하지 않았고 프로이트를 오독했다고 꾸짖으며, 특히 비판적이었다. 물론 페니켈의 주장은 리비도적 욕망의 중심에 뿌리를 둔 프로이트의 '모더니스트' 의제에서 프롬이 거의 완전히 괴리되었다는 의미였다.[36]

프롬이 학술적인 독자보다는 좀 더 광범위한 일반 독자에게 『자유로부터의 도피』가 읽히기를 의도했다고는 하지만, 그는 책의 말미에까지 어떤 근거나 분석, 몇몇 실증적 근간의 요소들을 최소한으로 유지했다. 그러나 이 시기에 프롬이 프랑크푸르트 연구소의 냉철하고 정신력 강한 독일 학자로서의 몇 년간의 삶으로부터 벗어나고 있던 중이었다는 사실은 주목할 만하다. 그는 이 시기 문화인격운동의 새로운 친구들과의 삶에 더욱 몰두했던 듯한데, 이들은 때때로 광범위한 서로의 분야를 넘나드는 탐구, 특히 정신분석학과 문화인류학의 이론적 융합에 흥미를 느껴 학술적으로 주의해야 할 것들 따위는 과감하게 뒤로했다. 그들에게, 그리고 특히 연구소 이후의 삶으로 옮겨 가기 시작했던 프롬에게, 창의적이고 혁신적인 것이 중요하며 그것이 심지어 학문적으로 지름길이 되기도 한다고 생각하는 누군가는 때로 격론을 벌일 수 있는 비평가가 될 수 있었다.

좀 더 깊이 들어가면, 『자유로부터의 도피』의 결론에 다다르면서 프롬의 새로운 모임의 더욱 유연하고 개방된 '스타일'이 자신의 사춘기 시절과 청년 시절에서 떼어놓을 수 없었던 구약 유대인의 예언적 전통의 일부를 수용하게 했던 건지도 모른다. 그의 삼촌인 에마누엘 프롬은 국가와 민족 사이에 평화와 조화의 비전을 제시하는 이사야, 아모스, 호세아의 글들을 그에게 소개해주었다. 랍비 네헤미아 노벨은 우주적인 인본주의적 윤리를 위한 디딤돌로서 사랑과 겸손, 정의와 같은 메시아적 이상들을 수행하는 의미에 대해 그에게 가르치기도 했다. 프롬에게 빼놓을 수 없는 초기 스승인 살만 라빈코프는 도덕적 자주와 개인의 자유로운 선택이 구약 예언의 본질이라는 점을 그에게 주지시켜주었다. 마지막으로 유대법에 관한 알프레트 베버와 프롬의 논문은 하시디즘이란 온전함과 즐거움, 그리고 진실한 내재적 삶을 포용하는 것이라 이야기했고, 그것은 언제나 우리 가까이에 있는 기회로서 그가 『자유로부터의 도피』의 마지막에 드러냈던 본질이었다. 한나 아렌트는 프롬과 서로의 생각을 거의 교류하지 않았지만, 프롬과 적극적 자유의 주창자들에게 공통적이었던 갈등을 들여다보았다. 그리스인은 확실히 처음에는 적극적 자유로서 실천(예를 들어, 인간의 행동이나 언어와 같은)을 강조했다. 그러나 아렌트는 그리스 철학이 이후에 적극적 자유를 순수하게 진실한 상태, 특히 적절하게 사용된 이성과 동등하게 간주했다는 사실을 지적했다. 그녀는 일관성의 외양을 유지하기 위해 적극적 자유의 주창자들이 실천을 강조하고 주의 깊은 사유를 포함하는 그리스의 대안적 공식을 뒤로 미루어둔 것이라고 추측했다.[37]

비록 스스로의 자유와 행복에 대한 인간들의 배반에 관한 책의 말미에 프롬의 초기 삶의 중심이었던 유토피아적 인본주의자의 성향이 드러난 것뿐이기는 하지만, 인본주의는 프롬의 여생 동안 그의 저작과 사상에 더욱 두드러지게 된다. 유대인의 예언적 전통은 그가 프랑크푸르트 연구소에서 철저한 연구 방식을 습득하면서 아마도 저변으로 밀려나게 되었을 것이다. 그러나 그의 첫 번째 책의 말미에 그것은 분출되었으며, 이것이 아마도 그 작품을 걸작의 반열에 오르게 하는 데 일조했는지도 모른다. 출간 이래 『자유로부터의 도피』는 500만 부 이상 팔렸고, 지금까지 28개 언어로 번역되었다.

제5장

'의사'라는 이름, '윤리학자'라는 이름

『자유로부터의 도피』결론에서의 프롬의 낙관적인 어조는 그의 초기 삶의 중심이기도 했고 1940년대까지 지속되었던 유대인의 예언적 전통이 다시 깨어났다는 징후였다. 프롬이 『자유로부터의 도피』에서 '적극적 자유'라고 불렀던 것, 즉 사랑하고 사색하고 생산적이며, 생기 넘치는 마음가짐으로 즐겁고 창조적인 삶을 이끌 수 있는 인간 능력에 대한 단언은 곧 '윤리적' 혹은 '사회주의적' 인본주의로 대체되었다. '인본주의'라는 이름 아래 프롬은 대화와 희망, 그리고 인간의 상호 관계에만 입각한 모호한 철학을 기술했다. 프롬은 자신의 다음 책『자기를 찾는 인간』(1947)이 인간의 자아와 그 가능성의 실현을 위한 가치 규범들을 그리고 있다는 점에서 많은 부분『자유로부터의 도피』의 연장선상에 있다고 여겼다. 『자기를 찾는 인간』의 결말에 다가가면서 프롬은 '윤리적' 혹은 '사회주의적' 인본주의라는 세속적인 말들의 지식인 제안자로서의 책무를 묘사했다.

윤리적인 사상가의 책무란 특정한 사회 발전의 시기에 이롭든 해롭든 그것과는 상관없이, 인간에게 무엇이 옳고 무엇이 그른지를 깨닫게 하기 위해 인간 양심의 목소리에 힘을 실어 그것을 유지해나가는 것이다. 인간은 황량한 황무지 한가운데서 홀로 오열하는 자인지도 모른다. 그러나 이러한 목소리들이 살아 있고 흔들리지 않는다면, 그것만으로 그 황무지는 비옥한 대지로 탈바꿈할 것이다.[1]

　프롬에게 '윤리적' 혹은 '사회주의적' 인본주의와 의료 업무는 서로 보완적이었다. 1940년대에 그는 정통 프로이트 정신분석학자들뿐만 아니라 카렌 호르나이와 다른 수정주의자 동료들과도 스스로 거리를 두었다. 임상 수련 감독관으로 재직 중이었던 윌리엄 앨런슨 화이트 연구소에서조차도 그는 자신의 사상을 동료들과 거의 논의하지 않았다. 그리고 아서 슐레진저 2세와 파울 틸리히, 로버트 린드너Robert Lindner와 같은 자유로운 대중 지식인들이 『자유로부터의 도피』에서 중심 주제를 뽑아내 자신들만의 공식을 만들어서 프롬과 만나려고 했을 때조차도 그는 초대를 피했다. 분명히 그는 마거릿 미드의 확장된 문화인격운동에는 계속해서 참석했지만, 시간이 지나면서 그 모임의 의미가 조금씩 퇴색하고 있다는 것을 발견했다. 요컨대, 프롬은 자신의 학자적·임상적 동료들과의 대화나 비평을 삼가면서 '홀로 서는' 지식인이 되어가고 있었다. 『자유로부터의 도피』의 많은 부분을 1930년대 프랑크푸르트 연구소에서 작성된 훨씬 더 창의적이고 면밀하게 사유된 에세이들에서 가지고 왔듯이, 다시 많은 부분을 『자유로부터의 도피』에서 제시된 자신의 아이디어에 의지하며, 그는 확실히 자기 언급적이 되어가고 있었다. 프롬은 본질적으로 비평적인 지적 모임에 참여하는 것에서 벗어나고 있었고, 자신의 사상을 재활용하는 데 점점 거부감이 희미해지고 있었다. 그는 명확한 철학적 전통, 특히 스피노자 안에 스스로를 가져다놓으려 했지만, 뜻대로 되지는 않았다. 흥미롭게도 프롬이 생산적인 사회적 성격의 개념을 신봉하던 그즈음 10여 년 동안, 그의 직업적인 커리어는 가장 깊은 나락을 지나고 있었다. 이때가 프롬의 몇 가지 '삶들'이 서로 뒤섞이며 혼란스럽던 시기였다.[2]

임상 실무의 정치

—

점차 동료들에게 의존하지 않게 되었음에도 프롬의 '윤리적' 혹은 '사회주의적' 인본주의가 점점 커진 데는 그의 직업적 소속의 영향이 있다. 호르나이는 1941년 4월 정신분석 발전협회AAP와 그 제휴 연구소인 미국 정신분석 연구소American Institute for Psychoanalysis, AIP를 설립했다. 이 단체들은 이데올로기적·업무적 차이로 호르나이의 강사와 수련 분석가 자격을 모두 박탈했던 정통 프로이트 뉴욕 정신분석학회에 대한 반작용의 결과였다. 그녀는 해리 스택 설리번과 클래라 톰프슨과 같은 옛날의 조디악 모임 구성원들은 물론이고 프롬까지도 자신의 AAP-AIP 연합에 기꺼이 받아들였고, 이것이 미국에서 신프로이트주의의 중심이 되었다. 의학 학위가 없었기 때문에 엄밀히 따지면 명예회원이었지만, 프롬은 미국 정신분석 연구소 수업에서 강의할 특권을 가진 수련 분석가이자 임상 감독관으로 임명되었다.[3]

호르나이는 곧 뉴욕 의과대학과 제휴를 맺기 위해 미국 정신분석 연구소를 의학 기구로 변형시키려고 시도했다. 협상이 진행되는 와중에 뉴욕 의과대학의 정신의학과장이었던 스티븐 주잇Stephen Jewett은 의학 학위를 가진 미국 정신분석 연구소 분석가만이 자신의 학과와 제휴할 수 있다고 주장했다. 주잇은 프롬이 의과대학과 제휴 관계는 아니지만 미국 정신분석 연구소 직원으로서 '단순히' 아마추어 분석가로 남아 있도록 기꺼이 허락했다. 프롬과의 관계에서 이전보다 애정이 식어가고 있던 호르나이는 그에게로 가는 미국 정신분석 연구소 학생 수를 감축시켰고, 이로써 수련 분석가이자 임상 감독관으로서의 그의 역할을 축소시켰다. 애초에 프롬은 미국 정신분석 연구소가 분석 기술을 다루지 않는 한 그곳에서 수업을 하도록 허락받았었다. 그러나 호르나이의 압력은 심해졌고, 미국 정신분석 연구소는 결국 프롬의 강의 특권을 완전히 소멸시켰다. 본질적으로 그녀는 뉴욕 정신분석학회가 자신에게 했던 것과 똑같은 일을 프롬에게 저질렀던 것이다. 호르나이는 자신을 프로이트 정설에 대한 주요한 대안으로 여기면서 아마추어 분석가들을 엄격히 제한함으로써 이전 연인과의 관계를 끊어버렸다. 프롬은 이러한 처사를 견딜 수가 없었고, 1943년 4월 AAP-AIP 연합에서 탈퇴했다. 톰프슨과 설리번 그리고 몇몇 다른 사람은 그 소식에 안타까워했다.[4]

설리번과 톰프슨은 호르나이가 프롬에게 모욕을 주는 과정을 지켜봤고, 프롬이 사퇴했을 때 그 대안을 준비 중이었다. 설리번의 꿈은 자신의 연구를 오래도록 지원해왔던 윌리엄 앨런슨 화이트 재단의 후원 하에 학제 간 심리-정신분석 센터를 설립하는 것이었다. 워싱턴 정신의학대학은 호르나이에게서 떨어져 나올 때까지 워싱턴 볼티모어 정신분석학회를 위한 설리번의 '임시 연구소'에 지나지 않았다. 설리번과 톰프슨은 프리다 재닛Frieda Janet, 데이비드 리오치David Rioch 등과 함께 뉴욕과 워싱턴 지사를 설립함으로써 설리번의 워싱턴 정신의학회를 탈바꿈시켰다. 프롬은 두 도시를 통근하며 다양한 배경과 분야를 넘나드는 관심을 지닌 학생들과의 작업을 즐겼다. 제2차 세계대전 말미에 뉴욕 지사는 워싱턴 지사보다 훨씬 더 빠른 속도로 성장했다. 1946년 제대 군인 원호법(군대에서 복무했던 의료진들을 위한 정신분석 수련 기금 지원법)이 확산되면서 뉴욕 지사는 윌리엄 앨런슨 화이트 연구소로 개명했다.[5]

1946년, 프롬은 임상 수련생 최고 감독관이 되었다. 경영적인 일에 선뜻 나서지 않았음에도 그는 1950년까지 감독관직을 수행했다. 그는 더욱이 화이트 연구소의 임상 정신분석학회 세미나에서 제한 없이 가르칠 수 있는 기회를 갖는 상급 수련 분석관으로 인정받았다. 그는 중요한 연구소 위원회의 일원으로서 내부적으로 돌아가는 일들에 관여했다. 미국 정신분석 수련 과정에서 박사학위에 대한 요구가 점점 더 필수적인 것이 되어가는 추세인데도 프롬은 심리학 박사학위를 가진 사람들에게 완벽한 정신분석 수련이 시행되도록 화이트 연구소 직원들을 설득했고, 다른 분야 박사학위를 가진 사람들에게도 수련을 추천했다.

그는 또한 정신분석학의 장기적인 문제를 연구하기 위해 연구 프로젝트를 조직했다. 프롬은 정신분석 이론과 기술을 소개하고 연구소 수업과 강의를 듣도록 초청하기 위해 사회복지사와 간호사, 교육자, 성직자, 그리고 그 지역의 다른 전문인들에게 연락을 취하기도 했다. 어느 누구든 정신분석 치료의 이득을 볼 수 있다고 믿고 있던 프롬은 그 당시에는 획기적이었던 지역사회를 위한 저비용의 진료소를 화이트 연구소에 설립했다. 이러한 창의적인 노력에도 프롬은 점점 더 화이트 연구소와 멀어지는 느낌을 받았다. 그의 정책 제안 사항들 중 많은 수가 직원들에 의해 거부당했고, 그는 자신이 연장자임에도 의학학위를 가지고 있던 클래라 톰프슨이 화이트 연구소의 정책이나 프로그램에 더 많은 영향력을 행사한다는 사실을 깨달았다. 프롬이 강의나 의료 감독에서 독특한 접근을 제시했다면 그녀는 치료법이나 교리상의 다양성을 모두 수용했으며, 그녀는 경영과 관련된 일들에 기꺼이 참여했지만 프롬은 그렇지 않았다. 이 때문에 연구소의 다른 동료들이 프롬을 중요한 지식인으로 여기면서 업무적인 일에서는 주로 뒤로 물러나 있도록 했을 때조차도 그는 점점 더 고립되고 '상처받는' 느낌을 갖게 되었다. 결국 프롬은 그의 임상 기술과 이론적 저술에 대해 동료들로부터 거의 아무런 비평적 언급을 받지 못하는 지점에까지 이르렀다. 저명하고 엄격한 학자들과의 유대가 조금씩 사라지면서 프롬은 자신의 임상 작업에서 점점 더 자기 언급적이 되어가고 있었다.[6]

임상 기술

—

프롬은 어떤 치료사이고 감독관이었을까? 그는 정신분석학적 치료와 임상 지도를 상당히 즐겼지만, 자신의 임상 작업에 대한 증거를 거의 남겨놓지 않았다. 그럼에도 프롬은 이러한 작업이 매우 만족스러우며, 다른 영역에서 행하는 사유에서도 중심이 된다는 사실을 알게 되었다. 그러나 그가 시행한 분석은 변함없이 환자의 사회적 성격에 초점이 맞추어져 있었고, 종종 환자에 대한 매우 구체적인 사실을 드러냈다. 이로 인해 사례 보고서와 임상 간행물에 실린 환자를 특정하는 것이 비교적 쉬워졌으며, 그러므로 기밀 유지의 원칙이 파괴된다는 지적을 받았다. 개인적으로 프롬은 게르트루트 훈치커 프롬과 마이클 매코비와 같은 동료들에게, 일반적인 임상 작업에 관한 글을 쓰면서 여성 환자들과의 비윤리적인 밀회라고 여겨질 수 있는 일들로 작업이 제한되기도 했다는 사실을 인정했다.(이 말은 그 자신이 더러 그러한 관계를 가졌음을 암시한다.) 이러한 부적절한 행위는 당시 프로이트와 융의 학생들 모두를 포함해 분석가들 사이에서 공공연한 일이었다. 프롬은 자신이 그러한 일에 연루되었고, 그것이 정통 프로이트주의자들과 자신의 갈등을 심화시킬지도 모르기 때문에, 임상 작업에 대한 이러한 문제적 측면을 논의해 얻는 것이 아무것도 없으리라 생각했을지도 모른다.

일반적인 임상 실습, 특히 정신분석에서 프롬의 접근 방식은 무엇이었을까? 마르크스주의자 작가인 해리 K. 웰스Harry K. Wells는 프롬을 고립과 고독과 불안과 절망의 아합Ahabs이스라엘의 왕—옮긴이의 세계가 만들어낸 위기에서 동시대의 인류를 구원하려는 현대판의 낙관적인 이스마엘이자 '영혼을 가진 의사'라고 규정했다. 프롬은 당시 우세했던 프로이트의 치료 개념(객관적이고 외과적인 분석 방식으로 본능적이며 대부분 성적인 억압으로부터 자아를 해방시키는)을 거부하면서, 꿈의 해석이나 자유연상법, 혹은 순응주의나 권위주의적 자아를 부드럽게 제거해 '진정으로' 생산적인 자아가 드러나도록 만드는 어떤 방식에든 의존했다. 게다가 프로이트와 그의 추종자들과는 달리, 프롬의 임상적 방식은 따스했고 활기가 넘쳤으며, 산도르 페렌치가 말했듯이 '확고부동한 선의'를 지니고 있었다. 1950년 자신의 걸작인 『정신분석, 그 진화와 발달 Psychoanalysis: Evolution and Development』에서 클래라 톰슨은 프롬을 더욱 구체적으로 규정했다.

"그는 본질적으로 사회에 순응하는 자아가 아니라, '실재하며' 혹은 '진실한' 자아의 면면을 환자들 속에서 발견해내려고 노력했다."

또한 톰프슨은 프롬이 그가 존중할 수 있는 환자들을 찾았고, 그들 속에서 깊이 억압되어 흐릿해진 '진정한' 자아의 희미한 빛을 감지해내려 애썼다고 보았다. 이런 면에서 톰프슨은 프롬이 재판관 같은 임상의였다고 말했다. '프롬식' 치료의 핵심은 공감을 통해 환자가 '건강한' 측면을 발달시킬 수 있도록 북돋우고 환자를 비이성적이고 배려 없고 순응적인 태도에서 떼어냄으로써 환자의 "진정성"을 드러내는 사례에 집중하는 것이었다. 이를 이루어내기 위해 프롬은 임상의 스스로가 자신의 깊은 자아와 소통하고 있어야 한다고 주장했다고 톰프슨은 말했다. 그렇지 않으면, 변화를 꾀하기 위해 필요한 수준으로 환자를 사랑하지도, 존경하지도, 그와 공감하지도 못한다는 것이었다.[7]

웰스와 톰프슨은 프롬의 임상학적 접근 방식이 배려와 연민이었다는 사실에 동의했다. 1940년대 내내 프롬은 치료를 위한 자신의 접근 방식을 사회적 성격에 초점을 맞춘다는 측면에서 묘사했다. 정신분석학자의 임무는 환자가 '비생산적인' 사회적 성격의 성향으로부터 벗어나도록 힘을 주는 것이었다. 프롬은 이러한 성향들이 어떻게 인간의 '진정성'과 그것을 뛰어넘는 가능성을 제한시켰는지 상정했지만, 실제로 증명하지는 않았다. 프롬이 말한 네 가지 '비생산적인' 성향은 첫째, 내재적인 자아가 공허함을 느끼고 다른 사람으로부터 그 보충을 갈망하는 '수용적 성향', 둘째, 속임수를 통해 다른 사람들이 가지고 있는 것, 혹은 만든 것을 취하는 '착취적 성향', 셋째, 자신이 가진 것을 지킬 방법을 찾는 '비축적 성향', 넷째, 자아를 꾸러미에 담아 시장에 내다 파는 상품으로밖에 느끼지 못하는 '시장형 성향'이었다. 프롬은 단순히 이러한 네 가지 '비생산적인' 성향을 주장함으로써 '생산적인' 자아, 즉 '생산적인 사회적 성격'을 규정했다. 그 네 가지 '비생산적인' 성향들에 대한 명확한 대비 속에서 '생산성'을 향해 가는 환자는 더욱 자발적이고 행복하며, 미래 지향적이고 책임감 있고 합리적으로 생각하고 또한 사랑이 풍부하게 되었다. 간단히 말해, 프롬은 효과적인 분석 치료란 근본적으로 환자의 내재된 공허함을 줄이고 세상에 대한 부적절한 성향을 바꾸는 수단이며, 그리고 나서 환자의 삶에 대한 사랑을 증진시키는 것이라고 생각했다.[8]

1935년 초 프롬의 분석 상담소가 소규모였을 때, 그는 치료적인 중립을 지키는 프로이트의 전제(예를 들어, 정신분석학자는 환자와 괴리되어 감정을 배제한 상태여야 한다)를 거부했다. 대신에 그는 프리다 라이히만의 공감적이고 '인간적인' 임상적 방식을 빌려왔고, 분석가는 환자에 대해 무조건적인 사랑과 지지하는 태도를 지녀야 했다. 프롬은 프로이트의 '부계 중심적 태도'와 만연한 사회적 관행의 '소시민적 관용'을 삼갔고, 정신분석 대상자에게 완벽히 사랑하고 행복할 수 있는 권리를 깨우치게 해주었다. 프롬의 임상적 접근 방식이 동시대의 다른 공공 지식인들, 즉 때때로 자신들을 '범세계주의자'라거나 '보편주의자'라고 규정하는 사람들과 같은 언어, 같은 세계관을 형성해가는 더욱 거대한 과정의 일부를 드러내고 있었다는 사실에 주목하는 일은 중요하다. 프롬처럼 그들도 나치 과학에서 전해 내려온 우등하고 열등한 인류의 분류 방식에 대한 대안으로서의 '인간의 가계' 개념을 확장시키고 있었다.[9]

치료사로서 경험을 쌓아 많은 것을 깨우쳐가면서 프롬은 최적화된 치료란 분석가와 분석 대상자 사이에 '중심적 유대'가 있는 것이라고 주장했다. 효과적인 치료사는 환자와 '가장 깊은 곳에서 주고받는' 교류를 하며, 종교와 직업 같은 '지엽적인' 사회적 문제들을 지나쳐 다시 '심원'으로 들어간다. 신경증이 있든, 더욱 많은 문제를 지닌 환자든, 모든 효과적인 치료는 '우리의 심원과 다른 사람의 심원'이 함께 반응해야 하는 것이었다. 이러한 '중심적 유대' 속에서 임상의는 말뿐 아니라 목소리와 얼굴 표정에도 자기 자신을 드러내야 한다. 나중에 프롬은 치료 과정과 상대방에 대한 깊은 이해에 내재하는 상호성과 예술적 기교를 강조하며, 이러한 접근 방식을 '춤사위'라고 언급했다. 프롬은 한번은 친구인 클래라 우르쿠하트Clara Urquhart에게 이렇게 썼다.

"사람을 만난다는 것은 시간이 흘러도 변하지 않는 방식으로 그 사람 안으로 녹아들어 가는 것, 말 그대로 그 사람 '안에' 있는 것을 의미하지."

환자나 임상 동료들에 따르면, 이것이 바로 정확히 프롬의 임상적 방식이었다. 프롬은 마음 깊숙이 가 닿는 푸른 눈으로 환자의 얼굴을 따스하게 응시하면서, 환자가 다시 생기를 찾고 자신의 내재적 심원을 감싸 안도록 도움을 주는 듯 보였다.(확실히 프롬이 심리학적으로 파고 들어가는 힘은 너무도 강렬하고 진지하며 때로는 공감하기 쉽지 않아서 분석 대상자는 가끔 방어적이 되기도 했다.) 프롬과 그의 분석 대상자는 상대방을 경험하면서 동시에 자기 자신을 경험했으며, 그것이 그가 지금 '인본주의'라고 부르는 유대였다. 몇 년 후, 프롬은 그러한 현상을 설득력 있게 요약했다.

"분석가는 환자가 경험하는 모든 것을 자기 자신 안에서 경험한 만큼만 그 환자를 이해한다."[10]

'중심적 유대'라고 하는 프롬의 임상적 접근 방식은 그를 사로잡았던 살만 라빈코프와의 회합과 어느 정도 닮아 있었다. 프롬이 말하는 사제 관계란, 각각의 영적인 심원이 따스하며 섣부른 판단을 하지 않는 마음과 영혼의 교류를 통해 상대방에게 침투해 그의 활기를 북돋우는 것이었다. 실제로 라빈코프와 프롬 사이의 친밀한 관계의 마술은 '중심적 유대'의 결정적인 요소들을 분명히 했다. 정신분석학자는 영적인 교사이자 스승으로서 자신의 얄팍하고 상투적인 것들로 가득 찬 정신의 근원 너머로 분석 대상자를 이끌고, '신뢰할 수 있는' 생각과 이해를 향해 '침투해' 움직여야 하는 것이었다. 독립적인 사고의 능력을 복구하는 것은 '상실감'으로부터 환자의 마음을 움직여 세상과 자기 자신의 진실한 감정과 실제적인 교류를 할 수 있도록 하는 데 필수적이다. 프롬은 라빈코프와 랍비 네헤미아 노벨 그리고 다른 『탈무드』 스승들과의 작업들, 심지어 마르틴 부버와의 우정이 텍스트에 결집되었던 것들을 회상하면서, 독립적인 사고와 더욱 순수한 감정 표현을 이끌어내기 위해 중요한 고전들에 관해 논의하면 어떨까 생각했다. 모순과 왜곡을 제거하기 위해 그는 더욱 빈번히 자신의 분석 대상자에게 명확하고 구체적이며 세부적인 질문을 했고, 자신과 함께 '어떤 것의 의미에 대한 합리적인 사고'를 하도록 그들을 불러들였다. 그는 자신이 이전에 사용했던 자유 연상법의 전통적인 분석 기술과는 달리, 이러한 탐색이 더욱 '신뢰할 수 있고', 합리적인 사고와 개인적인 통찰을 위한, 더 먼 곳까지 가 닿는 치료 결과를 지닌 수련 기술이라고 여겼다.[11]

분석 관계에서 '중심적 유대'를 형성하기 위해 프롬은 일찍이 1940년부터 의자에만 붙들려 있는 분석을 지양했다. 그는 베를린 정신분석 연구소에서 수련 분석가들이 분석 대상자들의 웅얼거리는 소리를 계속 들으며 분석 소파 뒤에 앉아 있었을 때 자신들이 얼마나 멍해지는지 털어놓았던 사실을 기억했다. '상황을 견딜 수 없게 만드는 이러한 지루함'을 피하기 위해 프롬은 자신의 분석 대상자를 자신이 직접 두 눈으로 마주하고 좀 더 생기 있는 인간관계를 형성할 수 있도록 앉는 위치를 조정했다. 그는 이렇게 말하곤 했다.

"당신의 마음속에 '지금' 떠오르는 것을 말해보세요."

"당신이 스스로에게 가장 마음에 들지 않는 것, 가장 부끄러워하는 것, 그리고 또한 가장 자랑스러워하는 것을 생각할 때 어떤 것이 떠오르나요?"

만약 환자가 이런 직접적이고 즉각적인 질문을 피하려 한다면, 프롬은 정감 어린 목소리로 그에게 다시 지시를 내렸으며, 때로는 재판관처럼 응대하기도 했다. 프롬은 어떤 때는 스스로 굉장히 솔직해졌고, 환자도 동등하게 솔직하고 열린 마음이 되기를 기대했다.[12]

비록 그것이 전이 관계(예를 들어, 환자가 얼마나 느리고 무의식적으로 분석가에게 자신의 강력한 감정적 경험이나 자신이라는 사람을 투영하는지, 그래서 분석가는 어떻게 환자에게 자신의 감정을 그만큼 다시 전달해야 하는지)에 대한 이해를 위태롭게 만들기도 했지만, 프롬은 직접적인 관계에만 전념했다. 환자의 내재적 무의식의 실제를 파헤치려 할 때 그의 주 목적은 환자가 감추고 있는 것이 무엇이든 그것을 드러내게 하려는 것이었다. 실제로 프로이트의 임상적 정설과는 모순되게, 프롬은 강렬한 전이가 오히려 치료사에 대한 환자의 의존성을 증가시킨다고 믿고 그것을 지양하는 듯했다. 그러나 몇몇 비평가는 강력한 전이가 임상적 관계에서는 피할 수 없는 것이라고 지적했다. 프롬의 이전 분석 대상자나 임상 수련생을 포함한 또 다른 사람들은 그렇지 않다고 반박했다. 예를 들어, 마이클 매코비와 밀티아데스 자피로풀로스Miltiades Zaphiropoulos는 프롬이 전이와 역전이를 위한 전문가다운 충분한 통찰을 활용하는 데 실패했고 때문에 자신의 분석 대상자들의 심리학적 문제들을 뒤섞어버렸다고 지적했다. 이러한 방식으로 프롬은 그들을 종종 자신의 '온화함'과 사상, 그리고 타성의 추종자로 만들어버렸고, 이것은 자주 환자나 동료와의 관계를 너무 개인적으로, 또한 비전문적이고 지적으로 부족하게 만들었다.[13]

이는 프롬과 가장 가까운 임상 수련생들과 분석 대상자들 가운데 한 경우를 보면 확실해진다. 윌리엄 앨런슨 화이트 연구소의 데이비드 섹터David Schecter에 대한 개인적 치료와 임상 수련 과정에서 프롬은 '환자-학생'과 '임상의-선생'의 관계를 구별하는 전문적인 경계, 즉 '환자-학생'을 의존 상태에 남아 있게 하는 대신 그의 자율성을 발달시키는 경계를 세우는 데 실패했다. 그 결과, 정신약리학이라는 떠오르는 분야에서 프롬의 임상적 동료들 중 가장 정통한 사람이었던 섹터(그는 환자들에게 처방을 하는 것에 대해 프롬에게 조언을 했었다)는 자신의 자살을 막을 수 있었을지도 모르는 정신의학적 도움을 모색할 스스로의 임상적·지적 힘을 제대로 사용하지 못했다.[14]

프롬은 환자에 대한 능동적이고 개방적이며 직설적인 접근 방식이 '처음에는' 상당히 강력한 전이의 왜곡을 가져오는 온갖 종류의 저항을 불러일으킬 수 있지만, 그들의 저항이 보통의 정신적 과정에서 작동되는 신경의 도피 메커니즘과 성격 방어기제를 벗겨낼 수 있는 기회를 제공한다고 말했다. 결국 가장 불안정한 분석 대상자들도 견뎌낼 것이며, 있는 그대로의 진실을 위한 직접적이고 능동적인 치료상의 조사로부터 오히려 이득을 얻게 될 것이라고 그는 주장했다. 실제로 환자가 자기 이해에 더 가까이 다가갈수록 프롬은 그 임무를 완성하도록 더욱더 압박했다. 프롬은 베를린에서 프로이트에 필적하기 위한 수련을 했지만—단 한 명의 환자를 대상으로 일주일에 5일씩 거의 1년에 걸쳐 환자의 저항 과정을 완화하고, 어떤 특정한 시간에 그가 얼마나 자기 자신의 노출을 견뎌낼 수 있을지 정확히 알아내기 위해, 그리고 전이와 역전이의 모든 측면을 탐구해내기 위해—그는 이제 그러한 접근 방법들을 배제하고 있었다.[15]

분석가와 분석 대상자 사이의 '중심적 유대'가 완벽히 만들어지기 전까지 프롬은 (프로이트처럼) 많은 부분 꿈의 분석에 의존해왔다. 그의 임상 지도의 많은 부분은 환자들의 꿈에 초점이 맞추어져 있었다.

"어느 정도 만족스러운 꿈에 대한 이해는 (…) 훨씬 이론적인 그 어떤 노력보다 여전히 더 많은 즐거움을 주는 것 같아. 나는 모두가 볼 수 있는 구체적이고 특정한 그런 것을 좋아하거든."

프롬이 데이비드 섹터에게 한 말이다. 실제로 꿈의 분석은 1951년의 그의 연구 『잃어버린 언어: 꿈, 동화, 신화에 대한 이해 서문The Forgotten Language: An Introduction to The Understanding of Dreams, Fairy Tales, and Myths』의 중심이었다. 이전 10여 년간 프롬이 했던 강연들에 근거하면, 그는 꿈이 '불합리하고 반사회적인 인간의 본성'을 완벽히 투영한다는 프로이트의 전제를 거부하며 꿈 해석에 대한 근간에서 프로이트와 단호히 결별했었다. 그는 꿈이 개인을 초월하는 무의식의 지혜를 드러낸다는 융의 견해 또한 거부했다. 대신 프롬은 꿈이 우리의 이성과 도덕뿐만 아니라 불합리한 싸움들까지 투영한다고 상정했다. 이 책은 프로이트의 1900년 걸작 『꿈의 해석』의 문제들을 가져왔고, 아마도 프

롬이 프로이트의 텍스트에 대해 행했던 그 어떤 것들보다 심미적으로 강렬한 논쟁이었다.[16]

프롬에게 꿈은 모든 인류에게 공통적으로 상징적인 언어를 나타내며, 잠은 시간과 공간 그리고 사회적 환경의 억압으로부터 그들을 자유롭게 하는 것이었다. 꿈은 자아의 또 다른 실오라기로, 과거와 현재, 혹은 실제 사건과 판타지라는 하나의 천을 꿰고 있다. 꿈의 회상은 '우리가 우리의 영혼 안에서 발생하는 아무도 모르는 일들을 들여다보는 현미경' 같은 것이다. 꿈은 꿈꾸는 사람의 숨겨진 욕망과 판타지를 내포하지만, 꿈이라는 각각의 실오라기가 꿈꾸는 사람의 전체 마음에서 얼마나 많은 부분을 차지하는지를 드러내지는 않는다. 프롬은 꿈의 해석에서 프로이트와 그의 추종자들이 이러한 '양적인' 측면을 간과했다고 주장했으며, 그것은 확실히 과장이었다.[17]

『잃어버린 언어』의 힘은 프롬이 특정 꿈을 어떻게 해석하는지를 보여준 데 있다. 당시 프롬은 임상의가 꿈꾸는 사람의 일반적인 심리를 이해하고 환자들 각각의 매일의 일상적 배경을 헤아려야 한다고 주장했다. 비록 자신은 환자들 대부분의 일상생활에 거의 세부적으로 들어가지 않았지만. 프로이트는 분석 대상자가 꿈의 징후나 표면 너머의 것을 통해, 꿈꾸는 사람의 감정적 연관성을 드러내는 억압된, 그리고 때로는 '잠재된' 꿈의 요소들을 헤아려야 한다고 상정했다. 반면 프롬은 에릭 에릭슨이 그랬던 것처럼 꿈의 광범위한 상징적 언어에 초점을 맞추면서, 프로이트의 징후와 잠재된 내용 사이의 구별에 내재된 엄격함을 거부했다. 되풀이되는 일반적인 꿈의 패턴 변화를 감지하고 이러한 변화가 환자의 삶의 중요한 주제 및 방향성과 어떤 식으로 관련되어 있는지 알아내는 것이 중요했다. 꿈이란 처음부터 파편화된 일부를 통해 접근해서는 안 되며, 그 징후와 잠재적인 성질이 아니라 하나의 전체로서 접근해야 한다고 프롬은 주장했다. 꿈의 전체적인 이해를 통해 임상의는 환자의 무의식의 삶 전체를 헤아릴 수 있으며, 그리고 나서야 그의 생산성과 행복을 저해하고 있는 것이 무엇인지 정확하게 알아낼 수 있다. 중요한 것은 꿈을 꾸는 사람의 내재적 동기를 드러내는 "현재와 과거, 성격과 실제의 사건들이 하나의 문양으로 엮인 꿈의 결을 이해하고, 행복을 성취하려 노력할 때에 그가 스스로 설정해야 하는 목표 지점을 이해하는 것"이다. 꿈꾸는 자의 삶과 행복에 대한 신념을 새롭게 하는 것은 역설적이게도 '죽음에 대한 불안'이라고 프롬은 덧붙였다.[18]

프롬은 종종 자기 환자들의 특정 꿈을 스스로 그래야 한다고 말했던 것보다 더 절충적이고 직감적인 방식으로 해석했다. 분석실 안에서 그는 꿈을 제한된 의미만을 쏟아내는 '무리한 획일화'가 강요되지 않는 '다차원적인 것'으로 간주했다. 그는 "상징적 언어들에 대한 단 하나의 진실된 해석을 자신들만이 해내고 있다"라고 주장하는 여러 정신분석 연구소의 무용론을 폭로하기도 했다. 꿈의 해석에서 이론을 경시하고 더 직감적이고 자의적인 프롬의 경향(심지어 특정한 환자들에 관한 세부적인 사항들을 멀리했을 때조차도)은 왜 그의 모든 책 중에 『잃어버린 언어』가 이론적으로는 가볍지만 동시에 정서적으로는 가장 강력한 것들 중 하나였는지 설명하는 데 도움이 된다. 프롬은 해석적 환원주의를 경계하고 있었던 때조차도 일반 독자에게 본인의 꿈을 이해하기 위해 직접 상징적 언어를 습득할 것을 촉구했다. 프롬이라는 이름에 걸맞게 그는 『탈무드』를 다음과 같이 인용했다.

"해석된 꿈들은 아직 열어보지 않은 편지와 같다."

어쨌든 이 책의 호소가 맥없이 추락해버리지는 않았다. 출간된 이래 『잃어버린 언어』는 약 200만 부가 팔렸고, 22개 언어로 번역되었다.[19]

임상의로서의 프롬의 능력을 우리는 어떻게 평가해야 할까? 그의 수련생들 대부분, 특히 윌리엄 앨런슨 화이트 연구소 사람들은 그를 영감을 주는 분석가이자 교사로 기억했지만, 그에 대해 긍정적이던 환자들의 태도는 오래가지 않았다. 수련생과 환자 모두 프롬이 유연하고 비교조적인 방식으로 분석 대상자와 '중심적 유대'를 시도했다는 사실에는 동의했다. 그는 임상 기술의 미묘함을 인위적인 것으로 취급했고, 더욱 활기 넘치는 관계로 그것을 바꾸어놓았다. 프롬의 수련생들에 따르면, 그는 튼튼하고 겉으로 보기에 매력적이며 상대적으로 편안한 분석 대상자들에게는 환자가 스스로의 '진실된' 행복과 창조적인 자아를 구상하는 방법과, 그것을 얻기 위해 무엇이 필요한지를 빠르게 배우도록 압박했다. 지켜본 사람들에 의하면, 프롬은 환자를 끌어들이기 위해 도발적이고 때로는 화를 돋우는 언어를 사용하기도 했다. 만약 분석 대상자들이 불편해하면, 프롬은 그들이 스스로 선택하게 하고, 그들이 더욱 자발적이고 즐겁고 생기발랄하며 생산적이 되도록 '일깨우려' 했다고 사람들은 말한다. 수련생들에 따르면 프롬은 매우 목적 지향적이었으며, 자신의 분석 대상자가 결국에는 삶의 교훈을 깨닫게 되리라는 확신에 찬 어조를 썼다. 수련생들과 다른 주변인들은 프롬의 유도에는 정서적이고 직관적인 탐구뿐만 아니라 지적인 요소, 즉 비판적 사고가 함께 있었다고 회상했다. 모든 면에서 그는 결과를 예상하고 있었다. 프롬의 수련생들은 치료적 접근 방식에 대한 그의 확신에 깊은 인상을 받았고 그의 임상적 성향을 신뢰했지만, 그들은 계속해서 보통 사람들보다 심리적으로 '유약한' 프롬의

다른 환자들을 걱정했다.[20]

　프롬의 수련생들은 확실히 그의 상담 기술에 감명받았다. 그리고 정신분석학, 심리학, 정신의학의 원칙들이 같은 지위에 있는 여성이나 흑인 전문가들에게 공정치 않았을 때에, 프롬은 그들에게 다가갔고 그들의 임상적 능력에 지지를 보냈다. 수련생들은 그가 자신의 유대인으로서의 배경에 대해 솔직했고, 자신의 치료 접근 방식에 『탈무드』적인 요소가 강함을 인정했다는 사실에 감사했다. 실제로 그들은 프롬이 꿈의 해석을 가르칠 때 종종 『탈무드』를 참고했으며, 심지어 이따금 프로이트와 자신의 차이점을 메우기 위해 『탈무드』를 활용하기도 했음을 떠올렸다.[21]

　프롬은 수련생들이나 환자들과 개인적인 친밀한 관계를 쌓으려고 노력했다. 가능하다면 그는 형식적인 임상 언어보다는 유머나 흥미로운 이야기를 통해 논점을 명확히 하는 것을 선호했다. 나중에 자피로풀로스가 상기했던 것처럼, 유머는 사람 사이의 관계를 맺기 위한 기분 좋은 방식이 될 수도 있는 반면, 경계를 넘어설 우려가 크다는 점에서 전문적인 임상 관계를 방해할 수도 있었다. 프롬은 또한 임상의가 환자에게 솔직해지는 일의 중요성을 다소 과도하게 강조했다. 그는 자신의 호불호를 수련생들과 공유하면서 그들의 가족과 즐거움, 절망에 대해 질문을 던졌다. 우울할 때면 그는 농담을 하며 내과 수련생에게 빨리 약을 지어달라고 옆구리를 찌르기도 했다.[22]

　프롬의 대부분의 환자들에 대해서는 많은 정보가 존재하지 않는다. 그러므로 그들이 프롬의 치료 효과에 대해 어떻게 생각했는지 일반화하기는 쉽지 않다. 아마도 카렌 호르나이의 딸 마리안 에카르트에 대한 프롬의 분석을 통해 그의 임상 작업에 관해 이야기하는 것이 더 쉬울 것이다.(그녀가 일정 기간에 걸쳐 기록해놓았고, 인터뷰를 통해 그것을 나에게 이야기해주었기 때문이다.) 분석 이전에 에카르트는 자신이 정신과 의사로서 성공적인 경력을 쌓아가고 있었으며, 상당히 쾌활하고 성실하며 침착한 성격이었다고 말했다. 그러나 그녀는 친한 친구가 거의 없고 불행하며, 삶에서 괴리된 것처럼 보였다.[23]

프롬은 그녀의 어머니와 오랫동안 연인 사이였기 때문에 직업 윤리상 에카르트를 자신의 환자로 받아들이는 것을 거부했어야 했다. 확실히 그는 이전에 로버트 린드와 헬렌 린드Helen Lynd와는 물론이고 프리다 프롬 라이히만과도 직업적 관계의 선을 넘어섰고, 마사 그레이엄Martha Graham, 엘리자베스 테일러Elizabeth Taylor, 그리고 다른 적지 않은 환자들과도 그랬다. 호르나이 가족과 프롬의 개인적 친밀함 때문인지, 프롬이 에카르트의 분석을 시작하고 그녀가 자신의 삶이 좀 더 나아진다고 느끼기까지 2년이라는 시간이 흘러가버렸다. 에카르트는 일주일에 세 번씩 프롬의 분석 소파에 비스듬히 앉아 있기는 했지만, 자신이 그와 많은 전이 관계를 쌓지는 못할 것이라고 생각했다. 프롬은 누군가 다른 사람을 받아들이기에 너무 빈틈이 없는 듯 보였다. 그러나 시간이 지나면서 그녀는 프롬에게 따스하게 대했고, 호르나이가 다섯 살이었던 자신을 스위스로 내쫓았을 때 자신과 어머니 사이에 생긴 감정적 거리감을 이야기하면서 얼마나 마음에 상처를 입었는지 그에게 말할 수 있었다. 결국 어머니와 자신의 무너진 관계가 '스스로의 존재를 인지하지 못하고 다른 사람에 대한 인식도 하지 못하는 괴리된 사람으로 만들었던 것'이라는 사실을 깨닫는 데 프롬이 도움을 주었다고 에카르트는 생각했다.[24]

프롬은 최소한의 감정을 드러내면서, 사람들에게 알려진 중립적인 접근 방식, 즉 프로이트가 자신의 추종자들에게 요구했던 그러한 방식을 무시한 채 직접적이고 솔직하며 개인적인 접근 방식을 취한 것이 에카르트의 유약한 자아의식을 강하게 만들었던 것이라고 생각했다. 1940년, 프롬은 분석 소파에 눕는 대신 자신과 직접 눈을 마주 볼 수 있도록 그녀를 의자에 앉게 했다.(프롬은 환자에게 처음으로 그러한 지시를 했던 것처럼 보인다.)

"그가 나와 대화를 나누고 활기찬 모습을 보여주었을 때, 나는 비로소 나 자신의 삶에 다가갈 수 있었어요."

에카르트는 회상했다. 그녀는 생기와 희망을 되찾았다.[25]

에카르트가 프롬을 친절하고 재능 있는 임상의로 기억하고 있는 반면, 롤로 메이Rollo May는 그렇지 못했다. 1940년 5월, 프롬은 메이에게 치료 분석을 시행하는 일에 동의했다. 메이는 개신교도 목사였고, 아들러 학설의 임상의였으며, 두 권의 책을 출간했다. 프롬은 처음부터 메이가 실존주의적인, 혹은 '제3세력' 심리학 쪽으로 나아갔지만, 그 과정에서 프로이트에 대한 기초적인 이해는 간과했다고 우려했다. 처음 분석이 잘 진행되던 몇 달 동안, 프롬은 자신의 일상 스케줄에서 메이를 위한 시간을 낼 수가 없었다. 메이는 프롬에게 좀 더 정기적으로 만날 수 없겠느냐고 요구하며 "나는 당신과의 작업을 계속 진행할 수 있기를 학수고대하고 있어요"라고 말했다. 그 후 프롬은 메이를 정기적인 스케줄 안에 넣었지만, 분석의 열기는 상당히 식어버린 상태였다. 어느 정도 자기애적이고 준예언적인 두 사람의 경향이 분석의 진행을 방해했던 것인지도 모른다. 메이가 폐결핵으로 고생하고 있었을 때, 프롬은 약속을 거르기 시작했다. 이상하게도 프롬은 메이에게는 거의 연민을 보이지 않았고, 자신이 폐결핵을 앓았다는 이야기도 언급하지 않았다. 프롬은 친구에게 메이가 치료 기간에 드러난 자신의 분석 기술과 생각을 몰래 기록해놓고 있다고 털어놓았고, 메이가 이러한 자료들을 자신의 책과 강연에서 사용하는 것을 발견했을 때(다소간 수정되었다고 하더라도) 프롬은 격노했다. 프롬은 1943년 그와의 분석을 그만두었고, 메이에게 마지막 청구서를 보냈다.[26]

두 사람은 메이가 윌리엄 앨런슨 화이트 연구소의 직원이 되어 다시 얼굴을 마주한 1948년 혹은 1949년까지 만나지 않았던 것으로 보인다. 프롬은 메이에게 다른 곳에서 분석을 계속했는지 물었고, 자신의 책 『잃어버린 언어』에 대한 서평을 『뉴욕타임스New York Times』에 실어줄 수 있느냐고 물었다. 메이는 직원 회의와 강의에서 프롬의 보편적인 접근 방식에 깊은 인상을 받았다며 호의적으로 대답했다.

"물이 없는 황무지 같은 땅에, 다시 말해 외재주의적 방식과 순응의 (임상적) 기술뿐인 메마른 불모지에서 그 사람이 지닌 인간 소통의 깊이와 솔직함은 한 줄기 샘처럼 신선한 것이었다."

메이는 프롬도 고대 히브리의 예언자처럼 인간 삶의 의미에 근거한 깊은 신념으로 이야기하고 있다고 생각했다. 그러나 프롬에 대한 메이의 신선한 시각이, 문제가 많을 수밖에 없었던 미완성의 분석에 뿌리를 둔 의혹과 불신을 대체하지는 못했다. 메이는 프롬이 아니라 파울 틸리히를 스승으로 받들었으며, 영적 지도자로서 키르케고르를 선택했다. 그는 프롬의 저작을 '피상적'이라고 평가했으며, 그를 길러온 사회의 관료주의적 방식에 불만을 표하는 데 근본적으로 미성숙하고 젠체하기만 한다고 사적인 자리에서 프롬을 비난했다. 프롬 역시 메이의 임상적인 지적 기고문들을 계속해서 폄하했고, 자신의 이전 분석 상대였던 그의 '매우 화를 돋우는 분위기'를 언급했다. 그의 '인본주

의적 정신의학'에서는 어떠한 인본주의나 공감도 찾을 수 없다고 말했다.[27]

데이비드 리스먼은 메이보다는 프롬의 분석 기술을 더 높이 평가했다. 리스먼은 필라델피아의 저명한 유대인 가족 출신이었다. 그의 아버지는 펜실베이니아대학의 의학 교수이자 내과 의사로 국제적 명성을 지니고 있었다. 그의 어머니이자 가족 내에서 중요한 인물인 엘리너Eleanor는 대학을 수석으로 졸업했다. 우아하고 학식이 있는 그녀는 프로이트나 토마스 만Thomas Mann, 오스발트 슈펭글러Oswald Spengler를 포함한 유럽 전위파에 매우 관심이 높았다. 비록 리스먼이 하버드대학의 생화학 분야에서 장학금을 받으며 졸업했고, 하버드 법대에서 수학했으며, 대법관 루이스 브랜다이스Louis Brandeis의 사무실에서 일을 한 데다가 보스턴의 법정 변호사로 있었고 버펄로대학에서 법학을 가르쳤으며 뉴욕의 지역 법무관 상담소에서도 일을 했지만, 그의 어머니는 그를 충분히 창의적이라거나 '일류'라고 생각하지 않았다. 그는 스스로 만족할 수 있는 천직을 너무 오래도록 찾아왔다는 현실에 자괴감을 느끼며 괴로워했다. 카렌 호르나이와의 분석 과정에서 엘리너는 치료적 분석이 리스먼을 도울 수 있는지, 엄마와 아들 사이의 소통을 개선시킬 수 있는지 문의했다. 짧은 시간 리스먼을 만난 호르나이는 그를 '매우 위축된' 젊은이로 묘사했으며, 프롬과의 치료 분석을 추천했다.[28]

1940년대 초중반의 몇 년 동안, 리스먼은 토요일에 두 시간, 그리고 일요일에 두 시간의 상담을 위해 주말마다 컬럼비아대학 근처에 있는 어퍼웨스트사이드의 프롬의 사무실과 버펄로대학을 오갔다. 리스먼은 옛날을 떠올리며 자신은 정말 분석을 받을 필요가 없다고 주장했지만, '어머니를 만족시키고' 싶다고 말했다. 스스로의 무능력함과 명확한 직업적 목표가 없다는 사실로 머리를 싸매는 일이 탐탁지 않았던 그는 프롬과 자신의 작업이 완벽한 의미의 '분석'은 아니라고 생각했다.

"정말 대화만 주고받는 게 다였어요. 물론 그가 내게 심리적으로 도움이 되지 않았다는 말은 아닙니다."

리스먼과 그의 부모는 프롬의 자격에 대해 잘 알고 있었다. 프롬의 교육과 학식, 저명함이 자신의 부모보다 월등하다는 사실은 리스먼에게 매우 중요했다. 프롬이 처음부터 그를 좋게 생각하고 있었다는 사실은 그에게 '커다란 차이를 만들었으며', 리스먼이 지닌 자신에 대한 무능력감에 균형을 잡아주는 역할을 했다. 그는 학술 연구가가 되어 프롬의 뒤를 따르는 일을 염두에 두고 있었다.[29]

프롬과 리스먼의 분석 관계의 중심은 프롬과 라빈코프와의 작업과 크게 다르지 않은 풍요롭고 즐거운 생각의 상호 교류였다. 리스먼은 유럽 망명 학자들의 사회적 사고에 깊은 관심을 가지고 있었고, 그들이 미국에서 다시 정착하는 프로그램을 제정하는 데 도움을 주었다. 리스먼은 피난민으로서의 프롬의 이야기, 그리고 프랑크푸르트 연구소에서의 권위주의 연구와 현대 자본주의하에서의 자아의식의 수용에 대한 프롬의 이야기에 매료되었다. 무엇보다 리스먼은 프롬의 사회적 성격 개념, 그의 시장형 성격, 그리고 어떻게 그것이 특정한 문화 연구에 설득력 있게 적용되는지에 완전히 푹 빠져버렸다. 리스먼의『고독한 군중』이 많은 갈채를 받는 탐구 에세이로 진화했을 때, 프롬에게 빚을 졌다는 그의 말은 미국 학자들과 지식인들 사이에서 프롬의 명성을 한 단계 끌어올렸다. 리스먼에 대한 프롬의 분석은 두 사람 모두 이것이 아니었다면 굉장히 힘들었을 그 시기에 본질적으로 활기를 북돋우는 지적인 교류였고, 평생토록 두 사람을 가까운 친구이자 동료가 되게 해주었다. 임상의들은 그것을 '깊이 있는' 분석적 만남이라고 생각하지 않았지만, 리스먼은 자신의 직업과 자신의 삶을 형성하는 데 그 영향이 적지 않았다고 여겼다.[30]

1940년대, 성공적이었다고 말할 수 있는 프롬의 분석 대상자들과의 시간에 대한 평가는 성공적인 치료를 위한 그의 이론적 밑그림과 그의 구체적인 분석 실습 사이에 괴리가 존재했다는 것을 보여준다. 그는 상호적으로 존중할 만한 친밀한 관계를 쌓을 수 있었던 사람들과는 행복과 생산성을 증진시킬 수 있었지만, 그 외의 사람들에게는 자주 무시하는 태도를 보이는 등 치료사로서 '공정하지' 않았다. 우리가 쉽게 찾아볼 수 있는 예들은 단지 임상의로서 그의 적응력을 보여주는 것에 불과하다. 그의 분석 대상자들은 자신들의 임상의가 필요로 하는 것들을 충족시켜야 했고, 아마도 그것은 그들에게 프롬이 주는 도움보다 훨씬 더 빈번했을 것이다.[31]

헤니 구를란트

―

카렌 호르나이와 캐서린 더넘과의 관계가 끝나고 프롬이 프리다와의 이혼을 마무리한 직후인 1944년 7월, 그는 나치 독일로부터 탈출한 이주민 동료였던 헤니 구를란트와 결혼했다. 그 결혼은 그에게 많은 즐거움을 주었지만, 또한 상당한 정신적 고통이기도 했다. 이에 대해 알아보는 일은 프롬이 '인본주의'라고 부르는 것의 예언자이자 '중심적 유대'의 임상의가 되어가던 시절의 프롬에 관해 많은 것을 이해하는 기회이기도 하다.

헤니 구를란트는 프롬이 프랑크푸르트에서 태어난 직후인 1900년에 독일 아헨 지방에서 태어났다. 그녀의 어머니는 가톨릭교도였고, 쾌활했으며, 애정이 넘치는 사람이었다. 그녀의 아버지는 유대인 안경사였고, 담배 가게 주인이었으며, 아헨 마을의 시인이었다. 가톨릭 고등학교에서 수녀들에게 교육을 받은 헤니는 비서 훈련을 받았고, 베를린에서의 직장을 보장받았다. 정치적으로 사회주의 노동당 성향이었던 그녀는 사회민주당과 연합한 청년 단체에서 열심히 활동했다. 그녀는 또한 활동적인 시온주의자가 되었다. 1922년에 그녀는 콜타르 제품을 취급하는 국제 무역 회사들을 소유한 유대인 기업가인 오토 로젠탈Otto Rosenthal과 결혼했다. 1년도 되지 않아 헤니는 아들 요제프를 낳았지만 그녀의 결혼은 처음부터 문제가 많았고, 그녀와 오토는 1929년에 이혼했다. 오토는 헤니가 불안정하고 도덕적으로 건강하지 못하다고 주장해 아들의 양육권을 획득했다. 이러한 혐의들에 어떠한 근거가 있었는지는 명확하지 않다.[32]

이혼 후 헤니는 정치적으로 훨씬 더 적극적이 되었고, 독일 사회민주당의 기관지인 『포어바르츠Vorwärts』의 보도 사진가가 되었다. 그녀는 최소한의 보정으로 꾸미지 않고 자연스러운 흑백 사진을 만들어내는 분야의 선구자였다. 성공적인 사회민주당의 보도 사진가로서, 그리고 공공연한 반나치주의자로서 헤니의 이름은 히틀러가 권력을 잡았을 때 그들의 숙적 목록에 오르게 되었고, 그녀는 벨기에로 도망쳤다. 그녀는 1934년 독일 국경을 다시 넘었고, 이혼 법정의 규정에 반항해 아들인 요제프를 데리고 벨기에로 돌아왔다. 2년 후 그녀는 반나치주의 활동가이자 마르크스주의자이며, 프랑크푸르트 연구소 박사과정 학생이었던 스페인인 라파엘 구를란트Rafael Gurland와 결혼했다. 라파엘은 조국의 시민전쟁 동안 스페인 공화국의 외교 업무에 참가했으며, 파리에 있는 스페인 대사관으로 헤니와 요제프와 함께 이주했다. 헤니와 라파엘은 곧 사이가 멀어졌다. 그는 1939년 나치 침공에 저항하기 위해 프랑스 군대에 합류했지만 그 후 얼마 지나지 않아 붙잡혔으며, 2년 동안 독일의 전쟁 포로가 되었다.[33]

라파엘이 감금되고 결혼이 위태로운 상태에서 독일이 파리로 진격해오면서, 헤니는 자신과 요제프를 위해 미국 비자를 신청했다. 그러나 프랑스로부터의 출국 비자가 부족해 그녀와 요제프 그리고 그녀의 친구인 발터 벤야민(그는 아마도 프랑크푸르트 연구소에서 아도르노 다음으로 가장 뛰어난 철학자이자 사회비평가였을 것이다)은 1940년 9월 프랑스-스페인 국경을 불법으로 걸어서 넘기 위해 길을 나섰다. 그들은 스페인을 가로질러 그곳에서 뉴욕으로 가는 배를 탈 수 있는 리스본으로 갈 계획이었다. 그러나 그들은 프랑스 국경을 기어오르려다가 프랑코 국경 수비대에게 잡혔고, 이때 헤니가 큰 부상을 입었다. 헤니의 며느리에 따르면, 그들은 잡히기 전에 무자비한 폭격기의 폭격 속에 있었다고 했다. 이때 헤니의 옆구리에 금속 파편이 박혔고, 그로 인해 상당히 고통스러운 류머티즘 관절염을 앓게 되었으며, 나중에는 보행하는 것조차 어렵게 되었다. 스페인 수비대는 그들을 프랑스에 있는 친나치 비시Vichy 정권으로 돌려보낼 작정이었고, 그들은 거의 감금될 것이 확실했다. 최악의 상황을 두려워한 벤야민은 그대로 자살해버리고 말았다. 비록 트라우마에 사로잡히긴 했지만, 헤니는 그의 죽음을 심장마비로 가장하고 장례식에 참석했다. 벤야민의 죽음으로 당황한 국경 수비대는 헤니와 요제프가 스페인을 통해 리스본으로 가도록 허락했다. 헤니와 요제프는 1940년이 끝날 즈음에야 뉴욕에 도착했다.[34]

비록 1943년까지 헤니와 라파엘이 법적으로 이혼하지는 않았지만, 그녀와 열일곱 살인 그녀의 아들 요제프가 뉴욕에 자리를 잡으면서 그 관계는 이미 끝나버린 상황이었다. 돈이 모자랐기 때문에 헤니는 저렴한 아파트를 찾았고, 가구나 집기는 모두 기부를 받았다. 그녀는 자신의 혁신적인 인물 사진을 후원하는 부유한 후원자들로부터, 또는 멋진 울 러그를 짜서 돈을 벌었다.

머지않아 헤니는 또 다른 능력 있는 사진사인 루트 슈타우딩거Ruth Staudinger와 가까운 친구가 되었다. 그의 아버지는 신사회연구소New School for Social Research의 소장이었으며, 프롬은 그곳에서 정기적으로 강의를 진행하고 있었다. 라파엘과 발터 벤야민의 소개로 헤니는 모닝사이드 하이츠로 프랑크푸르트 연구소가 옮겨 가기 전에 몇몇 회원을 만난 적이 있었다. 1941년 초, 루트 슈타우딩거는 신사회연구소와 프랑크푸르트 연구소 직원들을 위해 파티를 열었고, 프롬과 헤니 구를란트도 그곳에 참석했다. 두 사람은 독일에서 만났을 수도 있었지만, 뉴욕에서 만나고 난 후에야 진지한 관계에 접어들었다. 여성과의 친밀한 관계에서 안정감을 느꼈던 프롬은 호르나이와 더넘으로 인해 생겼던 공허함을 헤니가 채워주고 있다는 사실을 깨달았다.[35]

프롬과 헤니는 정기적으로 만나기 시작했다. 그는 그녀의 예술적인 재능과 상당한 지식에 매력을 느꼈다. 헤니의 아들이 1941년 2월 뉴욕대 공과대학에 입학했을 때, 프롬은 오토가 지불하지 않았던 비용을 얼마든지 자신이 지불하겠다는 관대한 제안을 했다. 1941년 말, 프롬은 국가 난민 보호소와 협력해 헤니가 미국 비자를 신청하고 결국엔 미국 시민권까지 받을 수 있도록 더욱 직접적으로 개입했다. 더욱 시급했던 문제는 요제프가 '적대국 외국인'으로 잘못 분류되었던 것인데, 그때도 프롬은 그가 재분류될 수 있도록 적극적으로 뛰어다녔다. 프롬은 이 총명한 젊은 청년을 자신의 아들로 생각했다. 1943년에 헤니와 프롬은 결혼을 생각하고 있었다. 두 번의 위축되고 실패한 관계와 유럽으로부터의 상처투성이의 탈출 이후, 헤니의 삶에 비로소 행복이 찾아온 것이었다.

"내게 더 이상 (유럽에 대한) 향수병 같은 건 없어요. 여기에서 나는 충분히 행복해요."

그녀는 자신의 가까운 친구 이젯 드 포레스트Izette de Forest에게 이렇게 썼다.[36]

이즈음, 그 세 사람은 함께 살고 있었다. 프롬과 관계를 맺고 있던 이 시기에 헤니는 쉽게 불안해지기도 했고, 기분이 급격하게 변화했다. 예를 들어 요제프가 1944년 2월 화학공학과에서 학사학위를 받으며 졸업했을 때, 헤니는 마냥 행복해했다. 그러나 그 직후, 그의 연구 기술이 한 걸음 나아갈 수 있는 미 육군 공병 병과의 비전투 직책에 입대했을 때, 불안이나 우울과의 주기적인 싸움이 다시 시작되었다고 그녀는 친구 포레스트에게 털어놓았다. 헤니는 1939년 라파엘이 프랑스 군대에 합류하려고 떠났을 때도 그와 유사한 가라앉는 기분이 들었다고 털어놓았으며, 이 문제는 그녀의 삶의 많은 부분에서 그녀를 괴롭혔다.[37]

1944년 7월, 헤니의 우울과 근심은 일시적으로 나아졌고, 그녀는 프롬과 결혼했다. 그들은 센트럴파크 외곽 지역에 아파트를 빌렸다. 두 사람 모두 마흔 중반에 접어든 상황이었다. 프롬이 헤니의 친구인, 뉴욕에서 감각 인지운동을 이끌고 있는 홀로코스트 이주민 샤를로테 젤버Charlotte Selver와의 감각 인지 수련에서 가르침을 받고 있는 동안, 헤니는 매일 아침 그들을 위해 다양한 종류의 빵을 구워 내왔다. 젤버는 프롬이 신사회연구소와 화이트 연구소 그리고 베닝턴대학에서 강의를 하고 임상 지도와 분석 환자들과의 일들에 점점 더 많이 관여하면서, 결혼 초기에 과도하게 많은 일을 하고, 또 그것에 사로잡혀 있는 것처럼 보였다고 회상했다. 프롬은 또한 『자기를 찾는 인간』이라는 책을 완성하려 애쓰고 있었다. 젤버에 따르면, 그의 방식은 너무 솔직하고 '곧이곧대로'여서 두 사람의 지인 상당수는 그를 거만하고 조급한 사람으로 여겼다. 하지만 헤니의 평가는 훨씬 너그러웠다.

"프롬은 자신의 책을 끝내고 싶었고, 뉴욕에서 자신을 위해서나 불쌍한 아내를 위해서 단 한 시간도 시간을 가질 수가 없었으니 매우 조급하고 신경이 날카로워져 있었죠."

헤니는 사진 작업을 즐겼고, 특히 '서로 다른 분위기'의 센트럴파크 풍경을 찍는 프로젝트를 즐겼지만, 자신과 프롬이 뉴욕에서 조금 떨어져 함께 시간을 보낼 필요가 있다는 사실을 인식하고 있었다. 결국 그들은 버몬트 지역 베닝턴에서 긴 주말을 보내기로 결정했고, 프롬은 그곳 대학에서 월요일마다 강의를 진행했다. 결국 헤니는 도시로 통근하는 것을 그만두고 베닝턴의 아파트에 계속 머물렀다. 프롬은 가르치고 병원 일을 하고 감독하는 일들이 기다리고 있는 일상을 위해 화요일 아침마다 도시로 돌아왔다. 금요일 저녁에 그의 가방은 헤니를 즐겁게 하기 위한 구운 음식과 맛있는 조제식품들로 가득 차 있었고, 그렇게 베닝턴으로 돌아오면서 그는 자신의 저술 의제에 관한 새로운 길을 구축하는 듯 보였다. 『자유로부터의 도피』는 넘어서기 쉽지 않은 걸작이었지만, 그는 1946년 그다음 연작을 완성하기로 마음먹었다. 프롬의 저작은 경제적인 면에서, 그리고 부분적이기는 하지만 그의 삶에 질서와 통제와 약간의 안정감을 가져다주었다. 한 차례 우울증과 류머티즘 통증으로 고생하기는 했지만 헤니는 종종 행복한 모습을 보였고, 그의 원고를 읽으면서 가독성을 개선시킬 수 있는 방법을 모색하며 그의 저술 프로젝트를 도왔다.[38]

베닝턴으로 이사 가기 직전에 헤니는 프롬과의 결혼생활에 대해 이젯 드 포레스트에게 비밀 편지를 적었다.

나는 그와 사랑에 빠졌어요. 프롬은 가정생활을 매우 좋아하는 사람이고, 요제프를 대하는 태도도 훌륭해요. 친구 같기도 하고, 아버지 같기도 하죠. 일상의 그러한 소소한 일들이 너무도 중요하고, 어려운 일을 풀어나가는 그의 조화로운 방식은 이전 어느 때보다 그에게 사랑을 느끼게 해요. 프롬이라는 사람과 그가 주는 좋은 영향을 당신도 아시잖아요? 내가 그 사람과 함께 지내며 얼마나 행복한지 굳이 말하지 않아도 될 듯해요.

이것은 그동안 많은 사람이 만났던, 과도하게 직설적이고 사람들에게 압박감을 주며 때때로 비꼬기도 했던 그런 남자의 모습이 아니었다. 실제로 프롬은 헤니의 동요를 붙들어주고 그녀가 급격한 감정의 변화를 솔직히 털어놓도록 도와주면서 그녀에게 안정감을 주었던 것 같다. 그는 그녀를 깊이 사랑했고, "탐구적이며 사람의 마음에 깊이 가닿는" 그녀의 직감적인 성격에 특히 사로잡혀 있었다. 이는 프롬 자신의 발전에 상당히 기여했다고 그는 말했다.[39]

그러나 프롬은 그녀에게 전문적인 조언이 필요하다고 생각했다. 그 무렵, 그는 헤니와 합의하에 저명한 심리학자인 칼 빈저Carl Binger에게 헤니에 대한 완벽한 검사를 시행해달라고 부탁했다. 빈저는 현재의 임상의들이 그녀의 상태를 조울증으로 분류하겠지만, 사실은 조현병이라고 결론지었다. 프롬은 1940년대 중반 그녀에게서 무언가 끔찍이 잘못되어가고 있다는 것을 감지하면서, 더욱더 부드럽고 친절하며 밝은 표정으로 그녀를 대할 수밖에 없었다. 그는 그녀가 베닝턴 예술가 공동체에서 약간의 힘을 얻을 수 있었다는 사실에 감사했지만, 그것만으론 충분하지 않았다. 그는 리스먼에게 돈을 빌려 헤니가 힘겨운 삶을 사는 동안 갖지 못했던 커다란 저택을 지었다. 양쪽으로 몇 에이커의 멋지고 세심한 풍경에 둘러싸인 그 저택은 네 개의 침실, 두 개의 욕실과 간이 욕실, 식당, 커다란 거실, 가족실, 붙박이 책장이 놓인 서재, 최신 용품들이 구비된 주방, 그리고 두 대의 자동차를 주차할 수 있는 차고로 들어서는 멋스럽게 휘어지는 입구 도로까지, 모든 것을 갖추고 있었다. 두 사람 모두 마흔 중반에 들어서 아이를 가질 계획이 없었고 요제프까지 독립해서 나갔는데, 왜 그렇게 크고 화려한 집을 지었는지는 의문이다. 그것은 소비지상주의에 대한 그들의 반감과는 상치되는 것처럼 보였다.[40]

요제프와의 친근하고 지지하는 관계가 보여주었듯이, 프롬은 임상 수련생들이나 다른 나이 든 학생들에게도 훌륭한 방식으로 대했다. 어린아이들은 거의 그의 관심을 끌지 못했다. 한번은 프롬이 자신이 하고 있던 이야기에 너무 열중하다가 그만 안고 있던 아이를 무릎에서 떨어뜨릴 뻔한 적도 있었다. 베닝턴대학의 학장이었던 루이스 웹스터 존스Lewis Webster Jones는 적극적으로 그에게 강의를 요청했다. 그

는 매주 한 번의 강의에 2500달러2015년 기준으로 대략 2만8000달러에 달하는
금액—옮긴이를 지불하고 교수직을 주겠다고 제안했다. 그의 강의 '인간
본성과 성격 구조'는 매우 인기가 좋았다. 프롬의 강의는 『자기를 찾는
인간』의 기초에 많은 부분을, 그리고 적어도 『잊어버린 언어』에도 어
느 정도 기초를 제공했다. 그 수업은 프롬의 독서 목록을 확장시켰고,
사회심리학과 정신분석에서 자신의 학생들에게 그의 진가를 발휘하게
했다. 소통에 능통하고 학자적이며 예언적인 그의 방식을 인지하지 못
하는 학생은 없었다. 1948년, 4학년 학생들은 프롬에게 존경을 표시
했고, 졸업생들은 그를 자신들의 졸업식 연사로 선택했다. 4학년생 중
하나였던 프랜시스 데이비스Frances Davis(나중에 오스틴 리그스 센터에서 심
리학자인 데이비드 라파포트의 비서가 됨)는 졸업식 몇 달 후 프롬에게 이런
편지를 보냈다.

"선생님과 함께한 수업은 저에게는 물론이고 그 당시 수업을 들었던
거의 대부분의 학생에게 언제나 가장 커다란 의미로 기억될 거예요."

1948년 말, 학생들의 그러한 열정적인 반응으로 인해 프롬은 인간
관계의 역동성에 관한 베닝턴에서의 두 번째 수업('삶의 기술에 대한 교
육')을 진행하는 데 동의했다. 그러나 프롬은 때때로 베닝턴 학생들과
의 이 생기발랄한 시간이 오히려 역효과를 낸 것은 아니었는지 생각
했다. 그는 존스 학장에게, 학생들 사이에서의 자신의 인기가 실질적
인 수업 자료에 그들이 집중하는 데 방해가 된 것은 아니었는지 물었
다. 존스는 그건 말도 안 된다고 대답했다. 프롬의 학생들은 그들이 해
야 할 과제를 훨씬 뛰어넘는 것들을 습득했다고 그는 말했다. 프롬은
그들 모두의 마음에 엄격한 추론과 영혼의 삶을 위한 사랑을 심어주
었다. 수업을 하지 않을 때면, 프롬은 헤니를 즐겁게 하기 위해 그녀와

시간을 보냈다. 비록 주말 시간을 집필하는 데 사용하기는 했지만, 그는 많은 시간을 헤니를 돌보는 데 할애했으며, 그녀의 상태가 악화되면 그녀에게 더욱 주의를 기울였다.[41]

1948년 여름 프롬과 헤니가 그들의 우아한 베닝턴 집으로 이사했을 때, 그녀는 우울증을 더욱 악화시킨 고혈압과 심장병, 극심한 류머티즘 통증으로 고생하고 있었다. 처음에 의사들은 납중독이 원인이라고 의심했지만, 결국 그들은 그녀의 통증이 프랑스로부터의 탈출 과정에서 생긴 부상에서 기인한 것이라는 사실을 밝혀냈다. 다양한 치료약이 쓰였지만, 모두 소용없었다. 그녀는 동종요법 치료를 선호했으며, 대부분의 약은 삼갔다. 1948년 가을, 프롬은 거의 24시간 헤니에게 관심을 쏟았고 그녀는 거의 침대에만 누워 깊은 우울에 잠겨 있었다. 프롬의 사촌인 게르트루트 훈치커 프롬은 헤니의 고통보다 때로 훨씬 더 그녀를 쇠약하게 만든 것은 그녀의 우울이었다고 생각했다. 프롬은 강의와 직업적인 기회를 모두 물리치고 거의 명예직으로 강의 자리와 임상 수련 의무를 수행했을 뿐이었다. 편지에 일일이 답장할 시간도 거의 없었고, 생전 처음으로 원고 마감 시간도 지나쳐버렸다. 그렇게 생산적인 사회적 성격 개념의 창시자인 프롬 자신은 그다지 생산적으로 살고 있다고 느끼지 못했다.[42]

확실히 헤니가 기운을 되찾는 듯한 시기가 짧게나마 있기는 했다. 그녀는 프롬과 자신이 좋아했던 도리스 허위치Doris Hurwitch와 요제프의 결혼식에 참석할 때는 충분히 상태가 좋았다. 그들은 이들 부부에게 결혼 선물로 쿠바로의 신혼여행을 마련해주었다. 이러한 희망적인 시간을 겪으며 프롬은 자신이 진지한 글쓰기와 본래의 강의 스케줄로 돌아갈 수 있을지도 모르겠다고 생각했다. 실제로 1948년과 1949년 겨울 동안, 그는 예일대학에서 정신분석과 종교에 관한 강의를 연속해서 진행할 수 있었다. 그는 강의 내용을 헤니에게 보여주었고, 그녀가 그에게 그것들을 짧은 책으로 엮도록 도움을 주는 적절한 제안을 했을 때 프롬은 매우 기뻐했다. 그러나 그해 6월, 프롬은 헤니의 며느리에게 다음과 같은 이야기를 전했다.

> 헤니가 상당히 몸이 좋지 않단다. 때때로 너무 고통이 심해서 여러 날 밤을 한잠도 자지 못했어. 1년의 4분의 3을 거의 아무것도 하지 못하고, 심지어 편지조차 쓰지 못한 채 침대에만 누워 있었다. 나도 편지를 쓸 수가 없었다. 내 상담소 일과 다른 직무를 제외하고 나도 헤니의 병간호를 하느라 정신이 없었단다.[43]

그답지 않게 의기소침해진 프롬은 어떻게든 베닝턴대학과 신사회 연구소에서의 수업을 우선으로 하고, 화이트 연구소에서의 감독 일과, 줄어든 정신분석 상담소 일을 유지하기 위해 힘을 끌어모으려고 했다. 의료 지원이 베닝턴에서보다 뉴욕이 더 나았기 때문에 그는 센트럴파크 외곽의 아파트로 헤니를 옮겼고, 월요일 수업을 위해 버몬트 지역으로 혼자서 통근을 시작했다. 요제프는 MIT에서 금속공학 분야의 졸업 작품을 마무리하느라 보스턴에 머물고 있었고, 그와 도리스는 자신들이 헤니의 기분을 즐겁게 할 수 있을 때마다 프롬을 도와주었다. 프롬은 직업적인 일 때문에 프로비던스 지역과 보스턴 근처에 묶여 있을 때면 항상 그들과 함께 머물렀다. 데이비드 리스먼 또한 헤니가 다시 일을 할 수 있기를 바라며 그녀에게 예술 사진을 의뢰하면서 힘을 북돋워주었다. 프롬은 대부분 그녀가 일을 끝낼 수 없었다고 전해야 했다. 헤니도 나름대로 스스로 일어설 수 있도록 최선을 다했다. 그녀는 친구들을 불러 함께 아침 식사를 하기도 했고, 비록 침대에 누운 채였지만 그들은 이 모든 시간을 함께 즐겼다.[44]

1949년 중반, 헤니의 의료진들은 멕시코 여행을 권하며, 특히 멕시코시티 근처의 방사능천을 추천했다. 그곳의 기후와 따스한 미네랄 물이 그녀의 우울증을 어느 정도 감소시켜 고통을 완화해주었다. 실제로 멕시코는 프롬에게는 그녀의 행복을 되찾을 수 있는 마지막 희망처럼 보였다. 프롬은 만약 헤니의 끔찍한 상태가 뒤바뀔 수 있다면, 자신의 짐을 더는 것은 물론이고, 우울하고 상당히 비생산적이 되어버린 그의 삶을 치료할 수 있으리라는 사실을 알고 있었다. 『자기를 찾는 인간』에서 프롬은 행복하고 자발적이며 생산적인 삶에 관해 적었지만, 그는 자신이 그렇게 살고 있지 못하다는 것을 잘 인식하고 있었다. 『자유로부터의 도피』의 낙관적인 결론과 비슷하게 『자기를 찾는 인간』은 프롬 자신에게는 완전히 사라져버려 존재하지 않는 이상적인 현실의 비전을 투영하고 있었다.

1934년 미국으로 이주하기 전까지 프롬은 멕시코에, 특히 재능 있는 장인들과 예술가들이 거주하고 있는 매력적인 도시인 탁스코의 매력에 빠져 있었으며, 1936년 여름 동안 그곳에서 카렌 호르나이와 함께 집을 임대하기도 했다. 그다음 해 여름, 프롬은 그곳으로 다시 돌아가 호르나이와 함께 한 달 동안 머물렀다. 이 기간에 그는 멕시코시티 근처의 산호세 푸루아를 방문했다. 프롬과 호르나이 둘 다 멕시코를 오래도록 거주하기에 이상적인 장소로 여겼다. 멕시코시티로의 여행에서 프롬은 독일에서부터 알고 있던 이주민 마르크스주의자 지식인이자 활동가인 오토 륄레Otto Rühle와 친교를 쌓았고, 당시에 그는 멕시코 교육부 장관을 상담해주고 있었다. 프롬은 『자유로부터의 도피』를 완성할 즈음, 비교 파시즘에 대한 뢸레의 연구에서 많은 것을 배우며 1940년 여름을 그곳에서 보냈다.[45]

백약이 무효한 상황에서 24시간 헤니를 돌보고, 강의를 할 시간도 없을뿐더러 출간을 위한 집필 작업조차 할 수 없었던 프롬은 아마도 헤니보다 더욱 간절히 멕시코로 여행을 가고 싶어했을 것이다. 그는 빠르게 스페인어를 습득했고, 계속해서 자신이 좋아하는 멕시코의 예술과 문화를 찾아다녔다. 그는 뉴욕의 빡빡한 일정에서 벗어나 정통 미국 정신분석학자들을 불쾌하게 하는 언사들로부터 멀리 떨어져, 산호세 푸루아의 휴양 온천이 가까운 멕시코시티에서 계속 지내는 것이 자신과 헤니의 삶 모두를 치유할 수 있을 것이라 결론지었다.[46]

1950년 6월 두 사람은 멕시코시티로 이주했고, 뉴욕 의료진들의 말대로 산호세 푸루아에서 많은 시간을 함께 보냈다. 그러나 헤니의 건강은 여전히 위태로웠다. 멕시코 의료진들에게 류머티즘 관절염의 통증과 저변에 깔린 우울증의 근원은 여전히 미스터리일 뿐이었다. 이사하기 전과 마찬가지로 프롬은 거의 24시간 계속해서 그녀를 돌보았고, 그녀가 조금씩 삶 자체를 놓아버리고 있는 것 같아 걱정스러웠다. 그는 미국으로 여행해야 하는 모든 약속을 취소했고, 거의 집필 작업을 하지 않았으며, 내내 근심에만 사로잡혀 있었다.[47]

미네랄 온천에서 머물렀음에도 헤니의 류머티즘 통증은 조금도 차도를 보이지 않았다. 심지어 요제프와 도리스가 헤니의 첫 손자들과 함께 방문했는데도 오히려 그녀의 우울증은 더욱 심해졌다. 이 기간에 프롬은 그녀를 이전보다 더욱 가까이에서 지켜봤고, 잠시라도 혼자 남겨두지 않았다. 1952년 6월, 그녀는 "이제 금방 완전히 괜찮아질 테니까 두고 보라"고 프롬에게 말해놓고는 몇 시간도 지나지 않아 욕실 바닥에서 숨을 거둔 채 발견되었다. 요제프는 사람들에게 그것이 심장 마비에 의한 죽음이었다고 이야기했고, 도리스는 헤니가 삶을 끝내기 위해 손목을 그었던 것이라고 말했다. 그녀는 나중에 다시 한번 확실하게 그렇게 말했다. 서로 다른 이야기들이 있지만 그녀의 마지막 몇 년 동안, 특히 그녀의 삶의 마지막 며칠 동안 프롬이 계속 경계했던 것을 보면, 아무래도 자살이 그녀의 죽음에 대한 더욱 그럴듯한 설명일 것이다.

"나도 헤니를 어쩔 수가 없었어요."

프롬은 헤니의 친구 샤를로테 젤버에게 이렇게 말했는데, 그녀는 프롬이 헤니의 자살을 이야기하고 있는 것이라고 확신했다.[48]

헤니의 죽음은 프롬에게 커다란 정신적 스트레스를 주었을 뿐만 아니라, 그녀가 묻힌 멕시코를 떠나는 것을 고민하게 했다. 쿠에르나바카를 정기적으로 방문했던 카렌 호르나이 또한 1952년 숨을 거두면서 삶에 대한 프롬의 생각은 더욱 침울해졌다. 프롬은 1952년 중반에서 1953년 초까지 몇몇 짧은 육체관계를 가지면서, 그것들이 자신을 침울한 삶에서 벗어나게 해주기를 바랐다. 헤니가 살아 있던 마지막 몇 년 동안 그는 샤를로테 젤버와 정기적으로 연락을 주고받았고, 그녀는 헤니의 질병이 프롬에게 미치는 영향을 걱정하며 그에게 깊은 슬픔에 관해 털어놓도록 다독였다. 그 편지들을 보면, 그녀의 자극은 어느 정도만 성공적이었던 것 같다. 그녀는 어려운 시기에 함께한 좋은 친구였으며, 그가 우울에서 벗어나도록 도움을 주었던 연인들 중 한 사람이 되었다는 것을 이후의 또 다른 편지들에서 거의 확실히 알 수 있다.[49]

『자기를 찾는 인간』

—

과도하게 많은 진료와 강의 일정들, 헤니에게 계속적으로 신경을 써야 하는 일들 때문에 프롬은 『자유로부터의 도피』 이후 10여 년 동안 집필 작업에 상당히 절망적이었다. 실제로 윤리학, 종교, 기호 언어를 중심으로 그가 쓴 책들은 대중 강연의 단순한 수정본에 지나지 않았다. 그는 자신의 사상 논리를 발전시키고 옛 사상가들을 언급하면서 강의를 글로 옮겼다. 그의 성격 이론 해설은 독보적으로 중요하고 통찰력이 가득한 것이었지만, 바이마르 노동자 연구와 『자유로부터의 도피』 이전의 훌륭한 저작들과는 달리, 이 간행물들은 조사 연구나 체계적으로 수집된 증거 목록으로 뒷받침되지 않았다.

또한 프롬의 글에는 일관된 초점이 부족했다. 예를 들어 그가 『자기를 찾는 인간』을 끝내가고 있을 때, 그는 프로이트의 선별된 저작들을 포함하는 대중적인 서적을 출간하려고 애슐리 몬터규를 끌어들일 생각이었다. 그러나 출판 허락 권한은 프로이트의 저작권 집행자에게 있었고, 프롬도 몬터규도 허가 절차를 면밀히 진행하지 못했다. 그 프로젝트는 결국 실현되지 못했다. 1948년과 1949년, 프롬은 4개국의 정치적·사회적 긴장의 근원에 대한 유네스코 연구 프로젝트와 관련해 몇몇 회의에 초청받았다. 이 프로젝트의 지도자들은 그가 그 나라들 중 하나인 오스트레일리아에서 '사회적 성격'의 진화된 개념을 실험하기를 원했다. 프롬은 그것을 잠정적인 예비 프로젝트나 '미국과 같은 더욱 복잡한 문화'의 조사를 위한 서막이라고 여겼다. 그는 오스트레일리아의 국가적 성격의 초점을 '권위주의 대 독립' '피암시성 대 비판 능력' '파괴와 외국인 혐오증 대 사랑과 애정'과 같은 인구 예시의 다양성에 맞추어 현장 연구를 진행할 것을 제안했다. 결과적으로 유네스코는 그의 연구를 지원하기에 돈이 부족했다. 프롬은 카네기 재단의 찰스 달러드와 멜버른대학에서 기금을 융통하려 했지만, 그들의 지원을 담보할 만큼 매혹적인 통합안을 제시하지 못했다.[50]

그렇다고 그 시기 동안 집필했던 프롬의 책들이 장점을 지니지 못했다는 말은 아니다. 『자기를 찾는 인간』(1947)과 『정신분석과 종교 Psychoanalysis and Religion』(1950)는 그가 1940년대에 진행했던 강연들, 특히 베닝턴대학에서 진행한 강연들을 발전시킨 것이었다. 그것들은 학술적으로도 정확도에서도 부족했으며, 그가 프랑크푸르트 연구소에서 일했을 때 집필했던 글들보다 날카로움이 덜했을 뿐이다. 확실히 이 책들은 『자유로부터의 도피』만큼 완벽히 마음에 와 닿지 않았으며, 권위주의의 위협에 대한 초점도 약했다. 그러나 그것들은 프롬의 '사회적 성격' 개념에 대해, 그리고 좀 더 지엽적으로는 '인본주의적' 신조에 대해 기술하고 있었다. 실제로 이 두 권의 짧은 책의 주제는 겹쳐져 있었고, 두 권 모두 윤리학과 종교 사이의 경계에 자리했다. 그것들은 삶의 통합적인 철학을 발전시키기 위한 것이었고, 서방의 전후 사회에 관해 논쟁적이기는 하지만 중요한 방식으로 이야기하고 있었다. 짐작할 수 있겠지만, 이 두 책에서 프롬의 내러티브는 『자유로부터의 도피』보다 더욱 예언적인 어조였다.

『자기를 찾는 인간』은 저명한 심리학자이자 정신분석학자인 칼 메닝어Karl Menninger가 쓴 자살에 관한 1938년의 걸작에 대한 회신으로 볼 수도 있었다. 『자신에 맞서는 인간Man Against Himself』이라고 이름 붙여진 메닝어의 작품 속 논쟁은 삶과 사랑에 대한 인간의 수용력이 자기 파괴적 욕망에 의해 균형을 잃어버렸을 때 자살이 일어난다는 것이었다. 뒤이어 『자유로부터의 도피』가 정신분석학적인 정설로부터 출발했다는 간결한 서평을 쓰게 될 메닝어는 자신의 책에서 프로이트의 이중 충동 이론(삶 충동 대 죽음 충동)을 설명했다.(두 가지 사이의 미묘한 균형으로부터 인간을 자살로 밀어내는 힘들을 묘사하면서.) 프롬은 이 지점에서 적절하게도 프로이트의 충동 이론을 완전히 거부했고, 그러므로 메닝어의 책에서의 바로 그러한 전제들에 반대했다. 프롬은 인간이란 본질적으로 선하며, 자기 자신을 옹호할 충분한 역량을 가지고 있다고 주장했다. 본질적으로 『자기를 찾는 인간』은 프롬이 종종 라빈코프와 논의했던 랍비 힐렐Hillel의 다음과 같은 잠언을 기술하는 것이었다.

"나 자신이 나를 위하지 않는다면 도대체 누가 나를 위한단 말인가?"

인간은 자기 자신의 창조적 근원을 신뢰함으로써 행복과 자발적 의지, 그리고 삶의 생산성을 창출할 수 있다. 윤리적인 규범이 외부의 권위와 계시에 근거를 두고 있을 때에만 그것들이 인간의 정신을 억압하고 인간을 자신의 본질에서 소외된 즐거움이 없는 기계로 만들어버리며, 그러므로 자살이 가능하게 되는 것이다. 메닝어나 프로이트와는 달리, 프롬은 자기 자신을 '윤리적인 사상가' 혹은 '인간에게 무엇이 좋고 나쁜지'를 강조하기 위해 글을 쓰는 '인간의 양심'의 목소리로 간주했다.[51]

그러므로 『자기를 찾는 인간』은 정통 프로이트주의에 대한 개념적 대안이었으며, 프롬이 보편적인 윤리로 간주했던 것에 근거를 두고 있었다. '심리적인' 인간(생산성이나 개인적인 행복을 위해 애쓰는 사람)보다는 '윤리적인' 인간(이 땅에서 신에 대한 프롬의, 그리고 유대인의 시각을 구체화하는 사람)이 리더십에 대한 프롬의 사유, 그 중심에 있었다.

『자기를 찾는 인간』은 냉전이 시작될 무렵 완성되었고, 프롬은 대두하는 사회적 흐름을 주시하고 있었다. 한 가지 흐름은 인간의 능력과 존엄, 민주주의를 수용했고, 또 다른 흐름은 인간의 부패와 죄악을 강조하며 공공연하게 권위주의적 개입(물론 동부 유럽 전역에 걸친 소련의 출현과는 다른)을 요구하고 있었다. 한 손에는 부정적이며 권위주의적인 루터를, 다른 손에는 더욱 민주적이고 희망적인 제퍼슨을 들고 프롬은 다음과 같은, 꽤나 문제적인 주장을 폈다.

"우리는 의식적으로 인간의 힘과 존엄을 믿지만 종종 무의식적으로 인간의—특히 우리 자신의—무기력함과 사악함 또한 믿고 있으며, 그것을 '인간 본성'이라 지적하며 설명한다."

프로이트가 이 두 가지 대립되는 전제를 자신의 이중 충동 이론에서 포용한 반면, 프롬의 '인본주의적' 윤리는 인간이 행복과 자기만족을 위한 자신의 내재적 근원을 스스로 끌어올리도록 도와주며, 그래서 르네상스와 계몽주의의 희망적이고 배려하는 전통이 한발 나아가도록 하기 위한 취지였다. '인본주의적' 관점에서 프롬은 그 시절의 윤리적 위엄이 인간으로 하여금 비로소 자기 자신이 되고, 자기 자신을 위하도록 하기 위한 것이라고 주장했다.[52]

프롬의 『자기를 찾는 인간』은 『자유로부터의 도피』보다 더욱더 전폭적인 희망에 차 있었으며 이는 이후 수십 년 동안을 특징짓는 주제가 된다. 인간은 생산적일 필요가 있으며, 아리스토텔레스는 그것을 "번성한다"라고 묘사했다. 인간은 단순히 물질적으로 생존하기 위해 일하는 것이 아니라 창조하고 혁신하기 위해, 그리하여 자신의 영혼을 자유롭게 하기 위해 자신의 재능을 끌어올리는 작업을 할 필요가 있었다. 프랑크푸르트에서 보낸 차갑고 조심성이 많은 사회비평가 시절의 삶보다는 희망에 찬 예언가적 경향과 삶에 대해 더욱 많이 적으면서, 프롬은 사회가 시민들에게 충분한 음식과 피난처를 보장하는 방식으로 조직되어야 한다고 상정했다. 시민들이 창의성에 집중하려면 그들에게 물질적인 결핍이 있어서는 안 된다. 생산적이 된다는 것은 다른 사람들의 생산성을 제한하지 않고 '자기 자신의 잠재력을 세상에 내어놓는 것'이다. 생산성이 근본적으로 차단되어 있는 곳에서 인간은 자기 자신과 다른 사람들에게 파괴적인 방식으로 스스로의 에너지를 모으게 된다. 최근의 역사가 공공연히 증명했던 것처럼, 그로 인해 자아와 사회는 둘 다 위태로운 상황에 직면해버렸다.[53]

프롬은 『자기를 찾는 인간』에서 인간이 이성적이거나 자기 반성적이지 않으면 결코 생산적이 될 수 없다고 상정했다. 자기 인식과 정체성을 위해 인간은 관찰하고 판단하며, 그리고 또한 이성적으로 생각할 수 있는 자신의 능력에 확신이 필요하다. 인간이 자기 자신을 이해할 때, 그는 스스로를 사랑하고 가치를 부여하게 된다. 간단히 말해, 자기 자신의 합리적인 능력의 지속 가능성에 대한 신념을 바탕으로 한 개인으로서의 고유한 정체성과 내재된 잠재력을 통해 인간은 이러한 똑같은 경향을 다른 사람들로부터 수용하고 이해할 수 있으며, 그들에 대한 순수한 공감과 사랑을 느낄 수 있는 것이다. 생산적인 삶은 그 본질에서 합리적이고 자발적이며, 창조적이고 또한 사랑하는 삶이다. 꼭 왕성한 활기를 띠지 않더라도 말이다. 이러한 개념은 프롬의 베스트셀러인 『사랑의 기술』(1956)의 근간을 형성했다.

"행복은 인간이 스스로의 존재에 대한 난해한 문제들에 해답을 찾는 것을 말한다. 자신의 잠재력에 대한 생산적인 깨달음, 그리고 그를 통해 세계와 하나가 되어 자아의 온전한 통합을 이루는 것이 바로 그 해답이다."[54]

프롬은 신정통주의 신학적 관점의 훌륭한 창안자이자, 아마도 20세기 신학자들 중 가장 중요한 인물이었던 라인홀트 니부어Reinhold Niebuhr가 개인적인 자아의 원천들을 자유롭게 하자는 자신의 개념에 비판적이지는 않을지 당연히 의구심을 가졌다. 사실 니부어는 『자기를 찾는 인간』에 대한 길고 사려 깊은 서평을 적었는데, 거기에서 그는 프롬이 반권위주의에 있어 너무 멀리 가버렸다고 선언했다. 무엇보다도 니부어는 자기애와, 모든 개인이 자신의 고유한 생산적 힘을 개발할 필요성에 대해 프롬이 과도하게 강조했다고 지적했다. 또한 니부어는 프롬이 의무를 외부의 권위에 대한 '내재화'에 불과한 것으로 축소함으로써 의무의 중요성을 간과했다고 보았다. 사람은 '단순히 자신의 욕망을 따르기'보다는 더 많은 것을 자신들의 삶에서 원하고 있다. 그들은 타인에 대한, 그리고 자기 자신을 둘러싼 세계의 대의에 대한 의무감을 지니고 있으며, 그것이 인간 존재를 더욱 풍요롭게 한다. 물론 니부어는 사람들이 항상 의무감에 복종하는 것은 아니라는 사실을 인정했다.

"그 조언들은 억압이나 세상의 편견에 물들 것이다. 그러나 우리가 인성의 완벽한 내재적 통합을 가정하지 않는다면, 결국 의무감과 비슷한 것만 남을 뿐이다."

니부어에게 있어 프롬이 의무와 권위주의를 동일시한 것은 상당한 잘못이었다. 의무감은 공감하는 동료의식으로 타인에게 자신을 내어주게 한다. 다른 사람들에게 그렇게 내어줌으로써 의무에 대한 집착은 자기 스스로의 자아 역량을 감사히 받아들이게 한다. 실제로 니부어는 "기독교적 신념은 자아 그 너머에서 발견되는 존재감을 진실한 자기 인식의 필요한 일부분으로 여긴다"라고 이야기했다. 종교적·윤리적 의무가 권위주의의 내재화와 동일시되어서는 안 되는 것이다.

"불안하고 결핍된 자아는 그 자체에 대해 근심하도록 책망함으로써 (예를 들어, 프롬처럼) 안정감을 획득하는 것이 아니다. 왜냐하면 자기 자신의 안정감에 대한 과도한 근심은 또 다른 결핍의 원인이기 때문이다."

마지막으로 니부어는 인간이 자신의 한계를 넘어서려는 욕구, 즉 인간 존재의 우연적 성격을 가리려는 욕구를 인식하는 데 실패했다고 프롬을 비난했다. 이러한 욕구는 인간이 신성한 법이라고 인식하는 것을 준수함으로써 충족되는 것이었다.

"인간의 죄악은 신성한 명령에 대한 불복종이 아니라, 자기 자신을 스스로의 대의에 맞추어 우상 숭배하는 것이다."[55]

니부어는 어쩌면 프롬의 윤리적 '인본주의'의 한계에 대해 과장했던 건지도 모른다. 결국 프롬은 일단 인간이 자기 자신의 근원을 끌어올리게 되면 전체적으로 사회 안에서의 인간적인 가치를 증진시킬 수 있고, 그러므로 개인적 생산성에 대한 잠재력을 증가시킬 수 있다는 사실을 인정했다. 그럼에도 프롬의 '인본주의적' 윤리에 대한 니부어의 비판은 시사하는 것이 있다. 그는 자아 그 너머의 힘에 의해 촉발된 외부적인 신이나 의무감에 대한 재촉이 때때로 인간을 한계 너머로까지 밀어붙여 더욱 생산적이고 사랑하며 또한 배려심을 갖게 한다고 강조했다. 니부어에게 (때때로 신을 모방하여) 자기 자신의 한계를 넘어서라는 외침이나 의무감의 종용은 권위주의가 하지 못했던 방식으로 자아의 역량을 증진시킬 수도 있는 것이었다.

니부어는 프롬이 발전시키고 있는, 같은 문화 속에서 대부분의 구성원에 의해 공유되는 성격 구조의 핵심인 '생산적인 사회적 성격' 개념의 모호함, 그 이상의 것에 답변을 제시하고 있었다. 개인의 성격은 제각각이지만, 사회적 성격은 개인의 욕구를 사회의 기대에 일치시키는 방식으로 행동하도록 만들어졌다. 생산적 성격은 행동적 독립체 그 자체가 아니라, 몇 가지 사회적 성격 중 하나다. 사회적 성격은 욕구 충족뿐만 아니라 의식적인 의사 결정 너머에서까지 사회적 규칙이나 제약에 순응하여 행위하도록 만드는 것이다. 예를 들어, 현대 산업 사회는 인간을 일하는 데 자신의 에너지 대부분을 쓰기를 원하는 사람, 원칙, 특히 질서 정연함이나 정확성을 획득하는 사람으로 만들어 버렸다. 그렇게 자아가 아닌 다른 근원으로부터 심리학적 자양분을 끌어내는 것은 개인적인 자유와 완전히 반대되는 것은 아니었다. 실제로 자유롭고 생산적인 개인의 개념은, 어떤 면에서는 인간이 자신의 생산적인 근원을 증대시킬 때조차도 영향을 받을 수 있는 외부적인 텍스트였다고 프롬은 거듭 인정했다. 프롬이 이러한 점을 더욱 지속적으로 집요하게 주장했다면, 니부어의 비판의 힘은 아마도 희석되었을지도 모른다.[56]

어떤 면에서 『자기를 찾는 인간』은 프롬의 사회적 성격 개념에 대한 일종의 부속물인 네 가지 비생산적인 성격 유형을 기술함으로써 그가 심리학적 생산성에 대해 말하려 했던 것들을 명확히 하고 있었다. 생산적인 성격 유형이 자아와 인간을 창조하고 발전시키는 반면, 비생산적인 성격 유형은 자신의 잠재력은 물론, 상품이나 서비스, 심지어 자아의식까지도 취득하고 소유하거나, 혹은 팔아버린다. 비생산적인 인간은 공허한 자아를 두려워하고 끊임없이 그것을 무언가로 채우려고 애를 쓴다. 그는 자아 고갈이나 그것을 다시 보충하는 데만 사로잡혀 있어서 즐거움이나 창의성, 윤택함이나 윤리적 적합성 따위는 던져버리게 되는 것이다. 그는 내재적인, 혹은 외부에 뿌리를 둔 의무감 둘 모두에 반응하지 않으며, 자아의 경계를 초월하는 것은 생각조차 하지 않는다. 그러므로 윤리적인 적합성이 외부적인 근원에 배타적인 자아의 잠재력으로부터 나오는 것이라는 프롬의 언급에 대한 니부어의 염려에는 타당성이 있지만, 프롬은 이에 반박할 단서를 두었다. 그는 생산적인 성격만이 윤리적인 행동을 할 수 있다고 주장했다. 그러나 만약 이러한 단서가 니부어의 비판을 유예한다고 하더라도, 인간의 잠재력에 대한 프롬의 실질적인 희망과 니부어의 저변에 깔린 회의론 사이의 거리감을 제거할 수는 없을 것이다.

네 가지 비생산적인 성격 유형 중 처음 세 가지를 기술하면서, 프롬은 프로이트와 카를 아브라함Karl Abraham이 '구강 수용적' '구강 공격적' 그리고 '항문기' 성격으로 지정한 내용을 많은 부분 가지고 왔다. 프로이트와 아브라함은 이러한 것들을 리비도 구성의 전성기기 유형들로 분류한 반면, 프롬은 그것들을 인간이 자신의 구체적인 사회적 상황을 통해 세상과 관계를 맺는 방식으로 여겼다. 프롬의 '수용적 성격'(프로이트의 구강 수용적 성격)에 따르면, 인간은 '모든 선의 근원'이 자신의 바깥에 있다고 여긴다. 모든 중요한 물질적인 것들과 사랑과 지식, 즐거움을 외부의 지원들이 제공하는 것이다. 인간으로 말하자면, 이러한 자원들을 공급하기 위해 카렌 호르나이가 "마술적인 조력자들"이라고 부르던 것이 필요하고, 그는 조력자가 주었어야 할 것을 철회하거나 저버렸을 때, 상당히 불안에 휩싸이게 된다. 수용적 성격을 가진 사람이 끊임없이 '공급받는' 기대를 가지고 있는 한, 그는 낙관적이고 친절하다. 그러나 '공급의 근원'이 위협당했을 때, 그는 불안해하고 고통받게 된다. 그는 종종 '다른 사람들을 돕고자 하는 순수한 호의와 갈망'을 느끼지만, 이는 그가 그들의 호의를 얻음으로써 그들의 보상을 영속시킬 수 있다고 가정하기 때문이다. 그는 끊임없이 공급받을 때 헌신하며 반응적이지만, 또한 공급자와 기생체에 순종적이다.[57]

프롬은 프로이트와 아브라함이 구강 공격적 단계라고 언급한 시기를 자신의 사회적 성격 유형 분류 체계와 일치시켜 '착취적 성격'이라고 묘사했다. 수용적 성격과 유사하게, 착취적 인간은 자신이 아무것도 생산할 수 없다고 느낀다. 그런데 수용적인 인간은 자신이 필요한 것을 '선물'로서 받아들이는 반면, 착취적인 인간은 힘이나 계략으로 다른 사람들로부터 자원이나 생각을 빼앗는다.

"그들은 자신들이 무언가를 뽑아낼 수 있는 사람이나 물건을 이용하고 착취한다."

수용적인 인간은 긍정적이고 자신감을 가질 수 있지만, 착취적인 인간은 자신이 다른 사람들로부터 빼앗는 일을 욕망하며, 항상 의심이 많고 부러움을 느낀다. 그는 일상적으로 다른 사람이 가졌거나 만들어낸 것들에 대해 과대평가하고, 자신의 잠재력에 대해서는 과소평가한다. 수용적인 인간은 다른 사람의 마음을 사로잡고 자기 확신을 가질 수 있으며 매혹적이지만, 또한 자기중심적이다.[58]

프로이트와 아브라함의 항문기 성격은 프롬의 '비축적 성격'에 해당한다. 수용적이고 착취적인 성격이 외부 세계로부터 무언가를 획득할 방법을 찾는 반면, 비축하는 자아는 외부적인 획득에 대한 신념을 거의 가지고 있지 않다. 대신에 그는 자신의 모든 자원과 비축물을 최대한 보호한다. 그는 자신이 정해진 양의 에너지와 정신적 능력과 소유물을 가지고 있다고 가정하며, 이것이 고갈되지 않도록 하기 위해 그것들을 정돈하고 보존하기로 마음먹는다. 그는 사랑을 주지는 않지만, 사랑받는 존재를 소유함으로써 그것을 획득하려고 노력한다. 그렇게 비축하는 사람은 꼼꼼하게 자신의 시간과 잠재력을 정돈하며, 지나간 황금시대의 기억을 마음속에 소중히 간직한다. 그는 모든 것은 사용함으로써 사라지고 고갈되며, 자신은 그것을 보충할 수 없다고 가정한다.

"현실이란 생명과 성장이 아니라 죽음과 파멸이다."

그는 자신과 타인 사이에 보호 장벽을 만들어놓으며, 정의에 대한 그의 인식은 오직 다음과 같은 몇 마디 말에 국한된다.

"나의 것은 나의 것이고, 너의 것은 너의 것이다."[59]

받아들이거나 착취하거나 비축하는 사람은 생산하고 창조하는 자신의 능력에 대해 엄숙한 의심을 가지고 있다. 이런 사람은 창조하고 채울 수 있는 자신의 재능과 힘에 대한 신념이 부족하며, 내부의 심리적 공허함에 대한 두려움으로 괴로워한다. 가능한 한 '충만함'에 가깝도록 계속되는 자아에 대한 끊임없는 탐구는 불안과 두려움과 슬픔을 야기한다. 이러한 세 가지 부정적인 관계를 통해 리비도적 욕망을 제거하면서 프롬은 생산성을 즐거움, 열정, 자발성, 창조성, 행복과 동일시하게 되었다. 그는 사람들로 하여금 자신을 행복으로 이끌 수 있는 스스로의 능력에 믿음을 갖도록 책망함으로써 올바른 삶에 대한 신조나 철학을 쌓아가고 있었다.

프롬의 '시장형 성격'은 프로이트와 아브라함의 유형 분류 체계에 근거하지 않은 단 하나의 성격 유형이다. 프롬이 이미 항상 존재했던 것이라고 가정했던, 수용적이고 착취적이고 또한 비축하는 성격과는 달리, '자기 자신을 상품으로, 그리고 자기 자신의 가치를 교환 가치로 경험하는 것'을 나타내는 현대 자본주의 시장에 대한 하나의 순응으로서 그는 시장형 성격을 묘사한다. 한 사람의 성격이 현대의 유행이나 요구에 들어맞도록 마케팅되고(상품이나 기술이 마케팅되는 것과 같은 방식으로 자신의 매력을 극대화하기 위해), 또한 포장되는 것이다. 만약 자신을 내어놓은 특정한 지역이 '즐겁고' '야망이 있으며' '믿을 만하거나', 혹은 다른 성격 유형이나 특별한 교회 혹은 사교적 모임에 속하도록 규정된다면, 시장형 성격의 인간은 자기 자신을 그에 맞추어 드러낸다. 자기 자신의 속성들은 자아로부터 멀리 떨어져 하나의 상품처럼 경험된다. 입센Ibsen의 「페르귄트Peer Gynt」처럼 그러한 시장형 자아는 '찾아볼 수 있는 중심이 없이' 여러 층으로 구성되어 있다. 정체성은 자기자신의 능력이나 필요에서 나오는 것이 아니라, 다른 사람들이 그에게호의적인 의견을 가질 수 있도록 하기 위해, 그래서 자신의 상품 가치를 극대화하기 위해 어떻게 자기 자신을 포장하느냐에 의해 나오는 것이다. 시장형 성격에는 내적 본질이 없다.

"태도의 가변성이 그러한 성향의 단 하나의 영속적인 특징일 뿐이다."

그는 자신의 성격적 특징이 성공을 보장한다면, 어떤 것이든 그것을 보여주고 그러한 역할을 기꺼이 해낸다. 대중 미디어의 광고와 문화적 영웅의 미화된 경향들이 그로 하여금 고용주나 구매자들이 찾고있는 현대적인 성격적 특징에 맞추어지도록 도와주는 것이다.

"어떤 역할은 그 사람의 특이한 기질과 들어맞지 않을지도 모른다. 그러므로 우리는 그것들을 제거해야 한다. 그 역할들이 아니라, 그의그 특이한 기질들을. 시장형 성격은 자유로워야 한다. 모든 개성으로부터 반드시 자유로워야 한다."[60]

프롬은 심리학적으로 시장형 성격이 '살아 있는 것'이 아니며, 거의인간적이지 못한 것이라고 말했다. 판매 경력을 기초로 자신의 성격을 구성하려고 했던 사람이 바로 아서 밀러Arthur Miller의 작중 인물 윌리 로먼Willie Loman이었는데, 내재적 잠재력이 부족했던 그는 자신에게 더 이상 판매 가치가 없게 된 순간, 자살 말고는 의지할 데가 없었다. 프롬의 시장형 성격은 암울한 내재적 공허함을 강조한 만큼 더욱 황폐한 것이긴 하지만, 『자유로부터의 도피』에서 보여주었던 자기 순응의 경향과 어느 정도 유사성을 보인다. 시장형 성격은 또한 윌리엄 화이트의 『조직 인간』(1956)의 시발점이 되기도 했는데, 그 속에서 거대 기업 조직의 성공은 자신의 성격과 습관을 기업의 필요와 습관에 적합하도록 성형하는 인간들을 낳았다. 시장형 성격의 개념은 또한 어빙 고프먼Erving Goffman의 『일상 속 자아의 발현The Presentation of Self in Everyday Life』(1959)의 전조였으며, 그것은 다른 사람이 자신을 어떻게 인식하는지에 대한 상상에 따라 인간이 변화할 수 있다고 주장했다. 그 개념은 심지어 허버트 마르쿠제가 '일차원적 인간'이라고 이름 붙였던 것을 예견하기도 했다. 비록 프롬은 자신의 '시장형 성격' 유형 분류 체계를 세심함이나 임상적 뒷받침 없이 성립시켰지만 그 개념은 『자기를 찾는 인간』을 문화와 순응의 심리학에 대한 1950년대와 1960년대 실질적 비판문학의 선구적 저술로 만들었다.

『자유로부터의 도피』가 낙관적인 어조로 끝을 맺었던 반면, 『자기를 찾는 인간』은 그렇지 못했다. 후자에서 프롬은 모든 사람에게 생산적·비생산적 성격 구조가 혼합되어 있다는 사실을 인정했지만, 비생산적인 자아가 점점 지배적이 되어가고 있으며, 인간에 대한 윤리는 퇴보하고 있다고 썼다.

우리의 도덕적 문제는 인간이 스스로에게 무관심하다는 것이다.

우리가 개인의 자존감이나 고유함을 상실했다는 사실, 우리가 우리 자신을 외부의 목적을 위한 도구로 전락시켜버렸다는 사실, 그리고 또한 우리가 우리 자신을 하나의 상품으로 취급하고 취급되는 경험을 하고 있다는 사실, 그래서 우리의 힘이 우리 자신으로부터 멀어지고 있다는 사실이 이를 말해준다.[61]

1940년대 전반에 걸친 시장형 성격에 대한 프롬의 빈번한 논의는 그가 『자기를 찾는 인간』을 마무리하며 적었던 비관주의에서 그 요인을 찾아야 한다. 그가 프로이트의 구강 수용적, 구강 공격적, 항문기 성격과 관련해 생각했든 아니면 그의 처음 세 가지 성격 유형들(수용적 성격, 착취적 성격, 비축적 성격)과 관련해 생각했든, 그는 불안하고 불행하며 비생산적인 자아와 변신의 역량을 가지고 있는 자아를 드러내고 있었다. 이러한 잠재력이 프롬으로 하여금 자신의 나머지 저서에서 어느 정도 온건하며 희망적인 톤을 유지하도록 도움을 주었다.

1947년 프롬이 『자기를 찾는 인간』을 끝마쳤을 때, 치명적인 권위주의 정권인 히틀러가 패망하고 스탈린 정권의 잔혹성이 고개를 들고 있었다. 그러나 미국에서는 시장과 소비문화 세력이 확장하는 듯했다. 프롬과 리스먼과 화이트, 그리고 다른 사회비평가들이 다루고 있고 또 다루게 될 심리적 공황이나 공허함의 징후들이 이미 드러나고 있었다. 히틀러에 반대했던 사회의 자기 순응의 위험은 프롬에게는 심리학적으로 훨씬 더 위태로운 시장형 성격으로 순화되는 것처럼 보였다. 비록 그는 그 동료들 대부분보다 낙관적인 상태였지만, 프롬 역시 미래에 대해 점점 더 우려하고 있었다.

니부어를 제외하면, 『자기를 찾는 인간』에 대한 반응은 확실히 긍정적이었다. 에이브러햄 매슬로Abraham Maslow는 자신의 책에 긴 해설을 달았다. 실제로 매슬로는 인간의 공공연한 '욕구 계급'에 근거한 자신의 '인본주의적 심리학'을 진행하는 데 프롬의 책을 활용하기도 했다. 몇몇 평론가는 인간의 근원적 의지를 심리학적으로 해석하려는 점점 강해지는 미국 문화의 경향이 인간 윤리를 이해하고 육성하려는 노력을 대체해서는 안 된다는 사실을 설명했다는 점에서 프롬의 공로를 인정했다. 그의 책이 필립 리프Philip Rieff의 '치료적 인간'(윤리적 신조나 분석적 논리, 명쾌함의 요구를 벗어버린 '규범을 뛰어넘는 사람')이라는 뛰어난 묘사를 어떻게 예견했는지 보여주는 것만으로도 『자기를 찾는 인간』을 의미 없이 읽어낸 것은 아니었다.[62]

『정신분석과 종교』

—

10년이라는 그 기간 안에 프롬이 완성한 세 번째 책이자 그가 『자기를 찾는 인간』의 연작이라고 규정했던 『정신분석과 종교』(1950)는 1948년에서 1949년 겨울 동안 예일대학에서 그가 진행했던 강의를 책으로 옮긴 것이다. 비록 1947년의 책은 프롬의 윤리의 심리학을 보여주었고 『정신분석과 종교』는 종교의 심리학을 드러내는 것이었지만, 그는 이 두 가지 주제가 "서로 밀접하게 관련이 있으며, 그러므로 어떤 교차점이 존재한다"라고 인정했다. 『자기를 찾는 인간』처럼 『정신분석과 종교』도 150만 부가 팔렸고, 22개국 언어로 번역되었다.[63]

교차점의 존재를 인정한다는 말은 사실 절제된 표현이다. 비록 프롬이 『정신분석과 종교』에서 서양의 종교는 물론이고 동양의 종교에 대해 꽤 괜찮은 이해를 보여주고 있지만, 그는 그것을 『자기를 찾는 인간』의 개념적 구조를 통해 판단했다. '인본주의적 윤리'는 인간이 스스로를 신뢰하게 하고 잠재력을 키워 생산적이 되게 하는 것이었기 때문에, 프롬에게 그것은 용어적으로 모순이었다. 또한 그러한 모호함에도 불구하고 '인본주의적 종교'는 인간에게 자신의 내재적 잠재력과 생산성을 소중히 여기도록(비록 인본주의적 윤리의 방식과 아주 똑같지는 않겠지만) 격려했다. 권위주의는 '인본주의적 윤리'와 '인간의' 종교적 경험 둘 모두와 대조되는 것이었다. 만약 프롬이 1930년대 자신의 에세이에서 드러났던 학자적 성향을 반복하고자 했다면, 그는 아마도 『정신분석과 종교』를 『자기를 찾는 인간』과 통합해 더욱 실질적인 한 권의 책으로 완성했을지도 모른다. 대신에 그는 한 책에 대한 자신의 사유 과정과 자원을 다른 책의 이론적 개요로 변형시켰다. 확실히 프롬의 생산적인 사회적 성격과 시장형 성격 사이의 놀랄 만큼 혁신적인 대조는 『자기를 찾는 인간』을 윤리의 심리학에 대한 중간급 정도의 논쟁 이상으로 만들어버렸지만, 『정신분석과 종교』에는 개념적 혁신이 부족했다. 프롬은 냉정한 지식인이자 학자로서가 아니라, 롤로 메이와 완전히 다르지는 않고 더욱 저명한 에이브러햄 매슬로로부터는 상당히 괴리된, 교조적인 입장을 지닌 인간 조건에 대한 예언적 비평가로서 쓰고 있다.

프롬은 『자기를 찾는 인간』의 결말 부분에서 보여주었던 것과 똑같은 절망적인 어조로 『정신분석과 종교』의 문을 열었다. 현대 인간의 막대한 과학적·기술적 성취에도 불구하고 인간은 스스로를 지적·정서적·영적으로 해방시키는 법을 배우지 못했다.

"우리 삶은 인류애와 행복과 만족의 삶이 아니라, 위험스럽게도 광기의 상태에 가까운 혼란과 영적 혼돈을 지닌, 내재적 현실로부터 멀어진 채 생각이 실제와 괴리된 그런 삶이다."

이러한 불행과 영적인 빈곤 속에서(어떤 면에서는 그 당시 프롬 자신의 삶을 투영하고 있는), 인간은 인본주의가 아닌 권위주의적 종교에 더욱 매달리게 되었다. 칼뱅주의와 다른 권위주의적 종교들은 개인을 초월하는 권력을 향한 복종을 요구했다. 인간이 자신의 의지와 독립을 포기한 대가로 권위주의적 종교는 인간의 한계에 드리운 고독과 불안의 정서를 완화시켰다.

"인간은 이를테면 자신이 그 일부분이 되어버렸다고 느끼는, 경외감을 불러일으키는 권력으로부터 보호받는 느낌을 갖게 된다."

그러나 외부적 종교의 권위를 향한 복종은 인간의 생산적 힘을 위축시키는 동시에 더 많은 불안과 죄책감을 증폭시켰다. 프롬의 대안(신성이 있든 없든, 모호하게 제시된 종교적 경험으로부터 멀리 떨어지는 것)은 불만족스러운 영혼에 대한 훨씬 더 나은 치료제였다. 인간에게 내재된 잠재력 개발에 초점을 맞춤으로써, 그것은 자아실현과 즐거움과 사랑과 창조적인 생산성을 약속했다. 권위주의적 종교와 대조적으로 이른바 인본주의적 종교는 신을 인간 위에 군림하는 지배와 권력의 상징이 아니라, 인간이 자신의 삶에서 실현시키려고 하는 인간 자신의 힘의 상징으로 만들었다.[64]

심리학적이고 철학적인 기준에서 『자기를 찾는 인간』의 인본주의적 윤리는 본질적으로 『정신분석과 종교』의 이른바 인본주의적 종교였다. 책을 따로 묶은 것을 정당화하기 위해 프롬은 그 차이를 끌어내리려고 안간힘을 썼다. 그는 순수하게 윤리적인 것 너머에 확실히 구별 가능한 종교적 경험의 세 가지 심리학적 측면이 존재한다고 주장했다. 그 하나는, 삶과 자신의 존재, 그리고 세계와 자신과의 혼란스러운 관계 문제에 대해 궁금하게 여기고 경이로워하며, 그리하여 알게 되는 것이다. 개인과 인류에게 보편적 삶의 과정은 해답이 아니라 질문이다. 실제로 '인본주의적' 종교 경험 속에서의 해답들은 인간에게 영속적인 경이와 호기심을 갖게 하는 존재의 근원을 향한 새로운 질문들을 양산한다. 둘째, 삶의 의미와 인간의 자아실현에서 파울 틸리히가 '궁극적 관심'이라고 묘사했던 것이 있다.(비록 이것은 경이와 강하게 연관이 있기는 했지만.) '궁극적 관심'은 다른 모든 것을 부차적으로 만들기 위해 인간으로 하여금 '자아의 실현과 영혼의 복지'에 초점을 맞추게 한다. '궁극적 관심'은 신의 개념과 공존할 수 있지만, 꼭 그럴 필요는 없다. 왜냐하면 그 초점이 인간이기 때문이다. 마지막으로, '인본주의적' 종교 경험은 자신과 동료들뿐 아니라 모든 생명, 그리고 그 너머 전체 우주와 일체감을 지니도록 자극한다. 어떤 면에서 이 시각은 랠프 월도 에머슨과 심지어 윌리엄 제임스의 시각을 요약해놓은 것이었다.[65]

프롬은 스스로 생각하기에 성공적이었던 정신분석학적 치료 방법과 비교해 인본주의적 종교 경험에 고유한 것을 분명히 보여주려고 애썼다. 정신분석학자는 정신분석 대상자가 자신의 해답을 찾을 수 있도록 경이와 의문의 감각을 깨우는 데 도움을 주었고, 인본주의적 종교 경험도 마찬가지였다. 환자가 영적으로 깨어나지 않으면, 그는 분석가가 그 문제들의 근원을 어떻게 규정했는지와는 상관없이 자신의 문제를 그저 다른 사람들의 탓으로 돌린다.

"만약 정신분석이 효과적이라면, 그것은 환자가 자신의 불행을 생각함에 있어 새로운 이론을 받아들였기 때문이 아니라, 그가 순수하게 흔들릴 수 있는 가능성을 가지고 자신이 한 번도 의심해보지 않았던 존재인 자기 자신의 어떤 일부분을 발견하는 경이로움을 느꼈기 때문이다."

다시 말해, 성공적인 환자는 종교적 경험을 획득한다. 자기 자신의 조직화된 자아, 에고를 뚫고 나가 자신의 배제되고 분열된 부분에 가닿는 정신분석학적인 과정은 '개성을 무너뜨리고 모든 것과 하나가 되는 정서'의 종교적 경험과 유사했다. 그러므로 정신분석학자는 '영혼의 의사'이거나, 환자가 진실, 사랑, 자유, 책임감을 경험하도록 도와주며 자신의 양심의 소리를 들을 수 있게 하는 조력자였다. 그러므로 모든 인본주의적 종교처럼 정신분석은 인간에, 자신의 영혼에, 그리고 '사랑과 이성에 대한 자신의 힘'에 초점을 맞추도록 했다. 그 나머지는 인간의 몫이었다.[66]

프롬은 『자기를 찾는 인간』에서보다 『정신분석과 종교』에서 자신의 정신분석 버전을 더 많이 기술했고, 그것을 '인본주의'의 종교적·윤리적 경험과 나란히 놓았다. 아무리 모호하게 드러났다고 하더라도 그러한 모든 경험은 인간의 행복과 자유 그리고 그의 사랑하는 능력을 깊이 있게 만들려는 의도였다. 문제는 1940년대 말에 정신분석 이론이 상당히 다양해졌으며, 정통 분석가들은 신프로이트학파로서의 프롬을 낮게 평가했다는 것이다.

프롬은 정신분석에 관한 인본주의 종교 개념의 모호하고 부분적인 비교 외에 몇 가지 축약된 실례를 보여주었다. 그는 각각의 인본주의적 종교에서, 자신이 인본주의적 윤리라고 묘사했던 자아의 내재적 잠재력이 똑같이 구축되는 것을 발견했다. 예를 들어, 초기 불교는 인간에게 '자신의 내부에 존재하는 힘을 깨닫기'를 촉구했다. 위대한 스승인 부처(바로 그 '깨어난 자')는 인간이 모든 인류를 위한 사랑과 사유의 힘을 발전시키는 쪽으로 살아가도록 요구했고, 이런 식으로 인간은 비이성적인 욕정으로부터 자유로울 수 있었다. 열반('완벽하게 깨어난' 마음의 상태)에 대한 불교의 개념은 무기력과 복종을 거부하고 자기 자신과 인류를 알기 위한, 인간이 소유한 가장 상위의 힘들을 드러냈다. 사실 프롬은 정확히 외부의 권위가 아니라 '우리 자신의 내부로부터 자라나지 않는다면 어떠한 지식도 가치가 없다'는 것을 제시한다는 점 때문에 선에 이끌렸다. 실제로 그는 선불교의 주요한 수행자 중 한 사람인 스즈키 다이세쓰와 우정을 쌓기도 했다.[67]

인본주의적 종교의 다른 예는 프롬에게 더욱 쉽게 다가왔다. 스피노자는 신이 우주 전체와 같은 것이니 신은 아무것도 바꿀 수 없다고 상정했다. 그래서 그는 프롬이 오래도록 가장 좋아한 종교 사상가들 중 한 사람이었다. 확실히 인간은 의존적이며, 자신의 외부 전체의 힘을 통제할 수 없다. 하지만 자신의 안에, 그리고 신의 축복으로, 인간은 자유와 즐거움과 내재적 힘을 극대화할 수 있는 사랑과 사유의 거대한 힘을 지니고 있다. 스피노자에게 이러한 것들은 미덕이었으며, 반면에 슬픔과 내재적 위축은 죄악을 가리키는 것이었다. 하시디즘 운동을 학습했던 프롬은 찬송가에서 나온 그 잠언들이 스피노자의 가르침과 전혀 다른 것이 아니라고 주장했다. 하시디즘은 지적 능력보다는 정서를 강조하면서, 참회와 불행을 넘어서는 즐거움과 정서적 충만함을 증진시켰다. 실제로 신은 고난을 끝내리라 약속하셨기 때문에, 인간은 신으로 하여금 그 약속을 이행하라고 강요할 권리가 있다고 하시디즘은 주장했다. 프롬에게 초기 기독교는 인본주의적 종교의 또 다른 예였다. "신의 왕국이 네 안에 있노라"라는 계율보다 예수의 인본주의적 영성을 더 명확하게 나타내는, 그렇게 예수의 가르침에 관한

텍스트와 영성으로 더욱더 잘 상징되는 인본주의적 종교의 또 다른 예는 존재하지 않았다.[68]

프롬이 신약과 구약 모두에서 권위주의적 종교와 권위주의적 구절들의 여러 예시 또한 언급하기는 했지만, 그는 자아가 갇혀 있고 속박되며 억압되고 불안한 세계에 행복과 즐거움이 도래하리라는 희망을 제안하는 종교적 인본주의의 징후들에 의도적으로 초점을 맞추었다. 본질적으로 불교, 스피노자, 하시디즘, 예수는 모두 '신이 인간을 지배하는 권력이 아니라, 인간 자신의 힘'이라는 사실을 가르치고 있었다. 실제로 '신은 인간의 더 높이 있는 자아, 인간이 잠재적으로 그러하며 그렇게 되어야 하는 것의 상징적 이미지'인 반면, 권위주의적 종교는 '원래 인간의 것이었던 인간의 사유와 인간의 사랑에 대한 단 하나의 소유자'가 바로 신이라 여겼다. 이것은 루트비히 포이어바흐Ludwig Feuerbach의 '신은 단순히 인간 자신에 대한 투영'이라는 개념의 연장선이었다.[69]

어떤 이는 『정신분석과 종교』가 1930년대의 식견 있고 조심스러운 학자 에리히 프롬과 매우 다른 모습으로 끝을 맺고 있다고 느끼면서 독서를 마무리한다. 1940년대 말, 프롬은 자신의 사상을 단언했고 그리고 거듭 반복했지만, 많은 논리나 증거를 통해 그것들을 입증하지는 않았다. 그는 생산적인 인간 영혼을 위한 일종의 예언자가 되었지만, 역설적이게도 이것은 그의 생애에 가장 생산적이지 못했던 기간에 이루어졌다. 비록 그의 정서적으로 강력한(실증적이지는 않았더라도) 주장들이 학자들의 마음에 가 닿지는 못했지만, 그는 자신의 경력의 새로운 장에 들어서고 있었다. 프롬은 일반 독자들의 지대한 관심을 받는 인물로 첫발을 내디디며 베스트셀러 작가로, 또 미국 대중문화의 아이콘으로 진화하고 있었다. 그의 인본주의적 이상은 곧 널리 알려졌으며, 얼마 지나지 않아 영향력 있는 정부 관계자들이 그와 친분을 맺게 되었다. 그의 미국 독자들이 늘어나는 동안, 프롬은 윤리적이며 또한 종교적인 인본주의의 연장선상에서 멕시코 정신분석학자들의 첫 번째 세대를 훈련하고 그들에게 영감을 주기 시작했다. 1950년대는 세상에 그가 가장 많은 자취를 남긴 10여 년이었다.[70]

제6장

사랑으로, 스승으로

1950년대의 미국 문화는 냉전, 매카시즘, 사랑이라는 주제, 적어도 이 세 가지에 완전히 사로잡혀 있었다. 프롬은 단호하게, 그리고 공공연히 냉전과 매카시즘 둘 다에 반대했다. 그리고 그가 두 번째 아내의 죽음에서 회복되었을 즈음, 그에게 또 다른 사랑이 찾아왔다. 그에게 『사랑의 기술』(1956)을 집필할 수 있는 힘과 동력을 제공해준 근원은 그의 마지막 30여 년 동안 가장 커다란 의미였던 한 여인에게 보냈던 사랑이 듬뿍 담긴 여러 통의 서신이었다.

아마도 많은 독자가 『사랑의 기술』을 프롬과 하나로 생각할 것이다. 그것은 국제적 현상이었으며, 이 책은 1999년까지 32개 언어로 번역되었고, 2500만 부 이상 팔렸다. 『사랑의 기술』은 약국, 간이역, 공항 어디에나 독자들을 위해 마련되어 있었다. 『사랑의 기술』을 통해 프롬은 매카시즘이 만연해 있던 시기에 많은 독자에게 자신의 사상을 전달한 한 사람의 좌파 사상가로 그리고 데이비드 리스먼과 존 케네스 갤브레이스John Kenneth Galbraith와 같은 시사비평가로 이름을 올렸다. 실제로 그는 좌파 세력에게 숭배의 대상이자 아이콘이 되었다. 버클리대학 학생들은 전반적으로 프롬의 책들을 이미 알고 있었고, 조사에 따르면 특히 『사랑의 기술』은 사람들에게 잭 케루악Jack Kerouac, 앙드레 지드Andre Gide, 윌리엄 화이트의 작품들보다 더욱 친숙했다. 『자유로부터의 도피』보다 날카로움이나 사회를 반영하는 힘이 약했음에도 이 책은 프롬에게 국제적인 주목을 받게 하며 어마어마하게 많은 독자의 마음속에 가 닿으면서, 이전의 어떤 작품도 도달하지 못했던 성취를 이루어냈다.[1]

정치적으로 보수적인 연령대이면서 대중적인 좌파주의자였던 프롬의 멕시코에서의 삶은 특권층의, 혹은 괴리된 국외 거주자의 삶과는 거리가 있었다. 그는 자신이 새롭게 정착한 나라의 삶과 문화에 깊숙이 몸을 담았다. 그는 멕시코 사회정신분석학회를 설립했고, 지역에서 수련 받은 멕시코 정신분석학자들의 첫 번째 세대의 스승이 되었으며, 그들은 '사회적 성격'이나 '인본주의적 윤리'와 같은 프롬의 지도에 따라 자신들의 수련에 지식을 더했다. 후에 그는 멕시코 남부의 작은 농촌 마을에서 마을 사람들 사이에 만연한 체념과 낙담의 정서를 완화하는 데 도움을 주었고, 그들을 이해하기 위해 10여 년이 훌쩍 넘는 기간이 할애될 방대한 연구에 첫발을 내디뎠다.

멕시코 사회에 뿌리를 내리고 있었지만, 프롬은 미국 시민권을 유지하고 있었고, 1년에 몇 달은 미국에서 강의를 하면서 시간을 보냈다. 그는 화이트 연구소와 신사회연구소, 뉴욕 분석상담소에서 느슨한 작업을 하면서 미시간주립대학에서 부교수로 재직하기도 했다. 뉴딜 정책이나 호전적인 미국 냉전 체제를 반대했던 그는 언제나 정치적 진보주의의 대의 편에 선 한 자루의 펜이 되었으며, 또한 하나의 동력이 되기 시작했다.

멕시코의 스승
—

프롬과 헤니가 멕시코로 이주했을 당시, 그는 친구들과 동료들로부터 상상하기 힘들 정도의 고립감을 느꼈다. 그러나 헤니의 죽음이 가까워오면서 멕시코 심리학자들이 그에게 친구가 되어주었다. 몇몇은 프로이트의 작품이나 정신과 교수인 라울 곤살레스 엔리케스Raul Gonzales Enriques가 멕시코국립자치대학에서 진행했던 임상적 사례에 관한 세미나에 함께했다. 프롬이 멕시코시티에서 24시간 거주하게 되었을 때, 그 세미나는 정신분석을 전공하고자 수련 중인 정신과 의사들을 위한 의과대학의 한 과정으로 발전했다.(당시 정신분석 수련은 아르헨티나와 미국, 그리고 홀로코스트 이후 유럽의 좌파 국가들에서만 가능했다.) 유명한 내과 의사이자 같은 대학의 대학원 학장이었던 헤수스 소사야Jesus Zozaya는 『자유로부터의 도피』에서 많은 도움을 얻었고, 프롬이 그 과정에 아주 적절한 강사라고 생각했다. 소사야는 프롬의 임명이 가능할지에 대해 존경받는 아동 전문의이자 아동 정신과 의사인 호세 디아스Jose Diaz와 논의했고, 디아스도 그를 적극 추천했다. 그 당시 소사야는 라울 곤살레스 엔리케스를 포함한 세 명의 멕시코 상급 정신과 의사와 상담을 하고 있었고, 그들은 프롬이 내과 의사도 정신과 의사도 아니지만 기존 국립대학의 정신분석학자들에 준하는 최상급의 교수 지위를 제공받을 만하다는 데 동의했다. 그것은 그 대학의 의과대에서 특별한 교

수 지위였다.[2]

프롬은 정신과 의사들에게 정신분석에 대한 동일한 수업을 진행했고, 일반 대학 커뮤니티에서 정기적인 강의를 진행했다. 멕시코에서 정신분석학적 사고와 수련을 진행하는 그의 관점은 단번에 사람들을 압도했다. 그는 자신의 사회적 성격과 '인본주의적 윤리' 그리고 정통 프로이트 저작들에 대한 다른 대안들을 확장시키는 데 도움을 주는 꿈에 관한 언어, 혹은 다른 상징적 의사소통의 형식들을 가지고 세미나와 강의를 진행했다. 그의 학생들은 주류 미국 정신분석에 기초한 편견을 갖고 있지 않았다. 비록 초기에 망설이기는 했지만, 헤니를 돌봐야 했기 때문에 프롬은 소사야의 제안을 수락했다.[3]

그 당시 멕시코시티에는 한 무리의 정통 프로이트주의자들이 차지하고 있던, 그리 활발한 활동을 하지 않는 정신분석 연구소가 있었다. 프롬이 자신의 정신분석학회와 연구소를 설립하고 난 후, 프로이트학파의 한 대표단이 프롬에 맞서는 정통적 대안에 활기를 불어넣기 위해 부에노스아이레스에서 이주해왔다. 이러한 경쟁적인 아르헨티나 분석가들과 프롬이 이끄는 정신분석 단체들은 어떤 면에선 미국에서 일어난 정통 프로이트학파와 신프로이트학파 사이의 갈등을 복제해놓은 것과 같은 긴장의 시기로 접어들고 있었다.[4]

멕시코국립자치대학 캠퍼스에서 프롬의 교수직은 주로 명예직이었다. 그러나 그는 곧 저명한 몇몇 정부 공무원, 정신과 의사 그리고 심지어 그 대학에서 강의를 하고 있던 의과대학 교수들을 대상으로 수련을 시작했다. 정신분석 수련을 위해 프롬을 찾아온 알폰소 미안Alfonso Millán은 의과대학의 정신과 학과장이었다. 기예르모 다빌라 Guillermo Davila는 국가 사회보장국을 운영하고 있었고, 라몬 데 라 푸엔

테Ramon de la Fuente는 몇몇 국제 정신의학협회를 주관하고 있었다.[5]

전부 열 명의 정신과 의사가 프롬의 학생이 되려고 정신분석 전공을 선언했고, 그 뒤로 세 명이 더 뒤를 따랐다. 모두 상당히 젊은 남성들이었고 각자 삶의 경험은 달랐지만, 이상을 가지고 어떤 교리에도 얽매이지 않은 사람들이었다. 아니세토 아라모니Aniceto Aramoni는 철학에 관심이 있는 정신과 의사였으며, 학문적으로 성향이 확실한 사람이었다. 그와는 대조적으로, 호르헤 실바Jorge Silva는 멕시코 군대의 내과 의사였고, 시카고 신경정신 연구소에서 얼마간의 수련을 받았다. 사실 그는 멕시코시티로 돌아가기 전에 시카고 정신분석 연구소에서 프란츠 알렉산더와 접촉하기도 했다. 열세 명의 학생 모두가 전통적인 멕시코 정신의학 수련의 한계를 넘어설 기회를 얻게 되었다.[6]

프롬이 멕시코 정신분석학회에서 첫 세대의 수련을 시작했을 때, 그는 자기애 성향이 강했고 엄격했으며, 오만하고 투지가 강한 데다가 짜증을 잘 내는 성격이었다. 그는 세미나 초기에 사람들에게 커피와 빵을 제공하는 자비로움을 보여주었지만, 그럼에도 그는 언제든 다른 사람들을 제압할 수 있다는 '오만한 허영심'을 지니고 있었다. 이것은 단단히 꼬인 데다 상당히 잘난 체하는 제3세계에서 온 독일의 정신분석학자 또는 작가의 모습이었고, 멕시코의 첫 번째 정신분석가 세대에게는 전혀 즐거운 수련이 아니었다. 지역 예술에 대한 공감에도 불구하고, 프롬은 멕시코 문화에 대해 다소간의 불편함과 심지어 경멸을 지닌 채 멕시코에 들어왔고, 세미나 초반에 이는 스승과 제자들 사이의 오해로 인해 거의 개선되지 않았다. 그러나 1950년대 중후반, 프롬이 새로운 연애를 시작하고 선불교 그리고 스즈키 다이세쓰와 만나면서 이러한 태도는 상당히 누그러졌다. 멕시코 연구소에서의 인간관계 구축과 그의 명성이 높아진 것이 성격 변화에 도움을 주었던 것처럼 보인다. 그러한 변화를 감지한 첫 번째 인물은 연구소 수업의 일원이었던 호르헤 실바였다. 프롬과 거의 매일 접촉하던 실바는 시간이 지나면서 그의 표정이 부드러워지고, '장난스러운 악동 같은 표정'을 드러내며 그의 불안이 훨씬 덜해졌다는 사실을 알아차렸다. 더 이상 신경질적으로 담배를 빨지 않게 되면서 그는 훨씬 더 사랑하고 공감할 수 있으며 삶에서의 새로운 즐거움을 지닌 '친절하고 정감 있으며 담백한 사람'으로 변해가고 있었다. 어려운 상황이 닥치면 프롬은 눈을 감고 숨을 고르면서 자리에 앉아 휴식을 취하곤 했다. 유머 또한 그의 특성 중 하나가 되었다. 그는 종종 포복절도하면서 사랑을 일깨우는 훌륭한 농담들을 개발했다. 실바는 프롬이 유대인의 6000가지 농담을 담은 책을 지니고 다니면서 그것들을 최대한 외우려 애쓴다는 사실을 알게 되었다.[7]

학생들이 어느 정도 영어를 구사하기는 했지만, 초기에는 학생과 강사 사이에 언어의 장벽이 존재했고, 프롬은 빠르게 스페인어를 습득했다. 절제된 독일의 학문적·임상적 배경에서 훈련받고 정돈된 삶을 유지해왔던 만큼, 프롬은 정확하고 체계적이며 절제하는 사람이었다. 그는 세미나마다 확실한 목표와 수업 계획을 가지고 있었지만, 멕시코 문화가 그러하듯 학생들은 시간을 정확히 지키지 않았고, 목표가 모호했으며, 축제와 근심 없는 삶을 바라는 성향이 명확했다. 그러나 그들이 수요일 저녁마다 멕시코시티에 있는 프롬의 아파트에서 정신분석 개론 세미나에 참석하면서 그러한 문화적 장벽 역시 희미해졌다.[8]

학생들은 자신의 의견을 자유롭게 이야기했고, 프롬은 그들에게 집중하며 존중 어린 답변을 주었다. 그는 학생들의 반응을 이끌어내기 위해 자신이 쓰고 있던 자료의 초안을 건네주기도 했다. 비록 그가 리비도 이론, 꿈의 해석, 오이디푸스 콤플렉스에서 프로이트로부터 부분적으로 떨어져 나오기는 했지만, 그는 여전히 자신을 프로이트학파라고 여겼고, 스스로의 관점을 숙고하고 난 후에 학생들에게는 그들 자신의 것을 찾으라고 권했다. 프롬이 가장 중요히 여기고 조언한 것은, 그들이 교리에 사로잡혀 있는지 유연한지, 종종 광범위한 전제에 뿌리를 두고 있는 프로이트의 다양한 텍스트의 강점과 약점을 기꺼이 논쟁할 수 있는지였다. 본질적으로 그는 오래도록 이어왔던 프로이트와 자신과의 대화에 학생들을 끌어들이고 있었다. 프롬은 그들에게 페렌치, 알렉산더, 호르나이, 라이히만, 그리고 자신이 좋아했던 이론가들의 작품들뿐만 아니라, 스스로 문제가 많다고 생각했던 융이나 아들러의 저작들 또한 소개했다. 그는 아리스토텔레스, 스피노자, 마르크스, 헤겔도 정신분석학적인 이해에 새로운 차원을 더해주었다고 설명했으며, 동시대의 사회학, 인류학, 생물학도 자유롭게 참고했다.[9]

그렇게 그의 수업은 학문과 학문 사이를 자유롭게 오갔고, 지적으로 풍부했으며, 학생들은 그것에 고마워했다. 그들은 자신들을 멕시코 정신분석 연구 모임이라고 불렀고, 최초로 지역적 수련을 받은 정신분석학자 세대였다. 화이트 연구소나 미국의 다른 곳에서 프롬이 해야 할 일들이 있었지만 그의 학생들은 그에게 적어도 5년 동안 멕시코에서 주로 머물러주기를 촉구했다. 그가 매년 6개월 이상 멕시코시티에 남아 있다면, 이들은 프롬과의 공식적인 수련을 끝내고 뒤이어 다음 분석가 세대를 수련할 수 있는 자격을 갖게 되기 때문이었다. 개론 수업에 대한 반응에 깊은 감동을 받은 프롬은 그곳에 머물러 수련 분석뿐 아니라 상급 과정까지 진행해주기로 결정했다. 1956년 이 첫 번째 수련이 끝났을 때, 그들은 멕시코 정신분석학회를 설립하는 프롬의 작업에 함께했다. 교파를 초월한 세계교회주의를 드러내면서 그들은 훨씬 더 정통적인 정신분석학적 계통이었던, 미국과 아르헨티나에서 수련 받은 극히 적은 수의 멕시코 동료들을 회원으로 초대했다. 외국에서 돌아온 분석가들 대부분은 국제 정신분석협회의 충고로 초청을 거부했으며, 독립적이고 더욱 정통적인 학회를 만들었다. 그러나 그들을 감싸 안으려는 프롬의 의지는 비슷한 생각을 가진 추종자들과 함께 공식적인 '학파', 즉 그를 한 가지 장소 혹은 한 가지 원칙에만 묶어두는 역할을 하는 바탕을 만드는 일에는 스스로 침묵하게 했다. 그들을 따르기에 프롬은 정신분석학적인, 그리고 다른 계급적인 구조를 가진 정통들에 너무 심하게 상처를 받았으며, 견딜 수 없을 때면 자리를 털고 일어나 다른 곳으로 옮겨가는 그의 성향은 자신의 무리와 단단하게 얽혀 있기보다는 차라리 스스로 입을 다물도록 만들었다. 그는 몇 가지 서로 다른 '삶들'과 소속을 지닌 사람이었다. 정신분석학자라는 직업에서 당연시되는 정치적 파워 게임의 시각에서 본다면, 이런 성향이 그를 바깥에만 머물게 했다.[10]

프롬이 멕시코 정신분석학회의 창립 세대를 수련하고 뒤이은 학생들을 도와주었을 때, 그는 다양한 분야에 흥미를 가진 지식인들과, 자신의 견해와 사상을 피력하기 위해 프로이트 정설을 삼가는 특출한 분석가들을 계속 초대했다. 그중에는 신학자인 파울 틸리히, 정신과 의사 로이 그링커Roy Grinker, 불교 철학자 스즈키 다이세쓰, 가족 구조 이론 개척자 네이선 애커먼Nathan Ackerman, 영국 정신분석 이론가 마이클 발린트Michael Balint, 그리고 화이트 연구소 소속 친구들인 클래라 톰프슨과 에드워드 타우버Edward Tauber가 있었다. 그는 심지어 미국 정

계에서는 누구나 다 아는 이름인 윌리엄 풀브라이트와 아들라이 스티
븐슨까지 초대했으며, 그들은 좋은 친구가 되었다. 국립대학의 고위 경
영자로서 헤수스 소사야는 자금 지원을 확대하기로 보장했고, 프롬이
직접 선택한 동료들을 보통은 초대 강연자로, 더러는 그냥 식견 있는
해설자 정도로 초빙할 수 있도록 해줌으로써 있을지도 모르는 과정
상의 장애물을 제거해주었다. 간단히 말해, 소사야는 그가 어떤 방식
으로 그 수련 과정을 조직하든 그냥 내버려두었다. 열세 명이 참여한
그의 첫 번째 수업이 멕시코 정신분석의 미래의 많은 부분을 형성하
고 뒤이은 세대를 수련하는 데 중요하다는 사실을 깨달으면서, 프롬은
그들 각자와 개인적으로 많은 시간을 보냈다. 그는 한 사람 한 사람
을 분석하고 감독했을 뿐만 아니라, 그들 각자에게 멕시코 사회의 인
구, 문화, 가족 구조에 특정한 정신분석학적 통찰을 적용하기 위해 고
안된 기말 졸업 논문을 할당하기도 했다. 프롬은 그들 각자로부터 출
판이 가능한 수준의 학술적 논문을 기대했지만, 오직 아니세토 아라
모니의 논문만이 그럴 역량이 되는 완성된 작품이었다. 프롬은 더 커
다란 공동체 안에서 사회 개혁적인 실험에 발을 들여놓아보라고 학생
들을 자극했다. 이와 관련해, 첫 번째 수업을 들었던 아라모니와 거의
대부분의 다른 학생이 가난한 사람들을 위해 무료 정신건강 클리닉을
만들었지만, 그의 기대에는 미치지 못했다. 지역의 분주한 주민들 사
이에서 '사회적 성격'을 구축하기 위해 필요한 것으로서 공동체 개입을
염두에 두고 있던 뒤이은 수련자들이 오히려 훨씬 더 많은 일을 해냈
다.[11]

1950년대 중반 첫 번째 세대가 수련을 끝마쳤을 때, 그들은 수업을
진행하고 그 프로그램에서 새로운 수련자들을 감독하는 일에 프롬과

함께했고, 그것으로 멕시코국립자치대학과 느슨한 연대를 유지하고 있었다. 프롬의 분석 대상자 중 하나였던 로베르토 푸르니에르Roberto Fournier는 국립대학 의과대학 학장으로 임명되었고, 이는 프롬과 멕시코 정신분석학회가 받고 있던 지원의 수준을 끌어올렸다. 실제로 모든 의과대학 학생이 프롬과 그의 수련자들에 의해 진행되는 연속적인 수업 과정을 수강하도록 정해지면서, 멕시코 정신분석학회는 멕시코 의료 교육에서 주요한 단체로 성장했다. 프롬과 그의 수련자들은 또한 그 대학의 심리학과를 행동주의적 계통이 아니라 정신분석학적 계통에 따라 재편했다. 1950년대 말, '사회적 성격' 구조와 '인본주의적 윤리'에 근거를 둔 정신분석학적 접근을 완성해가면서 프롬은 확실히 활기가 넘쳤다.[12]

1950년대 말에서 1960년대로 넘어가는 시기에 그의 초기 학생들이 새로운 책임을 떠맡게 됨에 따라, 프롬은 저술과 연구에 아침 시간을 할애하고 더 많은 환자와 강의 요청을 받아들이기 위해 강의와 감독 일을 축소했다. 프롬과 멕시코대학의 제휴를 주선했던 알폰소 미얀이 멕시코 정신분석학회의 초대 회장으로 임명되었을 때, 그는 전문적으로 기능하는 정신분석 연구소를 만들기 위해 호르헤 실바와 아니세토 아라모니와 함께 작업을 진행 중이었다. 실바는 추가적으로 대학 근처에 커다란 연구소 건물을 짓고 기금을 마련하는 일을 했으며, 연구소는 상담실, 외래 진료실, 도서관, 세미나실, 대중 강연을 위한 강당, 심지어 연구소 손님들을 위한 아파트까지 갖추고 1963년 개관했다.[13]

첫 번째 세대의 모든 학생이 믿음직스러웠지만, 프롬은 특히 아라모니에게 깊은 인상을 받았다. 1950년대 말 그는 학회와 연구소 모두에서 아라모니가 미얀의 뒤를 잇도록 정비하고 있었고, 프롬이 다작하는 학자이자 기술 있는 정신분석가로 진화하면서, 아라모니는 프롬을 자신의 역할 모델로 삼고 있었다. 그는 프롬의 모든 저작을 숙달했고, 사회적 성격 개념이 공동체 환경으로부터 중요한 의미를 끌어낸다는 사실을 알아냈다.(경험에서라기보다는 이론적으로.) 아라모니와 프롬은 좋은 친구가 되었고, 각자의 저술 프로젝트와 멕시코 정신분석학회와 연구소의 일들까지 함께 검토하기 시작했다.

업무적인 관계와 함께 두 사람은 가까운 인간적인 유대도 쌓아나갔다. 1955년에 태어난 아라모니의 딸 레베카는 자라면서 프롬과 특별히 강한 유대감을 키워나갔다. 아라모니는 프롬의 집에서 점심 식사를 할 때면, 프롬을 좋아하는 레베카를 늘 데리고 갔다. 프롬은 삶에 대한 그녀의 에너지와 열정을 반가워했고, 그녀의 지식과 독립적인 영혼을 깊이 존중하고 있었다. 프롬은 직업 선택을 고민하는 레베카에게 스스로의 마음을 따라가라고, 만약 스스로 선택한 것이라면 극 배우가 되는 것도 괜찮다고 조언하기까지 했다. 아라모니의 가족은 프롬을 레베카의 대부라고 말하곤 했다.[14]

프롬과 아라모니는 여행을 떠날 때마다 서로에게 편지를 썼다. 아라모니는 공공연하게 프롬을 자신이 가장 존경하는 사람이자 지금의 자신을 만들어준 정신분석학적 지도자라고 이야기했다. 아라모니는 학회와 연구소에서 프롬의 일의 많은 부분을 담당하면서 프롬의 업적과 전통을 영속시켰다. 프롬은 한번은 아라모니에게 보낸 편지에 이렇게 적었다.

"나는 내가 시작한 일을 계속하느라, 내가 저질러놓았던 많은 실수 때문에 고생하느라 당신이 쏟아부은 시간과 에너지에 대해 항상 미안하게 생각했소. 진작 당신이 그 일을 계속하지 못하도록 설득했어야 하는 건데 말이오."

　비록 아라모니가 정신분석학 지원자들을 어떻게 받아들일지, 연구소에 어떤 새로운 수업을 개설할지, 회의의 주제는 무엇이며 초청 강연자는 누구로 할지, 수련 분석가들 사이의 적대감은 어떻게 할지, 예상치 못한 비용이나 잠정적인 수익까지, 그러한 모든 일을 처리하는 데 있어 프롬의 영향력이 사라지지는 않았지만, 프롬은 아라모니와 그의 동료들이 스스로 결정하기를 바라며 시간이 흐를수록 자신의 개입을 점차 줄여나갔다. 그는 수련생들이 자신에게 너무 많이 의존하도록 해버려, 이러한 경향을 바꾸기 어렵다는 사실을 깨달았다. 그러나 그는 자신의 중심적 위치를 완전히 양도하려고 하지는 않았던 것으로 보인다. 예를 들어 언젠가 프롬은 아라모니에게, 심지어 그에게 제안을 해보라고 편지를 쓰는 도중이었는데도 이렇게 덧붙였다.

　"내가 자리를 지키고 있지 않을 때 그룹 안에서 책임을 지는 법을 익혀야 하오. 하지만 그건 이번에도 당신에게 맡기도록 하지."

　그리고 편지의 말미에 이렇게 마무리했다.

　"중요한 것은 모임이 정말 나 없이도 돌아가는 법을 배우고, 당신이 당신의 적절한 역할을 해나가는 것이라오."

　아라모니는 항상 기품 있는 답장을 썼지만, 자신의 스승이 한편으로는 독립적인 결정을 해주기를, 또 다른 한편으로는 '설립자'의 바람을 존중해주기를 암암리에 강요하는 것 같은 느낌을 받았다. 프롬과 마찬가지로 그 또한 그러한 균형을 유지하는 것이 쉽지 않다는 것을 깨달았다. 학회와 연구소에 대한 통제권 이양과 관련한 이러한 갈등은 특정 상황에서 가끔 드러났던 프롬의 '전체주의적' 지도자의 면모를 보여준다.[15]

스즈키 다이세쓰와 선불교

—

멕시코 정신분석학회의 역사에서 가장 흥분되는 한 주가 1957년 8월에 시작되었다. 저명한 일본의 학자이자 역사가이며 중국 선불교의 스승인 86세의 스즈키 다이세쓰가 정신분석과 선종에 관한 일주일간의 세미나에 참여해달라는 프롬의 초청을 수락했던 것이다. 1930년대 이래로 스즈키는 서양의 철학자, 신학자, 예술가, 심리학자, 정신분석가 그리고 일반 독자들에게까지 선禪의 본질적인 시각을 전파해왔다. 그는 일본의 대학에서 주로 강의를 진행하면서 미국과 유럽에 불교 철학을 전파하며 다양한 교환교수 역할을 해왔다. 스즈키는 영어와 몇몇 유럽어에 능통하고 서양 지식사회와 철학적 전통을 완벽히 이해하고 있어 동양과 서양의 대화나 이해를 효과적으로 증진시켰다. 제2차 세계대전 이후 스즈키는 특히 미국에서 영향력이 컸으며, 그곳에 선 수련관을 설립하고 컬럼비아대학에서 몇 년간 강의를 진행했다.[16]

선불교가 이원론적이고 이분법적인 서양의 사고 전통과 어떻게 대조되는지 서방 세계에 설명하는 데 특별한 재능을 가지고 있던 스즈키는 정신분석이 유럽과 미국에 도착했던 것과 같은 시기에 선 철학이 그곳에 소개되었음을 지적했다. 그는 정신분석과 마찬가지로 선도 인간 심리의 깊이를 해명하고자 하는 시도라고 설명했다. 선의 수행자는 자신의 존재 중심에 깊이 다가가려고, 그리고 무의식이라는 정신분석의 개념과 유사한 점들을 공유하는 '무無'의 특별한 공간에 들어서려고 애쓴다. 이러한 공간에서 선 수행자는 자기 자신의 생각과 감정, 그리고 모든 본질적인 존재의 영혼을 '들여다본다.' 그러므로 이러한 '무'는 또한 모든 다른 자아와 세계로 가득 찬, 존재의 본질적인 '일체'

를 나타내는 자아 내부의 공간이다. 그러므로 한 사람이 자신의 안으로 파고들어 갔을 때, 그는 한 인간으로서의 개별성이 아니라, 생기가 있든 없든 모든 대상의 마음 상태 그 기저에 존재하는 경계 없는 인식의 공간을 지각한다. 스즈키는 이렇게 말한다.

"한 사람의 개별성, 즉 엄격하게 서로 뭉쳐 있고 다른 개별적인 존재와 확실히 구별 지어주는 그것이 그 단단한 조임으로부터 느슨해지고, 형언할 수 없는 어떤 것으로 녹아내리는 것이다. 그리고 뒤이은 감정은 완벽한 이완 혹은 완벽한 평안이며, 인간이 마침내 도달할 수 있는 종착점에서의 정서다."

일단 사람이 이러한 '일체감'을 느끼고 자신의 진정한 본성을 들여다볼 수 있게 되면, 그는 그러한 시각을 안정화할 필요가 있다.(예를 들어, 자신이 진정으로 누구인지 계속해서 들여다보는 것.) 이러한 깨달음이 안정되면서, 그는 자신의 근원적인 본성이 아닌 자아 이미지 너머로 옮겨갈 수 있고, 그곳엔 성취할 것이 아무것도 없으며 갈 곳도 없고 되어야 할 것도 없다는 사실을 깨닫는다. 자신의 분주한 삶의 한가운데 오직 그곳만이 무심상이며, 잔잔하고 고요한 중심이다. 역설적이게도 삶의 일들에 대한 풍부한 에너지는 이러한 일체감의 본질적인 잔잔함으로부터 발하는 것이었다.[17]

프롬은 1940년대 선불교에서 스즈키의 업적을 알게 되었고, 그것이 자신의 정신분석에 대한 인본주의적 수정사항들을 축약해놓은 것 같다고 생각했다. 『자유로부터의 도피』와 『자기를 찾는 인간』을 읽은 스즈키는 자신과 프롬이 유사한 길을 가고 있다는 데 동의했고, 겸손한 편지들이 뒤를 이었다. 프롬과 그의 세 번째 아내 애니스가 1956년 가을 뉴욕에 있을 때, 스즈키는 그들을 저녁 식사에 초대했고 선에 관한 긴 대화를 나누었다. 프롬은 그것을 '평생 가장 훌륭했던 저녁 식사'라고 묘사했으며, 그 자리에서 나눈 대화는 그 이상이었다. 실제로 그는 스즈키에게 "그날 저녁, 무언가 마음속에서 덜컥 움직였다"라고 편지를 보냈으며, 자신이 마침내 선의 본질을 이해했다고 인식했다. 그 느낌은 '아주 흥분되는' 것이었으며, 그는 선의 원칙을 정신분석에 적용하는 방법들에 대해 스즈키와 더 이야기를 나누고 싶었다. 프롬은 스즈키와 함께 멕시코에서 보낼 크리스마스 2주를 학수고대하며 그에게 더 오래 머물러줄 수 없겠느냐고 했다. 그는 선과 정신분석 사이에 체계적인 관계를 만들어나갈 수 있는 드문 포럼들 중 하나가 되기를 바라면서 스즈키 이름으로 쿠에르나바카에서 국제회의를 개최하겠다고 말했다.[18]

프롬은 그 회의를 동양과 서양의 역사적인 지적 회합으로 만들기 위해 멕시코 정신분석학회의 동료들, 학생들과 함께 적극적으로 일했다. 스즈키는 여기에 일주일간 참석하는 데 동의했고, 행사는 1957년 8월 쿠에르나바카에서 열리기로 계획되었다. 스즈키는 또한 그 후에도 프롬 부부를 방문하겠다고 약속했다.[19]

프롬과 멕시코 정신분석학회는 멕시코국립자치대학을 통해 미국과 멕시코의 다양한 시각과 '학파'의 정신분석학자들에게 초청장을 발송했다. 융주의자, 정통 프로이트주의자, 그리고 그 밖의 이미 파편화된 직업을 가진 분석가들이 그들의 작업에서 어떤 공통적인 토대를 찾을 수 있기를 바라는 의도로 초청되었다. 프롬은 스즈키에게 네 번의 강의를 진행하고 후에 이어지는 토론에도 참가해달라고 요청했다. 그는 또한 선과 관련된 주제의 강연에 몇몇 저명한 정신분석학자를 초청할 계획이었다. 회의에 완결성을 부여하기 위해 프롬은 스즈키의 선에 대한 발표와 다른 분석가들의 발표 사이에 가교 역할을 자원했다. 그는 그 회의의 진행 과정을 선과 정신분석에 대한 한 권의 책으로 출간할 계획을 세웠다.[20]

멕시코와 미국에서 온 50여 명의 정신분석가가 쿠에르나바카 회의에 참석했으며, 그것은 초청장이 발부되었을 때 예상했던 수치의 두 배에 달하는 인원이었다. 미국 대표단의 상당수는 화이트 연구소에서 왔다. 애초에 스즈키의 네 번의 강의와 질문들에 대한 그의 응답이 그 회의의 중심이기도 했지만, 그가 그곳에 있다는 것만으로도, 그의 말투와 움직임만으로도 중대한 의미였다. 행사 후에 프롬은 누구나 예상 가능한 "사상과 말들을 과도하게 강조"하는, 관련 전문가들의 전통적인 회의처럼 시작되었던 분위기가 이틀도 되지 않아 바뀌어가는 것이 확연해졌고, 모든 사람이 더욱더 집중하고 훨씬 더 말수를 줄이게 되었다고 회상했다. 스즈키의 깊은 내재적 영성과 선에만 고유하게 존재했던 고요한 자기 성찰이 많은 참가자에게 뚜렷한 변화를 불러일으켰다. 프롬은 그들이 어느 정도 자신들의 내재적 정신의 깊이를 포용하고 있었다고 생각했다. 스즈키의 사상은 항상 '존재의 깊은 곳에 단단하게 뿌리를 내리고' 있었다. 그는 결코 논점을 장황하게 서술하지 않고 목소리를 높여 경쟁하는 대열에 참여하지 않았지만, 친근함과 깊은 내재적 고요, 그리고 삶에 대한 사랑을 표현하며 자기 자신과 선 철학을 드러냈다. 프롬에게 스즈키의 인류애는 그의 국가적·문화적 배경의 특수성을 통해 눈부시게 빛났다. 그는 또한 직업적인 정신분석 내부의 '인위적' 경계 너머로 퍼져나가는 듯했다. 회의에 참가했던 모든 사람이 '그에게서 뿜어져 나오는 빛'에 깊은 감명을 받았다고 프롬은 지적했다.[21]

스즈키의 존재가 회의의 영적 중심을 나타냈다면, 프롬의 발표문 「정신분석과 선불교Psychoanalysis and Zen Buddhism」는 상징적인 지적 성취였다. 그 발표문은 정신분석학적 사고 안의 무의식에 대한, 아마도 그의 가장 일관성 있고 날카로운 반영이었다. 선은 더욱 폭넓은 이해와 새로움으로 그가 그러한 주제를 다루는 데 도움을 주었다. 프로이트와 대부분의 정신분석학자들, 그리고 많은 일반적인 지식인과는 달리, 프롬은 시간과 공간의 경계를 넘어 모든 다른 자아에 영적으로 연결되어 있는 자아, 바로 그 자아 안에 깊이 존재하는 그곳에 초점을 맞춘 신비스러운 종교적 전통을 통해 자신의 현대성을 포용하며 오래도록 단련시켜왔다. 그는 특히 인식의 대상에 대한 자아의 일체감에 매료되었다. 실제로 프롬은 중세 유대인들의 카발라에서, 그리고 아마도 가장 압도적으로 하시디즘에서 이 신비스러운 일체감을 마주했다. 그는 또한 마이스터 에카르트Meister Eckhart, 야코프 뵈메Jakob Böhme, 그리고 몇몇 다른 기독교 신비주의자와, 루미Rumi의 이슬람 수피교에서 발견된 신비주의에서 그것을 찾아냈다. 그리고 그가 거의 언급하지 않았던 융 또한 그에게 영향을 주었다. 그러나 1940년대 말 이래로 프롬은 선에 대한 스즈키의 설명에서 일체감이 가장 압도적으로 진행된다고 느꼈고, 습관적으로 마이스터 에카르트나 선 관련 텍스트의 구절을 읽곤 했다.[22]

스즈키 앞에서 프롬은 자신이 아직 선의 중심 요건인 '사토리'(깨우침)를 완전히 경험하지 못했다고 인정하면서, 평소답지 않게 겸손하게 그 회의의 개회를 알렸다.

"선에 관해 내가 이야기할 수 있는 건 아주 미미한 수준일 뿐, 당연히 그러해야 함에도 충만한 경험을 한 상태에서 말하지 못함을 아쉽게 생각합니다."

그런데도 그는 자신이 "선불교와 정신분석 사이에 잠정적인 비교를 할 수 있게 되기를 바라는, 적어도 선을 이루고 있는 것들에 대한 대략의 사상"은 가지고 있다고 생각했다. 프롬은 스즈키가 기술한 선의 본질을 심리학적 용어로 묘사했다.

"한 인간이 완전하게 외부의 현실과 자신의 내재에 합일된 상태, 바로 그때 그는 완벽하게 그것을 인식하고 획득하는 것입니다."

사토리에 도달해 이 '깨어난' 상태를 이루어내기 위해 인간은 스스로를 '비워서' 자신의 내부와 외부의 현실을 완벽히 받아들일 준비가 되어 있어야 한다. 스즈키의 말에 의하면, 인간은 인성에 대한 완벽한 일깨움으로 현실에 도달할 수 있다. 일단 한 사람이 이러한 '깨어남'과 열림의 상태에 도달하게 되면, 삶은 평화롭고 즐거우며 활기를 되찾아 진실로 생기가 넘칠 것이라고 프롬은 역설했다. 프롬은 선의 '깨어난' 상태를 '생산적인 성격'(최적의 정신 건강을 위한 정신분석 구조)과 동일시했다. 이 두 가지는 모두 자아를 타자와 대치하게 하는 탐욕과 착취, 즉 '나'와 '나 아닌 것'의 대치의 반대 지점에 놓여 있었다. 외부의 대상이나 사람(나 아닌 것)이 없어야만 비로소 '나'가 되고, 그러므로 '일체'의 의식이 증진된다. 이러한 '나 아닌 것'과 '일체'를 향한 '나'의 결합이 소외의 감정을 줄이고, 극대화된 에너지와 생산성의 상태를 창출한다.

"나는 강렬하게 경험하지만, 대상은 있는 그대로 내버려둔다. 나는 그것을 삶에 가져오고, 그것이 나를 삶으로 이끌어가는 것이다."

그러므로 선 안에 사는 것은 '가장 감사하고 존중하는 형태의 마음의 틀로 자기 자신과 세계를 바라보는 것'이었다.[23]

아마도 선에 대한 스즈키의 규정이 지적·개념적인 일관성보다는 개인의 영적 경향의 문제와 더 관련이 있었기 때문에 선불교에 대한 프롬의 묘사는 부연적이었고 부정확했다. 물론 정신분석에 대한 프롬의 지식은 스즈키의 것에서 너무 멀리 떨어져 있으며, 그가 그것을 선에 비유했을 때 그의 발표문은 더욱 명확해졌다. 선과 정신분석은 같은 목표를 성취하려 하고 있었다. 인간의 본성에 대한 통찰, 자유, 행복, 사랑, 이성, 그리고 어긋난 에너지의 해소. 둘 모두 탐욕과 소유에 대한 갈망, 그리고 악의적인 것들을 극복하고 그 대신 사랑과 연민과 윤리적 행위에 가치를 두기를 요구했다. 선 스승과 정신분석학자들은 인간으로 하여금 탐욕의 '악의적' 욕망을 억압하도록 강요하지는 않지만, 그것이 '확장된 의식의 빛과 따스함으로 스르르 녹아내려 없어지기를' 기대하고 있었다. 선에서 사토리는 겸손과 사랑과 연민 없이는 결코 이루어지지 않는다. 이와 유사하게 프롬은 정신분석이 착취적이거나 비축하는 사회적 성격에서 생산적인 성격으로, 인간이 좀 더 겸손하고 연민을 가지며 자기 인식을 획득하는 그런 성격으로 진화하도록 촉구한다고 주장했으며, 그것은 1940년대에 프롬이 인본주의라고 규정지었던 것의 연장선이었다.[24]

프롬에게 선과 정신분석은 자아에 대한 어떠한 외부적 권위로부터 독립할 것을 요구하는 것이었다. 프로이트는 도와주고 벌주는 아버지에 대한 유아적인 의존을 신에 대한 의존으로 대체하고 있다고 서방 종교를 비난했다. 분석은 이러한 '비非자유'를 완화하려는 의도를 지닌다. 따라서 프롬은 선불교가 강력한 외부의 신이나 어떤 종류의 불합리한 권위를 위한 자리를 마련하지 않으며, 인간이 자기 자신의 운명의 건축가가 되도록 모든 의존으로부터 인간을 자유롭게 하려 한다고 지적했다. 비록 정신분석가와 선 스승이 처음에는 분석 대상자나 선 수련자들을 안내하기는 하지만, 그 목표는 똑같았다. 형식적인 생각이나 합리적 사고를 넘어 자기 자신의 고유한 정서와 인식을 포용함으로써 달성할 수 있는 자존감을 북돋우는 것이었다.[25]

가장 중요한 것은 프롬이 정신분석 탐구의 중심인 환자로 하여금 무의식을 인식하게 해 억압을 극복하도록 도움을 주는 것과, 선의 깨우침을 얻기 위한 주된 목표를 동일시했다는 것이다. 정신분석과 선 둘 다 자신이 지금까지 알지 못했던 지적이고 직관적인 것을 점점 더 깨우치게 되는 '인간의 내재적 혁명'을 담고 있었다. 실제로 프롬은 만약 우리가 심리학적 용어인 '의식'과 '무의식'을 '전체 인간의 경험에 대한 더 많은 혹은 더 적은 인식'으로 대체한다면, 선과 정신분석이 일치된 목표를 공유하고 있다는 사실을 이해할 수 있을 것이라고 지적했다. 둘 다 자아 내부의 인위적인 양분, 즉 주체와 대상 사이의 구별, '보편적인 인간과 사회적인 인간 사이에, 내 안에 존재하는' 분리, 그리고 의식과 무의식 사이의 양극성을 극복하려 한다. 둘 다 다른 사람들과 더 넓은 세상으로부터의 소외를 극복하고, '반드시 보존되어야 하는, 파괴할 수 없는 분리된 에고'에 대한 환상을 포기하라고 말한다. 근본적으로 선과 정신분석은 인간이 아무것도 갖지 않고 단지 존재하기 위해, 허영과 탐욕을 종식하기 위해 내재적으로 또한 외부적으로 완벽히 자신을 내려놓고 모든 것과 감응하기를 요청한다. 이러한 '일체'에 대한 궁극적인 포용이 정신분석과 선의 공통된 지향점이었다.[26]

그러나 프롬은 그 두 가지 기술이 한 가지에서 다르다는 점을 주지시켰다. 정신분석은 시간이 지나면서 왜곡과 주지화가 완화되도록 단계적으로 억압의 근원을 들어 올려 세계에 대한 환자의 환상을 들춰내는 데 초점을 맞추고 있다. 이와 대조적으로 선은 소외와 왜곡된 인식에 대한 훨씬 더 직접적인 정면 공격을 제시한다. 선은 '정서적인 오염과 주지화를 배제한 즉각적이고 반영되지 않은 현실의 포착, 즉 자아와 우주의 관계에 대한 깨달음'을 수련자에게 요구한다. 선의 깨우침은 아이들의 세상과의 일체감이나 직관성의 의식과 닮아 있다. 그러나 어린 시절과는 달리, 다 자란 성인에게는 그것이 주체와 객체의 분리, 소외의 경험 둘 다를 초월하고 난 후에야 발생한다.[27]

그 기술은 다르지만 목표가 똑같기 때문에 선과 정신분석은 상호 보완적인 것이라고 주장하면서 프롬은 발표문을 마무리했다. 선 기술과 비전의 직접성, 그리고 무모하지 않은 우직함은 주체와 객체의 분리라는 서양의 정서적인 오염들과 잘못된 주지화를 극복하기 위한 정신분석학적 통찰의 초점을 단련시킬 수 있을 것이었다. 유사하게, 억압된 무의식을 향해 조심스럽게 침투해 들어가는 정신분석은 선사들이 선 수련자가 자기 유도된 최면이나 정신질환, 혹은 히스테리를 통한 '잘못된 깨우침'을 지양하도록 하는 데 도움이 될 수 있다.[28]

발표문의 몇몇 부분에서 프롬은 자신의 공식이 단지 예비적이며, 자신은 아직도 선불교와 동양 문화에 대한 지식을 넓혀가야 한다고 시인했다. 그러나 이러한 지식의 부족이 그를 억누르지는 못한 것으로 보인다. 스즈키가 동양의 근본적인 전제들을 서양의 사상으로 번역하는 데 삶의 많은 부분을 할애했던 것처럼, 프롬은 기꺼이 자신도 그러한 소통에 참여할 의지를 표명했다. 그와 스즈키의 노력으로, 동양과 서양의 경계를 넘어서는 보편적인 인간의 경험들은 훨씬 더 깊은 곳에 가 닿을 수 있었다.[29]

멕시코 정신분석학회가 공식적인 독립체로 인정된 지 1년이 지나가는 시점에 쿠에르나바카 회의는 확실한 영향력을 행사하는 방점을 찍었다. 멕시코 정신분석은 정통 프로이트주의와 서양에서 주로 구축된 것들을 훨씬 넘어서는 광범위한 전 세계적인 비전을 추구하게 되었다. 이러한 결정적인 한 주를 역사에 '보존하기 위해' 프롬과 그의 첫 세대 학생들은 스즈키의 네 번의 강의와 프롬의 긴 발표문을 한 권의 책으로 출간하기도 했다. 이 일을 완수하기 위해 프롬은 1960년 초에 『서양철학과 선Zen Buddhism and Psychoanalysis』을 출간했던 하퍼 출판사로 눈을 돌렸다. 프롬과 스즈키 둘 다 매우 저명한 저술가였지만, 판매고는 그다지 높지 않았다. 6월 30일까지 판매고는 4800부에도 미치지 못했고, 프롬은 단 하나의 서평을 받았다. 그 회의의 충만했던 분위기를 반영하지는 못했지만, 그래도 그들이 나누었던 개념적 정수는 한 권의 책으로 보존되었다. 초기의 판매는 완만했지만, 이 책은 결국 100만 부가 팔렸고 16개국 언어로 번역되었다.[30]

1967년 생의 마지막에 이르기까지 스즈키는 멕시코를 계속해서 여행했다. 그곳에서 그는 대개 프롬의 초청을 받았고, 멕시코 정신분석학회의 회원들을 몰고 다녔다. 스즈키는 뉴욕과 가마쿠라(도쿄 근교)에 이어 멕시코시티 쿠에르나바카 지역을 자신의 근거지로 여겼다. 함께 있지 않을 때면 두 사람은 새로운 저술 프로젝트나 각자가 읽었던 중요한 텍스트들, 그리고 특히 새로운 사상에 대한 이야기가 담긴 장문의 진지한 편지들을 주고받았다. 이러한 교류를 통해 그들은 서로의 지지자가 되었으며, 지적이고 인간적인 관계를 쌓아갔다. 프롬은 자신의 초기 스승이자 친구였던 라빈코프와 견줄 만한 열정을 가진 그의 지혜를, 그리고 스즈키, 바로 그의 존재 자체를 신뢰했다.[31]

애니스 프리먼과 『사랑의 기술』

—

1952년 12월 즈음, 프롬은 애니스 프리먼과 교제하기 시작했다. 그는 국제적 정치 긴장 완화에 대한 유네스코 프로젝트 검토를 위해 1948년 뉴욕에서 열린 회의에서 애니스와 그녀의 세 번째 남편인, 인도에서 미국 신문들에 기사를 제공했던 부유한 변호사 데이비드 프리먼을 처음 만났다. 데이비드는 두 명의 전남편과 사별했던 애니스에게 아이 한 명 없이 상당한 재산만을 남긴 채 얼마 지나지 않아 사망하고 말았다. 또래의 많은 여성처럼 그녀는 이성과의 친밀한 관계 없이는 스스로의 존재감을 거의 확인하지 못했다. 애니스와 프롬이 편지를 주고받기 시작한 것은 헤니의 자살 이후였는데 그러한 교류는 곧 교제로 이어졌다. 프롬보다 두 살 연하인 애니스는 피츠버그 프로테스탄트 가정에서 태어나 앨라배마에서 성장했으며, 뚜렷한 남부 억양을 지니고 있었다. 인도에 있는 동안, 그녀는 동양의 영적 전통에 강한 관심을 갖게 되었다. 그녀는 점성술에 빠지기도 했고, 정확한 예측으로 명성을 얻기도 했으며, 명상을 하고 태극권을 수련하기도 했고, 불교에 대한 프롬의 깊은 관심을 받아들이기도 했다. 늘씬하고 감각적이며 아름다운 여인이었던 애니스는 교제 초기부터 프롬에게 흠뻑 빠져 있었다. 뉴욕에서 고인이 된 남편의 사업을 운영하던 그녀는 결국 멕시코에서 프롬과 함께 살기로 했다. 그녀는 상당히 지적이었고, 국제 정치와 다양한 문화에 대한 관심을 프롬과 나누었다. 프롬은 교제를 시작한 지 몇 달 지나지 않아서부터 결혼 이야기를 했고, 1953년 가을 정식으로 청혼했다. 그들은 그해 12월에 결혼했다.[32]

프롬은 멕시코시티에서, 애니스는 뉴욕에서 살고 있었기 때문에 그들은 장문의 편지를 주고받았고 이 편지들은 프롬이 그녀에게 깊이 빠져 있었음을 보여준다. 그는 그 누구에게도 자신을 드러내지 않았지만, 애니스에게만큼은 자신을 열어놓았다. 사랑은 어느새 저절로 흘러 넘쳤다. 결혼 후에도 프롬은 자신의 애정을 확인하고 종종 일상의 일과를 세세하게 적는 것만으로도 편지를 쓸 이유는 충분하다고 언급하면서, 집 안에서든 밖에서든 하루에도 몇 번씩이나 그녀에게 편지를 썼다.

"지금은 오전 10시, 나는 이제 사무실로 가오. 아마 내가 첫 번째 차를 따라 마시면 당신이 나에게 전화를 걸 것이고, 다음 전화는 늦어도 오후 2시에는 걸려 오겠지? 내 모든 것, 나는 온전히 당신의 것이오. 당신의 에리히."

이 편지들은 대부분 세부적으로 한 일, 매일의 문제들, 혹은 생각, 약간의 일화나 농담으로 끝마치는 일상에 관한 긴 글들이었고, 항상 그녀에 대한 자신의 사랑을 확인하며 마무리되었다. 그는 관심이 가는 책이나 새로운 사상, 그녀가 입어주었으면 하고 바라는 옷, 그리고 자신의 개인적인 성찰에 이르기까지 편지에 적곤 했다.[33]

애니스에 대한 축약된 메모나 편지들이 지루해 보인다면, "우리가 때때로 공허하다고 말하는 몸짓들이 아마도 모든 것의 가장 완벽한 의미일 것이다"라는 사회학자 어빙 고프먼의 충고를 떠올리는 것이 옳을지도 모른다. 실제로 그 사소한 이야기들은 에리히 프롬과 애니스 프리먼이 엮어나간 소중한 관계의 문양을 드러내는 것이었다. 그에게 그녀 없는 삶이란 상상도 할 수 없었다.

"나의 아름다운 사랑, 당신을 너무 사랑하기에 아프군요. 하지만 그 상처마저 달콤하고 아름답소. 꿈에서도 내 사랑을 품어주시길."

프롬의 모든 편지는 그의 애정을 재확인하며 끝을 맺었다. 그는 그녀를 마음껏 사랑했다. 실제로 애니스와의 교제가 『사랑의 기술』에 확실한 토대를 마련해주었다. 그러나 책과는 다르게, 그녀에 대한 그의 짧지만 사랑 가득한 메모들은 성문화되거나 구체화되지 않은 그들의 관계에만 유효한 것들이었다. 프롬은 풍부한 세부 묘사를 이용해, 그녀의 존재로 인해 자신의 실수를 덜 고민하게 되고 자신의 힘을 받아들이게 되었다고 말하고 있었다. 애니스는 프롬의 자존감과 삶의 의미를 증진시켜 주었다.

이러한 편지들을 통해 프롬은 스스로를 사랑하는 일이 사랑하는 관계에 필수적인 것이라는 관점으로 서서히 옮겨 가고 있었다. 이것은 『사랑의 기술』과 뒤이어 출간된 책들의 근간이 된다. 그 짧은 편지들은 애니스에 대한 그의 마음속 고유한 감정의 결을 확인시키며, 근본적으로 사랑이 무엇인가에 대한 좀 더 이론적인 메시지를 향해 그를 이끌고 있었다.[34]

프롬의 구체적이고 특정한 관계 안에서의 사랑에 대한 표현과 그가 텍스트 속에서 설명했던 보편적인 사랑 사이에 괴리감이 존재한다고 하더라도, 이 둘은 그의 세 번의 결혼 중 가장 즐겁고 풍요로운 시간 속에 뿌리를 두고 있었으며, 그의 인생 마지막 순간까지 계속되었다. 그러나 그 결혼은 또한 남편과 아내 사이의 차이점을 증명하기도 했다. 그의 이전 두 부인과는 달리, 애니스는 매우 아름다웠고, 열정적이고 우아하고 생기가 넘쳤으며, 그것은 프롬에게는 결코 잃고 싶지 않은 여성의 이미지였다. 프롬은 일찍 일어나고 애니스는 늦게 잠을 자는 사람이었던 것은 그에게 자신의 사랑을 표현하며 그녀의 머리맡에서 편지를 적어 내려갈 기회가 되었다. 그는 농담으로만 그녀에게 게

으르다고 말했다. 애니스는 아이리시 커피를 좋아했으며, 프롬은 그것을 한 번도 마셔본 적이 없었지만 그녀를 따라 그 커피를 좋아하기 시작했다. 비록 그녀가 그를 유명한 지식인이나 훌륭한 작가로 생각하기는 했지만, 그녀는 이른바 지식인이 아니었고, 프롬이 읽는 책은 별로 좋아하지 않았으며, 그도 그녀와 토론을 해본 적은 없었다. 국제 정치 문제와 관련해서는, 자신의 남편이 그것에 몰두할 때 애니스 또한 그런 이야기들을 함께했다는 사실에 주목하는 것이 좋을 듯하다. 그들은 단 하루도 포옹이나 키스를 하지 않은 채 지나치지 않았다. 1958년 애니스가 유방암 선고를 받았을 때, 암 연구가는 예방책으로 양쪽 가슴을 모두 제거할 것을 권고했다. 프롬은 양쪽 유방을 절제하는 일에서 전적으로 애니스의 결정을 지지했다. 이즈음 그는 그녀가 없는 삶은 생각도 할 수 없었으며, 사촌 게르트루트 훈치커 프롬에게 만약 암이 재발한다면 그녀와 함께 죽을 것이라고 털어놓기도 했다.[35]

프롬은 확실히 결혼생활을 하며 행복하고 편안했다. 이는 다른 사람들이 그를 바라보는 방식은 물론이고 그가 스스로를 바라보는 방식에까지 영향을 주었다. 한 예로, 앞서 멕시코 정신분석학회에서 호르헤 실바와 다른 사람들이 어떻게 그를 점차 유쾌한 인물로 느끼게 되었는지 강조했었다.[36]

어렸을 때부터 하시디즘의 노래와 춤을 사랑했던 프롬은 거의 매일 저녁 하시디즘 노래에 귀를 기울였고, 피아노를 쳤다. 학생들과 방문객들에게 초콜릿이 덮인 마지팬—특별한 날에 먹는 달콤한 과자—옮긴이과 벌꿀 케이크, 그리고 집에서 만든 호두나 오렌지 쿠키를 대접하기도 했다. 그는 유명한 요리사를 고용해 자신이 가장 좋아하는 요리를 준비하게 했다. 그는 맛있는 독일 전통 신년 식사를 위해 알래스카에서 신선한 연어를 주문하는 등 비용을 아끼지 않았다. 파티를 열 때면 프랑스 샴페인으로 '에리히 프롬 칵테일'을 만들기도 했다.[37]

1950년대 중후반기에 그는 쿠에르나바카에 집 한 채를 지었다. 프롬은 이 아름다운 집, 음악과 책과 맛있는 음식이 가득한 이 집도 애니스 없이는 어떠한 의미도 없을 것이라고 강조했다. 비록 그녀가 건축 계획이나 정원 디자인, 식물 배치 등에 기여하기는 했지만, 이것은 주로 프롬의 프로젝트였다. 그는 쿠에르나바카의 아름다운 외곽 지역인 란초 코르테스에 사유지 도로와는 멀리 떨어진 땅 몇 에이커를 구입했는데, 그곳은 기원후 600년 즈음에 틀라우이카Tlahuica 인디언이 정착했던 곳이었다. 거의 대부분의 땅이 집 뒤에 있었고, 그 끝쪽 경계선에는 협곡을 따라 흐르는 강이 있었으며, 그곳에서 프롬은 매일 아침 명상을 했다. 프롬은 누구에게도 방해받지 않기 위해 그 강 반대편의 땅도 구입했다. 그는 정원사와 함께 뒤편의 광활하게 펼쳐진 땅을, 점점이 꽃과 선인장이 흩뿌려져 있으며 다양한 아름다운 나무와 잡목이 어우러진 초록의 들판으로 변신시켰다. 스즈키 다이세쓰가 오래도록 머무르기를 바랐기 때문에 강으로 가는 중간 지점에는 스즈키에게 받았던 우아한 랜턴을 문 앞 둔덕에 세워둔 작고 소박한 집을 지었다. 분홍색 홍학들이 그 주변을 거닐었다.[38]

본 건물은 2층이었으며, 가장 많이 사용하는 방들은 뒤편 땅을 바라보게 했다. 침실은 위층에 있었고, 잔디밭이 내려다보이는 외부 발코니는 주로 쓰는 침실에 붙어 있었다. 프롬과 애니스는 2층에 있는 작은 주방에 음식 조리기와 냉장고를 마련해두고, 아침 식사를 준비해서 매일 아침 발코니에서 먹곤 했다. 커다란 아래층 서재는 프롬이 가장 좋아하는 공간이었다. 그는 긴 방의 끄트머리 커다란 창문 앞에 책상을 마련했고, 그것은 잔디밭과 작은 수영장을 내려다보고 있었다. 서재의 다른 편에는 긴 의자와 안락의자가 있었고, 그곳에서 그는 근처의 정문을 통해 집에 방문하는 분석 환자들과 작업을 했다. 서재 근처에 멕시코와 불교 예술품들로 우아하게 장식된 커다란 거실이 있었고, 그곳은 음악실로도 쓰이는 정찬 식당 쪽으로 열려 있었다.

식당은 넓은 조리 공간과 여유롭고 높은 캐비닛, 넉넉한 냉장고와 조리기가 마련된 최첨단의 거대한 주방으로 이어져 있었다. 그 주방 너머에 있는 작지만 매력적인 서재에서는 그의 비서가 작업을 했다. 주방을 제외한 아래층의 방은 정원과 잔디밭이 내다보이는, 테이블과 의자, 식물 화분들이 늘어서고 기다랗게 지붕이 덮인 널찍한 크기의 테라스 쪽으로 열려 있었다. 프롬의 가족은 이 테라스에서 점심과 저녁을 먹었고, 프롬은 그곳에서 학생과 동료들을 만나거나 업무 관련 회의를 진행하곤 했다.[39]

프롬은 또한 오래도록 미루어왔던 다른 즐거움들을 위해 시간을 할애했다. 자동차를 좋아했던 그는 커다란 뷰익 컨버터블을 구입해, 아마도 심하게 자주 몰고 다녔던 것 같다. 그는 매일 최상급 멕시코 시가를 피우며 『뉴욕타임스』를 읽는 시간을 기다렸다. 또다시 그의 삶과 그의 텍스트가 일치하지 않게 된 셈이지만, 그는 정기적으로 독일 빵집에 들러서 칼로리가 높은 음식을 마음껏 즐기며 선불교가 강조하는 '무소유'에 적극 찬성하는 글을 썼다. 쿠에르나바카의 거리를 거닐며 그는 종종 애니스를 위한 꽃다발이나 사탕 상자를 구입하기도 했다. 그의 친구들과 가족이 한때 보았던 풀이 죽은 사람과는 전혀 다른 모습이었다.[40]

애니스와 함께하며 얻게 된 프롬의 새로운 즐거움은 『사랑의 기술』

의 배경이 되었고, 왜 이 책이 전 세계적인 베스트셀러가 되었으며 그를 숭배의 대상자로 만들었는지 많은 것을 말해준다. 그는 애니스와 교제를 시작하면서 그 책을 집필하기 시작했고, 2년도 되지 않아 완성했다. 『사랑의 기술』은 그의 전작들과는 확연히 달랐다. 확실히 그것은 그의 텍스트 안에서 드러난 거의 기계적으로 절차에 따르는 인간의 모습과, 그의 사적인 생활 속에서 뚜렷했던 굉장히 다양한 감정을 지닌 덜 안정적인 인간의 모습 사이에서 끊임없는 상호작용이 이루어짐을 보여주고 있었다. 그러나 그 속에는 각주나 인용 부호가 거의 없고, 색인은 아예 없었으며, 학술적인 밑바탕이 상당히 부족했다. 상당히 쉽게 읽히는 120페이지 분량의 그 책은 앉은자리에서도 전부 읽어낼 수 있었다.[41]

벤저민 프랭클린의 『자서전Autobiography of Benjamin Franklin』부터 데일 카네기의 『인간관계론How to Win Friends and Influence People』, 노먼 빈센트 필Norman Vincent Peale의 『긍정적 사고방식The Power of Positive Thinking』까지, 미국 문화에서 널리 퍼지고 있는 자기계발 장르 속에 『사랑의 기술』이 편입되는 것을 프롬은 단호히 거부했다. 아들라이 스티븐슨이 "성 바울은 사람을 끄는 힘이 있고, 필은 사람을 쫓아내는 힘이 있다"라고 했을 때, 프롬은 반론을 제기하지 않았다. 그러나 프롬은 (자기계발서의 전통처럼) 『사랑의 기술』의 마지막 부분에서 자기계발을 위한 명확하고 확실한 길을 촉구하며 결론지었다. 이 책을 통해 프롬은 독자에게 어떻게 사랑을 찾고 실행하는지 보여주었고, 그것은 선禪에 이제 막 들어선 사람의 모습과 완전히 다른 것은 아니었다. 프롬은 인간 스스로가 만연한 시장자본주의 문화의 수다스럽고 기계처럼 착취적이 되어가는 전통에서 벗어나, 비로소 혼자가 되어 편안해지는 법을 배우도록 설득하고 있었다. 고요와 절제와 집중, 인내를 통해 인간은 내밀하고 자기 성찰적인 방식으로 내재적인 목소리에 귀를 기울이는 방법을 찾아야 한다. 만약 독자가 이러한 귀 기울이기를 적절하게 완수했다면, 그는 자신의 '진실한' 내재적 중심이나 정체성과 소통을 이룰 것이며, 그것이 바로 선의 명상이다. 그러고 나면, 그는 자신의 삶과 사회를 창조적으로 변형시킬 수 있는 막대한 생산적 힘을 발견할 수 있다. 생산성은 강렬함과 민첩성과 자기애와 증폭된 생기발랄함, 그리고 새로운 자신감과 쾌활함의 상태 안에 머물게 된다. 일단 인간이 어떻게 듣고 수용하며, 실제로 어떻게 자신을 사랑하는지 발견하게 된다면, 그 어떤 사람이라도 사랑할 수 있을 것이다. 그리고 사랑하는 대상을 합리적·객관적으로 볼 수 있을 것이며, 스스로의 중심에 귀를 기울이면서 사랑하는 대상의 내재적 중심을 헤아리는 것도 가능하다. 사랑하는 사람들 사이에 생기 있고 활동적이며 진실한 중심과 중심 사이의 소통은 당연히 뒤따를 것이며, 본질적으로 각각은 자신의 자아 그리고 자신의 파트너와 순수하고 완벽하게 사랑에 빠지게 되는 것이다. 이러한 것들을 이루게 되면 인간은 더 거대한 공동체와, 심지어 인류와도 동시에 사랑을 이루게 될 것이며, 어떤 의미에서는 모든 인류를 사랑하게 되는 능력이 인간을 진정으로 사랑하기 위한 분명한 전제조건이라고 프롬은 논쟁이나 증거를 배제한 채 오롯이 언어적 수사로서 역설했다.[42]

프롬은 독자들이 이 명확해 보이는 직접적인 길을 통해 사랑에 이르도록 인도했다. 그는 동시대의 사회 가치가 적지 않은 장애물을 만들기 때문에 그 길은 따라가기에 결코 쉽지 않다는 사실을 경고하고자 했다. 물질적인 소유에 가치를 두고 행복을 향한 탄탄대로로서의 대중성을 증진시키는 자기계발 찬양자들과는 첨예하게 다른 길을 걸었던 프롬은 동시대의 상황과 시장경제의 가치에 대한 준열한 비평가였다. 좌익의 작가들이 빈번히 블랙리스트에 오르고 일반 대중 독자에게 거의 영향력을 미치지 못했던 이전의 10여 년간에도 프롬은 관리자본주의에 대해 비판적이었던 자신의 오랜 입장을 굽히지 않았다. 노동자는 동료와의 관계를 잃지 않기 위해 지배적인 사회적 관습에 순응해야 했다. 이들은 자신의 내재적 공허함을 치유하고 심리적·영적 공허감을 채우려는 간절함에서 자기애적으로 소유하거나 소비하는 것에 자신의 에너지를 써버렸다. 에너지와 생기와 생산성이 부족한 사람은 자신의 내재적 중심을 헤아리지도 못하고, 다른 사람을 사랑할 수도 없다. 이러한 암울한 시장경제 문화의 희생자들에게 정기적인 성적 만족은 가능할지도 모른다고 프롬은 인정했다. 그러나 프로이트의 시각과는 대조적으로, 그리고 프롬 자신의 삶과는 상당히 다르게, 그는 성적 욕망의 배출은 짧은 순간의 일시적인 즐거움에 불과한 것이라고 독자들에게 충고했다. 사랑이란 두 사람이 자신들의 존재의 본질을 스스로 경험할 때, 그래서 그들이 자신들에게서 도망치기보다는 있는 그대로의 자신을 인정하고 상대방과 함께 일체감을 느끼는 바로 그 순간에 이루어지는 것이었다.[43]

시장자본주의의 괴리된 환경 속에서 그 존재 의미를 묵과하지 않고 그 위태로움을 기술하지도 않으면서, 프롬은 독자들에게 사랑을 추구하도록 설득하며 진실한 사랑을 찾아가는 여정의 걸림돌에 관해 집약해놓았다. 확실히 우리 사회는 변해야 하지만, 독자도 사랑의 기술을 습득할 방법을 스스로 찾지 않고 그저 자본주의 구조와 가치의 종말만을 기다려서는 안 된다. 자신의 전진을 위해 다른 사람들에게서 구하고 착취하는 널리 만연한 시장형 성격과는 달리, 프롬은 독자로 하여금 자신의 내부에 존재하는 생산성을 향해 깊은 통로를 뚫어 진정한 사랑을 경험하는 데 관심을 갖게 했다. 시장자본주의는 일시적으로 이러한 노력을 흐릿하게 하고 무감각하게 만들겠지만, 생산성을 위한 잠재력은 결코 지워질 수 없는 것이라고 프롬은 신념을 가득 담아 역설했다. 자유, 자주, 활기, 창의성에 대한 감각이 점점 더 살아남으로써 우리 안에 내재한 생산성의 중심에 가 닿기 시작하면, 우리는 알게 될 것이다. 이것이 바로 인류와 인간 모두를 사랑하는 길을 열어주는 자아에 대한 사랑이라는 것을.[44]

생산적인 사회적 성격이 '사랑의 기술'을 위한 절대적인 전제조건이라면, 사랑의 본질은 과연 무엇일까? 프롬은 몇 가지 수준에서 그 해답을 제시했다. 그는 1939년의 에세이 「이기심과 자기애」를 떠올리며, 사랑이란 개인과 부부와 가족과 사회, 그리고 인류 안에 존재하는 생명과 성장의 의미, 즐거움과 자유의 의미를 확인하는 것이라고 주장했다. 실제로 사랑은 불가분의 것이다.

"만약 내가 진실로 한 사람을 사랑하게 된다면, 나는 모든 사람을 사랑하게 되고, 세계를, 나의 삶을 사랑하게 되는 것이다."

그와 대조적으로 "만약 한 사람이 오직 그 한 사람만 사랑하고 그이외의 다른 사람들에게는 무관심하다면, 그의 사랑은 사랑이 아니라 공생하는 집착이며, 확대된 이기주의에 불과하다." 사랑이란, 일단 자기 자신을 품어 안으면 그다음엔 다른 사람을, 그리고 인류를 품어 안는 한 사람의 능력이다. 틸리히가 프롬에게 (자기 확인의 한 가지 형태인) 자신에 대한 사랑과 다른 사람이나 인류에 대한 사랑을 더 정확하게 구별하라고 촉구한 것을 염두에 두고 있었음에도, 프롬은 "사랑이란

나 자신을 포함한 모든 대상에 대한 똑같은 태도"라고 주장하면서 이렇게 반문했다.

"그렇지 않다면 왜 『성경』이 인간에게 너의 이웃을 너와 같이 사랑하라고 했겠는가?"[45]

'사랑'을 자기 자신과 다른 사람, 그리고 인류를 품어 안는 본질로 규정한 프롬은 그 속에 다른 종류의 사랑, 즉 가장 중요하고 널리 퍼져 있는 '인류애'가 존재한다는 것을 인정했다.

"타인에 대한 책임, 돌봄, 존중, 수용, 그리고 그들 삶의 진보를 도모하는 것이 바로 인류애다."

그것은 모든 사람과 유대를 갖는 경험, 즉 우리 모두가 하나이며, 서로 다른 재능, 외모, 재산, 혹은 지식과는 상관없이 모두 근본적으로 동등하다는 감정이었다.

"만약 내가 누군가 다른 사람을 겉모습만으로 인지한다면, 나는 우리 서로를 구분 짓는 차이점을 인지하는 것이다."

그러나 우리가 그러한 타인의 중심으로 더 깊이 들어간다면, 우리는 우리의 정체성과 인류애를 인지하게 되는 것이다. 실제로 이웃에 대한 사랑은 '주변에서 주변'이 아닌, '중심에서 중심으로의' 유대다. 한 사람이 다른 사람의 가장 깊은 곳에 가 닿게 된다면, 그는 자신의 중심과 정체성의 깊은 곳에 동시에 가 닿게 된다. 이러한 인류애에 대한 설명은 인간이 자신의 사랑, 생산적 본질을 발견하지 못하면 다른 사람을 사랑할 수 없다는 프롬의 주장과 완벽히 들어맞지는 않는다. 인류애는 한 인간이 타인의 깊은 곳까지 가 닿는 과정에서 자기 자신의 중심을 발견하게 되는 관계이며, 그 관계는 친구나 가족뿐만 아니라 낯선 사람과도 만들어낼 수 있는 상호 관계 위에서 만들어지는 것임

을 보여준다.[46]

'모성애'는 '인류애'와는 달리 인식되어야 하지만, '아이의 생명과 존재의 의미에 대한 무조건적 수용'이라는 의미에서 본질적으로는 유사하다. 동시대에 만연한 문화적 에토스를 들여다보면서, 프롬은 어머니는 그 아이의 생명과 성장을 위해 절대적인 책임을 가지고 있다고 역설했다. 그녀가 아이의 존재를 책임지는 것이다. '모성애'는 또한 아이에게 생명에 대한 사랑, 살아 있음의 긍정의 정서를 불어넣는다. 아이는 한때 어머니의 일부였지만, 아이가 자라면 어머니의 사랑은 아이를 풀어주고 분리를 편안하게 받아들여야 한다. 자신은 아무것도 바라지 않으면서 아이가 독립된 자아가 될 때까지 아이를 지탱하고 모든 것을 내어주는 것, 바로 이것이 모성애의 가장 중요한 부분이다.

"모성애의 본질은 아이의 성장을 돌보는 일이며, 그것은 자기 자신으로부터 아이가 언젠가 독립하기를 바란다는 의미다."

이것은 확실히 1959년에 사망할 때까지 프롬을 자신의 분신으로 생각했던 로자에게는 해당되지 않는 정의였다. 프롬은 모성애와는 대조적으로 부성애는 그것이 조건적이기 때문에 더욱 제한적이라고 규정했다. 세상으로 나아가는 길을 아이에게 가르칠 때, 부성애의 원칙은 '네가 나의 기대를 충족시켜주기 때문에, 네가 너의 의무를 다하기 때문에, 그리고 네가 나와 같은 피를 공유하고 있기에 너를 사랑한다'는 것이다. 부성애는 만약 아이가 기대만큼 행동해주지 않는다면 위축되고 상실될 수도 있다. 그러므로 그것은 모성애와 대조를 이루며, 아이의 정서적 양육에 덜 절대적이다. 이러한 규정은 로자의 사랑보다 덜 조건적이었던 나프탈리의 사랑에는 들어맞지 않는다. 프롬의 초기 삶과 그의 글은 일치하지 않았다. 어떤 면에서 프롬은 정상적인 성장의 일환으로 아이가 가족과 거리를 두는 것이 이상적이라는 프로이트의 '가족 로맨스' 개념을 제시하는 듯하지만, 그의 성장 과정은 전혀 달랐다.[47]

성애는 인류애, 모성애, 부성애와는 대조적이며, 프롬에게 그것은 육체관계를 바탕으로 진탕 마시고 놀며 덧없는 감각을 만족시키는 성적 욕망과 혼돈되는 경향이 있었다. 성적 욕망이 육체적으로 만족되고 난 후엔 그 두 사람도 괴리된 느낌을 갖게 되고, 자기 자신과도 괴리되며, 육체관계 이전처럼 사회와도 괴리된다. 대조적으로, 만약에 성적인 사랑이 '진실한' 사랑을 의미하게 되면, 그것은 한 사람에게 존재의 본질을 불러일으켜 다른 사람의 존재의 본질을 경험하게 되는 것이라고 프롬은 주장했다. 성애는 친밀감이나 잠시 즐겨 해소하기 위한 즉각적인 욕구, 혹은 일시적인 정서 이상의 것을 내포한다. 성애는 '자신의 삶을 다른 사람의 삶과 함께하겠다'는 의지이고 판단이며 결정의 행위를 나타낸다. 그것은 '우리는 모두 이 세계의 일부분이기에' 기꺼이 타인의 자아를 깊이 받아들이는 보편적인 인간이 되어가는 과정의 일부분인 것이다. 그것은 또한 특정한 사람들 사이의 완벽히 개인적인 이끌림이나 고유함이다. 요약하면, 성애는 독점적이지만, 그것은 모든 다른 인류, 살아 있는 모든 것을 사랑하는 것이다. 물론 프롬은 성애가 본능적인 배출보다 더 많은 의미를 가진다며, 프로이트와는 거리를 두고 있었다. 그러나 그는 특정한 파트너들 사이에서의 성애를 모든 인류에 대한 사랑과 융합했다. 성애는 즉각적으로 파트너와 그 환경에 특별한 것이 되며, 그의 삶에서 그래왔듯이 또한 신비스러운 우주적 현상이었다.[48]

프롬이 기술한 마지막 형태의 사랑은 신의 사랑으로, 그것은 실제로 진보하는 정신적 성숙에 대한 묘사였다. 유아는 모든 것을 감싸고 보호해주는 모성적 여신을 향한 자연스러운 애착으로 신을 사랑한다. 그 아이는 결국 복종을 요구하며 자신의 요구에 부합할 때만 칭찬을 제공하는 부성적 신에게 가 닿게 된다. 많은 사람이 부모에 대한 사랑과 신에 대한 사랑을 구별하지 못하며, 대신에 통치자의 지시에, 혹은 일반 대중의 의견에 대한 권위주의적 종속의 틀에 매달리게 된다. 인간이 좀 더 자유롭고 덜 권위주의적인 사회 속에서 또 다른 수준의 심리학적 성숙에 도달할 때만 신은 더 이상 외부적인 권위가 아니게 된다. 이 지점에서 인간은 자기 안에 존재하는 사랑과 정의의 원칙에 따르게 되며, 바로 그곳에서 인간은 신과 하나가 된다. 프롬은 신을 단지 시적이고 상징적인 의미로만 이야기한다. 신에 대한 인간의 사랑은 본질적으로 자기 자신에 대한, 인간이라는 존재에 대한 인간의 사랑이다. 이러한 개념은 프롬의 윤리적 인본주의의 핵심이며, 그가 젊었을 때 『탈무드』 스승들이 유대교의 본질이라고 강조했던, 사람들과 사회에 대한 윤리적 행위와 놀라우리만큼 일치한다.[49]

프롬은 신의 사랑이 본질적으로 시장에 의해 수용되면서 소비할 대상이 되었다고 주장하며, 전후 시기 종교의 부활을 비판했다. 1950년대에 종교라는 형식이 특히 미국에서 유행하면서, 인간은 기술, 지식, 심지어 자신의 인격까지 모두 한데 구겨 넣어, 돈을 벌고 지위를 얻기 위해 종교를 이용했다. 노먼 빈센트 필의 동시대 베스트셀러인 『긍정적 사고방식』과 유사한 자기계발 서적들(대개는 실천적 기독교인에 의해 쓰인)은 신과의 교류가 사업적인 성공으로 이어짐을 강조했다. 프롬은 필의 신이, 인간이 자아를 일치시켜야 할 사랑이자 정의이자 진실인 신이 아니라, 인간이 자기 자신 그리고 자신의 상품을 팔기 위해 신의 상업적 보증을 도용하는 사이에 이론적으로 모든 것을 경영하는

"저 멀리 있는 우주 주식회사의 총감독관"처럼 되었다고 여겼다. 프롬은 『사랑의 기술』이 필의 책이나 프로테스탄트의 자기 구원의 옹호와도 반대 지점에 있다고 주장했다. 그가 인간을 소외시키는 자본주의 시장을 제거하려 했다면, 반대로 필은 그것을 환영했다. 그럼에도 프롬은 독자로 하여금 개인적인 즐거움이나 행복, 생산성을 증대시키기 위해 자기 자신의 내재적 사랑과 역동성을 포용하라고 촉구하며, 또 다른 방식의 자기 구원의 전통 위에서 적어 내려갔다.[50]

유대 지식인 역사 전문가들은 『사랑의 기술』을 이스라엘 보스턴 사원의 랍비 조슈아 리브먼Joshua Liebman이 쓴 굉장히 대중적인 책 『마음의 평화를 위한 사랑의 기술The Art of Loving to Peace of Mind』(1946)과 비교함으로써 그 의미를 찾고자 했다. 프롬과는 달리 리브먼은 미국에서 태어났으며, 프롬이 받아들이지 않기로 했던 랍비의 소명을 받아들였다. 프롬은 더 세속적이고 유대교에만 특별히 존재하는 기념일들을 지내지 않았으며, 종교적 소속을 갖는 일을 인류의 부족화라고 규정했다. 그러나 유사점이 있기는 했다. 두 사람 모두 정치적으로 진보적이었고, 전후 미국의 정신분석에 대한 일시적인 관심으로부터 견인된 베스트셀러를 집필했으며, 과도하게 꼿꼿한 유대인 사상가들이었다.

리브먼은 익숙한 랍비의 설교와 거리를 두고 『마음의 평화를 위한 사랑의 기술』의 틀을 그려나갔다. 그는 종파를 초월한 힘으로 심리학적 깊이를 채워나갔다. 『사랑의 기술』에서의 프롬과 마찬가지로, 그는 주로 유대인들과 핵전쟁의 공포로 두려워하고 있는 다른 사람들에게까지 영향을 미쳤던, 도처에 퍼진 홀로코스트 이후의 슬픔에 주목했다. 리브먼은 이렇게 상처가 많은 상황과 그에 수반하는 두려움이나 불안 속에서도 인간은 영적인 부활과 정서적 평화를 얻을 수 있다고 생각했다. 리브먼에게 자아 수용은 자기 자신과 이웃을 모두 사랑하도록 허락하는 것이었다. 확실히 그는 인간이 사악한 본능을 품고 있다는 사실을 깨달았지만, 그는 이러한 본능을 '생명을 수용하는' 목표, 사랑과 행복과 만족을 증진시키는 목표로 변형시킴으로써 통제할 수 있다고 주장했다. 리브먼에게 인간의 모든 문제가 되는 기질은 '선善의 전차'에 담길 수 있으며, 그러므로 '마음의 평화'를 얻을 수 있었다. 간단히 말해, 프롬과 다른 세속적인 정신분석학자들이 예상치 못한 본능에 대한 순화 쪽으로 향하고 있는 동안, 리브먼은 인간의 사악한 경향들을 '부드럽게 하고' 그것들을 덕행에 대한 지속적 헌신으로 바꿔내 정서적 평온을 누리는 랍비들의 지각을 언급했다.[51]

정신분석학적 성향을 가진 두 명의 유대인이 기독교의(주로 프로테스탄트의) 자기 구원 문학과 완벽히 일치하지는 않지만 그래도 더러 그 궤를 같이하는 유사하고 의미 있는 베스트셀러를 집필했다는 사실은 시사하는 바가 크다. 공동체 전체를 대신해 서로를 돌보는 윤리적인 행위로서의 유대교적 종교의 의미는 프롬이나 리브먼을 카네기나 필과 구별 짓는다. 그 두 유대인 저자들은 자아 안에서의 사랑과 평온이 사랑을 주고받는 분위기와 모두의 마음에 가 닿는 행복을 자라게 할 수 있을 것이라고 주장했다. 『사랑의 기술』과 『마음의 평화를 위한 사랑의 기술』은 독자들을 아우슈비츠의 그림자와, 소련과 미국의 핵 충돌의 지속적인 위협에서 오는 두려움과 불안으로부터 멀어지게 했다. 리브먼과 프롬에게 내재적 사랑과 평온은 느슨한 목표가 아니었다. 리브먼과 (그보다 정도는 훨씬 덜했지만) 프롬이 자기 구원의 개인주의에 호소하긴 했지만, 그 두 사람은 또한 인간의 유대에 강조를 둔 유대교적 문화에 대한 보충적 의미를 제시했던 것이다. 이들은 윤리와 도덕에 대한 전통적인 '무사르musar'(윤리)를 강조하며 수련했던 자신의 어린 시절을 기억하고 있었으며, '예처 하라yetzer hara'(악에 대한 충동)에 맞서 승리를 가져올 수 있는 내재적 탐구를 주창했다.

『사랑의 기술』의 마지막 장 '사랑의 실천'은 확실히 필의 자기 구원에 대한 기술적인 공식과 어떤 면에서든 함께하기를 거부했다. 프롬은 사랑의 기술(혹은 어떤 다른 기술이라도)을 습득하기 위한 일반적인 요구사항들을 제시했고, 이러한 사항들은 '~하는 법'의 방식으로 규정되었다. 첫 번째로, 그는 삶의 모든 영역에서 자신이 자발적으로 수용하는 이성적 원칙을 획득하는 것이 필요하다고 주장했다. 현재의 사회는 외부적으로 규정되고 전반적으로 인간을 소외시키는 지루한 작업 과정에 순응하여 인간이 자기 삶의 모든 다른 측면의 원칙들을 도외시하도록 만든다. 그들의 삶에서 녹슬어버린 자아는 상당히 혼란스러운 상태이기에 사랑이나 다른 것에 대한 구체적인 접근이 이루어질 수 없는 것이다. 두 번째, 일반적인 요구사항으로서, 원칙이 없으면 집중 또한 없다. 대부분의 사람은 동시에 무작위로 많은 욕망을 좇으면서도 이루어내는 것은 거의 없는 '파편화된 양식의 삶'을 추구하게 된다. 세 번째, 사랑의 기술이란 인내가 요구된다. "만약 빠른 결과를 기대한다면, 절대 이 기술을 배울 수 없다." 빠르고 효율적인 기계 생산과는 달리, 사랑이나 그 밖의 기술을 습득하는 데는 많은 시간이 필요하다. 왜냐하면 그것은 인간으로 하여금 여러 미지의 세계를 탐험하도록 하기 때문이다. 마지막으로, 인간은 그러한 기술 습득에 '최우선의 중요성'과 관심을 두어야 한다. 인생에서 가장 상위에 놓여야 하는 목표인 것이다.[52]

기술적 기교에 대한 많은 요구사항을 나열하는 것에 더해, 프롬은 독자로 하여금 성공적인 사랑을 위해 몇 가지 특징을 추구하도록 지시한다. 이것들은 또한 그 책의 '~하는 법' 류의 어조와 보조를 맞추며, 보수적인 1950년대에 어떻게 좌파 작가가 수많은 독자와 소통할 수 있었는지를 설명하는 데 도움을 준다. 첫 번째로, 프롬은 나르시시즘(예를 들어, 다른 사람의 존재를 자신의 내재적 주관의 연장선상에서 바라보는 특징)을 극복하라고 강조했다. 사람과 사람 사이의 관계에서 나르시시즘적인 왜곡은 자신의 깊은 내재적 주관의 거울을 통해 다른 사람들의 시선을 바라보는 법칙이다. 다른 사람과 사물은 단지 그들이 이용 가치가 있거나 위협이 될 때만 인식된다. 이러한 나르시시즘을 극복하기 위해 인간은 전지전능의 유아적인 꿈에서 벗어나야 하며, 자기 외부에 또 다른 세계가 존재한다는 것을 깨닫는 것뿐만 아니라, 이성과 건전함으로 그 세계에 접근할 능력, 그리고 그 세계에 대한 더 거대한 객관성을 획득하는 겸손함을 받아들여야 한다.

"내가 바라보는 한 인간의 모습과 그의 행동은 자아도취적으로 왜곡되어 있기에 나는 그 둘 사이의 차이점을, 그리고 나의 관심과 필요와 두려움과는 무관한, 있는 그대로의 그의 현실을 보려고 노력해야만 한다."

인간은 이성과 객관성과 겸손함을 수용할 능력을 가짐으로써 사랑하는 사람들과 모든 다른 존재를 있는 그대로 바라볼 수 있다. 그로 인해 사랑의 기술을 획득하는 데 성큼 다가갈 수 있는 것이다.[53]

자기애를 치유하기 위한 프롬의 처방전은 세심함이 부족했다. 다른 사람들을 '있는 그대로' 바라보고 사랑하기 위해 겸손함과 객관성과 이성을 사용하라고 독자들을 설득하는 것만으로는 충분하지 않다. 이미 시장자본주의의 진흙탕에 빠져버린 사람들이 강렬한 자기애 속에 갇혀 있다면, 그들이 어떻게 객관성과 이성의 능력을 획득할 수 있 겠는가? 프롬의 대답은 언제나 그랬듯, 단순하고 부적절한 낙관주의 를 수반하는 자기 구원의 전통을 드러내고 있었다. 인간은 스스로에 대한 신념, 즉 '자기 자신의 생각과 시각과 판단의 힘에 대한 자신감' 을 필요로 한다. 신념이란, 근본적으로 권위를 가진 인물이나 사회가 전반적으로 인간에게 믿도록 강요하는 것과 무관한 스스로의 자신감, 즉 자기 자신의 이성적인 신념의 견고함과 건전함에 대한 용기 있는 확신이다. 자기 스스로에 대한 신념을 가짐으로써 다른 사람에 대한 신념의 가능성이 나타나게 되며, "그것은 (사랑하는 사람에 대한) 근본적 인 태도의 신뢰성, 혹은 영속성에 대한 확신의 가능성이며, 그의 성격 의 중심에 대한, 그리고 그의 사랑에 대한 가능성이다." 결국 자기 자 신과 사랑하는 대상에 대한 신념은 인류에 대한 신념으로 정점을 이 루며, 적절한 상황 속에서 인류는 '평등과 정의와 사랑의 원칙에 지배 되는 사회적 질서'를 만들어낼 수 있다는 것이다. 이 희망에 찬 메시지 는 매력적이지만, 시장 문화의 문제를 간과했다. 다시 한번 프롬은 자 신과 애니스가 향유했던 그런 종류의 특정한 개인적 사랑과 자신과 타인의, 그리고 인류의 추상적인 사랑에 대한 구별을 거부하고 있었던 것이다.[54]

프롬은 사랑의 기술이 자신과 '사랑하는 대상'에 대한 '지속적인 인 지와 주의와 활동의 상태'를 요구하며, 이를 위해서는 지루함이나 쳇 바퀴 도는 일상을 인지한 채 반은 잠들어 있고 반은 깨어 있는 상태 에서 '무언가를 하는 것'보다 훨씬 더 많은 것이 필요하다고 경고하면 서 그의 가르침을 마무리한다. 인간이 모든 도전을 열정적으로 받아 들이면서 삶의 모든 측면에서 활동적이고 생산적이어야만 이러한 자

질들이 사랑의 기술을 증진시킬 수 있다는 것이다.[55]

자기 구원을 찬양한 이전의 다른 작가들과 마찬가지로, 프롬은 『사랑의 기술』에서 개인의 생각과 행동, 자아 안에서 길러지고 향상되는 자질에 초점을 맞추고 있었다. 책의 말미에 다다라서야 그는 자신이 초기 텍스트의 많은 부분에서 역설해왔던 것들, 즉 현대 자본주의 사회에서 전해 내려오는 혹독한 사랑에 대한 제한 그리고 물질주의적 소유욕에 대해 전체적으로 힘 있게 다시 반복한다.

"생산 중심의 상품 탐욕 사회, 자아의 물질적 증진만이 우선시되는 그런 사회에서 사랑에 대해 지속적인 태도를 유지하는 것은 불가능하지는 않다고 하더라도 쉽지 않은 일이다."

프롬은 "현재의 제도하에서 사랑할 수 있는 사람들은 필연적으로 소외된다"고 주장했다. 왜냐하면 자본주의는 사랑을 개인적 비순응주의자들에게만 국한하며, 사회 구조 속에서 그것을 소외시키고 있기 때문이다. 그러므로 만약 인간의 사랑하는 능력이 근본적인 사회적 실존의 일부가 되려면, 사회 구조는 더 많은 상품과 서비스를 단순히 생산하고 소비하는 것으로부터 급격하게 변화를 이루어야만 한다. 혁신적인 변화를 바라는 프롬의 요청은 강력했지만 문제는 그것이 그의 책 말미에 자리하고 있다는 것이었다. 실제로 사랑의 기술을 숙달하기 위한 탁월한 가능성은 그의 내러티브 속에 동문서답하듯 엇갈려 있었다.[56]

『사랑의 기술』이 출간된 지 얼마 지나지 않아서 클래라 톰프슨은 많은 사람이 이 책에 매우 감명받았고, 프롬의 이전 어떤 작품들보다 훨씬 더 미국 문화에 큰 울림을 주고 있다고 발표했다. 그러나 톰프슨은 프롬이 그의 전작들에서는 같은 지점들을 훨씬 더 날카로운 방식으로 기술했었다며 그에게 실망했다고 말했다. 『자유로부터의 도피』나 『자기를 찾는 인간』과는 달리, 『사랑의 기술』은 대중 지식인의 손에서 탄생된 것처럼 보이지 않았다. 이전에는 수백만의 독자가 사업적인 성공을 위한 교훈을 얻기 위해 카네기에게 눈을 돌렸고, 자신들의 사회적·경제적 유동성을 증진시키기 위해 신의 도움을 얻으려고 필에게 눈을 돌렸다. 이제 그들은 자신들의 삶에 훨씬 더 충분한 사랑을 가져오기 위한 구체적이고 실질적인 지침을 얻기 위해 프롬을 받아들이고 있었다. 프롬은 시장의 제약 아래에서 이것이 극히 어려운 상황이라는 경고와 함께, 어떻게 개인이 사랑을 얻을 수 있는지에 관한 스스로의 방법들을 나열했다. 그러한 경고는 미국의 전후 경제 성장의 낙관주의 속에서 독자들이 쉽게 간과할 수 있는 부분이었다. 프롬은 '덜 숙성된' 전후 세계 속에서 자기 향상의 실질적인 메시지에 주안점을 두고 자신의 사회 비평에 대한 더 혹독한 주제들은 주변으로 미루어놓고 있었다.[57]

아마도 그 책의 막대한 영향력은 자신의 개인적 경험을 이끌어내는 프롬의 능력에 있었을 것이고, 그것이 한 시대와 깊은 울림을 나누었을 것이다. 미국 젊은이 대다수가 엘비스 프레슬리의 「러브 미 텐더」나 포 에이시즈의 「사랑은 눈부시게 아름다운 것」이라는 노래를 듣고 있던 시대에 이런 책이 대중의 사랑을 받았던 것은 놀랄 일이 아니다. 그럼에도 애니스가 준 영감 없이는 이 책은 아마도 결코 쓰일 수 없으리라는 것은 의심의 여지 없는 사실이다. 프롬이 개인의 경험을 근거로 자신의 이론을 기초할 수 있었다는 사실은, 그 경험이 아니었다면 책에 진정성을 불어넣는 요소들이 분명히 충분치 않았을 것임을 의미한다.

그러나 『사랑의 기술』에 대한 영감에도 불구하고, 많은 다른 예에서처럼 여기에서조차 프롬의 텍스트와 실제 살아온 현실이 많은 부분에서 어긋나고 있었다는 사실에 주목할 필요가 있다. 특히 주목할 것은, 애니스와의 행복한 생활과 책에서 말했던 예외적인 성적인 사랑의 본성에 대한 그의 사색에도 불구하고 프롬의 계속적인 연애 행각은 멈추지 않았다는 것이다. 마찬가지로 부모의 사랑에 관한 상은 소유욕이 강하고 근심 많던 그의 부모에 대한 경험과는 더 커다란 괴리가 있었다. 아마도 더욱 중요한 것은, 프롬이 사랑하는 능력과 생산적인 자아를 반복적으로 연결시켰음에도, 그러한 생산적인 성격을 드러내지 않았던 사람들에 대한 그의 태도는 업신여김으로 일관되었으며, 이는 사랑이 모든 인류에 대해 기꺼이 준비된 자세라는 그 책의 근본적인 토대와 상충하고 있었다는 것이다. 이따금 프롬이 자아도취적인 편향성을 보인다거나, 자신이 생각하기에 생산적이지 않으며 외적으로 매력적이지 않다고 판단되는 사람들을 무시한 것은 그의 대중적 가면이 그의 개인적 철학과 일치하지 않는 듯 보이는 두 가지 실례였다.

하지만 작가와 내용 사이의 이러한 편차는 그 책의 대중적 인기에 아무런 영향을 주지 못했다. 프롬은 잘 팔린 다른 책을 쓰기는 했지만, 그 어떤 것도 '~하는 법'의 방식으로 쓰이지 않았으며, 그 어떤 책도 이 책의 판매고에 미치지 못했다. 출간 14년 이후인 1970년까지 『사랑의 기술』은 영어판만 150만 부가 판매되었다. 영어판 다음으로는 독일어판이 가장 많이 팔렸다. 독일어판은 출간과 동시에 약 100만 부가 팔려나갔다. 독일어 문고판이 1959년에 출간되었고, 1980년대 초까지 『사랑의 기술』은 50여 개국 언어로 2500만 부가 판매되어 성경 다음으로 많이 팔린 책이 되었다. 이 책은 여전히 계속 인쇄되고 있으며,

또한 꾸준히 잘 팔리고 있다. 2006년에는 50주년 기념 문고판이 출간되었다. 최근에는 밸런타인데이에 케임브리지에 있는 하버드 협동조합 서점의 진열대에 기획 상품으로 진열되기도 했다. '풍요롭고 생산적인 삶'이 결여된 사람들을 인도한다면서 말이다.[58]

제7장

산문과 정치

『사랑의 기술』의 대중 시장에서의 성공은 특히 미국에서 프롬의 모든 작품의 판매와 인세를 끌어올렸다. 점점 높아지는 강의료와 정기적인 수업과 의료 수입에 더해 프롬의 미국에서의 연 수입은 1953년 8850달러에서 1959년 2만9874달러오늘날의 가치로는 대략 21만9500달러—옮긴이로 급상승했다. 이제 50대 후반이 된 프롬은 진보적인 미국 정치 조직의 후원을 받고 아들라이 스티븐슨, 윌리엄 풀브라이트, 필립 하트Phillip Hart, 유진 매카시Eugene McCarthy와 몇몇 사람의 선거운동에 기부를 하면서 새로운 '삶'에 접어들고 있었다. 특정한 정책 추천 사항과 찬사가 함께 묶인 긴 개인적 편지 뒤에는 종종 상당한 금액의 수표가 뒤따랐다. 이런 식으로 주고받은 정치가들과의 개인적인 서신은 케네디 정부의 대통령 집무실을 포함한 미국 정부의 고위급에 프롬이 조언을 주는 중요한 역할을 수행할 수 있었던, 오래 지속된 친분 관계의 근간을 형성했다.

프롬은 시급한 공적 사안에 대해 사상의 지속적 흐름을 만들어내는 일을 계속했고, 이러한 것들은 종종 그의 글, 특히 프롬이 설립하는 데 도움을 준 전미 건전 핵 정책위원회에 이론적 토대 역할을 했던 『건전한 사회』에 함께 담겼다. 그는 또한 국제사면위원회, 미국 퀘이커 봉사위원회, 그리고 미국 사회당의 기운을 북돋우는 역할을 했다. 그가 점점 더 중요한 작가이자 사상가로 여겨지면서 여러 대학으로부터 매달 30여 개의 강의 초청이 잇달았다. 좌파 지식인에게 이것은 상당한 업적이었다.

이와 반대로, 1950년대 중반 『디센트』 저널에 실렸던 허버트 마르쿠제와의 논쟁은 미국 학술계에서 그의 명성을 깎아내린 또 다른 사건이었다.(비록 프롬의 더 넓어진 독자층에게 주는 영향은 미미했지만.) 신좌파의 지도자인 톰 헤이든Tom Hayden이 미국 민주학생 연합을 창설하기 위해 1962년 포트휴런 성명서Port Huron statement를 만들었을 때, 그는 프롬의 저작들, 특히 『건전한 사회』에서 많은 부분을 인용했다. 48년 후, 헤이든은 자신의 포트휴런 성명서가 핵전쟁을 향해 가고 있는 세계에 인간의 인본주의와 이성을 회복해달라는 프롬의 청원에 많은 부분 빚을 지고 있었다고 내게 강조했다. 간단히 말해, 프롬의 돈과 정치활동과 사상은 매카시즘의 순응과 초기 냉전 시대로부터 더욱 변화무쌍하고 혁명적인 1960년대로의 변화에 가교를 만드는 데 가장 밑바탕에서부터 일조하고 있었다.

『건전한 사회』

—

『자유로부터의 도피』(1941)와 『건전한 사회』(1955) 사이에는 어떠한 연속성이 존재했다. 『자유로부터의 도피』가 히틀러와 스탈린이 세계의 많은 부분을 황폐화했을 때 그 시절의 권위주의의 본성을 드러냈던 반면, 『건전한 사회』는 냉전 문화와 소비주의, 점점 악화되어가는 민주주의에 대해 말하고 있다. 본질적으로 프롬은 전후 서방에 불어닥친 소비주의와 순응주의의 압력 그리고 광란으로 치닫고 있는 핵무장의 질주 속에서 '건전한' 대안을 추구하고 있었다. 그는 이 책을 '올바른 사회'에 대한 청사진으로 여겼으며, 참여자들 모두를 미국 평화운동으로 안내했다. 프롬은 자신의 핵심 메시지를 간결하게 요약했다.

"생존에 대한 평범한 욕구는 현재의 프로파간다로 인해 꽉 막혀버렸다. 우리는 인류에게 분별의 목소리를 다시 찾아주어야 한다."[1]

『건전한 사회』의 판매량은 상당했고, 처음 50여 년 동안 전 세계적으로 대략 300만 부가 팔렸다. 그 책은 다양한 분야에서 인용되었다. 부정적인 평가들은 미국의 정통 정신분석 단체들에서 흘러나왔다. 또 다른 쪽에서는 찬사를 받기도 했다. 『건전한 사회』는 출간되고 얼마 지나지 않아 『뉴욕타임스』 베스트셀러 5위에 진입했고, 『목회심리학Pastoral Psychology』 북클럽에서 뽑은 최고의 작품이 되었다. 그것은 파울 틸리히, 로버트 머튼Robert Merton, 조지프 우드 크러치Joseph Wood Krutch와 같은 영향력 있는 인물들로부터 상당한 관심을 끌었다. 대중 문제를 다루는 저널인 『퍼스펙티브Perspectives』는 프롬에게 『건전한 사회』를 요약한 기사를 요청했던 많은 언론사 중 첫 번째였다. 『사랑의 기술』이 자기계발서가 아니면 성교육 지침서냐고 이따금 농담을 했던 하버드 교직원들은 『건전한 사회』에 대해서는 생각이 달랐고, 유명한 조지 W. 게이George W. Gay 강연에서 관련 토론을 해달라고 프롬을 초청했다. 여러 다른 장소에서 참석해달라는 수백 건의 초청이 뒤를 이었다. 특히 미국에서의 프롬의 위상에 어떤 의혹이 있었다고 하더라도, 이 책은 그러한 회의론자들을 모두 압도해버렸다.[2]

실제로 프롬은 『건전한 사회』를 『자유로부터의 도피』와 나란히 놓았다. 그는 두 책 모두 왜 소외된 인간들이 자유를 두려워하고 오히려 권위주의의 손을 들어주는지에 초점을 맞추고 있다고 생각했다. 그러나 프롬의 관점에서 『자유로부터의 도피』는 미국 전역에, 그리고 다른 서방 민주주의 국가들에 퍼져 있는 『건전한 사회』에서 강조되었던 자기 순응에 초점을 맞추지는 않았다. 이러한 순응은 서로 괴리된 인간이 건강하지 못한 사회에 적응하게 되는 '사회적으로 유형화된 결점'이었다. 자기 순응과 민주 정치의 겉치레가 뒤섞여 절망적인 결과를 산출했던 것이다.

프롬은 『건전한 사회』를 1953년 이른 봄부터 쓰기 시작했다. 그는 '순응주의의 병리학'을 중심 문제로 규정했다. 프롬보다는 다소간 더 희망적이기는 했지만, 데이비드 리스먼, 윌리엄 화이트, 리처드 호프스태터Richard Hofstadter, 그리고 다른 사람들도 또한 이것이 전후 민주주의의 어두운 면이라고 생각했다. 프롬은 자신들의 고객이 스스로의 고유한 열정과 욕구를 발견하도록 도와주지 않고, 대신에 지배적인 사회적 관습에 그들을 끼워 맞추라고 격려함으로써 오히려 그들에게 '미친 짓'을 강요하고 있었던 민주주의 국가들의 의료진에 대한 경멸로 책을 시작했다. 자기 순응은 민주주의 사회로부터 개성과 자기 의지를 강탈해버렸다. 실제로 프롬은 번영하고 평화로운 전후 민주주의 국가들에서 가장 높은 비율로 자살과 알코올 중독, 그리고 다른 심각한 정신적 혼란의 징후들이 드러나고 있다는, 사회과학 모임들 사이에 만연한 믿음을 포용했다. 정신적 질환을 앓고 있지 않은 사람들도 전반적인 무기력과 우울로 괴로워하고 있었다. 선진국의 물질적 욕구는 충족되었지만, 그들의 정신적이고 정서적인 요구들은 그렇지 못했다. 『자유로부터의 도피』에서도 많은 부분 그러했듯이 『건전한 사회』의 프롬도 동시대 사회에 대한 혹독한 비평가 역할을 했다. 그러나 『자유로부터의 도피』와는 다르게, 프롬은 또한 유사 유토피아로서 '인본주의적' 사회의 예언자 역할을 수행하고 있었다.[3]

스스로의 주장을 입증하기 위해 프롬은 '건전한' 삶을 위한 본질적인 필요 사항들을 열거해놓았다. 경고하는 목소리는 덜고 예언적인 목소리는 더하면서, 프롬은 그가 수년 동안 제안해왔던 주제들을 확장시켰다. 첫째, 인간은 자신을 고유하게 만드는 특성을 포기하지 않은 채 자신의 열정과 사상을 공유하기 위해 다른 사람들과 연합할 필요가 있다. 그는 개성과 공생의 균형을 유지할 필요가 있으며, 그것이 개별적 자기애와 사회 순응에 대한 단 하나의 효과적인 대안이다. 이것은 성격 이론에서 새로운 공식은 아니었지만, 독특한 것은 그 두 가지의 균형을 잡는 단 하나의 열정이 바로 사랑이라는 프롬의 주장이었다.

사랑은 자아의 온전함과 개별성을 유지한 채로 자신의 외부의 어떤 것과 혹은 누군가와 하나가 되는 것이다. 그것은 자기 자신의 내재적 활동의 완벽한 개방을 허락하는 교감과 공감의 경험이다. 실제로 개별성과 합일 사이의 바로 그 양극성으로부터 사랑은 태

어나고, 다시 또 태어나는 것이다.[4]

둘째, 프롬은 인간이 생산하고 창조할 필요가 있다고, 즉 자신의 수동적인 환경을 초월할 수 있어야 한다고 상정했다. 인간은 창조에 대한 욕구가 충족되지 못했을 때 파괴적이 되고 증오를 품는다. "창조하는 것은 활동과 돌봄을 전제한다. 그것은 인간이 창조한 것에 대한 사랑을 상정하는 것이다"라고 프롬은 적었다. "나 자신이 삶을 창조할 수 없다면, 나는 그것을 파괴할 수 있다. 삶을 파괴하는 것은 또한 내가 그것을 초월할 수 있게 만든다"라는 사실에는 어떠한 타협도 존재하지 않는다. 프롬은 프로이트의 이중 본능 이론, 즉 삶 충동 대 죽음 충동에 대해 기술하고 있었지만, 그는 자신만의 어휘로 삶에 대한 사랑을 앞으로 '인본주의'라고 부르게 될 모호한 개념과 연계시키고 있었다.

셋째, 프롬은 뿌리의식, 즉 어머니가 신생아에게 주는 모두가 알고 있는 그 안정감이 인간에게 필요하다고 강조했다. 프롬은 비록 모성애가 유아적인 의존을 영속시킴으로써 이성과 개성의 발달을 지연시켰다 해도, 인류가 항상 가장 깊은 정서적 안정감에 단단하게 뿌리내리고 있는 모성애를 통해 유대와 무조건적 포용의 가장 깊은 감각을 발견해왔다고 주장했다. 프롬은 이성, 양심, 원칙, 개성, 계급, 불평등을 증진시켜온 부계 사회에 의해 대체되었던 선사시대의 모계 사회에 대한 바흐오펜의 묘사를 언급했다. 이러한 전복에도 불구하고 인간은 모성적 포용 속에서 계속해서 정착이나 뿌리의식을 찾아왔다. 이것은 프로이트가 부계 사회에 애착을 가진 사실을 비트는 것 이상의 의미였다. 프롬은 모성애가 그 무엇보다 우월하다고 말하고 있었다.

넷째, 프롬은 다른 사람들에게 순응함으로써가 아니라 자신의 경험과 힘의 능동적 중심으로서 스스로에게 의존하기 위해 근본적으로 자신의 고유한 정체성이 필요하다고 상정했다. 이러한 고유한 정체성을 확보하기 위해 인간은 생각과 이성뿐만 아니라 감정과 직관까지 아우르는 하나의 틀을 필요로 한다. 비록 프롬은 한 번도 인정하지 않았지만, 그의 공식은 에릭 에릭슨의 '심리사회적인 정체성' 개념과 양립하는 것이었다.[5]

프롬은 본질적으로 건전한 사회가 자기 준거적인 시민들로 구성된다고 주장했다. 그들은 사랑하고 창조하고 생각하고 사유하는 그들 스스로와, 타인들과의 유대감을 느끼는 그들 자신의 능력에 의존한다. 그와 반대로 건전하지 못한 사회는 개인으로 하여금 만연한 믿음과 행동에 순응하도록, 자신의 고유함을 몰수하도록 강요한다. 『자유로부터의 도피』와 『자기를 찾는 인간』의 연장선상에서 프롬은 소외는 이성의 주요 장애물이라고 주장했다. 소외는 스스로를 자신의 힘에 대한 능동적 생산자로 인식하는 것을 불가능하게 만들며, 오히려 바깥에 있는 권력에 의존하게 만든다. 대량의 소외가 1930년대의 나치 운동을 가능하게 했던 것처럼, 그것은 또한 전후 민주주의 국가들의 자본주의 시장에서 하나의 현상이 된 것이라고 프롬은 주장했다.

'자본주의 사회의 인간'은 왜 20세기 시장 사회가 이러한 소외감을 만들어냈는지 그 이유들을 열거하는, 『건전한 사회』에서도 가장 압도적인 장이다. 자본주의의 신화는 사람이 물질적 이득을 추구할 때 그는 모두의 행복에 기여하는 것이라고 주장했다. 그러나 현실에서는, 시장의 법칙들이 인간의 욕구를 넘어서고 있었다. 자본가는 그가 원하기 때문이 아니라, 더 많은 이득을 위해 계속해서 확장하도록 그를 사회화하는 시장의 법칙들에 이끌려 있었다. 실제로 "자신의 사업이 성장함에 따라, 인간은 원하든 원하지 않든 그것을 계속해서 더욱더 크게 만들어야 한다." 인간은 결국 자신이 소비를 할 수 있도록 만들어주는 수입에 대한 보상으로 자신의 물건뿐만 아니라 자기 자신까지 시장에 내놓게 되는 것이다.[6]

마르크스는 프롬에게 '자본주의 사회의 인간'의 이론적 토대를 마련해주었다. 살만 라빈코프와 공부하던 1920년대 이래로, 프롬은 자신의 사회 분석 연구에 대한 정보를 정통 마르크스주의자들의 공식에서 가져왔다. 그러나 1920년대 말 그의 정신분석 수련이 더욱 깊어지면서, 프롬은 그러한 정설이 심리학적으로 충분하지 않다는 것을 발견했다. 1930년대 중반, 그와 프랑크푸르트 연구소의 사람들은 심리학적으로 더욱 강렬히 와 닿는 마르크스의 더 젊을 때 작품을 우연히 접하게 되었다. 1844년에 쓰인 마르크스의 『경제학-철학 수고』는 1932년까지 출간되지 못했다. 왜 프롬이 자신의 작품에 1844년의 마르크스를 끌어오지 않았는지는 명확하지 않다. 그러나 프롬은 『건전한 사회』를 쓰면서 『경제학-철학 수고』에서 많은 부분을 가져왔다. 1844년의 마르크스처럼 프롬은 자본주의가 인간 심리에 안겨준 소외에 대해 이야기했고, 그를 통해 1950년대의 보수적인 소비문화에 속한 독자들에게 어떻게 자본주의가 그들을 인간답게 만들던 특질들을 왜곡하고 흐릿하게 해버렸는지 명확히 말해주고 있었다. 자본가의 방식은 사랑과 공동체에 대한 인간의 가치를 돈의 가치로 대체하면서 시장 조작과 매입과 소비에 모든 것을 위임했다. 프롬은 1844년 마르크스의 말을 바꾸어 이 문제를 간결하게 언급했다.

"우리는 생산함으로써, 우리가 취급하고 있는 물건과는 어떠한 구체적인 관련성도 없이 그것들을 소비한다. 우리는 많은 물건의 세상에 살고 있으며, 그것들과 우리의 단 하나의 연계는 어떻게 그것들을 다루고 소비하는가뿐이다."[7]

프롬은 인간이 자신으로부터 소외되는 것을 멈추고 정의와 인류애, 이성을 지닌 계급이 없는 사회에서 살 수 있다는 마르크스의 이상주의적 대안을 강조함으로써 이러한 사회적 비평을 훌쩍 뛰어넘었다. 마르크스에게 그러한 변형은 '역사 이전의' 소외의 종식과 더욱 창조적인 인간 역사의 도래를 상징하는 것이었다. 프롬에게 그것은 시장 사회에서 전해 내려온 소외와 불만으로부터 자본주의 이후의 건전한 사회로의 전환이었다.[8]

프롬은(자신 이전의 마르크스처럼) 건전한 사회를 창조하기 위한 이상주의적 비전들과 실제적인 단계들이 혼합되기를 바라면서 노동 현장에 초점을 맞추었다. 노동자들은 자신들이 하는 노동에서 어떠한 창조적인 유대나 즐거움도 느끼지 못한다. 그들은 '삶이 쓸모없다는 모호한 정서'만을 공유하고 있었다. 그 해결책은 노동자들이 회사에 대해 어느 정도의 주인의식을 가지고 중요한 결정에 참여하는 노동 공동체를 창조하는 것이었다.[9]

프롬은 또한 투표자들의 선택에 무게를 실어주는 정치적 변화를 지지했다. 선거를 논의하면서 대중 매체와 정치인들은 '세계에 대한 구체적이고 의미 있는 그림'보다는 격론을 벌이거나 웃고 떠들며 화려하기만 한 클리셰에 의존하고 있었다. 이러한 개념은 역사학자 대니얼 부어스틴Daniel Boorstin이 그의 중요한 논문인 「이미지The Image」(1961)에서 논했던 '허위의 사건들'의 세계에 대한 묘사에서도 다시 등장한다. 정치 정당과 관료들은 선거에서 써먹기 위한 기회주의적인 메시지들만을 잔뜩 구겨 넣었다. 그와는 대조적으로, 만약 민주주의가 의미 있는 것이 되려면 프롬에게는 지역 중심주의가 필수적이었으며, 그는 시민들이 얼굴을 맞대고 문제를 토론했던 뉴잉글랜드 마을 회의 전통의 부활을 강조했다. 한나 아렌트 또한 국가에 생기를 불어넣기 위한 수단으로 지역 참여적인 정치를 하나의 예로 제시했다는 사실은 이 지점에서 많은 것을 시사한다. 지향점에 있어 이 두 사람은 그리 멀리 떨어져 있지 않았다.[10]

건전한 사회를 향한 또 다른 길은 문화적 변형이었다. 여기에서 또 한 결정적인 요소는 인간의 소외감이나 자기 비하감을 무너뜨리고 인간의 공동체의식을 회복하기 위한 '구체적으로 얼굴을 맞댈 수 있는 모임, 능동적이고 책임 있는 참여'와 같은 지방 분권이다. 그를 위한 필수적 과제는 공동체의 공유된 문화 속에서 인간의 기여를 증진시키는 것이다. 프롬은 이러한 공유된 문화를 시장경제와 소비주의의 문화 너머로 인간을 격상시키는 '집단적 예술'이라고 불렀다. 여기에서 프롬은 불안하게도 모호하다. 그는 집단적인 예술을 생산하기 위해 정서적으로 속박되고 협동해야만 하는 인간을 묘사하고 있는 걸까? 아니면 '인본주의적 공동체'와 그 심미적인 정서들이 통합적이며 심리적으로 안정된 개인을 창조할 수 있다는 이야기일까?[11]

건전한 사회를 향한 프롬의 마지막 여정에는 교육과 종교 모두를 변화시키는 것이 포함된다. 서방 민주주의 사회에서 학교는 서방 문명의 인본주의적 사상보다는 삶의 실질적인 임무들을 가르치고, 그를 통해 시장성을 지닌 순응주의자의 인격을 육성한다. 프롬은 이러한 '이론적인 지식과 실질적인 지식 사이의 유해한 분리'를 제거하자고 제안한다. 프롬은 교육과 함께 문화적인 변화로서 '인본주의적' 종교에 가치를 둔다. 그것은 우상 숭배와 전지전능한 권력을 가진 신의 개념을 지양하고, 존엄과 인류애와 이성 그리고 '물질적 가치 위에 있는 영성의 우월성'과 같은 인간의 욕구를 끌어올린다. 인본주의적 종교는 사랑과 정의의 계율을 칭송하며, 이성적 사회의 윤리적 중심을 드러낸다.[12]

교육과 종교에 대한 프롬의 논의는 정치적·문화적 변화를 위해 그의 이론에 많은 것을 덧붙이기에는 너무 심하게 축약적이다. 예를 들어, 그는 사람들이 얼굴을 맞대고 의사소통하는 지방분권적 공동체가 '건전한 사회'의 중심이라고 주장했지만, 도시화, 산업화, 협동 개발이 훨씬 거대한 중앙 집중화를 매개하는 세계에서 지역주의를 재설립하는 데 따르는 문제들을 간과했다. 건전한 사회 속에서 모호하게 언급된 인본주의의 모델로서 중세 마을들과 뉴잉글랜드 마을 회의 같은 더 이상 존재하지 않는 세계의 비전에 너무 많은 무게를 두면서, 프롬은 예언의 정치에 발을 들여놓고 있었다.

『건전한 사회』는 『자유로부터의 도피』보다 느슨한 책이다. 그 두 책은 서로 다른 시대에 대해 말하고 있기 때문이다. 『자유로부터의 도피』는 독재와 세계대전으로 위험에 처한 세계를 다루고 있고, 『건전한 사회』는 그의 관점에서 소비주의와 순응주의에 빠져 있는 미국을 다루었다. 『건전한 사회』는 민주주의를 회복하기 위한 대책을 제시하는 더욱 정치적인 책이었고, 『자유로부터의 도피』는 권위주의적 성격의 중심이 되는 소외와 피가학성을 설명하는 더욱 심리학적인 책이었다. 마지막으로 『자유로부터의 도피』는 프랑크푸르트에서 프롬이 작성했던 글에 뿌리를 두어 논쟁이 치밀하고 지적으로 면밀했다. 한편 『건전한 사회』는 문장 사이의 사유가 조금은 느슨하게 뒷받침되어 있는 반면, 인위적으로 구분된 항목들을 순차적으로 나열해 보여줌으로써 읽기에는 더 쉬운 책이었다.

『디센트』 논쟁

—

비록 프롬에게 1950년대가 사회비평가로서의 경력에서 여러 모로 정점이었지만, 1955년에서 1956년 사이에 있었던 『디센트』 저널에서의 허버트 마르쿠제와의 논쟁은 중요한 패배였다. 마르쿠제가 프롬에게 반대하며 제시한 문제들은 새로운 것이 아니었다. 그들은 1930년대 말 아도르노와 호르크하이머가 프랑크푸르트 연구소에서 그를 해고한 것을 정당화하기 위해 프롬과 맞섰던 사건을 복원했다. 그 두 사람은 본능적 삶과 내재적 주체가 자아와 사회 사이의 조화를 불가능하게 만든다는 프로이트의 기본 전제를 강조했다. 본능은 배출구를 찾는 반면, 사회는 생존을 위해 그러한 선택지를 배제하고 점차적으로 그러한 억압을 줄여나가야 했다. 그 당시에 프롬은 본능적인 삶의 중요성을 완전히 묵살해버릴 만큼 준비가 되어 있지 않았다. 그러나 그는 외부적인 사회 구조가 내재적 자아를 형성하는 데 많은 부분 영향을 미친다는, 훗날 자신의 사회적 성격의 개념이 될 내용을 진척시키기 시작했다. 호르크하이머보다는 아도르노가 더욱더 비판 수위가 거셌고, 그는 프롬이 성격 형성의 본질적인 요소로서 본능적인 삶과 주체의 중요성을 깎아내리려 하고 있다고 프랑크푸르트 동료들에게 경고했다. 아도르노는 또한 사회적 구조에 대해 프롬이 강조하는 것이 자아와 사회의 조화 가능성이라는 당연한 귀결로 이어질 수 있으며, 그러한 가능성이 외부적인 매개체들이 자아의 자유 전반을 통제할 수 있는 근거가 될지도 모른다는 의혹을 제기했다. 마르쿠제가 『디센트』의 지면에서 프롬을 공격했을 때, 그는 프롬에 대한 호르크하이머와 아도르노의 앞선 비판을 끌어들였다.

프롬과는 달리, 마르쿠제는 주로 1940년대 미국 정보부를 위해 일했던 철학자이자 정치 이론가였다. 그는 프롬이 떠난 뒤에도 프랑크푸르트 연구소에 소속된 상태였다. 그의 책 『이성과 혁명: 헤겔과 사회 이론의 출현Reason and Revolution: Hegel and the Rise of Social Theory』(1941)은 프로이트나 정신분석을 언급하지는 않았지만, 마르크스에 강한 연관성을 지닌 채 독일 관념론 전통의 중심 자리에 헤겔을 가져다놓으면서 의미 있는 복원을 꾀했다. 『이성과 혁명』은 또한 '비판 이론'이라고 불리게 될 요소들을 검토했다. 마르쿠제는 헤겔을 언급하며, 스스로 자유주의에서 전해 내려왔다고 생각했던, 제국주의와 낙관주의에 대항하는 유럽 대륙의 급진주의를 옹호했다. 그 근간에서 『이성과 혁명』은 인간 이성과 자유와 행복 사이의 연계성을 먼저 이해하지 않은 채, 현존하는 사회 질서를 비판하거나 더 커다란 평등주의를 도모하는 것은 가능하지 않다고 단정했다.[13]

마르쿠제의 다음 책 『에로스와 문명Eros and Civilization』(1955)은 정신분석에 대한 그의 최초의 진지한 탐구였다. 마르쿠제는 컬럼비아대학에서 교수직을 수락했던 1952년부터 학계에서 익숙한 인물이 되었다. 그는 이른바 뉴욕의 반스탈린주의 좌파 지식인들, 즉 『파르티잔 리뷰Partisan Review』의 사무실에 빈번히 드나들었던 라이어널 트릴링Lionel Trilling과 앨프리드 케이진Alfred Kazin 같은 사회비평가들과 친분을 맺었다. 마르쿠제는 또한 하버드, 브랜다이스, 그리고 캘리포니아대학 샌디

에이고 캠퍼스에서 시간을 보냈다. 프롬과는 달리 마르쿠제는 광범위한 대학 도서관과 학술 공동체를 활용했다. 그러나 『에로스와 문명』에서 마르쿠제는 프로이트의 임상적 저술의 거대한 텍스트 덩어리에는 거의 관심을 두지 않았고, 대신 프로이트의 메타심리학에 초점을 맞추었다. 더 구체적으로 마르쿠제는 리비도적 욕망을 억압하는 매개체로서 프로이트의 문명에 대한 철학적 비판을 다루고 있었다. 그는 '신프로이트 수정주의'에 대한 비평을 담은 자극적인 에세이 『에로스와 문명』의 에필로그에서 프롬과 『건전한 사회』를 공격했다. 마르쿠제는 『에로스와 문명』이 출간되기 직전에 약간 수정된 형태로 『디센트』에 이 에세이를 제출했다.

1954년 겨울 어빙 하우Irving Howe와 루이스 코저Lewis Coser에 의해 소자본으로 출발했던 『디센트』는 민주사회주의, 시민 자유, 인종 평등의 신념과 동시에 매카시즘과 스탈린주의를 향한 흔들림 없는 반대를 외치는 몇 안 되는 진지한 미국 출판물 중 하나였다. 실제로 『디센트』는 많은 민주당 자유주의자와 그들의 정통적인 냉전 이론의 준비된 협약에 맞서는 사려 깊은 저항 미디어였다. 『디센트』는 또한 허버트 앱세커Herbert Aptheker와 같은 미국 공산당 지도자나 『먼슬리 리뷰Monthly Review』 편집자인 폴 스위지Paul Sweezy와 리오 휴버먼Leo Huberman이 제시한 '노동자들의 낙원'과 같은 소련에 대한 낭만화된 시각도 반대했다. '뉴욕 지식인들'의 가까운 동료였던 하우와 코저는 세상을 다시 만들기 위한 모호한 '프로그램들'에 대해 회의적이었지만, 냉전 자유주의자들과는 달리 민주사회주의를 반영한 신념이 계속 유지되기를 바랐다. 그들은 프롬의 지명도와 그의 대중문화에 대한 비평, 그리고 학계에서 널리 인정된 『자유로부터의 도피』의 중요성 때문에 그를 편집진에 포함했다. 그러나 하우와 코저는 프롬이 종종 타협하지 않으려 하고, 정치적 견해에 깊이가 부족하며, 민주적 사회주의자 사회의 이상주의적 비전에 묶여 있어 같이 일하기 힘든 오만한 사람이라는 사실을 알고는 곧 자신들의 선택을 후회했다. 결국 『디센트』의 이 두 편집자는 프롬에 대해 그나마 가지고 있던 친밀감마저 잃어버렸고, 마르쿠제의 에세이 「프로이트 '수정주의'에 대한 사회적 영향The Social Implications of Freudian 'Revisionism'」을 출간하는 것이 프롬의 기분을 상하게 할 것이란 죄책감 따위는 이미 가지고 있지 않았다.[14]

『디센트』에는 정신분석 관련 기사들이 모자랐고, 그 에세이는 안성맞춤인 듯했다. 마르쿠제의 기사를 받고 나서 하우와 코저는 프롬에게 반박 기회를 제의했다. 1955년 여름 『디센트』는 마르쿠제의 에세이를 '논쟁적 기사'라고 소개하면서 프롬이 다음 호에서 그에 응답할 것이라고 발표했다. 그리고 마르쿠제는 프롬의 응답에 다시 대응했는데, 그것에 프롬은 다시 반박 글을 달았고, 이 싸움은 1956년까지 이어졌다. 신랄하고 정중하지 못했던 이 논쟁은 전후 지식인 역사에서 가장 자극적인 싸움 중 하나가 되어버렸다.

마르쿠제는 신프로이트학파 전반을 공격하면서 특히 프롬이 프로이트의 중요한 구조들, 즉 리비도 이론과 죽음 본능 개념, 원초적 부친 살해, 오이디푸스 콤플렉스와 같은 것들을 간과했다고 비판했다. 전략적으로 마르쿠제는 미국의 좌파 사회비평가 폴 굿맨Paul Goodman이 『폴리틱스Politics』 1945년 호에 게재했던 신프로이트학파를 공격하는 문구를 그대로 따라했는데, 프롬이 그 기사에 대해 알았더라도 그것을 찾아볼 생각을 하지는 못했을 것이다. 사회적 힘을 희생한 본능적 충동의 역할을 소극적으로 다룸으로써, 신프로이트학파들이 상정한 "자유의지를 지닌 인격"이 "과거도 없고 (…) 무의식도 없는, 속이 뻔히 들여다보이는 그런 곳에서 튀어나오게 된 것"이라고 굿맨은 지적했다. 그러므로 자아는 사회 말고는 아무것도 없고 내재적인 심리적 깊이나 정신적 싸움도 없으니, 독립적인 사회 비판에 대한 능력 또한 없는 것이었다.[15]

아도르노, 호르크하이머, 굿맨과 마찬가지로 마르쿠제는 프롬과 다른 신프로이트학파가 인간의 성적인 징후를 경시함으로써 사회의 억압적인 본질 너머의 많은 것을 탐구하는 데 실패했다고 지적했다. 그들은 성생활과 초기 유아기의 경험들 그리고 무의식을 간과함으로써 인간이 사회적 가치에 대항할 수 있는 유리한 위치를 놓쳐버렸다. 마르쿠제는 이렇게 적었다.

본능 이론을 훼손하고 생물학적 차원을 경시하는 것은 그 자체로 가치의 실현을 부정하는 억압적 바탕과 괴리된 객관적인 문화적 가치라는 틀에서 인격을 정의하게 만든다. 이러한 가치들에 자유와 충만함을 부여하기 위해 그들은 스스로를 만들었던 그 근원을 제거해야만 하는 것이다.

마르쿠제는 프롬이 이미 소외되어버린 시장경제가 이끌고 있는 사회에서 인간의 생산성과 사랑과 이성 같은 '이상적 윤리'를 옹호한 것은 잘못이라고 주장했다. 본능적인 억압의 문제들이 밝혀지고 난 후에야 인간은 사회 현실에서 비생산적이고 사랑을 잃어버린 실례들과 맞서 싸울 수 있는 것이다. 그러므로 문화적인 구조는 물론이고 본능적인 구조에서도 근본적인 변화가 필요하다고 그는 주장했다.[16]

좌파 정통 프로이트학파들, 특히 '뉴욕 지식인들' 중 마르쿠제의 친구들은 신프로이트학파에 대한 그의 비평을 칭송했는데, 좌파 지식인들도 대개 마찬가지였다. 성격 형성의 내재적 주체와 리비도적 욕망의 중요성에 초점을 맞춘 이른바 프로이트 모더니즘은 당시 많은 학술·사회비평가 사이에서 상당히 대중적이었다. 프롬의 사회적 성격은 자아 외부의 사회적 구조와 직관에 우위를 두고 있었기 때문에, 이로 인해 많은 부분 그의 개념은 도외시되었다.

마르쿠제에 대한 프롬의 대답은 『디센트』 다음 호에서 발표되었는데, 상당히 영리한 글이었다. 첫째, 프롬은 마르쿠제가 자신을 신프로이트학파라고 이름 붙임으로써 자신과 호르나이와 설리번의 근본적인 차이점을 무시하고 있다며, 그 호명에 문제가 있다고 지적했다.

"이렇게 한데 묶어버리는 것은 내 저작의 어느 구절도 그러한 목적성을 가지고 있지 않음에도 마르쿠제가 호르나이나 설리번을 인용하면서 나에게 반대하는 자신의 의견을 입증하는 그런 불행한 결과를 가져올 것이다."

둘째, 마르쿠제가 수용했던 프로이트의 메타심리학은 전체 문명에서 전해 내려오는 문제들에 관심을 두고 있는 반면, 프롬은 그것이 자본주의의 본질적인 어려움들을 간과하고 있다는 사실을 발견했다. 자본주의 시장에 대한 경멸은 왜 그와 마르쿠제가 마르크스를 포용했었는지에 대한 해답이었다. 프롬이 보기에 마르쿠제는 마르크스와 프로이트를 융합하려는 그들의 공동의 노력을 저버리고 있었다.

셋째, 프롬은 마르쿠제가 인간이 주로 본능적인 만족감(그것도 대개 성적인)을 요구하는 생물학적인 존재라고 잘못 생각하고 있다는 입장을 고수했다. 인간이란 사회의 맥락 속에서 어떤 틀이나 성향을 소유하고, 타인과 관계를 맺을 필요가 있는 자의식을 지닌 사회적이고 도덕적인 존재다. 실제로 인간은 다른 종들과는 달리, 욕망과 규제의 본능적인 세계를 초월했다.

"인간은 자기가 무엇인지 아는 존재다."

프롬은 분명히 내재적인 심리적 긴장에 주목하며 종종 외부의 사회적 구조를 배제하는 그런 프로이트주의 모더니스트는 아니었다. 『디센트』 논쟁의 맥락 속에서 마르쿠제는 그런 사람이었다.[17]

넷째, 프롬은 더 커다란 성적 만족감을 통한 본능적 배출을 옹호하는 마르쿠제의 이야기가 20세기 대량 소비에 대한 자본주의적 교리와 일치한다고 주장했다. 현대 자본주의는 사물에 대한 욕망과 충족 욕구를 참지 못하는 무력감을 자극해왔다. 한 사람이 성적 파트너를 얻어 성적 욕구의 만족을 소비하든 다른 상품과 서비스를 축적함으로써 소비하든, 이는 제대로 기능하지 못하는 시장 사회에 참여하는 것이었다.

마지막으로 프롬은, 마르쿠제가 본능적 억압이 인간을 소외시키고 비인간적으로 만들 때에만 인간이 혁신을 위해 박차를 가하게 된다고 가정함으로써 허무주의의 수준에까지 다다른 염세주의를 드러냈다고 비난했다. 나쁜 것이 더 좋은 것이라니. 프롬은 마르쿠제가 자본주의 하에서 창조적인 생산성이나 행복, 혹은 순수한 사랑에 대한 어떠한 가능성도 찾아내지 못한 것이라고 주장했다. 그렇게 마르쿠제는 마르크스주의 변증법, 즉 자본주의 안에 자아 변형과 행복에 대한 제한된 가능성이 존재한다는 사실을 무시했다. 그러나 이러한 가능성이 "사회주의적 인본주의로 옮겨 갈 수는" 있었다.[18]

비록 이러한 논쟁이 전형적으로 '분개한' 상대편의 반론으로 끝나기했지만 프롬과 마르쿠제의 교류는 그 자체로 파급력을 이끌어내는 듯했다. 더욱이 논쟁 과정에서 『디센트』 구독자들과 다른 좌파 지식인들은 서로 의견을 주고받았다. 실제로 그 논쟁은 『디센트』의 독자층을 확장시켰다. 결과적으로 마르쿠제가 하우와 코저에게 자신이 프롬의 반론에 다시 반론을 제기할 수 있겠느냐고 요청했을 때, 그들은 프롬에게 묻지도 않은 채 동의해버렸다. 2차전이 시작된 것이다.

마르쿠제는 프롬의 반론이 많은 부분에서 프로이트를 오역하고 있다고 주장했다. 프로이트는 억압되지 않은 성적 해소를 통한 해방을 옹호하지는 않았다. 실제로 그는 성적 욕망의 억제와 순화가 얼마나 예술적이고 문화적인 성취를 증진시킬 수 있는지 강조했다. 프로이트는 또한 본능적인 삶에 대한 억제가 불만을 증진시킴에 따라 그 반대급부가 항상 존재하며, 그러한 억제는 이따금씩 해소되어야 한다고 주장했다. 마르쿠제는 프로이트가 급진적인 사회 비판을 제안했던 것이라고 결론지었다. 그와 반대로 프롬의 '건전한 사회로 가는 길'은 '기존 사회의 더욱 순화된 기능'을 위한 임시방편이었다. 마르쿠제에게, 노동자들이 경영과 의사결정에 참여해야 한다는 프롬의 강조는 '더 나은 산업 분위기와 합리적 경영' 말고는 아무것도 드러내는 바가 없는 것이었다. 마르쿠제에게 본질적인 문제는 시간이 지남에 따라 프롬이 인간 성격의 본능적 근간으로부터 점점 더 멀어지게 될 것이라는 사실이었다. 그는 대신에 "인간 존재에게 우세한 부정성을 있는 그대로 남겨두는 긍정적인 사유"는 수용했다. 마르쿠제는 프롬이 현대의 '소외'라고 매도했던 것을 잘 관리되지만 억압적인 현재의 상태에 대한 광범위한 저항이라고 보았다. '소외'는 사실 프롬의 항변을 마지못해 수용하기 위한, 노동자들에 대한 그의 거부였다.[19]

마르쿠제가 두 번째로 프롬을 공격한 후에, 『디센트』 논쟁의 마지막 호에서 프롬은 또 다른 반론을 짧게 적었다. 하우와 코저가 근본적으로 마르쿠제에 동의하고 있음을 깨달은 프롬은 마음이 심란했다. 게다가 그는 마르쿠제가 자신의 사회적 성격 개념을 문제 있는 것으로 만들어버렸으며, 사회비평가로서 자신의 위치를 손상시켰다는 사실을 잘 알고 있었다. 프롬은 마르쿠제의 응수가 "원래 내가 쓴 글을 반박하지는 못했다"라고 단순하게 역설했다. 프롬은 마르쿠제의 맹렬한 비판에 대항해 『건전한 사회』를 옹호하기보다는 그 토론을 더욱 정확한 수준의 담론에 대한 것으로 끌어올렸다. 그는 두 가지 문제에서 마르쿠제와 다투었다. 프로이트가 '행복은 성적 본능에 대한 충족'이라고 상정했는지 아닌지, 그리고 '인간은 무제한의 성적 만족을 위한 고유한 욕망을 가지고 있다'고 보았는지 아닌지가 바로 그것이었다. 프롬이 보기에 프로이트의 관점은 생식기적 만족이 행복의 근원임을 의심하지 않는 것이다. 그러나 프로이트는 또한, 어떤 종류의 문명도 인간의 생식기적 만족을 좌절시킬 수 있기 때문에 인간은 결코 완벽히 행복할 수 없을 것이라고 지적했다. 여기에서 프롬의 문제는(마르쿠제도 마찬가지였다), 수십 년에 걸친 프로이트의 엄청나게 방대한 저술 속에서 성적 충동에 관한 그의 다양한 언급이 또 다른 다양한 이성적인 해석을 양산했다는 사실이다. 마르쿠제보다 훨씬 더 오래, 그리고 더욱 체계적으로 프로이트를 공부했음에도 프롬은 프로이트의 이야기를 성적 충동의 범위에서만 강조하고 있었다. 그는 프로이트 저술에 대한 지식 면에서 누가 양적으로 더 우위에 있는가를 가려 마르쿠제를 압도할, 스스로에게 주어진 기회를 이용하지 않았다. 만약 그가 그렇게 했다면 그 논쟁의 우위를 다시 자신 쪽으로 끌어왔을지도 모른다. 하지만 논쟁의 말미에서 뒤로 물러서는 듯한 입장을 보이면서 프롬은 단순히 한 사람의 인간성에 기여하는 인간의 본능적 삶 너머의 경향들을 프로이트가 알고 있었다는 것을 지적하는 데 그쳤다. 마르쿠제였다면 본능적인 표현과 억압을 최소화하는 것이 자유롭고 행복한 사회의 본질이라는 것을 목록화해 역설할 수 있었을 것이다.[20]

　『디센트』논쟁은 학계에서 학자로서의 존중을 모색하고 있던 프롬에게 손상을 입혔으며, 그를 하찮은 자리로 내던져버린 듯했다. 몇 가지 측면에서 이는 그가 부모의 집에서 스스로를 한 명의 (나약한) 아이로 느꼈던 것과 프랑크푸르트 연구소에서 해고되었을 때의 경험에 필적하는 사건이었다. 시사평론가들과 학자들, 정신분석학자들 사이에 널리 퍼진 시각은 프롬의 예상과 정확히 들어맞았다. 바로 마르쿠제가 프롬을 능가했다는 것이다. 『디센트』논쟁에서 누가 이겼고 누가 졌는지는 마르쿠제와 프롬이 쓴 구체적인 텍스트로부터는 평가하기 어렵지만, 그 당시에 이것은 거의 중요하지 않은 일이었다. 그러한 조우 이후 수십 년 동안, H. 스튜어트 휴스H. Stuart Hughes, 폴 로빈슨Paul Robinson, 크리스토퍼 래시Christopher Lasch, 러셀 저코비Russell Jacoby를 포함한 주도적인 학자들과 사회비평가들이 프롬에 맞서기 위해 마르쿠제의 표현들을 그대로 되풀이했다. 그들은 또한 연대기의 법칙을 들어, 마르쿠제가 1955~1956년경에 프롬을 "이겼"더라면, 프롬은 25년 전 프랑크푸르트 연구소가 설립되던 시기에 이미 중심적인 역할을 하지 못했을 것이라고 상정해버렸다. 그들은 역사를 거꾸로 읽고 있었다. 사회학자인 닐 매클로플린은 이 그럴듯한 결론을 '기원 신화'라고 불렀고, 이는 본질적으로 명망 있는 학술 기관의 발전 과정에서 프롬의 어마어마한 역할을 지워버리기 위해 역사를 다시 쓴 것이었다. 결국 『디센트』논쟁은 그의 명성에 이중으로 상처를 입혔고, 매클로플린이 묘사했듯이 그가 '잊힌 지식인'이 되는 데 많은 부분 영향을 미쳤다.[21]

프롬은 『디센트』논쟁에서 자신을 공격한 마르쿠제와 그 논쟁을 부추긴 하우와 코저를 결코 용서하지 않았다. 그때까지 그는 학자나 사회비평가들과의 토론과 대화를 불안해하지 않았었다. 그러나 마르쿠제에게 당했던 어이없는 패배를 인지하고 난 이후, 프롬은 다시는 자신을 그와 유사한 상황에 몰아넣지 않겠다고 결심했다. 그는 마르쿠제가 등장하는 곳에서는 각별히 주의를 기울이게 되었다. 몇 년 후 마르쿠제와 프롬이 같은 기차로 여행을 하게 되었을 때, 프롬은 그를 애써 무시했다. 마르쿠제는 프롬에게 『뉴욕타임스』에 자신의 책 『일차원적 인간One-Dimensional Man』에 대한 서평을 적어달라고 요청함으로써 앙금을 풀려 했지만 프롬은 일이 너무 많다며 거절했다. 나중에 그는 친구인 라야 두나옙스카야Raya Dunayevskaya에게 만약 마르쿠제가 자신을 공격했던 것처럼 자신도 마르쿠제를 공공연하게 공격하게 되면 '우리의 우익 적들이' 이득을 볼 것이라고 언급했는데 이는 해괴한 주장이었다. 비록 프롬은 『디센트』논쟁 당시에 『에로스와 문명』을 부분적으로밖에 읽지 못했었지만 그는 나중에 그것을 공부했고, 실제로 마르쿠제의 『일차원적 인간』을 주의 깊게 살폈었다. 프롬은 두나옙스카야에게, 마르쿠제가 그의 두 권의 책에서 '프로이트에 대해 얼마나 허술하게 다루었는지' 그리고 마르쿠제가 어떻게 '급진주의의 가면을 쓴 소외와 절망'을 드러냈는지에 대해 큰 충격을 받았다고 털어놓았다. 또 다른 편지에서 프롬은 스웨덴 친구인 마르기트 노렐Margit Norell에게, 마르쿠제가 프로이트의 추상적이고 이론적인 메타심리학에 초점을 맞추고 있기는 하지만, '프로이트의 발견들에 대한 임상적·실증적 부분들',

특히 꿈의 해석이나 저항, 무의식의 절차 일반에 대해서는 알고 있는 게 하나도 없다고 적었다. 그러나 더욱 나쁜 것은, 개인과 자본주의 사회 사이의 충돌을 줄이려고 노력한다는 마르쿠제의 말이 거짓이라는 점이었다. 문제는 프롬이 현재의 상황에 대해 묵인하고 있다는 마르쿠제의 비난이 "(프로이트의) 책들 대부분을 읽었든 아니든 상관하지 않는 그런 사람들에 의해 수용되고 있었다"는 사실이었다.[22]

마르쿠제의 공격이 중요한 지식인 모임들 속에서 프롬의 명성에 해를 입혔음에도 1950년대에 그의 영향력이 전반적으로 더욱 확장되었다는 사실은 아이러니하다. 그의 책들은 전 세계적으로(특히 미국과 독일에서) 수백만 부가 팔렸고, 그는 미국의 중요한 정치 인사들에게 영향을 미쳤다. 강의 요청이 쇄도했고, 그는 멕시코 정신분석학계에서 주도적인 존재였다. 프롬의 명성은 국제적이었으며, 마르쿠제나 아도르노, 호르크하이머보다 훨씬 더 멀리, 지적·학술적 자장 너머로 뻗어나가고 있었다.

『디센트』 논쟁의 영향을 더욱 명료하게 묘사할 수도 있다. 프롬은 『건전한 사회』의 일부분을 이 사회가 민주사회주의로 전환되기 위한 구조적인 형태와 과정을 기술하는 데 할애했다. 마르쿠제는 자유롭고 사회적인 민주주의 전통을 평가절하했고, 시장 문화의 구체적인 취약성들에, 혹은 민주적인 개혁으로 가는 가능한 통로들에 관심을 두지 않았다. 오히려 그는 사회가 기능하는 데 필요로 하는 것 이상의 '과잉 억압'이 해소되었을 때 '새로운 인간'이 인간 사회 질서 속에서 떠오르게 될 것이라고 상정했다. 마르쿠제의 이상주의적 시각은 확실히 1960년대 좌파 성향의 학생운동가들 사이에 통용되기는 했다. 그러나 이러한 문제들을 학자의 시각으로 연구했던 토드 기틀린Todd Gitlin과 모리스 이서먼Maurice Isserman과 같은 이전의 신좌파 활동가들과 학자들은 마르쿠제의 주장이 프롬이 제시한 입장을 의미 없는 것으로 만들지는 못했다고 결론지었다.

프롬과 마르쿠제의 논쟁이 학술적이고 지적인 모임들 너머로 확장되지는 않았지만, 그것은 프롬이 동료의 비판에 관심을 덜 기울이게 만들었다. 『자유로부터의 도피』가 프랑크푸르트 연구소 동료들과 마거릿 미드 주변의 통찰력 있는 모임, 그리고 호르나이나 설리번과의 10여 년의 논의에서 생성되어온 것인 데 반해, 프롬의 그다음 저작들은 (1947년의 『자기를 찾는 인간』부터) 그러한 중요한 토론들을 거쳐 날카롭게 다듬어지지 않았다. 실제로 그는 멕시코의 학생들과 동료들이 자신의 사상에 대한 지속적인 비평이나 의견을 주지 않는 것을 (물론 예외는 있었지만) 인지하면서도 거의 25년 동안을 멕시코에만 머물렀다. 간단히 말해, 프롬은 『디센트』 논쟁 이후 더욱 자기 언급적인 사람이 되었고, 아마도 그것이 그의 지적 감각을 무디게 만들었는지도 모른다.

정치적 행동주의

—

『사랑의 기술』 『건전한 사회』 그리고 이전 출판물들의 인세, 고액의 강의 초청, 화이트 연구소에서의 근무, 미시간주립대학에서 진행하는 강의, 개인적인 환자들로부터의 수입, 게다가 멕시코로부터의 기금까지, 1950년대의 프롬의 수입은 공식적인 것만으로도 이전의 세 배를 뛰어넘고 있었다. 돈은 더 이상 그의 개인적인 관심사가 아니었다.

정치적으로 보수적인 시기가 시작될 무렵, 프롬은 헤니의 질병과 멕시코로의 이사, 그리고 학생들을 가르치고 수련하는 일들로 분주해 매카시즘에 대한 초기의 투쟁에 참여하지는 못했다. 그러나 그는 이로 인해 부당한 괴롭힘을 당하지도 않았다. 확실히 연방수사국FBI은 프롬에 대한 두터운 파일을 수집하고 있었지만, 다행스럽게도 FBI 요원들은 마르크스주의나 민주사회주의에 대한 헌신과 미국 공산당에 대한 충성을 구별할 수 있었다. 좌파 공포정치의 위협으로부터 상당한 면역이 있었으며 자신의 실질적인 인세의 비축에 관심을 가지지 않았던 프롬은 진보적인 사회적 대의들을 위해 상당히 많은 것을 내주었다. 그의 독지활동이 자신의 세금 부담을 낮추거나 명성을 높이려는 목적에서 이루어진 활동이라는 증거는 없다. 오히려 그의 후원은 점점 늘어난 그의 정치활동에 대한 찬사가 되었다. 프롬은 자신이 기부와 정치활동을 통해 유대인의 윤리(유대법의 형태가 아니라)를 수용하고 있다고 설명했다. 사회적 문제와 관련해 날카로운 비판을 가하는 것만으로는 윤리적으로 충분하지 않았다. 사람은 자신의 믿음을 위해 정치적으로 행동해야 하며, 기금을 내놓는 것은 몇 가지 정치활동의 형식들 중 하나였다. 실제로 프롬은 진보적 대의를 위한 주요한 후원자로서, 독지활동으로라기보다는 정치활동 프로그램들 중 하나로서 자신의 역할을 가늠했다. 그는 종종 자신의 예언적 한탄을 들을 시간이 거의 없는 주요 인사들에게 은밀히 돈이나 조언을 제공했다. 그들은 프롬이 전문적인 지식을 가지고 다루었던 특정한 공공 문제들에 관한 자료 속에서 때로 가치를 발견했다.[23]

점점 더 깊어지는 미국과 소련 사이의 적대 관계와 핵무기 교류에 대한 공포에 자극을 받은 프롬은 미국의 냉전 자유주의나 소련에서의 가혹한 스탈린주의의 교묘한 책략들, 둘 모두에게서 멀리 떨어져 있는, 비슷한 생각을 가진 미국 대중 지식인들과 소통할 방법을 찾고 있었다. 1955년 초, 그는 대니얼 벨Daniel Bell, 루이스 멈퍼드, 맥스 러너Max Lerner와 함께 미국의 대중국 정책을 비판하는 '양심 선언문'을 작성했고, 그것을 『뉴욕타임스』 지면의 반을 차지하는 광고로 싣기 위해 필요한 돈의 대부분을 모았다. 그 광고는 드와이트 아이젠하워 대통령에게 보내는 것이었고, 대만의 장제스蔣介石 독재 정권에 대한 미국의 지지 철회와 동아시아의 긴장 완화를 위한 주요 강대국들의 회의를 주창하고 있었다. 다음으로 프롬은 전미 건전 핵 정책위원회를 공동 설립하면서 재정적 지원을 했고, 활동가 동료들에게 소련과 미국의 핵무기 경쟁을 반대하라고 촉구했다. 그는 미국 퀘이커 봉사위원회에 상당한 금액을 후원했고, 그러한 평화 정책들을 홍보했다. 미국 사회당의 총재인 노먼 토머스Norman Thomas의 친구로서, 프롬은 그의 주요한 재정적 지원자들 중 하나가 되었다. 1960년에 그는 사회당 성명서의 원칙들을 적었는데, 그것은 국제적 공존과 냉전 시대의 종언을 주창하는 것이었다. 아마도 가장 존경받는 사회비평가이자 서방의 평화활동가였던 버트런드 러셀은 프롬을 '독지활동'이란 말의 참된 의미를 보여준 친구라고 여겼다.[24]

미국 상원에서 최고의 외교 정책 전문가로 여겨졌던 윌리엄 풀브라이트의 정책들은 물론이고 아들라이 스티븐슨의 세 번의 대통령 캠페인 중 두 차례에 걸쳐 프롬이 많은 영향을 주었다는 사실은 잘 알려져 있지 않다. 또한 프롬은 다양한 의회 자유주의자들에게 조언을 주었으며, 케네디 정부 안의 몇몇은 정기적으로 프롬의 외교 정책에 대한 시각을 진지하게 받아들이기도 했다. 1960년대 초, 프롬은 명석하게 조율된 외교적 노력으로 동부 독일의 노동 수용소에서 거의 죽음

직전에 다다랐던 친척, 하인츠 브란트를 구조하기 위해 국제사면위원회를 도와 미국과 영국의 고위급 정부 관료들과의 접촉을 유도했다. 거의 10여 년이 지난 후에도 그는 재정적 지원을 했고, 대통령이 되고 싶어했던 상원의원 유진 매카시에게 이따금 조언을 하기도 했다. 종종 미국의 상원 각료들은 전후 독일의 정치에 대해 프롬의 의견을 구했다. 여기에는 한 가지 모순이 존재하는데, 민주사회주의자나 평화활동가라고 알려져 있었던 프롬이 때때로 냉전의 가장 힘겨운 시기에 미국의 문제적 외교 정책을 형성하는 각료들에게 영향을 미쳤다는 것이다. 이러한 두 가지 형태의 정치활동은 공적으로나 사적으로나, 서로 다른 행동 양식을 요구했다. 그러나 혼돈스러운 시간 속에서 프롬은 그러한 구별 따위에는 신경 쓰지 않았다.

아들라이 스티븐슨

—

프롬과 아들라이 스티븐슨의 관계는 직업적·지적인 관계들을 개인적 필요에 맞게 맺었던 프롬의 성향을 잘 드러내고 있었다. 그는 비록 캠페인에는 많은 돈을 지원했지만, 1952년에 그 일리노이 주지사가 대통령이 되려고 애를 썼을 때는 전혀 관여하지 않았다. 프롬은 비록 시민의 권리와 가난의 문제에 대한 스티븐슨의 두루뭉술한 기록에는 관심이 별로 없었지만, 선거 몇 달 전, 세계적 사안들을 제대로 숙지하고 다루는 그의 모습에 깊은 인상을 받았다. 상당한 표 차로 공화당 후보자였던 아이젠하워가 대통령 선거에서 승리하고 10여 일 후, 프롬은 스티븐슨이 정치에 드리우고 있던 "대중 책략의 불합리한 감상적 접근'에 강력히 도전했다고 칭송하면서, 그와 편지를 주고받기 시작했다. 실제로 스티븐슨은 "인간에게 잠재된 이성과 품위가 정치 지도자에 의해 자극될 수 있음"을 보여주었다. 그의 캠페인은 "미국인들을 정화하는 데 기여했다." 그는 자신의 생산적 가능성을 발견하고 미국의 민주주의를 전복시키는 권위주의적 책략을 견뎌내는 인간의 능력에 신념을 갖고 있었다. 프롬은 그에게 직접 서명한 『자유로부터의 도피』 한 권을 보냈다. 프롬은 그에게 1956년에 다시 출마하라고 권했고, 그때는 자신도 열심히 일하고 기부금도 많이 내겠다고 약속했다.[25]

스티븐슨은 그것이 얼마나 자신에게 중요했는지 강조하면서, 프롬의 장황한 편지에 즉시 답장을 보냈다.

"선생님의 지지가 나의 고갈된 샘을 다시 채워주었습니다."

그는 프롬이 자신의 캠페인을 인본주의적 가치에 대한 한 줄기 빛으로 묘사한 것에 상당히 기뻐했으며, 자신이 가치 있는 일을 하고 있다는 프롬의 믿음에 항상 기운을 얻었다. 그는 자신이 『자유로부터의 도피』를 읽고 있다고 말하며 민중 선동에 대한 프롬의 묘사는 유럽의 파시즘에만 적용되는 것이 아니라, 미국의 매카시즘에도 적용되는 것이라고 지적했다. 실제로 스티븐슨은 미국 내의 '권위주의의 숨겨진 흐름'을 감지하고 있었고, 이러한 문제적인 징후들이 "계속해서 반복적으로 밝혀지고 대중에게 폭로되어야 한다고 생각한다"며 프롬에게 동의했다. 그는 만약 자신이 두 번째 선거에 출마하게 된다면, 자신에게 도움을 줄 사람으로 프롬에게 의지하겠다고 말했다. 프롬으로서는 협조적 노력을 위한 잠재력이 발현될 장소를 찾은 것이었다. 한편 스티븐슨에게는 그것이 단순히 예의와 존중의 표현이었을 것이다.[26]

헤니의 죽음으로 위축되고, 그 후 애니스와 교제하느라 프롬은 스티븐슨에게 답장을 쓰는 데 오랜 시간이 걸렸다. 1954년 3월 그는 다섯 장짜리 편지를 보냈다. 분명 그는 그런 부담스러운 서신이 그걸 정독할 여유가 기껏해야 몇 분밖에 없을 현역의 국가 정치인에게 적절한 길이라고 여겼을 것이다. 프롬은 매카시즘 속에서 주지사가 민주사회주의자인지 아닌지를 알아야 한다고 경고했다. "그러한 연관성을 가지는 것은 정치적으로 당혹스러운 일"이 될 수 있었다. 스티븐슨이 이 혐의와 무관하다면(실제로 무관했다), 프롬은 그들이 앞서 유럽의 정치·문화에 관해 이야기를 나누었듯이, 자신의 특별한 정치적 관심들에 대해서도 주지사에게 기꺼이 이야기해줄 마음이 있었다. 프롬은 거의 나르시시즘에 가까운 고양된 자존감으로 스티븐슨을 멕시코에 초청해, 정책에 관해 논의하고 체류 기간에 국립대학에서 강의를 하라고 제안했다.[27]

이것은 그 편지의 시작에 불과했다. 프롬은 왜 서방 문명에 위기가 닥쳤는지에 대한 역사적 시각을 상당히 길게 써 보냈다. 스티븐슨이 이미 『자유로부터의 도피』에 대해 잘 알고 있다고 프롬에게 말했음에도 또다시 그 책의 역사적 내러티브 라인을 반복하고 있었다. 프롬은 스티븐슨이 사랑과 결속과 이성으로 자유로운 개인의 존엄을 강조하는 영적 메시지를 통해 서방 인본주의의 기본적 이상들을 재점화하도록 노력해야 한다고 썼다.[28]

냉전 초기의 정치 상황에 푹 빠져버린 노먼 메일러Norman Mailer나 아서 슐레진저 2세와 몇몇 다른 사회비평가처럼 프롬은 이 주지사를 돕고 싶었지만, 그의 편지는 너무 장황했고 요령이 없었다. 그는 민주당에서 스티븐슨의 지도자적 역할의 본질을 강조하며 그 편지를 마무리 지었다. 주지사가 '서방 세계의 인본주의적 산물의 발전과 르네상스를 위한 분기점이자 선봉'이 될 거라는 것이었다. 프롬은 시장 문화를 다루는 것보다 좀 더 시급한 임무들을 지니고 있었던 아이젠하워 대통령과는 달리, 스티븐슨은 '인간 결속을 위한 성전'을 이끌고 '물질주의에 질식할 것 같았던 사람들을 인본주의적 영혼으로 다시 회복시킬 것'이라고 예언했다. 프롬은 아이젠하워와 공화당원들은 뉴딜 정책에 대항하는 운동을 하고 정부 활동을 비난함으로써 견인력을 얻었다고 단순하게 역설했다. 그와 반대로 스티븐슨과 민주당원들이야말로 개인에 중점을 두는 탈중심화의, 그리고 로봇처럼 되기를 거부하고 인간이 스스로의 의지로 생각하기 시작하는 비전을 가진 미국적인 이상의 이름을 대변할 것이라고 프롬은 주장했다. 『건전한 사회』의 초안에서도 그러했듯이, 그는 스티븐슨에게 식민지 뉴잉글랜드 전통의 작은 마을 회의를 소집할 것을 제안했다. 이러한 회의에서 논의되는 문제들이 각 정부 부처와 선출된 각료들의 의제가 될 수 있었다. 추상적인 관념에 지나친 무게를 두고 당황스러울 만큼 예언적인 어조로 쓰인 데다 과도하게 긴 그 편지는, 스티븐슨에겐 다루어야 할 더 시급한 사안이 많고, 그가 프롬에게 그저 우호적인 태도를 취했을 뿐이라는 사실을 프롬이 거의 인지하지 못했음을 드러낸다.[29]

그러나 그 관계에는 또 다른 측면이 존재한다. 프롬은 '인본주의적 의미의 더 나은 삶'을 전제로 한, 두 번째 대통령 선거 출마를 위한 초안을 마련했다. 프롬의 선거 기획에 대해 스티븐슨이 응답을 보냈다는 명확한 기록은 없지만, 그가 그것을 묵살하지 않았다는 증거는 존재한다. 실제로 1956년 대통령 출마 이전에 스티븐슨은 외교 정책 사안들에 대해 논의하기 위해 프롬과, 정치적으로 더욱 능숙한 데이비드 리스먼과 상의했다. 그들은 군비 경쟁과 수소폭탄에 초점을 맞추었다.

그러나 동독과 서독 사이의 긴장에 주요한 지점이었던 베를린 사태에 도달했을 때, 토론은 고조되었다. 이러한 얼굴을 맞댄 교류 속에서 스티븐슨은 유럽의 정치에 대한 프롬의 이해에, 특히 미국 정책 입안자들에게는 언제나 다루기 쉽지 않았던 중요한 독일 서류들을 분석하고 정보를 얻어내는 프롬의 능력에 깊은 인상을 받았다. 그는 동독과 소련이 베를린에 침범했을 때 그 유발 동기들에 대한 프롬의 이해 방식을 받아들이기로 했다. 프롬은 초강대국들 사이의 긴장을 완화하고 핵 재난을 피하기 위해 미국은 베를린 문제보다 더 많은 것을 아우르는 소련과의 조화에 도달해야 한다고 주장했다. 그는 군비 통제에 대한 동의는 훨씬 더 중요한 일이라고 역설했다. 스티븐슨은 회의 동안 많은 분량의 메모를 적어 내려갔고, 프롬과 계속해서 연락을 취하겠노라고 힘주어 약속했다. 특정한 의제에 대해 대화를 나누었던 이때, 스티븐슨은 그 어느 때보다 예의를 갖춘 모습이었다. 그는 진정으로 프롬에게 많은 것을 배우고 있었다.[30]

1956년 스티븐슨의 대통령 선거에서 프롬의 역할은 놀랄 만했다. 두 사람은 특히 유럽의 문제들에 대해 같은 의견이었다. 스스로를 정치적 조언자가 아니라 정책 상담가라고 생각했던 프롬은 격렬한 대통령 선거에 출마했던 그 어떤 후보자가 받아들일 수 있는 것보다 훨씬 더 많은 읽을거리를 스티븐슨에게 보냈다. 두 사람은 이 시점에서 성을 빼고 이름만 쓰는 막역한 형식으로 편지를 주고받으며 대화했고, 스티븐슨은 프롬을 선거운동 과정에서 접촉을 취할 수 있는 몇 안 되는 지식인이자 학자 중 한 사람으로 높이 평가했다. 존 F. 케네디가 1960년 백악관에 들어서고 스티븐슨을 UN의 미국 대사로 지명했을 때, 프롬은 '아들라이'가 자신을 더욱 자주 방문해주기를 바랐다. 소련과의 긴장이 극심해지고 새로운 대통령이 과도하게 공격적인 것처럼 보였을 때, 프롬은 흐루쇼프가 사회주의를 공언하면서도 '보수적인 국가 자본주의'를 실행하고 있는 러시아 정치에서 케네디가 교훈을 얻도록 하라고 스티븐슨에게 요청했다. 실제로 흐루쇼프는 엄격한 의례적 사고에 얽매어 있었으며, 핵무기의 벼랑 끝 전술을 거부하는 '중앙 집권적인 국가 경영 자본주의'를 관장하고 있었다. 프롬은 그 상황을 날카로운 통찰력으로 평가했고, 미국이 소련과 성공적으로 협상할 수 있을 것임을 케네디에게 설명하도록 스티븐슨을 부추겼다.[31]

비록 프롬과 스티븐슨이 이따금씩 얼굴을 마주하기는 했지만, 그들의 의사소통의 주된 분위기를 알 수 있는 것은 그들이 주고받은 편지를 통해서다. 스티븐슨은 지대한 파급력을 가지는 소련과의 군비 축소 합의를 추천했던, 『뉴욕타임스』에 실린 프롬의 편지를 읽었다. 그 후 그는 소련이 그 합의안에 서명할지, 차츰 축소되거나 결국에는 폐지될 효과적인 무기 사찰과 같은 군비 축소 협약을 지킬 의지가 그들에게 있는지 자신은 회의적이라고 프롬에게 이야기했다. 스티븐슨은 케네디 대통령의 촉구에 따라, 그와 몇몇 다른 행정부 요인들이 앞으로 있을 원자핵 실험을 확인할 수 있는 방책을 포함한 소련과의 무기실험 금지 조약을 마무리 지으려고 노력했지만, 소련 군부가 반대했다고 공개했다.

"그들에게도 마찬가지로 그들의 국무성이 있었다!"

그러한 논점을 뒷받침하기 위해 스티븐슨 대사는 최고 기밀문서를 프롬에게 보냈는데, 그것은 케네디가 소련에게 제안했던 핵실험 확인 방법들이 포함된 포괄적인 군비 축소 협약문이었다. 스티븐슨과 그의 친구 '에리히'는 이러한 문제에 대해 논의할 필요가 있었다. 프롬은 만약 케네디가 소련이 미국에 제안했던 모든 군비 축소 제안을 공개한다면, 미국의 반소련 히스테리가 완화될 수 있을 거라고 답변했다. 덧붙여 프롬은 소련과 미국의 긴장 극대화의 주요한 요인이었던 베를린에서의 미국의 영향력을 '완화하라고' 조언했다. 전반적으로 상징적인 군사 감축과 호전적인 미사여구를 줄임으로써 베를린 상황은 개선될 수 있었다. 뒤이은 편지에서, 프롬은 전미 건전 핵 정책위원회를 대표해 최근에 소련 모스크바에서 개최되었던 세계평화회의에 다녀온 이야기를 스티븐슨에게 했다. 그는 이 회의 이후에, 만약 제2차 세계대전 이후 영토의 경계가 인정된다면 러시아와의 장기간의 평화는 충분히 현실이 될 수 있을 것이라고 그 어느 때보다도 확신하고 있었다. 프롬은 스티븐슨이 그 제안을 대통령에게 전달할 것임을 알고 있었다.

스티븐슨과의 우정은 외교 정책과 관련한 논쟁들에서 프롬에게 어느 정도 여지를 제공해주었다. 서독에 있는 프롬의 친구들이 미국 국무부에 필요한 서류들을 정기적으로 그에게 보냈기 때문에 그들은 프롬의 이야기를 들을 수밖에 없었다. 이러한 서류들은 서독 정치의 많은 부분을 드러낼 뿐만 아니라, 동독과 소련 사이의 비밀 협정들에 관한 것도 담고 있었다. 프롬은 독일 정치 관계의 세밀함을 미국과 소련의 관계와 관련해 논할 수 있는 사람이었고, 그것이 미국 외교 정책 전문가들이 높게 평가한 부분이었다. 그러나 그는 스티븐슨과의 인맥을 이용하는 것을 멈추지 않았고, 빈번하게 이 미국 대사에게 케네디 정부의 강경론자들과 맞서라고 촉구했다. 프롬은 딘 러스크Dean Rusk나 맥조지 번디McGeorge Bundy 혹은 대통령의 귀가 되는 공격적인 측에 속한 다른 사람들에 비해 스티븐슨의 존재가 부차적이라는 사실을 깨닫지 못했다. 또한 그는 고위급 외교 정책 논의에서 왜 스티븐슨이 목소리를 높이지 못하는지 이해하지도 못했다. 물론 스티븐슨은 프롬이 그럴 수 없다는 것을 이해했다. 만약 그가 목소리를 높였다면 행정부에서의 그의 역할은 이미 그 당시보다 훨씬 더 약화되었을 것이었다. 요약하면, 스티븐슨과 프롬의 접촉은 그 자체로 프롬에게 많은 영향을 주지는 못했다. 그러나 내부 정치에 대해 잘 훈련받지 않은, 좌파의 목소리를 높이는 평화활동가가 정부 고위급 관료들과 사적으로 소통할 수 있었다는 사실은 주목할 만한 일이다.[32]

데이비드 리스먼

—

프롬과 스티븐슨의 관계는 정치활동에 대한 그의 관심이 시작되었다는 신호탄이었다. 데이비드 리스먼은 프롬을 그다음 단계로 끌어올렸다. 리스먼과 함께하면서 프롬은 미국 정치의 복잡성에 대해 더 적극적으로, 그리고 더 잘 살필 수 있게 되었다. 그들의 사회적 관점이 언제나 유사했기 때문에 이는 그리 특이한 일은 아니었다. 리스먼은 자신의 '타인 지향'에 대한 개념이 시장과 소비에 고정된 프롬의 사회적 성격 개념에서 많은 부분 가져온 것임을 인정했다. 리스먼과 프롬이 동시대의 문화 흐름에 대해 우려하고 있었을지라도, 그들은 긍정적이고 올바른 사회에 대한 예언적인 비전들을 공유하고 있었다. 인간의 내재적 근원으로부터 행복과 창의성을 발견하고 그것들을 이끌어낼 수 있는 프롬의 생산적 성격 유형의 개념은 스스로 자유를 향해 나아갈 수 있는 자주적인 인간에 대한 리스먼의 비전과 닮아 있었다.

스티븐슨과의 친밀한 관계가 정치 영역에서 프롬의 자신감을 증진시켰다면, 리스먼과의 우정은 그가 다양한 정치 무대에서 더 편안하고 능숙하게 느끼는 데 도움을 주었다. 실제로 이따금씩 이 세 사람은 세계적인 긴장에 대한 논의뿐만 아니라, 미국의 선거 정치에 대해 숙고하기 위해 얼굴을 맞대기도 했다. 리스먼은 미국의 외교 정책 수립에 대해 프롬보다 조금 더 호의적이었지만, 두 사람 다 미국과 소련의 핵무기 경쟁을 뒤집고 세계적 긴장을 완화하기 위해 애썼다. 냉전의 위험에 대해 논의하는 프롬과 리스먼의 편지는 엄청난 양이었다. 둘은 서로를 신뢰하고 있었고, 거의 모든 편지가 개인적으로 상대방을 지지하고 있었다. 리스먼은 프롬의 건강이 악화되는 것에 신경을 많이 썼고, 친구를 편안하게 하기 위해 아내를 동반한 사교 모임을 마련하려 애썼다. 프롬이 책을 출간할 때마다 '애쓴 만큼 비범한 책'이라며 리스먼은 기꺼이 축하해 마지않았다. 프롬 또한 리스먼의 연구 프로젝트에 빈틈없는 지지를 보냈다. 프롬은 자신의 생명보험 수혜자 중 한 사람으로 리스먼을 지명했고, 자신은 I. F. 스톤I. F. Stone이나 시드니 훅Sidney Hook, 에릭 에릭슨 같은 사람들과는 잘 못 어울리겠더라는 등의, 다른 사람들에게는 한 번도 말한 적 없는 이야기들을 그에게 털어놓기도 했다.[33]

프롬은 리스먼이 미국 정치의 미묘함 속으로 자신을 안내해줄 수 있을 것이라고 확신했다. 실제로 리스먼은 광범위한 법적 경험을 가지고 있었고, 공공의 영역에서 대개 프롬보다 훨씬 더 익숙했다. 1947년에 리스먼은 중동에 비시온주의적 대안을 제공하기 위해 다른 미국 국적 유대인들과 함께하라고, 다시 말해 팔레스타인에서 다국적인 유대인 아랍 국가를 세우는 일을 지원하라고 프롬을 설득했다. 두 사람은 이러한 대의를 공론화하기 위해 『유대인 뉴스레터Jewish Newsletter』

편집 일을 함께 했다. 프롬은 개혁과 랍비인 유다 마그네스Judah Magnes는 물론이고 자신의 오래된 친구 마르틴 부버와 같은 이주해온 이스라엘 지식인들로부터 그 프로젝트에 대한 지원을 끌어모았다. 프롬의 도움으로 리스먼은 미국의 유대인들에게 600만 유럽 유대인의 학살을 받아들이는 것이 얼마나 힘겨웠는지, 그리고 이러한 집단 학살이 시온주의에 대한 새로이 발견된 관심을 드러내고 있는 것이라는 기사를 『코멘터리Commentary』에 실었다. 프롬과 리스먼은 주변의 아랍 이웃들에 대해 이스라엘이 고작 회유적인 태도를 취하는 상황에서 미국 정부 관료들에게 친이스라엘 성향을 확실히 하라고 로비하는 미국 유대인 단체들에 반대했다. 대신 두 사람은 이스라엘과 그 아랍 주변국들의 이익 사이에서 '현실적인' 균형을 추구했다. 그들은 또한 두 번째 홀로코스트를 방지한다는 미명하에 '팔레스타인인들'이라고 부르게 될 그들에 대한 엄격한 협상 정책들, 즉 이스라엘의 말 그대로 '삼손 콤플렉스Sampson complex'에 대해 반대의 목소리를 높였다.[34]

1950년대 중반, 『디센트』 논쟁이 점차 확대되고 『사랑의 기술』이 프롬을 국제적인 명사로 바꾸어놓고 있던 시기에, 리스먼은 그를 정치적 모험의 세계로 이끌었다. 수년간의 조사 끝에, 프롬은 전후 베를린 주둔 세력들 사이의 갈등이 미국과 소련의 관계를 위협하고 있다고 주장할 만큼 어마어마한 분석가가 되었다. 리스먼은 이것이 프롬의 전문 분야 중 하나였기 때문에 그가 미국의 외교 정책 입안자들에게 베를린 지배와 관련해 소련에게 덜 호전적인 태도를 수용하도록 설득할 의무가 있다고 주장했다. 실제로 리스먼은 그 문제를 논의하기 위해 두 명의 영향력 있는 상원의원인 윌리엄 풀브라이트, 필립 하트와 함께 정기적으로 프롬을 찾아갈 계획을 세웠다. 리스먼은 또한 프롬이 미국 퀘이커 봉사위원회의 지도자들과 접촉하도록 해주었는데, 그들은 핵 문제에 대해 미국과 소련 사이의 협정이 체결되도록 애쓰던 사람들이었다. 시기적절하게도 프롬은 퀘이커 봉사위원회의 가장 중요한 대변인이자 후원자가 되었고, 국제사면위원회에 더 많은 관심을 갖게 되었다. 비록 프롬이 A. J. 무스트A. J. Muste에게 편지를 보냈고 그의 평화주의적 화해연대영어권 국가의 종교 비폭력 단체들—옮긴이를 지지했지만, 리스먼은 그들의 우정을 더욱 공고히 했다. 냉전의 긴장이 고조되었을 때, 프롬은 핵실험 반대, 수소폭탄 금지 그리고 극지방의 미사일 운반 잠수함 철수를 위해 리스먼과 함께 캠페인을 벌였다. 실제로 1950년대 중반에서 1970년대 초까지 발간된 프롬의 책과 기사 중 몇몇은 평화활동가로서뿐만 아니라 중요 정치인과의 외교 정책 토론들에 그 뿌리를 두고 있었다. 간단히 말해, 리스먼과의 교류는 스티븐슨과 프롬의 유대 관계와는 차이가 있었다. 스티븐슨과 프롬의 관계의 경우 강력한 정치 인사들 사이에서 내밀하게 협력해야 했다면, 리스먼과는 모두가 보는 앞에서 평화운동의 목소리를 높이는 일과 실질적 내부자의 정치 간의 균형을 훨씬 잘 맞출 수 있었다.[35]

J. 윌리엄 풀브라이트

프롬이 맺은 정치적 관계 중에서 가장 길고 활기 넘쳤던 것 중 하나는 바로 1950년대 리스먼이 프롬에게 소개해주었던 J. 윌리엄 풀브라이트와의 관계였다. 두 사람은 서로의 박학다식과, 냉전의 적대 관계를 줄여야 한다는 결심에 의해 가까워지게 되었다. 풀브라이트는 독일 정치에 대한 프롬의 세밀한 이해에 깊은 인상을 받았다. 그는 프롬이 유대인으로서 그리고 주요한 사회비평가로서 이스라엘에 대해 비판적인 태도를 유지하고 있다는 것과 중동에서의 통합적인 정착은 아랍인과 팔레스타인인이 중요한 정치적·경제적·영토적 이익을 공유해야 함을 인정해야 가능하다는 사실을 이해했다는 것에 감명받았다. 실제로 풀브라이트는 자신의 의회 동료들은 이 나라에서의 정치적 이익을 위해 유대인 공동체와의 관계를 찾아다니느라 이러한 문제(이스라엘에 대한 지원 같은)를 그들의 정치 화약고에서 없애버릴 수 있는 통합적인 정착에는 전혀 관심이 없노라고 털어놓았다. 그는 또한 왜 이스라엘이 인본주의적 민주주의 사회가 아니라, 타인을 향한 윤리적 행위와 관련된 유대교 역사의 '인본주의적' 전통을 거부하는 군국주의적 사회로 진화했는지를 세부적으로 나열하면서 시온주의에 반대하며 격렬하게 논쟁하는 프롬의 입장에 대해서도 매력을 느꼈다. 풀브라이트는 이스라엘의 동기와 태도에 대한 프롬의 관찰에서 상당한 가치를 발견했고, 이스라엘의 장기적 안정을 위해서는 군사적 무력행동보다는 정치적 해결이 필요하다는 것을 미국의 유대인 공동체에 설득하는 제안들을 마련해보라고 요청했다. 풀브라이트는 프롬에게 이러한 문제에 대해 『뉴욕타임스』나 『뉴스위크Newsweek』『뉴요커New Yorker』『타임Time』등에 써보라고 설득했다. 그렇게 함으로써 사람들에게 중동에 대한 그의 이해와 아랍인들에 대한 연민을 전할 수 있을 것이라고 풀브라이트는 설명했다. 쉽게 말해, 중동에 대한 시각을 재고하도록 의회와 대통령에게 압력을 행사하는 데 프롬이 도움이 될 거라는 이야기였다.[36]

풀브라이트와 프롬의 관계는 시간이 갈수록 더욱 깊어졌다. 그는 프롬을 외교 업무에 상당히 지식이 많은 중요한 지식인으로 여겼다.

풀브라이트는 『디센트』에서 주고받은 프롬과 마르쿠제의 기사들도 읽어보았는데, 왜 학자들이 마르쿠제가 승리자라고 확신했는지 이해할 수 없었다. 상원 의사당에서 그런 일이 벌어졌더라면 프롬이 수월하게 이겨버렸을 것이라고 풀브라이트는 농담을 던지기도 했다. 프롬은 자신들의 상원 의석을 유지하기 위해, 극보수적이고 끈질기게 분리주의적인 상황에서 진보주의적 외교 정책의 토대를 유지하는 일이 정치인들에게 얼마나 어려운 일인지 깨닫고는 풀브라이트를 정치적으로 도울 방도를 찾아다녔고, 풀브라이트의 재선운동에 상당한 재정적 지원을 보냈다. 프롬은 아칸소 유권자들에게 호소할 수 있는 '개인주의의 개념, 인간이 거대한 기계의 술책에 묶여 살아가는 것에 반대를 선언하는 삶의 가치의 중요성들'과 같은 선거운동 주제를 제안했다. 풀브라이트는 이러한 제안을 진지하게 받아들였다. 상원 외교 관계 위원회의 의장으로서 풀브라이트는 베를린이나 소련의 국제적 의지에 연합적으로 접근하는 것과 같은 시급한 문제들에 대해 증언하도록 프롬을 초청하기도 했다. 프롬은 소련과 미국의 데탕트ㅡ국제적 긴장 완화ㅡ옮긴이를 진전시키기 위해 의원들 앞에서 발언할 기회를 준 친구를 상찬했다. 여행을 좋아하지는 않았지만, 프롬은 풀브라이트가 필요하다고 생각했을 때 의회 위원회에서 증언하기 위해 워싱턴으로 날아가기를 마다하지 않았다.

"나는 내가 도움이 될 수 있는 어떤 일이든 그것을 도외시할 권리가 내게 있다고 생각하지 않습니다."

공공의 영역이나 공공 정책의 문제들에 대한 풀브라이트의 약속들은 모두 프롬의 것이기도 했다.[37]

풀브라이트와 프롬은 상당히 많은 공통의 입장을 발전시켰다. 두 사람은 통합적인 중동 평화 정착이나 냉전 긴장의 완화, 세계 비핵화 등에 찬성했다. 그들은 같은 도시에 있을 때면 책을 교환하거나 번갈아 강의를 해주기도 하고, 저녁 식사를 함께하기도 했다.

"나는 당신과 애니스를 만나는 일이 너무도 즐겁습니다. 당신은 우리의 찌들고 텅 빈 뇌를 자극해주고 있어요."

어느 저녁 식사 이후 풀브라이트는 익살스럽게 말했다. 한번은 (토크빌의 『미국의 민주주의』를 오독하여) 미국의 민주주의에 의문을 제기하는 토크빌의 이야기가 맞는 것이냐고 프롬에게 묻기도 했다. "그들은 철부지와 멍청이들뿐인 미국을 주님이 보살펴주고 계신 거라고 말하고 있소." 1974년 백인 하층계급의 표를 얻기 위해 선동적인 선거운동을 진행했던 상대편 출마자에게 친시온주의자들이 엄청난 재정적 지원을 한 탓에 풀브라이트가 만만치 않은 재선운동을 감내하고 있었을 때 프롬은 그에게 재정 지원을 했고, 그가 패배했을 때 가장 먼저 그를 위로했다.

"당신은 당신 스스로를 믿고 진심을 보였으니, 그것이 당신에게 해가 되지는 않을 겁니다."

그는 풀브라이트가 주간신문 칼럼에 "건전함, 인본주의, 이성"의 목소리를 냈을 때에 조언을 해주기도 했다.[38]

존 F. 케네디
—

소련과의 긴장이 점점 고조되던 시기에 미국에서 반전 정치의 정략적 지지자로서, 그리고 주요한 후원자로서 프롬의 역할은 두 가지 형태를 취하고 있었다. 하나는, 전미 건전 핵 정책위원회 내부에서, 미국 사회당 내에서, 혹은 더 진보적인 정치활동가들과 함께 그와 유사한 생각을 가진 사람들에게 에너지를 공급하는 예언의 정치였다. 그의 저술과 강연의 상당수가 냉전의 긴장을 완화하려는 의도였다. 이것은 1950년대의 보수적인 정치 분위기 속에서 이루어낸 것으로, 결코 미미한 성취라 할 수 없다. 한편 프롬의 다른 형태의 정치활동은 그보다 덜 알려져 있다. 바로 정치적 영향력을 가진 사람들과 계속해서 함께 일을 도모하려는 그의 의지다. 이것이 그를 젊고 카리스마 있는 젊은 미국 대통령에게로 이끌었다.

UN 대사와 상원 외교 관계 위원회 위원장과의 단단한 친분은 케네디와 프롬의 관계에 밑거름이 되었다. 그 두 사람은 프롬의 외교 정책에 대한 시각, 특히 독일과 유럽의 정치에 대한 그의 관점, 그리고 핵무기에 대한 그의 염려에 관해서도 잘 알고 있었다. 이는 수용할 만한 것이었다. 케네디는 이미 『자유로부터의 도피』를 읽었다. 그는 또한 프롬이 '일방적 군비 축소'라고 잘못 지칭했던 프로그램에 대한, 주의 깊고 합리적이며 또한 최악의 상황을 미연에 방지하기 위한 『다이달로스』 1960년판 가을 특별 호에 게재된 그의 제안도 읽어보았다. 대통령 선거를 진행하면서, 케네디는 그 제안이 상당히 흥미롭다고 생각했다.[39]

케네디는 또한 『뉴욕타임스』에 실린, 프롬이 편집자에게 보낸 편지들이나 몇몇 초청 칼럼에 관해서도 알고 있었다. 풀브라이트는 상원 외교 관계 위원회 앞에서 프롬이 했던 증언을 그에게 요약해주기도 했다. 프롬의 발표되지 않은 정책서들 중 몇몇은 어떤 경로로라도 정기적으로 대통령 집무실에 가 닿았다.

가장 중요한 것은 프롬의 시각이 맥조지 번디와 데이비드 리스먼과 같은 '하버드 인맥'이라 불리는 중심적 인물들을 통해 대통령에게까지 전달되었다는 사실이다. 번디가 하버드대학의 학장이었을 때 마이클 매코비는 그의 특별보좌관이었고, 그 두 사람은 함께 일하며 강력한 유대 관계를 쌓고 있었다. 매코비는 시카고대학에서 리스먼과 함께 잠시 공부했었고, 평판이 좋았다. 1958년에 번디는 리스먼을 하버드로 데리고 갔다. 그 당시에 칼 케이슨Carl Kaysen은 하버드대 경제학과 교수였고, 번디와 리스먼에게 여러 프로젝트에 대해 상담을 해주고 있었다. 케네디가 번디를 국가 안보 보좌관으로 지명하면서 '하버드 인맥'에 속한 인물들은 자동적으로 더 커다란 영향력을 누리게 되었다. 번디는 자신의 특별보좌관으로 케이슨을 고용했고, 처음부터 다른 보좌관으로 매코비를 불러들일 생각을 하고 있었다. 케이슨은 『자유로부터의 도피』에 푹 빠져 있었고, 프롬에 대해 좋게 생각하고 있었다. 리스먼과 매코비는 일주일에 몇 차례씩 프롬과 이야기를 나누었다. 그러므로 그 세 사람이 번디의 관심 속에 프롬을 가져다놓은 것은 놀랄 일이 아니다. 케네디 정부 초기부터, 번디는 중요한 외교 정책 문제들에 대해 광범위한 시각을 대통령에게 제공해야겠다고 마음먹고 있었다. 평화적 관점이 필요했을 때, 그는 언제나 프롬을 떠올렸다.[40]

1961년의 베를린 위기와 1962년의 쿠바 미사일 위기 동안, 매코비와 리스먼은 번디에게 프롬의 관점들, 특히 프롬에게는 있지만 미 국무부에는 없었던 독일 상황에 대한 중요한 정보와 서류들을 근거로 한 그의 제안을 전해주기로 결정했다. 그 결과, 프롬은 번디가 케네디에게 전했던 브리핑에 종종 등장했다. 케네디가 프롬의 견해를 얼마나 진지하게 받아들였는지는 알 수 없는 일이다. 그는 지식인들이나 학자들과의 접촉을 즐겼지만, 종종 비현실적이라는 이유로 온건파들의 이야기들을 묵살해버리곤 했다. 하지만 그럼에도 번디가 케네디에게 국제 문제들에 관한 프롬의 몇몇 입장을 보고했고, 대통령이 그것을 자신의 브리핑에서 삭제해버리지 않은 것은 분명하다.

확실한 증거는 존재하지 않지만 흥미롭게도, 1962년 10월 말의 쿠바 미사일 위기 결의안과 대통령의 분수령이 된 1963년 6월 아메리칸 대학 졸업식 연설 사이에 적어도 한 번은 케네디가 직접 프롬과 접촉했었다는 정황이 있다. 이 부분에서 케이슨과 리스먼은 둘 다 케네디의 진취성을 인정했다. 매코비는 프롬이 그에 대해 언급하는 것을 듣지는 못했지만, 그런 일이 있었을 법도 하다고 생각했다. 대통령은 세계가 거의 파괴 직전에 몰려 있으며, 새로운 시각이 절대적으로 필요하다는 것을 너무 잘 알고 있었을 것이다. 만약 케네디가 쿠바 미사일 위기 이후에 프롬을 찾았다면, 두 사람의 논의는 『다이달로스』 기사에 실린 프롬의 사유 그 너머의 이야기이거나, 소련이 단계적으로 매번 화답한다는 조건하에 점진적으로 핵 비무장으로 향하는 미국의 전체적인 단계별 정책들 중 무언가에 관한 이야기를 포함하고 있었을지도 모른다.[41]

케네디가 암살되기 여섯 달 전 아메리칸대학에서 그가 했던 연설은 아마도 그의 대통령 재임 기간에서 가장 중요했을 것이다. 그것은 트루먼과 아이젠하워 정부의 냉전 정책을 완전히 뒤바꿀 것을 촉구하고 있었다. 케네디는 군비 통제 정책, 핵 실험 금지, 그리고 궁극적으로 모든 핵무기 축소를 통한 소련과의 긴장 완화를 외쳤다. 많은 조언자가 그러한 케네디의 연설에 기여했을 것이고, 시어도어 소런슨Theodore Sorensen이 아마도 그 초안을 작성했을 것이다. 소련이란 나라를 신뢰할 수 없다는 근거로 자신의 제안이 광범위한 반대에 부딪힐 것을 예상하면서, 케네디는 미국이 한발 나아가고, 뒤이어 동등하게 소련이 한발 나아가는 '단계별 정책'을 시작하기 위해 미국이 그 첫걸음을 내디뎌야 한다고 주장하는 중요한 반론을 제시했다. 이러한 실천 과정은 "통제할 수도 예측할 수도 없이 계속 과열되기만 하는 군비 경쟁"에 비하면 위험부담이 훨씬 낮으며, 이는 결국 핵 폐지로 마무리될 것이다. 케네디의 잘 선택된 단어들과 자신의 계획을 뛰어넘는 논리는 전체적으로 『다이달로스』에 실렸던 프롬의 글 속 전략들을 그대로 요약한 것이었다.[42]

제3부

세계인

ERICH
FROMM

1950년대 중후반, 프롬은 냉전의 적대감에 신물을 느끼고 있던 몇몇 공공 지식인과 어깨를 나란히 했다. '비이성적이고' 호전적인 조울증을 앓고 있는 세계는 핵전쟁과 인류의 종말이 들이닥쳐야 끝나게 될 것이라고 그는 주장했다. 이러한 절박한 상황 속에서, 몇몇 비동맹 제3국가들의 진취성이 민주주의를 떠받치며 전쟁이 없는 세계 속에서 '사회주의적 인본주의'를 촉구함으로써 그 대안을 제시하는 것처럼 보였다. 1960년대 폴란드와 유고슬라비아, 체코슬로바키아에서의 국면 전환은 특히 희망적이었다. 다시 말해, 동부 중앙 유럽의 많은 개혁가가 소련의 군사패권주의와 거만한 국가 관료주의자들의 진로를 바꾸었을 뿐만 아니라, 미국 협동자본주의의 과도한 영향을 막아서고 있었다. 소련과 미국 사이에 스스로를 가져다놓음으로써 프롬은 이러한 '제3의 길'이 핵전쟁의 악몽으로부터 헤엄쳐 나와 이 세계를 이끌 수 있기를 바랐다.

그러나 1970년대 초 베트남에서 미국 군대의 패망이 즉각적 종언을 보여주지 못하면서, 그리고 소련이 국경 주변 국가들에서의 저항운동을 무자비하게 억압하면서, 프롬은 낙담하게 되었다. 실제로 그는 민족국가 그 자체를 파멸의 광기에 사로잡힌 호전적 대변자이자 죽음과 파괴에 애착을 보이는 세계 불안의 근원이라고 보았다. 그와 그의 가까운 동료들이 주장했듯이 인본주의로의 길은 인간의 창의적인 노동으로부터 일구어내는 즐거움과 생명에 대한 사랑인 '생명애'를 향해 뻗어 있었다. 이제는 세계적인 저명인사가된 프롬은 평화활동가로서의 삶은 줄이고, 민족국가가 경제 성장을 촉구하며 소비만을 증진시키는 그런 세계적 분위기 속에 '소유' 혹은 자아의 고갈에 맞서는 국제적 십자군으로서 말년의 삶을 보냈다. 또한 프롬은 사랑과 노동과 박애가 내재적 자아와 단단히 결속해 있는 참된 '존재'의 삶을 지향했다.

제8장

길 잃은 세계를 위한 예언들

에리히 프롬의 1962년 책 『환상의 사슬을 넘어서: 마르크스와 프로이트와의 조우Beyond the Chains of Illusion: My Encounter with Marx and Freud』는 마치 그 스스로 써 내려간 자서전과 닮아 있었다. 도입부의 에세이는 자신의 초기 삶의 면면들에 관한 나열이자 귀중한 개인적 증언이었으며, 마지막 장은 자신의 책에서 다듬어진 세 가지 예언적 목표를 상세히 기술하고 있었다. 프롬은 자신이 프로이트의 사고에 더욱 중점을 두기는 했지만, 그보다는 마르크스에 더 커다란 빚이 있음을 인정했다. 그 책은 1500만 부가 팔렸으며, 18개 언어로 번역되었다.[1]

프롬의 첫 번째 목표는 사회가 생명과 사랑과 성장과 즐거움을 포용할 필요가 있다는 자신의 믿음을 다루는 것이었다. 이는 그가 인본주의와 동등하게 여겼던 '생산적인 사회적 성격'의 면면들이었고, 그것들은 그가 '신조'라고 불렀던 것의 일부분이었다. 이러한 미덕이 없다면, 우리 사회는 경직화, 무디고 반복적인 노동, 불행 등과 같은 영적 죽음의 길을 택하게 된다. 『환상의 사슬을 넘어서』를 집필하는 몇 달 동안, 프롬은 이러한 선택들을 '생명애'와 '시간애'의 이분법으로 묘사했다.

전자는 인류가 자신의 힘과 자아의식을 확인하는 생명에 대한 증폭된 정서를 상징하고 있었다. 만약 인간이 생명을 선택해 성장하지 않는다면, 그는 필연적으로 파괴적이 되며 살아 있는 시체가 될 것이다. 그 두 가지 중 어떤 것을 선택하느냐는 가족과 사회의 영향을 받는다. 언뜻 보기에 생명애와 시간애는 프로이트의 본능에 근거한 에로스와 타나토스의 반복인 것처럼 보인다. 물론 그것은 어느 정도 사실이다. 그러나 프로이트가 인간에게 근본적인 것이라 보았던 본능적인 힘들은 프롬에게는 역사적으로 변화하는 사회의 관습에 의해 변형되거나 재건되는 것이었다.[2]

프롬은 자신의 두 번째 목표로 나아간다. 일단 인간이 생명과 성장을 선택하면, 그는 보편성의 경험에 도착하게 된다. 그는 '혈연과 영토의 구시대적인 연대'를 저버리고, 어떤 배타적인 부분을 위한 것이 아니라 인간 종족과 삶에 충성하는 세계의 한 시민으로서 자기 자신을 인식하게 된다. 그는 인류를 사랑하게 될 것이고, 파괴적인 종족이나 잔인한 국가주의적 충성에 의한 연대를 폐기해버릴 것이다.[3]

지난 4000년에 걸친 역사를 통해 인간은 자연력의 보이지 않는 힘으로부터 스스로를 해방시켰으며, 주변에 대해 더욱 많은 통제를 부여했다고 프롬은 상정했다. 인간은 상품과 서비스를 생산하기 위한 더 커다란 힘을 스스로에게 부여하며, 새로운 구조적 형태와 발전 기술을 습득해왔다. 문제는 이러한 전도유망한 새로운 구조들이 소비만을 위한 맹목적 욕구를 창출해내는 가혹한 관료 체제로 진화해버렸다는 것이다. 프롬에게는 그것이 서방 자본주의든 소련이나 중국의 변종 공산주의든 상관없었다. 결과적으로 그의 세 번째 예언적 목표는 그러한 관료 체제를 사람들이 자신의 잠재력과 자신의 주변을 스스로 만들어갈 수 있는 참여민주주의로 대체하는 것이었다.[4]

프롬의 마지막 목표는 인간이 합리적으로 사유하는 능력, 즉 인간이 지니고 있는 생각의 비현실성을 깨닫는 능력, 그리고 속임수와 이데올로기의 뒤편에 드리운 현실을 꿰뚫는 능력을 회복하도록 하는 것이었다. 실제로 20세기의 인간에게는 이성을 통해 자신의 고유한 존엄과 재능으로 희망이나 신념을 새로이 할 역량이 있었다. 무엇보다도 합리적으로 사유할 수 있는 막대한 힘을 가진 현대 인간은 국가의 군사적 힘을 통한 승리라는 냉전 시대적 환상을 떨쳐버려야 한다. 왜냐하면 이러한 환상들이 세계를 핵전쟁의 벼랑 너머로 밀어내고 있기 때문이다.[5]

프롬은 『환상의 사슬을 넘어서』에서 그의 예언적 목표들을 서술하기 이전부터 그러한 것들을 실현하기 위해 노력해왔으며, 18년 후 죽을 때까지 그것들을 세심하게 다듬었다. 그러나 냉전 시대가 정점에 달했던 1960년대 중반, 그는 만약 이러한 목표들이 단기간에 실현되지 않는다면 모든 국가는 결국 서로를 전멸시키고 말 것이라고 생각했다. 프롬에게 그즈음의 10여 년은 독재하에 있었던 1930년대와 1940년대보다 훨씬 더 위태로운 시대였다. 히로시마를 사라지게 했던 원자폭탄보다 훨씬 더 강력한 핵무기를 휘두르는 강대국들로 인해 인간 멸종은 단지 하나의 가능성 그 이상의 것이 되어버렸다. 프롬은 그래서 미국이 먼저 한 발짝 내딛고 그다음 그에 상응하는 발걸음을 소련이 내디뎌 세계에서 핵무기를 완전히 없애버리는 연속적 단계를 제시했다. 끝없는 군비 경쟁에 반대했던 것처럼 이것은 더욱 합리적이고 생명을 존중하는 대안이었고, 그러므로 그의 목표들에 더욱 가까웠다.

1959년에서 1965년 사이, 프롬은 다섯 권의 책을 출간했고, 국가 차원에서 준비한 인본주의에 관한 책을 편집했으며, 미국 사회당을 위한 성명서를 작성했고, 많은 기사를 집필했다. 작가로서 그는 이토록 다작을 해본 적이 없었다. 그는 또한 절충적이지만 개혁 성향을 지닌, 냉전을 반대하는 유럽의 정신분석학자들과 새로운 관계를 수립했으며, 국제 정신분석학회 연합International Federation of Psychoanalytic Societies, IFPS을 만들었다. 프롬은 멕시코 정신분석학회에서 중심적인 존재였고, 멕시코 정신분석학자들의 첫 번째 세대의 감독까지 해내고 있었다. 그는 뉴욕에 있는 윌리엄 앨런슨 화이트 연구소에서 강의를 하고 감독을 했으며, 미시간주립대학에서 몇몇 학부 과정을 담당하기도 했다. 게다가 그는 정기적으로 만나야 하는 정신분석 대상자들이 있는 개인 상담소까지 유지하고 있었다. 프롬은 대략 하루에 한 건씩 아메리칸대학에서 강의를 해달라는 요청을 받았고, 외교 정책 문제에 대해 미국 의회 위원회 앞에서 정기적으로 증언하기 위해 초대되기도 했다. 그는 전미 건전 핵 정책위원회에서도 여전히 활발히 활동했고, 교류위원회(핵전쟁의 위험을 널리 알리는 학자들의 모임)에서 데이비드 리스먼과 함께하는 중심적 인물이자 기부자이기도 했다. 마지막으로 그는 미국 협동자본주의도 소련의 국가사회주의도 수용하지 않는 '제3의 길'이라는 세계 민주사회주의자들의 연합을 만들기 위해 일하기도 했다. 프롬은 이 연합을 위해 미국, 캐나다, 그리고 서부 유럽의 지식인들과 학자들을 채용했지만, 소련의 '위성국'인 폴란드, 유고슬라비아, 체코슬로바키아, 헝가리에 초점을 맞추고 있었다.

이 시기는 프롬의 생애에서 가장 활동적인, 거의 광적인 시기였다. 그는 한꺼번에 여러 가지 '삶들'을 살고 있었던 것처럼 보였고, 그러한 속도는 그의 상상력을 위협하고 있었다. 왜 그는 이 6년 동안 그렇게 많은 일을 어깨에 짊어지고 있었을까? 왜 자신의 짐을 내려놓지 않았던 걸까? 그는 그렇게 많은 책을 그토록 짧은 시간에 그만큼의 깊이로 집필하는 것이 불가능하다는 사실을 분명 잘 알고 있었다. 그는 자신의 일들을 멕시코 정신분석학회와 화이트 연구소에 위임할 수 있었을 것이다. 평화운동이나 미국 사회당에도 그의 일들을 해낼 수 있는 능력 있는 다른 활동가들이 존재했다.

이러한 무자비한 속도에는 몇 가지 요인이 작용했다. 프롬은 좀 더 효과적인 방향으로 자신의 목표들이 재조정되도록 세 가지 임무를 수행하려고 애썼다. 첫 번째는 개인적인 것이었다. 그는 자신의 재능과 능력과 한계를 정의하기 위해 광적인 속도를 이용하고 있었다. 두 번째로 그는 자신의 정치활동가로서의 임무와 세계를 위한 임무, 즉 핵전쟁을 피하고 평화를 유지하며 미국과 전 세계를 인본주의가 삶의 본질을 정의하는 이성적인 사회로 변형시키는 임무를 수행하려 했다. 세 번째로 그는 예언의 문장들로 채워진 하나의 신조를 만들고 있었으며, 그것을 이루어낼 방법을 시험하고 있었다. 즉, '사상과 기술의 측면에서 어떻게 평화와 이성과 인본주의가 실행될 수 있는가' 하는 것이었다. 간단히 말해, 프롬은 자신과 지구 전체가 길지 않은 시간의 행로 위에 커다란 짐과 동시에 굉장한 기회를 지니고 있다고 생각했다. 적어도 부분적으로나마 이 기간에 나온 그의 많은 출간물은 이러한 통합적인 임무를 포용하는 관점으로 읽혀야 하는 것이다.

프롬의 에너지가 분출되어 나오기 시작한 것은 1959년 그의 모친이 사망하고 난 직후부터였다. 로자는 언제나 자신의 단 하나뿐인 아들을 통제할 방법을 찾고 있었고, 프롬은 이러한 감정적 울타리로부터 벗어나는 것이 어렵다는 사실을 알고 있었다. 그가 애니스와 결혼한 직후 쿠에르나바카에서 보냈던 그녀와의 삶은 확실히 즐거운 것이었고, 로자를 싫어했던 그녀는 프롬이 모친과 정서적 거리감을 유지하는 데 도움을 주었던 것처럼 보였다. 그러나 로자는 아들과 수천 킬로미터 떨어진 뉴욕의 아파트에서 혼자 지내면서 점점 더 깊은 절망감에 빠져들었다. 1957년 즈음, 프롬은 어머니를 더 자주 방문해야겠다는 중압감을 느끼고 있었다. 로자는 제3제국에서 도망쳐 나오는 과정에서 잃어버렸던 모든 것에 대해, 특히 소중하게 여겼던 값비싼 은 식기 상자들을 잃어버린 것에 대해 불평했다. 프롬은 보상법과 관련해 특별한 경력을 가진 뉴욕의 변호사를 고용했고, 계속해서 연장된 소송 절차와 프롬의 직접적인 개입 이후에야 로자는 독일 정부로부터 1500마르크의 부분적인 보상을 받아냈다. 프롬은 그러한 보상 절차가 매우 어렵고 자신의 품위를 손상시킨다는 사실을 알게 되었고, 그 일 이후 그에 대한 모친의 영향력은 더욱 두드러지는 듯했다. 그녀가 82세의 나이로 사망했을 때, 프롬은 깊이 애도하지 않았다. 오히려 그는 해방감과 무언가 새로운 것이 흘러넘치는 것을 경험했다.[6]

프롬의 새로운 열정에는 또 다른 원천이 있었다. 점점 늘어나는 건강 문제는 그의 삶이 길지 않을 것이라는 사실을 짐작케 했다. 1920년대 말과 1930년대 대부분을 결핵으로 고생했던 프롬은 1950년대 중반까지는 상당히 건강했는데, 그 이후 여러 번에 걸쳐 만성적인 대장 용종, 게실염, 독서를 방해했던 '눈의 긴장', 후두염, 기관지염, 빈번한 감기와 독감, 만성 피로 등으로 고통을 받았다. 1950년대 말에서 1960

년대 중반까지 그가 친구들에게 보낸 편지들에서 충격적이었던 것은 병이 아무리 심각한 상황이라도 그가 자신의 평화활동이라든가 강의 스케줄, 출간 일정들에 조금의 차질도 허락하지 않았다는 것이었다. 자신의 병보다는 애니스의 병을 더욱 걱정했던 프롬은 자신의 병약함은 삶의 속도를 늦춰야 할 이유가 아니라 오히려 더욱 빨리해야 할 이유라고 보았다. 그는 짧고 위태로운 세계에서 그것을 성취할 방법을 찾아야만 한다는 어떤 사명감에 사로잡혀 있었다.[7]

정신분석학적 정치

—

1950년대 말에서 적어도 1960년대 중반에 걸쳐, 특이하게도 오히려 핵무기 군비 경쟁으로 더욱 힘을 얻은 프롬은 자신의 정신분석학적 업무가 평화운동에 더욱 깊숙이 개입하기를 바랐고, 특히 정신분석학자들이 사회적·정치적인 환경에 더욱 관심을 가져야 하며, 대부분의 정통 프로이트 정신분석학계의 무관심에도 불구하고 스스로 정치적 활동가가 되어야 한다고 생각했다. 이러한 맥락에서 프롬은 프로이트가 공공의 사안들에 대해 항상 '프로이트적'이지 않았다는 점을 지적했다. 언제나 그랬던 건 아니었지만, 자주 그는 인간의 호전적 경향을 극복하는 것에 대해 절망적이었다.

정신분석 공동체의 많은 지도자가 그토록 비정치적인 모습을 보이는 것에 대한 프롬의 불쾌감은 변방으로 밀려난 개인적인 감정에 의해 더욱 극대화되었다. 히틀러의 득세 이후 대부분의 유럽 분석가들이 미국으로 이주하면서 미국 정신분석협회American Psychoanalytic

Association, APA는 국제 정신분석협회International Psychoanalytic Association, IPA를 지배하게 되었다. 1936년까지 프롬은 IPA와 제휴를 맺은 독일 정신분석학회German Psychoanalytic Society, DPG에 회비를 냈다. 이 지점에서 그는 유대인 회원들을 축출함으로써 DPG가 아리안족화되는 것에 반대했고, 공식적으로 그리고 공개적으로 사임을 표명한 최초의 일원이 되었다. 2년 후 IPA는 비의료적인 수련을 받은 분석가들에게 IPA의 사안들에 참여할 권리를 지니는 정회원 자격을 박탈하겠다는 합의를 APA와 체결했다. 전쟁 이후, DPG는 IPA와 공식 제휴를 다시 맺게 되었다. 프롬은 자신이 새로운 DPG-IPA 제휴에 당연히 포함되어야 한다고 생각했다. 그러나 그는 단지 IPA 준회원으로서의 임시 지위만을 부여받았을 뿐이었다.

1953년 프롬은 자신이 더 이상 IPA 회원 명단에조차 올라 있지 않다는 사실을 알게 되었다. 그는 뉴욕에 있는 IPA 사무국장 루스 아이슬러Ruth Eissler에게 왜 자신의 이름이 빠져 있는 건지 설명해달라고 편지를 보냈다. 아이슬러는 1946년 이래로 IPA 회원 자격은 연계 학회의 회원 자격에 근거하고 있다고 답장을 보냈다. 프롬이 DPG에서 사임했기 때문에, 그리고 비나치적 DPG에 다시 가입할 의사가 없었기 때문에 모든 IPA 연계 학계의 회원 자격에서 제외되었다는 것이었다. 아이슬러는 프롬이 워싱턴 정신분석학회에 소속되어 있다는 사실을 주지시켰지만, 그곳은 IPA의 공인된 연계 학회가 아니었다. 그러므로 그는 IPA 회원 자격을 다시 얻기 위해 아이슬러가 소속되어 있는 합동 IPA-APA의 회원 선별 위원회 앞으로 자격증을 제출해야만 했다. 프롬은 그가 합동 위원회에 자격증을 제출한다고 하더라도 자신의 정신분석학적인 견해들이 학회의 대다수와 일치하지 않는다는 이유로 회원 자격의 복권이 거부될 것이라고 답장했다. 아이슬러는 '정신분석의 기본적인 원칙'을 고수하지 않을 거라면 왜 IPA 회원 자격에 그토록 관심을 두는 거냐고 쏘아붙였다. 이에 프롬은 자신은 IPA 회원으로 '남아 있을' 방법을 찾고 있는 것이지, 그것과 하나 되는 방법을 찾고 있는 것은 아니라고 대답했다. 애초에 그의 회원 자격은 박탈되지 말았어야 했다. 아이슬러가 답장을 보내지 않자, 프롬은 그녀가 자신을 조직에서 몰아내려는 단 한 사람의 고위급 IPA 인사가 아니라는 사실을 깨달았다. 여러 인사 중에 막후에서 영향력을 행사하던 하인츠 하르트만Heinz Hartmann과 에른스트 크리스Ernst Kris는 프로이트의 메타심리학으로부터 뻗어 나온 프롬의 명쾌한 이론적 출발에 반대했고, 마르크스-프로이트의 융합을 경계하고 있었다.[8]

주요한 국제 정신분석 조직으로부터의 축출은 프롬에게 깊은 상처를 안겨주었다. 그는 자신의 더욱 중요한 '삶들' 중 하나로 정신분석학자의 삶을 생각하고 있었고, 성격 구조에 대한 자신의 공식들이 적어도 정기적으로 프로이트의 공식들과 소통할 수 있을 것이라 여겼다. 그러한 축출은 아마추어 분석가로서의 프롬의 위상과 그의 멕시코에서의 비정통적인 분석적 수련 행위로 인해 워싱턴 정신분석학회에도 문제를 가져왔다. 이 지점에서 프롬은 어느 정도 정통적인 정신분석 조직과 연계를 꾀하는 일이 너무 고통스럽고 비생산적이라는 사실을 깨달았다. 프롬은 프랑크푸르트 연구소로부터, 그리고 『디센트』 논쟁에 뒤이어 몇몇 미국 지식인 모임으로부터 축출되었던 일을 떠올렸다. 실제로 소외의 감정은 그가 고향 집에서 느꼈던 어린 시절의 정서에까지 이어졌다. 이렇게 말 많은 문제들이나 그의 윤리적인 입장에 대한 낯 뜨거운 일들로 도외시되는 대신, 그는 유럽으로, 특히 독일과 오스트리아로 철학자들과 신학자들 그리고 정신분석학자들을 만나기 위해 정기적으로 여행을 다녔다. 아담 샤프Adam Schaff와 라야 두나옙스카야를 포함해 그들 중 몇몇은 그의 마르크스주의적 연민에 공감했고, 그의 사회적 활동에 우호적이었다. 1961년 9월 뒤셀도르프에서의 발표에서, 프롬은 비정통적 학회들의 이론적이고 조직적인 제휴에 대한 공통적인 근간의 밑그림을 그렸고, 프로이트의 메타심리학적인 전제들보다는 오히려 사회적이고 의료적인 데이터와 인본주의적 가치에 중점을 두는 절충적인 프로이트주의를 상정했다. 1962년에 비정통적인 독일과 오스트리아의 단체들은 국제 정신분석학회 연합을 만들기 위해 윌리엄 앨런슨 화이트 연구소와 프롬의 멕시코 정신분석학회와 힘을 합쳤다. 훗날 국제 정신분석학회 연합은 IPA에 필적하는 대안으로 떠올랐다. 프롬은 새로운 조직의 한 명의 설립자로 간주되었다.[9]

정신분석학적 정설에 대한 세계의 조직적 대안을 구축하는 데 도움을 주면서, 프롬은 1959년 출간한 가벼운 책 『지그문트 프로이트의 임무: 그의 성격과 영향에 대한 분석Sigmund Freud's Mission: An Analysis of His Personality and Influence』에서 자신의 입장을 명확히 했고, 그것을 어니스트 존스Ernest Jones의 기념비적인 세 권짜리 책, 『지그문트 프로이트의 삶과 업적The Life and Work of Sigmund Freud』(1953~1957)에 대한 반론으로 규정했다. 프롬은 또한 정신분석학적 정설에 반하는 자신의 입장을 언급하기를 원했다. 그는 산도르 페렌치와 다른 사람들이 프로이트의 너무 자주 바뀌는 접근 방식을 창의적으로 수정했던 것을 때때로 부당하게 책망하면서, 존스가 프로이트를 완전무결한 개척자로 떠받들었다고 주장했다. 프롬은 또한 자신의 이전 분석가인 한스 작스를 포함하는 내부적인 모임이자 프로이트의 가장 가까운 조력자들의 옹

졸함에 대해서도 지적했다. 실제로 프롬은 큰 시각으로 보면 정통 정신분석학자들과 소유권 싸움을 벌이고 있었다. 데이비드 리스먼은 프롬의 책에 대해 '아름답고 명쾌하며, 생생하고 감동적'이라는 편지를 보냈다. 그 책은 다소 불안정하기는 하지만 프로이트의 '결점'에 대한 '치료약'으로 마르크스를 불러내려는 프롬의 몇 가지 노력 중 첫 번째로서, 그 융합이 그의 사회적 성격 개념의 본질에까지 이어지도록 구성되었다.[10]

프롬은 프로이트가 '홀로코스트의 그림자'가 드리우는, 히틀러와 스탈린의 비이성주의의 한가운데서 생을 마감했던, 이성주의 최후의 위대한 대표자였다고 주장했다. 프로이트의 이성주의는 무의식을 발견하게 했고, 꿈속에서, 신경증적 행위 속에서, 성격 특성과 신화와 종교, 그리고 특히 초기 유아 시절의 경험 속에서 어떻게 그것이 작용하는지 찾게 해주었다. 동시에 프로이트는 의식적인 사고가 인간 행동의 아주 작은 부분만을 통제하고 있다는 것, 즉 인간은 강력한 비이성적 힘들의 '지하 세계'에 의해 지배된다는 것을 보여줌으로써 이성주의에 강한 타격을 가했다. 프롬은 인간 조건에서 이성적이고 비이성적인 것 모두를 강조하면서, 프로이트는 즉 현실에 드리워 그것을 왜곡시키는 환상들을 인간에게서 제거하려 함으로써 17세기 이래로 서양 사고에서 가장 중요했던 경향을 끝내버렸다. 이러한 본질적인 임무에서 프로이트는 마르크스와 일치했다.[11]

프롬은 프로이트가 불안에 대한 예민한 감각으로 고생했고, 이러한 결핍이 그로 하여금 "그에게 의존하는 이들을 통제하고, 이로써 그가 그들에게 다시 의존할 수 있게" 했다고 주장했다. 즉, 사람들에게 인정받고 명성을 갈구하는 프로이트의 불안이 그로 하여금 자신의 모든 사상과 입장을 수용할 수 있는 충성스러운 추종자들을 찾게 만든 것이었다.

"맹목적 추종자들에 대한 프로이트의 갈구는 그의 운동 (…) 도그마, 의식 그리고 창의성과 자발성으로 대체되는, 지도자에 대한 우상화와 같은 장기간의 지적 빈곤을 만들어냈다."

알프레트 아들러, 오토 랑크Otto Rank, 카를 구스타프 융과 같은 반대자들은 외면당했다.[12]

프롬은 『지그문트 프로이트의 임무』의 많은 부분을 정신분석 운동의 발전 과정에서 '전해 내려온 네 가지 잘못과 한계들'에 할애했다. 첫째, 정신분석 운동은 그 자체로 치료를 목표로 하고 있던 바로 그 결점, 즉 '억압'으로 인해 고통받았다. 프로이트와 그의 추종자들은 구원의 메시아적인 이상으로 세계를 정복하겠다는 자신들의 야망을 억압했고, 이러한 억압은 많은 '모호함과 부정'을 야기했다. 둘째, 프로이트는 견고한 관료주의에 의해 움직이는 권위주의운동을 부화시켰기 때문에 인간의 자발성에 대한 그의 이론에서 그 간극을 창의적으로 기술하거나 수정할 사람이 존재하지 않았다. 셋째, 프로이트의 가장 위대한 발견인 인간의 무의식은 리비도적인 노력들과 그 억압에 대한 기술에 한정되는 경향이 있었다. 프로이트는 인간 존재의 더 광범위한, 사회적이고 정치적인 측면들에 대해서는 빈번하게 가벼이 여기곤 했다. 넷째, 프로이트도 그의 추종자들도 '사회에 대한 그들의 자유주의적 중산층의 태도'를 초월할 수 없었다. 이러한 제한된 세계관에 갇힌 수감자였던 그들은 자신들이 살고 있는 사회의 지배적인 가치들에 대한 폐부를 찌르는 비평을 결코 제시하지 못했다. 프롬에게 이러한 확실한 사회 비평에 대한 객관성과 역량은 마르크스가 프로이트의 충동

이론에 덧붙인 것들이었다.[13]

『지그문트 프로이트의 임무』는 면밀하게 추론되고 잘 연구된 원고라기보다는 길게 늘인 공격적 연설이었다. 결론들은 많은 증거나 추론 없이 상정되었다. 사실 프롬은 그 주제를 충분히 다루지 않았음을 인정했고 이를 확장한 여러 권의 연구를 계획했지만, 이 책들은 결국 세상에 나오지 못했다. 그럼에도 그것은 프로이트에 대한 그의 가장 명쾌한 심판이었다. 어떤 의미에서 이 책은 강렬한 대화에 몰두하고 있는 두 예언자의 특징을 잘 담아내고 있다.

『에리히 프롬, 마르크스를 말하다』

『에리히 프롬, 마르크스를 말하다Marx's Concept of Man』(1961)는 크게 볼때 『지그문트 프로이트의 임무』의 연작이었으며, 젊은 마르크스의 1844년 작 『경제학-철학 수고』의 최초 영어 번역을 담고 있었다. 런던정경대학의 친구인 T. B. 보토모어T. B. Bottomore는 그 독일어 원고를 영역했다. 영국 노동당에서 활동하며 국제 사회학협회에서 비서로 오래 일했던 보토모어는 뛰어난 마르크스주의 학자였고, 민주사회주의자였다. 프롬은 그의 번역이 훌륭하다는 것을 알았고, 그가 그 원고에 관한 자신의 86페이지짜리 소개문에 대해 비평해주었을 때 기뻐했다. 그것은 프랑크푸르트 연구소 시절 이래로 프롬이 쓴 마르크스에 대한 최초의 확장된 토론문이었다. 보토모어의 영어 번역에 힘입어 이 에세이는 미국 독자들에게 젊은 마르크스에 대한 '새롭고' 흥미로운 시각을 제공해주었다. 여기서 논증되지 않은 채 남겨진 전제는 마르크스의 더욱 체계화된 후반기의 글들이 인간 조건에 대해 충분히 드러내지 못했다는 것이었다.

프롬은『에리히 프롬, 마르크스를 말하다』를 이용해,『경제학-철학수고』의 젊은 마르크스가 정통 프로이트주의자들이 무비판적으로 받아들였던 자본주의 사회와 가치에 대한 철저한 비평을 제공함으로써 프로이트의 개념적 간극을 메웠다고 주장했다. 프롬은 마르크스가 더욱 내재적인, 때로는 무의식적이고 심리학적인 동기에 대해 깊은 곳까지 인지하고 있었다는 사실을 발견했다. 실제로 프롬의 마르크스는 본질적으로 사회주의적 인본주의자였고, 그가 '생산적인 사회적 성격'이라고 불렀던 것의 창시자였다. 알려진 대로라면, 마르크스는 사유재산을 폐지하고 자본가들의 부를 노동자에게 나누어 주는 것을 목표로 하는 경제적 결정론자이자 유물론자 그 이상이었다. 소련의 지도자들과 학자들은 프롬이 보수주의적 국가 관료 자본주의라고 규정했던 것을 정당화하기 위해 절대 필요한 마르크스를 '남용'해왔다. 그러나 마르크스의 인본주의에 대한 가장 커다란 무지와 왜곡은 미국에서 벌어졌다. 만약 마르크스가 두 냉전 적대자들로부터 구원되어 세계를 더욱 이성적인 '제3의 길'의 대안으로 이끄는 데 사용되려면, 그는 소련과 미국의 왜곡으로부터 벗어나야 한다고 프롬은 주장했다.[14]

1844년의 마르크스를 규정하면서 프롬은 1960년대를 위한 그만의 예언이 가미된 신조를 본질적으로 설명했다. 마르크스의 근본 개념은 인간을, 자신의 일상적인 노동을 혐오하고 내재적 공허감을 충족시키기 위해 소비에만 매달리는 소외된 노동자의 모습으로부터 변형시키는 것이었다. 소외된 인간은 생기를 얻고 사랑하고 창의적이며 생산적인 독립체로 '존재하기' 위해서가 아니라 물건이나 서비스를 단지 '소유하기' 위해 일을 했던 것이다. 마르크스에게 '진정한' 사회주의는 '소외로부터의 해방, 자기 스스로에게 귀환하는 인간, 인간의 자아실현'을 의미했다. 인간은 인본주의적 사회주의를 통해서만 비참함에서 벗어나, 극소수의 이익과 생산성을 증진하기 위한 과정 속에서 소외된 하나의 톱니가 되기를 멈출 수 있다. 그런 사람만이 "인간과 자연 사이, 그리고 인간과 인간 사이의 만성적 적대주의"를 초월하게 될 것이다.[15]

프롬은 마르크스의 『경제학-철학 수고』에 대한 자신의 소개문을 인간적이고 사적인 마르크스에 대한 토론으로 결론지었다. 프롬은 외롭고 오만하며 권위주의적이라는 마르크스에 대한 만연한 규정들을 놓아버리고, 그가 길고 행복한 결혼생활을 누렸다고 상정했다. 마르크스는 또한 '지배의 어떠한 오명으로부터도 자유로운' 훌륭한 아버지였으며, 아이들과 그의 관계는 아내와의 관계와 마찬가지로 생산적인 사랑으로 가득 차 있었다. 알려진 대로라면, 마르크스와 그의 동료 프리드리히 엥겔스 사이에는 거의 아무런 마찰도 없었다. 요약하면, 마르크스는 프롬이 말했던 사랑하고 창의적이며 생산적인 성격의 전형적인 예였던 것이다. 프롬의 마르크스에 대한 전기적인 지식은 뼈대뿐인 것이었기에 이러한 단언들은 분명 위험스러웠다. 우리는 마르크스를 "새로운 사회의 인간으로서, 자신의 글이 형상화했던 생산적이고 소외되지 않은 인간"으로 규정했던 프롬의 묘사의 근거들을 찾아야만 할 것 같다. 실제로 프롬은 몇몇 학자가 결론지었듯이, 마르크스가 사회로부터 소외감을 느꼈다는 관점을 거부했다. 그러나 여기서 더 염두에 두어야 할 것은 프롬이 매카시즘의 잔재와 소련과의 고조된 긴장의 결과로 미국과 서방이 마르크스에게 악마의 가면을 씌운 것에 맞서려 했다는 사실이다.[16]

1844년의 원고와 관련한 마르쿠제와 두나옙스카야의 초기의 더욱 무거운 연구와 달리, 『에리히 프롬, 마르크스를 말하다』는 미국의 학자들과 사회비평가들뿐 아니라 『뉴스위크』와 다른 대중매체를 통해 미국의 일반 대중에게 좀 더 넓은 범위의, 그리고 초기 마르크스에 대한 덜 전형적인 토론을 북돋우면서 좀 더 광범위한 영향을 미쳤다. 이는 프롬이 일반 대중이 놓칠 수 있는 고전 작품들과 좀 더 광범위한 사상을 가르치는 역할을 하면서 학자라기보다는 대중 저술가가 되어가고 있었음을 보여준다. 명쾌하고 쉽게 다가갈 수 있는 그의 산문은 이러한 변화에 도움이 되었다. 사회적 가치와 문화 전반을 연계시킬 수 있었던 그의 역량도 마찬가지였다. 이것은 그가 뛰어들었던 중요한 모험 중 하나였으며, 그의 가장 본질적인 '삶들' 중 하나였다.

마르크스와 프로이트

—

『환상의 사슬을 넘어서』(1962)는 프로이트와 마르크스에 대한 생각을 한 권의 책 안에 표현하고자 하는 프롬의 노력이 집대성된 결과였다. 그러나 프롬은 이 책에서 『지그문트 프로이트의 임무』와 『에리히 프롬, 마르크스를 말하다』에서보다 더욱더 자신의 예언을 설명하고 그 성장을 나열하느라 그들의 사유에 대한 기술을 부차적인 것으로 만들어버렸다. 여기에서 그는 자신의 임상적·철학적 사상을 융합하면서 정신분석에 대한 접근을 사회심리학적인 것으로서 나타냈다. 만약 인간이 행복하고 창의적이며 생산적인 삶을 육성하기 위한 이성의 힘을 발휘하게 된다면, 현실을 흐릿하게 만드는 환상들을 제거해야만 한다고 프롬은 주장했다. 프로이트와 마르크스는 그가 환상을 초월하고 삶의 근간이 되는 문제들을 다루는 양식이 되었다.

비록 정통 프로이트주의에 대한 환상을 깨기는 했지만, 프롬은 인간 조건과 관련한 새로운 수준의 이해를 증진시킨 것에 대해『지그문트 프로이트의 임무』에서보다 훨씬 더 관대하게 프로이트를 신뢰했다. 실제로 프롬은 어떤 주제에 대한 프로이트의 입장을 결정하기 전에 절대 자신의 책이나 기사 글을 시작하지 않았다. 프로이트는 "인간은 자신의 등 뒤에서 작용하는 힘들을 밝혀내고 그것을 인지함으로써 자유의 자장을 넓히며, 무의식에 의해 조종되는 무기력한 꼭두각시로부터, 자신을 깨우치고 스스로의 운명을 결정할 수 있는 자유로운 인간으로 변형될 수 있다"라고 상정했다.[17]

『환상의 사슬을 넘어서』에서 프롬은 프로이트가 개인적인 무의식에 초점을 맞추었더라도 그는 또한 사회적 무의식에 관심을 두고 있었다고 주장했고, 그러한 특별히 중요한 측면에서『지그문트 프로이트의 임무』를 넘어섰다. 실제로 프롬은 인간의 성격이 역동적이며 사회적이라는 논점을 세우는 데 프로이트에게 의존했다. 성격은 자아와 사회 모두에서 고유한, 저변에 깔려 있는 노력들의 상호작용의 체계로 구성되어 있었다. 사실상 프로이트는 프롬에게 그의 사회적 성격 개념의 근간을 제시했던 것이다. 프롬에게 프로이트는 어떻게 인간이 자신의 성격에 따라 행동하고 사고하는지 보여주었고, 그것은 그의 내면에 있는 에너지 체계의 능동적이고 변화하는 방식으로 표현되었다. 프롬의 사회적 성격 개념은 프로이트가 강조했던 자아 내부의 본능적인 에너지로 구성되었지만, 그 에너지는 본능과 사회적 구조가 분리될 수 없는 지점까지 외부적인 사회적 구조들로 인해 형성되고, 다시 또 형성되는 것이었다. 프롬이 흥미로운 개념적 상호작용을 강조함으로써 프롬과 프로이트는 여기에서 갈라지게 되었고, 더욱 중요한 것은 프롬이 본능적인 삶의 중심성을 수정했을 뿐 제거하지는 않았다는 것이다. 프롬에 대해 썼던 많은 사람은 바로 이 지점을 간과해왔다.[18]

『환상의 사슬을 넘어서』에서 프롬은 프로이트를 '진실로 과학적인 심리학의 창시자'로 추앙하면서, 계속해서 마르크스를 '프로이트보다 더 깊고 넓은 자장을 가진 사상가'로 규정했다. 프로이트의 대화 치료가 한 사람의 리비도적 구조의 복잡하게 얽힌 내부적 거미줄을 드러냄으로써, 그리고 에고의 힘을 증진시킴으로써 심오한 개인적 변화를 유도할 수 있었다면, 마르크스는 사회의 전체 사회경제적 구조 안에서 현실을 찾아냈다. 프로이트가 개인의 사회적 관습의 힘에 대항해 자연적 욕망들을 옹호한 '진보적인 개혁가'였다면, 마르크스는 사회적 병폐들에 대한 개혁적 처방을 제시하고 있었다. 프로이트와는 달리 마르크스는 자본주의에서 전해 내려온, 심리학적으로 절름발이인 계급 착취의 기형적인 결과를 기술했고, "그러므로 일단 사회가 전체적으로 인본주의적이 된다면 기형적이지 않은 인간과 그러한 발전의 가능성들에 대한 비전을 가질 수 있다." 인간이 '자산계급'의 이익을 키우는 과정에서 자신의 고유한 인간적 경향들을 증진시키지 않고 직업적 노동에만 더욱더 집중할수록 인간은 자신의 존재감을 그만큼 상실하게 되고, 전체 삶과 타인들로부터 점점 더 소외되어간다. 노동 현장으로부터의 소외는 사회와 삶 자체로부터의 소외로까지 확장된다. 프로이트가 리비도적인 억압을 완화하도록 환자를 돕는 임상적인 부분에서 프롬을 도왔다면, 마르크스는 억압적인 계급 중심의 사회에서 그 대안을 제시할 수 있도록 민주적 사회주의자인 프롬에게 도움을 주었다.[19]

인간에게서 인간성을 회복하기 위해 무엇이 필요했을까? 프로이트가 안내하는 길(예를 들어, 개인으로 하여금 자신의 내재적 억압을 통제할 수 있도록 돕는 것)은 대단히 유용하기는 했지만 충분하지는 않았다. 프롬은 공산주의라는 마르크스의 처방을 본질적으로 사회적 인본주의에 대한 강력한 지지로 이해했다. 마르크스는 인간은 다른 인간들, 그리고 자연과 소통할 때만 비로소 완벽해질 수 있다는 사실을 깨달았다. 그러한 자유롭고 열려 있는 관계(자본주의 시장에서 전해 내려온 계급 구분이나 착취에 의해서 유지되는 것이 아니라)만이 인간을 행복하게 할 수 있으며, 사회의 경제적 근간이 바뀔 때(예를 들어, 사회주의가 이루어졌을 때) 이러한 일들이 널리 퍼져나갈 수 있다. 마르크스는 물론 선불교에도 의지했던 프롬은 그러면 인간은 다른 사람이나 자연과의 관계 속에서 자신의 모든 가능성을 자유롭게 키워나갈 수 있다고 상정했다. 그가 친구인 토머스 머튼 목사에게 요약했듯이, 마르크스는 '주체와 객체의 구별'을 극복할 수 있는, 그러므로 '인간과 인간의 연합, 인간과 자연의 연합'을 더욱 깊이 키워나갈 수 있는 선불교와 같은 비유신론적인 신비주의를 제시하고 있었다. 마르크스를 그대로 완벽히 재언급한 것은 아니었지만, 이것은 프롬의 예언적 비전들 중 하나를 이루고 있었다.[20]

그럼에도 프롬은 자기 자신을 개념적으로 마르크스와 구별하기를 거부했고, 머튼에게 의도적으로 그랬던 것이라고 인정했다. 프롬은 본질적으로 마르크스를 길게 인용했고, 인본주의, 생산적인 사회적 성격, 그리고 사랑의 기술과 같은 스스로의 기준과 이 요소를 동일시했다. 간단히 말해, 프롬은『환상의 사슬을 넘어서』에서 자신의 사회심리학을 스스로 생각하는 마르크스의 중심과 융합시켰다. 프롬은 무의식 개념, 인간 성격의 역동적 경향, 그리고 정신분석학적 임상 기술의 넓은 효능 등 프로이트를 집대성한 개념들 중 가장 가치 있는 측면들로 자신의 입장을 증폭시켰다. 프롬은 마르크스와 프로이트를 완벽하게 뒤섞지 않으면서 자신만의 독특한 신조로 그 책을 결론지었고, 두 사람에게서 몇 가지 요소들을 뽑아냈다. 그는 마르크스주의자이면서 여전히 완벽히 프로이트주의자였지만, 무엇보다도 자신의, 이전에 존재했던 예언적 공식들을 끌어오면서 '프롬주의자'가 되었던 것이다.[21]

사회당 성명서

—

1960년대에 걸쳐 정치활동이 증가하면서 프롬은 행동하는 사회적 인본주의자로서 자신의 예언적 경향을 국제 문제들에도 적용했다. "비록 깊이와 수준은 다르지만, 마지막 몇 년은 학생 시절에 출발했던 곳으로 되돌아가고 있다는 느낌을 점점 더 강하게 받게 되었다"고 프롬은 1960년에 친구인 칼 폴라니Karl Polanyi에게 말했다. 그는 미국의 시장 사회와 자신이 관료주의적 소련 국가자본주의라고 불렀던 것 사이의 위태로운 냉전 충돌에 대한 대안으로서 사회주의적 인본주의를 널리 알렸다. 그 냉전의 주요한 대립 당사자들과 그들의 연합국들은 군사력을 확장하는 데만 너무 집중해, 인류 전체를 말살할 수 있는 핵전쟁으로 세계를 이끌어가고 있었다.[22]

프롬은 1960년 미국 사회당을 위해 마련된 팸플릿 초안인 『인류여, 번성하라: 사회당 성명서와 프로그램Let Man Prevail: A Socialist Manifesto and Program』에서 이러한 시각을 강조했다. 독일 바이마르 시절 이래로, 그는 자신을 민주적 사회주의자로 여겨왔다. 그러나 그는 1958년 미국 사회당에 가입할 때까지 사회주의자의 정치에는 활동적이지 않았다. 비록 프롬이 사회당의 오랜 지도자였던 노먼 토머스에게 깊은 감명을 받기는 했지만, 그 조직은 세기 초에 누렸던 그 반향과 영향력을 다시 얻지 못하고 있었다. 조직의 부활을 위한 토머스의 탐구에 자극을 받은 프롬은 당원들과 사회주의자들 전체가 목표를 더욱 뚜렷이 자각할 수 있도록 해줄 팸플릿 수록용 성명서를 준비하는 임무를 부여받았다. 성명서를 작성하면서 프롬은 대학생 청중에게 그 메시지를 테스트했고, 예일대학에서 1200건, 시카고대학에서 2000건의 '매우 우호적인 반응'을 받았다고 칼 폴라니에게 적었다. 그 학생들은 '서방 자본주의와 공산주의적 흐루쇼프주의'의 암울한 대안에 대한 프롬의 인본주의적 사회주의 비전에 마음이 움직였다. 그것은 가장 파괴적인 성향들로부터 인류를 구원할 것을 약속하고 있었기 때문이다.[23]

프롬의 성명서는 스스로 제시했던 '세 번째 해결책'에 대한 격렬한 논쟁이었고, 이는 본질적인 주장을 단언했지만, 증명되지는 않았다. 그는 미국과 서방의 '자유 경영 기업 체제'국가 개입으로부터 자유로운 경영 시스템—옮긴이와 소련과 그 연합국들의 '경영 사회주의 체제'국가 개입으로부터 자유롭지 않은 경영 시스템—옮긴이 둘 모두를 거부했다. 이 두 가지가 세계를 핵 종말로 이끌어가면서 인간에게서 영적 본질을 빼앗았기 때문이다. 서방의 시장자본주의와 소련의 국가 관리 자본주의는 모두 인간의 창의성과 행복을 쓸모없게 만들고 '인본주의의 영적 전통'을 간과했다고 주장하면서, 프롬은 더 많은 시민의 자유와 더 커다란 정치적 권리를 허락한다는 점에서 그나마 서방의 '자유 경영 기업 체제'가 둘 중 덜 모멸적인 것이라고 여겼다.[24]

프롬에게 경영 중심의 자유 기업과 품격을 손상시킨 왜곡된 사회주의의 가장 큰 문제는 이 둘 모두가 완전히 물질적이며, 인간의 삶에 대한 숭배보다 경제적 이득을 중시했다는 점이었다. 게다가 그 둘은 모든 인류의 자긍심이 곤두박질치고 수백만을 몰살하는 핵전쟁이 가능하다고 생각하는 수준으로까지 인간의 합리성을 마비시켜버렸다. 프롬은 "핵무장은 우주적인 재앙을 가져올 것이고, 핵전쟁이 방지된다고 하더라도 그것은 공포와 의심과 획일화의 분위기, 즉 자유와 민주주의가 생존할 수 없는 그러한 분위기로 세계를 이끌어갈 것임이 자명하다"라고 경고했다. 두 가지 체제 모두에서, 사유는 인간의 정서와 너무도 이질적인 것이 되어버려서 사람들은 인류의 머리 위를 떠돌고 있는 핵전쟁의 위협을 어떻게든 참고 견뎌내려고 할 것이었다.[25]

프롬은 사회주의적 인본주의의 이익과 핵 종말의 벼랑으로부터 인류를 끌어올릴 수 있는 잠재력에 대해 강조하면서 성명서를 마무리했다. 사회주의적 인본주의는 국가들 사이에 평화를 추구하며, 어떤 상황에서도 핵전쟁을 막기 위해 노력한다. 그것은 '더 많은 경제적 생산'보다는 '더 커다란 자유와 인간 성장'에 가치를 둔다.

"모든 생산은 어떤 개인이나 기업을 위한 물질적 이익의 원칙이 아니라 사회적 효용성의 원칙에 의해 지시되어야만 한다."[26]

프롬의 『인류여, 번성하라』는 전반적인 인본주의적 목표의 선언 이상의 것이었다. 그것은 민족과 성 평등, 종교적 자유 보장, 국가와 교회의 더 완벽한 분리, 사회주의 의료 체계를 지향하는 정책들, 그리고 실업자와 사회적 약자들, 노년층을 위한 국가적 지원의 확장과 같은, 사회당이 고려해야만 하는 개혁의 목록을 제시하고 있었다. 프롬은 또한 민간 부문의 주도성이 부족한 모든 지역에 사회당이 예술과 서비스 관련 국가 지원을 증진시켜주기를 원하고 있었다. 이것은 현존하는 제도적 체계들 속에서 현실적 개혁을 위한 강하고 생기 넘치는 국내적 의제였지만, 개혁적인 힘을 발휘하기에는 역부족이었다.[27]

사회당 강령을 위한 가장 설득력 있는 제안들은 평화유지 분야에 들어 있었다. 프롬은 이데올로기적이고 예언적인 입장을 모두 끌어안으며, 국가적 통치를 대체하기 위해 '모든 종류의 무장한 세력들'과, 국제연합보다 더 강력한 '연방국들'의 해체를 요구했다. 이것은 그가 국가적 의제들과 관련해 차용했던 것들보다 훨씬 더 급진적인 입장이었다. 그동안 프롬은 계속적인 비무장 협상을 추구해왔다. 완전 파멸을 피하기 위한 단 한 가지 방법은 완벽한 비무장이었기 때문이다. 사회당은 '미국과 소련의 두 세력 연합이 자신들의 경제적·정치적 입장을 받아들이고 그러한 것들을 힘으로 바꾸려는 모든 시도를 포기하도록 한다'는 기본 공식에 입각한 양측의 협상을 지지했다.[28]

프롬의 성명서에는 문제가 되는 부분도 있었다. 그가 제안한 구체적인 수단들이 먼저 미국을 향하고 있었고, 그러고 나서 다른 더 번성한 산업사회들을 향했기 때문이다. 그는 미국의 사회당이 모든 당원의 참여에 의한 결정으로 자유롭게 열린, 탈중심화된 민주적 세력이라고 주장했다. 그러나 그는 도전이나 논쟁을 할 수 없는, 그래서 말할 필요도 없이 받아들여질 수밖에 없는 특정한 문제들에 대해, 그리고 당을 위해 포괄적인 철학을 개진했다. 여기서 민주주의자인 프롬과 모든 것을 통찰하는 예언자 프롬이 충돌하고 있었다. 또한 그는 이 글에서, 마치 그들에게 과거가 존재하지 않았던 것처럼, 미국 사회당의 역사와 과업들과 상당한 성과를 묘사하는 데 실패했다. 당의 일상적 업무에 관한 구체적 본질을 묘사하는 대신, 프롬은 자신이 주장한 인본주의적 사회주의의 전반적인 본성에 대한 모호하고 이상적인 비전만을 뚜렷이 하고 있었다. 그 서류의 초안을 작성하는 과정은 프롬이 조직 구조 안에서 다른 사람들과 정치적으로 일하는 것에 어려움을 겪고 있었다는 사실을 명확히 보여주었다. 당의 전국 위원장은 당원들에게 프롬의 제안을 복사해 나눠 주도록 했지만, 그것은 결코 당의 공식 입장으로 채택되지는 않았다. 당연히, 그가 초안을 만들면서 당의 지도자들과 상의하지 않았기 때문이었다.[29]

『인류는 번성하는가?』

—

사회당 지도자들은 프롬의 성명서를 지지했지만, 프롬은 그 자체로 점점 늘어나는 냉전의 위협에 대항하는 미국과 전 세계의 의견을 모으는 데는 충분하지 않다는 사실을 알고 있었다. 실제로 사회당은 냉전 시대 미국의 정치적 담화에서 영향력이 미미했다. 프롬은 『인류여, 번성하라』를 완성하자마자 『인류는 번성하는가?May Man Prevail?』를 집필하기 시작했고, 1년도 안 되어 글을 완성했다. 그의 광적인 집필 속도는 그가 해야 할 다른 많은 일에서도 계속되었다. 이것은 국제 관계의 위기와 미국의 외교 정책의 잘못된 방향에 대해 명확하게 지시하고 있는 그의 최초의 책이었다. 방대한 주제를 짧은 시간 안에 논의하기 위해 프롬에게는 굉장한 속도와 에너지가 필요했다. 이러한 제약들 아래서, 때로는 또다시 예언들이 정리된 데이터 대신 등장하기도 했다. 이 책은 1961년에 출간되었고, 대략 50만 부가 팔렸으며, 7개 국어로 번역되었다. 프롬은 이것을 괜찮은 판매 수치라고 여겼지만, 그는 특히 이 책이 미국 의회 의원들에게 영향을 끼치기를 원했고, 책이 출간되

기 몇 달 전에 사비를 들여서 의회 의원들과 백악관, 국무성에 프린트
한 원고를 보내기도 했다. 이 시기에도 프롬에게는 일분일초가 귀중했
으며, 할 일도 여전히 많았다.[30]

핵전쟁의 가능성에 대해 상당히 두려워하고 있던 프롬은 강대국들
사이에 원자핵 융합 충돌이 '비이성적으로' 일어날 공산이 크다는 C.
라이트 밀스의 『제3차 세계대전의 원인들The Causes of World War Three』
(1958)에서의 예언을 읽었다. 프롬은 인간이 번성하지 못할 것이라 예
측했다. 베를린을 동쪽과 서쪽으로 나누는 벽을 건설할 준비가 이루
어지던 중에, 도시의 통제를 놓고 첨예한 갈등이 벌어졌다. 소련의 총
리인 흐루쇼프는 서베를린으로 가는 미국과 영국, 그리고 프랑스의 통
로를 모두 차단하는 협약에 사인하라고 동독 정부를 협박했다. 그 대
응으로 케네디 대통령은 미국 군 병력을 증가시켰고, 국내 핵 대피 프
로그램을 구동했다. 흐루쇼프의 선언에 대한 케네디의 대응은 미국의
잘못된 전쟁 억제 이론을 고스란히 보여주는 것이었다. 프롬의 책은
그 어리석은 행동을 강조하려는 의도였다.

미국 외교 정책 이면의 전제는 '무력이나 전복을 통해 세계를 정복
하려는' 태생적으로 상당히 유사한 공산주의 세력들(소련과 중국)이 존
재한다는 것이라고 프롬은 지적했다. 한쪽으로 치우친 대응의 위협은
전쟁을 억제하거나, 그렇지 못하면 그저 논리만 살아 있을 뿐이었다.
프롬은 미국의 전쟁 억제 정책이 핵문제에 대한 논의를 위협했다고 단
언했다. 그가 고려하지 못했던 것은 미국 정책 입안자들이 전쟁 억제
가 실패할 가능성들을 고려하고 있었다는 것이다. 즉, 프롬은 자신이
우려했던 위험스러운 상황을 그들 중 몇몇도 숙고했으리라는 사실을
감안하지 못했다.[31]

미국의 전쟁 억제 정책의 맹점을 증명하기 위해 프롬은 방대한 러시아 역사와, 서방 세계에 효과가 있었고 『뉴욕타임스』에 종종 실리기도 했던 소련 지도부의 정책 서류들을 번역한 자신만의 입장을 개진하며 소련 연방의 진화에 대한, 다소 문제가 있기는 했지만 그래도 흥미로운 해석에 『인류는 번성하는가?』의 많은 부분을 할애했다. 이러한 제한된 자료들로, 프롬은 스스로를 소련 엘리트들에 의해 움직이는 서방 보도용 리포터로 만들어버렸다. 좀 더 확고한 학술적 연대가 있다면 그는 떠오르는 소련 연구 학문에 대한 더욱 정제된 서류들과 학술적 글들을 가져다줄 동료들과 함께 발판을 얻고 이로써 더욱 세심한 이해가 가능했을지도 모른다. 그러나 학계와 프롬의 거리는 언제나 여기서 한계를 드러냈다. 프롬은 자신의 국한된 지식을 근거로, 소련이 서방 자본주의 국가들과는 전체적으로 다르지 않은 보수적인 국가 경영 중심 사회로 진화했던 것이라고 상정했다. 소련 지도자들은 사회주의 혁명을 수출하거나 서방과 군비 경쟁을 하는 대신, 내재적인 경제 성장에 훨씬 더 많은 관심을 가지고 있었다. 이것이 소련이라는 국가에 대한 프롬의 평가였으며, 그는 다른 해석적인 가능성들에 대한 탐구를 최소화하면서 그것에 집요하게 매달렸다. 이러한 국가 관리 사회를 만든 일련의 사건들은, 1920년대 후반 스탈린이 권력을 인수하고, 러시아를 유럽에서 짧은 시간 안에 지배적인 산업 세력으로 만들기 위해 전체주의 국가 계획을 통해 고도로 산업화된 중앙집권적 국가를 건설하는 가장 근본적인 목표를 따랐던 거라고 프롬은 주장했다. 레닌의 죽음 이후, 스탈린은 '자신의 사회주의 목표를 반동적인 국가 경영주의의 하나로 변형시키는 것'에 반대한 트로츠키와 늙은 볼셰비키들을 제거하기 위해 공포정치를 시행했다. 스탈린이 러시아를 경제적 후진국에서 강대국으로 변형시키는 데는 30년이 걸렸다. 그러나 노예 노동 수용소들, 반대자들에 대한 임의적 체포, 경찰국가 등 그 대가는 참혹했다고 프롬은 결론지었다.[32]

프롬은 스탈린 통치 시기 동안 자신이 히틀러와 다를 바 없는 스탈린 체제의 비인간성에 대한 깊은 분노로 인해 광적인 반공산주의자였다는 사실을 인정했다. 소련은 그 보수주의와 엄격함으로 그가 좋아하지 않았던 보수적인 산업 관료국가로 진화했지만, 이에 대해 프롬이 감정적으로 분개하지는 않았다. 소련 엘리트들은 확실히 혹독하게 정치적 자유를 제한했지만, 그들은 '반동적인 복지국가'를 운영하고 있었다. 그러나 프롬은 국가가 주민들의 물질적 필요를 만족시킬수록 경찰국가의 전략을 더욱더 발산하게 될 것이라고 가정했다. 산업적이고 정치적이며 군사적인 관료주의에 의해 운영되는 소련은 '경영 혁신'을 이루었을 뿐, '사회주의 혁신'은 아니었다.[33]

미국의 냉전 억제 이론은 소련이 군사와 경제적 모험주의를 통한 공격적 팽창주의 세력이며, 이것은 반드시 서방의 저항과 맞서게 될 것이라고 가정했다. 만약 소련의 위협이 충분히 강력했다면, 미국과 서방 연합국들은 핵무기를 배치하겠다고 위협했을 것이다. 문제는 이러한 정황이 흐루쇼프 집권하에서 공언되었던 소련의 공산주의 혁명 이데올로기와 '보수적인 국가 경영주의'의 현실 사이의 격차에 관해 눈을 가리고 있었던 것이라고 프롬은 주장했다. 왜냐하면 소련을 지배하는 엘리트층은 제2차 세계대전의 황폐함으로부터의 복구, 천연 자원 개발, 경제 위기와 실업 방지, 그리고 소비자의 요구를 만족시키는 일까지 내부적인 일들에 사로잡혀 있었기 때문에 인본주의적 사회주의 체제에 관심도 없었고, 단지 물질적 자원들에 대한 관리를 증진시킬 방법만을 찾고 있었기 때문이다. 그들은 혁명을 외부로 전파한다거나 세계 지배를 꾀하는 따위에는 관심도 없었다. 흐루쇼프의 관심은 국내 경제를 일으킬 수 있도록 규제를 풀기 위해 냉전 무기 경쟁을 감축하거나 없애는 것이었다. 미국의 우월한 군사적 힘 따위와는 상관없이 그가 필요로 했던 것은 평화였고, 군비의 짐을 내려놓는 일이었으며, 자신의 체제에 대한 완벽한 통제였던 것이다.[34]

프롬은 소련 공산당이 1961년 중반에 발표한 한 서류로부터 스스로가 그렸던 흐루쇼프의 러시아에 대한 상에 확신을 갖게 되었다. 이 서류는 『뉴욕타임스』가 번역·출간했고 서방에서의 공산주의 승리에 대한 우려를 자아냈던 마르크스-레닌주의 선언에 이은 "자유세계에 대항하는 새로운 전쟁 선언"으로 묘사되었다. 프롬은 더욱 신중하게 그 서류 속의 맥락과 결정적인 용어들을 살폈고, 당의 프로그램은 세계 혁명을 요청하고 있지 않다는 사실을 지적했다. 사실, 그 서류는 과도하게 단순화된 마르크스-레닌의 사고와, 자본주의 시장의 가치가 혼합된 복지국가 이상들, 엄격한 빅토리아 시대의 도덕주의, 칼뱅주의의 노동 윤리 등을 담고 있었다. 사실 소련은 '사회주의'는 전쟁에 의해 획득되는 것이 아니라 '경제적 우월성'을 산출하는 '더욱 완벽한 사회 조직의 실례'에 의해서 획득될 것이라고 단언했었다. 더욱 중요한 것은 당 프로그램은 그들의 경제적·사회적 목표를 실현하기 위해 세계 평화와 공존이 반드시 요구된다고 제안했다는 것이다. 프롬이 요약했던 것처럼 당은 더 나은 중앙집권적 국가 경제 조직과, 주민들에게 물질적 만족을 증가시킬 것을 요구했다. 소련의 언설은 세계 파멸을 주창하는 것과는 상당한 거리가 있으며 오히려 세계 평화의 책무에 대한 희망적인 징후를 드러내고 있었다고 프롬은 주장했다.[35]

『인류는 번성하는가?』는 미국 정책 입안자들에게 또 다른 우려를 제시했다. 그것은 바로 중국이었다. 프롬은 흐루쇼프 집권하의 러시아가 점진적으로 번성하는 현상 세력이라면, 중국은 식민주의로부터 빠져나와 국가주의를 수용하고 산업화의 기치를 올리는 남미, 아프리카, 아시아 국가들과 동일한 것이라고 보았다. 물질적 자원과 재정적 자본이 부족한 농경 사회였던 중국은 인적 자본으로 눈을 돌려 육체적인 에너지와 주민들의 열정과 생각을 중앙으로 모으고 조직하고자 했다. 중국 지도자들은 공산주의사회의 생산과 최소한의 소비를 통해 노동력을 단련하기 위해 로버트 제이 리프턴이 '사고 혁명'이라고 규정했던 것으로 향했는데, 이는 반대자들에 대한 스탈린식 청산과는 상당히 다른 것이었다. 여기서 개인과 자유로운 사고의 모든 가치는 인간 내부의 '악'으로 폄하된다고 프롬은 설명했다.[36]

마오쩌둥毛澤東은 산업화의 속도에 더 박차를 가해야 했다. 이 때문에 점점 늘어나는 인구를 먹여 살리는 데 필요한 식료품들은 기계나 공장 운영을 위해 종종 수출되곤 했다. 마오쩌둥은 인적 자본을 감수하고라도 중국을 강력한 산업국, 그리고 세계 강대국으로 변형시키겠다고 결심했다. 그렇게 중국은 제3세계의 '혁신' 그룹을 지지하며 지배세력들을 어리둥절하게 했다. 이런저런 중국에 대한 식견을 유념한 채 프롬은 '공산주의 세력'이라는 이름으로 러시아와 중국을 동일시하는 문제의 본질을 강조했다. 그는 대부분의 시사비평가들보다 먼저 그 두 나라 사이의 분립을 인식했다. 무엇보다도 중국 지도자들은 바람직하지 않은 선택이라고 하더라도 핵전쟁을 가능한 선택지로 여겼으며, 그러한 전쟁이 러시아인이나 미국인보다 널리 퍼져 있는 7억의 중국 인구에게는(설사 그들 중 반이 사망하게 되더라도) 파괴력이 덜할 것이라고 가

정했다.[37]

프롬은 매우 제한된 정보 자료에 근거해, 중국이 핵전쟁 속에서의 생존과 관련해 주기적으로 공허한 말들을 쏟아냈음에도 불구하고 대규모의 군사 공격 정책을 수용할 가능성을 배제했다. 중국의 지도자들은 중국 남부와 동남아시아 국가들을 상대하느라 온 신경을 집중하고 있었다. 미국은 베이징 정부를 제대로 인식해야 하고, 국제 연합에서 함께 머리를 맞대고 앉아 노력해야 하며, 경제적으로 중국에게 필요한 것들을 지원해야 했다. 서방이 베이징 정부에 더욱 자애로운 태도를 취하면 취할수록 중국은 안정 속에서 평화를 추구하면서 자국의 국내 발전에 집중할 것이었다. 프롬이 제안한 대중국 정책은 러시아와 관련해 그가 주장했던 화합과 자애와 협상 같은 것들과 본질적으로 다르지 않았다.[38]

실제로 프롬은 중국보다 독일에 대해 더 많은 우려를 갖고 있었다. 그는 독일의 전후 재무장이 특히 미국과 러시아 사이에 핵 충돌을 촉발할 수도 있을 것이라고 생각했다. 케네디 집권이 시작되면서, 재무장을 노리고 있던 독일은 실제로 그렇게 하고 있는 것처럼 보였다. 독일 평화운동을 하는 프롬의 동료들은 미국 국무장관이 갖지 못했던 그러한 취지의 독일 정부 내부 서류들을 프롬에게 제공했고, 풀브라이트와 다른 미국 상원의 온건파들은 독일 문제에 관해서는 그의 전문 지식에 의존하고 있었다. 『인류는 번성하는가?』에서 프롬은 러시아가 재무장한 독일연방공화국(서독)에 대해 우려하는 것은 자연스러우며, 실제로 그러하다고 주장했다. 실제로 그는 서독의 비무장 없이 소련과 미국의 평화로운 공존을 추구하는 것은 의미 없는 일이라고 주장했다. 여기에서 잘못된 전제는 프롬이 소련과 미국이 아니라 서독과 동독이

소련과 미국의 정책을 결정하고 있다고 가정했다는 것이었다.[39]

비록 그의 입장이 전후 기간보다는 독일의 과거와 관련해 더 많이 서술하고 있는 듯 보였지만, 프롬은 서독이 공격적인 의도를 가지고 있지 않다고 소련이 생각할 이유가 없다고 주장했다. 19세기 후반 이래로, 그는 독일의 기업가들이 군사적 확장과 영토 도용을 통해 원자재와 새로운 시장을 추구했었다는 입장을 유지했다. 실제로 옛 동프로이센 지주 귀족층의 군부는 이러한 기업가들과 연합을 유지했는데, 이들은 제1차 세계대전의 막후 조종 세력이었으며, 1930년대와 1940년대 초에 히틀러의 세력 확장에 아주 중요했다.[40]

프롬은 미국과 그 연합국들은 군비 확장에 대한 독일의 열망이 1945년 히틀러의 패망으로 사라져버렸다고 잘못 가정하고 있었다고 주장했다. 반나치화와, '경제 기적'에 첫발을 내디디며 민주국가를 건설하려는 전후 서독 정치 지도자들과 함께 미국의 외교 정책 엘리트들과 그들의 연합국들은 재무장한 서독이 잠정적인 소련의 세 확장에 맞서 균형을 맞추어줄 것을 희망했다. 그러나 오래된 군사 산업 연합은 아데나워 정부에서도 여전히 살아 있다고 프롬은 주장했다. 서독의 연방군 장군들은 원자폭탄과 확대된 해군력을 요구하고 있었고, 스페인의 군사 기지를 위한 협상을 진행했으며, 잃어버린 영토를 회복하기를 희망하고 있었다. 몇십 년 전만 해도 러시아 공격을 준비했던 독일을 생각해보면, 소련이 자신의 서쪽에 있는 강력한 나라로 인해 위협을 느낀 것은 결코 놀랄 만한 일이 아니었다. "새롭게 힘을 얻은 독일은 (…) 동구권에뿐만 아니라 서구권에게서도 등을 돌릴 수 있다"는 사실을 왜 영국과 미국은 보지 못하는지, 프롬은 묻고 있다. 전후 세계에서 미국의 주요한 군사적 골칫거리로 그가 소련이나 중국보

다 독일에 더 초점을 맞춘 것은 아무리 좋게 생각해도 분명 문제가 있다.[41]

프롬은 『인류는 번성하는가?』에 그가 적은 구체적 구상이 핵전쟁 방지에 몰두하고 있는 새로운 미국 외교 정책의 근간이 되기를 바랐다.

"필요하다면 언제든 서로를 파괴할 준비가 되어 있는 두 강대국의 현 상황은 언제든 전쟁의 개시를 결정할 상당한 가능성을 양산하고 있다. 양측 모두 그것을 피하고 싶어한다고 하더라도 말이다."

사고와 계산 착오와 군대의 단계적 확대, 혹은 다급해진 제3국의 행동은 결국 어느 쪽이든 그들의 군사 지도자들에게 핵 공격을 시작하도록 촉발할 수 있었다. 이러한 재난을 피하기 위해 미국은 소련의 상호행동을 기대하며 스스로 핵 무기고를 폐쇄하는 절차를 밟아야 한다고 프롬은 예언적으로 주장했다. 3년 전의 C. 라이트 밀스처럼 프롬은 이러한 미국의 대담한 선조치에 따르는 위험이 군비 경쟁을 계속하는 위험에는 미치지도 못할 것이라고 말했다.

"지금까지 없었던 파괴적인 무기들을 보유하는 상호 위협적 전략이 핵전쟁을 막을 수 있으며 이러한 길을 따르는 사회가 그 민주적인 성격을 보존할 수 있으리라는 믿음은 더할 나위 없이 비현실적이다."

확실히 프롬의 주장은 논리적이었지만, 그것은 다른 가능성을 배제하고 있었다. 실제 그러했던 것처럼 조심하고, 자제력을 가지고, 줄여나가고, 서로 자극하면서도 계속 이어졌던 두 주요 강대국의 대화는, 어찌되었든 핵전쟁을 피해 갔다. 또한 찰스 O. 레르케 2세Charles O. Lerche Jr.와 다른 냉전 전문가들이 제안했듯이, 1960년대 초 소련과 미국 양측은 (서로에 대한) 암묵적 이해의 방향으로 서서히 나아가고 있었다. 양측 모두 상대에 대한 선제공격이 성공하리라고 보지 않는 상황에서 양 국가는 핵무기를 배치하는 일은 의미 없다는 것을 깨닫게 되었다. 확실히 이러한 반박들은 프롬에게는 심각한 흠이기는 했다. 소련도 미국도 중국을 설득할 수 없었고, 핵무기 확산을 막지 못했으며, 또한 계산 착오에 대한 보장을 하지도 못했다. 이성이 항상 지배하리라고 장담할 수는 없다. 베를린 위기와 쿠바 미사일 위기 모두에서 그러한 주요 강대국들은 거의 전쟁에 가까워져 있었다. 아마도 천운으로, 그리고 고위급 지도자들이 지니고 있었을 어느 정도의 상식들로 인해 평화는 유지되었다.[42]

프롬은 지속적이고 상호적인 군비 축소를 제안하기 위해서는 두 대국의 평소 관계를 개선시키기 위한 정책들이 필요하다는 것을 깨달았다. 가장 효과적인 계획은 "현상에 대한 상호 인식, 양쪽 진영 사이에 현존하는 힘의 정치적 균형을 변화시키지 않겠다는 상호 합의"를 통하는 것이었다. 미국과 그 연합국들은 소련의 동유럽 쪽 위성 국가들과 그 이익의 주도권에 대한 도전을 스스로 포기해야 했고, 소련은 서부 유럽과 미국 대륙에서의 미국의 영향력을 받아들여야 했다. 만약 소련과 미국 간 긴장의 최고 지점이 독일, 특히 베를린이었다면, 서방이 소련의 동독 통제를 인정함으로써 하나로 합쳐져 완벽하게 재무장된 독일 국가에 대한 러시아의 두려움을 완화시킬 수 있을 것이라고 프롬은 이야기했다.[43]

독일의 위협을 과도하게 강조하긴 했지만 프롬의 초점은 정확했다. 소련과 미국의 생산적인 협상으로 강대국들이 아프리카와 남미, 중동과 심지어는 유럽 국가들의 비동맹 상황을 존중하는 것이 좀 더 쉬워질 것이라는 것. 인도와 이집트와 유고슬라비아는 이 지점을 강조했다. 그들은 미국의 자본주의와도, 소련의 국가 경영주의와도, 중국의

'반개인적 공산주의'와도 닮지 않은 인본주의적 민주사회주의를 추구하고 있었다. 이러한 비동맹 국가들은 경제 활성화를 위해 주요 강대국들의 조종을 받지 않는 대량의 원조가 필요했다. 그러한 일이 가능하다면, 이러한 국가들은 자신들의 상황과 전통에 일치하는 비동맹인 '제3세력'의 의제를 자유롭게 추구할 수 있을 것이라고 프롬은 믿고 있었다. 또한 이것이 소련과 미국의 긴장을 소멸시킬 것이라고.[44]

프롬은 민주사회주의 안에서 '제3의 길' 혹은 '제3세력'에 대해 과도한 희망을 지니고 있었고, 이른바 저개발국들 속에서 그 가능성을 보았다. 서방이나 소련 혹은 중국과는 다른 인본주의적 민주사회주의에 대한 모험에는 '자존감, 개인 주도성, 사회 책임 그리고 개인의 존중 의식'이 필요했다. 그것은 동시에 러시아의 엄격하게 중앙집권적인 관료 시스템과 비교할 만한 경제 성장을 약속했다. 예를 들어, 유고슬라비아는 러시아와 비등한 연간 경제 성장률을 이미 달성했다. 게다가 저개발국에서 부분적으로 일어나는 민주사회주의의 성공은 자신들의 체제가 이상적이라는 러시아와 중국의 주장을 드러내놓고 깎아내리고 있었다. 1년도 안 되는 짧은 시간에 연구되고 쓰인 그의 책의 다른 부분들처럼 프롬은 이러한 논점들에 대한 정확한 증거는 거의 가지고 있지 않았다.[45]

요약하면, 『인류는 번성하는가?』는 두 가지 논쟁점을 제시한다. 첫 번째는, 미국과 소련 사이의 상호 비무장을 통해 핵전쟁 직전의 상황으로부터 세계를 구원하는 다소 실용적인 프로그램이었다. 각각은 상대방의 영향력의 자장을 받아들여야 했다. 그러나 두 번째로 프롬은 저개발국 국민들의 민주사회주의를 육성할 권리에 관해 거의 예언 같은 주장을 하고 있었다. 이러한 논리라면; 러시아는 동독과 헝가리가 자신들의 영향력의 자장 안에 속해 있기 때문에 그들을 계속해서 지배하고 억압할 수 있었지만, 비동맹인 데다 민주사회주의로 방향을 돌린 이집트나 인도는 통제할 수 없어야 했다. 모두 자유와 자주를 원하고 있는데, 사랑의 예언자라는 프롬은 어떻게 이 국가들의 이질적인 운명을 화해시킬 수 있을까? 그런데 그는 신생 비동맹 민주사회주의 국가들이 어떻게든 냉전의 당사자들 사이의 충돌을 중재했을 수도 있다는 사실조차 모르고 있었다. 프롬의 예언적 성향에도 불구하고, 주요 강대국들의 영향력의 자장 안에 있던 국가들의 민주주의는 어긋나고 발전이 지체될 것이며, 반면에 다른 나라들은 자유를 얻으리라고 확신하는 그의 이야기는 설득력이 없었다.

이것은 『인류는 번성하는가?』의 서로 상반되는 논리와 일치했다. 그는 현대 러시아의 사회, 역사, 외교 정책에 대해서는 존중할 만한 조사를 제시했지만, 중국에 대한 논의는 훨씬 더 개괄적이었다. 그는 독일에 대해 많은 것을 알고 있었지만, 그것을 소련과 미국의 충돌을 설명하는 데 과도하게 남용했다. 유고슬라비아와 인도를 포함하는 구체적인 '제3세력' 국가들과 관련해 그가 제공한 정보는 그의 논쟁에서 상당히 중요한 위치에 있었음에도 엉성했다. 또한 마치 증거와 논리의 문제를 보상이라도 하려는 듯, 프롬은 주요 논점들을 반복하기만 하는 경향이 있었다. 『자유로부터의 도피』와 심지어 『건전한 사회』에서도 두드러졌던, 우아하고 기술적인 문체로 실증과 논쟁 사이를 오갔던 강점이, 1961년의 냉전 세계에 대한 이 연구에서는 결핍되어 있었다. 여러 가지 문제로 점철되었던 그 시대에 광적인 속도로 집필을 하며 핵전쟁을 피하기를 간절히 바라는 프롬에게, 자신은 분명 그저 임무를 부여받은 한 명의 예언자여야 했을 것이다.

제9장

제3의 길

프롬은 서방의 자본주의와 스스로 '관리주의'라 이름 붙였던 소련 체제에 대한 민주사회주의적 대안에 몰두하고 있었다. 그는 민주사회주의와 인본주의를 동일시했는데, 이는 사회에 의해 유지되는 개인의 자유로 창조적인 노동과 행복을 추구하는 것이었다. 프롬은 비동맹의 '제3세력' 국가들이 이러한 길을 따르기 위한 가장 커다란 잠재적 가능성을 지니고 있다고 생각했다.

1960년 칼 폴라니가 서로의 지식과 사상을 강화하기 위해 정치적 관심을 지닌 지식인들의 연합을 지지하는 데 함께 이름을 올리는 것이 어떠냐고 제안했을 때, 프롬은 마음이 흔들렸다. 개성이 강한 동부 유럽의 경제 역사가였던 폴라니는 1944년의 걸작 『거대한 전환 The Great Transformation』에서 경제적 행위가 보살핌과 상호 호혜의 사회적 관계들에 의해 수용되는 '인본주의적 사회주의'를 제안했다. 폴라니는 자신의 인본주의적 사회주의를 공동체보다 경제적 이익이 더 가치를 갖는 시장자본주의 체제와 대조했다. 자신의 관점이 프롬의 것과 확실히 겹쳐지고 있다는 사실을 깨달은 폴라니는 "20여 년간 지속되어온 우리의 우정이 모든 사람을 위해 결실을 맺어야 한다"라고 털어놓았다. 그들은 '좀처럼 떼어낼 수 없는' 스탈린주의와 파시즘, 그리고 시장자본주의에 저항해왔던 런던과 부다페스트, 밀라노, 뉴욕, 그리고 다른 곳에 있는 비슷한 생각을 가진 몇몇 사회주의 사상가들과 접촉해야 했다. 폴라니의 의도는 이러한 동료들을 조직하고 그들의 지식을 한데 모아 전 세계적인 효과를 이끌어낼 수 있는 정치활동을 추구하는 것이었다.[1]

프롬은 그러한 노력의 주요한 조력자가 되기로 자원했다. 1963년, 그는 친구이자 활동적인 이탈리아 사회주의자인 안젤리카 발라바노프Angelica Balabanoff에게 편지를 썼다. 그는 체코, 폴란드, 유고슬라비아 대표단이 국가사회주의의 실현 가능한 대안으로 자유와 존엄의 환경을 위한 캠페인을 하다가 러시아와 동독, 헝가리 대표단과 공개적으로 말다툼을 벌였던, 유고슬라비아 철학 회의에 자신이 참가했었다고 했다. 프롬은 이러한 대표단을 '인간과 사회주의에 대한 진실하고 깊은 신념을 가진 젊은 지식인들로, 그리고 소련의 관념에 비판의 목소리를 높이기를 두려워하지 않는 젊은 지식인들'로 규정했다. 이러한 단체를 마음속에 새기며 프롬은 런던에 있는 친구 클래라 우르쿠하트와 접촉했고, 그녀는 그에게 자신의 조력자인 알베르트 슈바이처를 소개했다. 또한 그녀는 새로운 국제 저널 『인본주의 연구Humanist Studies』가 동료들을 끌어모으는 데 도움이 될 거라는 프롬의 이야기에 동의했다. 그들은 그 저널을 4분기로 나누어 출간하고 서방 자본주의와 공산주의적인 흐루쇼프주의 사이의 대안이 인본주의적 사회주의라고 믿고 있는 학자들로부터 비평적인 에세이를 받아 싣기로 계획했다. 클래라와 프롬은 편집 필진으로 슈바이처와 로버트 오펜하이머Robert Oppenheimer를 초대했고, 더하여 자신들 둘 다와 친분을 맺고 있던 노먼 토머스가 함께해주기를 희망했다.

프롬은 또한 영국의 인본주의적 사회주의 학자이자 자신의 친구였던 보토모어와 리처드 티트머스Richard Titmuss와 접촉하기로 마음먹었다. 티트머스는 런던대학에서 강의 중이었고, 몇 차례 노동당 정부의 내각에 있었으며, 평등적인 사회주의 정책들을 홍보하기 위해 엄청난 양의 글을 썼다. 프롬이 인본주의적 사회주의 사상가들을 연합하기 위한 국제적 조직을 제안했을 때, 두 사람 모두 열광했다.[2]

프롬은 또한 자신의 인본주의적 문장들을 따라 마르크스를 해석했던 폴란드의 철학자 아담 샤프에게 눈을 돌렸다. 샤프는 특히 소련의 마르크스주의자들이 회피했던 소외의 문제에 관심이 있었다. 프롬은 오스트리아인 예수회 사람이었던 카를 라너Karl Rahner와 같은 기독교 사상가들도 선발하려 했다. 프롬은 샤프에게 라너를 창조적인 에너지와 관용의 정서를 지닌 자유교회운동의 최전선에 있는 사람이라고 설명했다. 다른 성직자들은 브라질 출신의 대주교 수도사 에우데르 카마라Hélder Câmara와 트라피스트회Trappist 수도승이었던 토머스 머튼이었다. 이러한 연합 세력은 인간의 생명, 성장, 즐거움, 창의성을 수용하는 사회적 조직과 가치들, 즉 프롬의 '신조'를 고수하고 있었다. 『자유로부터의 도피』에서 프롬은 서방 인본주의를 위한 발판으로 중세 기독교에 끌렸고, 라너, 카마라, 머튼과 같은 기독교 공공 지식인들에게서 자신의 사회주의적 신념들에 부합하는 기독교적 시각을 발견했다.[3]

프롬은 『인본주의 연구』 모임과 인본주의적 사회주의자들을 연합하기 위한 모험이 동료 활동가들을 모으기 위해서는 '그들이 말하는 인간 존재'에 대한 서로 공유하는 이데올로기적 입장들, 그 너머로 나아가야만 한다고 강조했다. 인격과 윤리적 행위는 적어도 교리만큼이나 중시되었다. 라너와 장 다니엘루Jean Danielou(초기 천주교의 역사가이자 가난한 자들을 위한 목사)는 자유민주주의적인 기독교주의를 대표했고, 슈바이처와 틸리히는 사회적으로 의식 있는 청교도주의의 입장에 서 있었다. 만약 버트런드 러셀이 철학을 대표하고 로버트 오펜하이머가 과학을 대표한다면, 두 사람 다 인류에 헌신하고 있는 셈이었다. 결국 『인본주의 연구』를 완성하기 위한 프롬의 노력은 제대로 결실을 맺지 못했다. 그런데도 그는 사회적으로 활동하는 인본주의자들의 전 세계 네트워크의 중심에 위치하고 있었다.[4]

시간이 지나면서 그 네트워크는 프롬이 위대한 '도덕적 위상'의 지도자로 규정했던 전 멕시코 대통령 라사로 카르데나스Lazaro Cardenas, 선구적인 미국의 평화주의자였던 A. J. 무스트, 제네바에서 장 피아제 Jean Piaget와 함께 일했고 파리와 브뤼셀에서 문학사회학을 가르쳤던 마르크스주의자 교수 뤼시앵 골드망Lucien Goldmann, 그리고 브라질의 뛰어난 교육사상가이자 남미 사람들의 문맹 퇴치에 공헌했던 파울루 프레이리Paulo Freire를 영입했다. 그는 또한 트로츠키의 비서이자 소련 관료주의 구조에 대한 비평을 알게 해주었던 라야 두나옙스카야를 포함시켰다. 프롬의 비공식 조직이 성장함에 따라, 보토모어는 참여자들 사이의 가장 본질적인 유사함이 탈중심화된, 탈권위주의적인 사회주의의 실현이며, 자신도 유고슬라비아의 노동자 자립 경영 시스템에 특히 감명을 받았다고 프롬에게 설명했다.[5]

프롬은 유고슬라비아와 폴란드, 체코슬로바키아가 변화를 위한 준비가 가장 잘된 나라라고 여겼다. 그는 "나는 유고슬라비아, 폴란드, 체코슬로바키아의 철학자들이나 지식인들과 애정이 담긴 교류를 하고 있다. 나의 책들을 그 나라 언어로 번역 중이다"라고 1964년 안젤리카 발라바노프에게 썼다. 그는 "정치적 상황이 불안정하더라도 이 작은 나라들에서 진정한 사회주의운동은 계속 발전하게 될 것이다"라고 신념을 나타냈다. 만약 이러한 국가들이 소비주의와 '단지 돈에만 관심이 있는 물질주의'에 저항하는 동시에 소련의 통제로부터 자신들의 독립을 계속해서 이루어갈 수 있다면, 그들은 실현 가능한 인본주의적 사회주의 사회를 건설할 수 있을 것이었다. 발라바노프가 과도한 낙관주의를 경고했지만, 프롬은 그녀의 충고를 무시했다.[6]

프롬은 '진짜' 마르크스주의에 이끌렸던 자그레브와 베오그라드에 근거를 둔 마르크스 인본주의자들의 실천 학교에 대해 특히 열정적이었다. 그는 1964년에 처음 출간된 그 학교의 저널 『실천Praxis』을 연구했고, 가조 페트로비치Gajo Petrović, 류바 스토이치Ljuba Stojic, 스베토자르 스토야노비치Svetozar Stojanović, 루디 수페크Rudi Supek, 프레드라그 브라니츠키Predrag Vranicki, 그리고 특히 미하일로 마르코비치Mihailo Marković와 급격히 친해졌다. 실제로 마르코비치의 『부유함으로부터 실천까지From Affluence to Praxis』(1974)의 서문에서 프롬은 그 단체가 '좌익 사회민주주의자들과 스탈린주의자들에 의해 똑같이 왜곡되었던 마르크스에 대항하는 진정한 마르크스로의 회귀의 길'을 모색하고 있다고 단언했다. 그는 특히 소외에 대한 마르코비치의 탐구, 인간의 창의적이고 실용적인 본성에 대한 페트로비치의 탐구, 그리고 인간의 창의성과 생산적 능력에 대한 밀란 캉그르가Milan Kangrga의 탐구에 관심을 두었다. 프롬은 또한 이러한 실천 사상가들이 몇몇 그의 책과 기사를 세르

보크로아트어로 번역했고, 카를 코르슈, 죄르지 루카치, 안토니오 그람시, 뤼시앵 골드망, 에른스트 블로흐 등에게서 영감을 받았다는 사실에 상당히 기뻐했다.[7]

실천 모임은 유고슬라비아 대통령 요시프 티토Josip Broz Tito의 수정된 마르크스-레닌주의 정책들에 맞서는 데 상당한 용기를 보여주었다. 프롬이 유고슬라비아를 '제3의 길'로 향하는 국가로 규정했다고는 하지만, 실천 모임의 학자들이 티토는 '제3세력'을 진행시킬 입장도 아니며 시민 자유주의자도 아니라는 주장을 하고 있었음에도 불구하고, 그는 티토의 교묘한 검열 기술에 충분히 주의를 기울이지 않았다. 반대로, 티토와 그의 지지자들은 실천 모임 지식인들을 '전문적인 반공산주의자들' 혹은 '자기 주도 사회주의에 대한 적들'이라고 규정했다. 『실천』은 주기적으로 발행이 금지되었다. 비록 대부분의 실천 모임 학자들이 이러한 종류의 억압에 강하게 저항하기는 했지만, 몇몇은 티토의 국가를 다시 받아들였다.[8]

마르코비치와 실천 모임의 다른 철학자들이 유고슬라비아에서 프롬의 계획의 중요한 지지자들이었다면, 아담 샤프는 폴란드에서 그의 지지자가 되었다. 실제로 런던의 보토모어를 제외한다면, 샤프는 프롬의 인본주의적 사회주의자들의 세계적 네트워크를 발전시키는 주요한 조력자로 진화했다. 프롬보다 열세 살이 적었던 샤프는 파리에서 경제학과 법학을, 폴란드에서 철학을 공부했다. 1945년에 샤프는 소련 과학원에서 철학 박사과정을 끝냈고, 붉은 군대와 함께 나치가 점령하고 있던 폴란드로 돌아왔다. 그는 바르샤바대학에서 마르크스주의 철학을 가르치는 일자리를 얻었다. 스탈린주의 소련의 교조적 해석을 밀접하게 따르고 인식론을 전문으로 하면서 샤프는 폴란드 공산당의 공직자가 되었고, 비마르크스주의 철학의 흐름을 공격하는 데 주도적인 역할을 담당했다. 그러나 흐루쇼프 스탈린주의의 잔혹행위들이 드러나던 해인 1956년에 브와디스와프 고무우카Władysław Gomułka가 폴란드에서 재집권했을 때, 샤프의 교조적인 경향은 무뎌졌다. 실제로 샤프는 1956년 소련이 헝가리에서 그랬던 것처럼 정치적 자유화를 잠재우기 위해 소련의 군대를 소집하지 말라고 고무우카 정부에게 경고한, 폴란드의 선구적 반스탈린주의자였던 레스테르 코와코프스키Lester Kołakowski로부터 확실히 영향을 받았다. 샤프는 콜라코프스키가 마르크스의 1844년 작 『경제학-철학 수고』를 추앙했고, 스탈린주의자의 해석이 마르크스의 인본주의적 이상을 훼손했다고 강조하면서 루카치와 그람시의 연구와 연결했다. 비록 폴란드 공산당에서 샤프의 상승된 입지가 스탈린주의의 흔적이 남아 있는 세계관을 드러내기는 했지만, 코와코프스키의 업적을 극대화하면서 그는 폴란드 마르크스 인본주의의 중심적 인물이 되어갔다. 그는 실존주의와 현상학을 수용했고, 인간의 자유를 강조하는 마르크스의 해석을 옹호했다.[9]

샤프와 프롬의 우정은 샤프가 폴란드 철학 저널에 『에리히 프롬, 마르크스를 말하다』의 서평을 발표하면서 더욱 단단해졌다. 그는 그 책의 철학적 통찰이 날카롭고, 마르크스를 인본주의자로 규정하는 방식이 훌륭하다고 상찬하는 편지를 프롬에게 적어 보냈다. 프롬은 샤프의 편지를 받고 무척 기뻐했으며, 전 세계적으로 증대하는 '마르크스 인본주의의 부흥'에 자신이 얼마나 흥분하고 있는지를 적어 그날 바로 답장을 보냈다. 그는 자신이 학창 시절 이래로 사회주의자였지만 최근에 더욱 활동적이 된 것이라 말하면서 자신의 다른 책 여러 권을 보내겠다고 약속했다. 프롬은 런던에서 열린 세계평화회의에 샤프를 초대

했고, 그에게 인본주의적 사회주의에 대한 국제 심포지엄에 기부하라고 요청했다.[10]

프롬과 샤프는 1960년대 중반 동안 활기찬 편지를 계속 주고받았고, 몇 차례 만나기도 했다. 프롬은 특히 샤프의 에너지 넘치는 삶과 온화함, 그리고 소련의 영향권에 있던 사람들에게 환원주의적 국가 사회주의의 빈곤을 드러내려고 애쓰는 그의 용기에 탄복했다. 1964년 3월, 프롬은 어떻게 자신과 샤프가 하나의 '본질'을 가지고 있으며 유사한 신념을 공유하고 있는지 주목했다. 폴란드가 마르크스주의와 정신분석학이 명백히 반대되는 것이라는 '공식적인' 관점을 지니고 있음에도 샤프가 그 두 가지의 연결을 모색했을 때, 프롬은 기뻐했다.[11]

1960년대 중후반, 샤프는 프롬의 작품들을 폴란드어로 번역하고, 판매와 배부를 감독했다. 그리고 폴란드의 중요한 신문과 정기간행물에 그 책의 비평이 실리도록 확인하며, 프롬의 저작들에 대한 주요한 선전자가 되었다. 샤프는 특히 『사랑의 기술』이 폴란드 시장에서 단 며칠 만에 5만 부가 팔린 것을 기뻐했다. 샤프는 번역된 다른 책들과 더불어 프롬이 매우 유명해졌고, 폴란드에서 저명한 작가가 되었으며, 폴란드 사회주의 과학자들 사이에서 좋은 명성을 얻었다는 사실을 만족스럽게 공표했다. 그 보답으로 프롬은 샤프의 『마르크스주의와 인간 개인Marxism and the Human Individual』(1965)의 영어판 번역을 알선했고, 그 책에 소련의 마르크스주의로부터 불어온 신선한 숨결이 담겨 있다고 설명하면서 더 많은 미국 대중에게 읽히도록 맥그로힐 출판사에서의 문고판 출간에 애썼다. 맥그로힐 출판사는 샤프와 계약을 진행했고, 프롬은 어려운 출판 과정을 일일이 안내했으며, 노먼 토머스에게 그 책을 공개적으로 지지하도록 했다. 프롬은 또한 그것을 중대한 출판 사건이라고 규정하면서, 미국 번역판을 극찬하는 소개문을 적었다. 샤프는 소련권의 사회주의 국가들 안에서 진행되는 마르크스 인본주의 르네상스를 미국인들에게 소개했고, 프롬은 이것은 세계 전역에 걸친 인본주의의 부활, 슈바이처와 러셀, 아인슈타인, 교황 요한 23세에 의해 인도된 부활의 일부분이라고 목소리를 높였다. 인간 존엄과 창의성과 즐거움의 가치를 극찬하는 샤프와 다른 인본주의자들은 프롬에게 핵전쟁의 위협에 대항하는 인류의 가장 바람직한 희망이었다.[12]

점점 늘어나는 인본주의적 사회주의자들의 국제적 네트워크에서 샤프와 함께하면서, 프롬은 이러한 운동이 "더 이상 뿔뿔이 흩어진 몇몇 지식인의 염려가 아니라 전 세계 곳곳에서 독립적으로 발전되는 것"임을 증명하기 위해 '오늘날의 인본주의적 사회주의자들의 사고의 자장과 생명력'을 설명하는 책의 출간을 모색했다. 『인본주의 연구』를 시작하려는 프롬의 노력이 실패로 돌아갔음에도 그는 하나의 대안인, 자신의 네트워크의 사상과 재능을 보여주는 다국적 작가들의 작품을 추진했다. 돈이 되는 베스트셀러를 출간해온 명성과, 편집자로 표지에 자신의 이름을 싣는 것을 이용하면 거대한 미국의 상업 출판사들을 줄 세우는 일이 어렵지 않다는 사실을 그는 잘 알고 있었다. 『사회주의적 인본주의Socialist Humanism』라는 편집본의 타이틀을 가지고 그는 더블데이 출판사와 꽤 큰 규모의 양장본 초판 인쇄 계약을 맺었고, 뒤이어 더블데이 앵커 북스 시리즈로 문고판 출간 계약을 체결했다. 프롬은 그 책이 "몇 가지 언어로 출간될 수 있는 국제적 가치를 지닌 책, 점점 확대되는 마르크스 인본주의의 르네상스가 전 세계적인 현상이라는 것을 설명하는 책"으로 만들어져야 한다고 주장했다. 그 책은 1965년에 출간된 후 곧 9개 언어로 번역되었고, 50여만 부

가 팔렸다. 그것은 프롬의 다른 출판물들과 비교해도 나쁘지 않은 판매고였다.[13]

더블데이 출판사가 프롬에게 『사회주의적 인본주의』에 대해 5000달러의 선인세를 제안했을 때, 프롬은 그 돈을 참여 작가들과 균등하게 나누기로 약속했다. 그는 20페이지에 달하는 서문과, 인본주의 정신분석학과 마르크스 사상을 연계하는 에세이를 집필하기도 했다. 프롬은 다른 필자들에게 인본주의와 관련된, 그리고 사회주의와 인간의 본성, 그 욕구들과 관련된, 스스로 선택한 주제의 6000단어짜리 에세이를 적게 했다. 비록 필자들은 일반적인 세계 시장에 관해 적었지만, 프롬은 그들에게 지식인들과 학생, 예술가들의 마음을 움직이도록 이끌었다. 이렇게 조언하는 과정에서 프롬은 코와코프스키와 다른 동유럽 사회주의 반체제 인사들이 1950년대 중반 이래로 강조했던 '인텔리겐치아'의 개념에서 영향을 받은 듯했다. 처음에 프롬은 열다섯 명의 필진으로 계획했지만, 결국 서른다섯 명이 되었다. 러시아나 중국, 남미의 필자는 없었고, 세네갈의 대통령이자 시인인 레오폴 상고르 Leopold Senghor가 아프리카를 대표했다. 약 3분의 1은 유고슬라비아와 폴란드, 체코슬로바키아 출신이었고, 나머지는 대부분 미국, 영국, 이탈리아, 독일, 프랑스 출신이었다. 샤프에게 보낸 편지에서 프롬은 초판의 영어권 독자들에게 한정된 지리적 한계, 즉 "폴란드와 체코슬로바키아, 유고슬라비아에 존재하는, 그리고 동시에 서방의 작가들에 의해 공유되는 인본주의적 마르크스주의와 관련된 사상의 밀접함"을 설명하도록 제안했다. 본질적으로 프롬이 우선시한 것은 동부 유럽 반체제 인사들의 글을 미국과 서부 유럽의 인본주의자들과 연계하는 것이었다.[14]

프롬은 폴란드의 샤프와 영국의 보토모어를 통해, 자신의 네트워크 안에 들어와 있지 않던 몇몇 필자에게 도움을 청했다. 그들이 민주 사회주의의 '제3세력'의 편에 서 있었기 때문에 각각의 필자 또한 '어떠한 냉전의 기운으로부터 어느 정도 자유로운' 사람이어야 했다. 간단히 말해, 각각의 저자는 명성이 있는 것은 물론이고 '완벽하게 살아 있는 독립적이고 자유로운 인간'을 추구하는 지적인 위치에 있어야 했다. 그러나 프롬은 때때로 그 속에 다른 요인들을 집어넣었다. 그는 기독교주의와 마르크스주의를 화합시키려 했던 프랑스 공산당 당원인 로제 가로디Roger Garaudy를 보토모어가 싫어한다는 이유로 거절했다. 그런 한편 프롬은 "기묘하게 포장된 사이비 급진주의의 전형"이며 '혼돈스러운' 기사라고 스스로 규정하면서도 허버트 마르쿠제의 글을 요청하고 받아들였다. "그렇지 않았다면 마르쿠제의 견해를 좋아하지 않기에 그의 논문을 거절한 것이라고 모두가 믿을 것이기 때문"이었다. 명백히 프롬은 10여 년 전에 마르쿠제에게 당했던 일을 완전히 잊지는 못하고 있었다.[15]

프롬은 『사회주의적 인본주의』를 완성하는 데 예상보다 훨씬 더 많은 시간과 노력이 필요하다는 사실을 깨달았다. 저자들과 편지를 주고받는 것은 시간이 많이 걸렸고, 진을 빼는 일이었다. 몇몇 에세이는 영어 번역이 너무 엉망이어서 출판사 측에서 다시 번역해달라고 요청하기도 했다. 또한 필자들이 단어 제한을 초과하는 경우도 있었는데, 프롬이 분량을 줄일 것을 제안하면 반박이 뒤따르기도 했다. 프롬은 동부 유럽 작가들이 서방의 반스탈린주의를 따르는 『사회주의적 인본주의』에 이름을 올림으로써 스탈린 정권으로부터 처벌의 위험을 무릅쓰고 있다는 사실을 우려했다. 그 위험을 완화하기 위해 그는 모든 기고

가에게 '소련의 현실과 이데올로기'에 노골적으로 적대적인 언급을 삭제하라고 제안했다. '공산주의'는 적으로 간주되어서는 안 되었고, '냉전과 관련이 있을 법한 호전적인' 모든 표현은 삭제되어야 했다. 몇몇 기고가는 그러한 제안에 망설였으며, 협의에는 시간이 걸렸다. 그러나 프롬은 거의 항상 자신의 방식대로 밀고 나갔다.[16]

실제로 프롬은 『사회주의적 인본주의』가 엄격함과 계급, 그리고 스탈린주의 국가의 '객관적' 규범에 반대하는 전 세계적인 '인본주의적 사회주의의 활력'을 일반 대중에게 불어넣는 35인의 논리 정연한 책이 되도록 최선을 다했다. 그의 작업의 지속적인 주제는 인간을 창의적인 모습과 행복을 찾는 주체적이고 사회적인 존재로 규정하는 것이었다. 확실히 인간에게는 윤리적인 토대가 있었고, 사회주의 혁명으로 나아갈 수 있었다. 무엇보다도 인간은 다른 사교적이고 지지하는 존재들의 세계 속에서 일체감과 존엄을 찾았다. 인간은 다른 사람들에게 정체성과 행복과 존엄을 부여할 때, 또한 스스로에게도 그럴 수 있다. 이 필자들 사이에서는 마르크스에 대한 스탈린주의의 해석보다 인간적인 유대와 관심이 훨씬 더 중심적이었다. 실제로 그들은 역사의 매개체가 인간이 아니라 '생산 수단' 속의 견고한 '객관적' 물질의 요소들이라는 스탈린의 『변증법적 유물론 및 사적 유물론Dialectical and Historical Materialism』(1938)에 반대하는 입장에 섰다. 거의 모든 필자가 『경제학-철학 수고』(1844)의 그 젊고 유연하며 인본주의적인 마르크스를 언급했고, '인간 본질'의 실현과 그의 '열정적인 노력', 완벽한 '의식', '독립'을 옹호했다. 이것은 스탈린주의 국가의 괴리되고 편협한 특징들뿐만 아니라, 서방의 시장과 종속자본주의의 착취에 대한 대안이기도 했다.[17]

광범위하게 이질적인 배경을 가진, 확실히 서로 다른 국적과 경험을 지닌 예민한 지식인들 사이에서 이렇게 하나의 통합 논제를 만들어냈다는 것은 프롬에게는 상당한 성취였다. 『사회주의적 인본주의』를 보면, 동부 유럽인들은 서부 유럽인과 미국인 사이에 유사한 동지애를 공유하고 있는 듯 보였다. 심지어 레오폴 상고르와 간디의 비서이자 인류학자인 니르말 보스Nirmal Bose조차도 대부분의 다른 필자들과 양립 가능한 에세이를 써 내려갔다. 그 모험적인 출간은 인본주의적 사회주의가 활기찬 운동을 조성하고 서방 자본주의와 소련의 관료주의 양쪽 모두에 '제3세력'으로서 실행 가능한 대안을 마련한다는 믿음으로, 프롬과 그의 동료들에게 힘을 실었다. 실제로 그들은 스스로를 위태로운 양극화의 세계 속에 민주적 사회주의자들의 '제3의 캠프'를 필요로 했던 막스 샤흐트만Max Shachtman 같은 이들의 계승자로 여겼다. 『사회주의적 인본주의』는 점점 더 확대되어가는 프롬의 수많은 동료들의 작업에 국제적인 의미를 부여했다. 이는 아마도 1960년대 제3세계 사회주의에 관해 세계에서 가장 많이 언급되는 유명한 책일 것이다.

하인츠 브란트

—

『사회주의적 인본주의』가 틀을 잡아가자, 프롬은 그것을 자신의 6촌 동생인 하인츠 브란트에게 헌정하려 했다. 프롬은 강경한 발터 울브리히트Walter Ulbricht 정권에 의해 정치범으로 감금된 하인츠를 동부 독일의 감옥으로부터 풀어주기 위해 노력했었다. 결국 프롬은 소련의 영향권에서 살고 있는 책의 필진을 위험에 빠뜨릴 것을 염려해 헌사를 쓰는 것을 포기했다. 그러나 그의 의도는 납득할 만했다. 왜냐하면 1961년 중반에서 1964년 중반 사이, 하인츠 브란트를 석방시키기 위한 캠페인은 전 세계의 민주적 사회주의자들뿐만 아니라, 자유주의와 사회주의 사이의 경계를 오가던 시민 자유주의자들과 평화활동가들에게도 주요한 활동이었기 때문이다. 프롬은 이러한 국제적 노력을 지휘함으로써 정치활동에 대한 자신의 노력을 증명했을 뿐만 아니라, 이데올로기를 넘어서 기민한 책략가의 역할을 할 역량을 지니고 있다는 것을 보여주었다.[18]

나치에 투옥되어 있던 11년이라는 시간 동안, 하인츠는 독일 수용소 내의 공산주의자들의 지지 네트워크에 부분적으로 의지했다. 전쟁이 끝날 무렵 그는 독일민주공화국(동독)에서 유급의 공산당 직원이 되었고, 그곳에서 민주사회주의와 사회 정의를 위해 일했다. 그러나 하인츠는 곧 독일민주공화국의 독재적이고 관료주의적인 경향에 환멸을 느꼈고, 그 정권에 반대의 목소리를 높였다. 1958년, 투옥될까 두려워하던 그는 아내인 아넬리와 세 명의 아이와 함께 독일연방공화국(서독)의 프랑크푸르트로 도피했다. 그곳에서 그는 지역 금속노동자들의 무역 조합 신문인 『메탈Metall』의 편집자 일자리를 얻었다. 이러한 창구를 통해, 하인츠는 동독의 스탈린주의와 서독의 재무장 모두를 반대했다. 1961년 6월 그는 서베를린에서 열린 무역 조합 회의에 『메탈』을 대표해 참가했는데, 그곳에서 동독 첩보원들에 의해 납치되어 국가의 적으로 동베를린에 투옥되었다.

몇 년 후 하인츠가 감옥에서 풀려날 때까지, 프롬은 6촌동생의 석방을 위해 끈질기게 노력했다. 1961년 6월 중순에서 1962년 5월 초

사이, 독일민주공화국은 하인츠를 거의 완전히 고립시켜, 프롬은 그가 어디에 있으며 무슨 죄목으로 투옥되었는지 알기 어려웠다. 프롬은 스파이 행위로 인한 비밀 재판이 납치 한 달 전인 5월 2일에 시작되었으며, 이는 독일민주공화국이 공개적인 작업을 진행했다고 확인된 시기와 맞지 않는다는 사실을 밝혀냈다. 동베를린 지역 검사는 브란트가 다시 동독에서 살겠다고 공개적으로 이야기하면 그의 혐의를 삭제해주겠다고 약속했다. 하인츠가 그 제안을 거절하자 그는 폭동 선동으로 기소되었고, 13년간의 고된 교도소 노역형을 선고받았다. 하인츠가 이미 아우슈비츠에서도 가까스로 살아났기 때문에 프롬은 동생의 건강이 걱정되었다. 독일민주공화국은 관용을 베풀어달라는 프롬의 요청을 거절했고, 대신에 하인츠의 잘 알려진 부도덕함들, 즉 알코올 중독, 음란물 배포, 연애 문제 등을 공개했다. 이러한 끔찍한 상황에서 하인츠의 건강은 악화되었다. 그를 석방시키기 위해 프롬은 복잡한 국제적 협상들 속에서 놀랄 만한 치밀함을 보여주었다.

프롬은 3년 후, 독일민주공화국이 하인츠와의 연락을 허락한 유일한 사람인 그의 아내 아넬리와 면밀히 작업한 끝에 그의 석방을 이루어냈다. 클래라 우르쿠하트에게 쓴 편지에서 프롬은 자신이 아넬리에게 얼마나 깊은 인상을 받았는지 상세히 기술하고 있다. 아넬리는 계속해서 프랑크푸르트에 거주하고 있었다. 그녀는 제대로 교육을 받지 못한 동독의 노동계급 출신이었고, 멀리 여행을 다녀본 적이 없었으며, 서독과는 거의 접촉이 없었다. 그러나 프롬은 그녀의 지능과 통찰을 높이 샀다. 하인츠처럼 그녀도 처음에 동독 공산당에 가입하면서 그것이 자유와 사회주의로 가는 길이라고 믿었으나, 스탈린주의의 왜곡에 대해 알게 되면서 공산당에 대한 신념을 잃어버렸다. 그녀는 정보를 얻기 위해 평화운동과 민주사회주의운동 그리고 금속노동조합의 인물들과 네트워크를 형성하기 위해 지칠 줄 모르고 계속해서 일했다. 그녀는 정기적으로 프롬에게 자신의 남편의 상황에 대해 보고하고, 독일 정치의 미묘함에 대해서도 알아갔다. 프롬은 그녀의 동의 없이는 그런 일들의 내용을 거의 편지에 적지 않았다.[19]

프롬과 아넬리는 하인츠를 돕는 노력을 하는 동안 상호 지지적인 관계를 구축했다. 프롬은 그녀를 재정적으로 지원했고, 그녀가 자신의 남편을 위한 지지를 모으려고 했을 때 그녀의 여행 스케줄을 마련해주었다. 프롬과 아넬리의 친밀함과 신뢰는 그들이 서로 다른 배경을 가지고 있다는 것을 생각해보면 상당히 놀라운 것이었다. 그들은 상대가 극도로 복잡한 환경 속에서 길을 찾아가도록 도움을 주었다. 예를 들어, 프롬이 자신과 친밀한 관계였던 소련 공산당 중앙 위원회의 우크라이나 위원에게 편지를 써야겠다고 생각했을 때, 그는 세부적인 사항들을 아넬리와 논의했다. 그녀는 남편의 투옥에 대한 꾸준한 국제적 저항의 의미로 울브리히트 정권에 압력을 행사하는 것이 중요하다고 생각했다. 그러나 프롬은 터져 나온 저항들이 동독을 더욱 경직되게 할 수 있다고 주의를 주었다. 몇몇 지지자는 독일 내의 평화와 무장해제의 목소리를 내는 진심을 알리기 위해 프롬이 하인츠에 대한 책이나 전단을 작성해야 한다고 주장했다. 그는 아넬리와 상의했고, 그들은 항의서가 울브리히트 정권으로 하여금 사면하도록 자극할 수 있을 것이라는 결론을 내렸다.[20]

런던에 위치한 국제사면위원회의 윤리적 영향력과 실질적인 세계 각지의 지략 역시 결정적인 역할을 했다. 클래라 우르쿠하트가 프롬을 사면위원회 회장인 피터 베넨슨Peter Benenson에게 소개했을 때, 그들은 즉시 친구가 되었다. 베넨슨은 자신이 많은 구조 경험으로부터 배운 것들을 공유했고, 재정적 지원과 홍보를 해주었으며, 국제사면위원회 제휴 단체들에게 하인츠 사건을 돕도록 촉구했다. 그리고 그는 프롬에게 독일민주공화국과의 포로 교환(하인츠가 포함된)에서, 연방공화국과 거래할 선별적인 독일 접촉 명단을 이용해야 한다고 제안했다. 사실 하인츠는 서독의 재무장에 비판적이었기 때문에 연방공화국으로서는 그를 본국으로 데려오는 일에 거의 아무런 이득이 없었지만, 프롬의 부탁으로 베넨슨은 하인츠를 1963년의 국제사면위원회 '올해의 포로'로 지명했고, 이는 문제를 해결하도록 울브리히트 정권에 상당한 압력을 행사하는 것이었다. 그러나 프롬과 베넨슨은 울브리히트 정권이 비협조적이 될까 두려워하고 있었다. 왜냐하면 동독의 이 독재자는 서방의 압력에 양보하는 모습을 보이기를 원하지 않았기 때문이다. 독일민주공화국을 설득하기 위해서는 더 많은 것이 필요했고, 베넨슨은 버트런드 러셀이 도움을 줄 수 있을 것이라고 제안했다.[21]

그 당시 러셀은 평화로운 공존과 사고의 자유를 획득한 사람으로서 동독과 서독 모두에서 명성을 누리고 있었다. 철학자이자 수학자로 알려진 그는 노벨상 수상자였고, 실질적인 도덕적 권위를 행사했다. 스탈린주의 국가를 비판하는 민주사회주의자이면서 국제사면위원회의 지지자이기도 한 그는 또한 흐루쇼프의 친구였고, 소련과 독일민주공화국에서 상당히 높은 평가를 받고 있었다. 사실 동독 정부는 러셀에게 특별한 명예 훈장을 수여하기도 했다. 『자유로부터의 도피』를 극찬했던 그는 하인츠 사건에 대해 프롬과 직접 대화를 나누는 것을 환영했다. 1962년 5월, 프롬은 그 사건을 체계적으로 정리한 장문의 서한을 러셀에게 보냈고, 전략을 세우기 위해 그에게 만남을 제안했다.[22]

러셀의 답장은 고무적이었다.

"하인츠 사건과 관련해서 당신이 제안하는 어떤 일이든 하겠습니다."

그는 1962년 모스크바 군축회의 직전에 런던에서 프롬을 만나는데 동의했고, 하인츠에 대한 청원을 담은, 회의 의장에게 보낼 편지를 작성했다. 러셀은 흐루쇼프가 최근 자신에게 특별히 친근한 편지를 보내왔다고 이야기했고, 프롬의 조언에 따라 소련의 지도자에게 하인츠에 대한 청원 내용을 담아 답장을 보냈다.[23]

프롬은 러셀과 런던에서 결실 있는 만남을 가졌다. 뒤이어 그들은 웨일스에서 만났고, 그곳에서 프롬은 러셀에게 하인츠를 옹호하려고 마련한 소책자의 머리말을 작성해달라고 부탁했다. 흐루쇼프에게 하인츠 브란트를 석방시켜야 한다고 알린 후에, 러셀은 소련 지도자가 울브리히트와 연락을 취할 것이라고 계산했다. 프롬의 안내로 러셀은 울브리히트에게 '특별한 호의'를 베풀어 하인츠를 사면해주기를 바란다는 사적인 편지를 적어 보냈다. 러셀은 울브리히트에게 "위험하고 타협할 줄 모르는 군국주의에 반대하기 위한 서방에서의 노력들이 하인츠의 투옥과 같은 일들로 지체되고 있다"라고 말했다. 울브리히트는 사면 문제에 대해서는 어느 정도 누그러진 듯했지만, 하인츠가 동독에 남아야 한다고 주장했다. 만약 하인츠가 프랑크푸르트로 돌아가면 시민의 자유를 사랑하는 국가로서의 독일민주공화국의 이미지가 손상되지 않겠느냐는 것이었다. 러셀이 울브리히트의 새로운 입장을 설명한 후, 프롬은 아넬리와 그에 대해 논의했고, 그녀는 러셀에게 울브리히트와 연락을 취할 수 있도록 부탁하는 프롬의 답장 초안을 작성했다. '여러 가지 어쩔 수 없는 이유로 인해' 브란트 가족은 동독으로 이주할 수 없다고, 대신에 스웨덴 당국이 그곳에서 그의 거처를 다시 지정할 수 있도록 할 것이라고.(그의 가족이 스웨덴의 어느 곳에서 그와 합류하게 될 것인지는 모호하게 남겨두었다.) 그 협상에서 결정적인 문제는 남편이 독일민주공화국을 벗어날 수 있도록 하는 것이며, 그것은 그에게 사실상 자유를 주는 것이라고 아넬리는 지적했다. 스웨덴에서 거처를 다시 지정하도록 하자는 제안은 만약 울브리히트가 하인츠를 석방하게 되면 체면을 유지하는 장치가 될 것이었다. 러셀은 이러한 논리에 동의했고, 일단 하인츠가 독일민주공화국을 떠나 스웨덴으로 가는 것이 허락된다면, 자신이 그 후 그의 가족을 프랑크푸르트에서 합류시킬 수 있을 것이라고 말했다.[24]

울브리히트는 계속 머뭇거렸고, 인내심의 한계에 달한 러셀은 무려 자신의 독일민주공화국 명예 훈장을 반납하겠다고 위협했다. 그것은 동독의 명성에 큰 타격이었다. 프롬은 그 위협만으로도 울브리히트를 자극할 것이라며 훈장 반납을 말렸다. 러셀은 프롬의 부드러운 조언을 무시한 채 훈장을 반납해버렸고, 동독이 하인츠를 어떻게 다루었는가에 대한 비판 기사를 서독에서 출간하도록 준비하겠다는 계획을 공표했다. 프롬은 러셀의 성급한 행동이, 러시아인들로 하여금 '뭐라도 해봐야 한다고 동독에게 제안하도록' 자극할 수 있는 희미한 기회가 될 수 있다고 생각하기는 했지만, 독일민주공화국과의 직접적인 개별 협상의 문이 닫혀버려 이제 거의 다른 실행 가능한 방법이 없을 거라고 낙담했다. 이미 가망성이 없는 것 같다는 베넨슨의 말에 프롬은 "해야 할 단 한 가지 일은 우리가 그 사건을 잊지 않았다는 것을 독일민주공화국에 보여주는 것"이라고 대답했다. 종종 자신만만하고 남을 무시하는 듯했던 프롬은 이러한 어려운 환경 속에서 전에 볼 수 없던 불요

불굴의 의지와 침착함을 보여주었다. 그는 이 과정을 통해 비범한 외교관이자 전략가의 '삶'에 뛰어드는 듯 보였다.[25]

　프롬은 왜 독일민주공화국이 1964년 5월에 하인츠를 석방해 프랑크푸르트로 바로 돌아가도록 허락했는지 결코 알지 못했다. 프롬은 하인츠의 자서전인 『제3의 길을 찾아서The Search for a Third Way』 서문에서 "버트런드 러셀이 동독 공산주의자들이 자신에게 준 훈장을 반납하는 가장 강력하고 자극적인 캠페인을 벌임으로써 기적이 꿈틀대고 있었던 것"이라고 적었다. 사적으로는 이 석방에 대해 좀 더 설득력 있는 두 가지 설명을 개진하기도 했다. 첫 번째로 그는 국제사면위원회가 정한 '올해의 포로'에 대한 국제적인 연민의 물결과 흐루쇼프와 러셀의 우정이 러시아가 동독에 하인츠 석방 명령을 내리도록 했을지도 모르는 일이라고 아넬리에게 털어놓았다. 하인츠가 동독을 벗어날 수 없다면 석방은 의미가 없다는 이야기를 아넬리가 프롬에게, 프롬이 다시 러셀에게 주장하지 않았다면, 하인츠는 동독에서 여생을 보내야 했을 것이라고 프롬은 확신했다. 프롬은 클래라 우르쿠하트에게 보낸 편지에서, 그녀가 러셀의 신뢰받는 조언자인 찰스 엘리스Charles Ellis에게 러셀이 흐루쇼프에게 접근하도록 자극하라고 설득했던 것이 아니냐고 그녀에게 공을 돌리며, 하인츠 석방에 대한 자신의 두 번째 시각을 드러냈다.[26]

　하인츠가 프랑크푸르트에 있는 가족에게 돌아온 직후, 프롬과 애니스는 쿠에르나바카의 집에 하인츠를 초대해 그의 트라우마 가득한 경험에 관해 이야기를 나누었다. 프롬은 "나치 감옥에서의 11년과 공산당 감옥에서의 3년은 지우기 힘든 상처를 남기고 말았다"라고 진단했다. 하인츠와 프롬은 서로 함께하며 더욱더 많은 즐거움을 나누었다. 프롬의 격려로 하인츠는 자서전인 『제3의 길을 찾아서』를 쓰기 시작했다. 그의 '제3의 길'은 프롬이 지난 6년여의 시간 동안 그려나갔던 사회주의적 인본주의였다. 비록 제2차 세계대전 이후 프롬은 친척들과 점점 거리가 멀어졌지만, 이 두 사람은 오랜 활동가였던 하인츠가 학자가 되고 작가가 될 때까지 더욱더 가까워졌다.[27]

숨 막힐 듯 바쁜 나날
—

행복한 결혼생활과 '제3의 길' 동료들의 지지를 받으면서, 프롬은 시사비평가로서, 그리고 정치활동가로서 점점 더 많은 즐거움과 만족감을 찾아가고 있었다. 그러한 환경이 없었다면, 하인츠 캠페인의 복잡하고 난해한 협의들을 그토록 침착하고 정교하며 균형 잡힌 모습으로 수행하는 일은 불가능했을 것이다. 노년에 접어들면서 프롬은 어떤 때는 노련한 외교관이 되기도 했고, 더 많은 인내심과 예언적 성향을 발휘하기도 했다. 그가 살아가고 있는 여러 가지 '삶의 길' 위에는 아주 중대한 변화와 새로운 운명의 조짐들이 움트고 있었다.

물론 잃은 것도 있었다. 프롬은 이전보다 더 많은 책과 기사를 집필했지만, 거기에는 『자유로부터의 도피』(1941)나 『자기를 찾는 인간』(1947)과 같은 심오함이 결여되어 있었다. 『인류는 번성하는가?』(1961), 『에리히 프롬, 마르크스를 말하다』(1961), 『환상의 사슬을 넘어서』(1962)는 마르크스와 프로이트를 흥미로운 방식으로 연결했고, 가장 위태로운 냉전 시기의 문제들에 합리적인 해결책을 보여주었다. 그러나 이러한 저서들은 프롬 자신이 1930년대와 1940년대 초에 이미 발전시켰던 개념적 구조와 역사적 관점에서 많은 부분을 빌려왔고, 그것은 『자유로부터의 도피』의 출간으로 이미 마무리된 것이었다. 그는 종종 자신의 초기 저작들에서 전제들을 끌어오면서 점점 더 자기 언급적인 작가가 되어갔다. 간단히 말해, 프롬은 거칠지만 중요한 시각을 지닌 동료들의 비판을 한동안 적절하게 활용하지 못했다. 비록 우르쿠하트와 샤프, 심지어 보토모어가 프롬의 초안들을 읽고 이야기를 나누었지만, 그들은 심한 비판을 제기하지는 못했고, 프롬의 저작의 중심이 되었던 불필요한 반복에 대해 쓴소리를 하지도 못했다. 분명히 그들은 프랑크푸르트 연구소에 있던 프롬의 동료들 같지는 않았다.

확실히 데이비드 리스먼은 계속해서 솔직한 감정을 전달하는 완벽한 비평가였다. 그러나 리스먼은 거친 비평을 실질적인 생기발랄함과 좋은 기운으로 섞어낼 수 있는 재능을 가지고 있었다. 프롬이 책을 출간하는 속도는 평화운동에서 최고조로 치닫던 활동과 필적했다. 프롬은 리스먼에게 새롭게 발을 담근 활동 탓에 저작의 완성도나 학술적인 측면들이 떨어졌음을 시인했다. 1966년 4월 말, 그는 자신이 20여 일 동안 스무 개의 강의를 해야 한다고, 정말 '미친 듯이 바쁜 시기'라고 리스먼에게 털어놓았다. 리스먼은 개인적으로는 그의 속도가 너무 빠르고 문제가 많다는 것에 불안을 느끼면서도 그의 에너지에 놀라움을 금치 못했다. 1960년대 초 이래의 광적인, 때로는 심지어 경조증 같아 보이는 그의 행동은 여전했다.[28]

멕시코의 저명한 캐리커처 화가인 오스왈도는 이 시기의 프롬의 삶에 대한 기억에 근거해 프롬의 스케치를 완성했다(사진 16 참조). 프롬의 커다란 머리는 무게와 압박감을 간신히 지탱하고 있는 듯 보이는 작고 유약한 몸 위에 놓여 있는데, 그것은 아마도 점점 나이가 들어가는 자신을 짓누르는 막대한 책임감을 보여주는 것이었을지도 모른다. 넥타이와 잘 다려진 흰색 셔츠, 어두운 재킷은 병약한 몸을 떠받치고 있을 뿐이었다. 커다란 테의 안경은 프롬의 밝고 의지에 찬 두 눈과 힘찬 턱을 더욱 돋보이게 했다. 오스왈도가 포착한, 그러한 눈에 띄는 몸과 마음의 불균형은 프롬의 오른손에 든 두꺼운 책 더미와 왼손에 든 훨씬 가벼운 꽃다발로 인해 더욱 악화되는 듯 보였다. 오스왈도는 발자국으로 몇 쌍의 작고 유약한 하트 모양을 그의 뒤에 남겨놓으면서, 프롬이 걸어 나가는 장면을 활기차게 그려냈다. 냉전의 위험과 그를 무겁게 짓누르는 다양한 책임감에도 불구하고 그 캐리커처 화가는 프롬을 사랑의 예언자로서, 세상에 강한 인상을 남긴 한 사람으로서 묘사하고 있었다.

제10장

어떻게든 삶은 즐겨야 하는 것이라오

1961년 6월에서 1962년 8월 사이, 베를린을 사이에 두고 소련과 미국의 긴장은 고조되었다. 독일 전역, 특히 베를린은 극대화된 냉전의 중심지였다. 베를린은 미국, 프랑스, 영국, 그리고 소련의 관리 지역으로 나뉘었지만, 흐루쇼프는 세 서방 국가의 영향으로부터 소련의 영역을 떼어낼 방법을 찾고 있었고, 소련과 그 연합국들 사이의 분쟁은 계속 이어졌다. 독일민주공화국에 내재된 문제는 수백만의 동독인이 베를린을 통해 서독으로 빠져나가고 있다는 것이었다. 흐루쇼프와 독일민주공화국의 울브리히트는 서독으로의 이주를 막기 위해 베를린 장벽을 만들었다. 그것은 만약 붕괴된다면 핵전쟁을 야기할지도 모르는 동쪽과 서쪽의 경계였다.

　1962년 10월, 베를린의 상황이 진정되고 난 후 쿠바 미사일 위기가 발발했다. 흐루쇼프가 비밀리에 쿠바에 핵미사일을 설치하고 있었던 것이다. 케네디는 쿠바에 대해 '봉쇄'를 선언했고, 미사일 기지 폐쇄를 요구했다. 이것은 소련과 미국의 또 다른 충돌이었으며, 양측은 서로에게 핵무기를 사용하겠다고 위협하고 있었다. 마지막 순간, 가까스로 협상이 타결되었다. 흐루쇼프는 미사일 기지 폐쇄에 동의했고, 케네디는 쿠바를 공격하지 않을 것이며, 터키에서 핵미사일을 철수하겠다고 선언했다.

독일에서의 긴장이 고조되고 쿠바 미사일 위기가 더해지면서, 프롬은 자신이 모을 수 있는 모든 정보에 의존해 적극적으로 편집자에게 편지를 보내고, 기사를 썼으며, 대중 강연을 했다. 그는 강대국들이 '생명애'와 정반대 지점에 있는 '시간애'의 심리 상태로 지구상의 생명체를 말살할 작정을 하고 있다고 규정했다. 프롬은 시간애necrophilia가 그리스어인 '네크로스nekros'(죽음, 부패, 그리고 시체와 같은 상태)에서 온 말이라는 사실에 주목했다. 사디스트나 사도마조히스트가 상대방을 고통스럽게 하는 것에서 즐거움을 찾는 데 반해, 시간증은 생명체를 분해하는 것을 갈망한다. 홀로코스트와 드레스덴, 히로시마, 나가사키의 평범한 시민들을 폭격한 것은 전쟁의 총부리가 얼마나 치명적일 수 있는지를 보여주었다. 프롬에게 시간애는 현대의 가장 중대한 위협이었다.

프롬의 새로운 관심에는 개인적인 것도 있었다. 수년 동안 프롬과 클래라 우르쿠하트는 그의 건강 문제와 식습관에 대해 논의해왔다. 건강에 대한 우려에도 불구하고 프롬은 계속해서 담배와 술과 빵, 치즈를 즐겼고, 운동하는 시간은 극히 적었다. 그는 애니스에게 보낸 연애편지에서 내내 그 이야기를 했었다.

"어떻게든 삶은 즐겨야 하는 것이라오."

몇 가지는 건강 증진에 도움이 되지 않는다고 하더라도, 인간은 삶이 제공하는 모든 즐거움을 향유해야 한다. '향유'란 생명애의 본질이며, 호전성과 전쟁, 생명의 파괴는 시간애의 중심적 요소들이었다. 프로이트는 에로스와 타나토스라는 자신의 용어를 사용하겠지만, 프롬은 생명애와 시간애의 이분법이 본능의 산물이라기보다는 사회적 경험의 산물이라고 여겼다.

1962년 7월, 프롬은 애니스 프리먼, 리스먼, 노먼 토머스와 함께 크렘린에서 열리고 있던 세계평화회의에 참석하려고 소련으로 출발했다 (사진 15 참조). 100여 개국에서 온 2000명의 파견단 중에 장폴 사르트르와 버트런드 러셀이 있었다. 서방의 많은 평화 기구는 흐루쇼프가 솔직한 논의를 허락하겠느냐고 의심하며 그 행사를 보이콧했다. 그러나 소련에 대한 비판적 관점들 또한 받아들여졌다. 냉전에 대한 비난을 부인하는 흐루쇼프의 긴 열변 이후에, 프롬을 포함한 다른 대표단들은 미국의 고위급 핵실험을 책망하고 소련이 57메가톤의 폭탄을 실험한 것에 대한 비난 연설을 함으로써 갈채를 이끌어냈다. 흐루쇼프는 그에 응수하지 않았다. 프롬에게는 가장 빛나는 순간이었다. 그러나 참담했던 순간도 존재한다. 예를 들어, 1962년에 우르쿠하트에게 쓴 편지에서 프롬은 "사람들이 전쟁의 위험에 그토록 수동적이었던 이유는 단순히 대다수의 사람이 생명을 사랑하지 않기 때문"으로, 핵전쟁을 피할 가능성이 거의 없을 것"이라며 절망감을 털어놓았다. 그래서 프롬은 전쟁의 파괴보다는 생명에 대한 사랑을 강조하면서, 생명을 포용하는 중요성에 관한 자신의 책 출간 발표에만 초점을 맞추기로 결심했다. 이러한 변화는 그의 사고에 주요한 전략적 전환이 있었음을 보여주었다. 즐거운 삶, 생명애의 필요성을 강조함으로써 프롬은 어쩌면 순진하게도 외교 정책의 보수파들에 대항해 자신이 (시간애의 요인인) 제한된 핵전쟁의 가능성을 제시했던 허먼 칸Herman Kahn과 같은 사람들

과 함께 무리를 이룬다면 더 많은 견인력을 얻을 수 있을 것이라고 가정했던 건지도 모른다.[1]

프롬의 고충은 1962년 말 더욱 깊어졌다. 정기적으로 찾아오는 늦은 가을의 독감과 기관지염으로 한 차례 병을 앓고 회복하면서, 그는 모든 것을 말살해버리는 시간애의 말로에 대해 일종의 경고를 제기해야 한다는 중압감을 느끼고 있었다. 실제로 그는 잠정적으로 『인간의 마음The Heart of Man』이라고 이름 붙인, 생명애와 시간애 사이의 싸움에 대한 책 한 권 길이의 연구를 준비하려 하고 있었다. 어떤 면에서 그것은 『사랑의 기술』과 대조적인 서술이었다.

1963년 초, 프롬은 시간애와 생명애에 중심을 둔 '전쟁의 심리학적 원인'이라는 장의 초안을 작성했다. 그는 히틀러와 스탈린을 권력과 파괴와 몰살의 의지에 사로잡혀 시간애를 증폭시키는 인물로 언급했다. 시간애적인 성향은 죽음에 대한 매혹, 즉 유기체를 비유기체로 변형시키려는 탐구를 내포하고 있다. 시간애를 가진 사람은 냉정하고 언제나 거리감을 가지며, 법과 질서에 집착하고, 생명이 불규칙하고 통제할 수 없는 것이기에 그것을 두려워하게 된다. 그런 사람은 "차가운 경향이 있고, 그의 피부색은 시체 같으며, 종종 그는 나쁜 냄새를 맡고 있는 것 같은 표정을 보이기도 한다." 그런 사람에게는 "생명이 아니라 죽음이 애정의 대상이며, 그는 성장이 아니라 파괴를 사랑한다." 대조적으로 프롬은 생명애를 자신의 생산적 성격 개념, 즉 삶의 과정에서 정체와 소비보다는 창조와 새로운 것을 만들어내는 일에 더 매력을 느끼는 것과 연계시켰다. 그러한 사람은 예측 가능한 확실성이 아니라 삶의 모험이나 기회를 기꺼이 받아들이고, 힘과 관료적인 통치가 아닌 사랑과 이성을 통해 다른 사람들에게 영향을 줄 방법을 찾는다.[2]

프롬은 생명애와 시간애를 프로이트의 에로스(삶 본능)나 타나토스(죽음 본능)와 동의어로 여기지 않았으며, 자신의 용어의 존재론적인 문제에 대해서는 덮어놓았다. 멀리 아우구스티누스 시대로 거슬러 올라가보면, 철학자들과 신학자들은 인간의 '악'이 뚜렷한 건지, 단지 '선'의 부재일 뿐인지 의문을 제기했었다. 프롬은 단순히 생명애는 인간 본성에서 전해 내려온 것이며, 시간애는 사회가 스스로를 파괴하는 데 여념이 없게 되면서 널리 퍼지게 된 것이라고 상정했다. 사회는 생명애와 시간애의 연속체를 따라 움직이지만, 생존이란 물질적 보장과 정의와 자유, 그리고 창조적인 노동을 육성하는 사회에서 나타나는 생명애를 포용하는 것이라고 규정했다. 바로 여기에서, 인본주의적 민주사회주의 질서에 대한 호소가 두드러진다.[3]

프롬은 생명애와 시간애의 양분이 동시대에 가장 필수적인 질문, 즉 왜 핵전쟁 준비에 대해 대중의 저항이 존재하지 않는가라는 질문에 대한 대답이라고 강조하면서 장 초안을 결론지었다. 만약 미국과 소련이 핵무기를 발사하면, 인구의 절반이 순식간에 소멸되고, 생존자들은 오히려 죽은 자를 부러워하게 될 것이었다. 그런데 어떻게 앞으로 살아가야 할 날이 너무도 많은 아이를 가진 부모가 핵전쟁을 선동하는 지도자에게 복종함으로써 핵무기 경쟁을 묵인할 수 있단 말인가?

프롬의 대답은 익숙한 것이었다.

"주지화, 수량화, 추상화, 관료화, 구체화, 바로 그러한 현대 산업사회의 특징들이 사물이 아니라 사람에게도 적용되었던 것이다."

그러한 환경 아래에서 산다는 것은 '생명과는 더욱 멀어지고 죽음과는 더 가까워지게' 마련이었다. 그러므로 저명한 핵 전략가가 미국인들에게 수백만의 죽음의 대가를 치르면서 소련과 핵미사일을 주고 받게 되더라도 자신은 생존할 수 있다고 말했을 때, 많은 사람이 이러한 '미친 논리'에 대해 묵인하도록 현혹되었던 것이다.

"그들은 이미 시간애를 향해 너무 멀리 나아가버렸다."

프롬은 생명애와 시간애 사이의 양분이 죽음이 끼어들기 전의 삶을 '향유하며' 즐겁게 살기로 한 자신의 개인적인 결정과 많은 부분 관련이 있다고 인정하면서 그 긴 한탄을 마무리 지었다. 그러한 이원론에서 핵 위협은 그 한가운데에 있지만, 개인적인 관심 또한 마찬가지였다. 이렇게 인정해버림으로써 그는 생명애와 시간애의 개념을 잡는 데 질적으로 문제가 있을지도 모른다는 그림자를 드리운다. 프롬은 한편으로는 전반적인 반대의 입장을 드러내면서, 다른 한편으로는 핵 전쟁에 대한 동시대의 위협과 자신의 개인적인 의제에 거의 완전히 몰두하고 있었다.[4]

프롬이 쓴 『인간의 마음』의 장 초안은 예언적 선언들에 관한 그의 오랜 경향을 뚜렷이 드러냈다. 몇 달 전까지만 해도 쿠바의 미사일 문제로 핵전쟁이 거의 발발 직전이었던 것을 고려할 때, 그는 시간애에 대한 자신의 경고를 조속히, 그리고 힘 있는 언어로 퍼뜨려야 한다는 강박을 느끼고 있었을 것이다. 동시에 그는 생명애와 대조되는 시간애에 대한 명확한 생각을 최근에서야 스스로 시작했기에 기민한 시사비평가로 평가를 받아 수혜를 입을 거라는 사실을 인식했다. 결과적으로 그는 스스로 미국 퀘이커 봉사위원회 평화 교육부의 '전쟁 억제 너머' 시리즈 포럼의 제안을 이용했다. 그 부서는 여섯 명의 믿을 만한 지식인들로부터 그의 장 초안에 대한 비평을 구하고 프롬이 그에 답하도록 했으며, 그리고 그 대화를 팸플릿 형태로 전파할 것이었다. 장 초안을 완벽한 한 권의 책 분량으로 확장시킨다는 점에서 프롬은 이러한 과정에서 이득을 보는 입장이었다.

그 비평가들은 한 명(토피카Topeka에 근거를 둔 심리학자인 로이 메닝어)을 제외하고 모두 날카로웠으며 설득력이 있었다. 저명한 트라피스트 수도사이자 시인이며 사회활동가였던 토머스 머튼은 프롬이 그의 중심적 개념화를 명확히 할 필요가 있다고 제안했다. 머튼의 입장에서 프롬은 영적 존재로서 "생명이 주는 중심적 진실성을 온전히 보존하기 위해 우리 바깥에 있는, 그리고 우리에게서 괴리된" 몰개성화된 조직들에 맞서 본질적으로 인류를 위한 목소리를 높이고 있었다. 머튼은 물질주의와 관료주의가 이러한 '영적 중심'을 망가뜨렸기 때문에 죽음과 파괴의 세력들이 힘을 얻게 되는 것이라고 지적했다. 프롬은 이것이 자신의 중심 논점이라는 데 동의했고, 실제로 머튼의 이야기가 전반적으로 자신의 것보다 더 압도적인 힘을 지녔음을 인정했다. 저명한 프로테스탄트 신학자이자 실존주의 철학자인 파울 틸리히와 '실재론자' 캠프의 맨 앞에 선 외교 정책 전문가인 한스 모겐소Hans Morgenthau는 둘 다 전쟁이란 국가들 사이의 정치적이고 사회적인 과정에 의해서 일어나는 것이지, 개인 안에 내재한 심리학적 시간애에 의한 것이 아니라고 주장했다. 두 사람은 프롬의 장 제목인 '전쟁의 심리학적 원인'이라는 말을 문제 삼았다. 프롬은 제목이 잘못되었다는 사실을 인정하고, 그것을 '인간 속의 전쟁'으로 바꾸었다. 그는 또한 시간애가 전쟁을 결정하는 많은 요인 중 하나에 불과하며 자신의 주장이 지나치게 단순화되었음에 동의했다. 저명한 사회학자이자 사회 이론가인 피티림 소로킨Pitirim Sorokin과 최일선에 선 심리학자이자 심리치료 기법 비평가인 제롬 프랭크Jerome Frank는 프롬의 논리 구조가 왜 몇몇은 전쟁으로 치달아 서로를 죽이고 왜 몇몇은 그렇지 않은지에 대해 풀어 내는 요소들의 다중성을 설명하지 못하고 있다고 지적했다. 그들은 또한 시간애가 산업사회 이전에는 덜 관찰된다는 프롬의 단언에도 의문을 제기했다. 프롬은 현대에 전에 없던 잔학행위들이 목격된다고 하더라도 시간애가 20세기만의 특별한 것이라고 단정할 수 없다는 데 동의했다. 그는 시간애는 이타주의와 겹쳐질 수 있다고 단서를 달았고, 그것은 단순히 '파괴적인 행동을 보이는 다양한 종류의 심리학적 동기들 중 하나'에 불과한 것이었다. 결국 틸리히와 모겐소, 프랭크, 소로킨은 프롬의 시간애 개념은 논쟁적이며, 상당한 수정과 단서가 필요하다고 말했다. 어느 정도 평소답지 않은 일이었지만, 프롬은 대부분 수긍했다.[5]

하지만 대부분의 비판이 타당하다고 스스로 인정했음에도 프롬은 제목을 제외하고는 거의 수정한 것 없이 생명애와 시간애의 이분법을 그대로 두었으며, 그것을 『인간의 마음』의 개념적 중심으로 삼았다. 왜 프롬이 수정을 하지 않았는지 설명하는 일은 쉽지 않겠지만, 흥미로운 추측이 가능하다. 자신의 특징적인 예언적 경향에 빠져 있을 때, 프롬은 명민한 비평들은 심각하게 받아들이지 않은 채 빠르고 논쟁적으로 책을 집필하는 경향이 있었다. 이것은 1960년대 그가 집필했던 거의 대부분의 책에서 두드러졌던 것이다. AFSC 포럼 이후, 그는 자신의 작품을 평가했던 진지하고 납득할 만한 비평들을 극복해냈다. 그러나 여기에는 대가가 따랐다. 프롬의 생명애와 시간애의 이분법은 정확성, 그리고 그것이 가질 수 있었을지도 모르는 설득적 힘을 결여하고 있었다.[6]

1964년에 출간된 『인간의 마음』은 대략 200만 부가 팔렸고, 18개국 언어로 번역되었다. 그것은 근 10여 년 동안 그의 가장 인기 있는 책이 되었다. 생명애와 시간애의 이분법을 설명하면서 프롬은 성급하게 자기애를 끌어들였다. 이러한 세 가지 요인이 함께 파괴에 대한(물론 사랑도 마찬가지) 인간의 잠재력을 이론적이고 정신분석학적인 견지에서 이해할 수 있게 해주는 것이라고 그는 지적했다.[7]

프롬은 그 책에서 시간애를 '부패 신드롬'으로, 그리고 항문애와 자기애, 혹은 근친상간에 대한 억압에 의해 증폭되는 마음의 종양으로 정의했다. 반면, 생명애는 '성장 신드롬'이자 자유와 독립에 의해 증폭되는 창조와 즐거움이었다. 비록 그 추상적인 의미에서 완전히 설득적이지는 않았지만, 이러한 생명애와 시간애의 이분법은 프롬이 한나 아렌트의 『전체주의의 기원The Origins of Totalitarianism』(1950)에서 일찍이 논의했던 '근본악'을 차용했더라면 더 나은 근거와 구체성을 가질 수도 있었을 것이다. '근본악'은 개인과 단체의 '과잉된' 그리고 '목숨뿐인 삶'을 그려나가는 정치적 과정이었다. 프롬은 이러한 줄기에서 삶과 죽음의 정치에 대해 논의할 수 있었을 것이며, 생명애와 시간애는 가족과 지역사회의 구체적인 정치로부터 그 의미를 가져올 수 있었을 것이었다.[8]

프롬은 최종 제목으로 『인간의 마음』을 선택했고, 이는 많은 것을 말해준다. 쿠바의 미사일 위기와 베를린을 두고 벌어진 몇몇 끔찍한 충돌 이후에도 그는 인간의 마음속에 '선함'과 생명에 대한 가능성이 있다고 생각했다. 그 마음은 인간이 다른 사람의 어려움이나 친근한 눈빛에, 새의 노랫소리에, 풀밭의 초록빛에 마음이 움직일 잠재력을 유지하고 있는 한, 얼어붙지 않을 것이었다. 프롬은 인간의 마음을 무의식적 영성으로 들어가는 문에 비유하기도 했고, 대부분은 글자 그대로의 의미로 인간의 몸 안에 생명을 불어넣는 기관으로 적었다. 그는 자기 안에서, 그리고 사회 속에서 그러한 생명의 힘들을 저울질하고 있었다.[9]

『너희도 신처럼 되리라』

———

『인간의 마음』은 프롬을 인류를 위한 윤리적인 예언자로 만들었다. 그는 생명애를 논의하면서 부드럽고 공감하는 영성, 프롬 자신의 삶에서 안정적인 힘이 되어주었던 바로 그 영성을 참고했다. 『인간의 마음』을 완성한 그 다음 해부터, 그는 자신의 일상적인 작업 스케줄을 제한했고, 히브리어 성경 연구에만 몰두했다. 이것이 평생의 열정 때문이라기보다는 그가 더욱더 영적이 됨으로써 자신의 삶의 균형을 다시 조절하는 듯했기 때문이었다. 그는 사춘기 시절 이래로 친구였던 에른스트 지몬에게 이렇게 말했다.

"만약 당신이 나의 20대의 마지막까지 나를 이끌었던 유대교적 삶으로부터 내가 등을 돌렸다고 말한다면, 물론 당신의 이야기가 옳을지도 모르지만, 유대교 전통이나 그 속에 담겨 있는 사랑에 대한 나의 관심은 결코 사그라진 적이 없었고, 나와 이야기를 나누는 사람들은 누구든 『탈무드』나 하시디즘의 이야기를 듣지 않은 사람이 없었다오."[10]

프롬은 안젤리카 발라바노프에게, 이것이 자신이 유대교로 돌아갔다는 것을 의미하지는 않는다고 설명했다. 오히려 히브리어 성경은 인간의 가장 깊은 영적 욕구와 자유와 창조에 대한 인간의 갈망을 드러내는 '진실로 혁명적인 책'이었다. 히브리어 성경은 엄청난 역경 속에서도 행복하고 생기 넘치는 삶을 살기 위한, 신의 은총을 받은 인간의 잠재력을 보여주는 것이었다. 프롬은 유명한 사회학자인 로버트 머튼에게, 비록 자신이 공식적인 유대교 종교 의식에 참여하거나, 유대교적 생활 방식을 지켜나가지 않았다고 하더라도 언제나 『탈무드』와 함께 히브리어 성경 속에 자신의 영적이고 윤리적인 닻을 내리고 있었다고 이야기했다.[11]

프롬은 1964년 봄, 다음 책인 『너희도 신처럼 되리라You Shall Be as Gods』로 눈을 돌렸고, 1966년에 그것을 끝마쳤다. 그는 책의 진행 상황을 친구들에게 편지로 적어 보냈다. 그는 그 프로젝트가 핵무기에 의한 대량학살에 대한 우려에서 벗어나 균형을 잡기 위한 즐겁고 기운을 북돋우는 일이었다고 적었다. 1964년 7월, 그는 발라바노프에게, 히브리어 성경에 등장하는 세속적인 권위를 숭배하기를 거부한 국적이 없는 유대인에 관한 주제로 글 하나를 시작했다고 말했다. 대신에, 그들은 신이 '스스로의 교리를 계속해서 진실하게 지켜나가기를' 요구하는 혁명적인 관점의 영성을 부여받았다. 신과 인간 사이의 이처럼 직접적이고 탈위계적인 관계는 소돔 안의 사악함을 응징하기 위해 그 도시들을 파괴하는 것이 아니라 소돔과 고모라를 구해달라고 신에게 간청했던 아브라함의 기도에서 전해 내려온 것이었다. 프롬은 또한 메시아에 대한 유대교의 오래된 개념에 관해 "인간의 대표로서 신과 논의해야 하는 것이었다"라고 클래라 우르쿠하트에게 흥분을 감추지 못하며 적었다. 『탈무드』의 중심은 기독교적 교리 안에서의 신에 대한 복종보다는 오히려 '인간의 영광과 힘'에 있었다. 1965년 초, 프롬은 아담 샤프에게, 자신이 그 프로젝트와 관련한 작업을 하면 할수록 히브리어 성경이 사회적 억압으로부터의 자유를 주창하는 혁명적인 텍스트였다는 사실을 확인하게 된다고 말했다. 세속적인 언어로 표현되기는 했지만, 마르크스의 작품들도 그와 같은 메시지를 전하고 있는 것이라고 프롬은 지적했다. 『너희도 신처럼 되리라』가 완성되어가면서, 프롬은 우르쿠하트에게 그리스도의 최초의 도래를 첫 번째 구원의 행위로 보는 가톨릭교와는 달리 유대교는 메시아의 도래가 우주적인 평화, 그리고 인간의 노력을 통해 형성되는 인류애와 일치했다는 견해를 오래도록 유지하고 있었다고 언급했다. 간단히 말해, 프롬은 인간의 잠재력에 대한 고대의 신념을 재확인하는 유대교의 전통을 기술하기 위해 성서의 텍스트를 사용할 계획이었다. 유대교 성경은 자유와 자아실현, 그리고 자신의 진실한 내재적 영성을 발견하는 탐구를 위한 현대 인간의 안내자 역할을 하고 있었다. 프롬에게 이번 책은 고대의 가르침을 동시대의 관심과 윤리적 가르침(무스카르muscar), 비판과 책망의 탄원(토카초트tockachot)과 섞는 유대교적 주석(미드라시midrash)의 혼합으로 변형된 것이었다. 이 프로젝트는 그가 개인적·전 세계적 역경을 마주하면서도 자신의 내재적 영성을 부활시키는 데 도움을 주었다.[12]

『너희도 신처럼 되리라』는 15개 국어로 번역되어 200만 부가 팔렸다. 책을 끝낸 후에 프롬은 자신이 현대 이스라엘 국가의 호전적인 모습에서 특히 뚜렷했던, '국가주의적이며 외국인을 혐오하고 보수적인 요소들'을 해체하고, 유대교 삶의 진보적이고 인본주의적이며 또한 역사적으로 지배적인 전통을 강조하고자 했음을 인정했다. 그의 목적은 철학적이고 개인적인 것인 동시에 논쟁적이고 정치적이었다. 그는 모두를 위한 정의가 흘러넘쳤던 구약 예언자들의 보편적 인본주의가 아랍권 이웃들에 대한 현대 이스라엘의 호전적인 정책들로 인해 그

힘을 잃어가고 있다고 밝혔다.[13]

실제로 프롬은 1948년 이래로 그 신생 유대교 국가와 관련한 미묘한 이야기에 대해 논쟁적인 단언을 선호했다. 마르틴 부버, 레오 베크, 알베르트 아인슈타인, 그리고 다른 유대인 지도자들에 의해 지지를 받은 『뉴욕타임스』에 보낸 공개편지에서, 프롬은 팔레스타인에서 유대인들과 아랍인들 사이의 폭력적인 교전을 억제할 필요가 있다고 경고했다. 이러한 폭력은 유대인들이 그동안 기여해왔던 문명의 기본적인 원칙들, 즉 정의의 규칙과 도덕적 법에 대한 헌신, 개인과 생명 사랑에 대한 존중 등을 위축시켰다. 프롬은 이스라엘 정부가 나치 거물인 아돌프 아이히만Adolf Eichmann을 아르헨티나에서 납치해 세계 유대인의 이름으로 미심쩍은 이스라엘 법 아래에 놓으려 한 것을 공개적으로 비난했다.

"이스라엘 국가는 무자비한 복수 이외에 그 어떠한 고귀한 의미를 지닌 도덕적 태도를 보이지 못했기에 나치 정신을 정복하는 데 실패했다."

더 고귀한 도덕적 태도는 유대인의 법과 관습 속에 있는데, 이스라엘이 그것에 반역하는 것은 '가나안 땅을 정복했던 자들의 정신'으로 돌아간 것이었다. 1962년에 프롬은 아랍의 영토를 도용하며 무력으로 살고자 하는 이스라엘의 명백한 지향을 보며 매우 괴로워했다.

"예언적인 메시아주의란 나에게는 항상 가장 아름다운 사상들 중 하나였고, 나는 이스라엘 국가가 단지 자신의 정치적 목적으로 이 사상을 더럽히고 있다고 생각한다."

1966년 봄, 프롬은 샤프에게 『너희도 신처럼 되리라』를 출간한 주요한 동기가 적대적인 민족국가 이스라엘이 아닌 보편적인 인본주의가 유대인들 전통의 중심에 내재해 있다는 사실을 그들에게 일깨우기 위해서였다고 털어놓았다. 유대인들은 구약 예언자들의 메시지를 다시 마음속에 새겨야 한다.[14]

『너희도 신처럼 되리라』는 프롬의 가장 영적인 책이었다. 그것은 또한 여러 해에 걸쳐 면밀한 원문 해설에 힘쓴 그의 최초의 책이기도 했다. 그는 이 작품이 19세기 신칸트학파 마르부르크 철학자인 헤르만 코엔과 그의 사후 걸작인 『유대교 근원 너머 사유의 종교』(1919)에서 영감을 받았다는 사실을 인정했다. 프롬의 가장 중요한 스승이었던 노벨과 라빈코프는 그에게 코엔의 고전을 알려주었다. 『유대교 근원 너머 사유의 종교』는 '이성적인 종교'를 탄생시키기 위한, 유대교 전통의 다른 생명력을 지닌 근원에 관한 토론과, 히브리어 성경의 텍스트에 대한 체계적인 해설을 통합한 것이었다. 코엔에게 유대주의는 우주적인 윤리와 사회 정의에 대한 헌신에 입각해 있었다. 구약 예언자들의 가르침이 보편성에 근거한 것이기에, 코엔은 이것이 국가에 대한, 심지어 유대교 국가에 대한 충성을 가로막는다고 생각했다. 만약 외부적인 신의 개념이 인간으로 하여금 윤리적으로 행동하도록 도움을 줄 수 있었다면, 윤리적인 행위는 신념 위에 존재하는 것(예를 들어, 코엔이 '윤리적 유일신교'라고 기술했던 것)이었다. 프롬은 독일 유대교의 『탈무드』 학문의 전통 속에, 그리고 희망과 영감, 순수로 삶이 가득 차 있던 자신의 학창 시절에, 또 제1차 세계대전과 나치즘의 득세와 핵 말살의 위기 이전의 시대에 자기 자신을 가져다놓고 있었다.[15]

프롬은 그 책의 주제를 간결하게 발표했다. 비록 히브리어 성경이 1000년이라는 시간 속에서 많은 색깔로 쓰이고 편집되고 다시 많은 작가에 의해서 재편집된 책이라 할지라도 그것은 "우상은 존재하지 않고 오직 하나의 신만이 존재한다고 주장하는 영적 지도자들에 의해 선도된 작고 원시적인 국민의 진화"를 묘사하고 있었다. 이러한 유일신교는 "이름 없는 신과, 모든 인간의 궁극적 통합, 그리고 모든 개개인의 완전한 자유에 대한 신념을 가진" 종교로의 확장이었다. 프롬은 이러한 본질적인 메시지가 수 세기 동안 유대인 사상의 중심에 내재해 있었던 것이라고 주장했다. 유대인들에게 그들의 역사 대부분의 기간 동안 국가가 결핍되어 있었기 때문에 예언적 가르침이나 솔로몬의 것이 아닌 영광이 유대인의 사상 속에 만연하고 지속적인 영향을 미치게 되었다. 그러한 가르침들은 '통합되고 평화로운 인류, 가난한 자와 힘없는 자들을 위한 정의의 예언적 비전'을 강조하고 있었다. 유대인들은 국가 없는 존재로서의 자신들의 방황으로부터 인본주의의 전통을 발전시키고 지켜나갈 수 있게 되었던 것이다.[16]

프롬은 『너희도 신처럼 되리라』의 초반부에서 유대인의 '신에 대한 믿음' 전통이 신이 사회에 어떤 도그마를 드러내기 위한 특정한 자질이나 권위를 지니고 있다는 의미는 아니라고 설명했다. 신을 안다는 것은 신을 사랑한다는 것이며, 그것은 본질적으로 생명을 감싸고 스스로 윤리적인 행동을 하는 것이었다. 프롬은 살아 있는 일체로 신을 수용함으로써 인간은 자신의 삶의 모든 것과 자신의 일체를 받아들이는 것이라고 주장했다. 구약과 『탈무드』는 삶을 경영하는 데 인간의 행동을 통제하는 원칙들, 즉 윤리적 규범을 설명하고 있다. 확실히 인간은 신이 될 수는 없지만, 만약 그가 자신의 인격을 자유롭게 하고 '성스럽게' 한다면, 인간은 신의 아래에서가 아니라 신과 함께 걸을 수 있을 것이다. 불행하게도 인간은 종종 국가와 지도자, 왕, 부富, 혹은 기술이 신을 투사한다는 잘못된 믿음으로 그러한 우상들을 숭배함으로써 샛길로 빠지기도 했다. 신을 받아들인다는 것은 우상을 부인하는 것이며, 그러므로 인간은 자신과 신의 열정을 우상에게로 변형시켜서는 안 된다. 왜냐하면 이러한 우상 숭배는 끔찍한 심리학적인 결과를 야기하기 때문이다. 우상을 수용하는 것은 자신의 자아가 이원되고 소외되어 부패하게 되는 측면을 부각하는 것이다. 그것은 시간애를 받아들이는 일이다.[17]

히브리어 성경의 신은 생명력 있는 인간 삶의 구체화였다. 히브리의 신은 또한 개념적인 해석 너머에 있는 '종교적' 인간 경험을 포용한다. 프롬은 이것을 'X 경험'이라고 언급했고, 그가 생각하기에 그것은 선불교 안에서, 그리고 유대교, 무슬림, 기독교 사상의 신비주의 영역 안에서 가장 뚜렷이 표현되고 있었다. 그것은 '달을 가리키는 손가락', 즉 우리의 이야기 너머에 있는 인간 현실과 유사하다. 그러한 'X 경험'은 모든 형태의 개인적 자기애, 즉 자신의 에고, 욕심, 두려움을 드러내고, 세상에 대담하고 세상과 하나 되고 세상을 사랑하기 위해 '자기 자신을 가득 채울 수 있도록 스스로를 비워내는 것'이다. 이것이 인간이 신의 형상을 따라 만들어졌다는 성경의 가르침의 본질이다. 인간은 자기 안에 모든 인류를 담아냄으로써 신을 닮아가는 것이다.[18]

시편에 대한 프롬의 논의 또한 중요하다. 여기서 프롬은 그의 삶의 변화되는 분위기를 문제가 많았던 어린 시절과 우울한 어머니, 그리고 다소 광적이었던 아버지로까지 확장해 기록하는 듯했다. 그는 시편이 유대교 공동체에서 가장 대중적인 기도서였으며, '인간의 희망과 두려움, 인간의 기쁨과 슬픔'을 가장 잘 환기시키는 책이라고 말했다. 심리학적으로 시편은 형식적인 교리를 내비치는 것이 아니라, 종교적 경험 안에서 전해 내려오는 자아 내부의 감정들을 품고 있다. 프롬은 단일한 분위기의 기도들이 있다는 데 주목하면서도, 좀 더 복잡하고 역동적인 기도에 초점을 맞추었다. 역동적인 기도라 함은 기도하는 이의 마음속 변화를 보여주는 것이며, 'X 경험'의 시작을 담고 있었다. 그는 가라앉은 분위기, 즉 슬픔과 절망과 두려움, 때때로 심오한 우울이 가득한 마음에서 시작한다. 하지만 기도를 암송하는 과정에서 기도하는 이의 기분은 눈에 띄게 변화한다. 그는 자신감을 갖게 되며, 희망과 신념의 빛, 심지어 생기의 빛을 향유하게 된다. 그러고 나서 그 기도하는 이는 다시 훨씬 더 깊은 절망 속으로 돌아가기도 한다. 이러한 충만한 깊이의 절망을 경험하고 나서야 그는 희망과 신념과 살아 있음과 세상에 대한 열린 마음을 포용하기 위해 근심으로부터 자기 자신을 자유롭게 할 수 있는 것이라고 프롬은 설명했다.[19]

프롬은 마흔일곱 개의 역동적인 시편 중 몇몇에서 이러한 분위기 변화의 유형을 보여주었고, 그가 썼던 것처럼 건강 악화, 그리고 시간애와 핵전쟁에 사로잡혀 있었음에도 자신이 생명과 즐거움과 희망을 충분히 수용하고 있는지 시험하고 있는 듯했다. 그는 지난 2000년에 걸친 역동적인 시편들의 움직임이 수많은 하시딕 노래 속에서 '가장 눈에 띄는 아름다운 표현'을 찾아낸 것이라고 강조했다. 프롬은 그가 라빈코프와 함께 노래했을 때, 스승과 제자가 '철저한 인본주의'의 완벽한 정신을 포용했을 때 엄청난 즐거움을 느꼈던 사실을 기억했다. 그는 일생동안 성서를 가지고 명상을 했지만, 성가를 부르는 일은 (특히 저녁 식사 후에) 감정의 주기적인 오르내림에 맞추어 계속해서 균형을 유지하도록 해주었다. 시편을 공부하는 것은 그에게 슬픔과 행복, 절망과 희망이 어떻게 우리의 마음이 딱딱해지고 부패하는 것을 막아주는 삶의 과정의 일부분이 되고 있는지 더 잘 이해하는 데 도움을

주었다. 어느 정도 프롬은 인류를 위한 예언자이자 임상의 역할을 하고 있었다.[20]

히브리어 성경에 대한 책을 쓰느라 보냈던 2년이라는 시간은 프롬의 영성과 안정감에 폭넓게 기여했다. 프롬은 무신론자이자 비수행자였지만, 안식일을 지키는 것이(어린 시절 이래로 해본 적은 없었지만) 물질주의 사회의 지루한 현실적인 고민들로부터 자유로워져 즐거운 삶에 대한 자신의 생각을 이어나가고 강화하는 데 특히 적합한 시간이며, 삶의 의미를 일깨우는 것이라고 인정했다. 실제로 프롬은 모든 사람이 안식일을 준수해야 한다고 주장했다.[21]

모든 국가가 '자신들이 사용하던 칼을 쳐서 보습을 만드는' 호세아와 이사야와 아모스의 '종말' 비전과 자신의 삶의 많은 부분을 결부시키며, 프롬의 어조는 확실히 자전적이 되었다. 비록 그가 자신을 예언자라고 칭하지는 않았지만, 그의 예언적 역할의 특징은 그의 활동이나 집필 작업과 신기하게도 들어맞았다. 예언자는 진실을 드러내는 자였다. 그러나 예언자의 영역이라는 것이 결코 완전히 영적인 것은 아니어서, 그것은 항상 '이 세계의' 것이었고, 그러므로 심오하게 정치적이었다. 많은 부분에서 알베르 카뮈의 『반항하는 인간』(1951)에 근접하며, 프롬은 예언자의 임무는 '반항'이라고 상당히 명확하게 묘사했다. 그는 사회 정의에 관한, 문제가 많고 위험한 대중적 사상에 맞서 아무리 여러 번이라도 반드시 경고를 해야 하는 사람이다. 그는 현재의 불 보듯 빤한 거부를 밀쳐내야 하며, (헤겔과 마찬가지로) 역사의 마지막까지 유토피아를 이루어내겠다는 기대를 저버리지 않는 자다. 그러나 카뮈는 가끔씩 그러한 반항인이 현재의 상황에 너무도 고통스러워서 외부의 비평가로서의 역할을 무시한 채 '혁명적'이 될지도 모른다고 주의를 주었다. 이것은 혁명에는 위험한 일이며, 유토피아를 위한 그의 탐구가 멸종을 부르는 전쟁을 포함하는 폭군의 '전체주의적' 해결책들을 좇으려 할 수도 있다고 카뮈는 경고했다. 반항하는 인간의 역할과 예언자의 경향에 대한 프롬의 융합은 위험을 수반하고 있었다.(제한된 것이기는 하지만.) 어떤 특정한 환경하에서 그 예언자는 너무 많은 에너지와 열정을 얻게 되어 카뮈의 경고처럼 혁명적이 될지도 모른다. 그는 혁명의 전체주의적 해결책들을 수용하고 다시 반항하는 인간으로 돌아가는 일이 쉽지 않다는 것을 발견하게 될지도 모르는 일이다.[22]

매디슨 스퀘어 가든

—

1966년 늦은 가을과 초겨울 『너희도 신처럼 되리라』를 끝마칠 무렵, 프롬은 평화운동에서 더 활동적이 되었다. 그는 교황 바오로 6세에게 인간 생존에 관한 임박한 위기들, 즉 베트남 전쟁과 같은 위기들을 논의하기 위해 바티칸에 전 세계적인 회의를 소집해달라고 요청했다. 프롬은 베트남 전쟁 초기부터 반대자였던 것은 물론이고, SANE의 설립 이래로 그 단체에서 중심적 역할을 해왔다. 비록 두드러진 이데올로기적 입장에서 그저 바람에 그칠 수밖에 없는 것이겠지만, 그는 케네디 대통령이 그 지역에서 군대를 철수시키고 케네디 정부의 몇몇 참모와 함께 토론에서 SANE을 대표하기를 희망했다. 케네디가 암살되었을 때, 프롬은 린든 존슨Lyndon Johnson이 국방성으로부터, 그리고 동남아시아에서의 확장된 군사적 '모험주의'를 위한 장성들의 압력으로부터 견뎌낼 수 있을지 두려워했다.

프롬과 SANE의 그의 동료들이 우려하는 것은 당연했다. 1965년 초, 존슨은 베트남 전쟁을 위한 대규모 군사적 징집을 실시했다. 그것은 1966년까지 계속되었으며, 정부가 철수를 위한 진지한 논의를 시작조차 할 수 없게 만들었다. 이러한 상황에서 SANE은 1966년 12월 8일 매디슨 스퀘어 가든에서 열리게 될 대규모의 반베트남 전쟁 시위의 주요 연설자로 프롬을 지명했다. SANE 지도자들의 희망은 전쟁을 끝내기 위한 진지한 협상을 하도록 존슨 정부와 대화를 하자는 측과 일방적인 미국의 철수를 요구하며 정부와 관계를 단절해버리자는 측을 합쳐, 프롬이 조직을 하나로 만드는 것이었다. 프롬은 존슨의 참모들과, 북베트남인들과 베트남 의회와의 협상 내용을 이끌어낼 가능성이 있는 정책들을 논의하는데 찬성했다. 그러나 그는 설령 이것이 외교 정책을 수립하는 입안자들과의 교류를 제한한다고 할지라도 국가 지도자들에 대한 공공연한 직설적인 견책을 결코 마다한 적은 없었다.[23]

프롬은 비행기 여행을 좋아하지 않았기 때문에 보통 편안한 특별 객차 칸이 있는 열차를 타고 멕시코시티에서 뉴욕까지 여행을 했지만, 점점 늘어나는 집필과 강연으로 시간의 압박을 느끼고 있었고, 비행기 여행이 여정을 며칠 줄여줄 거라는 사실을 깨달았다. 휴식과 집회를 위해 리버사이드 드라이브에 있는 뉴욕 아파트에 도착했을 때, 프롬은 독감에 걸려 몸이 무거워지고 있다는 것을 느꼈다. 건강 문제 때문에 계획된 일들을 취소해야겠다고 말하지 못하는 사람이었던 그는, 특히 자신에게 매우 소중한 단체가 후원을 하고 있을 경우 더더욱 그러했던 그는 택시를 타고 매디슨 스퀘어 가든으로 가야 했다.

엄청난 박수를 받으며 무대에 올라 연설을 하기 위해 연단으로 걸어갈 때, 그는 일시적으로 다시 기운을 얻은 듯했다. 이미 광장은 사람들로 꽉 들어차 있었다. 언제나 그랬듯 고지식하고 어두운 양복 차림을 한, 키가 작고 통통한 모습의 국제적인 저명인사가 그들의 눈앞에 서 있었다. 나이가 많이 들었음에도 그의 머리카락은 여전히 어둡고 굵었으며, 가지런히 뒤로 빗어 넘긴 채였다. 테가 없는 이중 초점 안경은 그의 수북한 눈썹을 도드라지게 만들었고, 그의 커다란 두 귀에 눈이 가게 했지만, 예순여섯 살이 된 강연자의 강렬함과 에너지는 이마와 양볼을 따라 주름이 진 그의 각진 얼굴에 고스란히 드러났다. 독일어 악센트의 흔적이 묻어 있을 뿐, 우아하고 빈틈없는 영어로 연설하는 그의 목소리는 강렬하고 풍부했다. 발표는 간결하고 영감을 주었다. 그는 베트남에서의 학살이 중단되어야 한다고 주장했다. 그 전쟁은 '제1차 세계대전 이래로 매년 증대되어온 인간의 잔혹성과 생명 경시'를 증폭시키는 것이었다. 나치의 홀로코스트와 제2차 세계대전이 손을 맞잡은 드레스덴과 히로시마, 나가사키에 대한 폭격은 잔혹과 파괴에 대한 우리 사회의 왜곡을 보여주는 것이었다. 적이나 영토를 빼앗는 것이 목적이었던 이전의 전쟁과는 달리, 베트남에서의 '성공'이란 '사냥으로 죽어간 적의 숫자들'에 의해 가늠될 뿐이었다. 프롬은 문명화된 사회란 '생명에 대한 사랑, 모든 살아 있는 것에 대한 사랑'에 근거하는 것이지만, 우리 사회는 '인간이 할 수 있는 가장 끔찍한 왜곡인 부패와 죽음에 대한 매혹'으로 흔들리고 있다고 주장했다. 만약 인류가 나치 말살 '기계'의 우수한 감독관이었던 아돌프 아이히만으로 대표되는 '죽음과 비인간화의 물결'에서 뻗어 나온 어떤 희망이라도 가지고 있는 거라면, 우리 사회는 베트남은 물론이고 모든 다른 싸움의 장에서 "학살 금지, 즉각 금지"라고 외쳐야 한다.[24]

프롬의 연설에 크고 열렬한 기립 박수가 쏟아져 나왔다. 그는 자신의 몸에서 에너지가 빠져나가고 있다는 사실을 느끼면서도 곧은 자세를 유지했다. 프롬은 광장을 떠나 서늘한 겨울밤으로 걸어 들어가 택시를 타고 아파트로 돌아왔고, 독감이 더욱 심해졌다는 사실을 깨달았다. 그러나 남은 며칠 동안 참석해야 할 중요한 약속이 몇 차례 더 있었다. 광장에서의 연설 이후 오래 지나지 않은 어느 저녁, 택시를 부르기 위해 얼음장 같은 차가운 빗속에서 기다리고 있던 그는 가슴에 날카로운 통증을 느꼈고, 숨을 헐떡였다. 중증의 심장마비가 일어났다. 프롬은 애니스의 보살핌 아래 10주간이나 침대에 누워 있었고, 그 해의 모든 일을 미루어야 했다.[25]

심장마비가 일어난 두 달 이후, 그는 아니세토 아라모니에게 자신이 쿠에르나바카에 있는 집으로 당분간은 돌아가기 힘들 것 같다고 편지를 적었다. 그의 심장병 전문의는 그에게 서너 달 정도 완벽히 휴식을 취할 것을 권했다. 프롬은 아담 샤프에게 곧 일에 복귀하고 싶다는 희망을 전하며, 자신의 심장 상태를 대수롭지 않게 생각했다. 휴식을 취하고 회복을 빨리하기 위해 프롬과 애니스는 바덴바덴과 프라이부르크에서 머문 후 2월 중순, 스위스 알프스와 이탈리아 국경 근처의 마조레 호수 북쪽 끄트머리에 위치한 로카르노라는 작은 마을에 있는 무랄토 호텔로 여행을 떠나기로 결정했다. 프롬과 애니스는 이전에 로카르노를 방문했었고, 그곳이 프라이부르크에 있는 유명한 심장 마사지 치료 센터로부터 멀지 않았기 때문에, 그 지역의 아름다움과 평온함을 찾아 다시 그곳을 향한 것이다. 로카르노에서의 회복은 잘 진행되었고, 1967년 4월 초 프롬은 상당히 회복된 것 같다고 샤프에게 적었다. "책도 많이 읽고 많은 생각을 새롭게 할 수 있게 되어서 상당히 기쁘오."

그 늦은 봄, 프롬과 애니스는 취리히에 있는 사촌 게르트루트와 그녀의 예술가 남편인 맥스를 방문해 크로아티아의 온화한 날씨를 즐기면서 로카르노를 떠나 짧은 여행을 시작했다. 5월에 프롬은 매디슨 스퀘어 가든에서 있었던 집회 이래로 첫 번째 공식 행사인 제네바 평화회의에 참석했다. 유럽에서 요양한 덕분에 그는 멕시코 정신분석학회와 연구소의 내부적 일들로부터 어느 정도 멀어질 수 있었다. 그러나 그는 심장마비가 일어난 그해에 미국 정치로부터 스스로를 떼어놓는 데는 성공하지 못했다. 끝내 그는 미국 외교 정책의 가장 중요한 비판자였다. 베트남 전쟁이 가속화되면서, 상원 외교 관계 위원회 의장인 윌리엄 풀브라이트는 그 충돌을 논의하기 위해 상원 군사 위원회와 합동 실무 회의를 소집했다. 프롬의 이름은 '전문가'의 증언으로 언급되었다. 그러나 풀브라이트는 자신의 친구가 심각한 질환으로 회복 중에 있으며, 여전히 로카르노에 머물고 있다고 모임에서 발표했다. 그곳에서의 시간은 프롬이 유럽인으로서의 뿌리와 정서적 유대감을 다시 확인하는 데 도움이 되었다. 1967년 가을이 되어서야 그와 애니스는 뉴욕으로 돌아왔고, 그곳에서 다시 멕시코로 돌아갔다. 그들은 스위스 알프스에 있는 그 즐거운 작은 마을을 다시 찾을 수 있기를 고대했다.[26]

그 심장마비로 프롬은 자신이 생의 끄트머리에 조금씩 다가가고 있다는 확신을 갖게 되었다. 그는 샤프에게 치명적인 관상 동맥 마비가 추가적으로 일어날 수 있으며, 매우 조심해야 한다고 털어놓았다. 그의 부친은 1933년 겨우 64세의 나이에 심장마비로 짐작되는 질환으로 사망했다. 프롬을 잘 알고 있는 친구들은 그가 약이나 비타민, 특별한 식이요법 등을 잘 알아보고 자신의 육체적인 한계를 조심스럽게 가늠하며 건강에 매우 관심을 쏟고 있었다고 회상했다. 애니스 또한 암이 재발할 수 있다는 사실을 생각하면 그리 많은 시간이 남아 있지 않을 수도 있었다.[27]

　　매디슨 스퀘어 가든에 모습을 드러내기 몇 달 전, 프롬은 『재활 지 Journal of Rehabilitation』에, 일단 인간이 60대 중반에 도달하고 재정적으로 안정되면, 그는 단지 '시간을 죽이고' 소비하며 병과 죽음에만 초점을 맞추는 경향이 있다는 내용의 글을 실었다. 프롬은 노년의 시간, 이제 인간에게 고유한 영적이고 종교적인 문제들을 맞이할 시간이 되었으니, 비로소 '자신의 주된 업무를 꾸려나가야 하는 때'라고 예언했다. 인간은 마침내 편의주의적인 것에서 벗어나 '자신의 진실한 모습에 맞추어 살 수' 있다. 노년을 맞이한 인간은 '생기를 잃어가는 것이 아니라, 이전 어느 때보다 더 생명력을 되찾는 기회를 가지는 것'이며, 삶을 포용하고 세상에 대해 진실로 광범위하게 관심을 갖게 됨으로써 썩어가는 육체에 깃드는 우울함을 극복하고, 더욱 생기 넘치고 행복한 존재로 살 수 있다. 이것이 즐겁게 '향유'하며 사는 삶이라고 프롬은 애니스에게 이야기했다. 생명의 유한성과 맞서며, 프롬은 자신의 경험을 그렇게 예언으로 녹여내고 있었다.[28]

제11장

희망 안에 머물다

심각한 심장마비 이후 로카르노에서 오랜 회복의 시간을 보내고 있던 프롬은 의사들의 이야기를 듣지 않고 1967년 5월 제네바에서 열린 '지상의 평화Pacem in Terris' 회의에 참석했다. 그는 몇몇 대표단과 이야기를 나누기는 했지만, 연설도 하지 않았고 오래 머무르지도 않았다. 그는 친구인 마이클 매코비에게, 사람은 60대 이전까지는 모든 질병이 단지 심리적인 것이라고 믿을 수 있지만, 그 이후에 그 질환이 한 방에 앙갚음하게 되는 것 같다고 말했다. 매코비는 프롬이 죽음의 손길을 느끼고 난 후, 좀 더 신사적이고 더 연민을 갖게 되었다는 사실을 발견했다. 그는 개인의 영적인 발전에 더 많은 관심을 갖게 되었으며, 자연과 하나가 되는, 그리고 초월에 대한 불교의 이상을 따라 더욱더 자신의 삶을 조절해가게 되었다. 물론 살만 라빈코프와 수업을 했던 이래로 영성은 쭉 그의 삶에 안정장치가 되어왔지만, 그는 지금 마이스터 에카르트와 다른 신비주의자들의 서적들을 다시 읽으며, 그리고 매일

정해진 시간에 정해진 장소에서 명상을 하며 열정적으로 그것을 추구하고 있었다. 심장마비로부터 다시 일어서는 동안 프롬의 영성은 더욱 깊어졌고, 매코비는 그가 죽음을 연습하며 바닥에 누워 있는 모습을 보았던 것을 기억했다.[1]

그럼에도 유한한 삶에 대한 고민과 내적 영성을 정서적으로 받아들이는 일이 핵 비무장과 세계 평화에 대한 그의 활동을 사그라지게 하지는 못했다. 프롬은 '세계의 공산주의화'를 막기 위한 일환으로 저질러졌던 베트남 전쟁에서의 치솟는 사망자 숫자에 특히 깊이 괴로워했다.

1967년 말, 미네소타 출신의 신진 상원의원이었던 유진 매카시는 전쟁에 반대하는 목소리를 높였다. 실제로 그것은 1968년 민주당 지명에 올라 있던 린든 존슨 대통령에 대한 힘겨운 도전의 본질적인 강령이 되었다. 프롬은 매카시의 삶이 자신의 삶과 비슷하다고 생각했다. 매카시는 미네소타의 성 요한 사원 베네딕트 수도사들의 지적인 1930년대 가톨릭 환경 속에서 자랐고, 그곳에서 사제의 삶을 추구했다. 프롬은 『탈무드』 학자들과 공부하면서 랍비가 되는 것을 고려했으며, 그의 스승 라빈코프는 사회 정의와 사회주의 수용에 대한 급진적인 이상을 그에게 심어주기 위해 많은 노력을 했다. 그와 비슷하게 성요한 사원에서 매카시의 스승은 자신의 학생들이 자본주의의 내재적 모순에 의해 부패된 부르주아 계급의 죄 많은 세상으로부터 멀어지기를 바랐다. 매카시는 결국 사제의 삶을 거부하기로 결정했고, 그것은 프롬이 랍비의 삶을 거부했던 것과 마찬가지였다. 미네소타 시골 지역에 반자본주의 공동체를 설립하려는 노력이 실패로 돌아가고 난 후 매카시는 결국 세인트폴의 가톨릭대학에서 사회학을 가르치게 되었다. 프롬은 자신의 몇몇 출간물에서 강한 공동체의식을 지닌 중세 가톨릭 시대를 그려냈고(역사적 사실이라기보다는 발견적 도구로서), 그곳에서는 영성과 인본주의 그리고 서로 보살피는 관계가 시장에 대한 고려보다 우세했다.[2]

1948년, 미네소타의 좌익 편향적인 민주 농민 노동당은 매카시를 영입했다. 10여 년 후, 그는 미국 상원에서 의석을 획득했고, 그곳에서 존 F. 케네디와 함께 소련의 팽창주의에 대한 저항과 더불어 내부적인 개혁을 시행하면서 냉전 자유주의를 대표했다. 그것은 프롬의 길이 아니었다. 매카시는 1960년 민주당 회의에서 처음 그의 주목을 끌었고, 그곳에서 매카시는 아들라이 스티븐슨을 지명했다.

"그의 당에도 예언자가 함께하기를 바랍니다."

프롬은 매카시 연설의 영적 날카로움에 깊은 인상을 받았다. 1960년대 중반, 매카시는 존슨 정부가 베트남에 개입하는 것을 반대했다. "우리는 인간이 아니라 신에 복종해야 한다"라고 공표하던 교황 요한 23세의 '지상의 평화' 회의는 윤리적인 기반에서 미국의 베트남 개입을 공격하는 매카시의 발판이 되었다. 핵무기와 전쟁에 반대하는 싸움에서 교황 요한 23세를 정신적인 협력자로 여겼던 프롬은 매카시의 전쟁에 대한 영적인 방식의 새로운 저항에 힘을 얻게 되었다.[3]

전쟁에 대한 매카시의 비판은 1967년, 풀브라이트와 다른 상원의 온건파들과 한데 뭉쳤다. 그는 미국의 북베트남 폭격 중지, 협상, 사이공의 협동 정부, 미국 군대의 철수를 요구했다. 몇몇 상원 평화주의자들과 평화활동가들은 민주당 지명을 위해 존슨에게 도전하라고 매카시의 용기를 북돋웠다. 비록 그들이 매카시가 지명에서 이기리라는 희망을 가지고 있지는 않았지만, 그들은 존슨이 베트남 정책을 변경하도록 위협할 방법을 찾고 있었다.

매카시가 후보자로 나선 이후, 상당한 돈이 캠페인에 흘러들었다. 프롬은 시와 철학을 사랑하는 이 '평화를 사랑한 남자'에게 초기에 많은 금액을 후원한 사람 중 하나였다. 처음의 예비선거는 3월 12일 뉴햄프셔에서 열렸고, 그 후 신문들은 매카시가 존슨을 '물리쳤다'고 보도했다. 사실 그는 강력한 2위 득표자였다. 출구조사는 많은 뉴햄프셔 유권자들이 매카시가 어떤 입장에 서 있었는지 정확히 알지 못하면서도 현 정부에 대한 저항의 의미로 그들의 표를 행사했음을 보여주었다. 강력한 도전자였던 로버트 케네디는 3월 중순에 입후보했다. 이에 대응하여, 존슨은 북베트남에 대한 폭격을 멈추었으며, 협상된 조약을 체결하기를 원한다고 발표했고, 2주 후 후보 경합에서 탈락해 모든 미국인에게 충격을 안기고 말았다. 프롬은 재선거에서 존슨의 군 철수 주장도, 전쟁을 끝내겠다는 계획의 진실성도 신뢰하지 않았다. 그는 존슨의 발표가 궁극적으로 투표자들의 '비판적 힘'을 흔들어버릴까 봐 두려워하고 있었다. 존슨은 '패배했는데도 승리를 낚아챘으며', 스스로를 '반대자들이 제안하는 것들을 정확히 진행하고 있는 사심 없고 겸손한 민족의 아버지'의 자리에 올려놓았다.[4]

건강이 좋지 않았음에도, 그리고 아마도 매카시에게 깊이 감화되었기 때문에, 프롬은 자신의 아이디어와 더 많은 재정적 원조가 매카시의 선거운동에 필요하다고 결정했다. 케네디가 선거전에 뛰어들던 날, 프롬은 매카시 캠페인의 기초가 될 수 있는, 한 권의 책으로 확장되기를 바랐던 긴 '정치적 대안에 관한 메모'를 완성했다. 그 메모는 지금 서방 사회, 특히 미국을 사로잡고 있는 '완벽히 관료주의적인 산업주의'의 위태로운 '새로운 사회'를 강조하고 있었다. 이 사회는, 인간이 수

동적이며 공감하지 못하는 낮은 수준의 우울 상태에서 감정 없이 절
차대로 기능하는 '거대 기계'의 한 부품이 되게끔 '최대 생산, 최대 소
비, 그리고 최소한의 마찰의 원칙'으로 인간을 프로그램화하고 있다.
이제 조직적 탈중심화와 지역 노동자 경영, 그리고 인간의 발전을 위
한 최고 가치에 기여할 수 있는 다른 구조적 변화들을 통해 인간이
'인본주의적 산업주의'를 추구할 때다. 프롬은 개인 재산의 사회화를
주장할 정도로 멀리 가지는 않았지만, 그가 제안한 민주적으로 구성
된 구조의 사회는 근본적인 '인간의 욕구'를 확장시킬 것이었다. 프롬
은 『건전한 사회』(1955) 이래로 그 프로그램을 제기해왔다. 간단히 말
해, 프롬은 '기계와 죽음에 대한 숭배'에 인본주의적 대안을 마련하기
위해 전 세계적, 특히 미국 안에서의 민주적 풀뿌리 운동을 주창하고
있었다.[5]

　바로 이 시점에, 대학에서 프롬을 찾는 일이 많았다. 그의 캠페인
메모는 사회주의적 인본주의와 참여민주주의, 그리고 베트남 전쟁의
종식을 주창하는, 그가 제시했던 바로 그 텍스트였다. 그의 입장은 신
좌파 정치 프로그램과 많은 부분 양립하고 있었다. 비록 학생 저항 문
화에 대해서는 최소한의 관심을 보일 뿐이었지만(물론 그는 전체 사회에
대한 인본주의적 접근을 위해 작은 시민 단체들의 아이디어를 홍보했었다), 이것은
그의 대중성을 다소나마 설명해주는 것이었다. 그는 이러한 단체들이
서로 합쳐져 결국 근본적인 인본주의적 변형의 매개체가 되리라 기대
했다. 프롬의 메모와 집회에서의 그의 연설 대부분은 이처럼 변화를
위한 운동의 흐릿한 윤곽선만을 제시한 채 마무리되었다. 그는 매카시
와 그의 직원들이 이 메모의 주제를 확장시킬 책 속에서 그 유용성을
찾아내, 캠페인에 개념적 일관성을 가져다주기를 바랐다.[6]

4월 13일, 휴버트 험프리Hubert Humphrey 부통령이 존슨을 대신해 선거전에 들어가기 전, 프롬은 매카시에게 도움을 주겠다고 제안하는 긴 편지를 보냈다. 그것은 16년 전 스티븐슨에게 보냈던 그의 첫 번째 편지와 닮아 있었고, 이번 것도 그와 유사하게 상당한 양의 나르시시즘이 양념처럼 첨가되었다. 프롬은 "만약 내가 캠페인의 연설이나 개인적인 토론에 쓰일 메모를 작성함으로써 당신의 캠페인에 어떤 식으로든 도움이 된다면, 나는 그에 맞춰 기꺼이 내 스케줄을 조정하겠소"라고 적었다. 그는 또한 매카시의 노력이 정치적·인본주의적인 무기력으로 인해 질식할 것만 같은 수백만의 사람들에게 희망을 만들어주는 것이며, 이것이 자신이 스스로의 '메모'를 짧은 책으로 엮기로 결정한 이유였다고 지적했다.[7]

새로운 대안의 필요성에 대한 철학적 논고였던 프롬의 긴 편지는 스티븐슨에게 보냈던 편지가 그러했던 것처럼 분주한 대통령 후보자에게는 부적절한 것이었다. 프롬은 여러 가지 '삶들' 중 하나를 살면서, 그리고 하인츠를 구조했던 실용적인 책략가의 삶에서 한발 더 나아가 그 중심 무대에 서 있었다. 그의 서한은 '모든 인간이 거대한 기계가 되는' 사회를 묘사하고 있었다. 삶은 점점 더 관료적이고 생산 중심적이 되어갈 것이며, 인간으로 하여금 '생명력이 없는 삶'을 살도록 요구하고 있었다. "인간적인 모든 것, 사랑, 관심, 즐거움 그리고 자유를 빼앗긴 인간의 에너지는 파괴로 눈을 돌리게" 된다. 시간애는 바로 그 지점에서 고개를 든다.[8]

프롬은 매카시가 자신의 편지를 고마워했다는 몇몇 증거가 있기는 하지만 그 편지가 너무 길었다는 것을 인정했다. 매카시는 자신의 캠페인에 함께하며 캠페인의 메시지를 만들어나가는 데 도움을 주고,

빠른 시간 안에 제안했던 책을 끝내달라고 프롬을 격려했다. 프롬은 대단한 열정을 보이며, 그 모든 제안에 동의했다. 그는 하퍼 앤드 로 출판사가 1968년 8월 초에 그 책(현명하게도 『희망의 혁명』이라고 제목을 바꾼)을 출간할 수 있도록 다른 집필 프로젝트들을 미루어놓았다. 프롬이 가까운 친구들에게 핵전쟁이 실제 가능한 것이라고 암울하게 털어놓았던 데 반해, 『희망의 혁명』에서 그는 독자들의 생각은 물론이고 자신의 정신까지 규합하려는 듯했다. 1997년까지, 대략 250만 부가 20개국의 언어로 독자들의 손에 가 닿았다.[9]

캠페인이 진행되는 동안, 나라는 베트남의 '신년 대공세Tet offensive', 마틴 루서 킹 암살, 로버트 케네디 암살, 전 지구적인 학생운동, 시위를 저지하려는 소련의 체코 침공 등과 같은 연속적인 사건들로 요동치고 있었다. 그때 프롬은 2만 달러(오늘날 가치로 대략 12만2000달러—옮긴이)를 기부하고 매카시 집회 연설을 위해 자비로 여행을 하면서 매카시 캠페인에서 과도하게 활동적인 모습을 보여주었다. 프롬은 일주일을 꽉 채운 캘리포니아에서의 강렬한 캠페인 활동 이후 녹초가 된 자신을 발견했지만, 거기에서 그치지 않고 신속하게 『희망의 혁명』을 끝내리라고 약속했다. 프롬은 또한 매카시는 "영웅도 아니요, 구원자도 아니요, 선동가도 아니지만" 자발적인 풀뿌리운동을 통해 민주주의의 기치를 내건 새로운 형태의 정치 지도자라고 주장하면서, 프레더릭 로브캠프 Frederick Roevekamp와의 대중 인터뷰에서 절실함을 드러냈다. 민주당 지명대회 이전에 프롬과 매카시는 몇 차례 만났고, 프롬은 매번 기운이 충만하는 것을 느꼈다. 프롬은 그 상원의원의 개인적인 인성에 깊은 신뢰를 갖고 있었다. 동시에 그는 캠페인 과정에서 자신의 들쭉날쭉함, 즉 때로는 너무 많이 일을 해 며칠 동안이나 휴식을 할 수밖에 없을 정도로 녹초가 되도록 모든 것을 쏟아붓고, 또 한동안은 매우 느리게 움직일 수밖에 없었던 것에 대해 샤프에게 털어놓았다. 그는 그 캠페인이 다른 외교 정책의 실수들 가운데 베트남에서의 미국의 실패에 반대하는 항거이며, 참여민주주의를 위한 캠페인이라고 이야기했다. 프롬은 또한 학자도 전문직 종사자들도 아닌, 1960년대 자신의 독자의 상당 부분을 차지하고 있었던 매카시의 지지자들과 함께 일할 수 있는 기회가 자신은 즐거웠다고 언급했다.[10]

8월 말 시카고에서 열릴 민주당 전당대회가 다가오면서, 매카시 캠페인은 프롬의 이름과 재능을 이용했고, 몇몇 캠페인 진행자는 유용한 아이디어나 표현을 위해 프롬의 책을 공부하기도 했다. '매카시를 사랑하는 캘리포니아 시민 모임'은 『로스앤젤레스타임스Los Angeles Times』에 프롬의 「왜 나는 매카시를 지지하는가」라는 에세이를 싣기 위해 지면을 샀다. 프롬의 그 글은 상원의원의 생산적이고 생명을 사랑하는 성격과 인본주의 사회에 대한 그의 비전을 묘사한 것이었다. 프롬은 또한 매카시가 잠재된 핵전쟁의 공포가 드리운 물질주의 사회 속에서 자신들의 삶이 사라져버리지나 않을까 두려워하고 있던 상당수의 미국인들의 마음에 가 닿을 수 있을 것이라고 단언했다. 프롬은 또한 같은 시간 멕시코에서 진행되고 있던 프로젝트를 완성하기 위해 프롬을 돕도록 고용되었던 사회심리학자인 마이클 매코비와 함께 『로스앤젤레스 타임스』에 글을 싣기 위해 여론조사를 시행했다. 그 조사에서, 산타크루즈 근처에 살고 있는 다양한 경제적·사회적 배경을 가진 160여 명은 후보자 선호도에 관한 일련의 질문들에 대답했다. 그 질문들은 죽음이나 생명이 없는 기계적인 것에 대한 이끌림(시간애)에 반대되는 것으로서, 잠정적인 투표자들의 '생명 사랑'(생명애)을 측정하기 위해 고안되었다. 이렇게 방법론적으로 결함이 많은 조사에서, 그 결과들은 명확해 보였다. 매카시를 선호하는 사람의 77퍼센트가 '생명을 사랑하고' 있었는데, 이는 다른 후보자들을 훨씬 앞서는 결과였다. 전당대회 한 달 전, 매카시는 민주당 당원들에게 영향력을 행사하기 위한 몇몇 계획된 노출을 위해 프롬을 시카고로 초청했다. 전당대회가 시작되기 4일 전, 프롬과 루이스 멈퍼드와 드와이트 맥도널드Dwight MacDonald, 그리고 다른 좌파 편향의 사회비평가들이 『뉴욕 리뷰 오브 북스The New York Review of Books』에 하나의 편지를 발표했다. 프롬이 작성한 그 편지는 예비선거에서 살아남은 사람들 중에서 매카시가 '시민들의 선택'이었다고 주장했다. 지명을 험프리에게 넘겨주는 것은 민주적 과정을 해치는 것이었다. 프롬의 편지와는 대조적으로, 전당대회가 다가오면서 매카시는 당의 중진들이 아니라 민주당의 구성원들이 선택한 사람이 험프리라는 사실을 깨달았다. 부통령은 손쉽게 지명에서 승리를 이어나갔다.[11]

프롬의 『희망의 혁명』(지금은 존재하지 않는 캠페인을 위한 문건인)은 8월 초에 완성되었지만, 그것은 험프리의 지명 이후 9월까지 출간되지 못했다. 그러나 이러한 뒤늦은 출간은 새로운 사상이 자신의 개인적인 승리 혹은 패배보다 더욱 중요한 것이라는 매카시의 선언에 따른 것이었다. 이 미네소타 출신의 신진 상원의원은 이따금 이러한 제안으로 정치적 전략을 희석시켰지만, 지쳤을지언정 '잔뜩 고무되었던' 그의 지지자들은 그렇지 않았다. 그 몇 달이 더디게 흘러가면서 프롬은 점점더 고갈되는 느낌이었지만, 『희망의 혁명』을 끝내고 나서야 휴식을 취해야 한다는 의사의 제안에 따르게 되었다. 그 책은 낙관적인 권고의 한가운데에서 전 지구적인 위기들을 다루고 있었다. 전체적으로 낙관적이기만 했던 『사랑의 기술』과는 달리, 프롬의 스테디셀러인 『희망의 혁명』은 인류의 운명을 평가하는 데 긍정적인 것과 부정적인 것의 균형을 이루었다.[12]

'1968년 미국의 현실에 대한 대답'으로 규정된 『희망의 혁명』은 '새로운 방향, 가치의 회복 (…) 새로운 영적 심리의 지향'을 위한 권고에서 매카시와 그의 캠페인을 몇 차례 직접적으로 참고했을 뿐이었다. 프롬은 압도적으로 자신의 초점을, 이 적확한 시기에 그 자체로 인류에게 제시하는 '기로'에 두고 있었다.

"하나의 길은 인간을 무기력한 기계 속의 톱니 하나로 규정하는 완벽히 기계화된 사회로 나아가는 것(핵전쟁에 의해 완벽히 파괴되지 않는다면)이고, 또 다른 길은 인본주의와 희망의 부흥으로(인간의 안녕을 위해 기술들을 바치는 사회로) 나아가는 것이다."

이러한 인본주의운동은 매카시의 입후보 이전에 해왔던 것이며, 험프리와 리처드 닉슨Richard Nixon의 미국 대통령 선거 경합의 절망적인 결과에도 불구하고 프롬은 이 운동이 1968년 선거가 끝난 후에도 계속되어야 한다고 주장했다. 책 뒤쪽에는 사람들이 직접 뜯어서 프롬에게 우편으로 부칠 수 있는, 책의 독자들을 운동에 '참여시키는' 설문지가 있었다. 그 설문지는 독자들에게 국가 협의회에 종사할 수 있는 40명에서 50명의 저명한 인물을 고르게 했다. 일반 시민들 또한 국가 협의회에 아이디어나 고민거리를 제시할 수 있는 25인의 직접 참여 모임에 가입할 수 있었다.[13]

설문지는 별 효과가 없었다. 겨우 3000명의 독자가 설문지를 작성해 프롬에게 우편으로 보냈고, 그들 중 아주 소수만이 프롬이 제안한 운동을 지지하고 돕겠다고 나섰다. 몇몇은 국가 협의회를 위해 프롬과 매카시를 선택했지만, 다른 후보자들은 거의 제시되지 않았다. 이것은 풀뿌리 민주주의라고 하기 어려운 것이었다. 프롬은 그 설문지가 효과가 없었다는 사실을 인정하면서, 민주당의 비호 바깥에서 전당대회 이후의 캠페인을 시작하기 위해 매카시를 만나려고 했다. 프롬은 '건강상의 이유로' 이후의 과정에서 자신의 역할은 제한될 것이라고 미리 주의를 주었다. 매카시는 그러한 가능성을 논의하기 위해 프롬을 만나는 일에는 동의했지만, 이 만남은 상원의원의 우선순위에서 한참 뒤의 것이었고, 결국 성사되지 않았다. 선거 이후에도 매카시 캠페인을 계속해야 한다는 『희망의 혁명』에서의 프롬의 제안은 상원의원이 공을 넘기면서 거의 아무도 이어받는 사람이 없었다. 선거 이후 낙담하고 실의에 빠진 매카시는 스스로 평화운동과 거리를 두었다. 그의 삶의 다른 경우에도 그러했듯이, 프롬은 새로운 친구나 동료의 겉으로 보이는 진실성과 성격의 힘에 깊은 인상을 받고 그들의 부정적인 면까지도 관대히 넘길 수 있었지만, 결국 실망으로 끝을 맺게 되었다.[14]

『희망의 혁명』은 캠페인 문건 이상의 의미였다. 그것은 그 자체로 중요한 논쟁을 불러일으켰으며, 전체 사회와 문화의 고민을 연계하는 프롬의 놀랄 만한 능력을 보여주는 또 다른 실례였다. 그 책은 특히 삶이 전환점을 맞이했거나, 미래에는 더욱 희망적이기를 간절히 바라는 사람들의 마음을 움직였다. 그 희망적인 사람은 '자신의 자아와 욕심, 이기심과 동료로부터의 소외, 그리고 그로 인한 근본적인 외로움을 가진 좁은 감옥을 넘어서려' 하고 있었다. 그는 자신의 정체성과 목적의식을 단단하게 유지하면서, 세계에 대해 열리고 유연하게 되기를 바랐다. 한마디로 말해, 프롬의 가르침은 인간이 삶이라는 과정에서 에너지 넘치는 참여자가 되어야 한다는 것이었다.[15]

프롬은 '희망'을 규정하는 일이 어렵고 차라리 희망이 아닌 것을 논의하는 것이 더 쉽다는 사실을 인정했다. 그가 썼던 책들 중 최초로, 그는 독자에게 텍스트를 읽으며 '자기 자신의 경험을 동원하라고' 지시하고 있었다. 독자들은 희망의 본질에 대한 프롬의 논평을 따르면서, 희망적이라는 것이 무엇인지에 대해 자기 자신의 특정한 생각이나 느낌을 다듬어나가게 되었다. 책을 읽으며 자기 안에 내재된 잠재력에 불을 붙이는 것이 필요했다. 프롬은 자신의 임상적 접근과 마찬가지로, 독자에게 능동적으로 '존재하는' 방식을 끄집어내라고, 자기 안의 희망을 발견하고 그것에 기운을 불어넣으라고 촉구했다. 프롬의 텍스트에 대한 능동적이고 자기 성찰적인 참여는 '희망의 혁명'을 자극할 수 있는 것이었고, 최소한 프롬은 그런 것을 바랐다.[16]

삶에 대한 희망과 애정을 증진시키기 위해 프롬은 친구인 루이스 멈퍼드가 '거대 기계'라고 명명했던 사회를 분석했으며, 알려진 대로라면 그것은 작고 생기 넘치며 생산적이었던(그리고 의심의 여지 없이 어느 정도 가공된) 이전의 공동체를 제거했다. 공동체는 '사회가 거대한 기계의 기능을 하고 인간은 그 부품의 역할을 하는 완전히 조직되고 균질화된 사회 체계'로 대체되어버렸다. 극대화된 효율성은 똑같은 관료적 규칙들을 통해 이루어졌다. 한 사람 한 사람의 개성은 장애가 되어버렸다. 생산이 증가하면서, 사람들은 그 제품들을 소비해야 했다. 끝으로 치달을수록 인간은 결국 이것이 영적 공허감이나 악화된 자존감을 깨우치는 것으로 이어짐에도 불구하고 자기 자신을 노동자나 창조자가 아닌 소비자로서만 인식하는 데 익숙해졌다.[17]

프롬은 바로 그러한 '거대 기계'에 저항하고 오히려 독자들이 그 대척점을 향해 움직이도록 직접적으로 간청하면서 『희망의 혁명』을 결론지었다. 사회는 『건전한 사회』의 비전을 기술하고 그것을 세우기 위해 싸워야만 한다. 인간은 '인본주의적으로 계획된 개혁의 근간'의 바로 그 중심이 되기 위해 개인의 고유한 인간적 욕구와 관점들, 즉 자기 자신을 높여야 한다. 인간이란 말의 의미와 행복의 필수 요건들은 '모든 가치의 궁극적인 근원이 되어야' 하는 것이다.[18]

프롬에게, '거대 기계'를 완전히 이성적이고 인본주의적인 사회로 대체하는 과정에서의 첫 번째 임무는 그 계획 과정에 인간을 개입시키는 것이었다. 인간은 자신의 습관적인 수동성, 즉 무력감과 하찮음 따위를 버려야 한다. 자신의 잠재력 안에서 인간의 신념을 회복하기 위해 힘은 더 이상 위에서 아래로 흘러서는 안 된다. 의사 결정자들과 그들의 결정으로 영향을 받는 사람들 사이에 양방향의 대화가 이루어져야 한다. 평등한 대화는 권력과 권위의 문제에서 상품을 창조하고 제품이나 인간의 존재를 증진시킬 수 있는 서비스의 문제로 그 초점을 옮겨 간다. 상품과 서비스의 생산과 분배에 참여를 자극하는 것은 무엇이든 중요하게 다루어지게 되는 것이다.[19]

프롬은 자신의 예언적인 모습으로 돌아가서 익숙한 문장을 다시 환기하고 있었다. 모든 층위에서 그러한 대화를 육성하는 가장 좋은 방법은 정보를 교환하고 토론하며 특정 산업의 각 분야에서 결정을 하는 모임들이 얼굴을 맞대는 것이었다. 13년 전 『건전한 사회』에서도 여러 차례 그렇게 주장했듯, 프롬은 미국에서의 그러한 모임들이 기술주의가 전복시켰던 것이라고 알려진 풀뿌리 민주주의의 오래된 마을 회의의 전통을 복구하고 다시 확대하는 것이라는 주장을 고수했다. 그는 초기 미국의 마을 회의에 대한 개념을 격상시켰지만, 실제로 그것은 프롬이 꿈꾸었던 것과 같지는 않았다.[20]

예상대로 그 책은 확신에 찬 어조로 마무리되었다. 비록 인류가 위태로운 기로에 서 있기는 하지만, 상투적이고 관료주의적인 용어가 사라지고, 신선하고 새로운 아이디어가 부상했다고 선언했다. 점점 더 많은 과학자, 예술가, 사업가, 그리고 새로운 정치가들이 인간의 창의적인 잠재력을 키워나가면서 동시에 기술의 인간화를 위한 개혁을 제안하고 있었다. 그러나 『희망의 혁명』의 힘은 이미 대부분 프롬의 초기 저작들에서 제시되었던 개념이나 주장들에 있지 않았다. 오히려 그 힘은 깊은 감정을 어루만지며 지적인 내용을 풀어나가는 산뜻하고 압도적인 기술 방식에 있었다. 실제로 그 책을 읽는 것은 치료 과정에 참여하는 것과 같았다. 현재의 위험과 해결책에 대한 프롬의 힘 있는 전통적 예언의 경고는 부드러운 영성이나 내재적 고요의 정서, 그리고 깊게 다가오는 희망의 이미지와 균일하게 하나로 합쳐졌다. 자신의 독자들이 거대 기계와 핵전쟁에 대한 우려로 벼랑의 끄트머리에 서 있다는 사실을 깨달은 프롬의 내러티브는 전체적으로 새롭고 깊게 가 닿을 수 있는 매력을 지닌, 실존이 현실적으로 가능하다는 신념을 증진시키고 있었다. 지적인 힘보다는 오히려 이러한 측면에서 『희망의 혁명』은 매우 성공적인 책이었다.

『어느 멕시코 마을의 사회적 성격』

—

매카시 캠페인과 『희망의 혁명』은 프롬이 미국 정치에 진지하게 참여한 마지막 시간이었다. 그는 1968년 대부분 동안 그러한 정치 과정에 너무 몰두하는 바람에 건강 문제는 물론이고 몇 가지 집필 업무도 미루어둔 상태였다. 그는 매카시의 패배와 닉슨의 대통령 당선, 그리고 계속된 베트남 전쟁이 미국의 미래 희망을 향한 모든 원천을 봉쇄해 버렸다고 확신했다. 리스먼은 미국 정치 문화는 뼛속 깊숙이 보수적이 며, 진보적 개혁을 위한 희망들은 티끌만큼도 그들의 기질에 맞지 않 았고, 그래서 1968년 험프리의 선거 패배가 이미 예상된 것이었으며, 매카시의 패배는 더욱더 그러했었다고 그에게 설명했다. 프롬은 특히 몇몇 우익 공화당원을 지지하는 매카시의 변덕스러운 선거 이후의 모 습을 보면서, 평상시의 자신과는 다르게 리스먼이 해준 말들을 떠올리 며 스스로를 되돌아보았다. 하지만 프롬은 지쳐 있었다. 그는 또한 아 마도 어느 정도 낙담했을 것이다. 좌절을 대하는 그의 방식은 어린 시 절 이래로 항상 그래왔으며, 이러한 패배 이후의 시간들은 그에겐 더 욱 극복하기 어려운 것이었다.

그 캠페인 이후, 프롬과 애니스는 겨울에는 쿠에르나바카에서 머물 고 여름에는 로카르노에서 머물면서 미국을 벗어나 더 많은 시간을 보냈다. 그는 또한 자신의 동료이자 전 분석 대상자였던 마이클 매코 비와 함께 마무리해야 할 프로젝트가 있었다. 그것은 작고 빈곤한 멕 시코 마을에 대한 밀착 연구였다. 프롬은 또한 정신분석의 본질에 대 한 세 권짜리 작품을 완성하고 싶어했다. 그는 매카시 캠페인으로 중 단되었던 이 두 가지 실질적인 프로젝트가 진지한 사상가로서의 명성 을 회복시켜줄 것이라 강하게 믿고 있었다. 그리고 그는 건강이 더욱 악화되기 전에 그 두 가지 프로젝트를 완성하기 위해 서두르고 있었 다.[21]

수십 년 동안 프롬은 계속적인 출간 스케줄에 많은 비중을 두었고, 항상 새로운 프로젝트를 시작하기 전에 이전의 것은 빨리 결론을 지으려고 애썼다. 그는 거의 매일 아침 집필을 했는데, 그러한 꾸준함이 스스로 생산적인 느낌을 갖게 했고, 특히 이따금씩 진지하고 개인적인 괴로움에 맞닥뜨렸을 때 안정장치 역할을 해주었다. 그는 집필 후에 한 시간 정도 명상을 했는데, 이는 그의 삶에 평화를 가져오고, 삶을 재구성하는 데 도움을 주었다.

1957년에 프롬은 멕시코시티에서 80킬로미터 남쪽에 있는 토양이 비옥하고 기온이 온화하며 긴 농번기를 가진 작은 마을인 치콘쿠악에 대한 연구를 시작했다. 수 세대 동안 치콘쿠악 마을 사람들은 대농장에서 살아왔으며, 준봉건적인 소유주들 아래서 일해왔다. 무지하고 유순하며 의기소침한 잡역꾼 현장 노동자들이었던 이들은 사탕수수와 벼를 재배했고, 대농장 소유주들에게 1년 내내 빚을 지고 살았다. 멕시코 혁명과 대농장 폐지 이후, 노동자들은 경작은 할 수 있지만 임대하거나 팔 수는 없는 작은 토지를 제공받았다. 그럼에도 그들은 대농장 체제하에서 그랬던 것처럼 우울했고, 의존적이었으며, 야망이 없었다. 그러한 노동자들과 더불어, 치콘쿠악 역사 초기에는 상당수의 자유농이 있었다. 그들은 작은 토지를 소유하고 있었고, 대농장 소유주들은 끊임없이 그 토지를 도용하겠다고 협박했다. 소작농들보다 자기주장이 강하고 생산적이었던 자유농들은 토지 소유를 유지하려는 의지를 갖고 있었다. 비록 그들이 소작농들보다 훨씬 형편이 낫기는 했지만, 그들은 진보된 농업 방법에 대한 지식을 갖지 못했으며, 도시 지역에서의 성공적인 고용을 위한 기술 또한 부족했다고 프롬은 주장했다. 그들의 경제적·사회적 차이에도 불구하고, 점점 늘어나는 토지 없는 가난한 이주민들과 더불어, 소작 노동자들과 자유농들 양측 모두 '문화적이고 영적인 불모지'에서 살고 있었던 것이다. 자본주의 이전의 축제 문화와 이웃과의 대화나 품앗이, 함께하는 노래나 놀이는 대부분의 마을 사람과는 상관없는 일이었다. 그러나 현대 산업사회의 가치는 그러한 공동을 채우지 못했고, 마을 사람들은 소외감을 느끼고 있었다. 공동체의식이나 생산적 삶에 대한 생각을 TV와 술이 대체해버렸다.[22]

지배적인 비유대인 문화 속에서 거주했던 유대인의 한 사람으로서, 학술계의 변방에 자리한 학술가로서, 그리고 프로이트 정설로부터 자유로운 한 사람의 정신분석학자로서, 프롬은 항상 사회의 소외된 부분들에 공감하고 있었다. 실제로 그는 종종 자신이 외부에서 안을 들여다보고 있다고 생각했다. 소외감과 더불어, 프롬은 마을 사람들과 전통에 의존하는 습성을 공유했다. 실제로 그는 자본주의와 관료화를 무시하고 인본주의적 미래로 향하고자 하는 자신의 탐구에서 신화적인 가톨릭 역사의 화합을 오래도록 수용해왔다. 그 마을은 결코 존재하지 않을 것 같은 중세 시대의 모습을 떠올리게 했지만, 때때로 프롬에게 지적인 자극이 되기도 했다.

프롬은 쿠에르나바카의 집에서 그리 멀지 않은 치콘쿠악을 몇 차례 방문했다. 그는 치콘쿠악이 인구 800명의 작은 마을이니 공동체라는 이름으로 마을 사람들 각각을 면밀히 관찰하는 일이 가능할 것이라고 추정했다. 그것은 프롬에게 사회적 성격 개념을 강화할 수 있는 실증적인 연구를 진행하기 위한 이상적인 배경을 제시해주었다. 멕시코 보건부는 마을에 지역 복지 센터를 설립했고, 프롬의 친구인 호세 소사야는 사회적 성격 프로젝트의 출발을 위한 초기 자본금을 제공했다. 멕시코 정신분석학회에 있던 프롬의 몇몇 수련생도 그 프로젝트를 돕겠다고 나섰다. 프로젝트의 세부사항을 관리하기 위한 상근 보조 직원을 고용하도록 예일 심리학 연구 재단 기금도 프롬에게 후원금을 제공했다. 마지막으로 멕시코국립자치대학이 마을 사람들에게 의료와 사회 지원을 제공하기 위해 학생들과 직원 자원 봉사자들을 보내겠다고 약속했다. 이러한 자원들의 조합이 치콘쿠악 프로젝트의 미래에 희망의 빛을 드리우고 있었다.[23]

프롬은 그 마을 프로젝트를 자신이 30여 년 전에 프랑크푸르트 연구소에서 고안했고 모아두었던 설문지 초안의 유용성을 증명하는 수단으로 여겼다. 그 당시에 그것은 한 사람의 깊은 하부 성격 구조에 다가가 이를 평가하는 매우 혁신적인 연구 도구로 간주되었다. 똑같은 초안이 문화와 시간의 거리를 뛰어넘어 사용될 수 있으리라는 것이 프롬의 가설이었다.

프랑크푸르트 연구소는 그 설문지의 답변에 근거해 독일 노동자에 대한 분석 결과를 출간한 적은 없었다. 그러나 시간이 지났음에도 프롬은 계속해서 그 초안이 사고방식을 평가하는 아주 훌륭한 도구라고 생각했고, 그 연구 결과가 연구자로서 자신의 주요한 업적이었다고 느끼고 있었다. 그는 치콘쿠악에서 자신의 연구의 일부분으로 그 초안을 사용하겠다는 마음이 확고했다. 설문지에 답변한 응답자들의 대답에서 특정하고 특이한 단어가 사용된다면, 그것은 그들의 성격 구조를 드러낼 것이었다. 그 질문들은 부모와 가족과의 관계, 사랑하고 창조하는 능력, 비축하거나 공유하는 경향, 개인적 의존성 혹은 유순한 복종성의 태도 등을 포함해 각 응답자의 사회적 성격에 관한 전반적인 정보를 이끌어내기 위해 고안되었다.[24]

광범위하게 수정되고 다양한 배경을 가진 마을 사람들에게 맞추면서 설문지의 목적은 더욱 명확해졌다. 마을 사람들의 노동 생활, 가족 관계, 경제적 조건과 그 하부적인 성격 구조 사이의 연계성을 조사하는 것이었다. 더욱이 바이마르 프로젝트와는 달리 마을 사람들의 응답에 대한 해석은 로르샤흐 주제적 인지 테스트, 꿈의 해석, 이야기하기, 그리고 응답자들의 생활 장소에 대한 많은 양의 데이터와 마을의 삶에 관한 전체 연구원들의 관찰에 의해 보충될 것이었다. 깊고 납득할 만한 수준까지 마을 주민을 조사하기 위해 질문을 다시 고안하고 추가적인 정보로 답변에 대한 해석을 보충함으로써, 프롬은 멕시코 마을 프로젝트가 자신이 진지한 사회연구가라는 사실을 증명해주기를 바랐다.

1959년 초, 프롬은 치콘쿠악 프로젝트의 목표를 뚜렷이 했다. 주로 방대하게 수정된 설문지(16세 이상의 모든 성인과 아이들의 절반에게 제시된)를 통하지만, 인터뷰, 연구원의 관찰, 그리고 그 공동체에 대한 모든 종류의 데이터를 가지고 보완함으로써, 그는 어떤 요인들이 마을 사람들의 창의성이나 생산성을 억제하고 또 증가시키는지를 구별해내려 했다. 경제적 설문조사, 통계 분석, 인류학적 분야의 관찰, 그리고 다른 방법론이 또한 활용되었다. 이는 대농장 체제의 끔찍한 유산들, 즉 무기력이나 알코올 중독, 삶에 대한 무관심을 어떻게 치료하는지 알아내려는 의도였다. 그는 문화적 불모, 빈곤, 체념으로 오래도록 고생하고 있던 농경 마을에 행복과 삶에 대한 열정, 그리고 창의적인 노동을 도입하려고 애쓰고 있었다. 프롬은 심리학자 찰스 리글리Charles Wrigley에게 보낸 편지에 이렇게 적었다.

"농부들의 창의적인 본능이 깨어나기만 한다면 그 멕시코 마을이 무기력과 특히 알코올 중독의 나락으로부터 벗어날 수 있을 것이라고 나는 오래도록 확신해왔소."

프롬 이전에도 멕시코 마을과 도시에 대한 연구가 있었지만, 치콘쿠악 프로젝트는 그 모든 것보다 더 야심 찬 과제였다. 그곳에 던져진 의제는 사회적·경제적·역사적 관점을 종합적인 내러티브로 통합하는 마을의 삶에 관한 거대한 그림을 그리고, 정신 역학적인 시각과 더불어 대량의 데이터 조사를 통해 빈곤한 제3세계 마을을 본질적으로 이해하는 것이었다. 이 모든 것에 개혁적인 의제가 더해졌다. 그 목표는 궁극적으로 마을 사람들의 삶의 질을 증진시키는 것이었다.[25]

　프로젝트의 처음 3년 동안, 프롬은 마거릿 미드가 추천했던 두 명의 미국 인류학자, 시어도어 슈워츠와 롤라 슈워츠 부부와 함께 작업을 진행했다. 스페인어에 능통했던 그들은 지역의 멕시코 인구에 대한 부분을 연구했다. 시어도어는 미드의 인류학적 분야의 작업에 부분적으로 도움을 주었다. 롤라는 인류학에 관한 논문을 완성해가던 중이었고, 자신의 원고를 위한 연구 장소로서 그 마을을 활용하려 했다. 미드처럼 두 사람은 문화의 넓은 경향을 찾아내는 민족지학적인 접근 방법을 효율적으로 활용했다. 두 사람은 프롬이 프로젝트를 위해 그들을 고용했을 때, 치콘쿠악으로 이사했다. 프롬은 슈워츠 부부의 마을 사람들과의 친분과 그들의 방대한 관찰이나 인터뷰를 통해 자신의 설문지에서 찾아낼 수 있었던 것들을 보충하는 사적인 세부사항들을 확보했다.[26]

　그러나 그가 처음 마을 사람들 50명의 설문지를 완성하는 데 도움을 받고 난 이후, 문제가 터져 나왔다. 프롬은 슈워츠 부부와 다른 사람들에게, 질적으로 압도하는 질문의 결과를 도표화하기 위해 정량법을 적용할 능력이 자신에게는 거의 없다고 간단히 인정해버렸다. 그래서 그는 스스로 사회적 성격의 통계 개요를 만들어낼 수 없었던 것이다. 그는 이 작업에서 연구원들에게 의존해야만 했다. 시어도어는 이 분야의 책임을 맡을 만한 통계학적 역량을 가지고 있었지만, 프롬의 말에 따르면, 그는 아마도 정신분석학적 관점에는 익숙하지 않고 사회과학적인 수련이 충분하지 않았기 때문에, 사회적 성격 개념에 대한 정제된 이해가 부족했던 것 같다. 프롬은 미드에게, "시어도어가 너무도 단호하게 나의 방법론들에 대해 적대감을 보이고 있다"라고 말했다. 프롬이 보기에 시어도어는 설문지들에 근거한 프로젝트의 전체적인 방향성을 존중하지 않는 듯했다. 시어도어는 또한 프롬이 마을 사람들에게 약속했던 비밀 보장에 관한 것도 무시하는 것처럼 보였고, 이것은 프롬이 멕시코 정부에게서 받았던 모든 지원을 위태롭게 만드는 매우 중대한 문제였다. 특히 오스카 루이스Oscar Lewis의 『산체스의 아이들The Children of Sanchez』이라는 예전의 민족지학적 연구들과 같은 작은 멕시코 마을에 관한 다른 지역 연구 프로젝트에 대한 논란들 때문에, 프롬은 비밀 보장에 대한 부주의함이 진지한 연구 학자로서의 자신의 명성을 해칠까 두려워하고 있었다. 루이스는 자신이 조사하고 있던 전반적인 사회 경향에 대한 논문인 「빈곤의 문화culture of poverty」를 발전시키는 데 특정 공동체를 대상으로 한 사례 연구를 이용했다. 그는 극도의 지속적인 빈곤에 적응하면서, 가난한 사람들의 삶은 필연적으로 완전히 현재에 그 뿌리를 두고 있는 것이라고 주장했다. 그것들은 장기적인 계획이나 시민사회에 대한 권고의 개념을 담고 있지 않았다. 가족 이외에 직접적인 관련이 있는 것은 거의 없었다. 연구가 발표된 이후, 루이스의 주제들은 주목을 끌었으며, 미디어의 먹잇감이 되는 고통을 겪었다.[27]

유사한 스캔들이 생길까 두려워했던 프롬은 치콘쿠악 프로젝트에서 정보 제공자들은 물론 마을의 이름까지 완벽히 비밀에 부쳐야 한다고 특히 더 완강하게 나왔다. 민족지학적 조사를 하는 인류학자들에게 아주 흔하게 받아들여지는 일들이 정신분석의 실행이나 유사한 임상적 접근에서는 심각한 도덕적 위반이 되었다. 물론 현장 조사를 하는 인류학자들보다 자신의 사무실에 머무르는 임상의들에게 프라이버시를 보장하는 일은 훨씬 더 쉬웠다. 프롬은 미드가 그들에게 가르쳐준 것에 근거하여, 슈워츠 부부가 마을과 마을 사람들에 대해 묘사하고 본질적인 것들을 밝혀내는 데 어려움이 없을 것이라고 짐작했다. 문제가 발등에 떨어지자, 시어도어는 민족지학적 연구가 어떤 것을 수반해야 하는지 프롬이 전혀 알지 못하는 것 아니냐고 의심했다. 슈워츠 부부는 특정한 개인이나 그들의 정체성이 아니라 문화 전반적인 경향에 몰두하고 있었다. 시어도어는 미드에게 프롬과 자신들의 충돌을 중재해달라고 요청했다. 프롬은 비록 미드가 양쪽 분야 모두의 생리를 이해하고 있고, 그래서 도움이 될지도 모른다는 사실을 알고 있었지만, 이 문제에 자신의 오랜 친구인 미드를 끌어들인 것에 상당히 격노했다. 프롬은 슈워츠 부부가 리스먼의 인류학에 대한 이해를 존중하고 있다는 사실을 알고 리스먼에게 중재를 요청했고, 그 또한 정신분석학적 관행의 윤리를 받아들였다. 미드와 리스먼은 이들의 분쟁을 해결하기 위해 열심히 노력했지만, 결국 성공하지 못했다.[28]

롤라 슈워츠는 마을 프로젝트의 공식 연구원은 아니었지만, 그녀는 치콘쿠악 마을 사람들에 대한 논문을 마무리하고 있었으며, 시어도어처럼 자신의 원고에서 주제의 정체성을 감추지 않았다. 논란이 많았던 윤리적 문제들에 더해, 프롬은 그 부부가 몇몇 마을 사람을 불법적으로 미국으로 이주시키는 것을 도운 것을 들어 그들을 비난했고, 그것은 정부로 하여금 프로젝트 전체를 폐기해버리도록 영향을 가할 수 있는 것이었다. 프롬은 『어느 멕시코 마을의 사회적 성격Social Character in a Mexican Village』에서 마을 사람들의 삶에 관한 데이터를 모은 것에 대해 슈워츠 부부를 칭찬하기는 했지만, 그들이 자신의 의도와 관련해 충분히 경의를 표하지 않았다고 생각했다. 멕시코 정신분석학회에서 연구 통제권을 넘겨주는 일이 힘겨웠던 것과 마찬가지로 프롬은 치콘쿠악 프로젝트를 자신이 꽤 단단히 통제할 수 있을 것이라 기대했고, 자신이 이미 만들어놓은 목표와 관련한 연구를 곁에서 도와주도록 고용되었다는 사실을 그들이 인지하고 있었을 것이라고 주장했다. 그러나 시어도어와 롤라가 자신들의 민족지학적 연구 의제들을 프롬의 사회적 성격 개념에 대한 탐구에 종속시키려 하지 않는다는 사실이 명백해지면서, 프롬은 그들을 해고하려고 했다. 비밀 유지 위반과 함께 그는 슈워츠 부부의 현장 조사와 자신의 설문지에 대한 예비 답변들 사이에 중대한 격차가 있다는 것을 깨달았다. 그가 그것들을 대체하려는 조치를 취했을 때, 시어도어는 미드와 리스먼, 그리고 다른 사람들에게, 프롬 자신이 바로 연구의 모든 불상사의 근원이라는 편지를 적어 보내면서 맞서 싸웠다. 시어도어에 따르면, 프롬은 "마을 사람들에게 둘러싸이는 것조차 불편하게 느꼈으며 (…) 그들이 필요한 것들에 대해서도 어찌할 바를 몰랐고" 쿠에르나바카에 있는 집에서 그들을 만나기 위해 차를 몰고 와본 적도 거의 없었다. 1967년 1월 초, 시어도어는 리스먼에게 편지를 보내 프롬이 지나치게 독재적이라고 비난했다.

"자기가 그렇다는 걸 알게 되면 그게 아닌 척 애쓰지만, 그 사람은 권위주의를 반대하며 평생을 살았음에도 종종 권위주의적이었어요.

그 사람의 스스로에 대한 이해는 자기가 믿고 있는 것보다 훨씬 더 불완전해 보였죠."[29]

슈워츠 부부와의 충돌을 더 이상 감당할 수 없게 되기 전에, 리스먼은 프롬에게 하버드대학 학장인 맥조지 번디를 도와주면서 사회심리학 박사과정을 마무리하고 있던 마이클 매코비와 연락을 취하게 해주었다. 리스먼은 하버드 교직원들에게 많은 영향력을 행사했고, 매코비의 스승이기도 했으며, 사회적 성격 개념의 토대를 마련하는 수단으로서 프롬의 치콘쿠악 프로젝트에 대해 우호적인 태도를 취하고 있었다. 실제로 리스먼은 번디나 매코비, 그리고 다른 사람들에게 1940년대에 프롬을 알게 되었던 것이 자신의 1950년 걸작 『고독한 군중』에서의 '내부 지시'와 '외부 지시' 사이를 판가름하는 근거를 제공했다고 여러 차례 반복해 이야기했다. 우연찮게도 매코비도 프롬처럼 랍비와 『탈무드』 연구에 매력을 느끼고 있었다. 그는 프롬의 저작 대부분을 알고 있었을 뿐만 아니라, 핵 비무장이나 사회주의적 인본주의와 연관된 프롬의 정치활동에도 감탄하고 있었다. 반대로 프롬은 사회적·정치적 이론과 관련한 매코비의 전반적인 이해와 통계 기술에 대한 그의 전문성, 그리고 심리 투영 테스트 기술에 깊은 인상을 받았다. 매코비는 로버트 레드필드와 잠시 연구를 진행하면서 근처에 있는 테포트슬란 마을에 대해 집필하고 농업 문화 비교 연구의 가치에 중점을 두고 있었다. 프롬은 매코비에게 자신의 연구팀(여전히 슈워츠 부부가 포함된)에 합류할 것을 제의했다. 매코비는 흥미로워하기는 했지만, 치콘쿠악 프로젝트에서 프롬과 함께 일한다는 것은 별로 끌리지 않았던 듯하다.[30]

1960년 슈워츠 부부와 프롬의 문제는 극에 달했고, 그는 이들 부부 대신 매코비와 함께 일할 수 있게 해달라고 리스먼에게 도움을 요청했다. 리스먼은 프롬에게 쿠에르나바카에 있는 그의 집에 매코비를 초대하라고 제안했다. 매코비는 그곳에 도착했고, 프롬과 매코비는 짧은 시간에 신뢰와 동지애가 담긴, 평생 끊어지지 않을 듯한 단단한 유대를 형성했다. 그 마을의 상황을 개선하려는 프롬의 강한 노력과 더불어, 정신분석학적으로 더욱 잘 짜인 수정된 설문지들을 통해 매코비는 경험으로서뿐만 아니라 통계적으로도 프롬이 자신의 사회적 성격 개념을 증명하려는 마음이 확고하다는 사실을 이해했다. 정량 기법과 기관 연구에 대한 매코비의 광범위한 수련은 시어도어 슈워츠를 넘어서는 것이었다. 게다가 그는 프롬이 행한 상당히 독특한 프로이트와 마르크스의 융합과, 어떻게 그것이 사회적 성격 개념의 기초가 되었는지에 대해 훨씬 더 많은 부분을 공감하고 있었다. 프롬은 슈워츠 부부에게 매코비를 마을 사람들에게 소개하게 했고, 매코비가 즉시 자신의 주요한 조력자가 되기를 바랐다. 프롬이 자신을 프로젝트에 포함하고자 하는 마음이 간절했고 그가 리스먼을 분석했었다는 사실을 알게 되면서, 매코비는 자신의 작업에 대한 절차적 문제들이 해결되고 나면 임상적 기술에 대한 수련 분석에 뒤이어, 자신에 대한 개인적 분석을 해달라고 프롬에게 요청했다. 프롬은 동의했고, 매코비는 그 프로젝트에 합류했다.[31]

매코비는 1960년에 가족과 함께 쿠에르나바카로 이주했고, 그와 프롬은 빠르게 돈독한 동료 사이가 되었다. 약속에 따라 매코비는 프롬에게 분석을 받게 되었다. 프랑크푸르트 연구소를 떠난 후, 프롬은 리스먼을 제외하면 자신의 연구와 저작을 자기 방식대로 받아들여주는 꾸준하고 지속적인 비평가가 없었다는 사실을 알고 있었다. 확실히 프롬은 항상 매코비를 사회적 성격과 관련한 한 명의 학생이자 학자인 '후배'로 여겼고, 호르크하이머나 뢰벤탈이 그랬던 것처럼 그가 자신의 작품에 대한 콧대 높은 비평가라고 생각하지는 않았다. 하지만 프롬은 자신과 매코비가 대개 비슷한 방식으로 사유하며, 슈워츠 부부와 달리 마음으로 자신의 관심사들을 받아들여주었다는 데 감사했다. 그들은 농담도 주고받았고, 서로의 초안을 읽어주었으며, 연구와 집필 작업을 함께하는 것을 상당히 즐겼다. 쿠에르나바카로 이주하기 전 스스로를 인본주의적 사회주의자로 여겼던 매코비는 프롬과 작업을 하면서 자신을 전반적인 사회 문제를 다루는 사회비평가로서 인식하기 시작했다. 통계와 관련해 프롬이 알고 있는 것이 미미하고 그가 스스로 사회과학자로 인식되기를 바라는 것을 알게 되면서, 매코비의 발걸음은 더욱 가벼워졌다. 프롬과 그의 토론은 마을 사람들과 관련된 기술적이고 이론적인 내러티브에 초점을 맞추었다. 통계 연구에 대한 자신의 부족함에도 불구하고 프롬은 그 설문지에 대한 해석적인 응답들을 수치적으로 도표화하는 것과 심리적인 테스트 결과를 통계적으로 보고하는 것이 중요하다고 주장했다. 그는 또한 유사한 농부의 행동이 때때로 서로 다른 성격 유형의 결과일 수 있음을 증명할 수 있도록 인자 분석을 하기를 원했는데, 그것은 무수히 많은 변수에서 오는 차이를 담고 있었다.[32]

시어도어처럼 매코비도 프롬이 마을을 방문하는 것을 내켜하지 않는다는 사실을 알아챘다. 그래서 그는 프롬에게 치콘쿠악에 꼭 나타날 필요는 없다고 이야기했고, 프롬은 이것을 편안하게 느꼈다. 그는 마을의 생활에 침투해 있던 패배주의, 냉소주의, 알코올 중독, 폭력 때문에 상당히 괴로웠고 종종 잠을 이룰 수도 없었기 때문이다. 실제로 프롬은 많은 엄마들이 무료 사회 서비스를 받기 위해 자신의 아이들을 어떤 마을 고아원에 맡겨두고 있다는 사실을 알고는 분개했으며, 매코비에게 당장 그런 관행을 멈출 방법을 찾고 내부의 문제들을 처리하라고 지시했다. 요약하면, 매코비는 프롬에게는 거의 완벽한 프로젝트 파트너가 되었고, 슈워츠 부부는 1961년에 떠나버렸다. 매코비는 연구의 많은 부분과 방법론적인 문제를 떠맡았고, 자신이 발견한 것들에 대해 프롬과 토론했으며, 예비적인 결론에 도달하는 데 있어 선배 분석가인 프롬의 지시를 충실히 따랐다. 1963년, 프롬은 매코비의 성실함과 책임감 있는 태도에 매우 안심했으며, 자신의 이론적 배경을 이해하면서도 일반적인 감독관으로서의 역할을 충족시키고 있다고 판단했다. 치콘쿠악 소작농들에 대한 기념비적인 사례 연구는 마침내 완성될 수 있었다. 실제로 프롬은 매코비가 프로젝트를 올바른 절차에 따라 진행하고, 설문지나 투영 테스트, 인자 분석, 그리고 예비 결과와 관련한 집필 작업을 완벽히 해내고 있다고 완전히 신뢰하고 있어서 다른 프로젝트들에 많은 시간을 할애할 수 있었다. 프롬은 일상적인 집필 스케줄로 돌아왔으며, 더욱 행복한 생활을 할 수 있게 되었다. 결과적으로 모든 것이 제자리를 되찾아가고 있었다.[33]

첫 번째 심장마비를 겪은 후 프롬은 1967년의 많은 시간 동안 멕시코와 치콘쿠악 프로젝트에서 멀리 있었다. 그해에 시어도어는 하와이에서 프롬에게, 자신과 롤라가 직접 체험한 마을 사람들에 대한 관찰을 논문으로 출간하고 싶다고 편지에 적어 보냈다. 그 편지는 프롬의 가장 중요한 몇 달의 회복 기간 중에 도착했다. 그는 시어도어에게, 자신이 이 새로운 골칫거리에 신경 쓰기보다는 휴식을 취할 필요가 있다는 내용의 긴 답장을 보냈다. 프롬은 그 프로젝트가 '특정한 개인에 대한 어떤 묘사도 담고 있어선 안 된다는 정신분석학적 사회 심리학 원칙'을 연구원들이 정확히 고수해야 한다고 시어도어에게 다시 한번 강조했다. 프롬은 이러한 조건들이 지켜지는 경우에만 슈워츠 부부의 마을 자료 출간을 허락하겠다고 했다. 프롬은 롤라의 내러티브 안에서 마을 사람들을 드러낼 수밖에 없었기 때문에 그녀의 논문은 확실히 조건을 충족시키지 못했다고 지적했다. 슈워츠 부부는 롤라가 완성된 논문을 프롬에게 검토해달라고 보여주었을 때에는 어떠한 피드백도 하지 않았다는 점을 들어 반박했다. 그러므로 프롬에게 반대할 권리는 없는 것이라고 그녀는 생각했다. 그녀는 완성된 논문을 학위 심사 위원회에 제출했고, 위원회는 공식적으로 그것을 승인했다. 이 사실을 알게 된 프롬은 위원회를 질책하며 결과를 재고해달라고 요청했다. 위원회는 중대한 윤리적 결함을 제기하며 그의 요청을 거부했다. 무엇이 외부인인 프롬에게, 자체의 본래 업무를 수행하고 있던 합법화된 교직원 위원회의 일에까지 끼어들 수 있는 권위를 주었던 것일까? 프롬은 이와 같은 사안들에서 대학 자치를 방해하고 있었던 걸까? 반대로, 롤라는 마을 프로젝트를 주관하면서 따를 의무가 있는 지침에서 자기 마음대로 절충점을 찾을 권리를 가지고 있던 걸까? 작업 현장에서 윤리적 위반이 있었다면 하나의 프로젝트 안에서 학술적으로 축적된 자료의 사용을 막아야 하는 것일까?[34]

그러한 논문과 관련한 난제들을 뒤로하고 시어도어는 프롬이 일반적인 인류학적 연구 과정을 지연시키고 있으며, 2년 동안의 현장 연구에 근거한 결과를 출간하려는 노력을 방해하고 있다고 주장했다. 문제를 매듭짓기 위해 프롬은 '짜증과 비난조'를 잠시 물리치고 시어도어에게 "나의 건강 상태를 고려하면, 이렇게 싸움을 계속하는 일은 바람직하지 않다"라고 간청했다. 프롬의 쇠약해진 건강 상태를 알고 있었던 리스먼이 다시 한번 더 중재 역할에 나서, 슈워츠 부부를 달래기 위해 애를 써주었다. 이 문제는 시어도어가 UCLA에서 교수 지명을 받고 다른 문제에 관심을 갖게 되면서 저절로 해결되었다. 이후 프롬과 매코비는 그의 방해 없이 『어느 멕시코 마을의 사회적 성격』을 완성할 수 있었다. 전체 논쟁과 관련한 미드의 평가는 적절했다. 미드는 프롬이 정신분석학자의 견지에서 윤리적 위반이라고 여겼던 것들은 그 당시에 인류학자들을 위한 전문적 수련에서는 위반이 아니었다고 이야기했다. 여기에서 윤리는 원칙을 뛰어넘지 못했으며, 윤리적 요구사항들과 관련한 범주적인 기준은 존재하지 않았다.[35]

책이 거의 완성되어갈 즈음, 프롬은 다소 기운을 얻는 듯 보였다. 그는 첫 번째 장 일부의 이론과 방법론, 그리고 열한 번째 장의 결론 부분을 집필했다. 매코비에게는 그 나머지에 대한 책임이 부여되었다. 그는 비평을 받기 위해 각 장 초안을 프롬에게 보냈다. 종종 그 두 사람은 수정을 위해 만나서 토론했고, 그러면 매코비는 한 장을 마무리하곤 했다. 프롬의 승인이 떨어지기까지 하나의 장은 몇 차례씩 다시 쓰이고 수정되었다. 1968년 4월, 프롬은 미드에게 "매코비와 나는 원고를 끊임없이 수정해, 빠르게 완성도를 높여가고 있다"라고 적었다. 그 원고는 출간을 목전에 두고 있었다.[36]

프롬의 여느 책들과는 달리 『어느 멕시코 마을의 사회적 성격』은 방법론적인 토론들과 도표, 통계들로 인해 묵직해지는 바람에 독자들의 주목을 빠르게 이끌어내지는 못했다. 집필의 대부분을 수행했던 매코비는 유창한 글솜씨나 풍부한 비유, 선별적 단락화와 같은 프롬의 재능들을 갖지 못했다. 그러나 그는 사회적 성격 개념을 매우 잘 기

술했고, 생산적·비생산적 성격 사이의 차이를 상당히 명확하게 설명
했다.(아마도 프롬보다 더한 엄격함을 유지한 채.) 이러한 모든 요소가 왜 그것
이 프롬의 가장 적게 팔린 책이 되었는지를 부분적으로 설명할 수도
있겠지만, 또 다른 요인들 또한 저조한 판매고에 영향을 미쳤다. 그 연
구는 학제를 넘나드는 문화인격운동의 산물이었다. 이것은 1930년대
에 융성했지만 1970년이 되어서는 이미 유행이 지나버린 것이었다. 게
다가 로버트 러빈Robert Levine과 같은 1960년대와 1970년대의 영향력
있는 학자들이 시장경제가 치콘쿠악과 같은 장소의 변화를 위한 열
쇠라고 생각한 데 반해, 프롬과 매코비는 그와는 다르게 상정했다. 정
신분석학자들과 사회심리학자들은 그것이 자신들의 작업에 적절하지
않은 듯 보였기 때문에 대체적으로 그 책에 관심을 두지 않았다. 프롬
은 또한 프렌티스 홀 출판사가 "책을 대중에게 노출하는 데 완전히 실
패했다"며 괴로워했다. 실제로 프렌티스 홀은 겨우 7년간 출판권을 유
지했을 뿐이었다. 1997년까지 책은 전 세계적으로 겨우 15만 부가 팔
렸고(프롬의 저작으로서는 상당히 적은 양이다), 영어판을 바탕으로 스페인
어, 스웨덴어, 독일어, 이렇게 단 3개 국어로 번역되었을 뿐이었다. 모두
가 예상할 수 있듯이 『어느 멕시코 마을의 사회적 성격』의 가장 인상
적인 판매 결과는 멕시코에서 나왔다. 스페인어판은 일곱 번이나 재판
을 찍었고, 몇몇 대학의 수업에 사용되었다. 이때 책 자체가 지닌 문제
는 독자층을 상정하는 일을 배제했다는 것이었다. 이 책은 학자에게
도 일반인에게도 아무런 울림을 가져다주지 못했다.[37]

비록 그 내러티브 라인이 통계나 다른 세부적인 사항들로 인해 너
무 묵직해지기는 했지만, 그 책은 치콘쿠악의 설립으로 시작하는, 시
선을 사로잡는 이야기를 전해주고 있었다. 1950년대에 그 마을은 토

지 소유주들 몇몇과 토지 없이 부족한 임금으로 겨우 살아가고 있는 농부들이나 이주민들로 구성된 가난한 농촌 사회로 성장했다. 농부들과 이주민들은 가난과 무기력과 부족한 기회로 인해 자신들의 삶이 억압되고 있다고 느꼈다. 농부 대부분은 생산적인 사업적 재능이나 자신들이 얻은 것을 비축할 능력을 갖지 못했다. 프롬과 매코비에 따르면, "한편으로는 냉소주의나 희망 없음, 그리고 또 다른 한편으로는 유치한 신념들 사이에 끊임없는 충돌"이 존재했다. 흥미롭게도 이것은 독일의 역사학자 요한 하위징아가 자신의 연구 걸작인 『중세의 가을The Waning of the Middle Ages』(1919)에서 후기 중세 유럽 농부들의 모습을 그렸던 것과 같은 충돌이었다. 치콘쿠악은 그러한 과거 시대의 복기인 듯했다.

프롬과 매코비의 내러티브의 상당 부분은 치콘쿠악의 가난과 절망에 대한 것이었는데, 그곳에선 글을 읽고 쓰는 능력이나 교육은 칭송받지 못했다. 많은 사람이 더 이익이 되는 쌀이나 야채를 키우는 일보다는 덜 위험한(그리고 덜 이익이 되는) 사탕수수를 생산하는 일을 선택하고 있었다. 사탕수수 생산은 적은 노동을 필요로 하고, 정부가 운영해 협동으로 제공하는 의료와 생명보험 같은 서비스에 노동자들이 가입할 수 있게 했다. 최소한의 사탕수수와 더 이익이 되는 곡물을 함께 키우는 혼합재배가 이익은 내면서도 정부 협동 서비스의 대상자 자격을 유지할 수 있는 방법임에도 그쪽을 택하는 사람은 거의 없었다. 혼합재배 선택은 마을 사람들의 사회적 성격과 관련한 강력한 의미의 지표였다.[38]

치콘쿠악의 농경문화를 특징짓는 불안정한 결혼생활과 높은 알코올 중독 비율 속에서 마을의 삶의 질은 악화되었다. 그러한 상황에서도 열심히 일하고 이익이 되는 쌀과 채소 작물을 재배하는 소수의 엘리트 주민들이 출현했다. 그들은 또한 멕시코시티에서 더욱 두드러졌던 현대적인 노동 기술을 칭송했다. 대부분의 농부와는 달리, 그들은 자신들의 이성과 사유의 힘을 신뢰했고, 스스로의 삶을 만들어갈 수 있다는 확신을 갖고 있었다. 프롬과 매코비는 그들을 마을 경영에 영향력이 강한 '새로운 지배층'이라고 묘사했고, 그들은 희망적이고 번성하는 소수와 가난하고 실의에 빠진 압도적인 대다수 사이에 더욱 심화되는 차이에 주목했다. 이것이 바로 개혁이 일어나지 않으면 바뀌지 않을 치콘쿠악의 현재와 미래였다.[39]

프롬과 매코비는 치콘쿠악뿐만 아니라 다른 빈곤한 농업 마을들의 삶을 개선하기 위해 마련되었던, 개혁을 위한 세 가지 제도적 원천을 강조했고, 그들의 궁극적인 목적은 일반적인 제3세계 국가들에서의 빈곤을 완화시키는 동력을 찾는 것이었다. 첫 번째로, 정부의 민간 원조 국영 기업CONASUPO 프로그램에 지지할 만한 부분이 있었다. 그것은 마을에서 농부들이 재배한 곡식을 (저렴한 가격에, 그리고 개별 구입자들이 무엇을 지불하든 상관없이) 구입하기를 제안했다. 치콘쿠악과 다른 마을에서 선발된 농부들은 곡식이 좀 더 광범위한 정부 차원의 분배를 위해 공동체 저장창고에 저장되기 전에 CONASUPO 교육원에서 곡식의 무게를 달고 품질을 평가하며 법적 구속력이 있는 영수증을 제공하는 교육을 받게 된다. 프롬과 매코비는 CONASUPO 프로젝트가 치콘쿠악에서 효과가 있을 것이라고 생각했다. 이는 개인 곡물 투기자들의 가격 착취 위험으로부터 농부들을 보호하고, 그 프로그램이 신뢰할 수 있다는 것을 보여줌으로써 농경생활의 믿음직스럽지 못한 측면들을 해결하는 데 도움을 주었다. 그것은 미래를 약속하는 시작

이었다.[40]

두 번째 개혁적인 제도는 쿠에르나바카에서 윌리엄 와슨William Wasson 목사에 의해 시작되었던 '우리의 작은 형제들'이라는 커다란 고아원이었다. 그는 또한 치콘쿠악과 그 주변 마을로부터 온 상당히 많은 고아와 버려진 아이를 받아들였다. 사춘기 아이들 몇몇은 범죄 기록이 있었으며, 거의 대부분의 어린아이는 폭력적인 환경에서 자라왔다. 전문가들은 이 고아원이 단순히 또 하나의 실패한 청소년 교정 시설이 될 것이라고 예측했지만, 와슨은 독실한 기독교 규범 안에서 아이들이 성장할 수 있는 안전하고 풍족한 공간을 약속했다. 그곳의 거의 모든 청소년은 협조적이고 책임감이 있다는 것을 증명했으며, 프롬과 매코비는 고아원이 규칙들로 꽁꽁 묶인 교정 시설이 되는 것을 거부했던 와슨에게 모든 공을 돌렸다. 사실 와슨은 그 고아원을 사랑이 가득한 하나의 가정으로 여겼다. 그는 관료 체제를 최소화했으며, 개별적 자아 관리를 장려했다. 프롬은 와슨이 공동체 내에서 '무조건적인 사랑'에 근거한 분위기와 타인의 권리에 대한 존중, 공동체적인 의무 강조, 그리고 각각의 아이들을 개별적이고 중요한 하나의 개인으로 취급함으로써 신뢰와 생산성, 삶의 의미를 키워나가도록 도왔다.[41]

세 번째 예는 치콘쿠악의 청소년회였는데, 그것은 프롬의 '작은 치콘쿠악 프로젝트' 연구원들과 그 마을에 살고 있던 미국 퀘이커 봉사위원회에서 온 자원봉사자들 사이의 협조적인 실험에 기원을 두고 있었다. 이 두 단체는 스무 명의 사춘기 소년들의 모임을 조직했다. 처음에는 시어도어 슈워츠가 그 실험을 감독했다. 매코비가 1961년에 그것을 이어받았고, 새로운 방법의 농작과 축산업을 포함한 소년들의 활동을 감독하기 위해 미국 퀘이커 봉사위원회의 자원봉사자들을 활용했다. 모임의 곡물 판매 수입의 반은 재투자되었고, 나머지 반은 참여한 소년들 각자에게 돌아갔다. 정기적으로 생산되는 곡물과 질 좋은 우유를 생산하는 젖소와 염소들, 그리고 수백 개의 알을 낳는 닭들과 함께, 곧이어 작은 사업체가 형성되었다. 생기가 없었던 농업 마을에 이것은 하나의 중요한 업적이 되었다. 나이를 먹은 소년들이 다시 더 어린 소년들을 이끌기 시작하면서, 매코비와 다른 프로젝트 연구원들은 의식적으로 좀 더 지엽적인 역할을 담당했다. 그 소년들 중 몇몇이 마을의 보편적인 염세주의를 뛰어넘는 성공적인 업무들을 계속 진행해나갔다.[42]

프롬과 매코비는 CONASUPO 프로그램과 와손의 고아원, 그리고 청소년회가 전통적으로 패배주의적이었던 마을의 행동 양식들을 뚜렷하게 바꾸고 있다는 데 동의했다. 그들은 치콘쿠악에서의 성공을 프롬의 친구인 다닐로 돌시Danilo Dolci가 시행하는 시칠리아의 공동체 작업과 또 다른 친구인 파울루 프레이리의 브라질에서의 작업과 비교하면서, 이것이 제3세계의 빈곤에 보편적인 하나의 접근 방법이 아닐지 묻는다. 마침내 그들은 모든 농경 공동체들 속에서 개혁은 가능하다고 상정했지만, 그 해답이 자유시장의 방식을 확장시키는 데 있다는 1960년대 후반과 1970년대 초 대부분의 사회연구가들의 전제를 거부했다. 그들이 협동과 교육과 상호 존중과 사랑을 통한 작업을 강조했을 때, 어떤 프로그램이든 최대의 희망적인 미래를 보여주었다. 프롬에게 이는 자유시장의 기초를 넘어 '생명애 공동체'의 승리였다. 평생을 바친 사회주의적 인본주의자에게, 이는 누구나 예측할 수 있는 관점이었다.[43]

프롬과 매코비는 껄끄러운 수식어구로 연구를 마무리 지었다. 그들이 마을에서 목격한 변화들은 전도유망한 시작이긴 했지만, 단지 길고 난해한 과정의 시작점일 뿐이었다. 수 세기에 걸쳐 존재했던 사회경제적 조건들은 하나의 사회 안에서 사회적 성격 구조를 형성했고, 일단 이것들이 자리를 잡고 나면 사람들은 변화에 강하게 저항한다. 인간이라는 존재는 자신들의 바로 그 성격과 존재와 관련한 근원적인 변화에 적응하기 위해 상당히 오랜 시간(종종 수 세대에 이르는)이 걸렸다. 초기의 개혁들로부터 직접적인 이익을 얻은 사람들에게 삶은 더욱 희망적이 되기는 했지만, 치콘쿠악 마을 사람들 대부분의 절망과 우울은 여전히 지워지지 않았다. 앞으로 산재한 어마어마한 일에도 불구하고 프롬과 매코비는 자신들이 연구했던 그 흥미로운 변화들이 또 다른 개혁적 변화를 위한 자극제가 되고, 그것이 또 다른 사람에게 고리로 연결되면서, 수 세대가 지나면 대부분의 치콘쿠악 마을 사람들의 만연한 무기력과 절망이 서서히 사라지기를 희망했다.[44]

비록 매코비가 연구나 책을 집필하는 일의 많은 부분을 수행하기는 했지만, 그는 프롬이 연구 방법이나 결론뿐만 아니라 특히 문맥에 생기를 불어넣는 것과 같은 책의 중요한 다른 모든 부분을 만들어주었다고 강조했다. 이 저작은 아마도 프랑크푸르트 연구소에서의 독일 노동자 프로젝트 이래로, 가장 많은 증거를 이끌어낸 책이었을 것이다. 간단히 말해, 그것은 확실하고 중요한 학술 작업이었다. 마을에 대한 프롬의 예언적 희망 외에도, 그 안에는 실의에 빠진 사람들, 그리고 때때로 희망이 거의 없는 농경생활의 많은 부분에 대한 기록이나 데이터가 담겨 있기도 했다. 늘 자신감에 차 있던 프롬은 그 마을의 알코올 중독, 폭력, 빈곤, 그리고 절망감으로 인해 어느 정도 가라앉은 듯했다. 『희망의 혁명』 이후 2년이 지나 『어느 멕시코 마을의 사회적 성

격』을 출간하면서 프롬은 이 작품이 완성하기 훨씬 더 어렵고 더욱 진지한 책이라는 사실을 깨달았다.[45]

프롬의 심각한 심장 상태는 치콘쿠악에 대한 그의 조심스러운 평가에 영향을 주었는지도 모른다. 매코비는 원고와 관련한 정기적인 작업 모임에서 프롬의 회의주의와 낙담하는 모습을 볼 수 있었다. 아니세토 아라모니는 프롬의 가라앉은 기분이 그 마을 프로젝트를 논의할 때마다, 특히 심장마비 이후에 더욱 두드러졌다고 느꼈다. 실제로 심장마비 이전에 프롬은 꽤 정기적으로 쿠에르나바카에서 치콘쿠악으로의 여행을 계획했지만, 그 이후에는 그런 여행의 기록이 존재하지 않는다.[46]

프롬의 회의주의와 절망이 두드러졌던 프로젝트가 치콘쿠악뿐은 아니었다. 1968년 매카시 캠페인의 매우 제한적인 성과와 그 여파(리처드 닉슨의 선출과 같은)는 프롬으로 하여금 정치활동의 결실을 우려하게 했다. 점점 늘어나는 베트남 전쟁 사상자와 세계 핵 종말의 위험 또한 그의 침울함을 가중시켰다. 1969년 7월, 인류 최초로 미국인이 달에 착륙한 것도 그의 냉소주의를 촉발시켰다. TV에서 쏟아지는 달 착륙에 대한 극찬 일색의 보도들은 모두 "비인간적이며, 아무것도 모르는 사기에 불과하다고" 프롬은 매코비에게 토로했으며, 우주 공간 또한 금세 새로운 핵전쟁의 싸움판이 될 것이라고 말했다. 개인적으로든 환경적으로든 확실히 죽음의 망령은 프롬을 무겁게 짓누르고 있었고, 그의 마지막 대표작의 탐구 주제는 인간의 파괴적 본성이었다.[47]

제12장

그의 사랑, 그의 죽음

『어느 멕시코 마을의 사회적 성격』이 출간되었던 1970년 이전에도 멕시코는 프롬과 애니스에게 버텨내기 쉽지 않은 곳이었다. 1965년 그는 멕시코국립자치대학을 퇴직했고, 아내와 자신의 집필 프로젝트에 더 많은 시간을 할애하기 위해 멕시코 정신분석 연구소와 관련한 일을 줄여나갔다. 두 사람은 점차 다시 미국에서 살고 싶다는 생각을 하고 있었다. 뉴욕에 있는 프롬의 심장병 전문의는 멕시코의 높은 고도에 대해 그에게 주의를 주었다. 자주 숨이 차는 병치레는 위기감을 더욱 뚜렷하게 만들었다. 게다가 그의 여러 가지 직업적인 책임은 그를 더욱 지치게 했다. 교직에서 퇴직했음에도 멕시코국립자치대학은 계속해서 강의와 자문 역할을 요청했고, 멕시코 정신분석학회나 연구소의 동료들도 마찬가지였다.[1]

　프롬이 멕시코에서의 삶과 문화를 즐기고 있었음에도 그가 여전히 미국의 관습과 발전에 깊이 발을 담그고 있었다는 사실은 의미심장하다. 언어 학습에 재능이 있었던 그는 스페인어를 어렵지 않게 습득했지만, 여전히 영어나 독일어로 말하는 것을 선호했다. 그는 향신료가 강하게 쓰인 멕시코 음식들 이외의 거의 모든 것을 즐겼고, 수많은 요리를 좋아했지만, 뉴욕에 살았을 때 먹었던 음식을 더 자주 먹었다. 실제로 가장 이상적인 식사는 찐 야채와 으깬 감자, 신선한 과일이 곁들여진 파스타나 양고기에, 반드시 크림으로 희석한 고급 커피와 한두 개의 작은 빵이었다. 그는 좋은 프랑스 와인을 음미했고, 이따금 최상품의 버번을 즐기기도 했다. 프롬은 멕시코 신문과 잡지를 구독했고, 그 나라의 지엽적인 소식들에 언제나 주목했다. 그러나 그는 유럽과 미국의 출판물들에 항상 눈을 두고 있었고, 최신판 『뉴욕타임스』는 도착하자마자 구입했다. 프롬은 북미와 유럽의 친구들, 지식인들, 임상의들, 분석가들, 학자들, 그리고 문화적인 인물들이 찾아오는 것을 좋아했다. 그러나 그가 단 하나 수용하기를 거부했던 멕시코 문화의 한 측면이 있었는데, 그것은 시간 감각이었다. 그는 시간을 엄수하는 독일인의 습성을 결코 저버릴 수 없었다. 그는 허리를 빳빳이 세운 채 행진하는 군인의 걸음걸이로 모임이나 약속을 위해 출발했고, 자신이 예상했던 그 시간에 정확히 도착했으며, 멕시코 동료들이 거의 언제나 늦는 것에 늘 낙담하고 괴로워했다.[2]

멕시코를 떠나게 된 가장 커다란 이유는 문화나 높은 고도 때문이 아니라, 멕시코 정신분석 연구소 내부의 주요 인물들 사이에 점점 늘어나는 파벌주의 때문이었다. 그는 그 문제를 어떻게 처리할지 알 수 없었다. 그가 협회의 활동에 거리를 두면 둘수록 내부의 싸움은 더욱 심해졌다. 처음에 그 불화는 세 명의 잠재적인 후계자들 사이의 싸움에 중심을 두고 있었다. 프롬은 세 명 중에 가장 나이가 많고 임상의로서 두루 명성을 얻고 있던 알폰소 미얀을 멕시코 정신분석학회 첫 번째 의장으로 염두에 두고 있었다. 그러나 호르헤 실바와 아니세토 아라모니는 프롬의 선택을 받아들이려 하지 않았다. 전직 군인이자 내과 의사였던 실바는 (프롬이 그랬던 것처럼) 조직과 원칙을 앞세우는 사람이었다. 그는 자신과 상부에 명확한 명령 계통을 찾고 있었고, 그것은 그가 멕시코 정신분석 연구소를 위한 새로운 건물을 찾으면서 더욱 명확해졌다. 반면에 아라모니는 호르헤 실바를 낮추어 평가하는 비범하게 생산적인 학자였다. 미얀은 여러 차례 실바와 보조를 맞추다가 또 다른 때는 아라모니와 함께했고, 그것은 지도자 경쟁을 더욱 복잡하게 만들었다. 활기가 다소 쇠하긴 했지만 오랜 전통을 가지고 있던 멕시코 학회는 프롬의 멕시코 정신분석학회와 연구소에 중대한 라이벌이 되었고, 부에노스아이레스 출신의 몇몇 저명한 프로이트학파 정신분석학자들이 도착해 멕시코에서 그들의 패권에 또 다른 도전이 되면서, 이 문제는 더욱 악화되었다.[3]

　프롬은 자신의 모든 일에 대한 계승자로 아라모니를 선호함으로써 그러한 곤란한 상황에 기름을 끼얹었다. 그는 아라모니가 능숙한 학자이자 지식인일 뿐만 아니라, 재능 있는 심리학자이자 정신분석학자라고 여겼고, 자신의 생각을 있는 그대로 이야기하고 다녔다. 아라모니의 딸 레베카에게 프롬은 또 다른 아버지였다. 그녀는 조언을 받거나 삶의 방향을 잡는 데 그에게 의존했다. 아라모니 자신도 프롬을 자신의 스승으로, 그리고 멕시코 정신분석 연구소의 영원한 지도자로 섬겼고, 자신을 그 대리인으로만 생각했다. 프롬은 실바가 모르게 그에게 종종 중요한 연구소의 조직과 인력 개발 문제들을 알려주었으며, 그의 뛰어난 학생들에게 지속적으로 조언을 해주었다. 예를 들어, 아라모니가 프롬에게 몇몇 연구소 학생이 입학을 고려하고 있는데, 그러면 다른 몇몇이 퇴교 조치될지도 모르겠다고 말했을 때, 프롬은 아라모니와 다른 상급 분석가들이 "내가 없을 때 내 책임을 물려받아야 한다"고 불평하면서 특정한 추천 명단을 건네기도 했다. 결국 문제는 프롬이 공공연히 아라모니를 비호한 것이 아니라, 자신이 그토록 고통스럽고 소모적이라고 생각했던 연구소의 실무로부터 스스로를 떼어놓지 않으려 한 것이었다.[4]

프롬 부부가 그의 심각한 심장마비 이후 회복 여행의 일환으로 스위스와 이탈리아 국경 근처에 있는 로카르노를 처음 방문했던 1967년 초 이래로, 그들은 그 마을을 마음에 들어했다. 마을은 고도가 낮고, 봄과 여름의 온화한 기후와 겨울의 상쾌한 공기가 일품이었다. 로카르노는 또한 프롬에게 그가 세계 시민일 뿐만 아니라 유럽의 시민이라는 생각을 되살려주었기 때문에 더욱 매력적이었다. 그 마을은 독일에서 멀지 않고, 명민하고 발랄한 정신분석학자이자 프롬의 조카인 게르트루트 훈치커 프롬이 있는 취리히까지도 기차로 오랜 시간이 걸리지 않았다. 그녀와 헤니의 아들인 요제프 구를란트는 프롬이 여전히 가족으로 여기는 친척이었다. 프롬은 또한 자신이 멕시코에 있었을 때보다 로카르노에서 훨씬 더 효율적으로, 그리고 짧은 시간 안에 집필할 수 있다는 사실을 깨달았다. 스위스에 거주하는 데는 세금 혜택도 무시할 수 없었다. 게다가 그와 애니스는 그 작은 마을과 그 주변을 둘러싼 소나무 숲을 거니는 것을 좋아했다. 그들은 종종 힌테르차르텐과 바덴바덴에 있는 검은 숲 온천을 즐기면서 따스한 날들을 보내곤 했다. 프롬은 클래라 우르쿠하트에게 보낸 편지에 "로카르노에서의 은둔적인 삶과 작업을 상당히 즐기고 있다"라고 적었다.[5]

로카르노에서의 여름 동안 프롬이 사귄 친구들은 1930년대 기억의 한 부분에서 상당히 친밀하고 정서적 안정감을 주는 토대가 되어주던 지식인들의 모임을 연상시켰으며, 그것은 활기를 불어넣어주는 동료들의 모임으로 발전했다. 그 모임은 이제 독일 유대인이자 퇴직한 레오 베크 연구소 소장인 막스 크로이츠베르거, 아스코나 출신의 보리스 루반플로차, 그리고 쿠에르나바카에서 그의 이웃이었던 이반 일리치까지 포함하고 있었다. 크로이츠베르거는 20년 동안 팔레스타인에서 살았는데, 그곳에서 그는 유대 국가의 건설을 반대했고, 프롬처럼 그 역시 아랍인에 대한 이스라엘인의 차별을 탐탁지 않아 했다. 그와 프롬은 종종 책이 높이 쌓여 있는 탁자에 앉아 『탈무드』 학자들처럼 그 내용을 함께 살펴보는 것을 즐겼다. 루반플로차는 의사와 환자 사이의 소통을 증진시키기 위한, 정신분석학자 발린트 미하이의 여러 가지 활동에서 적극적이었다. 프롬은 그에게 임상의가 되라고 추천했고, 치료 기술과 관련한 수련을 해주었다. 프롬은 또한 루반플로차의 아내 윌마의 신중하고 친절하며 심오한 윤리적 헌신에 매료되었다. 평소 말이 없던 그녀는 그 모임의 토론에서만큼은 놀라울 정도로 명민한 모습을 보여주었고, 프롬은 그녀의 이야기가 매우 심오하다는 사실을 알아챘다. 게르트루트와 막스 훈치커 프롬은 취리히로부터 와 그들과 합류했다. 프롬은 막스나 모임 동료들과 요리하는 것을 좋아했다. 프롬과 막스는 양말을 신은 채 호텔 복도에서 미끄럼을 타기도 했다.

　　일리치는 이제는 프랑스와 독일에서 많은 시간을 보냈고, 프롬은 그의 풍자적인 유머 감각과 지식을 반겼다. 의료, 교육, 그리고 다른 설립된 협회들의 오랜 비평가였던 일리치는 유럽의 유명인사였으며, 특히 프랑스 좌파에게 추앙받고 있었다. 로마 가톨릭 목사였던 그는 바티칸과 CIA 양쪽에서 반감을 사고 있었다. 프롬은 크로이츠베르거를 통해 냐나포니카 마하테라Nyanaponika Mahathera를 소개받기도 했다. 유대인으로 태어나 독일에서 크로이츠베르거의 학교 동료였던 그는 나치에게서 탈출해 결국 억류 수용소에 다다랐다. 크로이츠베르거가 로카르노로 이사를 온 후, 냐나포니카는 종종 그를 방문했다. 그때 그는 비록 계속해서 서방의 고전을 공부하고 있기는 했지만, 카리스마 있는 불교의 영적 지도자가 되었다.

스즈키 다이세쓰의 죽음 이래로, 프롬은 영적 스승을 찾고 있었다. 그는 항상 선불교의 깊은 비이성적 접근 방법과, 자기 자신에 대한 사랑과 이성과 관련한 우선순위 사이에 충돌이 생긴다는 것을(스즈키의 절충주의에도 불구하고) 감지해왔다. 테라바다Theravada 불교의 주창자인 냐나포니카의 『부처의 마음The Heart of Buddhist』은 스즈키보다 훨씬 큰 사유의 '충만함'을 포용하고 있었고, 냐나포니카는 프롬에게 서방의 계몽주의의 가치와 불교를 통합하는 한 가지 방법으로 다시 명상의 시간을 가지라고 설득했다. 이와 같은 동료들의 동지애는 로카르노 마을의 다른 이점들과 잘 어우러지고 있었다.[6]

1973년 9월, 프롬과 애니스가 로카르노에 정착하기로 결정하면서, 아라모니와 다른 수련생들이 그를 다시 돌아오게 하려고 노력했음에도 그는 마침내 멕시코 정신분석 연구소로부터 완벽히 손을 뗄 수 있었다. 1974년 가을, 프롬은 아라모니에게 더 이상 돌아갈 여지는 없을 거라고 말했다. "집필 작업에 너무 완벽히 몰두하고 있으며 (…) 그렇게 앞으로 나아가는 것이 몹시 즐겁기 때문에" 더 이상 협회의 일에 관여하지 않겠다는 것이었다.

"내가 만약 멕시코에 있었다면 나는 뿔뿔이 흩어진 많은 이익 관계에 개입되었을 것이고, 서로가 상대방을 위한 싸움에 이용되고 말았을 것이오. 나는 지금 이 시점에 그런 유치한 일들을 다 견뎌낼 여력이 없소."

아라모니와 실바 그리고 다른 상급 협회 분석가들은 계속해서 다음 해에 프롬을 불러들이려 회유했지만, 소용이 없었다. 1976년 2월, 프롬은 아라모니에게 쓴 편지에 쿠에르나바카에 있는 집을 부동산 시장에 내어놓았다고 적었다. "집필을 할 수 있는 한, 쿠에르나바카와 로카르노를 오가느라 에너지와 시간을 낭비하고 싶지는 않다"고 그는 썼다. 프롬은 협회 동료들에게 자신의 모든 책과 서신들을 부쳐달라고 요청했다. 프롬은 마침내 자신의 마지막 몇 년을 "만약 그만큼 살 수 있다면" 유럽에서 보내기로 결심했다.[7]

멕시코에서 지낸 수십 년 동안, 프롬은 그의 육필 초안 원고를 타이핑해주는 개인 비서를 고용했고, 비서가 원고를 타이핑하면 프롬이 그것을 편집한 후 다시 또 비서가 타이핑하는 과정을 거쳤다. 그들은 또한 방대한 개인적·직업적 서신들을 받아 적기도 했다. 1950년대 이래로, 베아트리체(혹은 '트릭시Trixie') 마이어Beatrice Meyer가 특히 프롬에게는 중요했다. 그가 쿠에르나바카의 집을 건축했을 때, 그는 마이어에게 잔디밭과 정원이 내려다보이는 기다란 현관에서 멀리 떨어진 특별한 연구 장소를 제공했다. 이곳은 집필과 사색을 위한 최적의 장소였다. 남편과 염문이 있을 것이라고 생각한 애니스는 마이어를 좋아하지 않았다. 그럼에도 멕시코에서 프롬은 그녀를 1970년대까지 계속해서 곁에 두었다. 로카르노로의 이사는 애니스의 이러한 고민을 해결해주었다. 애니스가 마음에 들어했던, 마이어의 후임자 조앤 휴스Joan Hughes는 매우 내성적이고, 건조한 유머와 촌스러운 옷차림, 그리고 명백히 성적인 매력은 거의 없는 평범한 인상의 영국 여자였다. 휴스는 에너지가 넘치는 사람이었고, 엄격한 여교사의 능수능란함을 지녔다. 그녀는 프롬의 원고 초안을 꼼꼼하게 체크했고, 그의 출간 마감일에 틀림없이 맞추도록 했다. 휴스는 실수 없이 타이핑을 진행했으며, 프롬에게 매일의 서신을 빠짐없이 가져다주었다. '트릭시'와는 다르게, 프롬은 항상 그녀와의 관계에서 공적인 거리감을 유지하면서, 그녀를 '휴스 부인'이라고 불렀다.[8]

프롬과 애니스는 상당히 크기를 줄여 무랄토(로카르노의 한 지역)에 있는 카사 라 몬다 주택단지의 평범한 아파트를 구입했고, 매우 단순하게 꾸몄다. 그들은 5층에서 바라보이는 숨이 멎을 듯한 마조레 호수와 건너편 연안의 감바로그뇨 산 정상의 풍경을 즐겼다. 프롬은 그 풍경을 바라보면서 책상에 앉아 나머지 일들과 관련한 초안 작업을 했다. 책상 가까이에 있는 선반은 원본 자료들로 가득 채워져 있었고, 원고 초안은 책상에 높이 쌓였다. 멕시코에서 보내오는 넘쳐나는 책과 자료를 수용하기 위해 1층 방 임대가 필요할 정도였다. 프롬은 그렇게 자신의 나머지 남은 나날을 집필과 출간을 위해 쓰기로 맹세했다.[9]

학문에 대한 탐구

로카르노에서 프롬은 정신분석을 거의 시행하지 않았다. 실제로 그는 멕시코에 있었던 마지막 시기 동안, 분석 대상자를 거의 받지 않았다. 그러나 이따금 『탈무드』 학자가 되기도 하는 젊은 우체국 직원인 차임 카플란Chaim Kaplan과 여러 해 동안 주고받은 서신이 분석으로까지 이어졌던 것은, 말년의 프롬에게 많은 영향을 미쳤다. 그들의 교류는 개인적인 문제들(대부분 카플란의 문제였지만, 간간이 프롬의 문제도 포함되어 있었다)과 주요한 학술적 고민들, 그리고 카플란의 집필 프로젝트 등이 뒤섞인 것이었다. 카플란의 존재는 프롬에게, 그의 주요한 마지막 학술적 연구였던 『인간 파괴성의 해부』에 깊이를 불어넣고 체계화하도록, 그리고 이전과는 다르게 여러 해가 지난 후에야 그 책을 완성하도록 자극을 주었던 것처럼 보였다. 반대로, 조현병을 앓고 있었던 것으로 추정되는 카플란은 프롬과의 접촉을 통해 매우 의미 있는 방식으로 도움을 받았다.

프롬은 카플란에게 자신의 『탈무드』 텍스트에 대한 연구와 그러한 텍스트들과 관련한 고전 이야기들을 알려주면서 그에게 『탈무드』 연구를 계속하라고 용기를 주었다. 프롬의 몇몇 편지는 카플란이 자신만의 선집을 완성하지 못하고 지지부진한 것에 대한 이야기였고, 카플란의 다른 프로젝트들을 비평하거나 직업적·가정적인 삶에 대해 조언을 주기도 했다. 카플란이 예시바대학을 졸업했을 때, 프롬은 그에게 율법학자가 되라고 했다. 프롬이 보기에 가장 큰 문제는 카플란이 '자신에 대한 용기와 자신감'을 끌어모으지 못한다는 것이었다.[10]

반대로 멕시코 마을 프로젝트에 더한 카플란의 연구는 학술적 조사에 대한 프롬의 책무를 다시 떠올리게 했다. 프롬의 저작 상당수는 그가 마이클 매코비와 팀을 이루기 전까지 진지한 학문으로부터 동떨어져 있었다. 비록 매코비가 공공연하게 그 책의 중심 내용들을 프롬에게서 가져왔다고 말하긴 했지만, 사실을 따지고 보면 매코비가 대부분의 연구를 진행했고, 거의 모든 장의 초안을 작성했다. 이제 문제는 프롬이 또 다른 진지한 학술서인 그 속편을 집필할 것인가였지만, 이번에는 완전히 혼자서 해야 하는 일이었다. 카플란과 의견을 주고받고 몇 차례의 시행착오를 거쳐, 프롬은 『인간 파괴성의 해부』를 그 속편으로 하기로 결정했다. 고령임에도 불구하고 그 모든 것은 그가 감당해야 하는 일이라는 사실을 인식하며, 카플란은 그의 결정에 동의했다.[11]

그러나 프롬이 『인간 파괴성의 해부』 프로젝트에 착수하기 전에 그는 방대한 작업, 즉 스스로 '인본주의적' 정신분석이라고 불렀던 것에 대한 네 권의 책을 끝내려고 했다. 저작권에서 나오는 상당한 수입을 생각하면, 그가 릴리아 하이드Lillia Hyde 재단으로부터 기금을 받으려고 했다는 사실은 의심스러운 일이긴 하다. 그 책들은 본능에 대한 프로이트의 이론적 틀을 그 초점 너머로 전면적으로 확장하려는 것이었으며, 인본주의적 실존주의자의 대안을 포용하는 것이었다. 프로젝트는 상당 부분 그의 임상적 작업에 근거했고 프롬의 중심 개념인 사회적 성격 개념에 틀을 두고 있었다. 다시 한번 그는 외부의 사회적 구조가 본능적인 삶을 형성한다는 자신의 대안적 공식들로 본능적인 삶, 특히 리비도에 초점을 맞추어 프로이트의 '모더니스트' 의제를 통합하는 일을 해결하려 하고 있었다. 프롬은 2년 안에 그 프로젝트를 끝낼 계획이었다. 그가 많은 초기 저작과 같은 세부적이고 미묘한 버전 그 이상을 제안하고 있지 않았기 때문에, 그리고 그가 책을 끝마치는 놀라운 속도를 고려해보면, 그는 아마도 2년이면 충분하다고 예상했을 것이다. 그러나 그는 한 가지를 간과하고 있었다. 학술 작업에는 상당한 시간과 노력이 필요하다는 것. 게다가 그는 이전에는 그렇게 거대한 프로젝트를 수행해본 적이 없었다. 또한 그는 그 프로젝트에 임상적 자료들을 사용하려는 계획이 환자들의 비밀 유지 조항을 위반하는 것일지도 모른다고 우려하고 있었다. 그러던 중 1966년 12월 심장마비가 일어났고, 상당한 회복 기간은 그 프로젝트의 시작을 지연시켰으며, 그런 상태는 오랫동안 지속되었다.

1970년 초, 프롬은 상당히 평이한 책 한 권을 출간했다. 애초에 그것은 그 네 권짜리 책의 첫 권이 될 예정이었다. 『정신분석의 위기The Crisis of Psychoanalysis』라고 이름 붙여진 이 책은 16개 언어로 번역되어 80만 부가 팔렸다. 이 무렵 프롬은 그의 전작들의 영향으로 이름만으로도 상당한 판매고를 보장받았다. 그 책은 정신분석과 사회학 관점들 사이의 상호 관계에 대한, 1932년에서 1969년 사이에 쓰인 에세이들로 구성되어 있었다. 그 여러 편 가운데 새로운 에세이들 중 하나였던 「정신분석의 위기」는 정신분석이 처음에는 중산층의 허위의식 한가운데 던지는 성적 억압에 대한 급진적이고 폐부를 찌르는 이론이었다고 주장한다. 그러나 프로이트의 추종자들이 그러한 정신분석 운동을 관료화했고, 급진적인 비평을 묻어버렸으며, 사회적 순응의 압박을 묵인해버렸다. 프롬에게 이러한 관료화는 왜 동시대의 정신분석이 위기에 처했으며, 또한 빠르게 아무런 관련이 없는 일이 되어버렸는지를 설명해주는 것이었다. 물론 이러한 주장은 프로이트의 리비도적 초점이 프롬의 사회적 성격 개념과 조화를 이루지 못한다는 사실을 강조하고 있었다. 그렇다면 그의 사회적 성격의 구축 또한 동시대 위기의 일부분이었던 걸까? 여기에서 프롬은 자신이 처음에는 프로이트의 '모더니스트' 의제를 고수하고 있었지만, 그것을 발전시켜 점차적으로 사회적 성격을 구축해나간 것이라고 간단하게 언급했을 수도 있다.[12]

프롬은 1940년대 말 이래로, 정신분석 정설의 관료화에 대한 염려를 마음속에 품고 있었고, 그러므로 사실은 새로운 영역으로 나아가지는 못했다. 그러나 『정신분석의 위기』에는 예상하지 못했던, 간결하지만 의미 있는 세 페이지짜리 에필로그가 있었다. 그것은 프롬이 전쟁은 국민국가에 내재된 공격적인 기능이라고 믿으면서, 사회를 염려하는 비평가가 되는 과정을 분명히 보여주었다. 그는 다가올 반세기의 어느 시기엔가, 국가들 간의 핵전쟁, 화학전쟁, 혹은 생물학전쟁으로 지구상의 생명체가 멸종할 것이라고 예측했다. 시사비평가인 폴 굿맨과 생물학자인 파울 에를리히Paul Ehrlich도 비슷한 경고를 했었다. 『인간의 마음』을 되새기면서 프롬은 전 세계 지도자들이 자유롭고 영광스러운 미래를 약속하며, 명예와 질서와 번영 그리고 신화적인 황금시대를 마음에 두고 있다고 하던 때조차도 그들 사이에 죽음에 대한 애착이 병리학적으로 만연해 있었다고 주장하면서, 이러한 끔찍한 결론에 도달했던 것을 시간애의 결과라 보고 있었다. 그리고 그는 영웅적인 생물학자들, 경제학자들, 신학자들, 철학자들이 시간애의 정치에 반대하고 있었음을 지적했다. 그러나 순응주의적 시각으로부터 자유로운 정신분석학자들은 특히 정치가들의 그러한 위험스러운 태도들을 밝혀낼 수 있었을 것이다. 실제로 정신분석학자들은 "그들이 말하는 것이 아닌, 있는 그대로의 그들을 들여다보면서" 그러한 지도자들의 오만한 이데올로기들 너머의, 죽음과 공격성을 증진시키는 모습을 더 잘 찾아내는, 모든 인류에게 도움이 되는 자질을 갖추고 있었다.[13]

『정신분석의 위기』에서의 이러한 몇 페이지의 결론은 『인간의 마음』보다 더욱 간결하게 인류 현실의 시급함을 구체화하고 있었다. 프롬의 논의는 논란의 여지가 있고 실체가 없으며 종종 비논리적이었고, 전체적으로 증거가 불충분했다. 대신에 그는 위협을 당하고 있는 세계를 어떻게 해서든 벼랑으로부터 멀어지게 하는 예언자의 목소리를 세계에 전하고 있었다. 더 구체적으로, 자신의 효율성을 극대화하기 위해서 그는 무엇을 했던 것일까? 프롬은 삶의 후반기에, 평화 집회에서 연설을 하거나 탄원서에 서명을 하거나 칼럼을 쓰는 일들에는 거의 참여하지 않았다. 그는 이런 일 대부분이 파멸의 열쇠를 쥔 정책 입안자들을 설득하지 못하는 다방면의 논쟁적 담화에 그친다고 보았다. 핵전쟁의 위협은 1960년대 말이나 1970년대 초에도 조금도 줄어들지 않은 것처럼 보인다고 프롬은 주장했다. 윌리엄 풀브라이트나, 더욱 최근에는 에드워드 케네디와 같은 고위급 미국 정치인들과 접촉했음에도 불구하고 그는 안전 조치의 순서나 미국과 소련이 쿠바 미사일 위기의 재발 방지를 위해 노력했던 것들에 관해 제대로 된 이해를 갖지는 못했다.[14]

프롬은 과거의 많은 저항의 도구를 제쳐두고 학자들과 정책 입안자들, 그리고 점차 다가오는 엄청난 재앙의 실세들을 설득하기 위한 효과적인 방법을 찾고 있었다. 아마도 그는 이전과는 다른 새로운 어떤 것, 인류 현실에 학술적으로 접근하는 자신의 논쟁에서 결핍되었음직한 영향력까지 가질 수 있는 어떤 것을 집필하고 있었는지도 모른다. 카플란은 프롬이 이따금 자신에게 말했던 것을 크고 분명하게 그에게 다시 말해주었다. 감정에 좌우되지 않는 학문과 엄격한 분석만이 이 세계에 실제적인 영향력을 가질 수 있을 것이라고.

프롬은 『정신분석의 위기』의 마지막 몇 페이지가 전혀 충분하지 않다고 생각했다. 그는 그 프로젝트의 나머지 세 권을 미루어두고 『인간 파괴성의 해부』라는 제목을 가진 긴 한 권의 책에 초점을 맞추었다. 이러한 노력으로 그는 거의 대부분의 정신분석학자들에게 끔찍이도 부족한, 특히 신경과학과 같은 다양한 분야의 학자들을 존중하고 그것에 대해 배우는 일에 몰두하기로 결심했다. 그는 『자유로부터의 도피』이래로 자신이 간과해왔던 어마어마한 양의 비평을 찾아보았다. 매코비는 프롬에게, 그의 개념적인 성향을 뒷받침하는 데 낡고 이미 갱신되어버린 데이터에 의존하는 것을 그만두라고 에둘러 제안했다. 이에 프롬은 새로운 다양한 주제들에 관한 학술 서적들을 쉬지 않고 읽어 내려가면서 조사에 착수했다. 로카르노에 있는 그의 책장은 곧 다양한 학문에 관한 유명한 학자들과 연구가들의 책으로 가득 차게 되었다. 그 분야에 강한 관심을 가지고 있던 카플란은 프롬에게 몇 권 의 책을 우편으로 보내기도 했다. 프롬은 자신이 마음에 들어했던 수 련 중인 임상심리학자 제롬 브람스Jerome Brams를 고용했다. 그러나 그 도 신경과학이나 자연인류학, 혹은 조사를 위한 다른 분야에 익숙하 지 않아, 연구 도서관에서 적절한 최고 수준의 출간물들을 찾는 일이 쉽지 않았다. 그러한 일에 브람스보다 더 자격이 갖추어져 있지 않았 던 프롬은 이것이 밀접한 학문과 원문의 탐구를 자신의 글쓰기에 더 해 탄탄하게 만들 수 있는 마지막 기회라는 것을 거의 본능적으로 알 았다. 그렇게 그는 능숙한 연구 보조원 없이 시간의 흐름에 따라 앞으 로 나아갔다. 그것은 어떤 사회비평가도 자신의 말년에 감히 시도하지 못했던 길이었다. 프롬은 애니스에게, 자신이 『인간 파괴성의 해부』를 완성하고 자신의 의제에 관한 다른 학술적 프로젝트를 계속하려면 수 십 년의 삶이 더 필요하다고 말했다.[15]

로렌츠와 스키너

—

학술적으로 완벽히 연구된 작품을 생산하고자 하는 그의 열망에 더해, 프롬은 굉장히 논쟁적이기는 했지만 상당한 영향력이 있었던 콘라트 로렌츠Konrad Lorenz의 『공격성에 관하여On Aggression』의 출판(1963년에는 독일어로, 그리고 3년 후에는 영어로 옮겨졌다)과 자신을 괴롭혔던 사람들의 반응에 자극을 받았다. 처음에 프롬은 『공격성에 관하여』를 마지못해 읽었는데, 그 논의에 너무 결함이 많아 사람들에게 진지하게 받아들여지지 못할 것이라고 생각했다. 그런데 친구인 풀브라이트 상원의원을 제네바에서 만났을 때 프롬은 그렇지 않다는 것을 알게 되었고, 그가 로렌츠의 책에 상당히 깊은 인상을 받았다는 것을 깨달았다. 그리고 프롬은 로버트 아드리Robert Ardrey의 『아프리카 유전학African Genesis』(1961)과 『세력권 의식The Territorial Imperative』(1967), 데즈먼드 모리스Desmond Morris의 『털 없는 원숭이The Naked Ape』(1967)와 같은 다른 대중적인 논쟁들이 거의 동시에 출간되었고, 그것들이 인간의 내재적인 공격성에 관한 똑같은 주제를 탐구하고 있으며, 그로 인해 로렌츠의 책이 더욱 광범위하게 퍼져나가고 유명해지는 데 도움이 되었다는 것을 인지했다.[16]

오스트리아에서 태어난 민족학의 창시자이자 고생물학자이고 내과 의사인 로렌츠는 올바른 사회를 위한 나치 비전의 중심 전제였던, 생물학적으로 순수하고 인종적으로 더 우수한 아리안족이 하등한 민족들에 의해 오염되지 말아야 한다는 독일인의 '인종적 힘'에 관한 맹목적 애국주의 개념을 아우르고 있었다. 1940년대 초, 로렌츠는 독일군 의무관으로 복무했다. 그의 초기 저작들에서 예상되었던 것처럼, 『공격성에 관하여』는 다른 동물들처럼 인간도 자신의 유전적 유산에 의해 통제되는 수동적 존재라고 상정했다. 프롬은 이러한 입장이 혐오스럽다고 생각했다. 로렌츠는 또한 공격적인 본능이 내재적이며 유전적인 요인을 가지고 있으며, 종의 유지를 위한 것이라고 주장했다. 인간은 이러한 타고난 본능에 사로잡혀 있으며, '종족의 생존'을 보장하는 영토와 다른 것들을 얻기 위해 그러한 공격성에 의존한다는 것이었다. 로렌츠에게 공격성은 가장 강한 종족의 생존과 그 후세를 위한 보호를 보장하는 바람직한 방법으로서, 종족의 확산을 제한했다. 프롬은 자신의 연구 초점을 인간의 공격성에 맞추고 대안적인 설명을 제시하기로 결심했다.[17]

　로렌츠의 논문에 대한 프롬의 분노는 예상된 것이었다. 일찍이 1949년에 프롬은 에세이 「정신분석학적 성격학과 문화 이해를 위한 그 적용Psychoanalytic Characterology and Its Application to the Understanding of Culture」에서 그 전제가 체계적인 연구로 입증된 적이 없었다고 주장하면서 공격적 본능이 과연 내재적인 것인지 의문을 제시했다. 그는 이 점을 다시 반복하며 『인간 파괴성의 해부』를 시작했다. 그러나 로렌츠와 겨루기 위한 그의 처음 어조는 논쟁적이었고, 책이 진행되는 내내 그러한 어조를 완전히 벗어버리지 못했다. 히틀러 독일 시대의 유대인 망명자로서 결코 죄를 뉘우치지 않는 전 나치당원에 대해 강한 적대감을 품게 되는 것은 당연한 일이지만 프롬의 어조는 세심한 학문을 통해 확장된 학제 간 연구를 제시하겠다는 목표와는 전혀 상반된 곳으로 달려가고 있었다.

　프롬은 인간을 규정하는 바로 그 선택과 책임을 부정하면서, 로렌츠의 주장이 공격적이고 위험한 것이라고 비난했다. 로렌츠는 또한 인간 공격성의 정상적인 징후로서 현대 국가의 폭력과 잔혹함을 합리화했다. 그리고 가장 충격적인 것은 로렌츠가 가장 위험한 공격성의 형태인 핵전쟁을 피하기 위한 인간의 잠재력을 무시했다는 것이었다. 요약하면, 프롬은 로렌츠가 모든 형태의 인간의 공격성을 그것들이 '인간이 통제할 수 없는 생물학적 요인들에서 기인한' 것이라는 '비이성적인' 전제 안에서 대충 꾸며냈다고 비난했다. 이러한 공공연한 논박 이면에서 프롬은 리스먼에게, 자신이 로렌츠의 관점의 위험성에 대해 구체적으로 밝혀낼 수 있다고 편지에 적었다. 공교롭게도 프롬은 로렌츠가 말하는 독일 종족의 '생물학적 필수요소들'의 실현에 도움을 주기 위해 '열등한 민족들'을 제거하는 것이 나치법이라고 옹호한 그의 1940년 논문을 우연히 마주할 기회가 있었다. 『인간 파괴성의 해부』에서 프롬이 왜 이 논문에 대해 아무 언급을 하지 않았는지는 분명하지 않다. 에른스트 지몬에게 쓴 편지에서 프롬은 로렌츠가 언제나 '공격성이 인간 안에 내재되어 있으며' 절대 피할 수 없는 것이란 주장을 하기 위해 풍부한 인류학적·사회적·심리학적 증거들을 거부하는 '반동적 국수주의자'이자 사회진화론자였다고 주장했다. 그는 로렌츠의 해로운 전제들에 반박하기 위해, 『인간 파괴성의 해부』의 첫 번째 파트 전체를 인간의 공격성에서 내재적으로 생물학적인 것은 없으며, 사회적으로 피할 수 없는 것도 아니라는 것을 증명하는 데 할애했다. 인간은 자신의 자유 의지를 통해 폭력과 전쟁을 포함하는 파괴적 공격성을 미연에 방지할 수 있다. 인간은 평화와 평온을 보장하기 위해 자신의 사회적·경제적·정치적 환경을 형성할 능력을 가지고 있는 것이다.[18]

생물학적 결정론에 대한 로렌츠의 주장은 근본적으로 프로이트의 공식이 불완전한 것처럼 보인다는 똑같은 이유로 프롬에게는 골칫거리였다. 아마도 프롬은 로렌츠와 자신의 거리를 어떻게든 확고히 하기 위해 자신의 생명애/시간애 변증법이 프로이트의 에로스와 타나토스 이분법의 확장이자 수정이라는 사실을 인정하지 않았던 것인지도 모른다. 프롬은 중대한 차이점을 확실히 했다. 프로이트의 변증법은 자신이 강조했던 특정한 사회 환경이 아니라 생물학적 본능에 뿌리를 두고 있었다. 프롬은 에로스가 (생명애처럼) 생명이나 사랑, 희망, 그리고 살아 있는 생명체들이 번성할 수 있도록 그들과 관계를 맺는 것을 나타낸다는 사실을 끌어들이지 않으려고 기본적으로 선별적인 태도를 취했다. 그와 반대로 타나토스는 (시간애처럼) 어느 정도 생명이 없는 것의 탐구, 심지어 자궁 속에서 아무런 고통도 느끼지 못하던 순간으로의 회귀를 드러냈다. 본능을 포함하고 있는 것으로부터 사회적 근간을 가진 것으로 그 이원성을 옮겨 가려고 하면서, 프롬은 자신의 입장을 증거가 수반된 섬세한 논쟁이라기보다는 거의 완벽한 확언으로 만들어버렸다. 그 차이점들은 제쳐두고라도 자신이 본질적으로 프로이트의 에로스/타나토스 이원론에 대한 특별한 비틀기를 시도하고 그것을 확장하고 있다는 것을 인정했었더라면, 프롬은 로렌츠와는 다른 편에서 자신의 입장을 발전시키는 데 프로이트를 아주 잘 활용할 수 있었을 것이다.

프롬은 본능에 대한 프로이트의 수압설Hydraulic theory, 즉 언제나 분출하려고 하는 억눌린 에너지의 근원이 존재한다는 전제를 비판하는 데 수년의 시간을 소비해왔다. 『쾌락 원칙을 넘어서Beyond the Pleasure Principle』(1920)에서 프로이트는 이를 에로스와 타나토스 사이의 충돌로 대신 설명하면서, 성적 본능과 에고 사이의 충돌에 대한 묘사를 변형시켰다. 프로이트는 죽음의 본능인 타나토스가 공격성의 가장 부당한 형태이며, 그것은 강력한 삶 본능(에로스)과 상반된다고 상정했다. 로렌츠는 살아 있는 다른 생명체를 단순히 유린하고 파괴하는 공격성의 본능에 대한 묘사에서 그러한 대척점을 발견하지는 못했다. 여기에서 또한 프롬은 프로이트를 더 잘 활용할 수 있었을 것이다.

프롬은 새나 물고기, 혹은 다른 동물 종들과 똑같은 내재적 본능의 공격성을 인간에게 할당하는 '낭만적이고 국수주의적 이교도주의'를 로렌츠가 어떻게 수용하고 있는지를 그리고, 그것은 '문명'이나 다른 인간적 목표의 이익을 도모하는 데 단순히 끼워 넣을 수조차 없는 것이라고 지적했다. 로렌츠는 다윈이 설명했던 것과 프로이트와 프롬이 이해했던 것, 즉 이러한 종들과 달리 인간은 스스로 이성과 논리와 공감의 능력을 발달시키는 지점까지 진화했다는 것을 깨닫는 데 실패했다. 프롬은 자신 이전에 프로이트도 발견했던 것처럼 인간이 덜 진화된 동물들의 파괴적 공격성을 초월할 수 있다고 상정했다. 게다가 프롬은 프로이트가 확립하려고 했던 사회적 화합을 위해 필요한, 관리할 수 있는 불행보다 훨씬 더 많은 것을 마음속에 그리고 있었다. 그러나 그는 프로이트의 태도가 로렌츠의 것보다 훨씬 더 사려 깊고, 최소한 그보다는 희망적이라고 주장했다.[19]

로렌츠의 주장의 삭막함은 프롬에게서도 거의 동등한 삭막함을 이끌어냈다. 아마도 자신들의 지적 차이 때문에, 그들은 각각 자신의 관점에 맞는 진화 과정에 대한 다윈의 개요를 적용하고 있었다. 로렌츠는 생존을 위해 영장류와 인간에게 필요했던 '동물들의 복수심에 불타는 공격적인 성향'에 초점을 맞추었다. 프롬은 인간을 다른 덜 진화된 종들과 거리를 두게 하는 것으로서, 인간의 자의식과 이성, 그리고 심미적 감수성에 대해 자세히 설명하고 있었다.

확실히 프롬은 로렌츠와 겨루기 위해서뿐만 아니라 『인간 파괴성의
해부』의 나머지에 대한 초석을 마련하기 위해 매우 광범위한 독서를
진행했고, 그 결과 유전학, 자연법칙, 비교인류학, 동물 행동, 인지심리
학, 언어학, 신경과학, 그리고 과학·인류 영역 양쪽 모두와 관련한 다
른 분야의 학문에 정통하게 되었다. 그러나 그 과제는 거대한 만큼 두
루뭉술할 수밖에 없었으며, 그는 이용할 수 있는 연구 자료들을 피상
적으로 다룰 수밖에 없었다. 비록 프롬이, 자신이 연구했던 연구 자료
들의 내재적 논리를 평가함으로써 부족했던 전문성을 부분적으로 보
충했던 것일지라도 그는 합리적인 과정을 택한 것이었다. 그는 『인간
파괴성의 해부』에 들인 6년여보다 훨씬 더 많은 시간이 필요할 것이라
고 풀브라이트에게 털어놓았다. 이 시기에조차도 그 책은 "만약 쓸 시
간만 주어진다면, 세 권이나 네 권으로 만들어져야 할 작품의 거친 개
요에 불과"했다. 프랑크푸르트 연구소를 떠난 후 프롬이 쓴 대부분의
저작들처럼 그것은 더욱 실질적인 연구에 근거한 '더 많은 연구를 제
안하는' 성격의 책이었다.[20]

프롬이 인간의 파괴성에 대한 로렌츠의 시각이 비뚤어졌다고 여겼
지만, 행동 조절에 대한 B. F. 스키너B. F. Skinner의 입장 또한 그에게는
비슷한 충격으로 다가왔다. 20세기 초 존 B. 왓슨John B. Watson에서 비
롯된 행동주의 원칙은 인간 행동을 이해하려는 노력에서 인간 정념의
가치에 반하는 주장을 하고 있었다. 오히려 필요한 것은 인간 행동을
형성하는 정확한 외부적 강화 요인들을 '과학적으로' 찾아내고 수정
하는 것이었다. 왓슨(신행동주의)에 대한 스키너의 대중적 확장은 '작동'
조절, 즉 '사회적으로 추동된' 라인을 따라, 동물과 인간의 행동을 변

형하기 위해 실질적인 강화 요인들을 체계적으로 적용하는 것에 초점을 맞추었다. 스키너는 인간의 유전적 자질에서 관련성을 발견했지만, 그것과는 별개로 동물과 인간의 행동은 외부적으로 적용된 강화 요인들에 의해서 결정되었다. 인간은 본질적으로 가변성을 지니며, 그의 본성 가운데 어느 것도 사회적으로 추동된 목표들 위에 존재하지 않는다. 증오, 공격성, 그리고 다른 형태의 뜻밖의 행위들은 적절한 외부의 조작으로 흔적도 없이 사라져버릴 수 있다. 로렌츠는 공격성이 내재적인 것이며 축소될 수 없는 것이라고 상정한 반면, 스키너는 그 반대 입장을 취하고 있었다. 즉, 유해한 공격적 행동들이 사회적 조절을 통해 어렵지 않게 조정될 수 있다는 것이다. 프롬은 두 사람의 중간에서 자신의 입장을 고수하고 있었다.[21]

이데올로기적인 이유로 로렌츠로부터 등을 돌렸던 것처럼, 프롬은 자신이 카플란에게서 선망했던 면밀하고 합리적인 연구에는 거의 신경 쓰지 않으면서 스키너의 관점을 묵살해버렸다. 프롬에게 스키너는 단순히 공격성이 환경의 관리만으로 생겨나거나 제거될 수 있다고 주장했다는 점에서 틀렸다. 스키너의 오류는 인간 내부의 정서적 세계, 그리고 실제로 인간의 복잡성을 무시한 것이었다. 스키너 식의 행동주의 전통이 깨닫지 못한 것은 인간이 인격을 가진 복합체이며, 사회적 성격, 내적 동기들, 강렬한 열정이 서로 꼬리에 꼬리를 물고 작동하는 하나의 총체라는 사실이었다. 간단히 말해, 스키너는 인간의 능동적이고 책임 있으며 환경 감응적인 역할을 간과하고 있었다. 스키너가 지배적인 제도나 이데올로기에 '적응하도록' 인간의 노동과 소비와 생각을 조절하는 기술권력 혹은 인공지능 사회의 도래를 정당화했던 것처럼, 그는 인간의 운명과 어떻게 인간이 스스로에게서 점차 소외되는지를 간과하고 있었다. 실제로 스키너의 비전은 인간을 온순하고 소외된 자아를 가진 것으로 대체함으로써 그 존재 자체를 위협했다.

"스키너는 인공 지능을 가진 세대의 고립되고 조작된 인간들의 지옥을 진보된 천국이라며 떠받들고 있다."

그는 현대 산업주의와 그 무수히 많은 통제가 '과학적 인본주의'에 근거한, 싸움이 없는 평화적 사회 질서를 가진 유토피아를 만들어낼 수 있다고 주장하면서 "우리가 어디로 가고 있는지에 대한 우리의 두려움을 무력화하고 있다."[22]

프롬은 스키너를 비판하는 많은 학술적 연구를 인용했다. 그러나 그는 학자들의 결론을 뒷받침하는 논리나 일관성, 증거들을 끌어오지는 않았다. 예를 들어, 그는 스키너와 칼 로저스Carl Rogers 사이의 교류를 인용했지만, 로저스의 간단하고 문제가 많은 주장들에 대해서는 오히려 비판하지 않았다. 더 중요한 것은 그가 스키너의 『언어 행동Verbal Behavior』에 대한 1959년의 놈 촘스키의 비평과 촘스키의 행동주의의 언어적 입장에 대한 뒤이은 비평 또한 칭찬했다는 것이다. 촘스키는 내재적 언어 능력, 즉 단어와 문장을 형성하는 고유한 능력을 인류가 공유하고 있다는 것을 이론화했고, 그것은 스키너의 언어에 대한 시각과 현저히 대조를 이루는 것이었다. 프롬은 그의 일관적인 본질주의에는 동의하지 않았지만, 촘스키에게는 동의하는 경향을 보였다. 스스로의 차별성을 촘스키와 조화시킬 수 있는 기회를 놓치고서, 프롬은 더 쉬운 길을 택했다. 촘스키가 스키너에 반대해 자신의 예를 '너무도 완벽히, 그리고 명민하게' 제시했기에 그는 촘스키의 생물학적 결정론을 다룰 필요조차 없었다. 프롬은 케네스 매코쿼데일Kenneth MacCorquodale 의 스키너의 전제들에 대한 중요한 1970년의 비평을 받아들였고, 자주 인용되고 훨씬 더 결정적인 하산 오즈베칸Hasan Ozbekhan의 1966년의 논문 「기술의 승리The Triumph of Technology」를 수용했지만, 어느 쪽의 에세이든 그 너머의 논리를 평가하는 데는 실패했다.[23]

인간의 성향

—

인간의 공격성과 파괴적 본성을 설명하는 데 로렌츠와 스키너 둘 모두에게서 아무것도 찾아내지 못했기 때문에 프롬이 다음 의문을 제기할 대상은 프로이트의 충동 이론이었다. 프롬은 『인간 파괴성의 해부』의 많은 부분을 이 질문에 대한 해답에 할애했다. 그것이 책 한 권으로 묶여 나오기 전에, 프롬은 우르쿠하트에게 보낸 1971년 8월의 편지에서 스스로의 해답의 윤곽을 그렸다.

"인간의 파괴성은 동물적 유산에 의한 것이 아니라 인간의 존재론적 상황에 의해 야기되는 것이며, 그것은 어떤 특정한 상황하에서 본능에 기초를 둔 동물들의 그것보다 훨씬 더 거대한 파괴성과 잔인함을 야기한다."

그러나 공격성에 대한 주요한 잠재 요인은 '그 자체로 변화될 수 있는' 외부의 사회적 상황에 의해 움직인다. 이것은 현대 인간의 선과 악에 대한 잠재성이 외부적 사회 구조에 의해 형성된 내재적 성향에 있다는, 프롬이 참조했던 인본주의적 틀과 일치했다.[24]

프롬은 J. P. 스콧J. P. Scott의 동물의 공격성에 대한 연구를 종합했는데, 그것은 동물의 공격성이 내재적인 것이 아니라 외부적인 것으로부터 시작되었다는 그의 견해를 뒷받침하고 있었다. 그는 또한 영장류에서의 영역주의의 결핍이, 영토에 대한 경쟁이 인간 공격성의 근원이 아니라는 것을 보여주고 있는 것이 아니냐고 설명하면서, 영장류 행동에 대한 연구를 인용했다. 그리고 파괴적 공격성이 인간의 문제이기는 하지만 그 문제가 태초의 인간 사회에서 시작되었던 것은 아니라고 덧붙였다. 프롬은 초기 인간들에게는 본능과 지적 발달 사이에 불균형이 있었지만, 이러한 불균형으로 인해 파괴적 공격성이 나타나는 것은 아니었다고 설명했다. 이를 뒷받침하기 위해 프롬은 초기 인간을 '킬러'라고 묘사한 전형적인 일반화와 모순되는, 원시적인 사냥꾼들 그리고 수렵 채집자들과 관련된 인류학적인 연구들뿐만 아니라, 지리학적·민족학적·사회적 연구에 의존했다. 그의 관점은 악의에 찬 공격성이 본능적인 것도 아니고, 그렇다고 타고난 것도 아니라는 것이었다. 이러한 입장은 또한 프롬이 참여해왔던 문화인격운동의 입장과 일치했다. 바로 개인적인 사고와 행동에 대한 주된 영향으로서 타고난 특징들보다는 문화와 사회의 중요성을 강조하는 입장이다.[25]

프롬은 인간의 동물적 유산이 스스로 공격성을 타고났음을 증명하지는 못한다고 주장함에 있어 철저히 주류 학문을 고수했다. 그러나 그는 발표된 연구에 집착함으로써, 소비, 텃세, 착취, 잔혹함과 같은 인간의 파괴적 경향들에 우선순위를 둔 조직화된 식량 생산 사회의 시초를 다루는 측면에서 약점을 드러냈다. 프롬은 마르크스와 엥겔스, 바흐오펜의 추측에서 많은 것을 끌어왔다. 그러나 그는 파괴성의 타고난 유형을 지적하는 연구에는 눈을 돌리지 않았다. 실제로 그는 파괴성이 '인간 본성의 일부'라는 주장을 조금도 신뢰하지 않았다. 만약에 인간이 스스로 수렵 채집을 하는 가장 원시적인 존재를 넘어, 이따금 '살육과 고문에서 강렬한 즐거움을 느낄 수 있는 단 하나의 영장류'가 되었다고 하더라도 이러한 특징이 '인간 본성'의 중심 특징으로 규정될 수는 없다는 것이 그의 주장이었다. 공격성과 살육에서 즐거움을 찾는 것은 특정한 상황하에서의 몇몇 인간의 존재론적 선택이다. 그러나 공격성과 파괴성이 인간 행위자에 의해 발생된 것이라면, 그것들은 또한 인간 행위자에 의해 방지될 수도 있을 것이라고 프롬은 주장했다.[26]

악성 공격성

—

『인간 파괴성의 해부』의 나머지 부분에서, 프롬은 몇몇 인간이 자발적으로 고문하고 살육하려 했던 그 중대한 역사적 분열 이후 발생한 서로 다른 형태의 공격성과 파괴성에 대해 설명했다. 여기에서 프롬은 '악성' 공격성과 '양성' 공격성에 차이를 두었다. '양성 공격성'은 해를 입힐 의도가 없는 장난스러운 다툼, 자기주장의 행동, 목적 달성을 위한 의도하지 않은 투지, 인지된 생명 유지를 위한 방어 등을 포함한다. 사회적으로 화합하도록 하는 억압이 때때로 양성 공격성을 야기하기도 했다. 그러나 프롬이 초점을 맞춘 것은 '악성 공격성'(살육을 즐기는 것)이었다.[27]

『인간의 마음』(1964)에서 생명애와 시간애 사이의 싸움에 대해 논의했다면, 『인간 파괴성의 해부』에서는 그러한 이분법을 날카롭게 파고들어 복잡한 사회에서의 '악성 공격성'의 경향에 초점을 맞추었다. 왜 인간은 '문명화된' 사회 속에서 그토록 생물학적으로 적응하지 못했던 것일까? 프롬은 응집력이 강한 '문명화된' 사회 속에서 필연적으로 리비도는 억압된다는 『문명 속의 불만』(1930)에서의 프로이트의 질문에 전반적인 해답을 제시하지 않았다. 그는 자신의 사회적 성격 개념을 쌓아가면서 본능에 대한 프로이트의 초점으로부터 벗어난 채로 또다른 질문들을 쏟아놓았다. 인간이 전체적으로 본능에 의해 지배되지 않았는데, 왜 인간은 적어도 특정 상황에서 '어떤 합리적인 이득도 없이, 자기와 같은 종을 파괴하고 살육하는 자'가 되어가는 모습을 스스로 보여주고 있는가? 왜 인간은 타인을 통제하고 해를 입히고 파괴하려는 욕망을 가지고 있는가? 이러한 내리막을 걷도록 이끈 요인은 무엇인가?[28]

참으로 복잡다단한 여러 분야 속에서 스스로의 '해답'을 찾아내는 프롬의 구분하기 좋아하는 성향과 어울리게, 프롬은 악성 공격성을 두 가지로 나누었다. 하나는 자발적 공격성으로, 그것은 특별한 외부적 환경에 의해 표면으로 드러난다. 전쟁, 종교나 정치적 분쟁, 부족한 자원을 두고 벌어지는 싸움, 그리고 개인적 존재감 상실의 정서까지, 이 모든 것이 이러한 악성 행동에 기여한다. 그것은 통속적인 억제력에 의해 통제될 수 없는 타고난 광란의 행위다. 수십만의 사망자를 냈던, 인도를 분할하는 동안의 이슬람교도와 힌두교도 사이의 폭력 사건은 하나의 실례였다. 수백만 명의 잠정적 공산주의자와 많은 중국인이 살육된 1965년 인도네시아에서 벌어진 반공주의자들의 숙청은 또다른 예였다. 실제이거나 상상의 잔혹행위들이 모두 폭력적인 보복을 야기할 수도 있었다.[29]

비록 자발적 공격성이 끔찍한 '악성'을 보여주었지만, 프롬이 더욱 우려했던 것은 두 번째 형태의 공격성, 즉 부분적으로 인간의 성격 구조가 이미 사회의 영향을 받아 사회화된 자아라는 점에서 인간의 사회적 성격 구조에 뿌리를 둔 공격성이었다. 사회적 성격이라는 그의 개념 안에 해답이 있었다. 프롬은 권위주의적 성격 유형과 시간애 성격 유형의 사디스트적인 측면이 동시에 작동해 인간 조건의 가장 악의적인 잠재성인 이 둘 사이에 동반 관계를 형성한다고 주장했다. 사디즘과 시간애 사이의 상호작용을 설명하면서 프롬은 『인간 파괴성의 해부』에서 가장 흥미로운 결론 부분으로 나아간다. 처음에는 나치 친위대ss 수장이었던 하인리히 힘러Heinrich Himmler에 초점을 맞추고 그 다음에 아돌프 히틀러로 옮겨 가는 이 부분은 그 자체로 한 권의 책의 요점을 담고 있었다. 그들 둘은 수백만 명의 죽음에 책임이 있었고, 유럽을 폐허로 만들었으며, 인간의 타락을 증명했다. 『인간 파괴성의 해부』 가운데 몇몇 부분의 연구는 얄팍했지만, 프롬은 이 두 사람에 대해서는 많은 학문과 소통하며 현대 독일 역사에 관한 더욱 선명한 족적을 남겼다.

프롬은 힘러를 현대의 가장 잔혹한 사디스트이자 시간애의 실체들 중 하나로 언급했다. 힘러를 규정하기 위해 프롬은 『자유로부터의 도피』에서 권위주의적 성격의 사도마조히즘 근원에 대한 자신의 설명을 차용해왔다. 힘러는 사디즘이 사랑이나 창의적 생산성 혹은 즐거움이 없는 삶에서 출현하며, 그래서 전지전능한 힘에 눈을 돌리게 할 수 있다는 사실을 보여주었다. 후자의 특징은 다른 인간들을 완벽히 통제할 수 있는 겉으로 드러나는 잠재력을 촉발해 그들을 혐오의 대상으로 돌리고 그들에게 고통을 가할 수 있게 된다는 것이다. 『자유로부터의 도피』에서의 차용과 더불어, 프롬은 거의 확실히 한나 아렌트의 작품들, 특히 『전체주의의 기원』(1950)과 『예루살렘의 아이히만Eichmann in Jerusalem』(1963)에도 의지했다. 비록 『인간 파괴성의 해부』에서 두 권

중 어느 것도 언급하지 않았지만, 힘러에 대한 그의 묘사는 아렌트가 아이히만을 다룬 것과 다르면서도 닮아 있었다. 프롬이 힘러의 사디즘을 들여다보았던 반면, 아렌트는 나치를 기술적이고 쓸모 있는 관리인이자 고통과 대량학살의 시행자로 규정했다. 프롬 또한 힘러의 능력 있는 관료주의적 경향을 인정했고, 더욱이 힘러의 '평범성'을 명확하게 언급했는데, 그것은 아렌트가 자신의 책에서 아이히만에 대해 강조했던 일면인 '악의 평범성'이었다. 아렌트의 아이히만은 배려심이 없고 충격적이게도 평범한 모습인 반면, 프롬의 힘러는 생기 없고 불성실하며, 자기 말고는 누구에게도 순수하게 관심을 갖지 않는 사람이었다. 아렌트의 아이히만처럼 프롬의 힘러는 상당히 정돈되어 있고 강박적이며 야망이 많은 데다 히틀러에게 확실히 헌신하는 사람이었다. 그러나 아렌트의 아이히만과는 달리, 힘러에 대한 프롬의 묘사 그 중심에는 사디즘이 있었다. 『전체주의의 기원』과 『예루살렘의 아이히만』 두 책 모두에서 아렌트가 강조했던 나치 말살의 체계적 효율성은 최근 몇십 년의 역사 기술과 더욱 많은 부분 일치한다는 것이 증명되어 왔다. 힘러에 대한 프롬의 논의와 아이히만에 대한 아렌트의 여러 논점 사이에 존재하는 명백히 중첩되는 부분들은 강력한 것이었다.[30]

프롬은 철저한 조사를 바탕으로 한 브래들리 F. 스미스Bradley F. Smith의 1971년 작 힘러 전기와 그 이전의 요제프 아커만Josef Ackerman의 전기에 많은 부분 의존했다. 프롬은 또한 그 두 책에서 광범위하게 언급된 힘러의 일기와 편지 그리고 다른 자료들에 집중했다. 이러한 것들을 근거로 그는 힘러의 삶을 자신만의 해석적인 내러티브로 그려냈다. 그것은 과도한 질서정연함이나 뚜렷한 규칙 집착을 두드러진 특징으로 하는 사도마조히즘 항문애 성격에 대한 교과서 같은 설명이었다. 열다섯 살부터 힘러는 자신의 상세한 기록들, 즉 언제 일어났는지, 언제 먹었는지, 목욕을 했는지, 그리고 다른 특별한 것들까지 모두 기록해놓고 있었다. 그는 자신이 건네주거나 다른 사람들로부터 받았던 모든 물건에 대해서도 색인을 하는 것처럼 기록했다. 게다가 힘러는 종종 잔혹한 방식으로 다른 사람들을 통제하려 함으로써 자신에 대한 무능한 느낌을 극복하려고 애썼다.[31]

프롬은 스미스와 아커만에게 많은 부분 의존해, 힘러가 좋지 않은 이미지를 가진 불안하고 과도하게 꼼꼼한 젊은이에서 고위급 나치 장교로 진화해가는 과정을 기술했다. 제1차 세계대전에서 '하찮은' 군인이 아니라 장교로 독일군에 복무하기 위한 지원서가 몇 차례 거부된 끝에 그는 장교 훈련에 받아들여지기는 했지만, 최전선에서 전쟁터를 목격하는 것은 두려워했다. 전쟁이 거의 끝날 것이 확실해졌을 때 힘러는 직업 군사 장교가 되기 위해 최전선에서 적절히 사람들 눈에 띄고자 했다. 그러나 그는 원하는 배치를 받지 못했고, 이는 이미 부정적이었던 그의 자아 이미지를 더욱 강화했다.[32]

전쟁 이후, 힘러는 뮌헨에서 공부를 계속했다. 그곳에서 그는 반유대주의 문학을 탐독하며 나치당에 가입했고, 표리부동한 모습과 거짓말을 보탠 쓸모 있는 경력 관계들을 나열해 당 내부 서열에서 승승장구하며 위로 올라갔다. 1920년대 중반 바이에른의 나치당 지도자였던 그레고어 슈트라서Gregor Strasser가 힘러를 자신의 보좌관으로 임명하면서 그의 경력은 전환점을 맞았다. 그는 슈트라서의 환심을 사려고 노력했고, 그의 오른팔이 되었다.[33]

사디스트인 힘러는 다른 사람들을 완벽히 통제하려 했고, 고통을 주는 일을 즐겼다. 프롬은 1923년에서 1924년 사이에 한 가족에게 일어난 일을 그 실례로 언급했다. 형의 약혼을 질투한 힘러는 그의 약혼자가 도덕적이지 못하다고 로마 천주교도였던 자신의 부모에게 거짓말을 했다. 결혼식이 취소되고 난 후, 힘러는 그 여성의 명성을 아예 파괴하려고 더욱 심한 짓까지 서슴지 않았다. 프롬에게 그 사건은 어떻게 힘러가 자신의 가족 구성원을 통제하려고 했는지 드러내는 것이었으며, 그가 곧 모든 것을 통제하려 드는 사디스트로 변모하리라는 전조였다.[34]

힘러의 경력과 권력은 급격히 상승했다. 프롬은 1925년에 힘러가 SS에 가입해 1929년에 독일군 친위대장으로 지명되었고 1933년에 오직 히틀러만을 보좌하게 되었다는 것을 아주 세심하게 추적해갔다. 제2차 세계대전이 발발했을 때, 그는 독일의 최고 보안 장교(그 당시 모든 경찰과 비정치적 수사 세력의 총수)였으며, 구금과 강제 노동, 강제 수용소 체제를 만들어냈다. 다음으로 그는 수백만의 무장하지 않은 힘없는 유대인, 폴란드인, 러시아인, 그리고 다른 죄수들을 몰살하려는 계획에 착수했다. 히틀러와 달리, 힘러는 계속해서 새롭고 더욱 편리한 몰살 방법을 조사했고, 마침내 가스실을 설치했다. 프롬은 우월한 아리안 인종을 만들기 위해 독일인들을 체계적으로 육성하는 힘러의 프로그램을 자세히 묘사했다. 프롬은 그 당시 상황과 사람들에 대해 힘러가 세밀하게 통제한 내용을 묘사하는 부분에서 자신의 주제 문장을 찾아냈다. 관리적 혁신과 무자비한 정치적 묘책을 등에 업은 사디즘은 힘러가 경력을 쌓아나가고 자기 자신에 대한 의심을 줄여나가는 데 중요한 역할을 했다. 확실히 힘러는 프롬이 기록한 단 한 사람의 죽음의 사자는 아니었지만, 힘러에게 할당된 『인간 파괴성의 해부』의 부분은 악성 공격성에 관해 프롬이 의도했던 것을 정확하게 드러내는,

책 전체에서 가장 압도적인 부분이었다. 프롬은 여기에서 『자유로부터의 도피』에서 간단히 그렸던 권위주의적 성격에 대한 구체적인 세부사항들을 제공했다. 그것이 그의 마지막 10여 년간 지식인이자 학자로서의 정점에 서 있던 프롬의 모습이었다.

프롬은 힘러를 규정하는 특징으로 사디즘을 강조했다. 그는 개인이나 사회 심리를 논의할 자격이 있는 정신분석학자로서, 임상의로서, 그리고 윤리학자로서 쓰고 있었지만, 구조적 행동이나 체계를 설명하려던 것은 아니었다. 『자유로부터의 도피』를 시작하면서, 그는 20세기의 재난을 나열하기 위해 사도마조히즘을 활용했다. 만약 프롬이 나치 지도자들의 사회적 성격보다는 살인 기계인 나치의 관리적·기술적·체계적인 측면을 강조했다면, 그는 홀로코스트 학자들 사이에서 두각을 나타내는 하나의 전형적인 예에 더 가까워질 수 있었을 것이다. 그러나 학술 서적이나 문헌에 대한 체계적인 조사가 뒷받침되지 못했기에, 프롬은 전문 학술계의 최근 변화를 미미하게 감지하고만 있을 뿐이었다.[35]

프롬은 힘러에 대한 토론을 다시 그의 초기 삶과 가족 환경으로 되돌아가면서 마무리 지었다. 여기에서 프롬의 임무는 힘러가 "가식적인 애국주의와 정직의 가면을 제외하고는 아무런 가치가 없고, 불안한 사회적 계급의 사다리에 의존하기 위해 애를 쓰는 것 말고는 아무 희망이 없는, 건조하고 지루하며 지나치게 규칙에 묶여 있고 정직하지 않으며 생기가 없는 가족"을 통해 규정되었다는 사실을 설명하는 것이었다. 간단히 말해, 그에게는 행복하고 창의적인 가족생활에 도움이 되는 영적·지적 자원이 거의 없었다. 그러한 음침함 속에서의 힘러의 상황은 소년 시절 프롬의 가정환경과 어느 정도 유사했을지도 모른다.(물

론 훨씬 심각한 것이긴 하지만.)[36]

『인간 파괴성의 해부』에서 프롬은 다른 어떤 사람보다 더, 히틀러에 대해 질문을 던졌다. 왜 그는 역사상 가장 파괴적인 인물이 되었는가? 왜 그는 극도의 악성 공격성의 전형적 예가 되었는가? 프롬이 히틀러를 다루는 방식은 훨씬 더 장황하기는 했지만, 힘러에 대한 분석보다 상당히 광범위했다. 프랑크푸르트 연구소에서의 독일 노동자 프로젝트를 위해 1920년대 이래로 히틀러에 대한 자료를 수집해왔던 프롬은 이 책에서 시간애의 성격 유형을 설명함으로써 그 독재자에 대한 가장 확장된 논의를 제공했다.

비록 프롬이 아렌트의 『전체주의의 기원』을 언급한 적은 없었지만, 그가 히틀러를 다루는 방식과 시간애에 대한 규정은 그녀의 '절대 악' 개념과 매우 유사했다. 어떻게 히틀러가 생명을 증오하고 그것을 파괴하기를 원했는지, 어떻게 그가 20세기 다른 어떤 독재자들보다 더욱더 시간애의 전형을 보여주는지 묘사하는 무수히 많은 예가 『인간 파괴성의 해부』 안에 있었다. 프롬은 자신의 초기 저작들과 몇몇 글들 속에서 생명에 반감을 가지는 히틀러의 예를 언급했고, 『인간 파괴성의 해부』 안에서 더욱더 많은 예를 참조했다. 가장 두드러지는 것은, 프롬이 히틀러가 학살을 저지를 때 종종 군부와 외교적 조언을 무시했다는 것을 지적했다는 사실이다. 실제로 그는 전략이라기보다는 그저 기분에 휩쓸려 수백만의 유대인과 폴란드인, 러시아인, 그리고 다른 '바람직하지 못한 인종들'에 대한 학살을 주문했다. 히틀러에게서는 힘러나 아이히만의 세심하고 관료적인 효용성이 거의 보이지 않는다. 제2차 세계대전이 막바지로 치달으면서, 그는 심지어 많은 독일인과 그들의 거주지 그리고 그들의 도시를 확실히 파괴하라는 명령을 내리기도 했다. 이것은 히틀러가 모든 인류를 증오했다는 명백한 예라고 프롬은 지적했다. 바르샤바와 그 거주민들을 폭격한 뉴스를 보았을 때, 그가 '시체로 우려낸 차'에 대한 농담을 하면서 상당히 통쾌한 표정을 지었다는 사실에 프롬은 주목했다. 히틀러의 얼굴 표정은 기괴했으며, 그는 항상 부패하는 무언가, 혹은 끔찍한 것에서 풍기는 악취를 맡고 있는 것처럼 보였다. 그는 결코 자유롭게 마음에서 우러난 웃는 모습을 보여주지 못했으며, 언제나 히죽거리는 표정이었다. 그는 너무도 쉽게 독일의 성장과 번영을 구실로 음식 공급과 다른 식량들을 축소하는 인간들의 말살을 합리화했다. 그는 사람이든 단체든, 자신이 '적'으로 규정한 것들은 모두 독일을 파멸시키려는 목적을 가지고 있다고 주장하며 말살시킬 것을 지시했다. 동성애자들을 포함한 '결함을 가진' 인간들은 특히 살해의 표적이 되었다. 히틀러는 그러한 살인이 저질러지는 때는 이따금 모습을 보이지 않음으로써 생명 파괴의 즐거움을 감추려 애를 쓰기도 했다. 그는 자신의 군대, 모든 독일인의 삶, 심지어 자기 자신까지도 위험에 빠뜨리고 있었다. 그에게 사람들은 실재하는 것이 아니라, 오히려 어떠한 환경에서도 제거될 수 있는 도구들이었다. 프롬은 어쩌면 과장되었을지도 모르는 그러한 묘사를 통해, 히틀러가 충동적으로 죽음과 파멸을 지시할 뿐만 아니라 공감이나 열정이 완전히 거세된 것이라고 보았다. 그러한 모든 고난은 그에게 어떤 고통이나 회한도 가져다주지 않으며, 오히려 견딜 만하고 종종 즐거운 것이었다. 힘러가 어느 정도의 시간애를 드러냈던 것과 마찬가지로, 히틀러도 힘러의 사디즘의 강력한 요소들을 드러내고 있었다. 그러나 프롬에게 히틀러는 인간 파멸에 대한 자신의 탐구 속에서 더욱 '진보된' 존재였다.[37]

만약 히틀러가 파멸과 죽음에 매료되었다면, 이것은 그(혹은 그 밖의 시간애를 수용한 사람들)가 미쳤거나 편집증적이거나 정신병적이라고 간단히 치부해버릴 수 있는 것이 아니다. 프롬은 임상의였던 월터 랭어 Walter Langer가 미국 군사 당국에 보냈던 비밀 전쟁 보고서(나중에 이것은 『아돌프 히틀러의 마음』이라는 제목으로 출간되었다)의 이러한 주장에 큰 영향을 받았던 것처럼 보인다. 랭거가 이전에 그랬던 것처럼, 프롬은 히틀러가 다중적인 측면을 지녔다고 지적했다. 그를 악한 인간이며 정신적으로 문제가 있었다고 보는 것은 그의 일부분을 규정하는 것에 불과했다. 히틀러를 이해하는 데 가장 어려운 것은 그의 이성적이고 계산적인 측면을 받아들이는 일이다. 그는 심지어 다른 사람이 자신을 좋아하도록 설득할 수 있는 사람이었다. 실제로 그는 정치적으로 상당히 능숙했으며, 정상적인 모습을 과시하기 위해 '겉치레'를 꾸며냈다. 프롬이 보기에 히틀러는 친근하고 친절하며 사려 깊은 역할을 연기하는 것을 즐기는 광대나 영업사원 역의 '훌륭한 배우'였다. 히틀러는 "친근함과 끔찍함이라는 두 가지 얼굴을 지녔으며, 그 둘은 모두 순수한 것"이라고 프롬은 주장했다. 인간에게 필요한 공감하는 마음이나 어떤 원칙, 가치, 혹은 믿음이 결핍되면서, 히틀러는 친절한 신사의 역할을 '연기'할 수 있었고, 그 순간까지 그것이 단지 연기라는 사실을 스스로도 인지하지 못했다.

"그는 겉으로는 친절함, 공손함, 가족에 대한 사랑, 아이들과 동물에 대한 사랑을 내보일 수 있었으며, 자신의 이상과 선한 의지에 대해 말하기도 했을 것이다."

만약 히틀러가 그토록 탁월하게 합리적이고 적응을 잘하는 영업사원이 아니었더라면, 그는 독일의 수상이 될 수도 없었고, 그러한 잔혹행위를 저지르는 데 일조할 수도 없었을 것이라고 프롬은 강조했다. 확실한 선동 정치가였던 히틀러는 '타의 추종을 불허하는 기교를 지닌 정치가'였다. 독일이 제1차 세계대전에서 패배한 후 베르사유 조약의 규정들로 수모를 당했을 때, 프롬은 히틀러가 어떻게 사기가 저하된 군 장교들이나 다른 정치가 그룹에게 국가주의와 반공산주의, 군국주의에 대한 자신의 호소의 정당함을 설득함으로써 경력을 쌓아나갔는지 세부적으로 보여주었다. 그는 독보적인 정치 기술을 바탕으로 자신이 머지않아 정권을 잡는 그 순간까지 은행가, 기업가, 그리고 다른 보수적인 우익 인사들로부터 재정적 지원을 끌어모았다.[38]

제3제국에 대한 수많은 고전적 역사 연구를 간과했던 프롬은 많은 대중 독자를 대상으로 글을 쓰는 사회비평가로서는 특이하게 『인간 파괴성의 해부』에서(『자유로부터의 도피』에서도 그랬던 것처럼) 역사적 연구로부터의 거리감을 고스란히 드러냈다. 그가 히틀러를 다룬 것은 논점을 위한 하나의 사례였다. 프롬은 그 독재자를 시간애에 흠뻑 도취된 기술적인 정치가이자 영업사원으로 평가했다. 그는 단지 현대 역사에서 가장 흉포할지도 모르는 한 지도자의 다양한 개인적 특징들을 복기하기 위해 그렇게 했다. 그의 포괄적 요점은 히틀러와 같은 잔혹한 지도자가 눈을 현혹시키는 가면을 쓰고 있기 때문에 이해하기 어렵다는 것이었다. 그들은 자신들이 끔찍한 고통을 가할 수 있는 위치에 오를 때까지 생명에 대한 자신들의 혐오를 포장하는 기능으로서 종종 배우나 영업사원의 역할을 연기했다. 죽음의 영업사원이 나타날 때마다 그들을 폭로하고 또한 그들에 맞서기 위해, 우리 문명의 운명이 생명의 가치를 존중하는 사람들의 잠재력에 얼마나 의지해왔는지, 프롬은 확실히 보여주고 있었다. 이러한 점에서 프롬은 전 인류를 대신해

예언적인 위치를 떠안고 있는 듯했다.[39]

슈페어를 만나다

힘러와 히틀러에 대해 평가하면서, 프롬은 이러한 자료가 『인간 파괴
성의 해부』에서 가장 강력하고 흥미로운 부분이 될 것이란 사실을 알
았다. 그는 이 부분을 보완하는 데 도움을 얻기 위해 알베르트 슈페
어Albert Speer를 만나서 악성 공격성의 전체 의미에 살을 붙이기로 결
심했다. 히틀러 시대의 주역이자 제3제국의 군수 장관이었던 슈페어
는 유대인 학살에 개입했다. 뉘른베르크 재판에서, 그리고 나중에 출
간된 회고록에서 슈페어는 나치 정권이 저지른 범죄에서 드러나는 진
지함과 솔직함을 보고 자신의 역할에 대한 책임을 수락했다고 주장했
는데, 회한이 가득한 그의 표정이 아마도 그를 교수대로부터 구해냈을
것이었다. 그는 서베를린의 슈판다우 감옥에서 20년을 보냈으며, 옥중
일기를 포함해, 제3제국에 대한 작품들을 출간해 좋은 평가를 받았
다. 1966년에 출감한 그는 자신이 얼마나 잘못했으며 착각하고 있었는
지, 그리고 자신이 나치 정권의 잔혹한 범죄를 저지르면서 삶의 균형
을 소진해버리곤 했다는 사실을 거듭 반복해서 이야기했다. 제3제국
에서의 자신의 삶과 그 관련성에 대한 설명은 길고 상세했다. 그러나
댄 반 데르 바트Dan van der Vat와 지타 세레니Gitta Sereny를 포함한 모범
적인 학자들은 슈페어가 출감 후에 사죄하며 썼던 많은 책과 글은 자
기 잇속만 차리는 것에 불과하다고 상당히 설득력 있게 이야기했다.
슈페어가 자신의 이야기를 날조했는지 진실을 말했는지, 아니면 자신

이 진실을 말하고 있는 거라고 스스로 착각하고 있었던 건지는 확실하지 않지만, 지금 우리에게 당면한 문제는 왜 프롬이 슈페어의 출감 후 저작들과 그의 인생 이야기의 진실성을 아무런 의심 없이 믿어버렸느냐는 것이다.

1972년 가을 『인간 파괴성의 해부』에서 힘러와 히틀러에 대한 부분을 작업하고 있었을 때, 프롬은 프랑크푸르트 학자이자 친구였던 로버트 켐프너Robert Kempner에게 슈페어를 만날 자리를 주선해달라고 요청하는 편지를 보냈다. 프롬은 슈페어의 『제3제국의 한가운데에서Inside the Third Reich』(1970)라는 책, 그중 특히 히틀러를 묘사한 부분에 깊은 인상을 받았다.

"그 연구는 히틀러의 성격에 대해, 내가 지금까지 접한 그 어떤 것보다 풍부한 자료를 제공한다."

프롬은 자신의 히틀러에 대한 관심이 역사학적이라기보다는 심리학적인 것이었으며, 슈페어가 자신을 만나주기를 희망했다는 사실을 공개적으로 인정했다. 슈페어는 제의에 응했고, 그들은 10월에 하이델베르크에서 반나절 동안 만났다. 프롬은 그 만남이 굉장히 도움이 되었으며, 슈페어가 악성 공격성의 요소들로서 사디즘과 시간애에 관한 자신의 견해와 완벽히 일치하는 세부사항들을 제공해주었다고 매코비에게 편지를 보냈다. 이제 프롬은 책의 마지막 부분을 거의 완성해가고 있다고 자신하고 있었다. 프롬은 또한 매코비에게, 슈페어를 만나고 나서 그 사람이 나치 정권에 발을 들여놓은 것을 순수하게 참회하고 있다는 사실을 믿게 되었다고 언급했다. 그는 또한 슈페어는 독서량도 상당했고 지적이었으며 '상당히 인간적'이라고 털어놓았다. 이것은 그들만의 생각이 아니었다. 학술적이고 신사적이며 문화적 교양을 지닌 이전의 나치들도 예일이나 하버드와 같은 저명한 미국의 대학과 그 밖의 학술 포럼에 초청되기도 했다. 박식함과 단정함은 사람들을 설득하며 참회하는 나치들의 모습과 어울리는 것처럼 보였으며, 미국 학술계는 때때로 비판적인 판단을 유예했다.[40]

프롬은 히틀러가 시간애를 드러냈지만 강력한 정치적 기술을 보여주었다는 자신의 견해를 슈페어가 확인해주는 듯해서 기뻤다. 슈페어가 그 독재자에 관한 프롬의 규정에 동의한다고 말했기 때문에, 프롬은 제3제국에 대해 전문성을 가진 저명한 역사학자들의 체계적인 연구 해석에 대해서는 멈칫거렸으면서, 그 주제에 대한 슈페어의 다른 시각들을 받아들이는 데는 거리낌이 덜했다. 프롬이 슈페어를 존중하고 존경했다는 사실은 명백하다. 따스한 내용의 서신 교환과 몇 차례의 방문이 더 이어졌다. 프롬은 슈페어에게 히틀러의 시간애 기질에 대한 질문들을 마구 쏟아냈으며, 건축에 대한 히틀러의 관심이 그가 받아들일 수 있었던 '유일하게 생기 있는 면'이었느냐고 물었다. 슈페어는 히틀러에 대해 프롬이 묘사한 것을 읽었고, 사실과 해석 모두에서 많은 수정을 제안했다. 그런 그에게 깊은 인상을 받고 또 신뢰하게 된 프롬은 고마운 마음으로 수정을 했고, 『인간 파괴성의 해부』가 곧 출간될 것이라고 슈페어에게 알려주었다. 그는 또다시 자신이 슈페어에게서 느낀 따스함과 신뢰를 반복해서 언급했고, 그에게 전한 개인적인 쪽지에 자신은 히틀러 시대의 주역에게 반대해 행해지고 있는 모든 비난을 완전히 믿지는 않는다는 말을 추가했다. 실제로 프롬은 슈페어에게, 자신이 얼마나 깊이 그의 학술적 헌신뿐만 아니라 참회까지 신뢰하고 있는지 『인간 파괴성의 해부』에서 강조해도 되겠느냐고 물었다.[41]

프롬과 슈페어 사이의 서신 교환은 몇 년 동안 이어졌다. 프롬은 슈페어에게 만약 기자가 전기를 써주겠다고 제안해오면 예의 주시하라고 주의를 주었다. 프롬은 이 전 나치에게 '히틀러가 본질적으로 시간애적인 인물이었으며, 당신이 진실로 생명애를 가진 인물이라는 사실'을 전기 작가는 이해하기 어려울 것이라고 경고했다. 슈페어가 자신의 나치 과거와 관련된 꿈들에 대한 이야기를 출간할지 말지 조언을 구했을 때, 프롬은 그건 너무 위험을 감수하는 모험이며, 심지어 정신분석학자들조차도 '피상적이고 왜곡된 결론'에 도달하게 될지도 모른다고 대답했다. 그는 슈페어에게 이야기를 잘 선별해서 출간하라고 조언했고, 예방적인 조치로 그 이야기를 자신이 검토해보겠다고 자청했다. 여전히 그는 사람들이 슈페어가 얼마나 '비범한' 사람인지 이해하기를 원했다. 그 두 사람은 괴테, 실러, 그리고 각자가 중요하다고 생각하는 문화적 스승들에 대해 이야기했는데, 서로 마음이 아주 잘 통했다. 프롬은 슈페어의 정기적인 서신을 몹시 고대했다. 1974년 가을에 그의 서신이 뜸해졌을 때, 프롬은 이것이 "슈페어에 대해 가지고 있었던 이미지와 함께 쌓아왔던 우정에 어긋나는 일"임을 걱정하면서 속상해했다. 편지가 뜸해졌던 것이 서신 교환에 혼동이 있었기 때문이라는 사실이 확실해지면서 슈페어의 편지가 다시 이어지자 프롬은 안심했다.[42]

유대인 이주민인 프롬이 책에서 로렌츠를 다루었던 이전의 경우와 유사하게, 『인간 파괴성의 해부』를 완성하면서 그가 스스로 슈페어의 나치 소속에 대해 얼버무리고 지나갔다는 사실은 주목할 만하다. 그 두 사람의 담화는 나치 과거로부터 동떨어져 있었다. 로렌츠는 증거를 파괴하고 부정했으며, 거짓말을 하고 질문을 회피했다. 그와 반대로,

슈페어는 아마도 자신이 만들어낸 이야기들(그것이 진실이든 아니든)을 믿었고, 그러한 믿음이 그의 목숨을 구했을 것이다. 더욱이 그는 자신이 그 이야기를 쉽게 반복할 수 있다는 걸 깨달았다. 프롬은 슈페어의 이야기를 믿었고, 이치에 맞지 않는 것들에 대해서도 결코 의문을 제기하지 않았다. 문제는 그가 그들의 현재 글쓰기와 사상에 집중하면서 그들의 과거에는 초점을 맞추고 있지 않았다는 것이었다.

슈페어는 프롬이 히틀러를 이해하는 방식에 자신감을 갖고 『인간 파괴성의 해부』를 끝낼 수 있게 한 중요한 존재였다. 어떤 면에서 그것이 나치 과거에 의해 무게감을 잃기는 했어도, 슈페어는 또한 생명을 포용하는 인간의 잠재력에 대한 프롬의 희망을 지지하고 있었다. 슈페어가 거짓말을 하고 있다거나, 혹은 적어도 그가 자신이 꾸며낸 말들의 진실성에 대해 스스로를 속이고 있는 것처럼 보인다 해도, 신뢰와 희망은 프롬에게 오래도록 본질적인 것이었다. 예를 들어, 폴란드의 '제3세력' 지식인인 그의 절친한 친구 아담 샤프가 스탈린주의자였던 과거를 공식적으로 거부하기는커녕 완전히 저버린 적이 없었다고 믿는 데는 그럴 만한 이유가 있었다. 더욱이 임상의로서 프롬의 기록은 쉽게 환자와 관계를 맺을 수만 있다면 이따금 겉으로는 괜찮아 보이는 자신의 환자들에게 속아 넘어가기도 했다는 것을 보여준다. 진심이든 사기든, 혹은 그 둘의 혼합이든, 프롬은 자신이 『인간 파괴성의 해부』에서 가장 어렵지만 또한 가장 중요한 부분을 완성시키도록 확신을 준 성격 좋은 남자로서 슈페어를 신뢰했다. 이러한 확신으로, 프롬은 자신의 책들 중 가장 학술적이고 야망이 깃든 한 권이 성공적인 결론을 맺었다고 생각했다.

평가는 엇갈렸다. 루이스 멈퍼드와 애슐리 몬터규는 그것을 획기적인 연구라고 규정했다. 프롬이 수련했던 멕시코 분석가들은 그것을 그의 가장 중요한 책이라고 이야기했다. 그러나 『인간 파괴성의 해부』는 정통적인 미국 정신분석학자들 사이에서는 거의 아무런 파장을 만들어내지 못했으며, 부정적인 평가가 주로 흘러나왔다. 전문 역사학자들, 그리고 역사심리학의 새로운 하위 분야에 속한다고 스스로 인정한 사람들조차도 대부분 관심조차 없었다. 프롬의 책들 중 『인간 파괴성의 해부』는 가장 길고 전문적이고 학술적인 서적에 속했기 때문에 헨리 홀트 앤드 컴퍼니 출판사는 엄청난 판매량을 기대하지는 않았다. 그러나 그 책의 주요 이야기가 『뉴욕타임스』에 실리고 난 후 판매량이 급등했다. 실제로 프롬의 책들 중 대부분은 이 시기에 이미 많은 독자의 관심을 받고 있었다. 출간 후 25년 동안 『인간 파괴성의 해부』는 300만 부가 팔렸고, 7개 언어로 번역되었다.[43]

『소유냐 존재냐』

—

1970년대 중반, 프롬은 고질적인 세계의 여러 문제를 걱정하느라 꽤 많은 시간을 소비했다. 상당히 미온적이기는 했지만, 정치 해설가로서의 그의 '삶'이 다시 부상하고 있었다. 그는 특히 이스라엘과 아랍 이웃 국가들 사이의 관계에 관심을 가졌다. 모든 인간은 마땅히 인내와 존중을 가져야 한다는 프롬의 확신이 이스라엘 국가와 그 정책들에 대한 비판의 힘이 되었다. 나치의 경험이 질투심 많은 민족주의의 비극적인 결과를 노골적으로 훤히 들여다보이도록 만든 반면, 이스라엘의 근본적인 문제는 시온주의의 파생물이었다고 프롬은 자신의 호의적인 친구들에게 설명했다. 몇 년 동안 프롬은 시온주의자였고 독일에서 있었던 시온주의 청년운동에 참여했었지만, 스물두 살이라는 나이에 그는 시온주의자 동료들에게 이렇게 선언하며 그 생활을 그만두었다.

"나는 당신들과 같은 민족주의 편에 설 수는 없습니다."

살만 라빈코프는 그 당시 프롬에게 시온주의가 모든 인류를 아우르는 유대 인본주의와 모순되어 있다고 설명했다. 프롬이 시온주의 운동을 그만두겠다는 확고한 결정을 내렸을 때, 그는 안도했다. 시온주의를 포함한 모든 종류의 민족주의는 인간의 심장을 돌처럼 굳어버리게 만들었다. 프롬에게 정치적 시온주의는 실제의 '유대교 정신'을 짓밟으며 점점 더 잔인한 권력의 모습이 되어갔기에, 잘못된 메시아들 중 하나가 확실했다. 그는 이탈리아 친구인 안젤리카 발라바노프에게, 시온주의와는 다른 "예언적 메시아 신앙은 나에겐 언제나 가장 아름다운 사상들 중에 하나였고 (…) 이스라엘은 자신들의 정치적 목적을 위해 이 사상을 욕보였다"라고 털어놓았다. 그로 인해 프롬은 이스라엘 방문을 거절했고, 심지어 이스라엘의 정책을 광적으로 지지하는 친척들을 방문하는 것도 삼갔다.[44]

또한 프롬은 유고슬라비아 문제와 칠레에서 일어난 우익 피노체트 쿠데타와 관련해 매코비, 리스먼, 풀브라이트와 서신을 주고받았다. 그는 또한 독일에서 강력하게 재현되는, 스스로 파시스트적 가치들이라고 여겼던 것들로 인해(잘못된 것으로 판명되었지만) 상당히 괴로워했다. 무엇보다도 그는 1960년대에 자신이 그러했던 것처럼 미국의 문제 많은 외교 정책과 결국엔 핵전쟁이 되고 말 미국과 소련의 지속적인 경쟁 관계의 위험에 대해 1970년대 내내 우려했다. 1974년에 프롬은「데탕트 정책에 대한 발언」이라는 공식적인 성명서를 상원 외교 관계 위원회에서 발표했고, 그에 따르는 기사(「피해망상과 정책」)를 『뉴욕타임스』
에 게재했다. 프롬의 이 두 가지 주장은 케네디 대통령이 진지하게 받
아들였던 『다이달로스』에 실린 그의 1960년 기사를 상기시켰다. 미국
인과 소련인이 자신들의 피해망상적 공포를 내려놓고 상호 신뢰를 건
설하지 않은 채 '자멸로 가는' 군비 경쟁을 중단하지 않으면 핵 악몽
이 전 세계를 뒤덮을 것이었다. 이러한 환경에서 자신의 성향이 완전
히 곤두박질치지는 않았지만 그래도 어느 정도 무기력해진다는 사실
을 깨달은 프롬은 여러 가지 방면으로 평정을 되찾으려 하고 있었다.
그는 아라모니에게, 인간은 일반적인 비극을 자신의 우울을 합리화하
는 근거로 이용해서는 안 된다고 말했다. 프롬은 설득력 있는 철학자
들의 책을 읽으면서 '커다란 즐거움'을 찾아갔다. 실제로 그가 진실과
연민과 희망에 가치를 둔 사람들을 발견할 수 있는 한 "삶은 살아볼
만한 것"이었다. 프롬은 멈퍼드에게, 자신이 즐거운 기분전환거리를 찾
고 있었는데, 그중 하나는 오래된 하시딕 노래의 생기 넘치는 구절을
이렇게 흥얼거리는 것이라고 이야기했다.

"그리고 무슨 일이 있든 간에, 어떤 일이 있든 간에……"

그는 국제적인 발전에 계속해서 눈을 두는 동시에 공공의 영역에서
자신의 엄청난 역할들을 조금씩 거두어들이고 있는 듯 보였다.[45]

한동안 프롬의 건강은 점점 더 위태로워지고 있었다. 그는 정기
적으로 의료진을 만났고, 몇 차례의 수술을 거쳤으며, 많은 약을 복
용했다. 스스로 요양원으로 들어가기 직전에 카를 다름슈테터Karl
Darmstädter에게 보낸 편지를 보면, 프롬은 소유란 존재하는 능력을 약
화하는 것이라고, 그러니 그러한 시설로 들어가는 것이 이익이 될지도
모른다고 말했다. 프롬은 두 번째 편지에서 이 점을 다시 강조했다.

"결국 우리 모두는 가장 충만한 존재가 될 수 있도록 우리가 가진 것들, 심지어 집이나 평생의 관습들까지 버리려고 노력해야 하는 것이 아닐까?"(프롬은 노숙을 지지하고 있진 않았기 때문에 아마도 '집'이나 '거주지'를 포기하는 것을 의미했던 것 같다.)

그는 다름슈테터에게 괴테의 『파우스트』의 한 구절, "우리의 양손이 가벼울수록 우리 존재는 무거워지고 더욱 강해지리라"를 다시 읽도록 권했다. 중요한 것은 풍부한 경험과 행복이었다.

"모든 순간을 즐기는 일이 매 순간 가장 중요한 일이다. 이웃들의 미소, 사유하는 시간, 그리고 나무 한 그루의 모습까지도."[46]

여기에서 프롬은 마지막이 될 자신의 책의 본질적인 주제, 수십 년 동안 자신의 가장 중요한 윤리적이고 심리학적인 관찰들을 집대성한 내용을 요약하고 있었다. 애초에 그것은 두 권의 책, 그러니까 두세 달 안에 끝내기를 바랐던 『사랑의 기술』과 같은 짧고 대중적인 책 한 권과, 더욱 광범위하고 이론적인 또 다른 한 권이 될 것이었다. 소유와 존재에 대한 더욱 길고 발전된 책은 마르크스와 마이스터 에카르트 그리고 선불교의 미묘하고 긴 논의에 뿌리를 두고 있었고, 그 모두는 소유와 존재의 이분법에 대한 동일한 시각을 공유하고 있었다. 대중 독자들을 위한 짧고 더 다가가기 쉬운 몇 권의 책들과 어느 정도의 연구, 세심함, 그리고 더 확장된 논의를 담고 있는 더 긴 책을 혼합하는 것은 프롬의 출간 유형과 일치했다. 그러나 프롬은 곧 그런 식으로 함께 출간하는 일이 더 이상 가능하지 않다는 것을 깨달았다. 1970년대 말, 그는 길고 복잡한 이론적인 책에 필요한 확장된 연구를 위해 논쟁할 만한 설득력과 에너지가 모두 부족했다. 그는 결국 더 짧지만, 그 안에 마르크스, 프로이트, 마이스터 에카르트, 바흐오펜, 라빈코프, 스즈키 다이세쓰, 멈퍼드, 그리고 수년 동안 그를 이끌었던 그 밖의 사람들을 담고 있는 책을 쓰게 되었다. 친구인 트리스트럼 코핀Tristram Coffin이 이 책에 대한 소회를 물었을 때, 프롬은 사람들을 '불행하고 혼란스럽고 외롭고 아프게 만들었던 벌거벗겨진 탐욕과 완벽한 소외'가 점점 늘어나는 일에 관한 것이라고 대답했다. 또한 이러한 탐욕은 자기중심주의, 이익의 극대화, 사회적 연대의 최소화, 그리고 사랑의 실종에 근거한 '소유'하는 성향의 일부였다. 인간은 소유와 탐욕 너머의 삶에 대한 비전이 결핍되어 더욱 절박해지고 희망을 놓치게 되는 것이다. 만약 그가 곧 새로운 자신을 찾지 못한다면, 히틀러와 같은 '백마를 탄 독재적 인간'이 나타나 질서와 의미에 대한 그릇된 비전들을 제시할 것이다. 그 대척점으로서, 프롬은 인간이 새로운 신념과 새로운 열망, 그리고 새로운 비전을 작동시킬 수 있는 '존재' 양식을 제안했다.[47]

　프롬은 『소유냐 존재냐』에서 스스로 말하고자 하는 바를 명확히 알고 있었으며, 언제나 그가 논쟁의 틀을 마련하는 데 도움이 되었던 대조적인 이분법 속에서 그 메시지를 던지고 있었다. 책에는 권위주의, 시간애, 소비주의, 상실된 자존감에 대한 그의 저작들을 합쳐놓은 것 외에 새로운 메시지는 그리 많지 않았다. 모든 것은 '소유 양식'의 전형적인 예였다. 이제 그가 '존재 양식'이라고 부르는 것은, 자아의 창의적이고 영적인 잠재력들을 끌어내어 즐김으로써 반대로 사회 전반의 지지로 인해 유지되는, 그가 말했던 생산적인 사회적 성격이나 생명애와 확실하게 연계되어 있었다. 이러한 이분법에 스스로를 묶어두었던 프롬은 소유와 존재 양식 사이에 잠재적으로 겹쳐지는 부분이나, 어느 쪽이든 '행동'이 필요하다는 사실은 고려하지 못했다.

프롬은 이전에 자신이 알고 있었던, 혹은 읽었던 몇몇 사상가가 제시한 것들 중에, 자신처럼 소유와 존재 사이를 두 가지로 나누는 측면이 특히 마르크스에게서 강력했다고 생각했다. 그는 몸이 좋지 않기도 했고, 자신의 수천 개의 불완전한 메모 중에서 적절한 마르크스의 구절을 찾아내는 데 어려움이 있었기 때문에, 이 주제에 대해 도움을 받기 위해 러시아 학자인 라야 두나옙스카야에게 눈을 돌렸다. 그녀는 프롬의 책은 모두 읽었으며, 『에리히 프롬, 마르크스를 말하다』에서 많은 부분 그에게 도움을 주었고, 그들은 여러 해 동안 정기적으로 편지를 주고받았다. 프롬은 마르크스에 대한 그녀의 책 『마르크스주의와 자유Marxism and Freedom』에 상당히 감명을 받았고, 그녀가 자신의 1965년 선집 『사회주의적 인본주의』에 가장 심오한 에세이들 중 하나를 제공해주었다고 생각했다. 실제로 프롬은 러시아가 근본적으로 소련의 마르크스주의보다는 서방의 변종을 드러냈다는 것에 놀라워했다. 그는 또한 그녀가 가부장제도를 자신보다 훨씬 강하게 혐오하고 있으며, 그녀가 로자 룩셈부르크Rosa Luxemburg의 지적인 기고들과, 레닌과 트로츠키가 룩셈부르크에게 보여준 맹목적 애국주의를 조명할 수 있다고 생각했다. 『소유냐 존재냐』를 위한 풍부하고 적절한 인용문들을 프롬이 찾을 수 없었다면, 마르크스의 소유와 존재 양식의 병치에 대한 그의 논의는 얄팍할 수밖에 없었을 것이다. 실제로 그녀는 프롬이 기대했던 것보다 마르크스에 대해 더 많은 것을 제공해주었던 것 같다. 두나옙스카야는 마르크스의 소유와 존재 사이의 양분에 관한 지적인 선례의 밑그림을 그려냈다. 프롬은 요청했던 것보다 훨씬 더 많은 것을 해준 두나옙스카야에게 감사했다. 그녀는 프롬에게 양심적인 학자로서 가져야 할 철저함을 일깨워주었다. 프롬은 책의 앞부분을 집필하는 중에 『소유냐 존재냐』가 자신과 그녀의 기준에 부합하지는 못하리라는 사실을 거의 확실히 깨달았다. 그는 자신의 방식이 보통의 학자들과 다르다는 것을 알고 있었고, 그래서 판매량이 치솟았을 때 그는 상당히 놀랐다.[48]

프롬이 마르크스 관련 내용에서 두나옙스카야에게 빚을 지고 있었다면, 그 책을 발전시켜 나가는 데서는 젊은 신학생이자 수련 중인 목사였던 라이너 풍크에게 얼마간의 빚을 지고 있었다. 풍크는 튀빙겐대학에서 기독교 윤리학 교수였던 알폰스 아우어Alfons Auer와 함께 수학하고 있었다. 풍크는 사회과학이나 사회심리학에 대해 어떤 수련도 받지 않았지만, 거대한 대학 도서관에서 연구를 진행하는 데 브람스보다 많은 경험을 가지고 있었다. 아우어는 풍크에게, 더 높은 차원의 신은 존재하지 않는다는 프롬의 견해가 특히 그에게 도움이 될지도 모른다고 말했다.

풍크는 프롬의 태도와 그의 글에 깊은 인상을 받았고, 그 두 사람은 처음부터 잘 맞았다. 프롬은 풍크가 가톨릭 신학 수련을 받고 있는 상황을 이해했고, 그에게 어떤 변화도 강요하지 않았다. 실제로 프롬은 중세 시대의 가톨릭에 깊은 인상을 받았으며, 그것을 그는 전 자본주의 공동체로, 그리하여 서로 보살피는 하나의 공동체로서 이상주의적으로 그렸다. 풍크에게 마이스터 에카르트가 이야기했던 "인간이 스스로를 창조했다"라는 구절을 보여주었을 때 그가 감명을 받기는 했지만, 프롬은 그에게 전통적인 신을 부인하는 '인본주의자'가 되라고 요구하지는 않았다. 프롬의 모든 책을 읽은 풍크는 비록 자신이 프롬의 사회적 성격 개념의 사회학적·경제적 측면들에 대해 매코비만큼 날카롭게 이해하지는 못했다고 하더라도 프롬의 심리학적 지향점에 동요되고 있었다. 그는 서둘러서 튀빙겐대학에서의 논문을 끝마쳤고, 프롬이 심어준 새로운 사상들을 만끽했다. 프롬은 기뻤다. 그는 신학과 윤리학에서 그가 보여주는 에너지와 철두철미함을 칭찬했다. 1974년, 프롬은 자신이 종종 너무 유약한 면이 있어서 도서관이나 자료실을 방문하는 일, 책이나 기사를 찾는 일, 그리고 그것들을 체계적으로 적어놓는 일들을 제대로 하지 않았다는 것을 인정했다. 보조였던 브람스가 떠나고 난 후, 프롬은 풍크에게 자신의 연구 보조가 되어 『소유냐 존재냐』의 완성을 도와달라고 요청했다.

풍크는 로카르노와 튀빙겐 사이를 빈번히 오가야 하는 부담이 있었지만 프롬이 필요로 하는 자료들을 찾아내는 것 그 이상을 해주었다. 그는 종종 프롬에게 더 정확한 데이터를 제공했고, 특히 프롬이 연구했던 마이스터 에카르트와 카를 마르크스 텍스트의 본질에 주의를 기울였다. 똑똑했지만 프롬만큼 심오한 이론가라고는 할 수 없었던 풍크는 세부적인 것들을 잘했다. 예를 들어, 그는 프롬이 작업했던 에카르트 저작의 영어판에 실제로는 에카르트의 것이 아닌 설교가 포함되어 있다는 사실을 발견해냈다. 그는 또한 프롬이 확실히 정확하게 사용할 수 있도록 그리스의 쾌락주의와 플로티누스의 헨Hen 개념만물이 하나의 근원, 즉 일자─着(헨)에서 단계적으로 산출된다는 개념─옮긴이과 같은 자료의 특정한 문제들을 연구했다. 그는 원고를 완성하는 과정에서 특정한 세부사항들에 대해 비평했고, 프롬의 모든 인용을 하나하나 확인했다. 프롬은 풍크에게 자신이 썼던 것들에 대해 어떤 것이든 질문을 하도록 했고, 단락들을 다시 배열하고 전체 장의 좀 더 체계적인 구성을 제시하게 했다. 풍크는 프롬의 연구 보조로서 보물 같은 존재였다. 풍크가 아니었다면 『소유냐 존재냐』의 출처들과 세부사항들의 정확성은 훨씬 떨어졌을 것이다. 또한 풍크로서는 본질적인 철학적·사회적 지향점을 제공해 그에게 심오한 영감을 심어주는 새로운 스승을 얻음으로써 '프롬주의자'가 될 수 있었다.[49]

풍크와 다른 인물들이 프롬의 저서의 성공에서 왜 이토록 중요한지 이해하는 것은 쉬운 일이다. 때때로 짧게 한바탕 휩쓸고 가는 우울증이 수반된 프롬의 무수히 많은 만성 질환은 그를 뒤처지게 만들었다. 팔이 부러졌던 한 차례의 낙상 사고와 (두 번이나 황달이 수반된) 세 차례의 담석증 발병은 몇 달씩이나 그의 발목을 붙잡았다. 프롬의 책이 너무 천천히 진행되고 있다는 사실을 아라모니가 알게 되었을 때, 그는 프롬이 작업을 더 빨리 끝낼 수 있도록 더 많은 보조 연구원을 고용하기 위한 기금 마련을 제안했다. 프롬이 스스로에게 너무 많은 짐을 지우고 있다는 애니스의 경고에도 불구하고 예상대로 그는 자신의 건강이 허락하는 한 빠르게 앞으로 나아갔다. 그가 비교적 간략한 책을 쓰겠다고 결정한 것은 그나마 다행스러운 일이었다. 왜냐하면 그는 그것조차 겨우 해낼 수 있었기 때문이다. 하퍼 앤드 로 출판사는 1976년 5월 말까지는 마지막 교정을 끝낼 수 있도록 완성된 원고의 탈고본이 준비되어야 한다고 강조했다. 풍크의 도움으로도 프롬이 그 마감기한을 맞출 수 없다는 사실을 깨달은 출판사의 편집인은 5월 초 로카르노로 직접 날아와서 그의 마지막 책이 될 저작을 온전히 그의 손으로 완성할 수 있도록 도와주었고, 『소유냐 존재냐』가 그해 말에 출간될 수 있게 했다.[50]

프롬이 친구들과의 편지 속에서, 그리고 자신의 초기 저작과 글 속에서 이미 『소유냐 존재냐』의 주제를 본질적으로 요약했었기 때문에 그는 어느 정도 속도를 유지한 채 그 프로젝트를 시작했으며, 이제는 그의 곁에 풍크가 있었다. 산업의 진화가 물질의 풍요와 무제한의 소비를 낳았으며, 인간의 노동을 기계 중심의 노동으로 대체하게 했고, 인간의 생각마저 컴퓨터가 대신하도록 만든 데다가, 행복을 이끄는 것이 아니라 대량 만족을 목표로 하는 새로운 관료주의적 질서의 득세를 이끌었다고 주장하면서, 그는 자신의 책을 그렇게 시작했다. '우리 삶의 독립적인 주인'이 되고자 하는 꿈은 실현되지 않았다. 게다가 기술적인 진보가 인류를 말살시킬 가능성을 지니고 있는 환경적 위험과 핵무기를 만들어냈다. 프롬은 '끔찍하게도 불행한 사람들, 외롭고 불안하며 우울하고 파괴적인 인간 사회'의 탄생을 규정했다. 프롬이 제기했던 질문은 바로 "도대체 무엇이 인간을 위한 것인가?"였다. 무제한의 생산과 결코 끝나지 않을 소비가 그 해답이 될 수는 없었다. '프롬주의자'에 속해 있던 심리학자인 필립 쿠시먼Philip Cushman이 말한 '공허한 자아', 즉 소비 물품들과 또 다른 소유들을 '채워 넣음'으로써 일시적으로 완화되지만 결국 얼마 지나지 않아 또다시 공허감을 느끼게 되는 그런 자아가 해답이 될 수는 없는 일이었다.[51]

프롬에게 이러한 소유의 양상, 다시 말해 소유물과 탐욕을 먹고 사는 사회와 그 거주민들의 확산은 우리의 언어 속에도 잘 나타나 있다. 최근 수 세기 동안, 명사는 동사를 대체해왔다. 동사는 내재적인 활동의 상태, 즉 존재 양식을 위한 것인 반면, 명사는 물건이나 소유물을 상징하는 것이다. 우리는 집이나 사상, 심지어 사랑 그 자체를 소유한다. 인간은 사랑하지 않고 사랑을 소유한 인간이 되어간다. 이는 인간을 외부의 어떤 것이 되게 했고, 그것을 인간이 소비한다. 사람들은 내적인 즐거움이나 흥분에 기여하는 '사랑의 경험'을 말하기를 그만두었다. 프롬은 '소유'를 표현하는 것이 눈을 현혹시킬 만큼 간단해졌다는 데 주목했다. '존재' 혹은 '존재하는 것'은 설명하기가 더욱 어려워졌다. 스페인어로 'ser' 정체성이나 본질을 표현하기 위해 사용되는 '존재'를 의미하는 단어. '~이다'의 의미─옮긴이는 동사 'estar' 변화하는 상태나 위치를 나타내는 단어. '~되어 있다' 혹은 '~에 있다'의 의미─옮긴이로 대체되어버렸다. 사람들은 자신들의 '진정한 본질'이나 자신들의 감정에 대한 '존재' 양상을 거의 말하지 않게 되었다. 대신에 그들은 자신들이 다른 사람들에게 어떻게 '보이는지', 그 외부의 시선에 더욱 사로잡혀 있다. 이것은 현대 사회에 대한 전혀 새로운 개념화가 아니다. 사실 그것은 '사람이란 다른 사람들이 자신들을 바라보는 방식'이라는 사회심리학자 어빙 고프먼의 『일상 속 자아의 발현』(1959)에서의 개념에 가까이 다가간 것이었다. 이 개념은 또한 리스먼이 『고독한 군중』(1950)에서 강조했던 '외부 지시'의 개념과 밀접하다. 그러나 프롬은 그 현상을 조금은 다르게 풀어냈다. 사람들이 자신들 내부의 흐름에 대해 말할 수 있는 능력은 거의 상실해버렸고, 그 대신 외부성에 대해서만 말하게 되었다고.[52]

프롬의 표현은 자신의 주제 구조를 연속적으로 풀어내거나 혹은 심지어 변증법적 풀이를 제안하기보다는 서로 다른 현상을 가지고 똑같은 주제를 반복하고, 그 위에 다시 무언가를 겹쳐놓으면서 순환하는 것이었다. 예를 들어, 그는 몇 페이지 안에서 '기억하기'와 '대화하기' '읽기'와 관련해 두 가지 양상을 대조시켜놓았다. 존재 양식에서의 '기억하기'는 우리로 하여금 그 주제에 활력적으로 흥미를 갖고 항목들 사이에 적극적으로 연결점을 만들어서, 생각하는 것이나 느끼는 것과 같은 생산적인 행동들에 의해 단어나 생각들을 되짚어내도록 요구한다. '프로이트가 규정했던 자유 연상법'을 자극함으로써 우리는 능동적이고 생산적인 기억 작용을 북돋울 수 있다. 꿈이나 기억은 우리 스스로의 일부분을 활성화시킴으로써 떠오를 것이다. 그와 반대로, 소유 양식에서의 '기억하기'는 외부의 물건들, 즉 사진이나 쪽지, 혹은 기록을 취합하고, 그렇게 함으로써 소비될 수 있는 사고를 재건하는 것이다. 그 정보는 우리의 손끝에 있지만, 그것은 우리 내부에서 우러난 것이 아니다. 마찬가지로 소유 양식에서의 '대화하기'는 자신의 이익을 위해 미리 준비되어 있다. 우리는 정보를 소유하고 다룸으로써 그 담화를 통제하려고만 한다. 반대로, 존재 양식에서의 '대화하기'는 자발적이고 공유하는 것이며, 외부의 소유나 다른 외부적 이익들을 무시해버린다. 그것은 자유롭게 흘러가는 과정이며, 토론은 눈에 보이는 특정한 이익 따위가 없는, 모든 참여자가 어깨를 겯고 즐거움을 나누는 춤의 한마당과 같다. 프롬은 자신의 임상적 접근, 즉 분석가와 환자 사이의 자유롭고 열린 소통을 언급하기 위해 춤에 대한 비유를 사용했다. 그 춤은 어려움을 겪고 있는 환자들을 자신의 일에서 창의적 즐거움을 찾아내는 생산적인 사람(생산적인 사회적 성격)이 되도록 이끄는 프롬의 오랜 개념이었다. '읽기'와 관련해서, 프롬은 그것이 대화와 그리 많이 다르지 않다고 주장했다. 소유 양식에서의 '읽기'의 당사자는 작가로부터 정보를 차용하기 위해, 학교생활에서의 전형적인 정보의 소비와 같은, 작가가 전달하고자 했던 데이터나 주제들을 소비하기 위해 읽게 된다. 그러나 존재 양식에서의 '읽기'는 자기 스스로가 자신의 고유한 분위기와 통찰, 정서를 창조해내는 자아 내부의 능동적인 과정이다. 우리는 작가뿐만 아니라 우리 자신과도 소통하게 되는 것이다. 우리는 작가의 목소리를 들을뿐 아니라 풍요롭고 상상을 자극하는 소통 속에서 우리 안에서 응답하는 법을 배운다.[53]

권위, 믿음, 사랑 또한 프롬이 존재/소유의 양분으로 분석한 개념들이었다. 다시 한번 그는 그 개념들을 이분법 안에서 서로 상반되는 것으로 설명했다. 권위를 소유하는 것은 권력과 착취와 명예와 힘과 전통, 그리고 다른 요인들에 바탕을 두고 있었다. 겉으로 보이는 휘장과 직함이 순수한 의미의 공감하는 통치를 대체해버렸다. 만약 그러한 통치자가 전통과 권위라는 이름의 옷을 입고 있다면, 잔혹함과 냉혹함마저 허락되는 것이다. 이러한 형태의 지도자는 사회를 지배하기 위해 권위의 외향이나 모습을 보여준다. 그와 대조적으로 순수한 의미의 권위는 자기 자신의 타고난 권한에서, 그리고 생명력 넘치고 솔선수범하는 성격에서 흘러나오는 지식을 풍기게 된다. 권위를 지닌 인물은 명령을 하거나 뇌물을 주거나 협박할 필요가 없다. 그러한 지도자는 행복하고 능숙하며, 생산적인 자아, 즉 삶의 주인 된 자의 전형적인 예가 된다. 소유 양식에서의 믿음은 합리적인 증거 없이 자아의 외부로부터 강요된 해답을 소비하는 것이다. 절대 틀리는 법이 없는 지식을 주장하고 모두가 바라는 독단적인 신조를 쏟아내는 권위는 우리로 하여금 복종이라는 행위의 믿음에 근거해 받아들이게 되는 해답을 만들어낸다. 프롬이 『자유로부터의 도피』에서 독재자들의 해답이라고 묘사했던 것처럼, 이러한 해답들은 신념의 말로서 소비된다. 그러나 존재 양식에서의 믿음은 내재적 태도이자 성향이다. 여기에서 우리는 믿음을 가지는 것이 아니라 우리가 믿음 그 자체다. 우리는 신에게 복종하는 것이 아니라 우리 안에서 신성한 존재를 경험하게 되는 것이다. 우리는 외부적인 권위에 의해서가 아니라 이성적인 방식으로 자아 안에서 진행되는 주체적이고 경험적인 증거에 의해서만 움직인다. 그러므로 존재 양식에서의 종교적 경험이란, 다른 사람들과 인류를 위한 신념을 증진시키는 자아 내부의 본질적인 믿음이다. 프롬은 오래도록 이러한 상태를 인본주의라고 말했고, 그 희미한 시작은 중세 시대 후기와 르네상스 시대에 발견되었다고 주장했다. 흥미롭게도 그는 이러한 인본주의가 각각의 사람 안에 존재하면서 그를 모든 사람과 연계시키고 인본주의의 평등적 일체를 만들어내는 퀘이커교도의 '내재적 신의 빛' 개념과 밀접하게 닮아 있다는 사실을 지적하지 않았다. 『사랑의 기술』로부터 이끌어내면서, 프롬은 의미 있는 사랑이란 행동이며, 사랑에는 실천만이 존재한다고 주장했다. 그러한 행동은 자아 안에서, 또 다른 생명력 속에서, 그리고 (끊임없이 새로워지는) 자기재생 속에서 키워지는 것이다. 그와 반대로 소유 양식에서의 사랑은 결코 사랑이 아니다. 오히려 그것은 다른 사람을 얽매거나 제한한다.[54]

그 핵심에 가까이 다가가면서, 『소유냐 존재냐』는 인간 경험의 광범위한 영역을 가로질러 소유와 존재 양식 사이의 대조를 보여준다. 각각의 경험은 간략하게 다루어졌다. 프롬은 때때로 자신의 관점을 합리적으로 사유하기보다는 상정하거나 주장했고, 그래서 그가 묘사한 소유와 존재는 정적인 개념이었다. 그는 스스로 에카르트에게 눈을 돌릴 때까지 이 두 가지 양식에서 행동이 어떻게 개입되는지 설명하지 않았다. 행동 없이는 소유와 존재는 어느 쪽이든 그 결과를 설명할 수 없다. 결국 소유와 존재라는 이분법은 두 가지 개념을 하나의 연속체로서 나란히 다룰 수 없게 만든다. 소유의 어떤 형태들은 다른 것보다 오히려 존재에 더 가까이 다가가 있다.

프롬은 『소유냐 존재냐』가 에카르트와 마르크스에 대해 더 제대로 다루고 있음에 초점을 맞출 계획이었지만, 그 두 사람은 프롬의 이분법에 일종의 부수적인 것들이 되어버렸다. 그는 에카르트를 13세기 후반부터 14세기 초까지 가톨릭계에 막대한 영향을 끼쳤던 독일 도미니크 수도회의 목사로서 소개했다. 프롬은 에카르트가 외적인 필요와 물품들이 아니라 그 부재에 대해 언급했다고 주장하면서, 빈곤에 대한 그의 고전적인 설교 "축복은 영혼의 비움에 있는 것이며……"에 초점을 맞추었고, 그것을 풍부하게 활용했다. '빈곤'은 소유로부터 자아를 자유롭게 하며, 그것이 영적인 비움이다. 불교 사상에서도 그러했던 것처럼 에카르트의 본질적인 임무는 열망과 소유로부터 자아를 자유롭게 하여, 어떤 것을 획득하려는 충동으로부터 스스로 멀어지게 하는 것이라는 사실에 프롬은 주목했다. 에카르트에게는 신을 찾고 신의 뜻을 행하려는 것조차 열망이었다. 우리는 물질적 욕망을 가지고 있지 않을 때에만 모든 것에서 멀어지고 우리 안의 영적 자아에 다가갈 수 있다. 이러한 상태가 바로 존재 양식을 보여주는 것이었다.[55]

에카르트 설교의 텍스트들을 계속 다루면서, 프롬은 에카르트가 "인간은 자신의 지식을 비워야 한다"라고 주장했을 때, 그는 본질적으로 우리가 소유물로서 지식을 구하지 말아야 한다고 주장했던 것이라고 설명했다. 우리는 지식으로 '채워지지' 말아야 하며, 그것에 집착해서도 안 된다. 존재 양식을 이끌어내기 위해, 우리는 에고 안에 갇힌, 혹은 자기중심적인 족쇄를 스스로 제거해야 하며, 그것이 바로 소유 양식의 요소였다. 또한 그러한 에고는 단지 존재하기 위해, 진정한 자기실현을 추구하기 위해 사람들의 자유를 파괴해서는 안 된다. 우리 삶은 타인에 의해 결정되거나 직조되어서는 안 되며, '스스로의 창조'에 의해 저절로 흘러넘쳐야만 한다. 그러나 에카르트에게 그것은 무엇을 의미했을까? 프롬에 따르면, 에카르트는 두 가지 중첩된 의미를 제시했다. 하나는, 존재하는 것이 자기 자신의 일에만 초점을 맞추지 않는 것, 그 일의 본질이나 숫자에 관심을 두지 않는 것을 의미했다. 오히려 관련이 있는 것은 어떻게 그 일이 스스로의 행동에 활력을 불러일으키는 내재적 정신과 연계되어 있는가다. 그것이 진실로 의미 있는 자기 안의 역동적인 중심이다. 실제로 존재하는 것은 모든 '갇혀버린 에고'를 극복하기 위한 '생산적인 내재적 활동의 상태'였다. 에카르트를 책 속에 잘 활용하면서, 프롬은 생산적인 존재를 활동적이고 살아 있는 것으로 묘사하며, 마침내 행동과 운동의 문제를 분명하게 다루고 있었다.[56]

비록 마르크스의 글은 에카르트 이후 수 세기가 지나서 쓴 것이었지만, 프롬은 인간 존재에 관한 본질적인 대안에 대한 그의 메시지에서 에카르트의 이야기, 그리고 자신의 이야기와 동등한 것을 발견했다. 에카르트가 자아의 좀 더 종교적인 측면에 대해 이야기하고 신성한 영적 공동체를 설명한 반면, 확실히 마르크스는 세속적인 경제의 범주 안에서 이야기했고, 종종 이상적인 사회주의를 묘사했다. 마르크스에게 자본주의는 프롬의 소유 양식과 유사한 특징들에 기초를 두고 있었으며, 그것은 인간의 정신을 지우고 창의적인 가능성의 씨를 마르게 하는 것이었다. 사물을 소유하고 획득하는 것은 인간으로 하여금 자신의 내재적 자아에 눈을 멀게 한다. 인간이 돈과 부의 노예가 되어갈수록, 그의 인간성은 더 빨리 소실되어버린다. 프롬은 마르크스의 비평에서 중요한 문장 하나를 강조한다.

"당신이 몸을 낮추면 낮출수록, 그리고 당신이 스스로의 삶을 더욱 자랑하지 않으면 않을수록 당신은 더 많은 것을 갖게 되며, 당신의 소외된 삶은 더 커다란 충만함을 얻을 것이다."

스스로의 주요한 목표로서 물질적인 것만을 좇는 일은, 자신의 자아를 소외시키는 것이며, '자신의 진정한 삶을 드러내는 데' 실패한 것이다. 프롬에 따르면 마르크스의 '소유의식'은 에카르트의 '갇혀버린 에고' 즉 소유를 통해 구축된 자아와 유사한 것이었다. 비록 마르크스가 참된 존재로의 과정을 설명하는 데 다른 용어를 사용하기는 했지만, 이 또한 에카르트의 설명과 다르지 않다. 둘 모두 사람과 사람 사이의 깊은 내면적 중심의 교류를 담고 있으며, 또한 그것을 기술하고 있다. 이런 방식으로 우리는 개인과 개인 사이에 상호 관련성을 증진시키고, 인간으로서 함께 공유하는 깊은 내재적 유대를 키워나가는 것이다. 존재 양식에서의 사랑은 다른 이의 내재적 중심으로부터 사랑을 호출하는 것을 의미하며, 신뢰는 또 다른 이의 신뢰를 야기한다. 한 사람의 존재의 문이 열리고, 그에 상응하는 또 다른 사람의 존재의 문을 열게 하고, 그 사람으로 하여금 똑같은 행위를 하도록 힘을 북돋우며, 그럼으로써 인간적인 공동체를 증진시키는 것이다. 에카르트가 존재하는 것을 '점점 커지지만 결코 가득 차지 않는 배'에 비유했다면, 마르크스는 그것을 또 다른 사람에게 똑같이 생기 넘치는 경향을 불러일으키는 자아의 생산적인 측면으로 묘사했다.[57]

에카르트가 자신의 인본주의가 유신론을 넘어서고 있다는 사실을 이해하지 못했고, 마르크스는 자신이 제기했던 것이 종교적 독실함이었다는 사실을 깨닫지 못했다고 하더라도, 프롬은 그 두 사람이 똑같은 목표를 위해 헌신했다고 생각했다. 두 사람은 존재 양식, 즉 자아의식과 타인에게서의 즐겁고 생산적인 사회적 성격의 동시다발적 분출을 칭송했다. 프롬은 수많은 사회주의적 특징이 현재 사회의 관료적이고 탐욕스럽고 물질주의적이며 불행한 존재 속으로 스며들었을 때, 비로소 이 세계가 인본주의적 사회의 도래를 실현할 것이라고 말했다.

일단 이러한 특징들을 인식할 수 있게 되면, 인간은 비축하거나 착취하는 것을 멈출 것이고, 물질적 소유의 고리로부터 벗어날 수 있을 것이다. 그러고 나면, 그는 나누고 공유하는 방법을 찾게 될 것이다. 인간이 변해가는 자신의 모습에 확신을 갖기 시작하면서, 그는 자신을 둘러싼 세계와 관계를 맺고 사랑하고 연대할 필요성을 느끼게 되며, 다른 사람에 대한 증오나 기만, 혹은 탐욕이 필요하지 않다는 사실을 알게 될 것이다. 그는 삶 속에 부패 대신 성장의, 죽음 대신 생명의 대안이 존재한다는 사실을 깨달을 것이다. 간단히 말해, 존재 양식으로서의 사회는 프롬이 '건전한 사회'라고 불렀던 것에 아주 밀접하게 다가가 있다. 실제로 그의 이야기는, 참으로 건전했다.[58]

『소유냐 존재냐』의 메시지를 파악하는 일은 어렵지 않다. 1976년 책이 출간되었을 때, 그것은 유럽의 학생들과 교수들, 그리고 덜 물질주의적이고 덜 소비에 이끌리는 새로운 삶의 양상을 옹호하던 독일인과 이탈리아인 사이에서 특히 더 인기를 끌었다. 사실 1960년대의 미국처럼 유럽의 많은 지역은 1970년대 중반과 1980년대 초 동안 반문화운동을 경험하고 있었다.

이러한 환경 아래에서 프롬은 빠르게, 그리고 자신도 모르게 전문가의 위치에 다다라 있었다. 그것은 그를 놀라게 했다. 그의 책은 물질주의적 소비에 반대했고, 핵무기와 미국의 베트남 참전에 반대했으며, 환경 보호에 지지를 보냈다. 독일 신문의 한 만화는 긴 머리와 다듬지 않은 턱수염을 가진 젊은이가 서점 주인에게, 만약 자신이 프롬의 새 책을 읽지 못한다면 잠을 한숨도 자지 못할 거라고 말하는 모습을 담고 있었다.

중세 후반의 가톨릭주의에서 공동체를 찾는 프롬의 경향에 감사를 표했던 교황 요한 바오로 2세는 『소유냐 존재냐』에 대해, 소비와 시장 자본주의의 문제적인 가치들이 아니라 인본주의적 가치를 지닌 대단히 영적인 책이라고 이야기했다. 프롬은 건강이 허락하는 한, 독일과 이탈리아에서 신문과 잡지·라디오·텔레비전 인터뷰를 진행했고, 라디오 인터뷰는 특히 빈번했다. 대중매체들은 정기적으로 그의 사상이 프로이트에 절대 뒤떨어지지 않는다고 묘사했다. 『사랑의 기술』을 포함해 프롬의 다른 책들이 여전히 인기가 있는 미국에서의 최초의 판매고는 그저 그런 편이었다. 그러나 유럽에서 『소유냐 존재냐』는 몇몇 해설가가 '문제가 많은 미국의 가치에 대한 유럽적 대안을 보여준다'고 소개하면서 굉장히 인기 있는 책이 되었다. 『소유냐 존재냐』는 전 세계의 판매고는 『사랑의 기술』을 넘어서지 못했지만 출간 몇 주 만에 독일에서 엄청난 성공을 거두었으며, 14만 부의 양장본이 팔렸고, 뒤이어 출간된 문고판 역시 베스트셀러 목록에 올랐다. 1990년대 중반까지 독일에서 108만 부가 팔렸고, 전 세계적으로는 1000만 부가 판매되었다. 26개 언어로 번역되었으며, 그 중심 주제는 주류 문화 속으로 퍼져나갔다. 심지어 세계적으로 명성을 떨친 텔레비전 드라마 「CSI」에서 지나치게 단순화한 짤막한 농담 한마디로 요약되기도 했다. 또한 『소유냐 존재냐』는 독일어를 사용하는 국가들에서 『사랑의 기술』을 재조명하게 했다. 1981년까지 『사랑의 기술』은 독일 한 나라 안에서만 500만 부가 판매되었다. 1980년 프롬이 사망하고 난 후에도 이 두 책에 대한 사람들의 수요는 계속 이어졌다. 유럽에서뿐만 아니라 멕시코, 일본, 한국에서도 그 판매고는 여전히 상당한 것으로 알려진다.[59]

영원한 그의 유산

—

1975년 말, 『인간 파괴성의 해부』를 잘 마무리 지었던 독일의 유명한 벌라크 안슈탈트 출판사는 프롬에게 한 가지 흥미로운 제안을 했다. 대략 220개의 기사와 몇몇 출간되지 않은 원고까지 포함해, 프롬이 지금까지 출간했던 모든 저작을 담고 있는 『에리히 프롬 전집』의 독일 어판을 출간하겠다는 것이었다. 이러한 방대한 분량을 스스로 모으고 편집하는 일을 할 수 없었던 프롬은 그 당시 『소유냐 존재냐』의 출간 준비를 도와주었던 풍크에게 눈을 돌렸다. 그는 풍크에게 편집자가 되어 전집 프로젝트를 담당해달라고 요청했다. 다른 현실적인 대안은 없었으며, 풍크는 프롬의 신뢰를 얻고 있었다. 독일어가 모국어였지만, 그의 영어도 나쁘지 않은 수준이었고, 고작 몇 년 만에 그는 프롬의 거의 모든 저작을 탐독했다. 더욱이 프롬은 풍크가 그 프로젝트를 끝까지 완수할 수 있는 에너지와 헌신을 보여줄 것이라고 생각했다. 풍크는 마다할 이유가 없었고, 그 기회를 기꺼이 받아들였다. 이즈음 그는 프롬에게, 또한 그의 지적 유산을 만들어가는 일에 헌신하고 있었다. 1권과 4권은 1980년 2월, 프롬이 사망하기 한 달 전에 출간되었다. 나머지 책들도 1981년 말에 출간되었다. 출판사는 독일어권 국가의 도서관에서 전집을 구매할 것이라고 예상했다. 그러나 판매고는 프롬과 풍크, 출판사의 예상을 훌쩍 뛰어넘었고, 독일과 스위스, 이탈리아 출신의 학자나 일반 가정에서도 이 전집을 구입해 자신들의 서재에 비치했다. 전집 초판은 6만 부가 넘게 팔려나갔다. 문고판이 뒤를 이었고, 또다시 1만 부가 더 판매되었다. 그렇게 방대하고 값비싼 전집이 이렇게 높은 판매고를 보인 것은 프롬의 사망 당시 그가 이미 독일어권 유럽 국가들에서 단순한 유명인 이상의 존재였다는 사실을 명확히 보여주는 것이었다. 그는 그 누구보다 높은 평가를 받았던 공공 지식인이자 사회비평가였다.[60]

프롬의 전집 출간은 그가 앞으로도 오래도록 사람들의 뇌리에 자리하게 될 것이라는 사실을 입증해주었다. 프롬에게는 참으로 기쁘게도 역사에 상당한 흥미를 지닌 젊은 독일 학자이자 사회학자이며 프랑크푸르트대학 석사학위를 가지고 있던 볼프강 본스Wolfgang Bonss가 다시 한번 프롬의 유산을 더욱 풍성하게 만들었다. 1977년, 본스는 로카르노에 있던 프롬을 방문했다. 그는 비판 이론과 호르크하이머의 사상, 그리고 프랑크푸르트 연구소의 초기 역사에 흥미를 갖고 있었다. 그는 또한 경험적 사회학과 그 징후들에 눈을 돌리고 있었고, 바이마르 시대 후반기 독일 노동계급의 사고방식에 대한, 연구소의 1929년에서 1932년까지의 연구 조사 작업을 프롬이 지시했다는 사실을 알고 있었다. 대부분의 그의 동료들처럼 그는 무엇이 그 데이터를 만들었으며, 연구의 정확한 결론이 무엇이었는지 알 길이 없었다.

본스와 프롬은 서로 잘 맞았고, 프롬은 자신의 책들과 다른 자료들이 보관되어 있는 로카르노 아파트의 특별한 방으로까지 그를 안내했다. 대부분의 행운이 그러하듯이, 본스는 완료되었거나 완료되지 않은 설문지들과 조사 결과의 예비 도표들을 포함한, 아직 출간되지 않은 바이마르 노동자 연구의 서류 뭉치가 담긴 박스를 우연히 찾아냈고, 그것은 연구소의 프로젝트 연구자들과 담당자들이 예상했던 것보다 훨씬 더 많은 노동자가 권위주의적 기질을 드러냈다는 사실을 보여주고 있었다. 손쉽게 구할 수 있었던 그러한 자료들로부터, 본스는 또한 20세기 초의 사회과학 방법론에 대한 많은 것을 감지할 수 있었다.

그는 사회적이고 정치적인 현실과 관련해, 주관적 인식에 가 닿으려는 프롬과 그의 동료들의 노력의 선구적인 측면을 이해하게 되었다. 본스가 프롬 서재의 서류 뭉치 상자 속 자료들로부터 탄생시킨 책은 43년 전에 프롬이 호르크하이머에게 출간을 요청했던 그것과 유사했다. 확실히 프롬은 자신의 초기 연구 프로젝트가 히틀러 집권 이후 그 의미를 잃어버렸다는 사실을 인정했다. 1980년에 본스가 『바이마르 독일의 노동계급』을 발간했을 때, 그것은 독일 역사학자들과 사회과학자들이 숙고해봐야 할 주요한 자료 중 하나가 되었다. 그러나 이 연구는 아도르노의 1950년 걸작 『권위주의적 성격The Authoritarian Personality』에 앞서는 의미 있는 것이었음에도 불구하고 거의 어떤 학자들에게도 알려지지 않은 채 프롬의 경력 초기에 시행된 연구들 중 하나로만 인정되었을 뿐이었다. 프롬의 이름을 저자 목록에 올려놓으며 본스가 그 책을 출간한 것은 프롬의 사망 몇 달 후였지만, 자신의 프로젝트가 마침내 빛을 발하며 모두에게 공개되었다는 사실은 프롬에게는 엄청나게 중대한 의미였다. 수십 년 동안 학자라는 이름으로 힘을 다해 몰두했던 연구 중 하나가 비로소 여러 학술 도서관에서 빛을 볼 수 있게 되었으니 말이다.[61]

마지막 나날

—

1931년 폐결핵 진단을 받은 이후 계속 건강이 좋지 않았던 프롬의 마지막 여생은 무수히 많은 질병으로 뒤엉켜 있었다. 그는 의료진들과 정기적으로 상담을 했고, 상당한 양의 약을 복용했으며, 그중 일부는 위험한 부작용을 동반했다. 그는 점점 심각해지는 녹내장으로 고생했고, 다양한 안약으로 처치를 했지만 소용이 없었다. 백내장은 그의 시력을 무디게 만들었고, 그 당시에는 지속적으로 믿고 따를 수 있는 어떤 외과적 치료도 존재하지 않았다. 프롬은 글을 쓰기 위해 과도하게 도수가 높은 특수한 독서 안경을 착용했다. 애니스의 건강 또한 악화되었다. 1978년에 그녀의 유방암은 다시 재발했고, 그녀는 악성 종양을 잘라내기 위해 수술을 받았다. 그러나 이것으로 끝이 아니었다. 애니스의 건강이 다시 악화되면서 프롬의 건강 또한 빠르게 나빠졌다. 1977년 그는 두 번째 심장마비와 맞닥뜨렸고, 그것은 그를 더욱 위축시켰다. 1년 후, 프롬은 지금까지의 세 차례의 심장마비 중 가장 중증의 심장마비를 일으켰다. 그의 심장은 완전히 멈춰버렸고, 근처에 있던 의사가 가까스로 심장을 다시 뛰게 만들 때까지 몇 분 동안 임상적으로 사망 상태에 있었다. 당연히 얼마간의 뇌 손상과 단기 기억 상실이 초래되었다. 그는 1978년 심장마비 이후로 몇 차례 의식을 잃은 경험이 있었을 가능성도 있다. 그는 또한 뚜렷한 청력 상실을 보였고, 우울증이 정기적으로 찾아왔으며, 식욕도 거의 없었던 데다가 체중마저 감소했다. 이따금씩 그는 한 시간가량 책을 읽고 『소유냐 존재냐』와 관련한 짧은 인터뷰를 진행할 수 있었지만, 건강 상태는 계속 나빠졌다. 1979년 9월, 애니스는 아라모니에게 자신의 남편이 지난 2년 동안 거의 아무것도 해내지 못했다고 담담하게 이야기했다. 그녀는 가까운 친구들로부터 온 편지를 프롬에게 읽어주었고, 상태가 좋은 날엔 그들 중 몇몇에게 보내는 간단한 답신을 받아 적기도 했다.[62]

프롬은 점점 더 풍크에게 의존하게 되었다. 1977년 말, 그는 풍크에게 자신이 사망한 후 유고를 관리해줄 것을 요청했다. 풍크는 그 일을 기꺼이 받아들였으며, 그것은 그가 프롬의 출간 또는 미출간 저작들, 그리고 그의 방대한 서신들에 대한 책임을 떠맡는 일이었다. 그는 유언 집행인의 자격으로 그것이 어디에 보관되어 있든지 간에 프롬의 서신들과 다른 문헌 자료들에 대한 전 세계적인 권한을 갖게 되었다. 이러한 권한은 그가 많은 부분에서 프롬과 동등한 자격을 지닌다는 것을 의미했다. 풍크는 프롬이 사망하기 전부터 몇 차례의 대중 행사에서 그를 대신했다. 튀빙겐에 있는 자신의 집에 상당한 규모의 프롬 기록 보관소를 짓기로 한 풍크의 결정은 그의 직업적인 삶의 중심에 언제나 프롬이 존재했다는 사실을 보여준다.[63]

이미 1956년에 프롬은 자신이 쓰려고 생각했던 프로이트에 대한 책의 성격에 대해 친구인 이젯 드 포레스트에게 편지로 설명해주었다. 문제가 있기는 했지만, 평생토록 프로이트와 자신의 업적 사이에 선을 그으려고 애를 썼던 한 사람의 정신분석학자로서 프롬은 자신을 프로이트의 사상에 대한 신뢰할 만한 평가자라고 여겼다. 그는 문제가 있다고 생각하는 부분은 비판하고 세월의 시험을 견뎌낸 또 다른 것들에 대해서는 칭송하면서, 무엇이 프로이트의 유익하고 결정적인 사상이었는지 그 윤곽을 그려내려 했다. 두 번째 심장마비가 오기 전인 1976년 말과 1977년 초에, 그는 자신이 이전에 여러 차례 반복했던 프로이트에 대한 생각을 요약한 『프로이트 사상의 위대함과 한계들Greatness and Limitations of Freud's Thought』의 첫 번째 초안을 집필했다. 그러나 그는 기운이 없었고 기억은 자꾸 끊겼으며, 두 번째 심장마비 이후, 그리고 특히 세 번째 중증의 심장발작 이후 집중력은 더욱 감소했다. 확실히 프롬은 그 책을 완성할 상태가 아니었고, 이따금 풍크에게 스스로를 내맡기기도 했다. 예를 들어, 프롬은 『잃어버린 언어』에서 꿈 해석에 관한 몇 가지 사항을 선별해 포함함으로써 『프로이트 사상의 위대함과 한계들』을 보강하자는 풍크의 제안을 받아들였다. 풍크는 또한 『인간 파괴성의 해부』의 에필로그에서 프로이트의 본능 이론에 대해 비판을 제시하도록 했다. 그는 155페이지 분량의 프롬의 원고를 교정했고, 결론을 집필했다. 개인적으로 풍크는 "그것이 새로운 사상을 포함하는 진정으로 새로운 책은 아니"고 프롬이 출간했던 이전 자료들의 요약이며, "내가 그 책을 준비했다"라고 주장했다. 실제로 그것은 요점을 되풀이하는 책이었으며, 그것이 바로 정확한 요점이었다. 프롬은 이 책을 이렇게 시작했다.

"프로이트에 대한 나의 비평은 연속성을 가지고 있기 때문에 이 주제에 대해 내가 이전에 언급했던 이야기로 되돌아가는 것을 피할 수 없다."

프로이트에 대한 마지막 평가였던 이 책에서 프롬은 프로이트 사상의 연속적인 의미를 강조했고, 그것들 중 몇몇은 받아들이고 다른 것은 거부하기도 했으며, 혼재되고 변화하는 감정으로 몇몇 프로이트의 사상에 응답하기도 했다. 불행하게도 프롬의 병세로 인해, 그의 생애 마지막 시기에 사회적 성격 개념과 비교해서 프로이트의 리비도적 욕망에 대해 프롬이 어떤 입장이었는지 스스로 더 명확하고 완벽히 설명하는 것은 불가능했다. 만약 이것이 가능했다면, 『프로이트 사상의 위대함과 한계들』은 그 무엇보다 뛰어난, 중대한 의미를 지닌 마지막 출판물이 되었을 것이다.[64]

프롬의 스리랑카 불교 신자 친구이자 그의 로카르노 모임에 정기적으로 참여했던 냐나포니카 마하테라는 이제 육체가 쇠약해짐에 따라 '내재적 자유'를 만끽하라고 그에게 조언했다.

"당신의 육체가 병을 앓고 있다면, 그건 당신의 마음은 병을 앓고 있지 않다는 의미에요."

프롬은 냐나포니카에게 전적으로 동의한다며 이렇게 대답했다.

"병을 앓거나 육체적 한계를 지닌 시간은 결코 '상실된' 시간이 아니지요."

그것은 '지나간 일들을 더욱 깊이 생각하고 영적인 회복을 만들어 가는' 시간이었다. 병원이나 집의 침대에 누워 있을 때, 프롬은 자신이 멈퍼드에게 이야기했던 것처럼 하루의 많은 시간을 '명상하거나 스스로를 되돌아보는' 법을 알게 되었다. 프롬은 이러한 '매우 유익한 기회'를 잘 활용하고 있었다. 그는 "이것이 적절한 의미로 제대로 '진행되지' 않더라도 사유의 끈을 놓지 않으려" 했다. 마찬가지로 그는 에른스트 지몬에게, 침대에 누워 있는 그 시간이 '조용한 사유'를 가능하게 해준다는 의미에서 또 하나의 축복이라고 말했다. 그는 차임 카플란에게, 비록 나이가 들어 읽고 쓰는 일은 매우 어렵지만, 자신은 여전히 고전 유대교 텍스트들을 떠올리는 일을 즐기고 있다고 설명했다. 사망하기 3주 전 프롬은 조용히 사유하고 성찰하며 스스로를 삶의 본질에 가까이 있도록 하면서, 자신이 존재 양식 속에서 얼마나 완벽히 스스로를 내려놓고 있는지 묘사했다.[65]

1978년 중증 심장마비가 다시 찾아온 이후, 프롬은 앞으로 더 오래 살 수 있으리라 기대하지 않았다. 1978년 말, 프롬의 이전 분석 대상자들 중 하나인 제라르 쿠리는 프롬이 그의 삶에 대해, 그리고 라빈코프와 호르크하이머, 리스먼과 같은 자신에게 매우 중요했던 사람들에 대해 이야기할 수 있는 긴 인터뷰를 시행하고 그걸 녹취하자고 제안했다. 레바논의 부유한 가정 출신인 쿠리는 프랑스에 정착해 살고 있었으며, 그곳에서 성공적인 사업가이자 번역가, 역사학자가 되었고, 프롬의『희망의 혁명』을 불어로 번역했다. 가족과 친구를 방문하기 위해 자주 레바논으로 여행을 했던 그는 중동 분쟁에 대해 잘 알고 있었으며, 여러 가지 방식으로 이스라엘 국가와 싸우고 있었던 알 파타 Al Fatah와 다른 아랍 조직들에 대해 프롬에게 알려주었다. 그는 브리핑 서류를 준비했고, 프롬과 세부적인 논의를 거쳐 그것들을 보완했으며, 프롬은 그 데이터가 상당히 많은 도움이 된다는 사실을 깨달았다. 그들의 우정과 신뢰는 깊어졌다. 프롬은 쿠리가 분석가의 삶과 느낌에 대해 물어본 순간, 그 인터뷰가 자신과 그의 이전의 임상적 관계를 뒤집는 것이라는 사실을 알게 되었다. 그러나 프롬은 이러한 사실을 무시하고 그 인터뷰에 동의했고, 그것은 아마도 그의 삶과 사상 그리고 삶의 가치에 대한 길고 긴 마지막 평가가 될 것이었다. 그의 책들처럼 그 인터뷰의 원고는 후세를 위한 자료였다. 애니스가 참석해 지켜보는 가운데, 쿠리는 프롬이 세 번째 심장마비를 겪은 지 얼마 지나지 않은 1978년 12월에 한 번, 그리고 프롬이 사망하기 1년 전인 1979년 2월에 또 한 번, 이렇게 두 차례의 인터뷰를 진행했다. 프롬은 애니스에게 자신이 비록 병이 들었지만 인터뷰에는 '완벽히 대응하며' 집중하고 싶다고, 그리고 자신이 원래 가지고 있던 열정과 설득력으로 자신의 생각을 또렷이 이야기하고 싶다고 말했다. 그는 결국 이 모든 것을 훌륭하게 완수했다.[66]

쿠리는 인터뷰를 위해 많은 준비를 했고, 그것은 후에 글로 옮겨져 마침내 출간되었다. 프롬은 단기 기억상실 때문인지 이따금 쿠리의 질문에서 벗어나기는 했지만, 대개 일관된 대답을 해주었다. 쿠리가 그에게 초년의 삶에 대해 말해달라고 했을 때, 프롬은 자신의 어린 시절에 대한 귀중한 이야기들을 쏟아내며 길게 대답했다. 부모의 힘겨웠던 관계가 그로 하여금 괴리되고 소외당하는 느낌을 갖게 했다. 그러한 가정에서의 불안함을 보완해주었던 『탈무드』 학자들과 랍비들은 프롬에게 어떻게 일상의 윤리와 학문, 그리고 공동체에 대한 헌신에 뿌리를 둔 삶을 꾸려나가야 할지 보여주며 역할 모델이 되어주었다. 이상하게도 프롬은 라빈코프와 노벨 그리고 다른 스승들에 대해 많은 것을 말하지 않았다. 대신에 그는 가족이라는 '호된 시련'으로부터 자신을 끌어내주어 더욱 생산적인 삶으로 이끌었던 그들 전체의 중요성을 더욱 강조했다.

프롬이 프랑크푸르트 연구소에서 보냈던 시간에 대한 정보를 거의 아무것도 남기지 않았다는 사실은 특히 놀랄 만하다. 아마도 호르크하이머와 아도르노가 그를 내쳤던 씁쓸함이 여전히 가시지 않았던 건지도 모른다. 프롬은 정신분석과의 조우에 대해 할 말이 많았을 테고, 그 주제에 대해 명확하고 상세하게 논의했다. 여러 해 동안 프롬은 여러 권으로 구성된 세부적이고 다양한 정신분석 기술의 진화에 대한 연구를 준비하려 했지만, 결국 더 우선순위가 높았던 다른 집필 계획에 몰두하게 되었다. 쿠리와의 인터뷰에서 프롬은 프로이트의 무의식의 발견이 언제나 자신의 사상에 근간이 되었다고 거듭 이야기하면서, 그러한 오랜 연구가 자신에게 어떤 의미였는지 다각도로 논의하는 듯했다. 실제로 그는 어떤 프로젝트를 시작하건 그 전에 프로이트의 모더니스트 의제의 요소들을 포함하면서, 이론적인 근간을 만들기 위해 프로이트에게 의존했다. 그는 자신의 임상적 접근이 1920년대 말과 1930년대 초에 바덴바덴에서 만난 두 명의 비정통 분석가 게오르크 그로데크와 산도르 페렌치의 그것과 닮아 있다고 생각했다. 그는 물론이고 그들의 접근 방법도 환자의 삶에 관한 모든 측면에 몰두해 공감하는 자세로 듣고 관찰하는 것이었으며, 그것은 환자의 이야기를 한데 끌어모아 그의 내부에서 환자의 심리의 여러 가지 면면으로 가득 찬 감정을 헤아리기 위한 것이었다.

쿠리와의 인터뷰 막바지에 프롬은 동시대의 정신분석가들에 대한 비평이나 다름없는 이야기를 해주었고, 소유 양식으로부터 존재 양식으로의 사회적 변형의 필요성을 강조했다. 소유 양식은 우리 사회 안에 너무 깊게 뿌리박혀 있어서 존재 양식으로의 변형은 극도로 어려운 것이다. 그럼에도 유럽의 많은 지역에서 그를 권위자의 위치로 끌어올렸던 그 책에 대한 강력한 반향은, 여전히 희망이 있다는 것, 많은 사람이 내재적인 영성과 자기 인식에 관한 더 거대한 통합을 찾고 있지만 단지 그것을 어떻게 이루어낼지를 알지 못할 뿐이라는 사실을 보여주는 것이었다. 그리고 프롬은 자신이 『소유냐 존재냐』에서 강조하지 않았던 점 한 가지를 상기했다. 그는 바흐오펜이 묘사했던 것과 같은 초기의 모계 중심 사회들은 소유 경향보다는 존재 경향에 더 많은 근거를 두고 있었는지도 모르겠다고 말하며 이렇게 물었다.

"존재 양식은 생명을 창조하고 유지하는 여성들의 능력에 의해 더욱 증진될 수 있는 것이 아닐까?"

그는 소유 양식의 지배를 받으면서 많은 문제에 시달리는 듯한 이 세상에 한 줄기 희망의 빛이 되어주었다. 만약 인류가 핵전쟁으로 스스로를 파괴하지 않는다면, 앞으로 다가올 미래에는 통찰과 윤리적인 면에서 '엄청난 발전'을 경험하게 될 것이라는 신념을 표하면서 프롬은 인터뷰를 마무리했다.

인터뷰하던 시간을 떠올리면서 쿠리는 비록 다시는 프롬의 새로운 글을 볼 수 없지만, 그는 여전히 그 누구도 간과할 수 없는 사회비평가로, 그리고 인본주의의 본질을 더욱 또렷이 구체화할 수 있는 단 한 사람으로 남아 있다고 생각했다. 프롬은 쿠리에게 자신의 삶이나 경험에 대한 다소 매끄럽지 않고 장황한 견해를 제시하기도 했다. 그러나 그는 정신분석학적 사상과 기교에 대한 긴 논의에서는 상당히 설득력이 있었으며, 때때로 대단한 세밀함을 보여주기도 했다. 그의 마지막 말들은 당연히 인류의 현재와 미래에 초점이 맞추어져 있었으며, 인본주의적 사회의 가능성에 대한 신념을 여전히 지니고 있는 사람들에게는 채찍질인 동시에 생각할 거리와 영감을 주는 것이었다. 프롬이 사망하고 몇 년이 지난 후, 애니스는 그의 목소리를 다시 듣기 위해, 아마도 그때의 그 의욕이 가득 차 신나서 이야기하는 그를 상상하기 위해 그 인터뷰 녹음본의 복사본을 쿠리에게 부탁하기도 했다.

그의 죽음 그리고 장례식

—

사망 직전 프롬은 상당히 병색이 짙었고, 몇 달 앞을 내다볼 수 없는 상황이었다. 그는 읽거나 쓰는 것이 거의 불가능했다. 종종 한밤중에 잠에서 깼고, 아마도 자신이 어디에 있는지조차 완벽히 인식하지 못한 채로 세계의 긴장 국면이나 각 나라 정상들의 문제가 많은 조처들을 비난하기도 했다. 그는 바흐의 음반이 마음을 달래준다는 걸 알았고 그것을 끊임없이 들었다. 1980년 2월 중순 프롬이 매우 위태로운 상태임을 알고 있던 보리스 루반플로차와 이반 일리치는 로카르노에서 그를 위해 여든 번째 생일 파티를 미리 열어주었다. 즐거운 파티를 항상 좋아했던 프롬은 기뻐했고, 아마도 어느 정도 생기를 되찾았을지도 모르며, 따스함과 애정을 듬뿍 담아 자신의 업적을 나열하는 루반플로차와 일리치를 향해 웃음을 보여주며 그 파티에 흠뻑 빠져들었다. 그 응답으로 프롬은 미소를 머금고 또렷한 목소리로 그 모임에 딱 들어맞는 일화와 농담을 제공했다. 쿠리와의 인터뷰 동안 프롬이 보여주었던 위엄과 존재감은 그의 사망 몇 주 전까지도 여전히 또렷했다. 그것은 아마도 가까이 다가와 있는 죽음을 온몸으로 맞이하는 그만의 방식이었는지도 모른다.[67]

1980년 3월 18일 아침, 그의 여든 번째 생일 닷새 전에, 애니스는 거실 의자에 앉아 있는 남편의 호흡이 가빠오는 것을 느꼈다. 이때가 그의 네 번째 심장마비였고, 그는 몇 분이 지나지 않아 숨을 거두었다. 애니스는 게르트루트 훈치커 프롬을 불렀고, 그는 곧 로카르노행 기차에 올라탔다. 충격에 빠진 두 사람은 절차를 위해 이반 일리치를 불러들였다. 이전에 목사였고 장례 진행 경험이 있던 그는 장례의 책임을 맡았다. 프롬은 작고 소박한 장례식을 원했었다. 일리치는 애니스와 훈치커 프롬의 도움을 받아 열세 명의 장례식 초청자 명단을 준비했다. 가까이 사는 프롬의 절친한 친구들인 보리스 루반플로차와 한스 위르겐 슐츠Hans Jürgen Schultz도 초대되었다. 프롬의 오랜 저작권 대리인인 루스 리프먼Ruth Liepman도 마찬가지였다. 풍크도 당연히 명단 안에 있었고, 그의 유능하고 배려심 많은 비서였던 조앤 휴스도 포함되었다. 게르트루트 훈치커 프롬을 제외하고는 어떤 일가친척도 초대되지 않았다. 일리치는 유대인 이웃들과 묘지가 가까이에 있는 벨린초나의 화장장 구내에서 장례식을 치를 수 있게 했다. 비록 화장이 유대교 전통에 어긋나는 것이긴 했지만, 프롬은 평생 많은 부분에서 독실한 유대교 신자가 아니었고, 그는 자신의 시신의 재를 마조레 호수에 뿌려달라고 요청했었다. 일리치는 그 두 가지 모두를 따랐으며, 장례식을 집전했다. 스위스 전통에 맞추어 제복을 입은 사람 네 명이 꽃으로 뒤덮인 관을 화장장으로 운반했다. 일리치와 루반플로차가 애니스를 부축했으며, 그들은 장례식의 나머지 시간 동안 힘겨워하는 그녀의 곁에 함께 머물러주었다. 일리치와 슐츠가 사람들 앞에서 추도 연설을 했는데, 일리치는 간략했지만 슐츠는 다소 길게 이야기를 이어갔다. 그들은 둘 다 프롬의 가장 영적이었던 책 『너희도 신처럼 되리라』를 이야기했고, 프롬의 인본주의가 어떻게 서로 다른 종교와 철학적 전통을 넘나들며 하나로 엮어왔는지 설명하고자 했다. 루반플로차가 공원이나 거리, 또는 공공건물에 프롬의 이름을 붙이자고 시 공무원들에게 진정서를 냈지만, 받아들여지지는 않았다. 그 지역사회에서는 프롬의 지위가 높지 않았기 때문에, 남길 수 있는 거라고는 프롬의 아파트 건물 입구에 부착된 작은 금속판 하나뿐이었다.[68]

애니스는 프롬이 없는 시간을 힘겨워했다. 그들은 서로 부족한 부분을 채우며 27년간의 결혼생활을 행복하게 지냈다. 애니스를 향한 프롬의 애정은 그의 가장 대중적인 책 『사랑의 기술』을 탄생시켰다. 사적으로 혹은 공적으로, 그녀는 수많은 애도의 편지를 받았다. 냐나포니카 마하테라는 그의 죽음으로 '깊은 정신적 충격'을 받았다고 했고, 애니스에게 "이 상실감을 침착하게 이겨내서 건강을 잘 유지하시라"고 조언했다. 하버드 신학대학원의 교수였던 제임스 루서 애덤스 James Luther Adams는 애니스에게, 남편의 전집을 독일어로 만날 수 있었던 것이 얼마나 큰 의미였는지, 그리고 그의 저서와 관련된 글들이 얼마나 자주 중요한 참고문헌 속에 등장하고 있는지에 대해 적었다. 세인트루이스에 있는 워싱턴대학에서 철학과 유대인 연구에 대해 가르치고 있으며, 부친이 프랑크푸르트 유대인 공동체에서 어린 시절부터 프롬을 알고 있었다는 스티븐 슈바르츠실트Steven Schwarzschild는 프롬이 "나에게는 아버지와 같은 존재"였다고 적었다.

그러나 이런저런 편지들도 그녀의 기운을 북돋우진 못했다. 보통 한두 개비의 담배를 즐겼던 그녀는 프롬이 세상을 떠나자 연달아 담배를 피우기 시작했다. 그녀는 유럽과 미국에 있는 친구들과 계속해서 연락을 취하며 지내려고 했고, 자신이 좋아하지 않던 풍크가 저작물 관리 일을 계속하지 못하게 하려고 애썼다. 이웃에 친구들이 있기는 했지만 독일어나 이탈리아어를 할 수 없었던 애니스는 스위스를 떠나 여동생이 거주하고 있던 앨라배마의 몽고메리로 돌아가기로 결정했다. 그녀는 뉴욕에 사는 의사 친구에게서 항우울제 같은 약을 처방받아 복용했고, 그에게 "프롬의 죽음이 나의 삶을 심각하게 뒤흔들어놓았다"고 털어놓았다. 프롬의 죽음으로 인한 슬픔과 엄청난 흡연, 그리고 암을 앓았던 병력으로 인해, 애니스는 1983년 대장암으로 남편의 뒤를 따르고 말았다.[69]

프롬의 죽음에 대한 많은 부고와 조의문, 그리고 기사들이 『르몽드』와 『피가로』(파리), 『우노 마스Uno Mas』와 『엑셀시오르Exelsior』(멕시코시티), 『뉴욕타임스』와 『워싱턴포스트』『타임』(런던), 『프랑크푸르터 노이에프레세Frankfurter Neue Presse』와 『일 사바토Il Sabato』(로마), 『트라우Trouw』(네덜란드), 『후프부드스타드스비아데트Hufvudstadsbiadet』(헬싱키), 『닌Nin』(세르비아), 『티롤러 타게자이퉁Tiroler Tageszeitung』(인스브루크) 등을 비롯해 전세계의 많은 신문에 실렸다. 프롬이 이스라엘을 끊임없이 비판했음에도 불구하고 『이스라엘 나흐리히텐Israel-Nachrichten』(텔아비브)에도 호의적이고 긴 부고가 등장했다. 그가 사망했을 무렵, 그는 몇 년 동안 전 세계적인 중요 인물로 여겨졌다. 그는 자신을 독일인이나 미국인, 멕시코인, 혹은 스위스인이라고 생각하지 않았고, 모든 곳에 있는 인류와 연관 지었다. 대부분의 기사는 그의 '삶들' 중 한두 가지나 그의 책 몇 권에 대해 요약적으로 논평했다. 몇몇은 원칙과 성실함에 대한 그의 열정을 논했으며, 또 다른 몇몇은 인간을 주로 개인적인 자아의 견지에서 바라보았던 프로이트와는 달리, 프롬은 인간을 사회적·경제적 환경과 유리될 수 없는 것으로 보았다고 이야기했다. 소수의 부고 기사는 프롬이 개념적으로 프로이트와 마르크스를 연결하려는 시도를 했다고 언급했다. 그의 끝없는 에너지와 인류 사회에 대한 찬양에 관해 언급한 기사도 있었다. 대부분은 그가 인본주의적 가치를 많은 사람에게 드높였다는 사실을 다루었고, 몇몇은 그의 핵심적인 경구를 인용했다.

"인간 실존의 모든 고난에 단 하나의 만족할 만한 해답은 바로 사랑이다."

어떤 부고는 군국주의에 대한 그의 반기와 소비문화에 대한 도전, 인간 문제를 다루는 기술적인 해결책들에 대한 의구심을 강조했다. 그를 민주적 사회주의자라고 언급한 기사는 소수에 불과했다. 몇몇은 모든 형태의 권위주의에 대한 그의 반론에 대해 논의했으며, 그러한 현상에 대한 심오한 심판으로서 『자유로부터의 도피』를 언급했다. 불행하게도 그의 저작들과 더불어 그의 삶과 그의 존재를 통합하는 프롬의 삶에 대한 전체론적 견해를 피력하려고 하는 이들은 거의 없었다. 심리학자인 데이비드 엘킨드David Elkind가 그나마 이에 가깝게 썼던 이들 중 하나였는데, 그는 프롬이 근본적으로 인간이라는 이름으로 우리의 특별한 능력, 그리고 '우애의 윤리'에 대해 고민했던 사람이라고 이야기했다. 엘킨드에 따르면, 프롬은 자신의 저작들뿐만 아니라 스스로의 실제 삶 속에서도 사람들이 서로 밀접하게 연관을 맺어 서로를 돕고 지지하고 서로의 관점을 귀 기울여 듣게 되는 그런 삶을 증진시키려는 노력을 해왔다. 그는 다른 사람들의 관점에 의문을 갖게 되면, 그는 따스하고 부드러우며 상대를 존중하는 질문을 던졌다. 엘킨드에게 프롬의 인본주의는 사람들 각자의 마음속에 모든 인류에 대한 심오하고 애정이 담긴 끈을 이어주는 '윤리적인 감흥'과 같은 것이었다.[70]

아마도 그에 대한 가장 인상적인 기억은 윌리엄 앨런슨 화이트 연구소에서 프롬과 함께 수련했던 로즈 스피겔Rose Spiegel의 이야기일 것이다. 그녀는 프롬이 자신의 지적이고 정서적인 발전에 얼마나 심오하게 기여했는지 강조했다. 그의 계속되는 영향력은 그의 사망 이후 며칠 동안 계속되었던 그녀의 꿈에서도 선명하게 드러났는데, 그 꿈속에서 누군가 그녀에게 이렇게 말했다고 한다.

"프롬은 그곳에서도 잘 지내고 있으며, 또다시 다른 책을 집필 중이라오."[71]

참고문헌과 관련하여

나의 저작들 중에 이 책이 가장 완성하기 힘들었던 이유는 에리히 프롬의 아내가 그의 사망 이후 그의 많은 개인적인 서신을 파기해버렸기 때문이다. 파기되지 않은 것들은 대부분 라이너 풍크가 보관하고 있었고, 튀빙겐에 있는 에리히 프롬 기록 보관소가 이 책의 주요한 뿌리가 되어주었다. 나는 그 시설에 있는 거의 모든 파일을 연구했으며, 그것만으로 거의 12년이라는 긴 시간을 할애해야 했다. 프롬 기록 보관소의 자료들로도 모자랐던 부분들은 뉴욕 공립 도서관에 보관되어 있는 '프롬 서류들'로 메울 수 있었다. 그러나 그 밖의 중요한 출처들 또한 빼놓을 수 없다. 하버드 기록 보관소에 있는 데이비드 리스먼의 서류들은 프롬과 리스먼 사이에 오간 수십 통의 서신을 담고 있었는데, 그 서신들은 그 두 사람과 그들의 동료들, 그리고 수십 년 동안의 그들의 매우 친밀한 관계를 보여주었다. 프랑크푸르트대학에 있는 막스 호르크하이머 소장품에는 매우 중요한 서신이 있었는데, 그것은 프랑크푸르트학파에서 프롬이 어떤 역할을 했는지 잘 드러내준다. 프롬과 그의 두 번째 아내 헤니 구를란트와의 삶에 관해서는 샤를로테 젤버가 중요한 역할을 해주었고, 샌타바버라에 있는 캘리포니아대학의 보관소에 그녀에 대한 많은 서류가 있었다. 나는 애크런대학에 있는 미국 심리학사 기록 보관소에서 쏟아져 나온 자료들을 보고 놀라움을 금할 길이 없었다. 그리고 나는 에이브러햄 매슬로의 서류들 속에서 프롬에 대한 아주 흥미로운 자료들을 발견했다. 프롬의 사촌인 게르트루트 훈치커 프롬은 어린 시절부터 그와 매우 가까웠고, 그녀는 12년이라는 긴 시간 동안 거의 매년 나를 취리히에 있는 자신의 집으로 초대했다. 우리는 함께 그녀와 프롬이 주고받았던, 가족과 개인적인 삶의 많은 부분을 보여주는 서신들을 매우 폭넓고 깊이 있게 검토했다. 의회 도서관에 있던 '마거릿 미드 서류들'은 문화인격운동에서의 프롬의 활동과 관련하여, 그리고 그와 친밀한 관계를 맺었던 소수의 동료들에 대해 가장 좋은 출처 중 하나가 되어주었다. 미드의 딸인 메리 캐서린 베이트슨은 수년에 걸쳐 나와 함께 이 자료를 검토해주었고, 프롬과 미드 사이의 중요한 관계를 이해하는 데 도움을 주었다.

많은 개인적인 서류가 파기되었기에, 이 프로젝트의 인터뷰들은 상당히 중요할 수밖에 없었다. 가장 도움이 많이 되었던 것은 빈에 있는 마리안 로트바허와의 인터뷰였다. 그를 통해 나는 로트바허가 보관하고 있던 조피 잉글렌더의 놀라운 편지들을 볼 수 있었다. 그 편지들은 나치 집권기에 전 세계의 여러 지역에 망명 중이었던 프롬의 일가친척들이 서로 주고받던 것이었다. 그것은 그 가계를 하나로 연결해주는 끈이었다. 프롬 기록 보관소는 이제 그 이틀의 인터뷰 동안 로트바허가 나에게 보여주었던 모든 서신의 사본을 보관하게 되었으며, 그 일가친척들의 파일은 히틀러 시대를 연구하는 모든 사람에게 보물 같은 광맥이 되어줄 것이다. 프롬의 삶의 후반기에 가장 가까운 동료였던 마이클 매코비와 라이너 풍크는 처음에는 공식적인 인터뷰를 통해, 그리고 그다음에는 직접적인 대화나 이메일, 전화 통화를 통해 여러 해 동안 많은 정보를 담은 이야기들을 나에게 지속적으로 들려주었다. 수년 동안 나는 카렌 호르나이의 딸인 마리안 에카르트를 너덧 차례 인터뷰했고, 그 과정에서 수십 가지 개인적인 기억들이 쏟아져 나왔다. 프롬의 양아들들의 아내였던 도리스 구를란트는 대부분 개인적으로 주고받은, 자신과 프롬이 나눈 많은 이야기를 들려주었고, 프롬의 부동산에 대한 유언 집행인인 모셰 버드모어 또한 그러했다. 화이트 연구소에서 프롬의 동료였던 밀티아데스 자피로풀로스는 임상의였던 프롬에 관해 많은 이야깃거리를 가지고 있었다. 멕시코에서의 인터뷰는 그곳에서 프롬과 가장 친하게 지냈던 동료인 호르헤 실바와 아니세토 아라모니와 함께 진행되었다. 프롬에 대해 논의하기 위해 만남을 계속하면서, 나는 실바가 스페인 시민전쟁 동안 나의 아버지와 함께 일했으며, 그 두 사람이 에이브러햄 링컨 여단에서 몰래 총기를 들여오는 일을 했었다는 사실을 알게 되었다. 살바도르와 소냐 미얀은 프롬의 뒤를 이은 임상의 세대였는데, 그들은 자신들이 프롬에 관해 알고 있는 모든 것을 말해주었으며, 자신들이 가지고 있는 프롬과 관련한 서류의 복사본을 나에게 건네주었다. 수년에 걸쳐 나는 살바도르와 전화 통화를 하고 이메일을 주고받았으며, 그것은 언제나 많은 도움이 되었다. 프롬의 분석 대상자였던 제라르 쿠리도 내게 프롬에 관한 많은 이야기를 해주었다. 쿠리는 또한 이 전기의 가장 중요한 출처 중 하나인, 생의 마지막에 진행했던 여러 시간의 인터뷰에 대해 기록

한 사본을 제공했는데, 거기에서 프롬은 자신의 삶 전체를 회고했다. 나는 수년에 걸쳐 서로 다른 맥락에서 프롬을 알고 있었던 다른 사람들, 즉 주로 동료들이기는 했지만 또한 그의 재정 집행자들과 비서들, 요리사들, 그리고 그의 여러 가지 필요한 부분들을 도와주었던 사람들까지 인터뷰했다.

학자들도 프롬의 책이나 글을 읽고, 또는 그와 관련해 많은 것을 적었지만, 기록 보관을 위한 것은 아니었다. 그중 몇몇 학자가 『에리히 프롬 전집』에 기초하지 않고 있다는 사실로 인해 문제는 더욱 복잡해졌다. 프롬 연구의 질은 천차만별이었기에, 나는 단지 몇 권의 책만을 언급해야 할 것 같다. 돈 하우스도르프의 『에리히 프롬』(1972)은 그의 전기들 중 맨 앞자리에 자리해야 할 것이다. 하우스도르프는 미시간주립대학에서 프롬이 짧은 강의를 진행했을 때 그의 동료들 중 한 사람이었다. 그 책은 데이터와 분석적인 면에서 깊지는 않았지만, 평가할 만한 노력을 보여주었다는 사실은 인정할 만하다. 존 샤르는 프롬이 사회비평가로서 최고의 명성을 유지하고 있었던 시기에 프롬의 저작(특히 『자유로부터의 도피』)에 대한 거칠지만 중요한 비평서였던 『권위로부터의 도피Escape from Authority』(1961)를 썼다. 하지만 그가 프롬을 온전히 칭송하지만은 않았던 것은 상당히 적절했다. 해리 웰스의 『정신분석학의 실패The Failure of Psychoanalysis』(1963)는 오히려 엄격한 마르크스주의자의 관점이기는 했지만, 이 시대의 프롬에 대해 훨씬 더 비판적이었다. 다만 미묘한 부분에서 샤르가 지니고 있었던 식견을 갖추지는 못했다. 대니얼 버스턴의 『에리히 프롬의 유산The Legacy of Erich Fromm』(1991)은 포괄적인 지적 전기들 중에서 가장 힘이 있다. 수년 동안 버스턴과의 대화를 통해 보완하면서, 나는 많은 것을 알게 되었다.

마우리시오 코르티나와 함께 쓴 마이클 매코비의 선집 『예언적 분석가, 에리히 프롬의 정신분석에 대한 공헌A Prophetic Analyst: Erich Fromm's Contribution to Psychoanalysis』(1996)은 프롬의 사상에 대한 몇 가지 강렬한 학술적 에세이들, 그중에서도 가장 중요한 매코비의 「에리히 프롬의 두 가지 목소리들The Two Voices of Erich Fromm」과 같은 것들을 담고 있었다. 로런스 와일드의 『에리히 프롬과의 연대를 위한 탐구Erich Fromm and the Quest for Solidarity』(2004)는 프롬의 정치적이고 철학적인 유산을 사려 깊고 간결하게 다루고 있었다. 스반테 룬드그렌의 『우상들에 대한 투쟁Fight Against Idols』(1998)은 종교에 대한 프롬의 저작들에 초점을 맞추었다. 그것은 존 S. 글렌의 『프로테스탄트 비평가, 프롬Fromm: A Protestant Critique』(1966)이나 G. P. 크납의 『생존의 기술The Art of Living』 (1989)보다 강렬했으며, 여러 사람에게 소장된 관련 기록물들이나 『에리히 프롬 전집』과의 맥락적 소통 없이 프롬의 출간된 텍스트만으로 그의 삶을 통합하려는 시도가 얼마나 위험한지 잘 보여주었다. 닐 매클로플린은 왜 프롬이 동시대의 학자들 사이에서 인정받지 못했는지에 대해 폐부를 찌르는 책 한 권 분량의 아주 훌륭한 기사 시리즈를 집필했다. 예를 들어, 『사회학 포럼 13Sociology Forum 13』 제2권(1998)의 「잊힌 지식인이 되는 방법How to Become a Forgotten Intellectual」을 보라. 케빈 앤더슨과 리처드 퀴니의 『에리히 프롬과 비판 범죄학Erich Fromm and Critical Criminology』(2000)은 사회 일탈에 대한 프롬의 몇몇 중대한 에세이를 제시하고, 그것들을 아주 훌륭하게 맥락화했다. 또한 더글러스 켈너의 감탄할 만한 책 『허버트 마르쿠제와 마르크스주의의 위기 Herbert Marcuse and the Crisis of Marxism』(1984)가 있는데, 그것은 프롬을 좀 더 명확히 읽어내고 있다. 스티븐 브로너의 책 『비판 이론과 그 이론가들에 대하여Of Critical Theory and Its Theorists』(1994)에서 하나의 장으로 프롬을 다룬 부분 역시 흥미롭고 심오했다.

프롬이 주목할 만한 학자로서 부상하던 결정적인 시기는 1930년 대의 프랑크푸르트 연구소 시절이었다. 그 시절의 프롬에 대해 많은 것을 말해주는 세 권의 훌륭한 책이 있다. 하나는 마틴 제이의 『변증법적 상상The Dialectical Imagination』(1973)이고, 뒤이어 롤프 비거스하우스가 쓴 『프랑크푸르트 학교The Frankfurt School』(1986)와 토머스 휘틀랜드의 『프랑크푸르트 학교, 망명하다The Frankfurt School in Exile』(2009)가 있다. 또한 프롬의 오랜 친구이자 동료였던 레오 뢰벤탈이 쓴 두 권의 책에서도 많은 것을 찾아낼 수 있다. 가장 도움이 많이 되었던 것은 그의 『비판 이론과 프랑크푸르트 이론가들Critical Theory and Frankfurt Theorists』(1989)이지만, 『습득되지 않은 과거An Unmastered Past』(1987) 또한 유용하다. 헨리 패처의 『바이마르 연구들Weimar Studies』(1982)은 참여 관찰자의 관점으로 바이마르 문화와 정치에 대한 극도로 세심한 초상을 그려냈다. 나는 데틀레프 클라우센의 『테오도어 W. 아도르노Theodor W. Adorno』(2003, 2008)에서 많은 것을 얻었다. 이 책은 비판 이론의 출현과, 연구소에서 갈등으로 점철된 프롬과 아도르노의 관계 양상을 명확히 하고 맥락화했다. 또한 세일라 벤하비브의 『비판, 규범, 유토피아Critique, Norm, and Utopia』(1986)는 비판 이론의 지적 기초들에 대해 논의할 만한 합당한 가치를 지니고 있었다.

이러한 일생과 시대를 다루는 전기물에서, 프롬을 둘러싼 정신분석학적 세계는 상당히 중대한 것이었다. 이 분야에서 나는 고인이 된 폴 로젠에게 빚을 졌는데, 그는 『프로이트와 그의 추종자들Freud and His Followers』(1976)과 프롬을 맥락화하기 위해 많은 것을 이야기해주는 책이나 글을 여러 편 집필했다. 로젠의 작품들은 정신분석 운동의 문화에 대한 엘리 자레츠키의 『영혼의 비밀Secrets of the Soul』(2004)과 아주 훌륭하게 이어진다. 필립 리프의 두 권의 책 『프로이트Freud』(1959)와 『치료의 승리The Triumph of the Therapeutic』(1966)를 다시 읽는 것도 많은 도움이 된다. 마크 에드먼슨은 상당히 흥미로운 지적 역사가이자 문화 비평가로, 프로이트가 생의 후반기에 어떻게 프롬과 흥미로운 지적 친밀감을 가지게 되었는지를 이해하는 데 그의 『지그문트 프로이트의 죽음The Death of Sigmund Freud』(2007)이 매우 유용했다. 더글러스 커시너의 『자유가 없는 연합들Unfree Associations』(2002)로부터는 더욱 정통적인 미국의 정신분석 연구소들의 사소한 정치 때문에 프롬이 좌절감을 느꼈다는 사실을 알 수 있다. 그러나 나는 피터 게이의 훌륭한 작품 『프로이트, 우리 시대를 위한 그의 삶Freud: A Life for Our Time』(1988)이 없었다면 거의 아무것도 할 수 없었을 것이다. 또한 미국 정신분석학 역사의 흐름을 정리했던 네이선 G. 헤일의 두 권의 책, 『프로이트와 미국인들Freud and the Americans』(1971)과 그 후편인 『미국 정신분석학의 부흥과 위기The Rise and Crisis of Psychoanalysis in the United States』(1995)도 빼놓을 수 없다.

　프롬과 가까운 인물들의 전기는 다채로우며, 여기에선 몇 권만 소개하겠다. 프리다 프롬 라이히만의 전기 『한 사람을 구원하는 일은 세상을 구원하는 일To Redeem One Person Is to Redeem the World』(2000)은 게일 혼스타인에 의해 집필되었다. 앤루이즈 실버의 선집 『정신분석과 정신질환Psychoanalysis and Psychosis』(1989)에는 임상의로서 프롬 라이히만에 관한 흥미로운 자료가 풍부하여, 프리다 프롬 라이히만에 정통한 학자의 세심한 손길이 느껴진다. 크누드 안드레센은 하인츠 브란트에 대한 단 하나뿐인 훌륭한 전기인 『생활 원칙론Widerspruch als Lebensprinzip』(2007)을 출간했다. 단순히 『카렌 호르나이Karen Horney』(1994)라고 이름 붙여진 버나드 패리스의 아주 훌륭한 전기는 특히 프롬과 호르나이의 관계를 파악하는 데 유용했다. 수전 퀸의 『그녀 자신의 마음A Mind of Her Own』(1987)은 호르나이에 대한 강렬하고 조금 더 일반적인 전기다. 해리 스택 설리번에 대한 단 하나의 완벽한 전기는 헬렌 페리의 『미국의 정신과 의사Psychiatrist of America』(1982)다. 패트릭 물라이 또한 설리번 학자였으며, 그의 『해리 스택 설리번의 공헌The Contribution of Harry Stack Sullivan』(1995)은 여전히 많은 이야기를 해주고 있다. 프롬의 좋은 친구였던 J. 윌리엄 풀브라이트는 임상의가 아닌 정치가였지만, 우리는 랜들 우즈의 『풀브라이트 전기Fulbright: A Biography』(1995)를 통해 왜 프롬이 그에게 그토록 마음을 빼앗겼는지 알 수 있다. 그는 짧은 기간이기는 하지만 유진 매카시에게는 더욱더 흠뻑 빠져들었다. 그와 1968년 대통령 선거에 대한 가장 좋은 설명은 도미닉 샌드브룩의 『유진 매카시와 전후 미국 자유주의의 흥망Eugene McCarthy and the Rise and Fall of Postwar American Liberalism』(2005)일 것이다.

프롬과 그의 공공 지식인들의 세대가 가장 활발했을 때, 제2차 세계대전과 전후의 지적 분위기를 광범위하게 옮긴 책이나 글은 수십 편에 달했다. 폴 고먼의 『20세기 미국의 좌파 지식인들과 대중문화Left Intellectuals and Popular Culture in Twentieth-Century America』(1996), 윌프레드 매클레이의 『주인 없는 세계Masterless』(1994), 러셀 저코비의 『최후의 지식인들The Last Intellectuals』(1987)은 특히 많은 도움이 되었다. 프롬 세대의 범세계적인 특징들에 대한 데이비드 홀링어의 여러 편의 글과 홀링어의 책 『탈인종주의 미국Post-Ethnic America』(1995)은 전체 주제의 '틀'

을 형성하는 데 도움이 되었다. 세 편의 다른 작품들, 앨런 나델의『봉쇄 문화Containment Culture』(1995), 리처드 킹의『인종, 문화, 지식인들Race, Culture, and the Intellectuals』(2004), 엘런 허먼의『미국 심리학의 로맨스The Romance of American Psychology』(1995) 또한 모두 상당히 뛰어난 것이었고, 여기에서 기술할 수 있는 것보다 훨씬 더 많은 면에서 내게 특히 중요한 의미였다.

프롬이 가장 활동적이고 또한 중요한 시기였던 1950년대와 1960년대의 문화적·정치적 분위기에 대한 매우 유용한 책들도 있었다. 그 시기의 세계 평화운동에 대해 로런스 위트너의『폭탄에 대한 저항Resisting the Bomb』(1997)보다 나은 작품은 없다. 앨런 페티그니의『관대한 사회The Permissive Society』(2009)와 스티븐 휫필드의『냉전의 문화The Culture of the Cold War』(1991)는 전반적으로 1950년대를 다루고 있고, 상당한 통찰을 보여주었다. 대니얼 호로비츠의『밴스 패커드와 미국 사회 비평주의Vance Packard and American Social Criticism』(1994)와 대니얼 기어리의 C. 라이트 밀스에 대한 연구인『급진적 야망Radical Ambition』(2009)은 1950년대와 1960년대의 가장 중요한 사회비평가 두 명의 아주 훌륭한 전기다. 프롬처럼 그들은 미국의 사회적·경제적 상황에 대한 강력한 반대자들이었다. 토드 기틀린의『1960년대The Sixties』(1987)는 우리 두 사람이 미국 민주학생연합에서 함께했던 10여 년의 맥락을 되살리는 책이다. 1968년은 프롬에게는 특별히 중요한 해로서 그 때 그는 유진 매카시의 대통령 선거운동에 합류했고, 그 선거운동의 성명서를 작성했다. 매카시 법안과 많은 부분 밀접한 그 시대의 발전상을 잘 다룬 것을 보려면, 줄스 위트커버의『꿈이 소멸한 해The Year the Dream Died』(1997)를 참조하라. 브루스 슐만의 놀라운 책『1970년대

The Seventies』(2001)는 다시 1960년대로 뻗어나갔고, 프롬의 생애 후반기의 미국 정치 문화를 이해하는 데 내게 큰 도움을 주었다.

내가 이 전기를 준비하고 있던 마지막 몇 년 동안, 나는 큰맘 먹고 마이클 셰리의 『전쟁의 그늘 속에서In the Shadow of War』(1995)를 읽었다. 이 책은 프롬이 단호하게 저항했던, 미국 문화의 군국주의를 능수능란하게 묘사한다. 그와 반대로 유리 슬레즈킨의 『유대인의 세기The Jewish Century』(2004)는 프롬이 성장해왔던 배경인 전 세계의 20세기 유대교에 관한 아주 훌륭한 분석이다. 슬레즈킨은 기업가로 성공한 소수로서 그 시기의 유대인들이 현대에 놀랄 만한 사회적·지적 적응력을 보여주었고, 어떤 면에서는 현대의 상징적 표상이 되었다는 의제에 대해 설득력 있는 이야기를 구축해놓았다. 존 커디히의 걸작 『시민의 시련The Ordeal of Civility』(1974)은 『유대인의 세기』와 아주 잘 들어맞는다. 커디히는 유대인 전문직 계급과 일반적인 노동계급 그리고 세계의 식민화된 민족들에 대해 혁신과 기회를 제한했던 지배적인 비유대인 문화를 20세기 유대인 지식인들이 어떻게 통렬히 비판했는지 기술하고 있다. 다시 한번 말하건대, 슬레즈킨과 커디히의 책을 연구하면서 내 마음속에 떠올랐던 것은 다름 아닌 프롬의 삶과 사상이었다.

제1장 불안한 견습생, 프롬

1_ "나는 내가 살았던 세상에 (…) 받아들여지지 않았어요": "Autobiographical Sidelights by Erich Fromm," *International Forum on Psychoanalysis 9*(2000), 251. "은둔적인 중세 분위기"라는 표현과 관련하여: 프롬 기록 보관소에 있는 제라르 쿠리의 인터뷰(로카르노, 1978~1979).

2_ 셀리그만 바 밤베르거와 관련하여: 레오 융Leo Jung이 편집한 *Jewish Leaders, 1750~1940*(New York: Bloch 1953, 1964), 179~195, 그리고 레오 융의 *The Bamberger Family: The Descendants of Rabbi Seligman Bär Bamberger, 2nd ed.*(예루살렘, 1979), ix, x, xi. 증조부인 밤베르거를 "이상적으로" 그렸던 점을 인정한 부분과 관련하여: 에리히 프롬이 에른스트 지몬에게 보낸 편지(1973년 10월 9일). 프롬에게 밤베르거가 중요한 역할을 했다는 사실과 관련하여: 저자의 게르트루트 훈치커 프롬 녹취 인터뷰(취리히, 2004년 5월 9일).

3_ 프롬과 밤베르거 가족의 초기 시절의 세부사항과 관련하여: 저자의 게르트루트 훈치커 프롬 녹취 인터뷰(취리히, 2004년 5월 9일).

4_ 가족의 세부적인 역사와 관련하여: 저자의 마리안 로트바허 녹취 인터뷰(빈, 2004년 5월 18일)와 게르트루트 훈치커 프롬 녹취 인터뷰(취리히, 2004년 5월 10일).

5_ 프롬이 나프탈리로부터 로자를 보호하려 한 부분과 관련하여: 제라르 쿠리의 에리히 프롬 녹취 인터뷰(1978~1979). 프롬과 양친과의 관계를 이해하는 데 튀빙겐의 프롬 기록 보관소에 있던 사진들이 상당히 도움이 되었으며, 로트바허와 게르트루트 훈치커 프롬과의 인터뷰도 많은 도움이 되었다. 프롬 기록 보관소 담당자는 프롬의 어린 시절 사진을 책에 싣는 것을 허락하지 않았고, 결국 프롬의 자서전적 에세이 『환상의 사슬을 넘어서』(New York: Continuum, 1962, 1990)의 "Some Personal Antecedents"와 라이너 풍크의 *Erich Fromm: His Life and Ideas*(New York: Continuum, 2000) 제1장을 면밀히 연구한 것이 결정적인 도움이 되었다.

6_ 제라르 쿠리의 에리히 프롬 녹취 인터뷰(1978~1979). 이 인터뷰는 프롬이 아버지를 떠올리며 부자 관계가 어떻게 변화해갔는지 그 세부사항들에 대해 언급한 내용을 담고 있다. 프롬이 자신의 아버지를 '아픈 사람' 혹은 '굉장히 이상한 사람' 그리고 정신적으로 문제가 있다고 언급한 부분과 관련하여: 저자의 도리스 구를란트Dorothy Gurland 녹취 인터뷰(프로비던스, 2009년 8월 23일).

7_ 프롬의 어린 시절의 '고난'과 관련하여: 에리히 프롬이 아넬리 브란트에게 보낸 편지(1963년 9월 10일). "참을 수 없을 만큼 불안한 아이": 프롬의 『환상의 사슬을 넘어서』, 5. 게르트루트의 아버지 에마누엘과의 관계와 관련하여: 저자가 진행한 게르트루트 훈치커 프롬 녹취 인터뷰(취리히, 2004년 5월 9·10일).

8_ 루트비히 크라우제에 대한 가장 상세한 사항들은 저자가 마리안 로트바허를 직접 인터뷰한 내용에서 얻었다(빈, 2004년 5월 18·19일). 이 인터뷰의 부족한 부분은 "Some Personal Antecedents"의 프롬에 대한 부분과 풍크의 *Erich Fromm: His Life and Ideas*(특히 14)로 인해 만족스럽게 보완되었다.

9_ 프롬 기록 보관소에 소장 중인 많은 사진은 활발한 가족 관계에 대해 많은 것을 시사하고 있었지만, 프롬 기록 보관소 담당자는 그 어린 시절의 사진들을 출판하는 것을 허락하지 않았다. 프롬이 아넬리 브란트에게 보낸 편지(1963년 9월 10일, 프롬 기록 보관소).

10_ 수스먼과 관련하여: 풍크의 *Erich Fromm: His Life and Ideas*, 20, 32. 젊은 여성의 자살과 관련하여: 프롬의 『환상의 사슬을 넘어서』, 4.

11_ 프롬이 다녔던 뷜러슐레 학교와 같은 독일 체육학교에서의 인본주의적 가치의 실종과 관련하여: 프롬의 『환상의 사슬을 넘어서』, 7~9. 프롬이 루이스 멈퍼드에게 쓴 편지(1975년 4월 29일, 프롬 기록 보관소), 그리고 프롬이 알베르트 슈페어에

게 쓴 편지(1974년 2월 13일, 프롬 기록 보관소).

12_ "당파적이거나 객관성이……": 프롬의 『환상의 사슬을 넘어서』, 6~7, 그리고 프롬이 우르쿠하트에게 보낸 편지(1967년 7월 10일, 프롬 기록 보관소). "……혼돈 속에 빠진 젊은이": 프롬의 『환상의 사슬을 넘어서』, 9.

13_ 풍크의 "The Jewish Roots of Erich Fromm's Humanistic Thinking," 2~4(미출간, 1988년, 프롬 기록 보관소), 풍크의 *Erich Fromm: His Life and Ideas*, 37~43, 그리고 대니얼 버스턴의 *The Legacy of Erich Fromm*(Cambridge, Mass.: Harvard University Press, 1991), 12~13.

14_ 풍크의 "The Jewish Roots of Erich Fromm's Humanistic Thinking," 3~5와 *Erich Fromm: His Life and Ideas*, 37~39.

15_ 풍크의 *Erich Fromm: His Life and Ideas*, 40~43, 그리고 버스턴의 *The Legacy of Erich Fromm*, 12.

16_ 풍크의 *Erich Fromm: His Life and Ideas*, 40~41.

17_ 노벨 연대와 관련하여 풍크의 *Erich Fromm: His Life and Ideas*, 38~42가 특히 많은 도움이 되었다. 노벨의 죽음에 대한 프롬의 부고문은 프랑크푸르트 *Neue Jüdische Presse* 1922년 2월 2일 자에서 발견되었다.

18_ 하이델베르크대학에서의 프롬 성적 증명서 복사본은 프롬 기록 보관소에 소장되어 있다. 풍크의 *Erich Fromm: His Life and Ideas*, 44, 50~52는 하이델베르크대학에서 공부하겠다는 결정과 관련한 부분에 매우 많은 도움이 되었다.

19_ 알프레트 베버에 대한 회상적인 감정과 관련하여: 프롬이 알프레트에게 보낸 편지(1975년 12월 23일). 버스턴의 *The Legacy of Erich Fromm*, 100~101은 알프레트 베버의 사회적 사고를 균형적으로 담고 있다.

20_ 프롬의 *Das Jüdische Gesetz: Ein Beitrag Zur Soziologie des Diaspora-Judentums*(하이델베르크대학 박사 논문, 1922). 뮌헨의 빌헬름 하이네 출판사에 의해 1989년 같은 제목으로 사후 출판되었고, 라이너 풍크가 편집했다. 멕시코 정신분석학회와 연구소에서 프롬의 제자였던 호르헤 실바가 곧 프롬의 논문을 스페인어판으로 출간할 것이란 사실은 주목할 만하다.

21_ 같은 책(1989년 편집본) 70~92, 134~156과 풍크의 *Erich Fromm's Kleine Lebensschule*(Freiburg: Herder, 2007), 60~62.

22_ 같은 책(1989년 편집본) 157~187, 그리고 풍크의 *Erich Fromm's Kleine Lebensschule*, 62~64.

23_ 논문이 통과되지 못해 프롬이 자살하지나 않을까 나프탈리가 걱정하던 부분의 회상과 관련하여: 앤루이즈 실버가 편집한 프리다 라이히만의 *Psychoanalysis and Psychosis*(Madison, Conn.: International Universities Press, 1989)의 "Reminiscences of Europe," 480~481, 그리고 제라르 쿠리의 에리히 프롬 녹취 인터뷰(1978~1979, 프롬 기록 보관소). 알프레트가 프롬에게 학술적인 일들을 해보라고 제안했던 것과 관련하여: 프롬이 알프레트 베버에게 쓴 편지(1975년 12월 23일, 프롬 기록 보관소)와 풍크의 *Erich Fromm: His Life and Ideas*, 52~53.

24_ 라빈코프에 대한 가장 훌륭한 출처는 레오 융이 편집한 *Sages and Saints*에 담긴 "Reminiscences of Shlomo Baruch Rabinkow"(Hoboken, N.J.: Ktav Publishing House, 1987)였다. 그 안에는 라빈코프가 얼마나 자신의 삶에서 중심적인 역할을 했는지, 자신에게 가장 강렬했던 부분들을 정리해놓은 프롬의 짧은 에세이(99~105)가 담겨 있다. 프롬의 "Memories of Rav Zalman Baruch Rabinkow"(1964년경)와 "Memories of Rabbi Salman Baruch Rabinkow"(1971년)에는 훨씬 더 상세한 이야기가 기록되어 있다(둘 모두 프롬 기록 보관소 소장).

25_ 융의 *Sages and Saints*(99~105)에 있는 프롬의 "Memories of Rav Zalman Baruch Rabinkow"와 "Memories of Rabbi Salman Baruch Rabinkow"는 라빈코프와 함께 했던 연구의 세세한 내용을 담고 있다. *Sages and Saints*(98~99)에서 아브라함 프렝켈Abraham Frankel은 어떻게 라빈코프가 『탈무드』 연구를 하는 데 헝가리식이 아니라 리투아니아식을 사용했는지 묘사하고 있다.

26_ 같은 책, 그리고 풍크의 *Erich Fromm's Kleine Lebensschule*, 61~63.

27_ 같은 책 참조. 라빈코프에 대한 세 번의 회고 모두에서, 프롬은 자주 은연중에 또한 명시적으로 자신과 라빈코프를 비교했다. 라빈코프의 청결함, 그리고 다른 성품과 관련하여: 프롬이 로즈 콘위너Rose Cohn-Wiener에게 보낸 편지(1973년 5월 10일, 프롬 기록 보관소). 프롬이 루이스 멈퍼드에게 보낸 편지(1975년 4월 29일, 프롬 기록 보관소)는 자신과 라빈코프를 비교하며 둘 모두 시오니즘에 환멸을 느끼게 되었다고 묘사했다. 자신에게 가장 많은 영향을 주었던 인물인 라빈코프에 대한 가장 뚜렷한 이야기는 "Reminiscences of Shlomo Baruch Rabinkow"(103)에 있는 프롬의 회상 부분에 나타나 있다. 또한 프롬이 에른스트 지몬에게 보낸 편지(1973년 10월 9일, 프롬 기록 보관소)는 라빈코프와 함께했던 시간을 회상하고 있다. 마지막으로, 프롬이 레오 융에게 보낸 편지(1970년 6월 10일, 프롬 기록 보관소)는 *The Autobiography of Nahum Goldmann*(New York: Holt,

Rinehard, and Winston, 1969), 45~47에서 프롬이 기억하고 있는 훌륭한 스승
으로서의 라빈코프에 대한 이야기를 논하고 있다.

28_ 프롬의 1922년 논문과 라빈코프의 1929년 글을 가장 잘 연결 짓고 있는 것
은 라이너 풍크의 "Humanism in the Life and Work of Erich Fromm: A
Commemorative Address on the Occasion of His Ninetieth Birthday"(1990년,
프롬 기록 보관소)다. 풍크는 프롬이 라빈코프에 대한 글을 쓰면서 그들이 단순
히 '함께 수학하는' 관계가 아니라 스승과 제자 관계라는 것을 드러내기 위해 얼
마나 많이 수정을 했는지 통찰력 있게 다루고 있다.

29_ 테오도어 브루크슈Theodor Brugsch와 레비F. H. Levy가 편집한 *Die Biologie der
Person*(Berlin: Urgan & Schwarzenberg, 1929)에서 라빈코프의 "Individuum
und Gemeinschaft im Judentum," 799~824.

30_ 라이너 풍크는 프롬이 유대교를 등지고 세속적인 인본주의자가 되었음에도 그
에게 라빈코프의 인본주의적 유대교가 얼마나 중요한 것이었는지 강조하는 매
우 사려 깊고 풍부한 자료 조사를 바탕으로 두 편의 논문을 집필했다. 그의 "The
Jewish Roots of Erich Fromm's Humanistic Thinking"(1988)과 "Humanism in
the Life and Work of Erich Fromm"(1990) 참조(둘 모두 프롬 기록 보관소 소장).
나는 프롬의 1922년 논문이 라빈코프의 1929년 글과 유사점은 물론이고 차이
점까지도 드러낸다고 생각하지만, 풍크는 이러한 차이점은 나중에 프롬이 (라빈
코프의 반대 없이) 스스로 유대교와 거리를 두었던 시기에 드러났다고 보았다.
하지만 풍크 또한 그들의 관계에서 협조적인 성격을 띠고 있었다는 사실을 주목
하고 있다.

31_ "Frieda Fromm-Reichmann Autobiographical Tapes"(1956). 녹취록은 프롬 기
록 보관소 소장.

32_ 프리다 라이히만의 "Reminiscences in Europe"(469~481), "Frieda Fromm-
Reichmann Autobiographical Tapes"(1956), 클라우스 호프만Klaus Hoffmann
의 "Notes on Frieda Fromm-Reichmann's Biography," 그리고 *Fromm Forum
2*(1998), 24~25는 특히 초기 라이히만의 직업적 배경을 들여다보는 데 도움이
된다.

33_ 같은 책 참조. 그녀의 성폭행 사건과 프롬과의 사랑 이야기는 게일 혼스타인
의 *To Redeem One Person Is to Redeem the World: The Life of Frieda Fromm-
Reichmann*(New York: The Free Press, 2000)에서 다루고 있다. 혼스타인은 분

석을 시행하는 동안 프롬이 라이히만을 유혹했으며, 그 당시 그는 "여자들에게 둘러싸인 남자"(61~62)였다고 주장한다. 이러한 문제에 대해 혼스타인의 실질적인 증거 부족은 프롬을 그저 한 명의 욕망에 가득 찬 젊은 남자로 묘사한 것에 다소 문제가 있다는 사실을 보여준다.

34_ "Frieda Fromm-Reichmann Autobiographical Tapes"(1956)는 치료소의 기원과 활동들, 그리고 프롬과 그녀의 애정 관계에 관한 상세한 내용을 많이 담고 있다. 라이히만의 "Reminiscences of Europe," 479~480 참조.

35_ "Frieda Fromm-Reichmann Autobiographical Tapes"(1956)의 모든 라이히만 인용문 참조. 또한 혼스타인의 *To Redeem One Person Is to Redeem the World: The Life of Frieda Fromm-Reichmann*, 61~62와 *Journal of the American Academy of Psychoanalysis* 23, no.1(1995), 4에 실린 앤루이즈 실버의 "Introduction to Fromm-Reichmann's 'Female Psychosexuality' and 'Jewish Food Rituals'" 참조.

36_ *Imago* 13(1927), 235~246에 실린 프리다 라이히만의 "Das Jüdische Speiseritual" 과 Imago 13(1927), 234에 실린 프롬의 "Der Sabbath." "4년 후 우리는 그 치료소를……": 라이히만의 "Reminiscences of Europe," 481과 실버의 "Introduction to Fromm-Reichmann's 'Female Psychosexuality' and 'Jewish Food Rituals'" 5.

37_ 프롬이 프리다에게 "아이 갖는 일이 무슨 대수야?"라고 말했다는 기억과 관련하여: 혼스타인의 *To Redeem One Person Is to Redeem the World: The Life of Frieda Fromm-Reichmann*, 69. 프롬이 실바에게 프리다가 아이를 가질 수 없다고 털어놓았던 것과 관련하여: 저자의 호르헤 실바 녹취 인터뷰(멕시코시티, 2004년 3월 21일) 참조. *International Forum on Psychoanalysis* 8, no. 1(1999년 4월), 22에 실린 앤루이즈 실버의 "Frieda Fromm-Reichmann and Erich Fromm"은 프롬이 직업적인 생산성을 증진시키기를 원하는 중에도 프리다는 아이를 원했다는 사실을 설득력 있게 주장하고 있다.

사산아 혹은 근종, 그리고 신체적 상태에 대한 그녀의 반응과 관련하여: 프리다 라이히만이 게오르크 그로데크에게 보낸 편지(1932년 7월 31일, 프롬 기록보관소). 1932년 7월 31일에 그로데크에게 보낸 편지만을 언급했던 혼스타인의 *To Redeem One Person Is to Redeem the World: The Life of Frieda Fromm-Reichmann*, 69는 사산아였을 가능성을 고려하지 않고 있으며, 그것은 단지 근종이었다고 주장한다. 결혼생활에 문제가 있는 와중에 그로데크와 가깝게 지낸 것과 관련하여: 프리다 라이히만이 그로데크에게 보낸 편지(1933년 8월 23일, 프롬 기록 보관소). 2003년 2월 1일 워싱턴에서 저자가 직접 진행했던 마우리시오 코르티나 인터뷰는 프롬이 그에게 아이를 가지는 일이 인간을 현재의 문화와 가치에 얽매어놓는다고 말했다는 사실을 전해준다. 프롬이 아이를 갖지 않은 것이 후회되지는 않는지 질문을 받고 감정적으로 동요하는 모습을 보였던 것과 관련하여: 저자의 라이너 풍크 인터뷰(튀빙겐, 2003년 7월 25일).

38_ 그로데크의 삶과 사상, 특히 프로이트와 관련한 훌륭한 설명은 마틴 그로찬 Martin Grotjahn의 *Psychoanalytic Pioneers*(New York: Basic Books, 1966), 308~320에 실린 "George Groddeck: The Untamed Analyst"에 담겨 있다. 또한 로마노 비앙콜리Romano Biancoli의 "Georg Groddeck, the Psychoanalyst of Symbols," *International Forum of Psychoanalysis* 6(1997), 117~125를 참조. 그로데크의 '그것it'과 프로이트의 '이드id' 사이의 관계를 통찰력 있게 논의한 것은 자프 보스Jaap Bos, 데이비드 파크David Park, 페테리 피에티카이넨Petteri Pietikainen의 "Strategic Self-Marginalization: The Case of Psychoanalysis," *Journal of the History of the Behavioral Sciences* 41, no.3(2005년 여름), 212~213 참조.

39_ 풍크의 *Erich Fromm: His Life and Ideas*, 62~63, 그리고 프롬이 실비아 그로스먼Sylvia Grossman에게 보낸 편지(1957년 11월 12일, 프롬 기록 보관소), 프롬이 잭 루빈스Jack L. Rubins에게 보낸 편지(1972년 9월 26일, 프롬 기록 보관소).

40_ 프롬이 그로데크에게 보낸 편지(1934년 8월 15일, 프롬 기록 보관소), 프롬이 그로스먼에게 보낸 편지(1957년 11월 12일, 프롬 기록 보관소).

41_ 서남부 독일 정신분석 연구 모임의 형성과 그 참가자들과 관련하여: 프롬이 잭 루빈스에게 보낸 편지(1972년 9월 26일, 프롬 기록 보관소). 또한 토마스 플랑커스Thomas Plankers와 한스 호아킴 로스Hans-Joachim Rothe의 "'You Know That Our Old Institute Was Entirely Destroyed……': On the History of the Frankfurt Psychoanalytical Institute 1929~1933," *Psychoanalysis and History* 1, no.1(1998), 특히 103~109 참조.

42_ 로마노 비앙콜리의 "Mother Fixation and the Myth of Demeter," *International Forum of Psychoanalysis* 6, no.1(1998년 4월), 28~29, 버스턴의 *The Legacy of Erich Fromm*, 15~16, 그리고 헨드릭 라위텐베익Hendrik M. Ruitenbeek이 편집한 *Heirs to Freud*(New York: Grove Press, 1966), 7, 87~94 참조.

43_ *Zeitschift für Psychoanalytische Pädagogik* 3(1929), 268~270에 실린 프롬의

"Psychoanalyse und Soziologie."

44_ 혼스타인의 *To Redeem One Person Is to Redeem the World: The Life of Frieda Fromm-Reichmann*, 67, 저자가 직접 진행한 게르트루트 훈치커 프롬 인터뷰 (취리히, 2004년 5월 10일), 그리고 앤루이즈 실버의 "Fromm-Reichmann and Fromm," 21~22 참조.

특히 라이너 풍크가 버나드 패리스에게 보낸 편지(1990년 7월 19일, 프롬 기록 보관소)는 1931년에 발병한 결핵에 대해 그로데크가 어떻게 받아들였는지 프롬 이 그에게 이야기한 내용에 주목하면서 상당히 많은 점을 시사했다.

제2장 프랑크푸르트의 학자

1_ 롤프 비거스하우스의 *The Frankfurt School: Its History, Theories, and Political Significance*(Cambridge, Mass.: The MIT Press, 1995)의 제1장과 제2장은 프랑 크푸르트 사회연구소의 기원을 매우 광범위하게 아우르고 있다. 더 자세한 내용을 확인하려면 마틴 제이의 *The Dialectical Imagination: A History of the Frankfurt Institute of Social Research*(Boston: Little & Brown, 1973) 참조.

2_ 같은 책, 그리고 토마스 플랑커스와 한스 호아킴 로스의 "You Know That Our Old Institute Was Entirely Destroyed……': On the History of the Frankfurt Psychoanalytic Institute 1929~1933," *Psychoanalysis and History* 1, no.1(1998), 101~114는 둘 모두 프롬의 프랑크푸르트 사회연구소와 프랑크푸르트 정신분석 연구소 시절의 이야기를 담고 있다.

3_ 프롬의 "Psychoanalyse und Soziologie," *Zeitschrift für Psychoanalytische Pädagogik* 3(1928~1929), 268~270.

4_ 프롬의 "Memorandum for Dr. Kurt Rosenfeld"(1939, 프롬 기록 보관소), 풍크의 *Erich Fromm: His Life and Ideas*, 72~73.

5_ 프롬의 *The Dogma of Christ, and Other Essays on Religion, Psychology, and Culture*(London: Routledge & Kegan Paul, 1963)는 1930년 에세이의 영어 번역 본을 담고 있다.

6_ 호르크하이머가 프로이트에게 보낸 편지(1932년 3월 18일, 프롬 기록 보관소와 프 롬 모음집, 뉴욕 공립 도서관) 참조.

7_ 형사사법제도에 대한 프롬의 이 두 에세이는 케빈 앤더슨과 리처드 퀴니의 영어 번역본 *Erich Fromm and Critical Criminology: Beyond the Punitive Society*(Urbana: University of Illinois Press, 2000), 123~156에 담겨 있다.

8_ 같은 책, 그리고 비거스하우스의 *The Frankfurt School*, 118~120.

9_ 같은 책, 그리고 프롬의 입장에 대한 좀 더 도움이 될 만한 비평을 보려면 리처드 퀴니의 "Socialist Humanism and the Problem of Crime: Thinking About Erich Fromm in the Development of Critical Criminology," *Crime, Law, and Social Change 23*, no.2(1995), 147~156 참조.

10_ 같은 책, 그리고 마틴 제이의 *Permanent Exiles: Essays on the Intellectual Migration from Germany to America*(New York: Columbia University Press, 1986), 23~24, 109를 살펴보는 것도 도움이 된다.

11_ 프롬의 "Politik und Psychoanalyse," *Psychoanalytische Bewegung* 3, no.5 (1931년 9·10월), 440~447 참조.

12_ 프롬의 "The Method and Function of an Analytic Social Psychology: Notes on Psychoanalysis and Historical Materialism," *Zeitschrift für Sozial-forschung* 1(1932)의 특히 39~40, 53 참조.

13_ 프롬의 "Psychoanalytic Characterology and Its Relevance for Social Psychology"는 프롬의 『정신분석의 위기』(New York: Holt, Rinehart and Winston, 1970), 163~187의 영어판, 그리고 *Zeitschrift für Sozialforschung*(Hirschfeld-Leipzig, 1932)의 독일어판에서 찾아볼 수 있다. 저자는 이 글을 뉴욕 공립 도서관의 '프롬 서류들'에 실린 그대로 사용했다.

14_ 같은 책, 177~187.

15_ 같은 책, 특히 183~184와 n.21.

16_ 같은 책, 특히 185~187.

17_ 같은 책, 특히 n.30, n.37.

18_ 초기 비판 이론의 본질에 대한 가장 적절한 요약을 보려면 윌프레드 매클레이Wilfred M. McClay의 *The Masterless: Self and Society in Modern America*(Chapel Hill: University of North Carolina Press, 1994), 205~206 참조.

19_ 볼프강 본스가 편집한 *The Working Class in Weimar Germany: A Psychological and Sociological Study*(Warwickshire: Berg, 1984)는 이 연구의 주요 관련자들을 소개하고 맥락화했으며, 최초로 이 연구를 활자화하는 작업을 아주 훌륭히

해주었다. 본스의 도입부(1~33)는 특히 많은 도움이 되었다.

20_ 같은 책 13~14.

21_ 같은 책 24~26, 그리고 비거스하우스의 *Frankfurt School*, 170~172 참조. 또한 프롬이 마틴 제이에게 보낸 편지(1971년 5월 14일, 프롬 기록 보관소)에서 독일 노동자 연구를 회상하는 내용, 그리고 프롬과 매코비의 『어느 멕시코 마을의 사회적 성격』(Englewood Cliffs, N.J.: Prentice-Hall, 1970), 23~26 참조.

22_ 같은 책, 그리고 비거스하우스의 *Frankfurt School*, 171.

23_ 같은 책, 또한 프롬의 비정형적인 표본 추출에 대해 특히 설득력 있는 언급을 보려면 데이비드 스미스David Smith의 "The Ambivalent Worker: Max Weber, Critical Theory, and the Antinomies of Authority," *Social Thought and Research* 21, no.1·2(1998), 64~67 참조.

24_ 독일 노동자 프로젝트 1980년 판의 편집자였던 볼프강 본스는 프롬의 남겨진 자료들로부터 자신의 텍스트를 완성할 수 있었다. 본스는 1934년 연구소가 뉴욕으로 이주했을 때 1100개의 완성된 설문지 중 584개를 되살릴 수 있었다고 이야기한다(*The Working Class in Weimar Germany: A Psychological and Sociological Study*, 8). 본스가 그 자료들을 직접 살펴볼 수 있었기 때문에 이것은 신뢰할 수 있는 결과인 듯하다. 그러나 프롬은 마틴 제이에게 보낸 편지(1971년 5월 14일, 프롬 기록 보관소)에서 자신의 설문지 중 단 하나도 유실되지 않았으며, 직원들이 그것들 중 (584개가 아니라) 700개를 분석했다는 사실을 부인했다. 아마도 프롬의 기억에 자료의 유실과 관련하여 혼돈이 있었거나, 아니면 그가 처음 독일에 되돌려주었던 1100개의 설문지를 '언급하려 했던 것처럼 보인다.

25_ 본스의 *The Working Class in Weimar Germany: A Psychological and Sociological Study*, 특히 28, 228~230과 비거스하우스의 *Frankfurt School*, 173, 그리고 프롬이 찰스 피어스Charles Pearce에게 보낸 편지(1938년 6월 22일, 프롬 기록 보관소).

26_ 본스의 *The Working Class in Weimar Germany: A Psychological and Sociological Study*, 228~230, 프롬이 매코비에게 보낸 편지(1974년 4월 11일), 그리고 '매코비 서류들'은 독일 노동자 프로젝트에 대한 세부사항들과 복구된 설문지들에 대한 다른 추정치를 보여준다.

27_ 빌헬름 라이히가 프롬에게 보낸 편지(1932년 6월 5일, 프롬 기록 보관소), 풍크의 *Erich Fromm: His Life and Ideas*, 74 참조. *The Mass Psychology of Fascism*(New

York: Farrar, Straus & Giroux, 1970) 3번째 판의 219페이지에서, 라이히가 프롬과 토론했고, 일반 대중의 성적 억압이 권위를 향한 그들의 열망을 어떻게 증폭시켰는지를 무시한 것에 대해 그를 비난했다는 사실은 주목할 만하다. 아마도 두 개의 거대한 자아 사이의 충돌에 매몰된 채, 프롬도 라이히도 서로에 대한 지적 연관성을 인정하지 않았던 듯하다. 프롬의 글들은 그가 *The Mass Psychology of Fascism*을 출간한 이후에도 파시즘과 권위주의에 대해 라이히를 언급했다. 반대로 라이히는 프롬의 독일 노동자 연구가 초기 단계에 있다는 걸 알았음에도 그것을 자신의 책에 언급하지 않았다. 확실히 *The Mass Psychology of Fascism*은 노동계급의 권위주의의 뿌리를 성적 억압, 경제적 착취, 그리고 자유에 대한 두려움을 증폭시키는 가부장적 가계 구조에 두고 있다. 프롬은 독일 노동자 연구에 대한 1936년 보고서에서 *The Mass Psychology of Fascism*을 비평했고, 그것을 선구적인 작품이라고 추켜올렸다.(다른 비평가들은 거의 그러지 않았지만.) 그는 라이히의 책이 생식기적 성의 중요성을 너무 과장되게 강조하고 있다고 지적했다.

28_ 막스 호르크하이머가 찰스 뮐러Charles P. Müller에게 보낸 편지(1938년 11월 12일), 프리드리히 폴로크가 프롬에게 보낸 편지(1932년 10월 10일). 둘 모두 프롬 기록 보관소 소장. 프롬이 결정적인 역할을 했던 컬럼비아대학으로의 이주에 대한 가장 포괄적인 연구는 토머스 휘틀랜드의 "Critical Theory on Morningside Heights: From Frankfurt Mandarins to Columbia Sociologists," *German Politics and Society* 22, no.4(2004 겨울), 1~85 참조. 또한 비거스하우스의 *Frankfurt School*, 143~148과 풍크의 *Erich Fromm: His Life and Ideas*, 74~77, 그리고 프롬이 호르크하이머에게 쓴 편지(1938년 11월 4일, 프랑크푸르트 호르크하이머 기록 보관소) 참조.

29_ 프롬의 "The Theory of Mother Right and Its Relevance for Social Psychology," *Love, Sexuality, and Matriarchy*(New York: International Publishing Corporation, 1997), 21~37 참조.

30_ 같은 책, 38~45.

31_ 프롬의 "the Theory of Mother Right and Its Relevance for Social Psychology" (1934), "The Male Creation"(1934), "Robert Briffault's Book on Mother Right" (1933), 그리고 *Love, Sexuality, and Matriarchy*의 19~84, 특히 30~45 참조.

32_ 프롬의 *Love, Sexuality, and Matriarchy*, 38~45, 풍크의 *Erich Fromm: His Life and Ideas*, 75, 그리고 프롬의 "The Social Psychological Significance of the

Theory of Matriarchy," *Zeitschrift für Sozialforschung* 3(1934), 215 참조.

33_ 프롬의 "Robert Briffault's Book on Mother Right"(1933), *Love, Sexuality, and Matriarchy*, 76~84 참조.

34_ 프롬이 보토모어에게 보낸 편지(1974년 3월 26일, 프롬 기록 보관소), 비거스 하우스의 *Frankfurt School*, 3장, 휘틀랜드의 "Critical Theory on Morningside Heights," 1~3 참조.

35_ *Studien über Autorität und Familie, Forschungsberichte aus dem Institut für Sozialforschung*(Paris: Felix Alcan, 1936), 78~134에서 프롬의 "Sozialpsychologischer Teil," 비거스하우스의 *Frankfurt School*, 151.

36_ 프롬의 "Sozialpsychologischer Teil," 95, 123.

37_ 같은 글, 109~116.

38_ 같은 글, 109, 113~116.

39_ 같은 글, 111, 120~125.

40_ 같은 글, 125.

41_ 같은 글, 128~134.

42_ 같은 글, 114, n.30.

43_ 같은 글, 131~135. 또한 비거스하우스의 *Frankfurt School*, 270 참조.

44_ 1930년대 병에서 회복하기 위한 프롬의 여행을 가장 상세하게 설명한 것은 풍크 의 *Erich Fromm: His Life and Ideas*, 74~88.

45_ 400달러의 월 급여와 관련하여: 프롬이 관계자에게 보낸 편지(1936년 12월 31 일). 계약 조항과 월급, 그리고 비용과 관련하여: 프리드리히 폴로크가 베를린 에 있는 미 총영사에 보낸 편지(1939년 1월 6일), Société Internationale de Recherches Sociales, 프롬의 합의서(1937년 6월, 프롬 기록 보관소). 프롬 기록 보관소에서 1930년대 말 프롬이 연구소에 제출한 비용 명세서 발견. 호르크하이 머 기록 보관소에 있는 호르크하이머와 프롬이 주고받은 서신들, 특히 호르크하 이머가 프롬에게 보낸 편지(1935년 12월 10일), 프롬이 호르크하이머에게 보낸 편지(1938년 11월 4일), 그리고 프롬이 쿠르트 로젠펠트에게 보낸 메모(1939년 11월 16일, 프롬 기록 보관소) 참조.

46_ 프롬이 쿠르트 로젠펠트에게 보낸 편지(1939년 11월 19일), 프롬이 프리드리 히 폴로크에게 보낸 편지(1939년 11월 7일, 프롬 기록 보관소), 그리고 호르크 하이머가 프롬에게 보낸 편지(1939년 11월 7일, 호르크하이머 기록 보관소) 참

조. 비거스하우스의 *Frankfurt School*, 271, 마틴 제이의 *Dialectical Imagination*, 167~168도 참조.

47_ 같은 책.

48_ 프롬이 로젠펠트에게 보낸 편지(1939년 11월 16일, 프롬 기록 보관소), 비거스하우스의 *Frankfurt School*, 271~272, 프롬이 하코트 출판사에 보낸 편지(1937년 4월 27일, 프롬 기록 보관소) 참조.

49_ 비거스하우스의 *Frankfurt School*, 265~271, 프롬이 마틴 제이에게 보낸 편지(1971년 5월 14일, 프롬 기록 보관소).

50_ 아도르노가 호르크하이머에게 보낸 편지(1934년 11월 2일, 호르크하이머 기록 보관소), 프롬이 마틴 제이에게 보낸 편지(1971년 5월 14일, 프롬 기록 보관소), 그리고 비거스하우스의 *Frankfurt School*, 270~271, 제이의 *Dialectical Imagination*, 116~117 참조. "결혼을 염두에 두고 따라나선……": 아도르노가 호르크하이머에게 보낸 편지(1934년 11월 2일, 호르크하이머 기록 보관소).

51_ 프롬이 카를 비트포겔에게 보낸 편지(1936년 12월 18일, 프롬 기록 보관소), 프롬이 호르크하이머에게 보낸 편지(1937년 9월 10일, 호르크하이머 기록 보관소) 참조.

52_ 뉴욕 공립 도서관의 '프롬 서류들'과 프롬 기록 보관소에 있는 프롬의 "A Contribution to the Method and Purpose of Analytical Social Psychology" (1937), 2~9 참조. 이 에세이는 *The Yearbook of the International Erich Fromm Society* 6(1995), 189~236에 처음으로 출간되었지만, 저자는 프롬이 영어로 번역했던 1937년의 초안에서 인용한다.

53_ 같은 책, 23, 33, 42(마르크스를 언급하는 부분), 44 참조.

54_ 비거스하우스의 *Frankfurt School*, 265~267, 아도르노가 호르크하이머에게 보낸 편지(1936년 3월 21일, 호르크하이머 기록 보관소), 그리고 어떻게 그가 아도르노를 '우쭐하기만 한 헛소리 창시자'라고 묘사했는지 담겨 있는, 프롬이 라야 두나옙스카야에게 보낸 편지(1976년 10월 2일, 프롬 기록 보관소) 참조. 그리고 리처드 킹의 *Race, Culture, and the Intellectuals*(워싱턴, Woodrow Wilson Center Press, 2004), 75 참조.

55_ 비거스하우스의 *Frankfurt School*, 268, 마틴 제이의 "The Frankfurt School's Critique of Marxist Humanism," *Social Research* 39(1972), 301 참조.

56_ 제이의 "The Frankfurt School's Critique of Marxist Humanism," 294~305는

한편으로는 프롬, 다른 한편으로는 아도르노와 호르크하이머를 놓고 그 차이를 명민하게 논의한다. 비거스하우스의 *Frankfurt School*, 268 참조. 아도르노가 프롬에게 보낸 편지(1937년 11월 16일, '프롬 서류들', 뉴욕 공립 도서관)는 연구소의 계급 관계에서 프롬을 존중하는 듯 보이지만, 이미 사회심리학에서 두 사람의 차이를 뚜렷이 드러내고 있다. "위험스러운 연구적 차이들 때문에……": 테오도어 아도르노, *Letters To His Parents, 1939~1951*(Cambridge: Polity Press, 2006), 62~63(1940년 7월 23일 편지) 참조.

제3장 유럽 지식인들의 미국화

1_ 빌헬름 라이히가 프롬에게 보낸 편지(1932년 3월 9일, 6월 5일, 7월 12일, 8월 3일, 9월 3·5일, 10월 31일, 프롬 기록 보관소), 루이즈 호프먼Louise Hoffman의 "Psychoanalytic Interpretations of Adolf Hitler and Nazism, 1933~1945: A Prelude to Psychohistory," *Psycho-history Review* 11, no.1(1982년 가을), 76~77, 라이히의 *The Mass Psychology of Fascism*을 프롬의 『자유로부터의 도피』(New York: Henry Holt, 1941, 1965)와 연계하여 참조. 나치 위협에 대한 초기의 근심들에 대해 이야기한 제라르 쿠리의 녹취 인터뷰(엑상프로방스Aix-en-Provence, 2005년 10월 24일)와 마틴 제이의 *The Dialectic Imagination: A History of the Frankfurt School and the Institute of Social Research, 1923~1950*(Boston: Little, Brown, 1973), 94~97 참조.

2_ 프롬이 마거릿 미드에게 보낸 편지(1936년 12월 26일, 프롬 기록 보관소), 프롬이 구스타프 발리에게 보낸 편지(1936년 10월 10·19일, 1937년 1월 4일, 3월 4일, 1938년 5월 24일, 프롬 기록 보관소), 프롬이 카를 비트포겔에게 보낸 편지(1936년 12월 18일, 프롬 기록 보관소) 참조.

3_ 프롬이 오토 륄레에게 보낸 편지(1937년 12월 29일), 프롬이 호르크하이머에게 보낸 편지(1938년 2월, 프롬 기록 보관소), 프롬이 호르크하이머에게 보낸 편지(1938년 11월 7일, 호르크하이머 기록 보관소).

4_ 새장 속 카나리아에게 '자유'를 선물했던 것을 차용한 사실과 관련하여: 저자의 게르트루트 훈치커 프롬 녹취 인터뷰(취리히, 2004년 5월 9일), 프롬이 로버트 린드에게 보낸 편지(1939년 5월 1일, 프롬 기록 보관소), 그리고 알렉시스 드 토크빌

의 *Democracy in America*(New York: Vintage, 1945), 2:347 참조. 또한 찰스 피어스가 프롬에게 보낸 편지(1937년 3월 17일)와 프롬이 찰스 피어스에게 보낸 편지(1938년 6월 22일, 프롬 기록 보관소) 참조. '마침내' 결핵이 완치된 사실과 관련하여: 풍크의 *Erich Fromm: His Life and Ideas*, 87 참조. 그리고 린드의 노력은 프롬이 린드에게 보낸 편지(1939년 3월 1일, '프롬 서류들', 마이크로필름 자료, 뉴욕 공립 도서관)에 잘 나타나 있다. 또한 토머스 휘틀랜드의 "Critical Theory on Morningside Heights: From Frankfurt Mandarins to Columbia Sociologists," *German Politics and Society* 22, no.4(2004 겨울), 1~87 참조.

5_ 프롬이 카를 뮐러 브라운슈바이크에게 보낸 편지(1936년 3월 11일, 영국 정신분석학회 기록 보관소) 참조. 이것은 풍크의 *Erich Fromm: His Life and Ideas*, 128에 다시 실려 있다. 그녀와 프롬이 자신들의 친척에 대한 위협을 논의했던 1938년 다보스 회의와 관련하여: 저자의 게르트루트 훈치커 프롬 녹취 인터뷰(취리히, 2004년 5월 10일) 참조.

6_ 풍크의 *Erich Fromm: His Life and Ideas*, 77, 그리고 프롬의 '귀화신고를 위한 의사결정문'(1934년 11월 21일)과 '귀화 청원서'(1940년 1월 5일, 증명서 번호 #4768531) 참조. 두 서류의 복사본은 미국 이민국으로부터 요청되었다. 라이너 풍크는 프롬의 서재에는 독일에서의 시기를 말해줄 책들은 거의 없었다고 전했다.

7_ 풍크의 *Erich Fromm: His Life and Ideas*, 48, 로자가 프롬에게 쓴 편지(1935년 4월 2일, 프롬 기록 보관소), 프롬이 해럴드 라스웰에게 쓴 편지(1936년 11월 21일, 프롬 기록 보관소) 참조.

8_ 프롬이 직접 모아둔 1937~1939년 미국 개인 소득 환급 서류(프롬 기록 보관소), 프롬이 프랑크푸르트 저축은행에 보낸 편지(1936년 6월 26일), 프롬이 찰스 솜로 앤드 컴퍼니에 보낸 편지(1937년 1월 7일, 6월 22일, 12월 14일, 프롬 기록 보관소), 로자 프롬에게 보낸 다양한 우편환들(프롬 기록 보관소). 1936년 프랑크푸르트 연구소 급여를 2008년 기준으로 환산하면 77,670.63달러에서 93,204.76달러였다. 사설 정신분석 사무소에서 31,068.25달러를 받았고, 모친에게 매달 3,184.50달러를 보냈다.(위 금액은 원고 집필 당시인 2008년 기준으로 작성되었으며, 본문에는 옮긴이가 2015년 가치 기준으로 대략적인 금액만 명시했다―옮긴이) 이 금액은 화폐의 구매력 수준을 나타내며, www.measuringworth.com 사이트의 도움을 받아 산출했다. 저자는 프롬의 수입을 2012년 달러 환율로 바꿀 정확한 기준을 마련할 수 없어 대략의 추정치를 산출해야 했지만, 정확한 수치에서 크게 벗어

나지는 않을 것이다.

9_ 풍크의 *Erich Fromm: His Life and Ideas*, 48~49, 프롬이 호르크하이머에게 보낸 편지(1938년 12월 1일), 호르크하이머가 프롬에게 보낸 전보(1938년 12월 1일, 호르크하이머 기록 보관소), 그리고 벨라 프롬Bella Fromm이 프롬에게 보낸 편지(1939년 4월 27일, 프롬 기록 보관소) 참조. 벨라는 국가조정위원회the National Coordinating Committee에 있었다.

10_ 하인츠 브란트에 대한 프롬의 재정 보증서(1941년 3월 5일, 뉴욕 서기관 사무실, '프롬 서류들', 뉴욕 공립 도서관)에 따르면, 프롬은 루트비히 크라우제에게 그의 손자손녀들을 돕겠다고 약속했다.

11_ 크누드 안드레센이 저자에게 보낸 이메일(2005년 12월 13·14일), 그리고 특히 안드레센의 *Widerspruch als Lebensprinzip: Der Undogmatische Sozialist Heinz Brandt, 1909~1986*(Bonn: Dietz, 2007), 82~139는 (하인츠 브란트의 전기 작가로서) 그의 몇몇 투옥과 추방 사실을 세밀하게 담고 있다. 또한 프롬의 "Heinz Brandt as a Man of Faith"(1963), 프롬이 우르쿠하트에게 보낸 편지(1964년 2월 27일), 그리고 고트셰Gotsche 씨의 편지에 대한 메모(1964년 1월 2일) 참조. 모두 프롬 기록 보관소 소장. 또한 저자의 마리안 로트바허 녹취 인터뷰(빈, 2004년 5월 19일) 참조.

12_ 크누드 안드레센이 저자에게 보낸 이메일(2005년 12월 13·14일)과 저자의 마리안 로트바허 녹취 인터뷰(빈, 2005년 5월 19일).

13_ 찰스 솜로 앤드 컴퍼니가 프롬에게 보낸 편지(1936년 11월 17일), 프롬이 호르크하이머에게 보낸 편지(1938년 12월 22일, 호르크하이머 기록 보관소), 헤르미아 나일트가 프롬에게 보낸 편지(1939년 4월 5일), 그리고 프롬이 나일트에게 보낸 편지(1939년, 날짜 미표기), 마담 파베츠가 프롬에게 보낸 편지(1939년 2월 17일) 참조. 모두 프롬 기록 보관소 소장. 저자의 마리안 로트바허 녹취 인터뷰(빈, 2004년 5월 19일)와 크누드 안드레센이 저자에게 보낸 이메일(2005년 12월 13일) 참조.

14_ 마담 파베츠가 프롬에게 보낸 편지(1940년 1월 26일, 2월 28일), 프롬이 파베츠에게 보낸 편지(1940년 4월 25일). 모두 프롬 기록 보관소 소장. 프롬이 어니스트 레비Ernest Levy에게 보낸 편지(1940년 6월 19일, 프롬 기록 보관소)는 하인츠 브란트의 요청으로 그와 보스턴에 있는 윌리엄 라이하르트William Reichart에게 상하이 돈을 요청하고 있었다. 프롬의 재정 보증서(프롬 기록 보관소)는 1939

년 1월, 1940년 12월 19일, 그리고 1941년 3월 5일 날짜로 되어 있다. 1941년 보증서는 "이 청년은 아버지를 잃었고……"라는 언급을 담고 있다. 또한 저자의 크누드 안드레센 녹취 인터뷰(2005년 12월 13·14일) 참조.

15_ 프롬의 "Heinz Brandt as a Man of Faith"(1963)와 프롬이 우르쿠하트에게 보낸 편지(1964년 2월 27일) 참조. 둘 다 프롬 기록 보관소 소장. 또한 저자의 마리안 로트바허 녹취 인터뷰(빈, 2004년 5월 19·20일) 참조. 1941년 전반에 걸쳐 게르트루트 브란트와 리사 제이컵 사이에 주고받은 서신들은 릴리 브란트Lili Brandt 가 수십 년 동안 보관했지만, 결국 로트바허에게 전달되었고, 그녀가 저자에게 복사하도록 허락했다. 또 다른 복사본들은 프롬 기록 보관소에 소장되어 있다. 크누드 안드레센이 저자에게 보낸 이메일(2005년 12월 13·14일) 참조. 안드레센은 브란트의 말 "그건 정말 행운, 행운, 다시 또 행운의 연속이었어요"를 언급했다. 또한 안드레센의 *Widerspruch als Lebensprinzip*, 127~158 참조.

16_ 같은 책, 그리고 크누드 안드레센이 저자에게 보낸 이메일(2004년 6월 16일, 2005년 12월 14일)은 프롬의 서신 왕래와 1945년부터 계속 이어진 그에 대한 재정 지원을 상세히 담고 있다.

17_ 저자는 1939년에서 1942년 사이 조피 크라우제 잉글랜더가 에바 잉글랜더 크라카워에게 보낸 편지들의 복사본을 프롬 기록 보관소에 모아놓았다. 저작물 관리자인 라이너 풍크는 거대한 크라우제 가계의 전후 관계에 대한 훌륭한 개괄을 제공했고, "Erleben von Ohnmacht im Dritten Reich," *Fromm Forum* 9(2005), 35~79에 있는 조피의 몇몇 편지를 복원했다.

18_ 저자의 마리안 로트바허 녹취 인터뷰(빈, 2004년 5월 19일), 조피 잉글랜더가 자녀들(에바와 버나드 크라카워)에게 보낸 편지(1939년 5월 1일), 그리고 데이비드 잉글랜더가 자녀들에게 보낸 편지(1939년 6월 18일) 참조.

19_ 저자의 마리안 로트바허 녹취 인터뷰(빈, 2004년 5월 18·19일).

20_ 조피 잉글랜더가 에바 크라카워에게 보낸 편지(1940년 1월 1일. 어떤 '부유한' 미국 친척도 없는 것에 관해), '프롬이 도와주기를 바라며' 쓴 편지(1939년 8월 8일), 그리고 1940년 8월 12일과 1941년 6월 20일 프롬이 하인츠 브란트에게 도움을 주었고, 그가 더 많은 도움을 주어야 한다고 암시한 편지 참조. 자신의 어머니 에바 크라카워가, 아이가 없는 프롬이 가족에 대한 책임감이 부족하고, 조피나 데이비드보다는 정치적인 활동을 하고 있던 하인츠 브란트를 더 좋아했다고 느꼈던 부분을 회상하는 로트바허의 저자 녹취 인터뷰(빈, 2004년 5월 18·19

일) 참조.

21_ 조피 잉글렌더가 에바 크라카워와 가족에게 보낸 편지(1939년 4월 18일, 5월 1·6·10일, 6월 6·28일). 비록 에바에게 보낸 조피의 편지들이 이러한 가족의 이주에 대해 상세한 내용을 담고 있지만, 가장 이해하기 쉬운 설명은 저자의 로트바허 녹취 인터뷰(빈, 2004년 3월 18일)에 담겨 있다.

22_ 조피 잉글렌더가 에바 크라카워에게 쓴 편지(1939년 3월 30일, 1939년 6월 5일, 1941년 11월 16일) 참조. 저자의 로트바허 녹취 인터뷰(빈, 2004년 5월 19일), 그리고 프롬의 마르틴과 요하나 크라우제에 대한 '재정 보증서'(1941년 5월, 프롬 기록 보관소) 참조.

23_ 조피 잉글렌더가 에바 크라카워에게 쓴 편지(1939년 9월 30일, 1940년 11월 2일, 1942년 7월 13일, 8월 29일).

24_ 조피 잉글렌더가 에바 크라카워에게 보낸 편지(1939년 5월 5일, 7월 11일, 10월 10·17일, 11월 10일, 1940년 3월 9일, 8월 12일, 1941년 6월 20일). 저자의 로트바허 녹취 인터뷰(빈, 2004년 5월 18·19일).

25_ 조피 잉글렌더가 에바 크라카워에게 보낸 편지(1939년 10월 10일, 1940년 1월 11일, 10월 20일, 1941년 11월 11·16일).

26_ 페터 글뤼크 사건에서의 프롬의 노력을 살펴보려면 프롬이 글뤼크에게 보낸 편지(1940년 2월 5일) 참조. 그리고 글뤼크에 대한 프롬의 재정 보증서(1940년 8월), 프롬이 존 노먼John Norman에게 보낸 편지(1943년 6월 3일), 에바 비겔메서 Eva Wiegelmesser가 프롬에게 보낸 편지(1940년 12월 12일), 캐서린 피츠기본 Catherine Fitzgibbon이 프롬에게 보낸 편지(1940년 8월 10일) 참조. 특정한 이주 상황에서의 프롬의 역할에 대한 이 모든 서신은 프롬 기록 보관소에 소장되어 있다.

27_ 프롬이 조 스톤Joe Stone에게 보낸 편지(1936년 10월 1일), 그리고 존 달라드가 프롬에게 보낸 편지(1938년 2월 8일) 참조. 둘 다 프롬 기록 보관소 소장. 저자의 라이너 풍크 녹취 인터뷰(2005년 11월 23일) 참조.
프롬이 열정적으로 영어를 공부했다는 사실과 관련하여: 저자의 풍크 인터뷰(튀빙겐, 2004년 1월 1일) 참조.

28_ 조앤 마이어로위츠Joanne Meyerowitz의 "How Common Culture Shapes the Separate Lives': Sexuality, Race, and Mid-Twentieth-Century Social Constructionist Thought," *Journal of American History* 96, no.4(2010),

1057~1084.

29_ 같은 책. '모더니스트적'인 것, 그리고 20세기 중반의 사상과 가치가 강력한 프로 이트적인 추세를 보였던 사실들을 살펴보려면 도러시 로스Dorothy Ross의 *After Freud Left: New Reflections on a Century of Psychoanalysis in America*(Chicago: University of Chicago Press, 2011) 참조.

30_ 풍크의 *Erich Fromm: His Life and Ideas*, 104, 마리안 호르나이 에카르트의 미출 간 논문인 "Karen Horney: A Portrait"(1950), 5, 그리고 저자의 에카르트 인터뷰 (캘리포니아 러구나 우즈Laguna Woods, 2005년 12월 17일) 참조.

31_ 저자의 레나테 호르나이Renate Horney 인터뷰(러구나 우즈, 2004년 6월 26일) 에서 그녀는 프롬이 베를린에 있는 호르나이의 집을 거의 가족처럼 방문했다 고 회상한다. 정신분석학적 정설로부터 탈피하기 시작하는 것에 대해서는, 풍 크의 *Erich Fromm: His Life and Ideas*, 104, 버나드 패리스의 *Karen Horney. A Psychoanalyst's Search for Self-Understanding*(New Haven, Conn.: Yale University Press, 1994), 144, 그리고 재닛 세이어스Janet Sayers의 *Mothers of Psychoanalysis: Helene Deutsch, Karen Horney, Anna Freud, Melanie Klein*(New York: W. W. Norton, 1991), 88~102 참조.

32_ 재닛 세이어스의 *Mothers of Psychoanalysis: Helene Deutsch, Karen Horney, Anna Freud, Melanie Klein*, 102~111, 그리고 풍크의 *Erich Fromm: His Life and Ideas*, 76~77.

33_ 프롬이 폴 로젠에게 보낸 편지(1973년 9월 5일, '프롬 서류들')는 그가 호르나이 를 '상당히 용감한 사람'으로 존중했다는 사실과, 정신분석학적 정설에 대한 그 녀의 대담한 비판을 담고 있다. 세이어스의 *Mothers of Psychoanalysis: Helene Deutsch, Karen Horney, Anna Freud, Melanie Klein*, 105와 와일 패리스While Paris의 *Horney*, 1장 21은 호르나이의 성생활, 특히 그녀와 프롬의 관계에 대해 어느 정도 상세히 다루고 있으며, 저자가 직접 진행한 마리안 호르나이 에카르트 인터뷰(러구나 우즈, 2006년 9월 9일, 2007년 2월 3일)에서도 많은 것을 알 수 있다. 대니얼 버스턴의 *The Legacy of Erich Fromm*(Cambridge, Mass.: Harvard University Press, 1991), 23 참조.

34_ 카렌 호르나이의 *The Neurotic Personality of Our Time*(New York: Norton, 1937), 특히 290페이지, 그리고 세이어스의 *Mothers of Psychoanalysis: Helene Deutsch, Karen Horney, Anna Freud, Melanie Klein*, 113 참조.

35_ 호르나이의 *New Ways in Psychoanalysis*(New York: Norton, 1939)와 *Self-Analysis*(New York: Norton, 1942), 그리고 세이어스의 *Mothers of Psychoanalysis: Helene Deutsch, Karen Horney, Anna Freud, Melanie Klein*, 122~126, 130~133 참조.

36_ 그가 조디악 모임의 정식 회원이 아니라는 사실과 이전의 친분 관계에 대한 회상과 관련하여: 풍크의 *Erich Fromm: His Life and Ideas*, 105, 프롬이 잭 루빈스에게 보낸 편지(1972년 9월 26일, 프롬 기록 보관소). 프롬이 조디악 모임에 나치의 힘에 대한 정신분석학적 근원을 설명했던 것과 관련하여: 헬렌 페리의 *Psychiatrist of America: The Life of Harry Stack Sullivan*(Cambridge, Mass.: Harvard University Press, 1982), 354~355.

37_ 호르나이의 *Self-Analysis*, 205~238, 패리스의 *Horney*, 145~147. 세이어스의 *Mothers of Psychoanalysis: Helene Deutsch, Karen Horney, Anna Freud, Melanie Klein*, 130~133.

38_ 프롬과 호르나이 사이에 거리감이 생기기 시작한 것과 관련한 설득력 있는 논의는 패리스의 *Horney*, 145~148 참조.

39_ 저자의 마리안 호르나이 에카르트 인터뷰(러구나 우즈, 2003년 7월 4일, 2005년 12월 17일), 프롬과의 분석 과정, 그리고 그녀와 그녀의 모친 사이에 끼친 분석의 영향에 대해서는 저자의 에카르트 전화 인터뷰(2004년 6월 17일) 참조.

40_ 패리스의 *Horney*, 144~147. 프롬의 '여자친구'로서 더넘의 존재를 직접 본 회상과 관련하여: 패트릭 물라이가 헬렌 페리에게 보낸 편지(1965년 8월 8일, 페리 개인 소장).

41_ 패리스의 *Horney*, 147~155, 프롬이 잭 루빈스에게 보낸 편지(1972년 9월 26일), 저자의 마리안 호르나이 에카르트 직접 인터뷰(러구나 우즈, 2005년 12월 17일), 그리고 더글러스 노블Douglas Noble과 도널드 버넘Donald L. Burnham의 "A History of the Washington Psychoanalytic Institute and Society," *Psychoanalysis and Psychosis*(Madison, Conn.: International Universities Press, 1989), 26장 참조.

42_ 패리스는 호르나이에 대한 전기에서 호르나이와 프롬의 관계가 전체적으로 『자유로부터의 도피』를 형성하고 또한 그것으로 인해 힘을 받았다는 사실을 명확히 수용한다(146~150). 프롬의 전기 작가로서, 이러한 연관에 대한 본인의 주안점은 그의 것과 당연히 어느 정도 거리가 있다.

43_ 프롬의 『자유로부터의 도피』, 프롬이 해리 스택 설리번에게 보낸 편지(1939년 11월 29일, 프롬 기록 보관소). 『자유로부터의 도피』에 대한 여덟 편의 서평을 보려면 *Psychiatry* 5(1942), 109~134 참조.

44_ 페리의 *Psychiatrist of America: The Life of Harry Stack Sullivan*은 설리번의 삶에 대한 가장 완벽하고 세밀한 작품으로 남아 있다. 23장은 셰퍼드 이넉 프랫 병원에서 그의 활동을 다룬다.

45_ 설리번은 처음에 1932년부터 1933년 사이의 자신의 이론적 입장을 개략적으로 그려놓았으며, 이것은 그의 *Personal Psychopathology*(New York: Norton, 1972)에 담겨 있다. 또한 1924년에서 1935년 사이 선별된 그의 논문이 실려 있는 설리번의 *Schizophrenia as a Human Process*(New York: Norton, 1962)를 참조하라. 클래라 톰프슨의 "Sullivan and Fromm," *Contemporary Psychoanalysis* 15, no. 9(1979), 195~200은 설리번의 대인관계 정신분석을 명민하게 기술하고 있으며, 그것이 프롬의 시각과 어떻게 결정적으로 중첩되는지 보여준다. 또한 스티븐 미첼Stephen A. Mitchell과 마거릿 블랙Margaret J. Black의 *Freud and Beyond: A History of Modern Psychoanalytic Thought*(New York: Basic Books, 1995), 1장 참조. 프롬은 "Harry Stack Sullivan's Conceptions of Modern Psychiatry"(1940년, 프롬 기록 보관소)에서 설리번의 주요한 이론을 요약해놓았다.

46_ 설리번의 사상에 대한 프롬의 초기 반응이 나타내는 바는 풍크의 *Erich Fromm: His Life and Ideas*, 108, 112~114에 담겨 있으며, 프롬의 "Harry Stack Sullivan's Conceptions of Modern Psychiatry"(1940년, 프롬 기록 보관소), 그리고 톰프슨의 "Sullivan and Fromm," 195~197, 199 참조. 또한 패트릭 물라이가 헬렌 페리에게 보낸 편지(1965년 8월 7일, '페리 서류들') 참조. 1936년 이전에 프롬과 설리번이 직접적으로 주고받은 서신들은 찾을 수 없다.

47_ 톰프슨의 "Sullivan and Fromm," 195~197, 프롬의 "Sullivan's Conceptions of Modern Psychiatry"(프롬 기록 보관소).

48_ 페리의 *Psychiatrist of America: The Life of Harry Stack Sullivan*, 380~388은 설리번이 프롬을 꾸준히 지지했다는 것을 보여준다.

49_ 설리번이 프롬에게 보낸 편지(1939년 10월 21일), 프롬이 설리번에게 보낸 편지(1936년 10월 27일, 프롬 기록 보관소), 풍크의 *Erich Fromm: His Life and Ideas*, 105~108.

50_ 설리번이 프롬에게 보낸 편지(1936년 6월 21일)와 프롬이 설리번에게 보낸 편지

(1936년 6월 26일, 프롬 기록 보관소)는 프롬이 『미국 과학자 전기 인명부』 후보에 올랐다는 사실을 담고 있다.

'자발성'으로서의 사랑과, 프롬이 이론적인 문제의 틀을 형성하는 데 설리번이 얼마나 도움이 되었는지에 대한 묘사와 관련하여: 프롬이 설리번에게 보낸 편지(1939년 11월 29일, 프롬 기록 보관소) 참조. 감사의 의미로 프롬은 그에게 알자스 와인을 보냈다. 또한 프롬이 설리번에게 보낸 편지(1936년 4월 31일)와 설리번이 프롬에게 보낸 편지(1940년 10월 28일) 참조. 둘 다 프롬 기록 보관소 소장.

51_ 페리의 *Psychiatrist of America: The Life of Harry Stack Sullivan*, 201~212.

52_ 톰프슨의 "Sullivan and Fromn"은 그녀가 그 두 사람을 연계시키면서 1930년대에 토대를 이루었지만, 1956년이 되어서야 완성되었다. 그것은 모리스 그린이 편집한 *Interpersonal Psychoanalysis: The Selected Papers of Clara Thompson*(New York: Basic Books, 1964)에 담겨 있으며, *Contemporary Psychoanalysis* 15, no.9(1979), 195~200에 다시 실렸다.

53_ 같은 책.

54_ 프롬이 마거릿 미드에게 보낸 편지(1935년 7월 28일, 1946년 5월 20일, '미드 서류들', 의회 도서관), 미드가 프롬에게 보낸 편지(1936년 1월, 1936년 2월 2일, 프롬 기록 보관소).

55_ 데이비드 엥거먼David Engerman의 *Know Your Enemy: The Rise and Fall of America's Soviet Experts*(New York: Oxford University Press, 2009)는 아마도 소련학 분야의 출현과 진보에 관한 가장 최근의 최고의 연구일 것이며, 미드 모임을 후원자 단체들 중 하나로 포함하고 있다. 미드는 에릭슨에게 자신의 러시아 프로젝트의 배경에 대한 흥미로운 편지를 보냈으며, 그에게 참여하라고 재촉했다(2월 1·8일, 8월 19일, '미드 서류들', 의회 도서관).

56_ 마리 조 불레Mari Jo Buhle의 *Feminism and Its Discontents: A Century of Struggle with Psychoanalysis*(Cambridge, Mass.: Harvard University Press, 1998), 특히 99~124는 신프로이트주의자들과 미드의 문화인류학자들 사이에 여성주의적인 연계를 처음으로 구체화한 몇 안 되는 연구들 중 하나다. 클래라 톰프슨은 신프로이트주의자들의 그 세 가지 젠더 전제를 자신의 책 *Psychoanalysis: Evolution and Development*(New York: Thomas Nelson & Sons, 1950)에 정리해놓고 있으며, 그것은 그들의 사상이 어떻게 진화되었는지를 담고 있다. 또한 모리스 그린이 편집한 톰프슨의 *On Women*(New York: Mentor, 1971)을 참조하라.

프롬이 그 책의 서문을 작성했다는 것은 주목할 만하다.

57_ 더넘의 초기 커리어에 대한 정보는 제니퍼 더닝Jennifer Dunning의 "A Katherine Dunham Celebration," 『뉴욕타임스』(1979년 1월 14일)에 실려 있다. 샐리 소머Sally Sommer의 "Katherine Dunham," www.pbs.org/wnet/freetodance/biographies/dunham.html 참조.

58_ 프롬이 더넘의 뉴욕 공연을 도와준 것에 대해서는 프롬이 그녀에게 쓴 편지(1937년 2월 20일), 그리고 더넘이 프롬에게 보낸 전보(1937년 2월 24일) 참조. 둘 모두 프롬 기록 보관소 소장. 프롬이 더넘에게 보낸 전신 내용(1940년 6월 25일)은 프롬이 그녀에게 돈을 부쳐준 사실을 보여준다. 설리번이 더넘을 자신의 집으로 들이게 되었던 일과 관련하여: 프롬이 설리번에게 쓴 편지(1939년 10월 6일, 프롬 기록 보관소). 또한 패트릭 물라이가 헬렌 페리에게 쓴 편지(1965년 8월 7일, '페리 서류들')는 설리번의 집에 거주하고 있던 한 사람의 학생으로서 프롬이 그에게 더넘을 집에 들이도록 어떻게 설득했었는지 보여준다.

59_ 프롬이 더넘에게 쓴 편지(1937년 2월 20일)와 프롬이 설리번에게 쓴 편지(1939년 10월 6일). 둘 다 프롬 기록 보관소 소장.

60_ 프롬과 더넘 사이의 애정 관계가 끝나고 난 후 그들의 관계가 어떠했는지를 아주 잘 보여주는 편지가 프롬 기록 보관소에 있다. 서신 교환은 실제로 1960년대에 다시 시작되었는데, 이 편지들은 그 이전 시기를 이야기하고 있었다.

61_ "나는 당신이 내 삶에 가져다주는……": 더넘이 프롬에게 보낸 편지(1966년 12월 9일). 프롬과의 관계에 대한 회상과, 그녀의 건강과 직업적 경력이 어떻게 진행되어 왔는지와 관련하여: 더넘이 프롬에게 보낸 편지(1966년 11월 30일, 12월 2·21일, 1967년 1월 20일). 또한 프롬이 더넘에게 보낸 편지(1966년 12월 16일)는 그녀의 심장 문제에 대해, 자신이 안전한 항우울제를 보낼 테니 LSD 환각제를 그만 사용하라고 제안하고 있다. 이 모든 편지는 프롬 기록 보관소에 소장되어 있다.

제4장 자유로부터의 도피

1_ 프롬이 로버트 린드에게 보낸 편지(1939년 3월 1일), 프롬이 스탠리 라인하트 주니어Stanley Rinehart Jr.에게 보낸 편지(1940년 11월 12일), 프롬이 데이비드 리스먼에게 보낸 편지(1940년 12월 5일) 참조. 모두 프롬 기록 보관소 소장.

2_ 프롬의 『자유로부터의 도피』(New York: Owl Books edition of Henry Holt and Co., 1994), ix~xi. 이 문고판의 페이지 분량은 1941년에 출간된 홀트 라인하트 윈스턴 출판사 판과 일치한다. 소극적·적극적 자유에 대한 가장 훌륭한 논의를 위해서는 이사야 벌린Isaiah Berlin의 "Two Concepts of Liberty," *Four Essays on Liberty*(London, 1969) 참조.

3_ 같은 책.

4_ 같은 책, 8 n.3, 10, 12, 12 n.6, 17, 20 참조.

5_ "우리의 목표는 현대 사회의……": 같은 책, 104.

6_ 같은 책, 25~32.

7_ 같은 책.

8_ 같은 책, 39~43.

9_ 같은 책, 39~45, 특히 시대 구분에 대해서는 39~40 n.1 참조.

10_ 같은 책. "자기 발전을 위한 점점 늘어나는 경쟁적인 싸움"과 관련한 초기 자본주의를 이해하기 위해 부르크하르트를 활용한 것과 관련해서는 46~47 n.5 참조. 프롬이 토머스 머튼에게 보낸 편지(1954년 12월 8일, 프롬 기록 보관소).

11_ 같은 책.

12_ 같은 책, 46~48, 73~74.

13_ 같은 책, 78, 81, 83.

14_ 같은 책, 85, 87~91, 93.

15_ "신의 무조건적 사랑을 파괴하는 것이며……": 같은 책, 97~98, 100~101. "노동에 대한 강요와 절약에 대한 몰두……": 같은 책, 101~102.

16_ 초기 프로테스탄트주의와 관련하여 『자유로부터의 도피』를 논한 서평의 예를 보려면, 해리 스택 설리번의 *Psychiatry* 5(1942) 안에 있는 안톤 보이슨Anton Boisen, 패트릭 물라이, 애슐리 몬타규의 글 참조. 프롬은 토머스 머튼에게 보내는 범상치 않은 편지(1954년 12월 8일, 프롬 기록 보관소)에서 『자유로부터의 도피』의 몇몇 결점을 인정했다.

17_ 프롬의 "Selfishness and Self-Love," *Psychiatry* 2(1939), 507~514, 523, 그리고 프롬의 『자유로부터의 도피』, 110~117(설리번에 대해서는 114 n.2).

18_ 프롬의 『자유로부터의 도피』, 116, 그리고 "Selfishness and Self-Love," 521, 둘 모두 "자기 스스로를 사랑하지 않으며……"라는 언급을 담고 있다. 자존감이 부족한 사람이 어떻게 황폐하고 욕심 많으며 탐욕스러운 성격을 갖게 되는지와

관련한 또 다른 언급을 보려면, 프롬의 "Selfishness and Self-Love," 518~523 과 『자유로부터의 도피』, 119~121 참조. 황폐화된 자아에 대한 프롬과 상당히 유사한 평가가 반세기 이후 필립 쿠시먼의 의미 있는 글인 "Why the Self Is Empty: Toward a Historically Situated Psychology," *American Psychologist* 45, no.5(1990), 특히 600페이지에 등장한다는 것은 상당히 시사할 만하다.

19_ 프롬의 『자유로부터의 도피』, 104~105, 107, 123~125.

20_ 같은 책.

21_ 같은 책.

22_ 같은 책, 118~119, 125.

23_ 같은 책, 125~126.

24_ 같은 책, 126~128.

25_ "형태"한 발짝 내딛도록……": 같은 책, 131. "……기대에 부응하는" "……순응하도록 강요받는 느낌": 같은 책, 203. 프롬의 자기 순응에 대한 완벽한 논의를 위해서는 같은 책, 183~204 참조.

26_ 같은 책, 149~156, 162~169는 사도마조히즘을 정확히 서술하고 있다. "그는 권위를 존중하고……": 같은 책, 162. "삶이 인간 자아의……": 같은 책, 169.

27_ 같은 책, 220~235는 나치의 피가학적 힘의 주요한 근원으로 『나의 투쟁』을 분석한다. 프롬이 하트숀 박사Dr. Hartshorne에게 쓴 편지(1940년 1월 8일, 프롬 기록 보관소)는 "유대인 문제는 너무 복잡해서 프롬이 『자유로부터의 도피』에서 제시한 것보다 훨씬 더 심오한 논의가 필요하다"라고 인정했다.

28_ 프롬의 『자유로부터의 도피』, 207~219. 티머시 브라운Timothy S. Brown의 *Weimar Radicals: Nazis and Communists Between Authenticity and Performance*(Oxford: Berghahn Books, 2009)는 공산주의자와 바이마르 공화국의 나치 급진주의가 그 감화력에서 많은 부분 중첩된다고 설득력 있게 주장하며, 이는 노동계급이 나치 정권과 이데올로기에 적대감을 지니고 있다는 프롬의 주장의 토대를 약화하는 것이었다. 리처드 해밀턴Richard F. Hamilton의 *Who Voted for Hitler*(Princeton, N.J.: Princeton University Press, 1982)는 중하층계급에 대한 가설을 상정하고, 많은 선거 통계와 충분히 뒷받침되지 않은 다른 데이터를 통해 증명한다.

29_ 프롬의 『자유로부터의 도피』, 177~183, 179 n.11은 호르나이를 언급한다. "삶에 대한 욕망이 좌절될수록 (…) 강한 시기심": 같은 책, 182.

30_ 같은 책, 228~236.

31_ 같은 책, 236. "이러한 자아의 고유함에 대한 존중 (…) 더 높은 권력은 없고……": 같은 책, 262~263.

32_ 같은 책, 270~274.

33_ "권위주의 체계들": 같은 책, 238. 어떻게 독일이 궁극적으로 나치를 떨쳐버리게 되었는지에 관한 부가적인 내용과 관련하여: 프롬이 하트숀 박사에게 보낸 편지 (1941년 1월 8일, 프롬 기록 보관소) 참조.

34_ 프롬의 『자유로부터의 도피』, 236~237.

35_ 토머스 하비 길의 『자유로부터의 도피』 서평, *Psychiatry* 5(1942), 111.

36_ 같은 책, 그리고 오토 페니켈의 "Psychoanalytic Remarks on Fromm's Book *Escape from Freedom*," *Psychoanalytic Review* 31(1944), 147~149, 152, 빅터 화이트의 『자유로부터의 도피』 서평, *The Dublin Review* 212(1943년 1월), 69 참조. 러셀 저코비의 *The Repression of Psychoanalysis: Otto Fenichel and the Political Freudians*(New York: Basic Books, 1983)는 페니켈의 프롬에 대한 비판의 전후 관계를 제공한다.

37_ 마틴 제이의 *The Dialectical Imagination: A History of the Frankfurt Institute of Social Research*(Boston: Little & Brown, 1973), 65는 프롬뿐만 아니라 프랑크푸르트 연구소 참여자들 대부분에 대한 아렌트의 비평을 훌륭하게 다루고 있다.

제5장 '의사'라는 이름, '윤리학자'라는 이름

1_ 프롬의 『자기를 찾는 인간』(재판. New York: Owl Books edition of Henry Holt, 1990), vii, 244. 또한 프롬이 자신의 1940년대의 경향을 명확히 지속해나갔다는 사실을 확인하려면, 그가 우르쿠하트에게 보낸 편지(1971년 12월 20일, 프롬 기록 보관소) 참조. '윤리적' 혹은 '사회주의적' 인본주의에 대한 매우 적절한 해석을 보려면 마틴 할리웰Martin Halliwell과 앤디 무슬리Andy Mousley의 *Critical Humanism: Humanist/Antihumanist Dialogues*(Edinburgh: Edinburgh University Press, 2003), 3장 참조.

2_ 카일 쿠르딜리온Kyle A. Cuordileone의 *Manhood and American Political Culture in the Cold War*(New York: Routledge, 2005), 6~9와 99~100은 『자유로부터의

도피』를 통해 프롬이 슐레진저2세, 린드너, 틸리히를 포함하는 전쟁 직후의 진보
주의 공공 지식인들 세대에 심오한 영향을 미쳤다는 사실을 강력하게 주장한다.
그러나 프롬 기록 보관소에 있는 서신들은 『자유로부터의 도피』 이후 10여 년 동
안 프롬이 그러한 인물들과 다소 제한된 접촉만을 해왔다는 것을 보여준다.

3_ 마리안 호르나이 에카르트의 "Organizational Schisms in American Psychoan-
alysis," *American Psychoanalysis: Origins and Development*(New York: Brunner/
Mazel, 1978), 144~149, 클래라 톰프슨의 "History of the White Institute,"
William Alanson White Newsletter 8, no.1(1973년 가을), 3~5 참조.

4_ 같은 책, 그리고 저자의 에카르트 녹취 인터뷰(캘리포니아 러구나 힐스Laguna
Hills, 2003년 7월 4일) 참조.

5_ 헬렌 페리의 *Psychiatrist of America: The Life of Harry Stack Sullivan*, 385~391과
톰프슨의 "History of the White Institute" 참조. 저자의 마리안 에카르트 전화 인
터뷰(2004년 6월 17일)는 화이트 연구소의 기원을 말해준다.

6_ 톰프슨의 "History of the White Institute" 참조. 1940년대 임상 수련 감독관으로
서의 프롬에 대한 회상과 관련하여: 로버트 크롤리Robert M. Crowley의 "Tribute
to Erich Fromm," *Contemporary Psychoanalysis* 17, no.4(1981), 441~443. 화이트
연구소에서 프롬의 실질적인 소외와 관련하여: 저자의 마리안 에카르트 전화 인터
뷰(2004년 6월 17일). 프롬의 "Foreword"(1964년, '프롬 서류들', 뉴욕 공립 도서
관. 클래라 톰프슨 논문에 대한 소개)는 톰프슨이 실질적으로 화이트 연구소를 운
영했으며, 그 일을 잘해냈다는 것을 인정한다. 화이트 연구소의 초기 10여 년간에
대한 회상을 위해서는 프롬이 클래라 톰프슨에게 보낸 편지(1956년 4월 12일, 프
롬 기록 보관소) 참조.

7_ 해리 웰스의 *The Failure of Psychoanalysis: From Freud to Fromm*(New York:
International Publishers, 1963), 191~196과 클래라 톰프슨의 *Psychoanalysis*(1950;
재판. New Brunswick, N.J.: Transaction, 2003), 209~210. 프롬의 논문 "Die
gesellschaftliche Bedingtheit der Psychoanalytischen Therapie," *Zeitschrift für
Sozialforschung*(1935)은 그의 임상적 접근에 대한 최초의, 그리고 아마도 가
장 포괄적인 발화일 것이다. 이 논문은 영어로는 "The Social Determinants of
Psychoanalytic Theory"라는 제목으로 *International Forum of Psychoanalysis* 9,
no.3·4(2000년 10월), 149~165에 실려 있다.

8_ 에드워드 타우버의 "Erich Fromm: Clinician and Social Philosopher,"

Contemporary Psychoanalysis 15(1970), 202~205는 프롬의 『자기를 찾는 인간』 (1947)에서 기술된 생산적·비생산적 경향을 아주 훌륭히 정리해놓고 있다.

9_ 프롬의 "The Social Order and Its Relation to Psycho-Analytic Therapy," *Zeitschrift für Sozialforschung* 4, no.3(1935), 365~397.

10_ 해리 스택 설리번의 추도식에서 프롬의 연설(윌리엄 앨런슨 화이트 연구소, 1949 년 5월 17일, 프롬 기록 보관소)은 '주변'과 '중심'을 구별하고 있으며, 심지어 정 신 질환자와 '우리의 인간적 중심'을 함께 감응시킨다. 프롬의 '중심에서 중심'으 로의 접근에 대한 기술과 증언을 보려면, 레너드 펠드스타인Leonard Feldstein 의 "The Face of Erich Fromm," *William Alanson White Newsletter* 15, no.1(1981 겨울), 5, 엔조 리오Enzo Lio의 "Erich Fromm: Psychoanalyst and Supervisor," *Fromm Forum* 2(1998), 31~34, 그리고 데이비드 섹터의 "Contributions of Erich Fromm," *Contemporary Psychoanalysis* 17, no.4(1981), 475, 마리안 호르나이 에 카르트의 "The Core Theme of Erich Fromm's Writings and Its Implication for Therapy," *Journal of the American Academy of Psychoanalysis* 11(1983), 397~398 참조. 마르코 바차갈루피Marco Bacciagaluppi의 "Erich Fromm's Views on Psychoanalytic 'Technique,'" *Contemporary Psychoanalysis* 25, no.2(1989년 4월), 233은 프롬의 "분석가는 환자가 경험하는……"의 언급을 담고 있다. 또한 제라르 쿠리의 프롬 인터뷰, *Fromm Forum* 12(2008), 35 참조.

11_ 프롬이 게르트루트 훈치커 프롬에게 쓴 편지(1964년 3월 29일, '훈치커 프롬 서 류들', 취리히)는 환자에게서 '진정한 생각'을 불러일으키는 그의 기술이 어떻게 진화되어왔는지 보여준다. "……의미에 대한 합리적인 사고": 프롬의 "Remarks on the Problem of Free Association," *Psychiatric Research Reports* 2(1955년 12월), 3 참조.

12_ 프롬의 *Greatness and Limitations of Freud's Thought*(New York: Harper & Row, 1980), 40은 소파에만 붙들려 있던 그의 베를린에서의 분석과 "……이러 한 지루함"을 다루고 있으며, 그는 이것을 '얼굴을 맞대는' 분석으로 바꾸어 놓 았다. "앉는 위치를 조정하는" 프롬의 타이밍에 대한 언급을 보려면 마리안 호르 나이 에카르트의 "From Couch to Chair," *The Clinical Erich Fromm*: *Personal Accounts and Papers on Therapeutic Technique*(Amsterdam: Editions Rodopi, 2009), 71~72 참조. 분석 대상자에게 프롬이 빈번하게 질문한 것과 관련하여: 프롬의 "Remarks on the Problem of Free Association," 4~5. 임상 작업에서

의 프롬의 압도하는 느낌에 대해서는 바차갈루피의 "Erich Fromm's Views on Psychoanalytic 'Technique,'" 234~235 참조.

13_ 프롬의 학생들과 동료들은 그가 감정 전이 문제를 경시한 것을 받아들이는 데 차이가 있다. 매코비는 "The Two Voices of Erich Fromm," *A Prophetic Analyst*(New York: Aronson, 1996), 제2장에서, 그것이 임상적 효율성을 제한했다고 주장한다. 살바도르 미얀은 이와 달리 프롬이 전이 문제와 관련해 충분히 주의를 기울이고 있었다고("The Social Dimension of Transference," *A Prophetic Analyst*, 제9장) 주장한다. 저자의 밀티아데스 자피로풀로스 전화 인터뷰(2005년 11월 14일)는 실질적으로 매코비의 의견과 일치한다. 흥미롭게도, 루스 레서Ruth Lesser는 "There Is Nothing Polite in Anyone's Unconscious," *The Clinical Erich Fromm*, 91~99에서 프롬이 광범위한 분석적 관계, 즉 전이와 역전이에 대한 초점을 흐트러뜨렸다고 지적한다.

14_ 프롬 기록 보관소에는 섹터가 자주성을 증진시키는 것이 힘들고 의존적이라는 사실을 지적하는, 그와 프롬 사이에 주고받았던 서신(예를 들어, 1974년 3월 28일 프롬이 섹터에게 쓴 편지)이 있다. 그러나 이 파일은 프롬의 죽음 이후 왜 그가 자살했는지에 대해 적은 단서만을 담고 있을 뿐이다. 프롬에 대한 섹터의 몇몇 글은 그가 자신의 개념적이고 임상적인 작업들을 프롬의 것과 구분 짓지 못했다는 것을 보여준다. 예를 들어, 섹터의 "Contributions of Erich Fromm," *Contemporary Psychoanalysis* 17, no.4(1981), 468~480, "Awakening the Patient," in The Clinical Fromm, 73~83, 그리고 특히 (프롬에게 바치는 헌사로, 자주성과 의존에 초점을 맞춘) "On Human Bonds and Bondage," *Contemporary Psychoanalysis* 11, no.4(1975년 10월), 435~455를 보라.

15_ 잠정적인 전이 왜곡에 맞서는 프롬의 직접 개입을 보려면 프롬의 *Psychiatric Research Reports* 2(1955년 12월), 3~6, 섹터의 "Contributions of Erich Fromm," 475~478, 바차갈루피의 "Erich Fromm's Views on Psychoanalytic 'Technique,'" 234~236, 그리고 특히 저자의 마이클 매코비 녹취 인터뷰(워싱턴, 2003년 2월 2일) 참조. 그레타 비브링Greta Bibring은 매코비에게, 프롬에게 분석을 받기 전에 프롬이 환자의 전이를 분석하기 위해 말을 잘 하지 않는다는 사실을 경고했다.

16_ 프롬이 데이비드 섹터에게 보낸 편지(1974년 3월 28일, 프롬 기록 보관소). 프롬의 *The Forgotten Language: An Introduction to the Understanding of Dreams, Fairy Tales, and Myths*(1951; 재판. New York: Grove, 1957), 47, 109는 프로이

트와 융의 관점에 반하여, 꿈이 무엇을 드러내는지에 대한 그의 관점을 정의하고 있다. 또한 꿈 해석에 관한 프롬의 접근 방식에 대한 설득력 있는 언급을 보려면 비앙콜리의 "The Humanism of Erich Fromm," *Contemporary Psychoanalysis* 28, no.4(1992), 720~721 참조.

17_ 프롬의 *The Forgotten Language: An Introduction to the Understanding of Dreams, Fairy Tales, and Myths*, 47, 109~110, 167~174.

18_ 같은 책, 특히 157("중요한 것은……"), 185, 192, 263("죽음에 대한 불안"). 꿈 해석에 관한 프롬의 접근 방식을 보려면 제이 콰워Jay Kwawer의 "A Case Seminar with Erich Fromm," *Contemporary Psychoanalysis* 11, no.4(1975년 10월), 454 참조.

19_ 프롬의 *The Forgotten Language: An Introduction to the Understanding of Dreams, Fairy Tales, and Myths*, 9~10. 꿈 해석에 관한 프롬의 선별적 접근 방식의 세부사항과 관련하여: 저자의 게르트루트 훈치커 프롬 녹취 인터뷰(취리히, 2004년 5월 10일)와 *Fromm Forum* 12(2008), 특히 35에 실린 제라르 쿠리의 프롬 인터뷰 참조. 판매 수치는 저작물 관리자인 라이너 풍크에 의해 1997년 기준으로 산정되었다.

20_ 저자의 밀티아데스 자피로풀로스 전화 인터뷰(2005년 11월 14일), 에드워드 타우버의 "Erich Fromm," 206~207, 데이비드 섹터의 "Contributions of Erich Fromm," 470~473, 로즈 슈피겔의 "Tribute to Erich Fromm," *Contemporary Psychoanalysis* 17, no.4(1981), 438~439, 랠프 크롤리Ralph M. Crowley의 "Tribute to Erich Fromm," *Contemporary Psychoanalysis* 17, no.4(1981), 443~444, 타우버와 버나드 랜디스Bernard Landis의 "On Erich Fromm," *Contemporary Psychoanalysis* 11, no.4(1975년 10월), 414~417 참조.

21_ 같은 책, 특히 자피로풀로스, 슈피겔, 타우버의 언급 참조.

22_ 같은 책, 특히 저자의 자피로풀로스 인터뷰에 등장했던 언급들.

23_ 월터 겔혼 부인Mrs. Walter Gelhorn의 헬렌 린드 인터뷰(1973년, 녹취록 27~28, Columbia Oral History Project, Butler Library). 마리안 호르나이 에카르트, "Reflections on 'what Helps a Patient?'" 나소 카운티 정신분석 모임Nassau County Psychoanalytic Group에서 진행된 1980년의 미공개 강연의 특히 4~9 참조. 그 분석은 또한 저자의 에카르트 녹취 인터뷰(러구나 힐즈, 2003년 7월 4일)와 그와의 전화 인터뷰(2004년 6월 17일)에 약간의 세부사항을 포함하고 있다.

24_ 저자의 에카르트 녹취 인터뷰(2003년 7월 4일).

25_ 저자의 에카르트 녹취 인터뷰(2003년 7월 4일), 에카르트 전화 인터뷰(2004년 6월 17일).

26_ 롤로 메이가 프롬에게 쓴 편지(1940년 10월 16일, 1942년 6월 15일, 그리고 1942년 11월 6일)들은 모두 프롬 기록 보관소와 '프롬 서류들'에 소장되어 있다. 저자는 또한 메이에 대한, 그리고 프롬이 진행한 메이의 분석에 대한 생각에서 로버트 앱저그의 아주 훌륭한 메이 전기에 상당히 많은 부분 의지했다. 프롬의 분석과 관련된 자료를 메이가 무단 사용한 것과 관련하여: 대니얼 버스턴의 *The Legacy of Erich Fromm*(Cambridge, Mass.: Harvard University Press, 1991), 164~165. 메이의 책, *Man's Search for Himself*(1954)는 무단 사용이라는 버스턴의 의심에 신빙성을 더한다. 또한 메이의 *Power and Innocence: A Search for the Sources of Violence*(New York: Delta, 1972), 227 참조.

27_ 프롬이 메이에게 보낸 편지(1951년 9월 28일, '메이 서류들', 캘리포니아대학)는 메이에 대한 호의를 표하고 있다. 화이트 연구소에서의 프롬에 대한 메이의 태도, 그리고 *Pastoral Psychology* 6, no.56(1955년 9월), 10에서 프롬의 접근 방식에 대해 호의적이었던 것 참조. 틸리히를 스승으로 선택하고 프롬의 글을 "피상적"이라고 말했던 것과 관련해서는, 메이가 프롬에게 쓴 편지(1965년 10월 9일), "매우 화를 돋우는 분위기"에 대해서는 프롬이 메이에게 쓴 편지(1965년 10월 18일) 참조. 둘 모두 '메이 서류들'에 있다.

28_ 리스먼의 초기 삶과, 그와 프롬과의 분석에 대한 두 가지 탁월한 출처는 데이비드 바보자David Barboza의 "An Interview with David Riesman," *Partisan Review*(1994), 574~585, 그리고 윌프레드 매클레이의 *The Masterless: Self and Society in Modern America*(Chapel Hill: University of North Carolina Press, 1994), 238~255, 336 n.30 참조. 또한 스티븐 윌랜드Steven Weiland의 매우 고무적인 글 "Social Science Toward Social Criticism: Some Vocations of David Riesman," *Antioch Review* 44(1986년 가을), 특히 446~454 참조. 비록 저자가 프롬 기록 보관소에 있는 프롬과 리스먼 사이의 서신들을 광범위하게 훑어보기는 했지만, 이는 단지 그 분석에 대한 함축적인 윤곽만을 제시했다.

29_ 바보자의 "An Interview with David Riesman," 575~576, 582~584, 그리고 매클레이의 *The Masterless: Self and Society in Modern America*, 336 n.30 참조.

30_ 바보자의 "An Interview with David Riesman," 575~577, 매클레이의 *The*

Masterless: Self and Society in Modern America, 253, 255. 저자의 로버트 제이 리프턴 전화 인터뷰(2008년 8월 13일)는 리스먼이 프롬에게 분석 받는 것에 대해 그에게 어떻게 이야기했는지 그 세부사항들을 상세히 이야기한다. 프롬의 "Individual and Social Origins of Neurosis," *Personality in Nature, Society, and Culture*(New York: Knopf, 1949), 특히 11 참조. 또한 리스먼이 풍크에게 보낸 편지(1980년 10월 10일, 프롬 기록 보관소) 참조. 비록 로버트 린드의 아내 헬렌의 프롬과의 분석에 대한 기억이 단편적이기는 하지만, 그것은 리스먼의 분석만큼이나 지적인 의미를 지니고 있었다.(예를 들어, 그는 그녀의 글쓰기 장애를 '치료'했다.) 월터 젤혼 부인의 헬렌 린드 인터뷰(1973년, 녹취록 27~28, Columbia Oral History Project) 참조.

31_ 저자의 마우리시오 코르티나 직접 인터뷰(워싱턴, 2009년 7월 30일).

32_ 요제프 구를란트의 "The Story of My Mother: Henny (Meyer) Gurland, 1900~1952," 3~5, 프롬 기록 보관소.

33_ 같은 글, 5~9.

34_ 같은 글, 13~16, 그리고 요제프 구를란트가 풍크에게 쓴 편지(1992년 12월 28일)와 구를란트가 롤프 티데만Rolf Tiedemann에게 보낸 편지(1981년 6월 25일) 참조. 둘 모두 프롬 기록 보관소 소장. 헤니의 옆구리에 박힌 금속 파편과 관련하여: 저자의 도리스 구를란트 직접 인터뷰(프로비던스, 2009년 8월 23일).

35_ 요제프 구를란트의 "The Story of My Mother: Henny (Meyer) Gurland, 1900~1952," 17~18, 풍크의 *Erich Fromm: His Life and Ideas*, 122.

36_ 요제프 구를란트의 "The Story of My Mother: Henny (Meyer) Gurland, 1900~1952," 18, 콜러J. H. Coler가 프롬에게 보낸 편지(1941년 11월 13일, 프롬 기록 보관소. 프롬이 국제 구호단the National Refugee Service을 통해 헤니를 도왔던 내용) 참조. "내게 더 이상 향수병 같은 건 없어요": 헤니 구를란트가 이젯드 포레스트에게 보낸 편지(1943년 11월 26일, 프롬 기록 보관소). 버스턴의 *The Legacy of Erich Fromm*, 25는 프롬과 헤니 구를란트의 관계가 급속도로 발전했으며, 요제프의 교육을 위해 프롬이 초기에 자금을 지원했다는 점을 강조한다.

37_ 헤니 구를란트가 이젯 드 포레스트에게 보낸 편지(1944년 2월 20일). 요제프 구를란트의 "Application for Federal Employment"(1946년, 날짜 없음, 프롬 기록 보관소)는 그가 군에서 전쟁 동안 복무했던 세부적인 사항들을 담고 있다.

38_ 젤버의 프롬에 대한 첫인상, 뉴욕에서의 그의 바쁜 스케줄, 그리고 베닝턴으로

의 이주와 관련하여: 풍크의 *Erich Fromm: His Life and Ideas*, 122~126. 헤니의 사진 작업, 베닝턴으로의 불안한 이주, 그리고 어떻게 "프롬이 자신의 책을 끝내기를 원했는지"와 관련하여: 헤니 구클란트가 이젯 드 포레스트에게 보낸 편지(1946년 6월 5일, 프롬 기록 보관소) 참조.

39_ 헤니 구클란트가 이젯 드 포레스트에게 보낸 편지(1946년 6월 5일, 프롬 기록 보관소). "탐구하며 사람의 마음에 깊이 가 닿이……": 프롬의 『정신분석과 종교』 (New Haven, Conn.: Yale University Press, 1950).

40_ 빈저가 프롬에게 헤니의 조현병을 이야기한 것과 관련하여: 저자의 마이클 매코비 직접 인터뷰(Cambridge, Mass., 2005년 5월 6일). 새로운 베닝턴 집(그 당시 주소는 228 Murphy Road)에 대한 세부사항들은 매매 당시 작성되었던 거주지 목록(프롬 기록 보관소)에 제시되어 있다. 프롬은 1976년 9월 10일 자 편지에 리스먼으로부터 대출받은 것을 언급했다.

41_ 루이스 웹스터 존스가 프롬에게 쓴 편지(1942년 6월 17일), 그리고 프롬이 존스에게 쓴 편지(1942년 7월 10일). 둘 모두 프롬 기록 보관소에 있으며, 베닝턴대학에서의 강의와 관련된 내용과, 그가 존스에게 털어놓았던 불안을 담고 있다. 베닝턴의 *Quadrille*(1980년 3월)에 실린 긴 부고 기사는, 그곳에서 진행되었던 그의 강의와 졸업식 연사로서 학교를 대표했던 일에 대해 전해준다. 프롬이 아기를 무릎에서 떨어뜨릴 뻔했던 것과 관련하여: 저자의 도리스 구클란트 인터뷰(프로비던스, 2009년 8월 23일). 1946년의 2500달러는 2008년 기준으로 27,546.44달러이며, www.measuringworth.com에서 산정되었다.(본문에서 옮긴이는 이 금액을 다시 2015년 기준으로 환산해놓았다—옮긴이) 프롬이 프랜시스 데이비스에게 보낸 편지(1948년 8월 18일)와 데이비스가 프롬에게 보낸 편지(1948년 9월 3일, 프롬 기록 보관소) 참조. 대인관계에 대한 베닝턴대학에서의 두 번째 강의 과정 준비와 관련하여: 프롬이 어니스트 오펜하이머Ernest Oppenheimer에게 보낸 편지(1948년 12월 3일, 프롬 기록 보관소). 프롬은 또한 신사회연구소에서도 강의 요청이 쇄도했다. 1949년 그가 그곳에서 강의를 하지 않기로 결정했을 때, 신사회연구소의 소장인 브린 호브드Bryn Hovde는 그에게 재고해줄 것을 강력하게 요청하기도 했다.

42_ 풍크의 *Erich Fromm*, 126~127, 요셉 구클란트의 "Henny Gurland," 19(다른 사람들은 다루지 않았던, 헤니의 점점 높아만 가는 혈압 문제를 강조했다). 여러 초청과 기회를 거절하며 헤니의 곁에서 밤낮으로 그녀를 돌보았다는 증거와 관

련해서는 프롬이 애슐리 몬터규에게 쓴 편지(1947년 12월 31일)와 프롬이 루시언 행크스Lucien Hanks에게 쓴 편지(1948년 10월 14일) 참조. 둘 모두 프롬 기록 보관소 소장. 저자의 도리스 구를란트 직접 인터뷰(프로비던스, 2009년 8월 23일)는 헤니의 치료 과정을 담고 있고, 게르트루트 훈치커 프롬 인터뷰(취리히, 2003년 7월 30일)는 그녀의 고통보다 더욱 그녀를 쇠약하게 만들었던 헤니의 우울증 이야기를 담고 있다.

43_ 구를란트의 결혼과 신혼여행을 선물한 것과 관련하여: 풍크의 "Joseph Gurland" (부고), *Fromm Forum* 9(2005), 49. 또한 프롬이 헨리 패처에게 보낸, 모두 다시 함께할 수 있겠다는 희망을 담은 편지(1949년 12월 5일)와 프롬이 디젠 헤르츠 Djane Herz에게 보낸 콘서트 초대를 사양하는 내용의 편지(1949년 12월 23일) 참조. 둘 모두 프롬 기록 보관소 소장. 프롬의 『정신분석과 종교』 서문은 헤니의 조언에 감사하고 있다. 풍크의 *Erich Fromm: His Life and Ideas*, 126은 프롬이 처제에게 보낸 편지(1949년 6월 3일)를 언급한다.

44_ 풍크의 *Erich Fromm: His Life and Ideas*, 127. 요제프와 도리스 구를란트가 보스턴에서 같이 살고 있으며, 프롬이 그들과 머물고 있던 것과 관련하여: 프롬이 클라이드 클럭혼에게 보낸 편지(1949년 3월 22일). 헤니가 사진 작업을 완료할 수 없었던 것과 관련하여: 프롬이 리스먼에게 보낸 편지(1949년 11월 29일). 모든 편지는 프롬 기록 보관소 소장. 저자의 도리스 구를란트 직접 인터뷰(프로비던스, 2009년 8월 23일) 참조.

45_ 저자의 호르헤 실바 녹취 인터뷰(멕시코시티, 2004년 3월 21일), 그리고 저자의 레나테 호르나이 녹취 인터뷰(러구나 힐스, 2004년 6월 26일). 프롬이 스프라틀링 씨Mr. Spratling에게 보낸 편지(1937년 3월 17일), 프롬이 오토 륄레에게 보낸 편지(1937년 11월 16일, 1940년 5월 3일), 프롬이 뒤리외 부인Mrs. Durieux에게 보낸 편지(1937년 5월 14일), 프롬이 과달루페Guadalupe에게 보낸 편지(1937년 5월 14일) 참조. 모두 프롬 기록 보관소 소장.

46_ 저자의 호르헤 실바 녹취 인터뷰(멕시코시티, 2004년 3월 21일), 저자의 게르트루트 훈치커 프롬 직접 인터뷰(취리히, 2003년 7월 30일), 저자의 라이너 풍크 직접 인터뷰(튀빙겐, 2003년 3월 16일), 그리고 프롬이 디젠 헤르츠에게 보낸 편지(1949년 12월 23일, 프롬 기록 보관소).

47_ 저자의 라이너 풍크 직접 인터뷰(튀빙겐, 2003년 3월 16일), 풍크의 *Erich Fromm: His Life and Ideas*, 127. 멕시코로 이주하고 난 후 1950년대 초에 프롬과

젤버 사이에 주고받은 서신은 '젤버 서류들'(캘리포니아대학)에 있다. 특히 프롬이 젤버에게 보낸 편지(1952년 9월 29일, 10월 2·7·28일, 11월 2·12일), 그리고 젤버가 프롬에게 보낸 편지(1952년 10월 16일) 참조. 헤니의 건강과 여행, 그리고 멕시코시티 이주에 관해서는 풍크의 *Erich Fromm: His Life and Ideas*, 127 참조.

48_ 요제프는 스스로 거의 확실히 사실이 아니라는 것을 알고 있었지만 헤니의 죽음을 '심장마비' 탓으로 돌리고 있다. 저자의 풍크 인터뷰(튀빙겐, 2003년 3월 16일)는 그의 설명을 담고 있으며, 개인적인 기록은 헤니가 손목을 그었을 때가 사망한 시점이라는 것을 보여준다. 도리스 구클란트는 이 사실을 풍크에게 확인해주었다. 그녀의 자살 이후 프롬이 그녀를 발견한 사실을 참고하려면, 프롬의 『사랑의 기술』(New York: Harper Perennial, 2006), 16에 실린 풍크의 "Meet Erich Fromm"을 보라. 프롬이 헤니를 발견한 것과 "이제 금방 완전히 괜찮아질 테니까……"와 관련한 추가적인 참고사항을 보려면 프롬이 이젯 드 포레스트에게 보낸 편지(1952년 7월 22일) 참조. 프롬이 헤니를 어쩔 수 없었다는 언급에 대한 샤를로테 젤버의 회상과 문맥으로 옮겨놓은 내용을 보려면 풍크의 샤를로테 젤버 직접 인터뷰(1997년 10월, 프롬 기록 보관소) 참조. 앙케 슈라이버의 독일어 원문("Ich konnte Henny nicht helfen")을 번역.

49_ 헤니의 마지막 시기와 죽음, 그리고 그것이 프롬에게 미친 영향과 관련하여: 풍크의 *Erich Fromm: His Life and Ideas*, 136, 그리고 저자의 풍크 인터뷰(튀빙겐, 2003년 3월 18일). 헤니의 죽음 이후에 몇몇 육체관계를 인정한 것과 관련하여: 프롬이 애니스 프리먼에게 보낸 편지(1953년 3월 25일). 로버트 콜스Robert Coles는 자신이 컬럼비아대학의 의과대학 학생이었을 때 호르나이가 암으로 죽어가는 동안 그녀에게 도움을 주었던 내용을 민감하게 이야기하고 있으며, 이에 관해서는 콜스의 *The Secular Mind*(Princeton, N.J.: Princeton University Press, 1999), 83~85 참조. 프롬이 샤를로테 젤버에게 보낸 편지(1953년 2월 26일, '젤버 서류들', 캘리포니아대학). 프롬과 젤버 사이가 애정 관계였다는 그럴듯한 내용을 보려면 프롬이 젤버에게 보낸 편지(1952년 12월 6·19일, 1953년 2월 15일, 프롬 기록 보관소) 참조.

50_ 프로이트의 출간물들과 관련한 책에 관해서는 프롬이 애슐리 몬터규에게 보낸 편지(1947년 5월 7일, 12월 31일, '프롬 서류들') 참조. 유네스코 연구 프로젝트와 그 안에서의 프롬의 역할과 관련해서는 프롬이 펜들턴 헤링Pendleton Herring과 허버트 에이브러햄Herbert Abraham에게 보낸 편지(1949년 1월 1일),

"미국과 같은 더욱 복잡한 문화"와 관련해서는 프롬이 오사르O. A. Oesar에게 보낸 편지(1949년 5월 20일), 카네기 재단 기금 모금과 "권위주의 대 독립"에 대해서는 프롬이 찰스 달러드에게 보낸 편지(1949년 3월 4일) 참조. 모두 프롬 기록 보관소 소장.

51_ 프롬의 『자기를 찾는 인간』, 213~214, 244. 칼 메닝어의 부정적인 서평은 메닝어의 "Loneliness in the Modern World," *The Nation*(1942년 3월 14일), 154 참조.

52_ 프롬의 『자기를 찾는 인간』, 206, 210~213.

53_ 같은 책, 187~191, 206, 216.

54_ 같은 책.

55_ 라인홀트 니부어가 비판적이지는 않을까 의심했던 부분에 대해서는 『자기를 찾는 인간』, 212 n.67, 니부어의 『자기를 찾는 인간』 서평, *Christianity and Society* 13, no.2(1948년 봄), 26~28.

56_ 프롬의 "Psychoanalytic Characterology and Its Application to the Understanding of Culture," *Culture and Personality*(New York: Viking, 1949), 1~12.

57_ 프롬의 『자기를 찾는 인간』, 62~63, 114.

58_ 같은 책, 64~65, 115.

59_ 같은 책, 65~67, 115.

60_ 같은 책, 67~78.

61_ 같은 책, 248.

62_ 매슬로의 완벽한 주석이 달린 『자기를 찾는 인간』 사본은 미국 심리학사 기록 보관소(애크런대학)에 있다. 『자기를 찾는 인간』이 어떻게 필립 리프의 *The Triumph of the Therapeutic: Uses of Faith After Freud*(1966)와 *Freud: The Mind of the Moralist*(1959)를 예견했는지를 보여주는 날카로운 서평과 관련하여: 애셔 브린즈Asher Brynes의 "End of Psychological Man Proclaimed," *Saturday Review* 31(1948년 7월 2일), 25~26, 그리고 『자기를 찾는 인간』에 대한 밀턴 싱어Milton Singer의 에세이, *Ethics* 58(1947~1948), 220~222.

63_ 프롬의 『정신분석과 종교』, v. 판매량은 프롬의 저작물 관리자인 라이너 풍크의 1997년 기준으로 산정되었다.

64_ 같은 책, 1~2, 35~37.

65_ 같은 책, 94~95.

66_ 같은 책, 91~92, 96~99.

67_ 같은 책, 38~41(특히 스즈키 다이세쓰에 대해서는 41 n.4).

68_ 같은 책, 41~42, 47~48.

69_ 같은 책, 49~50. 포이어바흐처럼 프롬은 『자본Das Kapital』의 마르크스보다 더 젊고 유연한 마르크스를 선호했다. 그러나 어떤 면에서 젊은 마르크스는 프롬보다 역사적 변화를 꾀하기 위해 더욱 단호했으며, 포이어바흐보다도 확실히 더 그러했다.

70_ 같은 책, 84. 아마도 프롬의 대중적 인기에 대한 지침이었을 『정신분석과 종교』는 세 명의 심리학 ('입문') 논평가들, 즉 *the New York Times Book Review* 29, no.10(1950), 5~6의 오버스트리트H. A. Overstreet, *Filosofi a Torino* 17(1966), 124~126의 안드레아 노빌Andrea Nobile, 그리고 *The New Republic* 124(1951), 21~22의 매스킨M. H. Maskin에 의해 우호적인 평을 받았다.

제6장 사랑으로, 스승으로

1_ 학생들에게 가장 먼저 떠오르는 작품의 '제목'을 묻는, 1959년 힐데 히멜바이크 Hilde Himmelweig에 의해 버클리대학에서 진행된 연구에 대해서는, 리스먼이 프롬에게 쓴 편지(1960년 11월 2일, '리스먼 서류들', 하버드대학) 참조. 학생들은 프롬의 이름보다는 프로이트, 윌리엄 포크너, 벌린에 더 익숙했지만, 잭 케루악, 지드, 윌리엄 화이트, 리스먼보다는 프롬의 이름에 더 익숙했다.

2_ 호르헤 실바의 "Fromm in Mexico: 1950~1973," *Contemporary Psychoanalysis* 25, no.2(1989년 4월), 246~249, 알폰소 미얀의 존 라이헤르트John Reichert 녹취 인터뷰(1985년경, 프롬 기록 보관소).

3_ 같은 책, 그리고 저자의 아니세토 아라모니 녹취 인터뷰(멕시코시티, 2004년 3월 17일)와 마이클 매코비 이메일 인터뷰(2011년 9월 29일).

4_ 매코비가 저자에게 보낸 이메일(2011년 9월 28·29일)과 마리 랭어Marie Langer의 *From Vienna to Managua: Journey of a Psychoanalyst*(London: Free Association Books, 1989), 131~133.

5_ 매코비가 저자에게 보낸 이메일(2011년 9월 29일)과 저자의 직접 인터뷰(케임브리지, 2012년 4월 13일).

6_ 저자의 호르헤 실바 녹취 인터뷰(멕시코시티, 2004년 3월 21일).

7_ 실바의 "Fromm in Mexico," 245, 그리고 저자의 실바 녹취 인터뷰(멕시코시티, 2004년 3월 21일)와 마이클 매코비 녹취 인터뷰(워싱턴, 2003년 2월 2일).

8_ 존 라이헤르트의 알폰소 미얀 녹취 인터뷰(멕시코시티, 1985년경, 프롬 기록 보관소), 저자의 살바도르 미얀 직접 인터뷰(멕시코시티, 2004년 3월 16일), 실바의 "Fromm in Mexico," 248~250, 그리고 저자의 실바 가르시아 녹취 인터뷰(멕시코시티, 2004년 3월 21일). 살바도르 미얀의 "Mexican Time: Erich Fromm in Mexico—A Point of View"는 *Jahrbuch der Internationalen Erich Fromm Gesellschaft*(1995)에 처음으로 등장했고, 조심스럽게 수정되었다. 그것은 프롬의 정확한 독일식의 시간 감각, 정확성, 엄격함과 그의 멕시코 학생들이 알고 있던 더 즐기고 덜 규칙에 얽매이는 습성 사이의 대조를 다루고 있다.

9_ 라이헤르트의 알폰소 미얀 녹취 인터뷰(1985년경, 프롬 기록 보관소), 저자의 살바도르와 소냐 미얀 직접 인터뷰(멕시코시티, 2004년 3월 17일), 실바의 "Fromm in Mexico," 251, 그리고 라이헤르트의 실바 녹취 인터뷰(1985년경, 프롬 기록 보관소).

10_ 같은 책.

11_ 라이헤르트의 알폰소 미얀 인터뷰(1985년경), 저자의 아니세토 아라모니 녹취 인터뷰(멕시코시티, 2004년 3월 17일), 저자의 레베카 아라모니 세라노Rebecca Aramoni Serrano 직접 인터뷰(멕시코시티, 2004년 3월 21일). 그 책의 프로젝트에 대한 언급을 보려면, 프롬이 애니스 프리먼에게 보낸 편지(날짜 없음) 참조.

12_ 라이헤르트의 알폰소 미얀 인터뷰(1985년경, 프롬 기록 보관소).

13_ 풍크의 *Erich Fromm: His Life and Ideas*, 131~132.

14_ 저자의 아니세토 아라모니 녹취 인터뷰(멕시코시티, 2004년 3월 17일)와 레베카 아라모니 세라노 인터뷰(멕시코시티, 2004년 3월 21일).

15_ "……항상 미안하게 생각했소": 프롬이 아라모니에게 쓴 편지(1973년 10월 8일). "……책임을 지는 법을 익혀야 하오" "중요한 것은 모임이 정말 나 없이도 돌아가는 법을 배우고……": 프롬이 아라모니에게 쓴 편지(1967년 2월 7일). 아라모니가 프롬에게 보낸 편지(1973년 7월 2일, 9월 26일, 1975년 11월 5일, 1979년 7월 9일). 모두 프롬 기록 보관소 소장. 이러한 의존 관계에 따르는 문제들을 드러내는 아라모니의 파일들이 프롬 기록 보관소 안에 더 많이 남아 있다. 또한 저자의 아라모니 녹취 인터뷰(2004년 3월 17일) 참조.

16_ 어윈 스위처A. Irwin Switzer의 *D. T. Suzuki: A Biography*(London: The Buddhist Society, 1985)는 스즈키 다이세쓰의 삶과 사상에 대한 매우 포괄적인 설명을 제공한다.

17_ 스즈키 다이세쓰의 *Zen Buddhism: Selected Writings of D. T. Suzuki*(New York: Anchor, 1956), 103~108. 또한 융의 서문과 함께 재출간된(London: Rider & Co, 1948) 스즈키 다이세쓰의 *An Introduction to Zen Buddhism*(1934), *The Training of the Zen Buddhist Monk*(New York: University Books, 1959 재출간), 그리고 *Zen and Japanese Culture*(New York: Pantheon, 1959).

18_ 뉴욕에서의 저녁 식사, 12월의 쿠에르나바카 여행, 그리고 프롬이 비용을 지불한 스즈키를 위한 평생 거주지 제공과 관련해서, 프롬이 스즈키에게 보낸 편지(1956년 10월 18일, 프롬 기록 보관소)와 스즈키가 프롬에게 보낸 편지(1955년 9월 9일, 1956년 5월 7일, '프롬 서류들', 뉴욕 공립 도서관) 참조.

19_ 스즈키가 프롬에게 보낸 편지(1956년 11월, 날짜 없음), 프롬이 스즈키에게 보낸 편지(1956년 11월 15·18일). 모두 '프롬 서류들'에 포함.

20_ 스즈키가 프롬에게 보낸 편지(1957년 2월 14일, 3월 13일), 프롬이 스즈키에게 보낸 편지(1957년 1월 29일, 2월 25일, 3월 3일). 모두 '프롬 서류들'에 포함.

21_ 프롬의 "Memories of Dr. D. T. Suzuki," 1~3, 프롬 기록 보관소.

22_ 풍크의 *Erich Fromm: His Life and Ideas*, 134는 프롬의 삶에서 영적 종교의 중요성을 강조한다.

23_ 프롬의 "Psychoanalysis and Zen Buddhism"(프롬의 1957년 콘퍼런스 논문의 1959년 개정판), 3~8, '프롬 서류들'.

24_ 같은 글, 9~10.

25_ 같은 글, 10~11.

26_ 같은 글, 14~19.

27_ 같은 글, 17~20.

28_ 같은 글, 21.

29_ 같은 글, 3, 8, 11, 21.

30_ 판매 수익과 인세와 관련해서, 프롬이 모리스 그린에게 보낸 편지(1958년 12월 13일), 프롬이 스즈키에게 보낸 편지(1960년 11월 19일). 두 편지 모두 프롬 기록 보관소에 있음. 또한 스즈키를 수석 저자로 올리고 있는 프롬이 스즈키에게 보낸 편지(1958년 6월 3일, 1960년 6월 15일, '프롬 서류들') 참조. 판매 수치는 프롬

의 저작물 관리자인 라이너 풍크에 의해 1997년 기준으로 산정되었다.

31_ 1957년 콘퍼런스 이래로 각자가 서로에게 점점 더 많은 지지를 보낸 것과 관련하여: 프롬의 "Memories of Dr. D. T. Suzuki."

32_ 풍크의 *Erich Fromm: His Life and Ideas*, 136~138, 저자의 게르트루트 훈치커 프롬 인터뷰(취리히, 2004년 5월 9·10일), 저자의 풍크 인터뷰(튀빙겐, 2003년 3월 18일).

33_ 풍크의 *Erich Fromm: His Life and Ideas*, 138에서 프롬의 저작물 관리자인 라이너 풍크는 프롬이 애니스 프리먼에게 썼던 깊은 애정이 담긴 많은 쪽지를 실었다. 그것은 그들이 결혼을 약속했을 때뿐만 아니라, 이후 수십 년 동안 프롬이 애니스에게 많은 편지를 전했음을 드러낸다.

34_ 같은 책.

35_ 저자의 게르트루트 훈치커 프롬 인터뷰(2004년 5월 9일. 애니스가 암 수술을 받은 후 만약 재발하면 그녀와 함께 죽을 것이라는 언급을 포함하고 있음), 저자의 훈치커 프롬 직접 인터뷰(취리히, 2003년 7월 30일), 저자의 매코비 녹취 인터뷰(2003년 2월 2일, 2008년 12월 18·19일). 저자의 풍크 직접 인터뷰(로카르노, 2004년 5월 8일), 그리고 저자의 에르난도 이바라Hernando Ibarra 녹취 인터뷰(쿠에르나바카, 2004년 3월 19일)는 암 수술을 확인하고, 애니스와 프롬 사이에 서로를 애틋해하는 방식이 다름을 묘사하고 있다. 저자의 샌디 리 매코비Sandy Lee Maccoby 녹취 인터뷰(워싱턴, 2003년 2월 2일)는 이웃 주민으로서, 애니스가 얼마나 우아하고 프롬을 존중했는지, 그리고 그녀가 때때로 점성술을 가르쳐 주었다는 사실을 회상한다. 애니스와의 처음 만남에 대해서는 프롬이 젤버에게 보낸 편지(1952년 12월 2일, 프롬 기록 보관소) 참조.

36_ 호르헤 실바의 "Fromm in Mexico," 245, 저자의 실바 녹취 인터뷰(멕시코시티, 2004년 3월 21일), 그리고 저자의 마이클 매코비 녹취 인터뷰(워싱턴, 2003년 2월 2일) 참조.

37_ 멕시코에서 프롬의 음식, 음료, 담배 취향에 대한 가장 훌륭한 출처는 알리시아 가르시아Alicia Garcia의 아들인 에르난도 이바라였다. 저자의 이바라 녹취 인터뷰(쿠에르나바카, 2004년 3월 19일) 참조. 프롬이 하시딕 음악과 피아노를 사랑했던 것과 관련하여: 저자의 호르헤 실바 녹취 인터뷰(멕시코시티, 2004년 3월 21일)와 실바가 존 라이헤르트에게 보낸 편지(1985년 6월 1일). 프롬의 자동차, 담배, 그리고 하시딕 음악과 관련하여: 저자의 마이클 매코비 녹취 인터뷰(워싱턴, 2003

년 2월 2일). 신년 파티의 알래스카 연어와 관련하여: 저자의 라이너 풍크 직접 인터뷰(튀빙겐, 2004년 5월 15일). '에리히 프롬 칵테일'과 제빵류에 대한 사랑과 관련하여: 저자의 살바도르 미얀 직접 인터뷰(멕시코시티, 2004년 3월 21일).

38_ 카르멘 델라치카Carmen Delachica는 1976년부터 2005년 사망할 때까지 프롬의 쿠에르나바카 저택의 소유주였다. 그녀는 2004년 3월 저자에게 그곳을 편안히 둘러보고 직접 대지를 밟아보도록 허락했으며, 그 저택에 대한 많은 질문에 답변해주었다. 저자의 델라치카 녹취 인터뷰(쿠에르나바카, 2004년 3월 19일) 참조.

39_ 저자의 에르난도 이바라 녹취 인터뷰(쿠에르나바카, 2004년 3월 19일).

40_ 쿠에르나바카에서의 프롬의 즐거운 일상과 관련한 세부사항들은 저자의 마이클 매코비 인터뷰(워싱턴, 2003년 2월 2일; 케임브리지, 2012년 4월 14일)에 잘 드러나 있다. 저자의 살바도르 미얀 인터뷰(멕시코시티, 2004년 3월 20·21일)와 호르헤 실바 녹취 인터뷰(멕시코시티, 2004년 3월 21일) 참조.

41_ 풍크의 "Titles by Erich Fromm"(프롬 기록 보관소)은 1997년까지(당시 『사랑의 기술』은 33개 언어로 번역되었다) 프롬의 모든 책의 번역판 목록과 판매 수치를 담고 있다. 풍크의 *Erich Fromm: His Life and Ideas*, 139는 그 책이 50개 언어로 번역되었다고 쓰고 있다. 『사랑의 기술』은 지금까지도 여전히 베스트셀러 목록에 있으며, 가장 빈번히 번역되는 책이다.

42_ 프롬의 『사랑의 기술』(재판. New York: Continuum Centennial Edition, 2000), 97~120.

43_ 같은 책, 제3장은 왜 현대 서방 자본주의 사회에서 '사랑'을 그토록 찾기 어려운지 잘 설명하고 있다. 프롬은 83페이지에서 프로이트에 이의를 제기하고 있으며, 93페이지에서 사랑이란 "두 사람이 자신들의 존재의 본질을 스스로 경험할 때" 비로소 피어오르는 것이라 말하고 있다. 매슬로는 1957년에서 1968년 사이 프롬의 저작에 대해, 특히 『자기를 찾는 인간』뿐만 아니라 『사랑의 기술』에 대해서도 광범위하게 기록해놓았다.(미국 심리학사 기록 보관소의 매슬로 모음집, 애크런 대학).

44_ 프롬의 『사랑의 기술』, 24.

45_ 같은 책, 42, 52 n.13은 틸리히에게 응답하고 있다. 존 샤르의 *Escape from Authority: The Perspectives of Erich Fromm*(New York: Basic Books, 1961), 134~136은 프롬의 자기애, 타인에 대한 사랑, 그리고 인류에 대한 사랑을 융합

한 것에 반하여 매우 설득력 있게 주장을 펼치고 있다. 샤르의 주장에 따르면, 사
랑은 모든 인류에 대한 포용이 아니며, 특정한 맥락 안에서 고유한 특징을 가진
개별적인 인간들을 포용하는 것이다.

46_ 프롬의 『사랑의 기술』, 42~44.

47_ 같은 책, 36~41, 44~47.

48_ 같은 책, 48~52.

49_ 같은 책, 57~74, 특히 63, 73~74. 프롬의 세속주의, 그리고 그의 삶의 이 시점에
서 문화적인 유대주의를 드러낸 것은 저자의 모셰 버드모어 전화 인터뷰(2008년
4월 22일)와 저자의 라이너 풍크 인터뷰(튀빙겐, 2003년 7월 15일) 참조.

50_ 프롬의 『사랑의 기술』, 95~96.

51_ 조슈아 리브먼의 *Peace of Mind*(New York: Simon & Schuster, 1946). 리브
먼과 그의 책에 대한 가장 날카로운 논의를 보려면 앤드루 하인츠Andrew
R. Heinze의 *Jews and the American Soul: Human Nature in the Twentieth
Century*(Princeton, N.J.: Princeton University Press, 2004), 217~239 참조.

52_ 프롬의 『사랑의 기술』, 97~100.

53_ 같은 책, 107~109.

54_ 같은 책, 111~115.

55_ 같은 책, 115~116.

56_ 같은 책, 117~120.

57_ 클래라 톰프슨이 프롬에게 쓴 편지(1956년 11월 24일, 프롬 기록 보관소).

58_ 『사랑의 기술』의 판매 수치에 대한 가장 광범위한 기록은 프롬 기록 보관소에서
찾을 수 있다. 그 책의 다양한 판본들이 표지에 판매 수치를 홍보하고 있다. 라
이너 풍크는 2008년 5월 6일 그러한 판매 기록들을 합해 나에게 편지를 보냈고,
다른 수치는 풍크의 *Erich Fromm: His Life and Ideas*, 139에서 찾아볼 수 있다.
저자는 개인적으로 2008년 밸런타인데이에 하버드 협동조합 서점 진열대에서
그 책을 보았고, 책은 그 뒤로 계속 진열되어 있었다. 실제로 2012년 2월 14일 한
달 전에, 그 협동조합 서점은 밸런타인데이 특수를 겨냥해 수십 권의 책을 쌓아
놓았다.

1_ 전미 건전 핵 정책 위원회SANE를 설립하는 데 프롬이 한 역할과 관련해서, 로런스 위트너의 *Resisting the Bomb: A History of the World Nuclear Disarmament Movement, 1954~1970*(Stanford, Calif.: Stanford University Press, 1997), 52, 그리고 풍크의 *Erich Fromm: His Life and Ideas*, 141 참조.

2_ 『건전한 사회』의 장기간의 판매 수치는 풍크의 "Titles by Erich Fromm"(튀빙겐, 프롬 기록 보관소)에 나와 있다. 『건전한 사회』 출간 이후 그에게 점점 더 많은 강의 요청이 쇄도한 것과 관련하여: 프롬이 리처드 시프터Richard Schifter에게 보낸 편지(1960년 7월 29일, 프롬 기록 보관소). 그 책에 대한 프롬의 요약("The Present Human Condition")은 *Perspectives* 16(1956년 여름), 71~77에 실렸다. 조지 게이 초청 강연과 관련하여: 『뉴욕타임스』(1957년 4월 26일). 『건전한 사회』와 프롬과 관련한 다양한 논쟁의 분위기와 관련하여: 프롬이 토머스 머튼에게 쓴 편지(1955년 4월 13일)와 머튼이 프롬에게 쓴 편지(1955년 9월 12일, 프롬 기록 보관소).

3_ 프롬의 『건전한 사회』(New York: Rinehart and Winston, 1955, Owl Books, 1990 재판), vii~viii, 3~21.

4_ 같은 책, 30~36. "사랑은 자아의 온전함과……": 같은 책, 31.

5_ "창조하는 것은……" "나 자신이 삶을 창조할 수 없다면……": 같은 책, 37. 가부장제, 그리고 인류애와 관련하여: 같은 책, 44~45.

6_ "자신의 사업이 성장함에 따라": 같은 책, 86, 94~99.

7_ 같은 책, 131~134는 1844년의 마르크스를 인용하여 적절히 사용한다.

8_ 마르크스의 이상주의와 관련하여: 같은 책, 236. 인본주의적 활동을 포용한 것과 관련하여: 같은 책, 207. 이성적인 사회의 특징에 대한 서술과 관련하여: 같은 책, 276.

9_ 같은 책, 295~336, 특히 295, 331, 335~336과 프롬의 "The Present Human Condition," *The American Scholar* 25(1955~1956 겨울), 특히 35.

10_ 프롬의 『건전한 사회』, 339~343.

11_ "여기에서 또한……": 같은 책, 350.

12_ 교육과 관련하여: 같은 책, 344~346. 인본주의적 종교와 관련하여: 같은 책, 349~352.

13_ 젊은 마르쿠제에 대한 많은 학술 자료가 있지만, 아마도 그중 가장 날카로운 것은 리처드 킹의 *The Party of Eros: Radical Social Thought and the Realm of Freedom*(Chapel Hill: University of North Carolina Press, 1972), 제4장일 것이다.

14_ 『디센트』 저널의 초기 시절과 위상에 대한 훌륭한 논의와, 특히 프롬에 대한 어빙 하우와 루이스 코저의 시각 그리고 그와 관련된 문제들을 보려면, 모리스 이서먼의 *If I Had a Hammer: The Death of the Old Left and the Birth of the New Left*(Urbana: University of Illinois Press, 1993), 89~108, 그리고 조앤 바르칸 Joanne Barkan의 "Cold War Liberals and the Birth of Dissent," *Dissent*(2006년 여름), 95~102 참조.

15_ 허버트 마르쿠제의 "The Social Implications of Freudian 'Revisionism,'" *Dissent* 2, no.3(1955년 여름), 221~240, 폴 굿맨의 "The Political Meaning of Some Recent Revisions of Freud," *Politics* 2, no.7(1945년 7월), 198~202.

16_ 마르쿠제의 "The Social Implications of Freudian 'Revisionism,'" 231~234, 238~239.

17_ 프롬의 "The Human Implications of Instinctive 'Radicalism,'" *Dissent* 2, no.4(1955년 가을), 342~349.

18_ 같은 글.

19_ 마르쿠제의 "A Reply to Erich Fromm," *Dissent* 3, no.1(1956년 겨울), 79~81.

20_ 프롬의 "A Counter-Rebuttal," *Dissent* 3, no.1(1956년 겨울), 81~83.

21_ 프롬에 대한 마르쿠제의 비판을 다시 장황하게 반복한 저명한 지식인들에 대해서는 H. 스튜어트 휴스의 *The Sea Change: 1930~1965*(New York: Harper & Row, 1975), 폴 로빈슨의 *The Freudian Left*(New York: Harper & Row, 1969), 러셀 저코비의 *Social Amnesia: Conformist Psychology from Adler to Laing*(Boston: Beacon Press, 1975), 크리스토퍼 래시의 *The Culture of Narcissism*(New York: Basic Books, 1979) 참조. 닐 매클로플린의 언급은 그의 글 "Origin Myths in the Social Sciences: Fromm, the Frankfurt School, and the Emergence of Critical Theory," *Canadian Journal of Sociology* 24, no.1(1999), 109~139에 담겨 있다.

22_ 프롬과 마르쿠제의 기차 안에서의 일들과 관련하여: 저자의 게르트루트 훈치커 프롬 녹취 인터뷰(취리히, 2004년 5월 10일). 마르쿠제가 『일차원적 인간』에 대

한 서평을 요청하고 프롬이 이를 정중히 거절한 것과 관련하여: 마르쿠제가 프롬에게 보낸 편지(1963년 12월 8일), 프롬이 마르쿠제에게 보낸 편지(1964년 1월 8일, 프롬 기록 보관소), 프롬이 라야 두나옙스카야에게 보낸 편지(1968년 7월 31일), 프롬이 마르기트 노렐에게 보낸 편지(1971년 6월 28일, '프롬 서류들', 뉴욕 공립 도서관). 1976년 11월 30일 프롬에게 보낸 편지(프롬 기록 보관소)에서 라야 두나옙스카야는 1950년대의 이스라엘에 대해 마르쿠제보다 프롬이 훨씬 더 비판적이었던 사실은 그가 프롬을 공격하는 데 언급되지 않은 한 가지였을지도 모른다고 이야기했다.

23_ 프롬은 1959년 4월 17일, 1960년 6월 3일, 그리고 1960년 7월 29일에 그의 변호사 리처드 시프터에게 보낸 편지(프롬 기록 보관소)에 자신이 1950년대에 벌어들인 수입과 기부 내역을 상세히 적고 있다. 시프터는 자신의 기록의 많은 부분을 "In the Matter of Erich Fromm—Memorandum of Law and Fact"(1960, 프롬 기록 보관소)라는 메모에 한데 모아놓았다.

24_ 프롬의 모든 FBI 파일(그의 이름을 '에릭Erick'으로 잘못 기재해놓은)의 복사본은 미국 정보 자유법U.S. Freedom of Information Act에 의거하여 입수되었으며, 프롬 기록 보관소에서 찾을 수 있다. 프롬이 노먼 토머스, 존 베넷John Bennett, 루이스 멈퍼드, 클래런스 피킷Clarence Pickett, 맥스 러너, 대니얼 벨, 스티븐 사이트먼Stephen Siteman에게 쓴 편지들(1955년 4월 22일, 프롬 기록 보관소)은 미국의 대중국 정책에 대해 대통령에게 보내는 공개서한의 형식을 띠고 있다. 리스먼이 풍크에게 보낸 편지(1980년 10월 10일, 프롬 기록 보관소)는 그가 프롬과 함께 했던 일들의 상당히 세부적인 내용들, 그리고 프롬이 미국 퀘이커 봉사위원회와 교류 위원회를 위해 기금을 모금한 내용을 개괄적으로 싣고 있다. 또한 프롬이 아담 샤프에게 쓴 편지(1962년 5월 8일), 토머스 머튼에게 쓴 편지(1960년 11월 3일), 칼 폴라니에게 쓴 편지(1960년 6월 22일, 11월 21일), 버트런드 러셀에게 쓴 편지(1962년 11월 6일), 그리고 러셀이 프롬에게 쓴 편지(1966년 7월 22일) 참조. 모두 프롬 기록 보관소 소장.

25_ 프롬이 아들라이 스티븐슨에게 쓴 편지(1952년 11월 15일, 프롬 기록 보관소). 프롬이 샤를로테 젤버에게 쓴 편지(1952년 11월 15일)는 그가 1952년 스티븐슨 선거 캠프에 기부했었다는 사실을 보여준다.

26_ 아들라이 스티븐슨이 프롬에게 쓴 편지(1952년 11월 26일, 프롬 기록 보관소).

27_ 프롬이 스티븐슨에게 쓴 편지(1954년 3월 24일, 프롬 기록 보관소).

28_ 같은 글.

29_ 같은 글.

30_ 리스먼이 풍크에게 보낸 편지(1980년 10월 10일)는 1956년 그와 프롬이 스티븐 슨을 만났던 때의 세부사항을 담고 있다.

31_ 스티븐슨이 프롬에게 쓴 편지(1961년 10월 23일), 프롬이 스티븐슨에게 쓴 편지 (1961년 1월 20일, 프롬 기록 보관소).

32_ 스티븐슨이 프롬에게 쓴 편지(1962년 5월 1일), 프롬이 스티븐슨에게 쓴 편지 (1962년 5월 31일, 9월 15일, 프롬 기록 보관소). 미국 고위 관료들은 가질 수 없 었던 독일에 대한 서류를 프롬이 어떻게 입수했는지, 그리고 그가 이 자료를 미 국과 소련의 관계를 설명하는 데 어떻게 사용했는지와 관련하여: 리스먼이 풍크 에게 쓴 편지(1980년 10월 10일, 프롬 기록 보관소).

33_ 리스먼과 프롬 사이의 정치활동에 대한 편지들 속에 밀착된 사적인 관계에 대한 묘사를 보려면, 리스먼이 프롬에게 쓴 편지(1973년 6월 18일, 1974년 3월 20일), 프롬이 리스먼에게 보낸 편지(1947년 10월 9일, 1955년 4월 19일, 1975년 2월 1 일, 3월 6일, 1976년 2월 12일) 참조. 모두 프롬 기록 보관소 소장.

34_ 법과 공공 영역에서의 리스먼의 배경과 관련하여: 윌프레드 매클레이의 *The Masterless: Self and Society in Modern America*, 236. 시오니즘에 대항하고, 팔레 스타인에 다국적 국가를 세우려는 프롬의 초기 노력과 관련하여: 리스먼이 풍크 에게 쓴 편지(1980년 10월 10일).『코멘터리』에 실은 기사와 관련하여: 리스먼이 프롬에게 쓴 편지(1947년 10월 19일). 이스라엘에 대한 미국 정책에서 변화를 꾀 하려는 그들의 작업에 대한 회상과 관련하여: 리스먼이 프롬에게 쓴 편지(1973 년 12월 17일). 이스라엘의 '삼손 콤플렉스'와 관련하여: 리스먼이 프롬에게 쓴 편 지(1975년 1월 13일). 모든 편지는 프롬 기록 보관소 소장.

35_ 리스먼이 풍크에게 쓴 편지(1980년 10월 10일, 프롬 기록 보관소)는 1950년대와 1960년대 초까지, 특히 교류 위원회와 관련하여 어떻게 리스먼이 프롬을 다양한 정치활동의 모험 속으로 이끌었는지 그 상세한 정보를 제공하고 있다. 또한 리스 먼이 브라이언 베츠Brian R. Betz에게 보낸 편지(1972년 8월 15일, 프롬 기록 보 관소) 참조.

36_ "이 나라에서의 정치적 이익을 위해 유대인 공동체와의 관계를 찾아다니느라": 풀 브라이트가 프롬에게 쓴 편지(1975년 11월 25일). "프롬의 관찰 (…) 미국의 유 대인 공동체에 설득하는": 풀브라이트가 프롬에게 쓴 편지(1973년 12월 22일).

프롬에게 『뉴욕타임스』에 기고하라고 부추긴 것과 관련하여: 풀브라이트가 프롬에게 쓴 편지(1973년, 날짜 없음). 프롬에게 다양한 출판 매체를 통해 출간하라고 설득한 것과 관련하여: 풀브라이트가 프롬에게 쓴 편지(1975년 8월 21일). 풀브라이트와 프롬 사이의 모든 편지는 아칸소대학의 '풀브라이트 서류들'과 프롬 기록 보관소에 소장되어 있다.

37_ 풀브라이트가 프롬에게 쓴 편지(1968년 5월 7일, 1974년 4월 1일)는 풀브라이트의 재선운동에 프롬이 실질적인 기여를 했다는 사실을 인정한다. 선거운동 주제에 대해 조언을 제시한 것과 관련하여: 프롬이 풀브라이트에게 쓴 편지(1968년 봄, 날짜 없음). 상원 외교 관계 위원회 청문회에서 증언한 것과 관련하여: 풀브라이트가 프롬에게 쓴 편지(1972년 4월 11일, 1974년 6월 10일). 풀브라이트의 지적 자극의 중심에는 프롬이 있었다는 것과 관련하여: 풀브라이트 전기 작가 랜들 우즈가 저자에게 보낸 편지(2008년 12월 17일). 이 점과 관련하여, 트리스트럼 코핀이 데이비드 리스먼에게 쓴 편지(1966년 10월 10일), 코핀이 프롬에게 쓴 편지(1966년 11월 6일) 참조. 둘 모두 프롬 기록 보관소 소장.

38_ "나는 당신과 애니스를 만나는 일이 너무도 즐겁습니다": 풀브라이트가 프롬에게 쓴 편지(1968년 4월 25일). 아내의 건강 문제와 수술, 그리고 프롬과 애니스에게서 드러났던 삶의 기쁨과 관련하여: 풀브라이트가 프롬에게 쓴 편지(1975년 11월 24일). 토크빌의 이야기가 맞는 것이냐고 물은 것과 관련하여: 풀브라이트가 프롬에게 쓴 편지(1973년, 날짜 없음). "당신은 당신 스스로를 믿고 진심을 보였으니……": 프롬이 풀브라이트에게 보낸 편지(1974년 6월 10일). 프롬이 그의 선거운동에 기부한 것과 풀브라이트의 패배 원인과 관련하여: 트리스트럼 코핀이 리스먼에게 보낸 편지(1974년 3월 30일, 5월 18일, 6월 23일) 참조. 모두 프롬 기록 보관소 소장. 선거운동에 기부한 것과 관련하여: 프롬이 매코비에게 보낸 편지(1974년 4월 11일, '매코비 서류들').

39_ *Arms Control, Disarmament, and National Security*(New York: George Braziller, 1961), 187~197에 다시 실린 프롬의 "The Case for Unilateral Disarmament," 『다이달로스』(1960년 가을). 케네디와 『다이달로스』의 편집자인 제럴드 홀턴Gerald Holton이 주고받은 교류의 많은 부분은 케임브리지의 American Academy에서 찾아볼 수 있으며, 2009년 6월과 2012년 5월 저자가 홀턴과 나누었던 몇몇 논의를 통해 보완되었다. 매코비와의 2011년 4월의 논의들은 케네디가 프롬의 어떤 글을 읽었는지, 그리고 1960년의 『다이달로스』 기사, 프롬의 외교 정책에 대한

시각을 알고 있던 풀브라이트와 스티븐슨에 초점을 맞추고 있다.

40_ 마이클 매코비는 저자의 매코비 녹취 인터뷰(워싱턴, 2003년 2월 2일)에서 '하버드 인맥'에 대해 상당히 설득적으로 기술하고 있다. 저자의 매코비 전화 인터뷰(2007년 1월 16일)와 매코비 직접 인터뷰(2012년 4월 14일) 참조.

41_ 케네디가 프롬과 접촉한 것에 대한 매코비의 생각과 관련하여: 저자의 매코비 전화 인터뷰(2007년 1월 16일)와 매코비 직접 인터뷰(케임브리지, 2012년 4월 14일). 1990년대에 몇 차례 리스먼과 케이슨은 케네디가 쿠바 미사일 위기 직후에 프롬과 접촉했다고 저자에게 말했다. 리스먼은 그 영향에 대해 적어놓은 것을 저자에게 보여주었으며, 그는 빈틈없는 기억으로 잘 알려진 사람이었다. 케네디에 대한 케이슨의 설명은 리스먼이 말한 내용과 모두 일치했다. 프롬은 자신과 케네디의 직접적 접촉과 관련해서 매코비에게 전혀 이야기하지 않았지만, 매코비는 그것이 전적으로 가능한 일이라고 생각했다. 저자의 매코비 직접 인터뷰(2012년 4월 14일).

42_ 로버트 댈릭Robert Dallek의 *An Unfinished Life: John F. Kennedy, 1917~1963*(Boston: Little, Brown, 2003), 613~623. "……더 소소한 위험들": 같은 책, 620. 저자는 어떻게 케네디 정부가 외교 정책 문제를 다루었는지, 그리고 대통령이 국제 관계와 관련하여 (프롬을 포함해서) 모든 시각을 이미 알고 있었다는 것에 대해 번디가 어떻게 생각하는지, 특히 댈릭 교수에게서 많은 도움을 받았다.

제8장 길 잃은 세계를 위한 예언들

1_ 판매 수치는 프롬의 저작물 관리자인 라이너 풍크에 의해 1997년 기준으로 산정되었다.

2_ 프롬의 "Credo," 『환상의 사슬을 넘어서』(New York: Simon & Schuster, 1962; 재판. New York: Continuum, 2001), 175~177.

3_ 같은 책, 178.

4_ 같은 책, 179~181.

5_ 같은 책, 180~182.

6_ 풍크의 *Erich Fromm: His Life and Ideas*, 136은 프롬의 1953년 결혼식 피로연 사

진을 신고 있다. 그것과 프롬이 자신의 모친과 함께 있는 다른 사진들은 튀빙겐의 프롬 기록 보관소에 상당량 소장되어 있다. 우울증 때문에 로자를 그의 쿠에르나바카 집으로 데리고 온 것과 관련하여: 프롬이 이젯 드 포레스트에게 보낸 편지(1957년 10월 31일, 프롬 기록 보관소). 비스바덴에 있는 헤센 기록 보관소는 1958년부터 그녀가 사망한 지 몇 년 후인 1965년까지 프롬이 로자를 대신해 폴 사이먼Paul Simon을 통해 진행한 보상활동(등록번호 W54353)과 관련한 폭넓은 기록을 가지고 있다. 그곳은 공식 서류들 이외에, 독일 정부에 법적 절차를 설명하고 그 과정에서의 프롬의 고민을 강조한, 사이먼이 쓴 몇몇 편지도 소장하고 있다. 1959년 로자의 죽음으로 프롬이 오히려 안도감과 에너지를 느낀 것과 관련하여(이는 서류 기록을 찾기 힘들었던 데 대한 저자의 짐작을 확인해주는 것이다): 라이너 풍크가 저자에게 보낸 이메일(2006년 10월 12·13일).

7_ 프롬의 '질병'과 관련하여: 1932년부터 1978년까지 프롬이 앓았던 질환의 무수히 많은 목록은 프롬 기록 보관소에서 발견된 편지들에서 근거했다. 풍크의 *Erich Fromm: His Life and Ideas*, 150은 애니스의 유방암 발병과 프롬이 친구들에게 보낸 편지에 그것이 암시되어 있음을 밝히고 있다. 저자의 살바도르 미얀 직접 인터뷰(멕시코시티, 2004년 3월 17일)는 애니스의 유방암에 대해 상세히 다루고 있으며, 프롬이 지지의 의미로 1년여 동안 함께 했던 제한된 식이법에 대해서도 논의하고 있다.

8_ 폴 로젠의 "The Exclusion of Erich Fromm from the IPA," *Contemporary Psychoanalysis* 37, no.1(2001), 5~42가 가장 상세히 설명하고 있다. 그것은 프롬과 아이슬러가 주고받은 서신들(프롬 기록 보관소)에 근거한다. 이 편지들 중 가장 중요한 것은 프롬이 아이슬러에게 쓴 편지(1953년 5월 28일, 6월 29일, 8월 26일), 아이슬러가 프롬에게 쓴 편지(1953년 6월 11일, 7월 27일)다.

9_ 프롬과 워싱턴 정신분석학회의 힘겨운 관계를 보려면 스탠리 올리닉Stanley Olinick이 프롬에게 쓴 편지(1955년 5월 20일), 프롬이 올리닉에게 보낸 편지(1955년 5월 31일), 프롬이 시드니 버먼Sidney Berman에게 쓴 편지(1959년 3월 5일), 그리고 버만이 프롬에게 쓴 편지(1959년 3월 30일) 참조. 모두 프롬 기록 보관소 소장. 국제 정신분석학회 연합을 설립하려는 프롬의 노력을 살펴보려면 풍크의 *Erich Fromm: His Life and Ideas*, 134~135, 그리고 로젠의 "Exclusion of Fromm," 37 참조.

10_ 존스의 세 권짜리 프로이트 전기에 대한 프롬의 비판이 진일보했다는 것은 프롬

이 이젯 드 포레스트에게 보낸 편지들(1957년 10월 31일, 11월 14일, 12월 10일, 1958년 6월 14일), 포레스트가 프롬에게 보낸 편지들(1957년 2월 18일, 10월 22일, 11월 6일, 12월 17일, 1958년 5월 25일)에 잘 나타나 있다. 모두 프롬 기록 보관소 소장. 『지그문트 프로이트의 임무』를 칭찬한 것과 관련하여: 데이비드 리스먼이 프롬에게 쓴 편지(1959년 2월 10일, '리스먼 서류들', 하버드 기록 보관소).

11_ 프롬의 『지그문트 프로이트의 임무』(New York: Harper and Row, 1959), 115~117.

12_ 같은 책, 106~108, 117~119.

13_ 같은 책, 107~111은 프로이트와 그의 운동에 대한, 특히 이전에 그 원고에서 논의되었던 네 가지 문제 영역에 대한 프롬의 비판을 요약하고 있다.

14_ 프롬의 『에리히 프롬, 마르크스를 말하다』(New York: Frederick Ungar, 1961), 1 n.1, 43.

15_ 같은 책, 33~39, 41~43, 69.

16_ 같은 책, 80~83. 마르크스에 대한 가장 강력한 학문은 테오도어 폰 라우에 Theodor von Laue의 책과 글 속에서 찾을 수 있으며, 그것이 프롬의 규정보다 더 넓은 범위를 포괄한다.

17_ 프롬의 『환상의 사슬을 넘어서』, 88~89, 100~101.

18_ 같은 책, 71~78.

19_ 같은 책, 12, 26, 43~44 n.1, 45~47, 49.

20_ 같은 책, 67~70. 프롬이 토머스 머튼에게 쓴 편지(1961년 10월 6일, 프롬 기록 보관소).

21_ 프롬이 머튼에게 쓴 편지(1961년 10월 9일, 프롬 기록 보관소).

22_ 프롬이 칼 폴라니에게 쓴 편지(1960년 4월 14일, 프롬 기록 보관소).

23_ 프롬이 로버트 알렉산더Robert J. Alexander에게 쓴 편지(1958년 8월 29일, 프롬 기록 보관소)는 사회당~사회 민주 연합 국민 위원회의 회원이 되는 것을 받아들이며, 「사회주의란 무엇인가What Is Socialism?」라는 글을 쓰기로 동의했다는 내용을 담고 있다. 프롬이 칼 폴라니에게 쓴 편지(1960년 4월 14일, 5월 4일, 11월 21일, 프롬 기록 보관소)는 사회당에 가입하기로 결정했던 것을 상기하며, 그 성명서 초안에 근거해 학생들에게 강의할 것을 고민하고 있다. 또한 프롬이 베르너 토네센Werner Thonnessen에게 쓴 편지(1960년 1월 23일, 프롬 기록 보관소)는 독일어로 번역하고 출간하기 위해 보낸 그 성명서의 초안을 담고 있다.

24_ 프롬의 『인류여, 번성하라: 사회당 성명서와 프로그램』(New York: The Call Association, 1960), 10~11, 18~19.

25_ 같은 책, 12, 14.

26_ 같은 책, 21~23.

27_ 같은 책, 25~28, 33.

28_ 같은 책, 26, 32.

29_ 같은 책, 특히 3. 프롬이 래리 굴로타Larry Gulotta에게 보낸 편지(1969년 8월 22일, 프롬 기록 보관소)는 자신의 성명서가 어떻게 그렇게 많은 사람에게 전달되었는지, 그리고 그럼에도 그 사상에 동의하는 사회당 내 사람들의 수는 여전히 적다는 데 그가 얼마나 '혼란스러워했는지' 담고 있다.

30_ 『인류는 번성하는가?』의 번역과 판매 수치와 관련하여: 풍크의 "Titles from Erich Fromm"(1997년, 프롬 기록 보관소). "고품질의 등사판 판본을 계속해서 의회에 보낸 것과 관련하여: 프롬이 윌리엄 풀브라이트에게 보낸 편지(1974년 9월 7일, 프롬 기록 보관소).

31_ 프롬의 『인류는 번성하는가?』(Garden City, N.Y.: Doubleday-Anchor, 1961), ix, xi.

32_ 같은 책, 42~46. 프롬이 안젤리카 발라바노프에게 보낸 편지(1961년 10월 14일, 프롬 기록 보관소)에서 그는 레닌 또한 중앙집권화된 공포정치를 시행했지만, 스탈린의 '반동적인 국가자본주의'보다는 오히려 사회주의적 사회를 지향하고 있었다고 인정했다.

33_ 프롬이 트리스트럼 코핀에게 보낸 편지(1966년 11월 16일, 프롬 기록 보관소), 프롬의 『인류는 번성하는가?』 47, 81, 84~85.

34_ 프롬의 『인류는 번성하는가?』, 111, 135~138과 "Khrushchev and the Cold War"(미출간, 1961년, 프롬 기록 보관소) 참조.

35_ 프롬의 "The New Communist Program"(1961년, 프롬 기록 보관소).

36_ 프롬의 『인류는 번성하는가?』, 142~145, 150~151. 프롬이 사고 혁명의 중국식 접근 방법에 대한 중요한 논의를 하는 데 로버트 제이 리프턴의 Thought Reform and the Psychology of Totalism(New York: W. W. Norton, 1961)에 많은 부분 의지했다는 사실은 흥미롭다.

37_ 프롬의 『인류는 번성하는가?』 147, 150~152, 157~158. 프롬은 중국에 관한 이러한 언급에 대해 "Memo on Foreign Policy"(미출간, 1965년, 프롬 기록 보관소)에

서 상세히 쓰고 있다.

38_ 프롬의 『인류는 번성하는가?』 162~164, 프롬의 "Memo on Foreign Policy" (1965).

39_ 같은 책, 167~168.

40_ 같은 책, 169~172.

41_ 같은 책, 172~173, 211.

42_ 같은 책, 185, 195~199, 207, 프롬의 "The Case for Unilateral Disarmament," *Daedalus* 89, no.4(1960년 가을), 1015~1028. C. 라이트 밀스의 The Causes of World War Three(1958)에 대한 대응은 대니얼 기어리의 "Becoming International Again: C. Wright Mills and the Emergence of the Global New Left, 1956~1962," *Journal of American History* 95, no.3(2008년 겨울), 723~725에서 특히 더욱 충격적이다. 소련과 미국의 핵 선제 사용 금지에 대한 1960년대 초의 합의와 관련해서는 찰스 O. 레르케 2세의 *The Cold War and After*(New York: Prentice-Hall, 1965) 참조.

43_ 프롬의 『인류는 번성하는가?』, 217~221. 프롬이 버트런드 러셀에게 쓴 편지(1962년 11월 16일, 프롬 기록 보관소)는 상당 부분 베를린에 대한 그의 해결책을 전체 독일의 '문제'에 대한 해결책으로 기술하고 있다.

44_ 프롬의 『인류는 번성하는가?』, 157~161, 226~230. 또한 『인류는 번성하는가?』와 함께 쓰인 프롬의 "Remarks on a Realistic Foreign Policy"(1961년, 프롬 기록 보관소) 참조.

45_ 프롬의 『인류는 번성하는가?』, 230~239 참조. 유고슬라비아의 자유 증진과 관련하여: 같은 책, 230 n.48.

제9장 제3의 길

1_ 칼 폴라니가 프롬에게 쓴 편지(1960년 3월 18일, 1961년 1월 13일, 프롬 기록 보관소).

2_ 프롬이 발라바노프에게 쓴 편지(1963년 8월 27일)와 우르쿠하트에게 보낸 편지(1963년 10월 1일). 모두 프롬 기록 보관소 소장.

3_ 프롬이 우르쿠하트에게 보낸 편지(1963년 10월 1일, 프롬 기록 보관소). 『인본주의

연구』 완성을 위한 프롬의 첫 번째 언급은 그가 토네센에게 보낸 편지(1960년 1월 23일)에 나오며, 그 편지에서 그는 백여 통의 편지를 보내고 다섯 통의 긍정적인 답변을 받았음을 언급하고 있다. 칼 폴라니에게 보낸 편지(1960년 4월 14일)에서 프롬은 "서방 자본주의 사이의 대안"이라고 적었다. 라너와 다른 사람들이 그를 따랐던 것과 관련하여: 프롬이 아담 샤프에게 쓴 편지(1963년 10월 5일, 프롬 기록 보관소).

4_ "그들이 말하는 인간 존재"와 관련하여: 프롬이 샤프에게 보낸 편지(1963년 11월 8일, 프롬 기록 보관소). 1963년 『인본주의 연구』를 위해 프롬이 선출한 편집진과, 그 노력의 실패와 관련하여: 풍크의 *Erich Fromm: His Life and Ideas*, 148.

5_ 카르데나스와 관련하여: 프롬이 우르쿠하트에게 쓴 편지(1962년 1월 5일), A. J. 무스트에게 보낸 편지(1963년 8월 20일), 파울루 프레이리에게 보낸 편지(1966년 10월 14일, 1968년 3월 22일), 그리고 라야 두나옙스카야에게 보낸 편지(1966년 10월 29일), 보토모어가 프롬에게 쓴 편지(1973년 12월 7일), 브라이언 베츠에게 보낸 편지(1972년 7월 17일) 참조. 모두 프롬 기록 보관소 소장.

6_ 프롬이 안젤리카 발라바노프에게 보낸 편지(1964년 7월 16일)와 라야 두나옙스카야에게 보낸 편지(1966년 10월 29일)는 소비주의와 "단지 돈에만 관심이 있는 물질주의"의 위험을 경고하고 있다. 발라바노프가 프롬에게 보내는 편지(날짜 없음)와 함께 이 세 통의 편지는 모두 프롬 기록 보관소 소장.

7_ 풍크의 *Erich Fromm: His Life and Ideas*, 147, 미하일로 마르코비치가 프롬에게 보내는 편지(1971년 10월 15일, 프롬 기록 보관소), 미하일로 마르코비치와 로버트 코언Robert S. Cohen의 Yugoslavia: *The Rise and Fall of Socialist Humanism: A History of the Praxis Group*(Nottingham: Spokesman Books, 1975).

8_ 티토와 다른 유고슬라비아 관료들에 대항한 것과 관련하여: 프롬이 가조 페트로비치에게 보낸 편지(1975년 2월 10일), 프롬이 드라고슬라프 마르코비치Dragoslav Marković(세르비아 대통령)에게 보낸 편지(1974년 11월 15일), 프롬이 토마 그란필Toma Granfil(미국 주재 유고슬라비아 대사)에게 보낸 편지(1974년 11월 15일, 1975년 3월 15일, 10월 1일). 모두 프롬 기록 보관소 소장.

9_ 샤프에 대한 정보를 얻기 위해 저자는 프롬 기록 보관소에 소장되어 있는 그가 프롬과 주고받은 서신에 의지했으며, 프롬의 편집본 『사회주의적 인본주의』(Garden City, N.Y.: Doubleday, 1966), 141을 참조했다.

10_ 프롬이 샤프에게 쓴 편지(1962년 5월 8일, 프롬 기록 보관소), 그리고 샤프가 그

에게 보낸 편지(3월 21일, 보관되어 있지 않음)를 참조.

11_ 그들의 공통적인 "본질"과 관련하여: 프롬이 샤프에게 보낸 편지(1964년 3월 9일). 마르크스주의와 정신분석을 연결하는 샤프의 관심에 기뻐한 것과 관련하여: 프롬이 샤프에게 쓴 편지(1966년 8월 30일). 한 인간으로서 그를 존중한 것과 관련하여: 프롬이 샤프에게 쓴 편지(1966년 10월 4일). 모두 프롬 기록 보관소 소장.

12_ 프롬의 책을 폴란드에 홍보한 것과 『사랑의 기술』의 성공과 관련하여: 샤프가 프롬에게 쓴 편지(1973년 5월 23일). 프롬이 노먼 토머스에게 보낸 편지(1966년 8월 19일), 프롬이 리처드 피셔Richard Fisher에게 쓴 편지(1965년 4월 6일), 그리고 토머스 켈리Thomas Kelley에게 보낸 편지(1969년 3월 9일)는 맥그로힐 출판사와 샤프의 책 출간을 추진하고 있다. 프롬은 1969년 3월 9일 샤프에게 보낸 편지에서 자신이 맥그로힐 출판사와 접촉했다는 것을 알려주었다. 모두 프롬 기록 보관소 소장. 아담 샤프의 *Marxism and the Human Individual*(New York: McGraw-Hill, 1970), ix. xii는 이 미국 판본에 대한 프롬의 소개를 담고 있다.

13_ "……자장과 생명력": 프롬의 샤프에 대한 소개, *Marxism and the Human Individual*, xi n.1. "……뿔뿔이 흩어진 몇몇 지식인의 염려가 아니라": 프롬의 『사회주의적 인본주의』, x. "……전 세계 곳곳에서 독립적으로 발전되는 것": 프롬이 샤프에게 보낸 편지(1962년 5월 8일). 풍크의 "Titles by Erich Fromm"(1997년, 프롬 기록 보관소)에는 『사회주의적 인본주의』의 번역본들과 전 세계적인 판매량이 기록되어 있다.

14_ 프롬이 『사회주의적 인본주의』의 기고가들에게 보낸 편지(1963년 4월 21일)는 인세 문제와 글에 대한 지침, 그리고 지식인과 학생에게 초점을 맞추어야 함을 담고 있다. 프롬이 스즈키에게 보낸 편지(1964년 4월 29일), 그리고 프롬이 샤프에게 보낸 편지(1964년 3월 9일). 둘 모두 프롬 기록 보관소 소장.

15_ 한 인간으로서 각각의 기고가들이 상징하는 중요성과 가로디를 제외하기로 한 결정과 관련하여: 프롬이 노먼 토머스에게 보낸 편지(1962년 8월 18일), 프롬이 샤프에게 보낸 편지(1963년 11월 8일). 가로디 제외와 관련하여: 프롬이 샤프에게 보낸 편지(1964년 2월 8일). 마르쿠제의 기고를 포함하는 것과 관련하여: 프롬이 샤프에게 보낸 편지(1964년 3월 9일). 모두 프롬 기록 보관소 소장.

16_ 프롬이 마르쿠제에게 보낸 편지(1964년 1월 8일), 프롬이 두나옙스카야에게 보낸 편지(1964년 4월 15일), 프롬이 샤프에게 보낸 편지(1964년 3월 9일, 8월 5일). 모두 프롬 기록 보관소 소장.

17_『사회주의적 인본주의』에서 사회주의적 인본주의를 정의하는 가장 명확하고 풍부한 기술은 다닐로 페조비치Danilo Pejović(199~210), 아담 샤프(141~150), 그리고 밀란 프루차Milan Prucha(151~161)다.

18_『사회주의적 인본주의』를 하인츠에게 헌사하는 것과 관련하여: 프롬이 샤프에게 보낸 편지(1964년 3월 9일, 프롬 기록 보관소).

19_ 프롬이 우르쿠하트에게 보낸 편지(1963년 10월 20일)는 아넬리 브란트에 대한 상세한 묘사를 담고 있다. 프롬 기록 보관소에 있는 프롬과 아넬리 브란트 사이에 주고받은 서신들은 상당히 많은 도움이 되었다.

20_ 프롬이 아넬리 브란트의 재정적 문제를 처리한 것과 관련하여: 프롬이 아넬리 브란트에게 보낸 편지(1963년 1월 2일). 소련 공산당 중앙 위원회 위원과 관련하여: 프롬이 아넬리 브란트에게 보낸 편지(1961년 12월 6일). "······더욱 엄격하게 만들 수 있다고": 프롬이 아넬리 브란트에게 보낸 편지(1962년 5월 30일). 책이나 전단과 관련하여: 프롬이 아넬리 브란트에게 보낸 편지(1962년 1월 5일, 9월 29일)와 아넬리 브란트가 프롬에게 보낸 편지(1962년 8월 1일) 참조. 모두 프롬 기록 보관소 소장.

21_ 프롬이 피터 베넨슨에게 쓴 편지(1962년 8월 17일, 9월 21일, 10월 3일, 1963년 3월 15일, 5월 31일, 1964년 1월 20일). 베넨슨이 프롬에게 쓴 편지(1962년 9월 3일, 10월 15일, 1963년 2월 20일, 5월 16일). 국제사면위원회의 '올해의 포로' 발표의 중요성과, 베넨슨과 프롬의 작업과 관련하여: 프롬이 우르쿠하트에게 보낸 편지(1963년 10월 20일). 러셀의 명성을 활용하는 일의 중요성과 관련하여: 프롬이 우르쿠하트에게 쓴 편지(1964년 1월 2일).

22_ 프롬이 버트런드 러셀에게 보낸 편지(1962년 5월 30일).

23_ 버트런드 러셀이 프롬에게 보낸 편지(1962년 7월 1일), 러셀이 모스크바 군축회의 의장에게 보낸 편지(1962년 7월 4일). 둘 모두 프롬 기록 보관소 소장. 또한 프롬이 매코비에게 보낸 편지(1962년 7월 21일, 프롬 기록 보관소) 참조.

24_ 프롬은 1963년 8월 28일 아넬리 브란트에게 보낸 편지에서 러셀과 진행했던 자신의 전략적 회의와 논의에 대해 전했다. 프롬이 우르쿠하트에게 보낸 편지(1964년 1월 2일) 참조. 울브리히트에게 보낸 러셀의 편지 사본은 프롬 기록 보관소에 소장되어 있다. 아넬리와의 회의와, 하인츠 브란트를 스웨덴으로 넘어가도록 하기 위해 러셀이 울브리히트에게 압박을 가하게 하는 제안과 관련하여: 프롬이 러셀에게 보낸 편지(1963년 12월 14일, 전보 사본). 이러한 협상들을 이루어내는

데 그녀가 결정적인 역할을 한 것과, 특히 울브리히트에 대한 러셀의 대응을 보려면, 프롬이 아넬리 브란트에게 보낸 편지(1964년 6월 15일) 참조.

25_ 러셀이 훈장을 반납한 것과 관련한 세부사항과, 글을 쓰기로 동의한 부분은 프롬이 우르쿠하트에게 보낸 편지(1964년 1월 14일)에 나타나 있다. 이 편지에서 프롬은 러셀의 행동이 '상당히 안타깝지만' 러시아가 이제 독일민주공화국에 압박을 가하기를 바란다고 언급하고 있다. 러셀의 행동이 어떻게 신중한 개별적 접근을 차단해버렸는지와 관련하여: 찰스 엘리스가 우르쿠하트에게 보낸 편지(1964년 1월 31일, 복사본 프롬 기록 보관소 소장). "해야 할 단 한 가지 일은……": 프롬이 베넨슨에게 보낸 편지(1964년 1월 20일). 버트런드 러셀의 *Philosopher of the Century: Essays in His Honor*(London: Allen & Unwin, 1967), 6~7에 실린 프롬의 "Prophets and Priests"는 러셀을 균형 있게 그리고 있지만, 또한 프롬 자신이 원하는 모습으로 묘사되어 있다.

26_ 하인츠의 *The Search for a Third Way*, xiv에서 프롬의 글, 프롬이 아넬리 브란트에게 보낸 편지(1964년 6월 15일), 프롬이 우르쿠하트에게 보낸 편지(1964년 1월 14일. 날짜 오류이며, 실제로는 1965년 1월 14일). 둘 모두 프롬 기록 보관소 소장. 하인츠의 *The Search for a Third Way*에 실은 에리히 프롬의 서문과 관련하여: *My Path Between East and West*(Garden City, N.Y.: Doubleday, 1970), xi~xvi.

27_ 프롬이 아넬리 브란트에게 보낸 편지(1964년 6월 15일)는 어떻게 하인츠를 돌볼지, 그리고 휴가 계획과, 그와 함께 방문하라는 내용을 담고 있다. 하인츠 부부의 쿠에르나바카 방문과 관련하여: 프롬이 우르쿠하트에게 쓴 편지(1964년 1월 14일. 날짜 오류이며, 실제로는 1965년 1월 14일)와 베넨슨이 프롬에게 쓴 편지(1964년 12월 14일) 참조. 모두 프롬 기록 보관소 소장.

28_ 프롬이 리스먼에게 쓴 편지(1966년 4월 26일, '리스먼 서류들', 하버드 기록 보관소).

제10장 어떻게든 삶은 즐겨야 하는 것이라오

1_ 프롬이 우르쿠하트에게 쓴 편지(1962년 9월 29일, 프롬 기록 보관소).

2_ 프롬의 "War Within Man: A Psychological Inquiry into the Roots of Destructiveness"(필라델피아, 미국 퀘이커 봉사위원회, 1963), 4~8. 이 원고는 원래 "On the Psychological Causes of War"라는 제목이었으며, 이는 뉴욕 공립 도서관의 '프롬 서류들'과 프롬 기록 보관소 둘 모두에서 찾아볼 수 있다.

3_ 같은 글, 9~11.

4_ 같은 글, 14~16.

5_ 토머스 머튼과 프롬과 관련하여: 같은 글, 28, 33. 틸리히, 모겐소, 프롬과 관련하여: 같은 글, 20~21, 31. 프랭크, 소로킨, 프롬과 관련하여: 같은 글, 19, 25~26, 32.

6_ 프롬의 『인간의 마음』(New York: Harper & Row, 1964, 1968), 특히 37~61, 108~114, 148~150.

7_ 판매 수치는 프롬의 저작물 관리자인 라이너 풍크에 의해 1997년 기준으로 산정되었다.

8_ 프롬의 『인간의 마음』, 특히 37~61, 108~114, 148~150.

9_ 같은 책, 150.

10_ 같은 책, 20. 프롬이 에른스트 지몬에게 보낸 편지(1977년 1월 7일, 프롬 기록 보관소).

11_ 프롬이 안젤리카 발라바노프에게 보낸 편지(1964년 7월 16일), 프롬이 토머스 머튼에게 보낸 편지(1966년 2월 7일). 둘 모두 프롬 기록 보관소 소장.

12_ 프롬이 발라바노프에게 보낸 편지(1964년 7월 16일), 프롬이 우르쿠하트에게 보낸 편지(1964년 7월 16일, 1966년 1월 10일), 프롬이 샤프에게 보낸 편지(1965년 1월 13일). 모두 프롬 기록 보관소 소장.

13_ 판매 수치는 프롬의 저작물 관리자인 라이너 풍크에 의해 1997년 기준으로 산정되었다.

14_ 프롬의 "For a Cooperation Between Jews and Arabs," 『뉴욕타임스』(1948년 4월 18일). 프롬이 작성한 이 글의 초안은 프롬 기록 보관소에 소장되어 있다. 아이히만 재판과 관련하여: 프롬이 『뉴욕타임스』 편집인에게 보낸 편지(1960년 6월 17일), 프롬이 발라바노프에게 보낸 편지(1962년 10월 29일, 프롬 기록 보관소). "예언적인 메시아주의란 나에게는……": 프롬이 샤프에게 보낸 편지(1966년 3월 21일). "나는 이스라엘 국가가 단지 자신의 정치적 목적으로 이 사상을 더럽히고 있다고 생각한다": 프롬이 멈퍼드에게 보낸 편지(1975년 4월 29일, 프롬 기록 보관소).

15_ 프롬의 『너희도 신처럼 되리라』(New York: Holt, Rinehart and Winston, 1966), 13.

16. 같은 책, 6~9, 15.

17_ 같은 책, 31, 40, 42~44. 프롬 사상의 흐름에 대한 매우 유익한 논의를 보려면, 스 반테 룬드그렌의 *Fight Against Idols: Erich Fromm on Religion, Judaism, and the Bible*(Frankfurt: Peter Lang, 1998) 참조.

18_ 프롬의 『너희도 신처럼 되리라』, 57~62, 81, 226~227.

19_ 같은 책, 202~203, 207~208, 220.

20_ 같은 책, 220~221. 시편에 대해 프롬이 쓴 장에 관한 훌륭한 코멘트를 보려면, 마리안 호르나이 에카르트의 "The Theme of Hope in Erich Fromm's Writing," *Contemporary Psychoanalysis* 18, no.1(1982), 특히 145~146 참조. 또한 프롬의 삶의 전반에 걸쳐 라빈코프의 중요성에 대해서는, 풍크의 *Erich Fromm: His Life and Ideas*, 53~54 참조.

21_ 프롬의 『너희도 신처럼 되리라』, 197~199. 또한 프롬의 "Meaning of the Sabbath," *Jewish Heritage Reader*(New York: Taplinger, 1965), 138~141 참조.

22_ 프롬의 『너희도 신처럼 되리라』, 117~118. 카뮈의 『반항하는 인간』(1951)과 함께, 저자는 로버트 제이 리프턴의 글의 오랜 주제인 사회적 문제들에 부딪히기보다 는 그보다 더 많은 것을 하도록 압박받는 혁명적인 '전체주의자'에 방점을 찍으 려 한다.

23_ 베트남 전쟁 기간 동안 전미 건전 핵 정책위원회에 대한 납득할 만한 논의와, 그 기관에서의 프롬의 역할을 살펴보려면 밀턴 카츠Milton S. Katz의 *Ban the Bomb: A History of SANE*(New York: Greenwood Press, 1986), 로런스 위트너 의 *Resisting the Bomb: A History of the World Nuclear Disarmament Movement, 1954~1970*(Stanford, Calif.: Stanford University Press, 1997) 참조. 위트너가 저자에게 보낸 이메일(2011년 4월 27·28일)은 그 당시 전미 건전 핵 정책위원회 내부의 분열과 다른 내부적 문제들을 이해하는 데 엄청난 도움이 되었다. 스워 스모어대학 평화 박물관 큐레이터 웬디 슈미엘르프스키Wendy Chmielewski와 의 전화 인터뷰(2011년 4월 29일) 또한 마찬가지였다.

24_ 전미 건전 핵 정책위원회의 매디슨 스퀘어 가든 집회에서 발표된 에리히 프롬의 "The War in Viet Nam and the Brutalization of Man"(1966년 12월 8일, '프롬 서류들'). 이 연설은 또한 프롬 기록 보관소에서도 찾아볼 수 있다.

25_ 저자의 마이클 매코비 전화 인터뷰(2007년 1월 16일)는 매디슨 스퀘어 가든 집 회와 뒤이은 심장마비에 대한 세부적인 사항들을 말해주고 있다. 또한 풍크의

Erich Fromm: His Life and Ideas, 153 참조.

26_ 프롬이 아라모니에게 쓴 편지(1967년 2월 7일), 프롬이 샤프에게 쓴 편지(1967
년 4월 10일). 둘 모두 프롬 기록 보관소 소장. 로카르노로의 짧은 여행과 관련
해서는 프롬이 샤프에게 보낸 편지(1967년 4월 26일, 6월 24일, 프롬 기록 보관
소) 참조. 또한 풍크의 *Erich Fromm: His Life and Ideas*, 153과 살바도르 미얀의
"Tangible Memories"(2008) 참조. 상원 외교 관계 위원회의 1967년 간부 회의
는 2007년 공개되었고, 프롬에 대해 논의되었던 그 회의는 90차 의회의 첫 번째
회기 진행 기록의 19번째 책에서 찾을 수 있다.

27_ 심장 질환의 '반복'과 관련하여: 프롬이 샤프에게 쓴 편지(1967년 8월 29일, 프롬
기록 보관소). 프롬의 건강 문제와 걱정, 그리고 그의 아내의 건강과 관련한 많은
기록은 이 책의 초반부에서부터 다루어졌다. 프롬의 가까운 친구 둘은 1966년의
심장마비를 그의 삶 전반에 걸친 건강 상태에서 중대한 의미로 받아들였다. 저자
의 마리안 호르나이 에카르트 인터뷰(러구나 힐스, 2007년 2월 3일)와 게르트루
트 훈치커 프롬 녹취 인터뷰(취리히, 2004년 5월 9일) 참조.

28_ 프롬의 *On Disobedience and Other Essays*(London: Routledge & Kegan Paul,
1984), 117~132에 다시 실린 그의 "The Psychological Problem of Aging,"
Journal of Rehabilitation(1966년 10월) 참조. 이 글은 또한 '프롬 서류들'에서도
찾을 수 있다.

제11장 희망 안에 머물다

1_ 매코비의 "Fromm Didn't Want to Be a Frommian," *The Clinical Erich
Fromm*(Amsterdam: Rodopi, 2009), 141~143은 프롬이 심장마비 이후에 영성을
깊이 받아들였던 것과 관련하여 저자의 매코비 전화 인터뷰(2007년 1월 16일)의
내용을 요약하고 있다. 저자의 제럴드 홀턴 인터뷰(2009년 6월 5일)와 니나 홀턴
Nina Holton 인터뷰(2012년 5월 6일)는 둘 모두 자신들의 친구로서 프롬을 회상
하며, 여배우 엘리자베스 테일러가 쿠에르나바카에서 그의 환자 중 하나였고, 육
체관계를 하는 중에 죽은 척을 하며 어떻게 누워 있곤 했었는지 상세히 말해준다.
물론 이것이 종종 스스로 바닥에 누워 죽은 척했던 그의 명상의식의 일부와 어떻
게 연결되어 있는지는 확실치 않다. 명백한 것은 프롬이 환자와의 비밀 조항을 위

반했었다는 사실이다.

2_ 미네소타 출신의 그 상원의원에 대해 프롬의 관심이 점점 더 증대되고 있다는 것을 보여주는, 그리고 그가 1968년 선거운동에서 어떤 역할을 했는지 알려주는 작은 파일 하나가 프롬 기록 보관소에 있다. 그 상원의원의 삶과 1968년의 선거운동에 대해 알기 위한 가장 좋은 방법은 도미닉 샌드브룩의 *Eugene McCarthy and the Rise and Fall of Postwar American Liberalism*(New York: Random House, 2005)이다. 그 선거운동과 1968년의 미국 발전 상황의 전반적인 흐름을 보려면, 줄스 위트커버의 *The Year the Dream Died: Revisiting 1968*(New York: Warner Brothers, 1977)을 보라. 유진 매카시와 크리스토퍼 히친스Christopher Hitchens의 *1968: War and Democracy*(Red Wing, Minn.: Lone Oak Press, 2000)를 살펴보는 것도 충분히 가치가 있다. 매카시에 대한 프롬의 초기 관심에 관해서는, 리스먼이 스튜어트 미챔Stewart Meacham에게 보낸 편지(1968년 3월 21일, '리스먼 서류들', 하버드 기록 보관소) 참조.

3_ 프롬이 매카시에게 보낸 편지(1968년 4월 13·15일, 프롬 기록 보관소).

4_ 샌드브룩의 *Eugene McCarthy and the Rise and Fall of Postwar American Liberalism*, 제9장은 존슨이 '패배했던' 1968년 뉴햄프셔 예비선거에 대해 가장 적절하게 다루고 있다. 프롬이 유진 매카시에게 보낸 편지(1968년 4월 15일)는 후보를 사퇴하겠다는 존슨의 연설에 대한 프롬의 반응을 담고 있다.

5_ 프롬의 "Memo on Political Alternatives," 1~6(1968년 3월 16일, 프롬 기록 보관소).

6_ 같은 글, 6~8.

7_ 프롬이 매카시에게 보낸 편지(1968년 4월 13일, 프롬 기록 보관소).

8_ 프롬이 매카시에게 보낸 편지(1968년 4월 15일, 프롬 기록 보관소).

9_ 프롬의 『희망의 혁명』 프랑스판 서문(1970년 3월, 초안, '제라르 쿠리 개인 서류들', 엑상프로방스)은 어떻게 그 책이 '학술적 스타일'부터 멀리 떨어져 있으며, 절실하게 '생명 사랑에 호소하고 있는지'를 드러낸다. 프롬이 개인적인 집필을 미루어놓은 것은 그가 스튜어트 미챔에게 쓴 편지(1968년 2월 3일, '리스먼 서류들', 하버드 기록 보관소)에서 찾아볼 수 있다. 판매 수치는 프롬의 저작물 관리자인 라이너 풍크에 의해 1997년 기준으로 산정되었다.

10_ 프롬이 샤프에게 쓴 편지(1968년 7월 24일), 그리고 프롬이 게르트루트에게 쓴 편지(1968년 7월 5일). 둘 다 프롬 기록 보관소 소장. 1968년 5월 프레더릭 로브

캠프가 진행한 프롬의 인터뷰는 *Fromm Forum* 9(2005), 31~40에 실려 있다.

11_ 프롬의 "Why I Am for McCarthy,"『로스앤젤레스타임스』(1968년 5월 29일. 매카시를 사랑하는 캘리포니아 시민 모임California Citizens for McCarthy 광고). 『뉴욕타임스』 1968년 7월 14일 자는 산타크루스 유권자들을 대상으로 한 프롬과 매코비의 여론 조사를 담고 있다. 매카시가 프롬에게 쓴 편지(1968년 7월, 프롬 기록 보관소)는 당원들을 확보하는 데 도움을 달라고 그에게 요청하고 있다. "The People's Choice," *New York Review of Books* 11, no.3(1968년 8월 22일)은 전당대회 당원들에게 전하는 호소가 담겨 있다. 그것은 프롬과 다른 몇몇 인사의 서명이 담겨 있었지만, 명백히 프롬의 문체였다. 민주당 후보 지명 전당대회에서 험프리는 1761표를 획득했고, 매카시는 601표를 획득했다.

12_ 프롬이 게르트루트 훈치커 프롬에게 쓴 편지(1968년 7월 5일), 프롬이 샤프에게 쓴 편지(1968년 7월 24일). 둘 모두 프롬 기록 보관소 소장. 저자의 마이클 매코비 전화 인터뷰(2007년 1월 16일)는 재정적 지원과 함께 상원들과의 만남까지, 매카시 캠페인에서의 프롬의 역할에 대해 상당히 많은 것을 말해준다.

13_ 미국과 전 세계가 '기로'에 있다는 1968년 상황에 대한 '대답'으로서의 저서와 관련하여: 프롬의 『희망의 혁명』(New York: Harper & Row, 1968), xvii~xviii. '갈망'을 상징하는 매카시 캠페인과 관련하여: 같은 책, 145. 그 설문을 진행하는 위원회, 클럽, 모임에 대한 설명과 관련하여: 같은 책, 151~162.

14_ 독자 3000명의 응답과 그의 건강 문제와 관련하여: 프롬이 세라 수 위츠Sarah-Sue Wittes에게 보낸 편지(1970년 4월 9일, 프롬 기록 보관소). 너무 저조한 설문지 응답률과 전당대회 이후 프롬이 매카시와 만나지 못한 데 대한 씁쓸함과 관련하여: 저자의 마이클 매코비 전화 인터뷰(2007년 1월 16일). 제레미 라너 Jeremy Larner의 *Nobody Knows: Reflections on the McCarthy Campaign*(New York, 1969)은 연설문 작성자들 중 한 사람의 시각으로서 캠페인 동안, 그리고 특히 그 이후 매카시가 안정되지 않고 어떤 의욕도 없었다고 평가한다. 『희망의 혁명』의 판매 수치와 번역 현황은 라이너 풍크의 "Titles by Erich Fromm," 프롬 기록 보관소에 나와 있다.

15_ 프롬의 『희망의 혁명』, 13, 21, 135~137.

16_ 같은 책, 11~12. 멈퍼드의 (그리고 프롬의) 신화적인 생명력이 가득한 옛날의 공동체는 리처드 체이스Richard Chase의 "The Armed Obscurantist," *Partisan Review*(1944년 여름), 346~348에서 적절하게 논의되고 있다.

17_ 프롬의 『희망의 혁명』, 30, 32~38. 끊임없이 고갈되기만 하는 정서의 사람들로 가득한 소비 중심의 '기술 사회'에 대한 프롬의 규정이, 심리학자 필립 쿠시먼의 고전 글 "Why the Self Is Empty: Toward a Historically Situated Psychology," *American Psychologist* 45, no.5(1990년 5월), 599~611을 계승하는 언급이었다는 사실은 흥미롭다.

18_ 프롬의 『희망의 혁명』, 96~97.

19_ 같은 책, 100~105.

20_ 같은 책, 107~111.

21_ 프롬의 『희망의 혁명』 프랑스판 서문은 과거로 거슬러 올라가 1968년의 캠페인과 저서를 상기시킨다.

22_ 프롬과 매코비의 『어느 멕시코 마을의 사회적 성격』, 31~40, 134.

23_ 프롬과 매코비의 『어느 멕시코 마을의 사회적 성격』, ix~xiii, 프롬이 해럴드 앤더슨Harold Anderson에게 보낸 편지(1957년 3월 4일), 프롬이 찰스 리글리에게 보낸 편지(1959년 3월 19일, 프롬 기록 보관소), 저자의 아니세토 아라모니 녹취 인터뷰(멕시코시티, 2004년 3월 17일).

24_ 프롬과 매코비의 『어느 멕시코 마을의 사회적 성격』, 24~30은 어떻게 그가 바이마르 연구를, 특히 그 해석적인 설문지들을 치콘쿠악 프로젝트에 대한 주요한 전조로, 그리고 그것을 진행하기 위한 중점적 모티브로 여겼는지 상당히 확고하게 설명하고 있다. 또한 프롬이 찰스 리글리에게 쓴 편지(1959년 3월 17일, 프롬 기록 보관소)와 저자의 마이클 매코비 녹취 인터뷰(워싱턴, 2003년 2월 2일) 참조.

25_ 프롬이 찰스 리글리에게 쓴 편지(1959년 3월 17일, 프롬 기록 보관소).

26_ 프롬과 매코비의 『어느 멕시코 마을의 사회적 성격』, x~xi, 시어도어 슈워츠가 데이비드 리스먼에게 보낸 편지(1967년 1월 26일, 프롬 기록 보관소 복사본 소장). 저자의 마이클 매코비 직접 인터뷰(Cambridge, Mass., 2005년 5월 6일).

27_ 프롬과 매코비의 『어느 멕시코 마을의 사회적 성격』, x~xi, 저자의 마이클 매코비 녹취 인터뷰(워싱턴, 2003년 2월 2일), 프롬이 마거릿 미드에게 보낸 편지(1968년 4월 20일. "시어도어가 (…) 적대감을 보이고 있다"), 프롬이 리스먼에게 보낸 편지(1967년 1월 19일), 시어도어 슈워츠가 리스먼에게 보낸 편지(1967년 1월 18·26일), 모두 프롬 기록 보관소 소장.

28_ 같은 책, 그리고 오스카 루이스의 *The Children of Sanchez: Autobiography of a Mexican Family*(New York: Penguin, 1961), 저자의 매코비 전화 인터뷰(2008

년 12월 18·19일). 리스먼이 마거릿 미드에게 보낸 편지(1968년 2월 1일), 그리고 시어도어 슈워츠에게 보낸 편지(1967년 1월 23일, '리스먼 서류들', 하버드 기록 보관소)는 오스카 루이스가 *The Children of Sanchez: Autobiography of a Mexican Family*에서 일으킨 '문제'를 시어도어와 롤라 슈워츠 부부가 치콘쿠악 프로젝트에서 일으켰을지도 모르는 문제와 연계시키고 있다. 프롬이 리스먼에게 보낸 편지(1968년 3월 19일, '리스먼 서류들')는 프롬과 매코비가 루이스의 저작과 그것이 일으킨 불리한 '선정주의'에 면밀히 주의를 기울이고 있었다는 사실을 드러낸다. 저자의 2008년 매코비 인터뷰와 더불어, 프롬의 1968년 3월의 편지는 그 두 사람이 (적어도 어느 선까지는) 혁신적인 '개선'을 거의 이루어내지 못했던 루이스의 콧대 높은 결론들을 공유하고 있었음을 보여준다.

29_ 같은 책, 그리고 프롬이 리스먼에게 보낸 편지(1967년 1월 4·29일, 8월 19일), 시어도어 슈워츠가 프롬에게 보낸 편지(1968년 1월 31일, 2월 4일), 슈워츠가 리스먼에게 보낸 편지(1967년 1월 10일), 프롬이 슈워츠에게 보낸 편지(1968년 3월 19일). 모두 '리스먼 서류들', 하버드 기록 보관소 소장.

30_ 매코비의 "Fromm Didn't Want to Be a Frommian," 141~143. 또한 1996년 판 프롬과 매코비의 『어느 멕시코 마을의 사회적 성격』(New Brunswick, N.J.: Transaction, 1996), 특히 xxi에 대한 매코비의 소개 참조.

31_ 저자의 매코비 녹취 인터뷰(워싱턴, 2003년 2월 2일). 매코비의 "Fromm Didn't Want to Be a Frommian," 141~143.

32_ 저자의 매코비 녹취 인터뷰(워싱턴, 2003년 2월 2일), 그리고 직접 인터뷰(케임브리지, 2005년 5월 6일), 전화 인터뷰(2007년 1월 16일).

33_ 매코비의 1996년 학술회보 판 『어느 멕시코 마을의 사회적 성격』, xxi~xxii. 프롬을 괴롭혔던 고아원 문제와 관련하여: 살바도르와 소냐 미얀의 "His Deeply Inspirational Presence and Thoughtfulness," *The Clinical Erich Fromm*(2009), 157~158. 저자의 라이너 풍크 직접 인터뷰(튀빙겐, 2003년 7월 15일)는 프롬이 종종 마을 프로젝트의 연구 현장에 부재했었다는 매코비의 이야기에 동의한다. 풍크는 또한 그 책을 완성하는 과정에서 매코비의 주도권이 그의 상당히 엄격한 생산적·비생산적 성격 사이의 이원화에서 더 뚜렷이 나타난다고 지적한다. 리스먼이 프롬에게 쓴 편지(1966년 12월 7일, 프롬 기록 보관소) 참조.

34_ 프롬이 시어도어 슈워츠에게 쓴 편지(1967년 2월 11일), 리스먼이 프롬에게 쓴 편지(1966년 12월 7일, 1967년 1월 17·23일), 슈워츠가 리스먼에게 쓴 편지(1967

년 1월 18일), 프롬이 마거릿 미드에게 쓴 편지(1968년 4월 20일). 이 모든 서신의 복사본은 프롬 기록 보관소 소장. 또한 저자의 매코비 녹취 인터뷰(워싱턴, 2003년 2월 2일) 참조. 리스먼이 1968년 2월 1일 프롬에게 쓴 편지('리스먼 서류들', 하버드 기록 보관소)는 미드가 슈워츠를 감쌌다는 사실을 전한다. 저자의 니나 홀턴 직접 인터뷰(Cambridge, Mass., 2009년 3월 4일, 5월 5일)는 고객의 비밀 보장 조항을 이따금 위반한 사실을 말해준다.

35_ 프롬이 슈워츠에게 보낸 편지(1967년 2월 11일), 그리고 슈워츠가 리스먼에게 보낸 편지(1967년 1월 18일). 둘 다 프롬 기록 보관소 소장. 리스먼이 프롬에게 보낸 편지(1968년 2월 1일, '리스먼 서류들', 하버드 기록 보관소), 저자의 매코비 녹취 인터뷰(워싱턴, 2003년 2월 2일).

36_ 프롬이 미드에게 보낸 편지(1968년 4월 20일, 프롬 기록 보관소), 저자의 매코비 전화 인터뷰(2007년 1월 16일), 프롬이 도브렌코프V. I. Dobrenkov에게 보낸 편지(1970년 4월 11일, 프롬 기록 보관소). 1996년 학술회보 판『어느 멕시코 마을의 사회적 성격』, xxi의 소개에서, 매코비는 그 책을 완성하기까지의 프롬과의 작업 과정, 자신(매코비)이 쓰고 수정한 것, 그리고 프롬이 집필한 내용까지 상세히 기술한다.

37_『어느 멕시코 마을의 사회적 성격』의 판매 수치와 번역 현황은 라이너 풍크의 "Titles by Erich Fromm"(1997년, 프롬 기록 보관소)에 잘 나와 있다. 또한 프롬과 매코비의『어느 멕시코 마을의 사회적 성격』, 32~33, 39, 그리고 1996년 학술회보 판『어느 멕시코 마을의 사회적 성격』, xiv~xvii에 대한 소개(프렌티스 홀 출판사에 대해 불평한 프롬의 편지까지) 참조. 그리고 대니얼 버스턴의 *The Legacy of Erich Fromm*(Cambridge, Mass.: Harvard University Press, 1991), 129.

38_ 프롬과 매코비의『어느 멕시코 마을의 사회적 성격』, 130~135.

39_ 같은 책, 99~100, 130~131, 200~203.

40_ 같은 책, 210~213.

41_ 같은 책, 213, 217, 미얀의 "His Deeply Inspirational Presence and Thoughtfulness," 6. 프롬과 매코비의 와슨에 대한 회상은 "Obituary: Father William B. Wasson," *International Erich Fromm Society* 11(2007), 78에 있으며, 매코비는 그의 종교적 신념을, 그리고 프롬이 얼마나 '올곧으며 훌륭한 삶을 살았는지' 강조한다.

42_ 프롬과 매코비의『어느 멕시코 마을의 사회적 성격』, 217~224.

43_ 같은 책, 224~225, 231.

44_ 같은 책, 235~236, 저자의 매코비 전화 인터뷰(2007년 1월 16일).

45_ 프롬과 매코비의 『어느 멕시코 마을의 사회적 성격』, 134.

46_ 저자의 매코비 전화 인터뷰(2007년 1월 16일), 저자의 아라모니 녹취 인터뷰
(2004년 3월 17일).

47_ 달 착륙과 관련해서는 프롬이 매코비에게 쓴 편지(1969년 7월 22일. 원본은 매코
비에게 있음) 참조.

제12장 그의 사랑, 그의 죽음

1_ 저자의 아니세토 아라모니 녹취 인터뷰(멕시코시티, 2004년 3월 17일), 저자의 살
바도르 미얀 직접 인터뷰(멕시코시티, 2004년 3월 21일), 아라모니가 프롬에게 쓴
편지(1967년 2월 1일, 프롬 기록 보관소).

2_ 저자의 아니세토 아라모니 녹취 인터뷰(멕시코시티, 2007년 3월 17일), 저자의 살
바도르 미얀 직접 인터뷰(멕시코시티, 2004년 3월 20·21일), 저자의 레베카 아라
모니 세라노 직접 인터뷰(멕시코시티, 2004년 3월 21일), 저자의 마이클, 그리고
샌디 리 매코비 녹취 인터뷰(워싱턴, 2003년 2월 2일), 저자의 에르난도 이바라
녹취 인터뷰(쿠에르나바카, 2004년 3월 19일).

3_ 저자의 아니세토 아라모니 녹취 인터뷰(멕시코시티, 2007년 3월 17일), 저자의 호
르헤 실바 녹취 인터뷰(멕시코시티, 2004년 3월 22일), 저자의 살바도르 미얀 직
접 인터뷰(멕시코시티, 2004년 3월 17·18일), 저자의 레베카 아라모니 세라노 직
접 인터뷰(멕시코시티, 2004년 3월 21일). 부에노스아이레스 정통 정신분석학자
파견단의 도착과 관련해서는, 마리 랭어의 *From Vienna to Managua: Journal of a
Psychoanalyst*(London: Free Association Books, 1989), 132~133 참조. 그 당시 아
르헨티나 정신분석학회의 흐름과 관련한 적절한 논의는 조르주 발랑Jorge Balan
의 *Cuentame tu Vida: Una Biografia Colectiva del Psicoanalisis Argentino*(Buenos
Aires: Planeta Argentina, 1991), 228~236 참조.

4_ 아라모니가 프롬에게 쓴 편지(1967년 2월 1일), 프롬이 아라모니에게 쓴 편지
(1967년 2월 7일). 둘 모두 프롬 기록 보관소 소장. 또한 저자의 레베카 아라모니
세라노 직접 인터뷰(2004년 3월 21일), 살바도르 미얀 직접 인터뷰(2004년 3월

19·20·21일) 참조.

5_ 저자의 라이너 풍크 직접 인터뷰(튀빙겐, 2003년 3월 16일), 저자의 마이클 매코 비 녹취 인터뷰(워싱턴, 2003년 2월 2일), 프롬이 아라모니에게 보낸 편지(1973년 9월 1일, 프롬 기록 보관소), 저자의 모셰 버드모어 전화 인터뷰(2008년 4월 22 일), 프롬이 우르쿠하트에게 보낸 편지(1969년 8월 4일, 프롬 기록 보관소). 스위 스 이주의 이유 중 하나로 세금 혜택을 든 것과 관련해서: 프롬이 게일 바셰인Gail Bashein에게 보낸 편지(1975년 5월 15일, 프롬 기록 보관소).

6_ 라이너 풍크가 저자에게 보낸 편지(2008년 6월 24일), 풍크의 *Erich Fromm: His Life and Ideas*, 162~163, 저자의 게르트루트 훈치커 프롬 녹취 인터뷰(취리히, 2004년 5월 9일). 크로이츠베르거의 배경과 관련하여: 프롬이 카를 다름슈테터에 게 보낸 편지(1974년 2월 13일, 프롬 기록 보관소). 프롬과 일리치 사이의 관계에 대해서는 브라이언 베츠가 이반 일리치에게 보낸 편지(1972년 6월 29일, 프롬 기 록 보관소), 그리고 같은 편지에 대한 일리치의 답장 참조. 프롬 기록 보관소에 있 는 냐나포니카 마하테라에 대한 기록에 관해서는, 막스 크로이츠베르거가 프롬에 게 쓴 편지(1972년 1월 11일), 프롬이 냐나포니카에게 보낸 편지(1972년 12월 4일, 1973년 9월 4일, 1975년 5월 2일, 12월 1일), 그리고 냐나포니카가 프롬에게 보낸 편지(1972년 8월 28일, 10월 13일, 12월 31일, 1973년 3월 21일, 10월 31일, 1975 년 4월 6일, 11월 13일) 참조.

7_ 아라모니가 프롬에게 보낸 편지(1967년 2월 1일, 1973년 8월 26일, 1974년 3월 3 일, 8월 27일)는 그의 세대가 멕시코 정신분석 연구소의 여러 문제에 프롬과 함께 하면서, 또한 그러한 일들을 자신들이 처리해나갈 필요가 있었음을 인정하는 적 절한 예들을 보여주고 있다. 연구소의 문제들로부터 거리를 두고 있던 것과 관련하 여: 프롬이 아라모니에게 보낸 편지(1967년 2월 7일). "나의 집필 작업에 너무 완벽 히 몰두하고 있어서": 프롬이 아라모니에게 보낸 편지(1974년 9월 27일). 그의 쿠 에르나바카 저택을 판매하려고 내놓은 것과 관련하여: 프롬이 아라모니에게 보낸 편지(1976년 2월 11일). 모든 편지는 프롬 기록 보관소 소장. 그의 책들과 편지들 을 로카르노로 옮겨 오는 것과 관련하여: 저자의 모쉬 버드모어 전화 인터뷰(2008 년 4월 22일).

8_ 저자의 풍크 인터뷰(튀빙겐, 2003년 3월 16일). 프롬과 베아트리체 마이어의 관계 와 관련하여: 프롬이 이젯 드 포레스트에게 보낸 편지(1958년 7월 21일, 타비스 드 포레스트Tavis de Forest 개인 소장). 프롬이 아라모니에게 보낸 편지(1976년 2월

11일, 프롬 기록 보관소), 저자의 레베카 아라모니 세라노 직접 인터뷰(멕시코시티, 2004년 3월 21일), 애니스 프리먼이 우르쿠하트에게 보낸 편지(1970년 3월 24일, 프롬 기록 보관소).

9_ 2006년에 저자는 로카르노 무랄토 지역을 방문했고, 카사 라 몬다 아파트 5층에서 프롬이 매일 보았을 눈을 사로잡는 광경을 바라보았을 때 기쁨과 부러움이 한데 뒤엉켰다. 이 무랄토 아파트와 관련해서는 풍크의 "Erich Fromm's Kleine Lebensschule"(Freiburg: Herder, 2007), 7~27 참조.

10_ 프롬이 카플란에게 보낸 편지(1972년 2월 14일, 4월 11일, 프롬 기록 보관소).

11_『인간 파괴성의 해부』를 완성하는 데 카플란의 영감이 도움이 되었던 것과 관련해서는 프롬이 카플란에게 보낸 편지(1973년 2월 17일)를 보라.

12_ 프롬의 『정신분석의 위기』(New York: Henry Holt, 1970), 제1장. 1955년 『디센트』 논쟁에서 마르쿠제가 프롬과 설리번, 그리고 호르나이에 대해 사회적 순응을 들먹이며 프로이트를 배신했다고 비난했던 점을 살펴보는 일은 의미가 있다.

13_ 프롬의 『정신분석의 위기』의 탁월하게 간결한 3페이지짜리 에필로그를 보라. 프롬의 1966년 호르나이와 설리번 비평을 보려면 리처드 에번스Richard Evans의 *Dialogue with Erich Fromm*(New York: Harper & Row, 1966), 59 참조.

14_ 찰스 레르케의 훌륭한 저서 *The Cold War and After*(1965)는 1963년 이후 선제공격이 미국과 소련에게 가능한 옵션이 아니었다는 점을 주장했다. 그 이후로 이루어진 많은 학술적 연구가 그의 주장을 뒷받침하고 있다.

15_ 애니스 프리먼이 우르쿠하트에게 쓴 편지(1970년 3월 24일, 프롬 기록 보관소)는 그녀의 남편이 '모든 집필 작업을 하려면 수십 년이 더 걸릴 것'이라고 인정했다는 사실을 담고 있다. 브람스와 프롬이 완전히 새로운 연구 영역으로 들어가고 있던 것과 관련하여: 매코비가 저자에게 보낸 이메일(2011년 6월 15일).

16_ 프롬이 풀브라이트에게 보낸 편지(1974년 3월 19일, 프롬 기록 보관소)는 로렌츠에 대한 풀브라이트의 매우 호의적인 반응을 보여준다. 프롬의 『인간 파괴성의 해부』(New York: Holt McDougal, 1973), 23은 아드리와 모리스의 책에서의 논쟁이 얼마나 로렌츠의 논쟁과 유사한지 보여주고 있다.

17_ 콘라트 로렌츠의 *On Aggression*(New York: Harcourt Brace, Jovanovich, 1966)은 그 본질적인 논쟁 구조에서 콘라트 로렌츠의 *Evolution and Modification of Behavior*(Chicago: University of Chicago Press, 1965)와 상당히 유사하다.

18_ 프롬이 데이비드 리스먼에게 보낸 편지(1973년 11월 2일), 프롬이 에른스트 지몬

에게 보낸 편지(1975년 4월 12일). 둘 다 기록 보관소 소장. 프롬의 『인간 파괴성의 해부』, 38~39.

19_ 같은 책, 38~54, 499~501, 515~517.

20_ 프롬이 풀브라이트에게 보낸 편지(1974년 3월 19일, 프롬 기록 보관소).

21_ *Science and Human Behavior*(New York: Macmillan, 1953)와 *Beyond Freedom and Dignity*(New York: Knopf, 1971)에서 스키너는 자신의 신행동주의를 가장 완벽히 확장시키고 있다.

22_ 프롬의 『인간 파괴성의 해부』, 56~68, 특히 63~65.

23_ 프롬은 스키너에 반하는 이러한 반 스키너 출처들을 『인간 파괴성의 해부』의 각 주들, 특히 56~68에서 드러내고 있다. 촘스키가 프롬과 자신의 학술적 연계성으로 인해 2010년 슈투트가르트에서 열린 국제 프롬 학회의 '에리히프롬상'을 받았다는 사실은 흥미롭다.

24_ 프롬이 우르쿠하트에게 보낸 편지(1971년 8월 3일, 프롬 기록 보관소).

25_ 프롬의 『인간 파괴성의 해부』, 133~142.

26_ 같은 책, 204~205, 208.

27_ 같은 책, 213~245.

28_ 같은 책, 246, 252.

29_ 같은 책, 302~313.

30_ 프롬이 우르쿠하트에게 보낸 편지(1963년 9월 18일)는 『예루살렘의 아이히만』 이전에 발표되었던 아렌트의 『뉴요커』 기사들을 다루고 있다. 프롬의 『인간 파괴성의 해부』, 334~335 참조. 아렌트와 프롬은 이따금 서신을 주고받았으며, 이 편지들은 프롬 기록 보관소에서 찾아볼 수 있다.

31_ 프롬의 『인간 파괴성의 해부』, 336~344, 브래들리 F. 스미스의 *Heinrich Himmler: A Nazi in the Making, 1900~1916*(Stanford, Calif.: Hoover Institute, 1971), 요제프 아커만의 *Heinrich Himmler als Ideologe*(Göttingen: Musterschmidt, 1970), 브래들리 F. 스미스의 "Diaries of Heinrich Himmler's Early Years," *Journal of Modern History* 31, no.3(1959), 206~224. 피터 로벤버그Peter Loewenberg의 "The Unsuccessful Adolescence of Heinrich Himmler," *American Historical Review* 76, no.3(1971년 6월), 612~641. 프롬은 아마도 자신의 부모와 어린 힘러의 환경 사이의 부분적인 유사점(아들을 제 나이보다 더 어린 아이로 취급했으며, 존경받지 못하고 나약한 이미지의 아버지를 가진 것)을

인지하지 못하고 있었던 듯하다.

32_ 프롬의 『인간 파괴성의 해부』, 345~346.

33_ 같은 책, 350~351.

34_ 같은 책, 353~355.

35_ 같은 책, 358~359.

36_ 같은 책, 360~361.

37_ 같은 책, 446~450, 476, 479. 히틀러와 나치 지도부의 다른 간부들이 동성애 자들을 '결함을 가진' 인간들로 여겼던 경향은 리처드 플랜트Richard Plant의 *The Pink Triangle: The Nazi War Against Homosexuals*(New York: Henry Holt, 1986)에 잘 다루어져 있다.

38_ 프롬의 『인간 파괴성의 해부』, 470~471, 474~475, 479~480.

39_ 같은 책, 482~485.

40_ 프롬이 로버트 켐프너에게 보낸 편지(1972년 9월 15일, 프롬 기록 보관소), 프롬 이 매코비에게 보낸 편지(1972년 10월 11일. 매코비가 감사의 표시로 저자에게 보내왔다).

41_ 프롬이 슈페어에게 보낸 편지(1973년 6월 1·23일, 프롬 기록 보관소).

42_ 프롬이 슈페어에게 보낸 편지(1972년 10월 11·20일, 1973년 11월 3·28일, 1974 년 9월 20일, 10월 7일, 1975년 8월 7일. 모두 프롬 기록 보관소 소장).

43_ "Sales Figures and Translations of Fromm's Books"(1997년 추정치)와 "Book Titles by Erich Fromm and their Translations"(2011년까지의 번역판들에 한함) 참조. 모두 프롬 기록 보관소 소장. 이것과 프롬 기록 보관소에 있는 다른 자료들 은 『인간 파괴성의 해부』에 대한 판매 수치를 꽤 정확히 집계하고 있다. 여기에서 언급된 참고 자료들을 포함한 그 책에 대한 서평들은 『인간 파괴성의 해부』에 대 한 기록 파일들 안에서 찾아볼 수 있다.

44_ 프롬이 카를 다름슈테터에게 보낸 편지(1975년 1월 27일), 프롬이 루이스 멈퍼 드에게 보낸 편지(1975년 4월 29일), 프롬이 풀브라이트에게 보낸 편지(1976년 2 월 11일), 프롬이 에른스트 지몬에게 보낸 편지(1977년 1월 7일), 프롬이 발라바 노프에게 보낸 편지(1962년 10월 29일), 프롬이 한스 크라우제Hans Krause에게 보낸 편지(1971년 5월 27일). 모두 프롬 기록 보관소 소장.

45_ 프롬이 매코비에게 보낸 편지(1973년 6월 22일, 9월 27일)와 데이비드 리스먼이 매코비에게 보낸 편지(1973년 12월 20일)는 모두 유고슬라비아와 칠레를 포함

하는 국제 정세에 프롬이 끊임없는 걱정과 관심을 가지고 있었다는 것을 보여준다. 모두 마이클 매코비 소장. 프롬이 아라모니에게 보낸 편지(1974년 2월 13일), 프롬이 루이스 멈퍼드에게 보낸 편지(1973년 10월 16일). 둘 모두 프롬 기록 보관소 소장. 1974년 상원 외교 관계 위원회 논문, "Remarks on the Policy of Detente"는 『뉴욕타임스』(1975년 12월 11일)에 "Paranoia and Policy"라는 제목으로 실렸다.

46_ 프롬이 카를 다름슈테터에게 보낸 편지(1975년 1월 27일, 11월 3일, 프롬 기록 보관소).

47_ 프롬이 트리스트럼 코핀에게 보낸 편지(1974년 10월 25일, 프롬 기록 보관소).

48_ 프롬이 라야 두나엡스카야에게 보낸 편지(1974년 2월 12일, 1976년 2월 18일)와 두나엡스카야가 프롬에게 보낸 편지(1974년 3월 13일)를 참조하라. 모두 프롬 기록 보관소 소장. 또한 케빈 앤더슨의 "On the 100th Anniversary of His Birth: Erich Fromm's Marxism Dimension," *Theory and Practice Newsletter*(2000년 8~9월), 3~4 참조.

49_ 프롬이 풍크에게 보낸 편지(1973년 6월 27일, 1974년 7월 3일, 1975년 11월 7일, 1976년 4월 24일). 저자는 수년에 걸친 풍크와의 많은 대화를 통해, 그리고 특히 그가 저자에게 보낸 두 통의 긴 이메일들(2007년 1월 21일, 2008년 5월 31일) 속에서 프롬과 풍크 사이의 관계가 어떻게 발전되었는지 대부분 알게 되었다.

50_ 프롬이 풍크에게 보낸 편지(1975년 11월 7일), 프롬이 우르쿠하트에게 보낸 편지(1975년 3월 18일), 프롬이 두나엡스카야에게 보낸 편지(1976년 2월 18일), 조앤 휴스가 풍크에게 보낸 편지(1976년 4월 24일), 아라모니가 프롬에게 보낸 편지(1976년 1월 25일). 모두 프롬 기록 보관소 소장.

51_ 프롬의 『소유냐 존재냐』(New York: Harper & Row, 1976), 1~11. 필립 쿠시먼의 "Why the Self Is Empty: Toward a Historically Situated Psychology," *American Psychologist* 45, no.5(1990년 5월), 559~611.

52_ 프롬의 『소유냐 존재냐』, 20~25. 'ser'와 'estar'의 차이를 보려면, 웹사이트 http://www.wordreference.com/es/en/translation.asp?spen=ser 참조.

53_ 프롬의 『소유냐 존재냐』, 29~34.

54_ 같은 책, 34~44.

55_ 같은 책, 56.

56_ 같은 책, 55~61.

57_ 같은 책, 144~146.

58_ 같은 책, 157~159.

59_ 『소유냐 존재냐』에 대한 오랜 기간에 걸친 풍부한 판매 수치들은 프롬 기록 보관 소에서 찾아볼 수 있다. 보충적인 판매 기록은 2008년 5월과 2009년 11월에 프 롬의 저작물 관리자인 라이너 풍크로부터 온 이메일에 잘 드러나 있다. 또한 마 이클 매코비가 저자에게 보낸 편지(2008년 12월 19일)의 판매 수치 참고. 지도자 로서 프롬의 위상의 몇몇 실례를 보려면, *Roth-Hilpoltsteiner Volkszeitung*(1977 년 3월 2일), 그리고 *Deutsches Allgemeines Sonntagsblatt*(1983년 3월 20일) 참조.

60_ 풍크가 저자에게 보낸 이메일(1977년 1월 31일), 저자의 풍크 직접 인터뷰(튀빙 겐, 2009년 3월 22일), 그리고 풍크의 1999년까지의 저서 판매 기록 편집본 참조.

61_ 프롬의 『바이마르 독일의 노동계급』(Cambridge, Mass.: Harvard University Press, 1984)은 독일 판본이 나온 몇 년 이후에 출간되었다. 본스와 관련한 배경 은 그 책의 서문에 명시되어 있다. 또한 프롬 기록 보관소는 이제 본스에 대한 정 보와 그 책을 완성하기 위해 본스가 모았던 모든 자료를 소장하고 있다.

62_ 풍크의 *Erich Fromm: His Life and Ideas*, 164, 프롬이 풀브라이트에게 보낸 편지 (1976년 6월 2일, '풀브라이트 서류들', 아칸소대학). 프롬이 아넬리와 하인츠 브 란트에게 보낸 편지(1978년 4월 28일), 조앤 휴스가 리스먼에게 보낸 편지(1975 년 7월 31일), 풍크에게 보낸 편지(1978년 6월 22일), 폴 로젠에게 보낸 편지(1978 년 7월 31일), 그리고 헬렌 해쳇Helen Hatchett에게 보낸 편지(1980년 3월 11일), 프롬이 아라모니에게 보낸 편지(1979년 6월 28일). 모두 프롬 기록 보관소 소장. 저자의 풍크 직접 인터뷰(튀빙겐, 2003년 3월 18일). 애니스 프롬이 아라모니에 게 보낸 편지(1979년 9월 26일, 프롬 기록 보관소)는 1978년 심장발작 이래로 프 롬을 위해 해줄 수 있는 것이 거의 없었다고 말하고 있다.

63_ 프롬이 풍크에게 보낸 편지(1977년 11월 16일)는 풍크에게 그의 저작물들을 관 리하고 유고 관리자가 되어줄 것을 청하고 있고, 풍크가 프롬과 애니스 프롬에게 보낸 편지(1978년 2월 10일)는 프롬의 원고들에 대해 풍크가 더 많은 일을 하고 있다는 것을 보여주며, 애니스 프롬이 제라르 쿠리에게 보낸 편지(1979년 11월 28일)는 대중 행사에 풍크를 프롬 대신 세우는 내용을 담고 있다. 모두 프롬 기 록 보관소 소장. 저자의 풍크 직접 인터뷰(튀빙겐, 2003년 3월 18일, 2009년 10 월 10일)는 프롬의 마지막 몇 년간 그가 프롬과 함께했던 모든 활동을 담고 있으 며, 저작물 관리자로서 풍크의 광범위한 책임을 드러내고 있다. 풍크가 저자에게

보낸 이메일들(2011년 12월 15일, 2012년 1월 6·11·22·23일)은 저작물 관리자로서 앞으로 전 세계적으로 해야 할 일들과, 프롬과 관련한 자료들을 모으는 데 헌신하겠다는 점을 강조한다.

64_ 프롬이 이젯 드 포레스트에게 보낸 편지(1956년 11월 26일, 타비스 드 포레스트 개인 소장)는 『프로이트 사상의 위대함과 한계들』이라는 작품으로 탄생될 그 초안을 담고 있다. 저자에게 보낸 풍크의 이메일(2008년 5월 31일)에서 그는 "내가 그 책을 준비했다"는 사실을 인정했으며, 어떻게 그 일을 진행했는지 적어주었다. 풍크가 프롬에게 쓴 편지(1978년 10월 2일, 프롬 기록 보관소)는 그 책을 완성하기 위해 그가 어떤 일들을 했고 어떻게 출간에 이르게 되었는지 그 과정을 담고 있다. 풍크가 저자에게 보낸 이메일(2010년 6월 13일)은 "……새로운 책은 아니었지만"이라고 말하며 그 책을 완성하는 데 자신이 상당한 역할을 했음을 밝히고 있다. 프롬의 프로이트 비평에 대한 연속성과 장황한 내용과 관련한 언급은 1980년 하퍼 앤드 로 출판사 판의 서문에서 찾아볼 수 있다.

65_ 냐나포니카 마하테라가 프롬에게 쓴 편지(1977년 12월 4일), 프롬이 마하테라에게 보낸 편지(1978년 6월 1일), 프롬이 루이스 멈퍼드에게 보낸 편지(1975년 11월 7일, 1977년 12월 14일), 프롬이 에른스트 지몬에게 보낸 편지(1977년 10월 24일), 프롬이 풍크에게 보낸 편지(1975년 11월 7일), 프롬이 차임 카플란에게 보낸 편지(1980년 1월 24일). 모두 프롬 기록 보관소 소장.

66_ 쿠리의 프롬 인터뷰 전체 음성 파일과 원고는 프롬 기록 보관소에 소장되어 있다. 또한 1978~1979년 인터뷰의 정황과 관련해서는 저자의 쿠리 직접 인터뷰(2005년 10월 24일, 2009년 10월 7일) 참조. 제라르 쿠리의 "A Crucial Encounter," *The Clinical Erich Fromm*(Amsterdam: Rodopi, 2009), 161~168, 그리고 2005년과 2009년에 프랑스에서 저자가 진행한 쿠리 인터뷰 역시 많은 도움이 되었다.

67_ 애니스 프리먼이 아니세토 아라모니에게 보낸 편지(1979년 9월 26일, 프롬 기록 보관소)는 사망 직전 자신의 남편의 상태에 대해 묘사하고 있다. *Locarno Giornale del Popolo*(1980년 2월 18일)는 프롬의 마지막 생일 파티에 대한 상세한 묘사를 전하고 있다.

68_ 저자의 게르트루트 훈치커 프롬 녹취 인터뷰(2004년 5월 10일)는 프롬의 죽음과 장례식에 대한 광범위하고 또 감동적인 이야기를 전해준다. 또한 풍크의 Erich Fromm: His Life and Ideas, 164, *Fromm Forum* 7(2003), 60 참조. 밝혀

지지 않은 스위스 신문들에 실린 장례식의 유일한 사진 한 장은 프롬 기록 보관소에 소장되어 있다.

69_ 프롬의 사망 전 애니스의 건강 상태는 프롬이 풍크에게 보낸 편지(1978년 6월 22일), 그리고 프롬이 아라모니에게 보낸 편지(1977년 8월 29일)에 담겨 있다. 둘 다 프롬 기록 보관소 소장. 애도의 편지들 중에는 나나포니카 마하테라가 애니스 프리먼에게 쓴 편지(1980년 3월 24일), 그리고 제임스 루서 애덤스가 애니스 프리먼에게 쓴 편지(1980년 7월 18일, 프롬 기록 보관소) 등이 있다. 그녀의 치료와 어떻게 프롬의 죽음이 그녀를 괴롭혔는지와 관련하여: 애니스 프리먼이 이사도어 로젠펠트Isadore Rosenfeld에게 보낸 편지(1984년 3월 16일).

70_ 사망 직후 프롬에 대한 글과 기사 목록은 프롬 기록 보관소에서 찾을 수 있다. 전체 텍스트를 보려면, 데이비드 엘킨드의 "Erich Fromm," *American Psychologist* 36, no.5(1981년 5월), 521~522를 참조하라. 축약된 내용은 *the Newsletter of the William Alanson White Institute* 15(1980~1981 겨울)에 실려 있다. 또한 『뉴욕타임스』(1980년 3월 19일)에 실린 엘킨드의 부고 기사 참조.

71_ 로즈 스피겔의 "Reminiscence of Erich Fromm," *Contemporary Psychoanalysis* 17, no.4(1981년 10월), 436~441.

옮긴이의 말

예언이란, 단순히 미래를 예견하는 일이 아니라고 한다. 종교적인 의미가 담긴 '예언'은 신의 말씀을 전하는 동시에, 사회가 올바르지 않은 길로 나아갈 때 그 앞을 가로막아 직설적이고 확고한 신념의 언어로 호되게 질책하여 나아갈 방향을 인도해주는 것이다.

독일 태생의 정신분석학자인 에리히 프롬에게 '예언자'라는 이름을 부여한 것은, 히브리어 성경에 근거한 예언자들의 삶과 가르침이 어린 시절 그의 사유의 근간이 되었기 때문이기도 하지만, 더하여 평생토록 시대의 불안을 고민하고 동시대인들로 하여금 진정한 자유를 찾아 나아가도록 이끌었기 때문일 것이다.

에리히 프롬이 그의 대표작 『자유로부터의 도피』를 집필한 지 80여 년이 다 되어가지만, 자유는 여전히 그리고 어쩌면 더욱더 우리의 시대에 절실한 '예언'이라는 사실을 깨닫는다. 갖가지 화려함으로 치장되어 있기는 하지만, 우리는 여전히 주체적이고 적극적인 자유가 아니라 새장 속의 새와 같은 자유에 갇혀 있으니 말이다.

그러나 안타깝게도 인류와 사회를 올바른 미래로 이끌기 위한 예언은 이제 더 이상 찾아보기 쉽지 않다. 현실을 분석하고 평가하는 적지 않은 예언들은 당연하다는 듯 권력과 자본에 집착하며, 세력화된 거짓 예언에 목매어 개인의 자유와 삶을 양도하고서 우리는 행복을 말하고 안정을 말한다. 비판은 비관이 되어, 우리를 끝없는 우울 속에 매몰할 뿐이다. 그 누구도 이 시대의 불안과 억압을 가로막아 기꺼이 올바른 길로 인도하려 나서지 않는다. 갖가지 논리와 대의들의 홍수 속에, 진정한 '예언'을 우리에게 보여줄 예언자는 사라져버렸다.

어쩌면 지은이가 에리히 프롬의 삶을 그리기 위해 무수히 많은 주변인과의 관계와 편지에 집중했던 것은, 시대와 현실에 짓눌려 우리 스스로 간과하고 있을 내면의 목소리, 혹은 사람과 사람 사이의 관계를 일깨우려는 의도였는지도 모르겠다. 정통 정신분석학계와 거리를 둔 채, 사회 곳곳에 깊숙이 발을 들여놓고 동시대의 소외된 인간들에게 가 닿으려 했던 에리히 프롬의 생애처럼 말이다.

방대한 양의 원고를 옮기며, 나 역시 이 이야기가 일반 독자들의 마음에 먼저 가 닿기를 바라는 마음으로 작업을 진행했다. 안타깝게도 내게는 학술적인 이야기를 할 수 있는 능력이 없다. 나는 불안과 소외의 한가운데서 평범한 독자의 한 사람으로 이 책을 읽었으며, 그렇게 또 다른 독자들에게 '나'와 '시대'를 새로이 읽어내는 기회가 되기를 바랄 뿐이다. 각 저서의 집필 배경이나 주제를 논하기 위해 적절한 학술적 내용에 대한 이해가 필수적이었고, 그때마다 여러 경로를 통해 필요한 지식과 도움을 받아 번역을 이어나갔다. 조금은 난해할 수 있는 이론이나 내용마저도 어떻게 하면 일반 독자들에게 쉽게 다가갈 수 있을까 고민하며 문장을 옮겼다. 그 과정에서 혹여 적절하지 않은 용어와 오역이 있다면, 그것은 전적으로 옮긴이의 책임이며 또한 부족함이다.

개인적으로, 특히 주체적인 '자아'에 대한 이야기에 오래도록 마음을 빼앗겼다. 진정한 '자유'에 대해 읽었을 때, 그동안 겁 없이 중얼거렸던 '자유로운 삶'이 허상은 아니었을까 문득 두려워졌다. 어쩌면 또다시 나에게는 '전환'이 필요할지도 모른다 생각하니, 그저 마음이 먹먹해졌다. 그래도 다시 앞으로 나아가는 것이 인간의 삶이라 스스로를 채근하니, 사라져버린 이 시대의 예언이 더욱 간절해진다.

처음부터 많이 부족했던 나에게 이 귀한 원고를 청해주신 권명아 교수님, 김신식 선생님과, 부끄러운 번역 초안을 여러 차례 같이 읽어주시고 필요한 학술적 내용이나 용어를 지적해주셨던 양창아 님, 이수경 님 그리고 박소혜 님께 진심으로 감사드린다. 언제나 그랬듯 곁에서 든든한 지지를 보내주었던 건형 씨에게도 다시 한번 고마움을 전한다. 아울러, 너무도 모자랐던 원고를 세심하게 짚어주고 다듬어주어 한 권의 책으로 나올 수 있도록 힘써주신 글항아리 식구 분들께도 진심으로 감사드린다.

2016년 김비

찾아보기

에리히 프롬 평전

초판 인쇄	2016년 6월 7일
초판 발행	2016년 6월 20일

지은이	로런스 프리드먼
옮긴이	김비
펴낸이	강성민
편집장	이은혜
편집	김진희 장보금 박세중 이두루 박은아 곽우정 차소영
편집보조	조은애 이수민
마케팅	정민호 이연실 정현민 김도윤 양서연
홍보	김희숙 김상만 이천희
독자모니터링	황치영 복도훈

펴낸곳	(주)글항아리 | **출판등록** 2009년 1월 19일 제406-2009-000002호
주소	10881 경기도 파주시 회동길 210
전자우편	bookpot@hanmail.net
전화번호	031-955-1934(편집부) 031-955-8891(마케팅)
팩스	031-955-8855
ISBN	978-89-6735-353-3 03990

이 도서의 국립중앙도서관 출판예정도서목록(CIP)은 서지정보유통지원시스템 홈페이지(http://seoji.nl.go.kr)와 국가자료공동목록시스템(http://www.nl.go.kr/kolisnet)에서 이용하실 수 있습니다.(CIP제어번호: CIP2016013797)